Grundprobleme des Nachteilsausgleichs
gemäß § 113 Abs. 3 BetrVG

Zivilrechtliche Schriften

Beiträge zum Wirtschafts-, Bank- und Arbeitsrecht

Herausgegeben von Peter Kreutz und Dieter Reuter

Band 50

PETER LANG

Frankfurt am Main · Berlin · Bern · Bruxelles · New York · Oxford · Wien

Christian Rebel

Grundprobleme des Nachteilsausgleichs gemäß § 113 Abs. 3 BetrVG

PETER LANG
Internationaler Verlag der Wissenschaften

Bibliografische Information der Deutschen Nationalbibliothek
Die Deutsche Nationalbibliothek verzeichnet diese Publikation in der Deutschen Nationalbibliografie; detaillierte bibliografische Daten sind im Internet über <http://www.d-nb.de> abrufbar.

Zugl.: Kiel, Univ., Diss., 2007

D 8
ISSN 0941-147X
ISBN 978-3-631-57054-8

www.peterlang.de

Vorwort

Diese Arbeit wurde im Wintersemester 2006/07 von der Rechtswissenschaftlichen Fakultät der Christian-Albrechts-Universität zu Kiel als Dissertation angenommen. Änderungen in Gesetzgebung, Rechtsprechung und Literatur wurden bis zum März 2007 berücksichtigt.

Zunächst möchte ich mich herzlich bei meinem Doktorvater, Herrn Prof. Dr. Hartmut Oetker, bedanken, an dessen Jenaer Lehrstuhl ich nicht nur als wissenschaftlicher Mitarbeiter, sondern bereits während meines Studiums arbeiten durfte.

Ferner gebührt mein Dank Herrn Prof. Dr. Peter Kreutz, der das Zweitgutachten in zügiger Weise erstattet hat.

Großen Anteil am Gelingen dieser Arbeit hat auch Herr Dr. Stefan Schwab als kompetenter Diskussionspartner sowie Frau Jana Mayfarth, die mir mit Rat und Tat zur Seite stand und die Arbeit Korrektur gelesen hat.

Zu besonderem Dank verpflichtet bin ich aber meiner Mutter, Frau Uta Rebel. Sie hat mich während des Studiums und während des Promotionsverfahrens in größter Weise unterstützt.

Kiel, im Juli 2007 Christian Rebel

Inhaltsverzeichnis

Abkürzungsverzeichnis

AcP	Archiv für civilistische Praxis (Zeitschrift)
AfP	Archiv für Presserecht (Zeitschrift)
AiB	Arbeitsrecht im Betrieb (Zeitschrift)
AktG	Aktiengesetz, vom 06.09.1964 (BGBl. 1964 I, S. 1089)
AöR	Archiv des öffentlichen Rechts (Zeitschrift)
AP	Arbeitsrechtliche Praxis (Nachschlagewerk des Bundesarbeitsgerichts)
APS	*Ascheid, Reiner/Preis, Ulrich/Schmidt, Ingrid (Hrsg.)*: Kündigungsrecht - Großkommentar zum gesamten Recht der Beendigung von Arbeitsverhältnissen, 2. Auflage, München 2004
ArbRGgw.	Das Arbeitsrecht der Gegenwart (Zeitschrift)
AuA	Arbeit und Arbeitsrecht (Zeitschrift)
Aufl.	Auflage
AuR	Arbeit und Recht
Az.	Aktenzeichen
BB	Betriebsberater (Zeitschrift)
BPersVG	Bundespersonalvertretungsgesetz, vom 15.03.1974 (BGBl. 1974 I, S. 693)
BT-Drucks.	Bundestagsdrucksache
BVerfG	Bundesverfassungsgericht
BVerfGE	Entscheidungen des Bundesverfassungsgerichts
DB	Der Betrieb (Zeitschrift)
DKK	*Däubler, Wolfgang/Kittner, Michael/Klebe, Thomas (Hrsg.)*: Betriebsverfassungsgesetz: Kommentar für die Praxis, 10. Auflage Frankfurt a.M. 2006
DVBl.	Deutsches Verwaltungsblatt (Zeitschrift)
DZWIR	Deutsche Zeitschrift für Wirtschafts- und Insolvenzrecht
EAS-SD	*Oetker, Hartmut/Preis, Ulrich (Hrsg.)*: Europäisches Arbeits- und Sozialrecht, Loseblattsammlung, Teil B – Systematische Darstellung

EAS-ES	*Oetker, Hartmut/Preis, Ulrich (Hrsg.)*: Europäisches Arbeits- und Sozialrecht, Loseblattsammlung, Teil C – Entscheidungssammlung
ErfK	*Dieterich, Thomas/Müller-Glöge, Rudi/Preis, Ulrich/Schaub, Günter (Hrsg.)*: Erfurter Kommentar zum Arbeitsrecht, 7. Auflage, München 2007
EuZW	Europäische Zeitschrift für Wirtschaftsrecht
EWiR	Entscheidungen im Wirtschaftsrecht (Zeitschrift)
EzA	Entscheidungssammlung zum Arbeitsrecht (Loseblattsammlung)
GesO	Gesamtvollstreckungsordnung, in der Fassung vom 29.03.1991 (BGBl. 1991 I, S. 1186)
GK-BetrVG	*Kraft, Alfons/u.a.*: Gemeinschaftskommentar zum Betriebsverfassungsgesetz, 8. Auflage, München-Neuwied 2005
GmbHR	GmbHRundschau (Zeitschrift)
Jura	Juristische Ausbildung (Zeitschrift)
JuS	Juristische Schulung (Zeitschrift)
KR	*Becker, Friedrich/ Etzel, Gerhard/u.a.*: Gemeinschaftskommentar zum Kündigungsschutzgesetz und zu sonstigen kündigungsschutzrechtlichen Vorschriften, 7. Auflage, München 2004
KrG	Kreisgericht
LAGE	Entscheidungen der Landesarbeitsgerichte (Loseblattsammlung)
MüHb-ArbR	*Richardi, Reinhard/Wlotzke, Otfried (Hrsg.)*: Münchener Handbuch zum Arbeitsrecht, 2. Auflage, München 2000
MüKo-AktG	*Kropff, Bruno/Semler Johannes(Hrsg.)*: Münchener Kommentar zum Aktiengesetz, 2. Auflage, München 2000
MüKo-BGB	*Rebmann, Kurt/Säcker, Franz-Jürgen/Rixecker, Roland (Hrsg.)*: Münchener Kommentar zum Bürgerlichen Gesetzbuch, 4. Auflage, München 2003/04

MüKo-HGB	*Schmidt, Karsten (Hrsg.)*: Münchener Kommentar zum Handelsgesetzbuch, 2. Auflage, München 2005
MüKo-InsO	*Kirchhof, Hans-Peter/Lwowski, Hans-Jürgen/Stürner, Rolf*: Münchener Kommentar zur Insolvenzordnung, 1. Auflage, München 2004/05
MüKo-ZPO	*Lüke, Gerhard/Wax, Peter (Hrsg.)*: Münchener Kommentar zur Zivilprozessordnung, 2. Auflage, München 2001
NJOZ	Neue Juristische Online-Zeitschrift
NJW	Neue Juristische Wochenschrift
NJW-RR	Neue Juristische Wochenschrift-Rechtsprechungs-Report Zivilrecht
NVwZ	Neue Zeitschrift für Verwaltungsrecht
NZA	Neue Zeitschrift für Arbeitsrecht
NZA-RR	Neue Zeitschrift für Arbeitsrecht-Rechtsprechungs-Report
NZI	Neue Zeitschrift für Insolvenzrecht
PersR	Der Personalrat (Zeitschrift)
RdA	Recht der Arbeit (Zeitschrift)
RGZ	Entscheidungen des Reichsgerichts in Zivilsachen
SAE	Sammlung Arbeitsrechtlicher Entscheidungen (Zeitschrift)
Warn.	Warneyer, Entscheidungen des Reichsgerichts
ZfA	Zeitschrift für Arbeitsrecht
ZInsO	Zeitschrift für das gesamte Insolvenzrecht
ZIP	Zeitschrift für Wirtschaftsrecht und Insolvenzpraxis
ZTR	Zeitschrift für Tarifrecht
ZZP	Zeitschrift für Zivilprozeßrecht

§ 1 Einleitung

Zu Beginn des 21. Jahrhunderts sehen sich deutsche Unternehmen erheblichen wirtschaftlichen Problemen ausgesetzt. So entfachen Billiglohnländer einen Wettbewerbsdruck, da sie wegen geringer Personalkosten ihre Produkte zu deutlich niedrigeren Preisen anbieten können. Derartige Konkurrenz findet sich nicht mehr nur in Fernost, sondern in zunehmendem Maße auch in Osteuropa. Gerade wegen vergleichsweise hoher Lohnkosten und den damit verbundenen Drohungen der Unternehmer, keine Arbeitsplätze in Deutschland schaffen zu wollen bzw. weitere abzubauen, sind Einkommenssteigerungen seit den 90er Jahren nur in geringem Ausmaß erfolgt. Konsequenz dieser Entwicklung ist, dass das Konsumverhalten der Deutschen und folglich die Binnennachfrage bereits über einen langen Zeitraum verhalten sind. Und der Export, das „Steckenpferd" der deutschen Wirtschaft, hat, abgesehen von den erheblichen Produktionskosten, noch mit dem hohen Wert des Euros zu kämpfen. Neben diesen exogenen Problemen, auf die reagiert werden muss, verstärkt eine veränderte Unternehmenskultur den Druck, rationeller tätig zu sein. So sieht sich beispielsweise der Vorstand einer börsennotierten AG häufig Vorwürfen ausgesetzt, wenn der Gewinn nur einen moderaten Zuwachs verzeichnen kann.

Um den genannten Schwierigkeiten Paroli bieten zu können, müssen die Betriebe eines Unternehmens unter dem Blickwinkel der Rationalität ständig Änderungsmaßnahmen unterzogen werden. Als Beispiele für derartige Maßnahmen seien Standortbereinigungen oder die Auslagerung von ineffizienten Produktionsfeldern erwähnt. Oftmals ist es sogar eine existenzielle Voraussetzung für die unternehmerische Überlebensfähigkeit, dass man sich Veränderungen am Markt schnell und vor allem kostenneutral durch Umgestaltungen auf der Betriebsebene anpasst.

Diesem Unternehmensinteresse steht allerdings das Verlangen der Beschäftigten diametral gegenüber, den Status quo hinsichtlich ihrer Arbeitsbedingungen beizubehalten. Dabei ist die Abneigung gegenüber jeglichen Änderungen auf der Arbeitnehmerseite nicht allein der Unflexibilität bzw. dem verständlichen Wunsch nach Planbarkeit geschuldet. Vielmehr sind Rationalisierungsmaßnahmen häufig mit Arbeitsplatzabbau verbunden, womit die berechtigte Angst der Arbeitnehmer besteht, wegen des existierenden Arbeitskräfteüberhangs nicht schnell oder gar nicht mehr in ein Beschäftigungsverhältnis zu gelangen.

Die §§ 111 ff. BetrVG sollen mithelfen, diesen scheinbar unlösbaren Interessengegensatz zu überwinden. Allerdings hat hier in letzter Zeit ein Bedeutungswandel stattgefunden. So bestand bis in die 80er Jahr noch ein eher ausgeglichener Arbeitsmarkt. Folglich war es Hauptziel der Betriebsräte, für die von einer Betriebsänderung betroffenen Belegschaftsmitglieder eine hohe Sozialplanabfindung zu erzielen. Es galt „Arbeitsplätze gegen Abfindung". Mit der verschärften Situation auf dem Arbeitsmarkt ist nun aus Sicht des Arbeitnehmers die

Arbeitsplatzerhaltung von maßgeblichem Interesse. Deshalb soll der Betriebsrat jetzt den Unternehmer dahingehend beeinflussen, dass die Betriebsänderung für die Belegschaft möglichst geringe Auswirkungen entfaltet. Der Interessenausgleich, welcher eine solche Vereinbarung zwischen den Betriebspartnern über das „Ob" und das „Wie" der Betriebsänderung darstellt, kann allerdings vom Betriebsrat nicht erzwungen werden. Lediglich das Interessenausgleichsverfahren ist durch die Androhung finanzieller Belastungen in § 113 Abs. 3 BetrVG geschützt.

Gerade wegen des angesprochenen Bedeutungswandels vom Sozialplan hin zum nicht durchsetzbaren Interessenausgleich behält § 113 BetrVG ungebrochene Aktualität, wodurch auch die mit der Vorschrift zusammenhängenden Fragen und Probleme in erheblicher Weise die Interessen der Arbeitnehmer- sowie der Arbeitgeberseite berühren.

Ziel der Arbeit ist es, sich denjenigen Fragen zuzuwenden, die mit der konkreten Anwendung des § 113 Abs. 3 BetrVG entstanden sind. Der Schwerpunkt liegt dabei auf dem detaillierten Herausarbeiten der von § 113 Abs. 3 BetrVG gestellten Anforderungen. Aber auch die jeweiligen Rechtsfolgen der Norm müssen für den Einzelfall eingehend untersucht werden. Es soll erreicht werden, dass die mit einer Betriebsänderung verbundenen Unsicherheiten für die Arbeitnehmer- wie für die Arbeitgeberseite gemindert werden. So können die betroffenen Belegschaftsmitglieder leichter absehen, ob eine gerichtliche Geltendmachung ihrer Abfindungsansprüche Aussicht auf Erfolg hat. Ein Abbau bestehender Zweifel dient aber auch den Arbeitgebern. Diese müssen wegen wechselnder Anforderungen des Marktes Veränderungen auf Betriebsebene rasch planen und durchführen können, ohne sich der Sorge auszusetzen, dass sie eventuell einen Verstoß gegen die Vorgaben des BetrVG begehen, was zu weiteren finanziellen Belastungen führen kann.

Nach einer kurzen Darstellung der Funktion des § 113 Abs. 3 BetrVG für die Beteiligungsrechte bei Betriebsänderungen sollen zunächst in § 2 die mit der Vorschrift verfolgten Zwecke ausgelotet werden. Hierbei ist ein Hauptaugenmerk auf ein eventuell bestehendes Rangverhältnis zu legen, welches zweifellos bei der weiteren Auslegung der Nachteilsausgleichsregelung von besonderer Bedeutung wäre. Darüber hinaus ist ein Einordnungsversuch des § 113 Abs. 3 BetrVG in bekannte Kategorien des Rechts, wie Straf- oder Schadensersatznorm vorzunehmen, um daraus möglicherweise konkrete Vorgaben für die Anwendung der Norm ermitteln zu können.

Ebenfalls ist in § 2 ein Vergleich zwischen § 113 BetrVG und der Vorgängerregelung des § 74 BetrVG 1952 anzustellen. Eine solche rechtshistorische Gegenüberstellung hat nicht allein aus akademischem Interesse zu erfolgen, sondern vor allem wegen der berechtigten Hoffnung, auch hieraus Hilfestellungen für aktuelle Probleme zu gewinnen. Da § 113 Abs. 3 BetrVG hinsichtlich der Rechtsfolgen keine eigenen Vorgaben enthält, sondern lediglich auf die ersten beiden Absätze des § 113 BetrVG verweist, wird im Rahmen dieser Arbeit ferner die Problematik angesprochen, ob § 113 Abs. 1 BetrVG in einer Parallele zu § 113 Abs. 2 BetrVG als Anspruch oder lediglich als Verfahrensvorschrift zu behandeln ist. Diese Frage wird nur äußerst selten in der Literatur thematisiert, was allerdings verwundert, da die beiden gegensätzlichen Positionen zu unterschiedlichen Ergebnissen für die Praxis gelangen.

In § 3 soll gezeigt werden, dass den Beteiligungsrechten aus den §§ 111 ff. BetrVG auch eine europarechtliche Dimension zukommt, indem sie einzelne EG-Richtlinien in deutsches Recht zumindest mit umsetzen helfen. Damit stellt sich zugleich die Frage, ob die Vorschrift des § 113 Abs. 3 BetrVG gar als ausreichende Sanktionsregelung zur Durchsetzung der Richtlinienvorgaben im deutschen Recht angesehen werden kann. Ist § 113 Abs. 3 BetrVG hierzu nicht in der Lage, so muss untersucht werden, ob das Europarecht gerade eine Anpassung des Nachteilsausgleichs fordert, um als umfassende Sanktionsnorm gelten zu können.

In § 4 wird der Anwendungsbereich des § 113 Abs. 3 BetrVG erörtert. In diesem Zusammenhang soll sich vertieft der Auffassung des BAG gewidmet werden, wonach die Nachteilsausgleichsregelung des §113 Abs. 3 BetrVG in Tendenzbetrieben zwar nicht Unzulänglichkeiten im Rahmen des Interessenausgleichs-, jedoch im Rahmen des Sozialplanverfahrens sanktioniert.

§ 5 der Arbeit behandelt die Frage der Schuldnerstellung. Von besonderem Interesse ist hier zum einen, ob im Unterordnungskonzern das abhängige Unternehmen bei einem nicht ausreichenden Interessenausgleichsversuch auch dann haftet, wenn die Konzernspitze die Betriebsänderung angeordnet hat. Zum anderen muss der Frage nachgegangen werden, ob ein Betriebsinhaberwechsel Auswirkungen auf die Schuldnerstellung beim Nachteilsausgleich entfalten kann und ob gar eine gemeinschuldnerische Haftung von Veräußerer und Erwerber denkbar ist. Eine mögliche Inanspruchnahme des Erwerbers wegen „Altverstöße" des Veräußerers gegen die §§ 111 ff. BetrVG hätte erhebliche Auswirkungen auf die Sanierungschancen eines Betriebes und damit letztlich auch für die Existenz von Arbeitsplätzen.

Ausgehend vom Zweck der Arbeit, Anwendungsprobleme bei § 113 Abs. 3 BetrVG einer Lösung zuzuführen, werden in § 6 die einzelnen Tatbestandsvoraussetzungen der Norm einer ausführlichen Untersuchung unterzogen. Dem schließen sich in § 7 Erörterungen über den Inhalt und den Umfang des zu gewährenden Nachteilsausgleichs an. Hierbei sollen besonders die Kriterien herausgearbeitet werden, mit deren Hilfe die Abfindungshöhe im Einzelfall ermittelt werden kann.

Betriebsänderungen i.S.d. § 111 ff. BetrVG sind oftmals mit wirtschaftlichen Schwierigkeiten des Unternehmens verbunden. Aus diesem Grund wird in § 8 diskutiert, welche Auswirkung die Insolvenz auf den Nachteilsausgleichsanspruch des einzelnen Arbeitnehmers entfaltet. Von besonderer Bedeutung sind hier die Modifikationen des Interessenausgleichsverfahrens durch die InsO sowie die insolvenzrechtliche Behandlung des Abfindungsanspruchs. Es soll ferner der Frage nachgegangen werden, ob die Insolvenz auch die Höhe des Nachteilsausgleichsanspruchs beeinflusst.

Die Untersuchung schließt § 9 ab. In diesem Abschnitt wird die Problematik durchleuchtet, ob neben § 113 BetrVG weitere Rechtsfolgen denkbar sind, wenn seitens des Arbeitgebers ein hinreichender Interessenausgleichsversuch nicht unternommen wurde. Ausgehend von der Tatsache, dass § 113 BetrVG allein Individualansprüche des betroffenen Beschäftigten begründet, ist hierbei von besonderem Interesse, ob der Betriebsrat als Träger der Beteiligungsrechte selbst gegen den Arbeitgeber vorgehen kann.

§ 2 Funktion, historischer Anknüpfungspunkt und dogmatische Konstruktion des § 113 Abs. 3 BetrVG

A. Funktion des § 113 Abs. 3 BetrVG

I. Allgemeines

Die Funktion des § 113 Abs. 3 BetrVG ist nur in einer Zusammenschau mit den §§ 111 f. BetrVG zu erfassen. Danach ist der Unternehmer bei der Planung und Durchführung einer Betriebsänderung nicht völlig frei, sondern muss in einem gewissen Umfang den Betriebsrat bei dieser unternehmerischen Entscheidung beteiligen. Die Beteiligungsrechte aus den §§ 111 f. BetrVG finden ihre Berechtigung darin, dass Betriebsänderungen nachhaltig in die Belange der Arbeitnehmer eingreifen und es daher folgerichtig ist, den Belegschaftsinteressen mithilfe des Betriebsrats bei der Entscheidungsfindung Gehör zu verschaffen.[1]

So hat der Unternehmer nach § 111 S. 1 BetrVG zunächst den Betriebsrat umfassend über die angestrebte Maßnahme zu unterrichten und mit ihm darüber zu beraten. Ziel der Beratungen ist der Abschluss eines Interessenausgleichs sowie eines Sozialplans. Dabei stellt letzterer laut Legaldefinition des § 112 Abs. 1 S. 2 BetrVG eine zugunsten der Belegschaft geltende Einigung über Ausgleich bzw. Milderung der Folgen einer Betriebsänderung dar. Hingegen definiert § 112 BetrVG nicht ausdrücklich, was unter einem Interessenausgleich zu verstehen ist. Abs. 1 S. 1 der Norm gibt allerdings vor, dass der Interessenausgleich als Vereinbarung über die Betriebsänderung anzusehen ist. Bedenkt man, dass das BetrVG stets zwischen Interessenausgleich auf der einen und Sozialplan auf der anderen Seite unterscheidet, so verbleibt als tauglicher Inhalt des Interessenausgleichs nur die Regelungen über „Ob“ und „Wie“ einer Betriebsänderung.[2]

Kommt es zwischen den Betriebspartnern nicht zu einer Einigung über den Interessenausgleich und den Sozialplan, klärt § 112 BetrVG wie dennoch eine Verständigung erzielt werden könnte. So sieht § 112 Abs. 2 S. 1 BetrVG vor, dass jeder Betriebspartner den Vorstand der Bundesagentur für Arbeit als Vermittlungsinstitution anrufen kann. Gemäß § 112 Abs. 2 S. 2 BetrVG darf auch die

---

[1] Fallstudie einer fiktiven Betriebsänderung in *Ehlers*, Stilllegung einer Betriebsabteilung; Wegweiser anhand eines Modellfalls.

[2] Zum Inhalt des Interessenausgleichs BAG vom 20.04.1994, AP Nr. 27 zu § 113 BetrVG 1972; BAG vom 17.09.1991, AP Nr. 59 zu § 112 BetrVG 1972; BAG vom 27.10.1987, AP Nr. 41 zu § 112 BetrVG 1972; *Annuß*, in: Richardi, § 111 BetrVG Rn. 156 und § 112 BetrVG Rn. 3; *Bauer*, Betriebsänderungen, S. 61; *Fitting/Engels/Schmidt/Trebinger/Linsenmaier*, § 112 BetrVG Rn. 12; *v. Hoyningen-Huene*, Betriebsverfassungsrecht, § 15 III 2; *Leinemann*, ZIP 1989, 552, 553; *Löwisch/Kaiser*, § 112 BetrVG Rn. 4; *Oetker*, in: GK-BetrVG, §§ 112, 112a BetrVG Rn. 6; *Preis/Bender*, in: Wlotzke/Preis, §§ 112, 112a BetrVG Rn. 3; *Röder/Baeck*, Interessenausgleich und Sozialplan, S. 10; *Rumpff/Boewer*, Mitbestimmung in wirtschaftlichen Angelegenheiten, S. 252; *Schaub*, Festschrift für Däubler, 347, 349; *Schaub/Schindle*, Kurzarbeit- Massenentlassung- Sozialplan, S. 116; *Schlochauer*, ArbRGgw. (Bd. 20), 61, 61; *Verch*, Personalabbau und Betriebsverfassung, S. 175.

Einigungsstelle angegangen werden, welche laut § 112 Abs. 3 S. 2 BetrVG ebenfalls eine Einigung zu versuchen hat.

Erreichen beide Gremien keine Lösung, legt § 112 Abs. 4 BetrVG fest, dass hinsichtlich des Sozialplans die Einigungsstelle mit verbindlicher Wirkung für die Betriebspartner entscheiden kann. Hingegen hält § 112 BetrVG keine Lösung bereit, wenn sich Unternehmer und Betriebspartner über den Interessenausgleich nicht einigen können, woraus zu entnehmen ist, dass dieser nicht erzwungen werden kann.[3]

Mit dieser Differenzierung hinsichtlich der Erzwingbarkeit von Interessenausgleich und Sozialplan will der Gesetzgeber dem Grundrecht auf Unternehmerfreiheit entsprechen. Als Teilbereich der durch Art. 12 Abs. 1 GG geschützten Berufsfreiheit garantiert dieses Recht jedem Deutschen, dass er ein Unternehmen gründen und es unabhängig sowie frei führen darf.[4] Kann der Betriebsrat einen Interessenausgleich nicht erzwingen und, wie aus § 113 Abs. 1 BetrVG zu entnehmen, einen abgeschlossenen Ausgleich auch nicht durchsetzten, so wird deutlich, dass die unternehmerische Entscheidung über die Durchführung einer Betriebsänderung stets mitbestimmungsfrei bleiben soll.[5] Zugunsten des ebenfalls betroffenen Arbeitnehmerinteresses wurde als Ersatz die Erzwingbarkeit des Sozialplans in § 112 Abs. 4 BetrVG verankert. Damit soll erreicht werden, dass die Nachteile der Belegschaft, welche gerade durch die wirtschaftliche Unternehmerfreiheit entstanden sind, zumindest kompensiert werden.[6]

Um dennoch zu verhindern, dass die Regelungen des BetrVG zum Interessenausgleich unbeachtliche Programmsätze darstellen, setzt nun § 113 Abs. 3 BetrVG an. Diese Regelung legt dem Unternehmer finanzielle Belastungen auf, wenn er einen Interessenausgleich nicht in einem ausreichenden Maß versucht und so die

---

3 *Annuß*, in: Richardi, § 112 BetrVG Rn. 3; *S. Biedenkopf*, Interessenausgleich und Sozialplan, S. 87; *Buschmann*, BB 1983, 510, 512; *Däubler*, in: DKK, §§ 112, 112a BetrVG Rn. 1; *v. Hoyningen-Huene*, Betriebsverfassungsrecht, § 15 III 3; *Leinemann*, ZIP 1989, 552, 553; *Matthes*, Festschrift für Wlotzke, 393, 398 f.; *Oetker*, in: GK-BetrVG, §§ 112, 112a BetrVG Rn. 27; *Schlochauer*, ArbRGgw. (Bd. 20), 61, 70; *Verch*, Personalabbau und Betriebsverfassung, S. 174.

4 BVerfG vom 01.03.1979, BVerfGE 50, 290, 362; BVerfG vom 18.12.1985, NJW 1986, 1601; *Dieterich*, in: ErfK, Art. 12 GG Rn. 14; *C. J. Müller*, Die Berufsfreiheit des Arbeitgebers, S. 22; *Rittner*, Unternehmerfreiheit und Unternehmensrecht, S. 22; *Scholz*, in: Maunz/Dürig, Art. 12 GG Rn. 35; abweichend *Di Fabio*, in: Maunz/Dürig, Art. 2 GG Rn. 126; *Schlochauer*, ArbRGgw. (Bd. 20), 61, 71, welche die Unternehmerfreiheit als einen Teilbereich der allgemeinen Handlungsfreiheit ansehen und somit einen Schutz allein über Art. 2 Abs. 1 GG gewähren möchten.

5 *Bauer/Krieger*, NZA 2004, 1019, 1023; *S. Biedenkopf*, Interessenausgleich und Sozialplan, S. 87; *Preis/Bender*, in: Wlotzke/Preis, § 111 BetrVG Rn. 1; *Raab*, ZfA 1997, 183, 247.

6 *Bauer/Krieger*, NZA 2004, 1019, 1023; *Kraft*, Anm. zu BAG vom 27.10.1998, EzA § 113 BetrVG 1972 Nr. 27, 11, 14; *Raab*, ZfA 1997, 183, 247; *Schlochauer*, ArbRGgw. (Bd. 20), 61, 71; *Verch*, Personalabbau und Betriebsverfassung, S. 265.

Chance auf eine Einigung mit dem Betriebsrat verspielt. § 113 Abs. 3 BetrVG verhilft also dem Interessenausgleichsverfahren mittelbar zur Durchsetzung und mildert dessen Schwäche ab.[7] Aus diesem Grund kommt nach allgemeiner Meinung der Regelung des § 113 Abs. 3 BetrVG zunächst ein Sanktionscharakter zu.[8]

Andererseits sind die vom Unternehmer als Nachteilsausgleich zu erbringenden finanziellen Leistungen nicht etwa dem Staat, sondern den einzelnen durch die Betriebsänderung betroffenen Arbeitnehmern zu erbringen. Daher weist die herrschende Meinung dem Nachteilsausgleich aus § 113 Abs. 3 BetrVG parallel auch eine Kompensationsaufgabe zu.[9]

Aus der Tatsache, dass der Unternehmer an der Durchführung der Betriebsänderung wegen fehlender Erzwingbarkeit des Interessenausgleichs nicht gehindert werden kann, er aber finanzielle Nachteile erdulden muss, wenn er ein Interessenausgleichsverfahren nicht ordnungsgemäß durchführt, soll § 113 Abs. 3 BetrVG nach dem Willen des Gesetzgebers einen dem Verhältnismäßigkeitsgrundsatz entsprechenden Ausgleich zwischen der sonst stark beeinträchtigten unternehmerischen Entscheidungsfreiheit des Arbeitgebers und den Interessen der Belegschaft herstellen.[10]

---

7 So ausdrücklich *Oetker*, in: GK-BetrVG, § 113 BetrVG Rn. 7.

8 BAG vom 04.12.2004, AP Nr. 45 zu § 113 BetrVG 1972; BAG vom 23.09.2003, AP Nr. 43 zu § 113 BetrVG 1972; BAG vom 22.07.2003, AP Nr. 42 zu § 113 BetrVG 1972; BAG vom 20.12. 2001, AP Nr. 39 zu § 113 BetrVG 1972; BAG vom 19.01.1999, AP Nr. 37 zu § 113 BetrVG 1972; BAG vom 10.12.1996, AP Nr. 32 zu § 113 BetrVG 1972; BAG vom 03.04.1990, AP Nr. 20 zu § 113 BetrVG 1972; BAG vom 13.06.1989, AP Nr. 19 zu § 113 BetrVG 1972; BAG vom 08.11.1988, AP Nr. 18 zu § 113 BetrVG 1972; BAG vom 23.08.1988, AP Nr. 17 zu § 113 BetrVG 1972; *Däubler*, in: DKK, § 113 BetrVG Rn. 1; *Fitting/Engels/Schmidt/Trebinger/Linsenmaier*, § 113 BetrVG Rn. 2; *Hess*, in: Hess/ Schlochauer/Worzalla/Glock, § 113 BetrVG Rn. 1; *Kania*, in ErfK, § 113 BetrVG Rn. 1; *Kraft*, Anm. zu BAG vom 27.10.1998, EzA § 113 BetrVG 1972 Nr. 27, 11, 14; *Löwisch/ Kaiser*, § 113 BetrVG Rn. 14; *Oetker*, in: GK-BetrVG, § 113 BetrVG Rn. 3; *Preis/Bender*, in: Wlotzke/Preis, § 113 BetrVG Rn. 2; *Richardi/Annuß*, in: Richardi, § 113 BetrVG Rn. 2; *Schäfer*, AuR 1982, 120, 120; *Schlochauer*, ArbRGgw. (Bd. 20), 61, 73; *Schulze*, Zulässigkeit einstweiliger Verfügung, S. 162; *Stege/Weinspach/Schiefer*, §§ 111-113 BetrVG Rn. 164.

9 BAG vom 20.11. 2001, AP Nr. 39 zu § 113 BetrVG 1972; BAG vom 13.06.1989, AP Nr. 19 zu § 113 BetrVG 1972; *Däubler*, in: DKK, § 113 BetrVG Rn. 1; *Hess*, in: Hess/ Schlochauer/Worzalla/Glock, § 113 BetrVG Rn. 1; *Kraft*, Anm. zu BAG vom 27.10.1998, EzA § 113 BetrVG 1972 Nr. 27, 11, 14; *Oetker*, in: GK-BetrVG, § 113 BetrVG Rn. 5; *Richardi/Annuß*, in: Richardi, § 113 BetrVG Rn. 2; *Rumpff/Boewer*, Mitbestimmung in wirtschaftlichen Angelegenheiten, S. 415; *Schlochauer*, ArbRGgw. (Bd. 20), 61, 73; *Schulze*, Zulässigkeit einstweiliger Verfügung, S. 162; *Stege/Weinspach/Schiefer*, §§ 111-113 BetrVG Rn. 164; *Verch*, Personalabbau und Betriebsverfassung, S. 265; a.A. *Preis/Bender*, in: Wlotzke/Preis, § 113 BetrVG Rn. 3; *Schäfer*, AuR 1982, 120, 120, die nur auf den Sanktionscharakter abstellen.

10 *Konzen*, Leistungspflichten, S. 91; *Hartmann*, Einstweiliger Rechtsschutz, S. 33; *Schlochauer*, ArbRGgw. (Bd. 20), 61, 71; *Verch*, Personalabbau und Betriebsverfassung, S. 265; *Walker*, Der einstweilige Rechtsschutz, Rn. 876.

Als Ergebnis ist festzuhalten, dass der Interessenausgleich, welcher die Unternehmerautonomie stärker einschränkt, lediglich mittelbar durch § 113 BetrVG sanktioniert wird. Der gegenüber den Arbeitgebergrundrechten milder wirkende Sozialplan, der nur die Folgen einer Betriebsänderung regelt, kann hingegen notfalls über die Einigungsstelle durchgesetzt werden. Deshalb bedarf das Sozialplanverfahren grundsätzlich kein § 113 BetrVG entsprechendes Sicherungsinstrument.

Anzumerken ist, dass diese abgestufte gesetzliche Systematik durch die Einführung des § 112a BetrVG unterbrochen wurde. Denn nun sind Konstellationen denkbar, in denen ein Sozialplan nicht mehr erzwungen werden kann, für die der Gesetzgeber aber keine Regelungen getroffen hat, den Unternehmer anderweitig zur Durchführung des Sozialplanverfahrens anzuhalten. Im Gegensatz dazu wird das Interessenausgleichsverfahren auch in den durch § 112a BetrVG aufgenommenen Sachverhalten weiterhin mittels § 113 BetrVG geschützt.[11]

II. Rechtsdogmatische Einordnung des Nachteilsausgleichs

1. Sinn eines solchen Einordnungsversuchs

Im Folgenden ist zu untersuchen, wie der Nachteilsausgleich rechtsdogmatisch eingeordnet werden kann. Dabei kommt einer solche Einordnung nicht nur akademisches Interesse zu, sondern aus ihr lassen sich konkrete Rückschlüsse für die Behandlung des aus § 113 BetrVG stammenden Arbeitnehmeranspruchs ableiten. Ist beispielsweise der Nachteilsausgleich als Schadensersatznorm zu behandeln, so steht damit für die Feststellung der Abfindungshöhe fest, dass es bei dem unzureichenden Interessenausgleichsversuch auf ein Verschulden des Arbeitgebers nicht ankommt.

2. § 113 Abs. 3 BetrVG als Strafnorm?

In den Äußerungen von Literatur und Rechtsprechung wird stets wiederkehrend der Sanktionszweck des § 113 Abs. 3 BetrVG hervorgehoben.[12] Es stellt sich daher zunächst die Frage, ob der Gesetzgeber mit dem Nachteilsausgleich betriebs-

---

[11] Zu den verschiedenen Lösungen dieses Wertungswiderspruchs siehe § 4 C.

[12] BAG vom 04.12.2004, AP Nr. 45 zu § 113 BetrVG 1972; BAG vom 23.09.2003, AP Nr. 43 zu § 113 BetrVG 1972; BAG vom 22.07.2003, AP Nr. 42 zu § 113 BetrVG 1972; BAG vom 20.12. 2001, AP Nr. 39 zu § 113 BetrVG 1972; *Däubler*, in: DKK, § 113 BetrVG Rn. 1; *Fitting/Engels/Schmidt/Trebinger/Linsenmaier*, § 113 BetrVG Rn. 2; *Hess*, in: Hess/ Schlochauer/Worzalla/Glock, § 113 BetrVG Rn. 1; *Kania*, in: ErfK, § 113 BetrVG Rn. 1; *Löwisch/Kaiser*, § 113 BetrVG Rn. 14; *Oetker*, in: GK-BetrVG, § 113 BetrVG Rn. 3; *Richardi/Annuß*, in: Richardi, § 113 BetrVG Rn. 2; *Stege/Weinspach/Schiefer*, §§ 111-113 BetrVG Rn. 164.

verfassungswidriges Verhalten des Arbeitgebers abstrafen, er also mit § 113 BetrVG eine Strafnorm im klassischen Sinne etablieren wollte.[13]

Eine derartige Einordnung des § 113 BetrVG steht jedoch in offensichtlichem Widerspruch zu den eben genannten Zielsetzungen des Nachteilsausgleichs. Mit der Norm soll gegenüber dem Unternehmer ein finanzielles Druckmittel geschaffen werden, damit er die Beteiligungsrechte aus den §§ 111 f. BetrVG beachtet. § 113 BetrVG erfüllt mithin eine präventive und gerade keine repressive Funktion.[14]

Zum anderen ist gegen eine Behandlung des § 113 BetrVG als Strafnorm im klassischen Sinne einzuwenden, dass § 113 BetrVG neben der Pflicht- bzw. Obliegenheitsverletzung des Unternehmers weiterhin verlangt, dass bei den einzelnen Arbeitnehmern auch wirtschaftliche Nachteile vorliegen. Sollte dem Nachteilsausgleich jedoch eine pönale Funktion zukommen, so ist es unverständlich, warum ein Eingreifen der Norm dann nicht allein davon abhängt, ob ein ahndungswürdiges Verhalten des Arbeitgebers vorliegt.[15]

Weiterhin ist zu bemerken, dass der Arbeitgeber dem Nachteilsausgleich nur ausgesetzt ist, wenn die betroffenen Arbeitnehmer den Anspruch[16] auch geltend machen. Eine Behandlung des § 113 BetrVG als Strafnorm hätte zur Konsequenz, dass es von Dispositionen Privater abhängig ist, ob eine Strafvorschrift eingreift oder nicht. Mit dem in Deutschland bestehenden Strafmonopol des Staates ist dies aber nicht zu vereinbaren.[17]

Auch die Systematik des BetrVG spricht eine eindeutige Sprache. Im sechsten Teil dieses Gesetzes sind neben den Bußgeldvorschriften des § 121 BetrVG in den §§ 119 f. BetrVG die Strafnormen enthalten. Hätte der Gesetzgeber dem Nachteilsausgleich eine pönalisierende Funktion zuerkennen wollen, so hätte er, um dem System des Gesetzes zu entsprechen, die Regelung im sechsten Teil aufnehmen müssen.[18]

Aus all den eben genannten Argumenten muss geschlussfolgert werden, dass der bei § 113 BetrVG Abs. 3 immer wieder betonte Sanktionscharakter nicht dahingehend verstanden werden darf, den Nachteilsausgleich gar als Strafvorschrift zu

---

13 Den Charakter des § 113 BetrVG als Strafnorm betont ausdrücklich *Böhm*, BB 1973, 1077, 1079.

14 *Hinrichs*, Kündigungsschutz und Arbeitnehmerbeteiligung bei Massenentlassungen, S.186.

15 BAG vom 20. 11.2001, AP Nr. 39 zu § 113 BetrVG 1972; *Schlünder*, Rechtsfolgen, S. 95.

16 Zur Anspruchsqualität siehe § 2 C.

17 BAG vom 29.11.1983, AP Nr. 10 zu § 113 BetrVG 1972; BAG vom 04.12.1979, AP Nr. 6 zu § 111 BetrVG 1972; *Hinrichs*, Kündigungsschutz und Arbeitnehmerbeteiligung bei Massenentlassungen, S.186.

18 *Schlünder*, Rechtsfolgen, S. 95.

deuten. Vielmehr soll § 113 Abs. 3 BetrVG nur als „Instrument zur Steuerung des Unternehmerverhaltens“ dienen.[19]

3. § 113 Abs. 3 BetrVG als Schadensersatznorm?

Auf der anderen Seite kann § 113 Abs. 3 BetrVG nicht als bloße Schadensersatznorm betrachtet werden. Eine solche Einordnung würde allein auf die Ausgleichsfunktion für die betroffenen Arbeitnehmer abstellen und die Sanktionsfunktion, durch die das Arbeitgeberverhalten gesteuert werden soll, völlig außer Acht lassen.[20]

4. § 113 Abs. 3 BetrVG als gesetzlich angeordnete Vertragsstrafe?

In der Literatur wird ferner die Ansicht vertreten, § 113 Abs. 3 BetrVG müsse als Vertragsstrafe i.S.d. §§ 339 ff. BGB angesehen werden.[21] Da die Vertragsstrafe ebenfalls ein Druckmittel darstellt, um die Erfüllung von Pflichten aus vertraglichen bzw. gesetzlichen Schuldverhältnissen zu sichern, sie folglich genauso wie § 113 BetrVG präventive Ziele verfolgt, ist eine Parallele zum Nachteilsausgleich nicht abwegig.[22]

Gegen diese Einordnung spricht auch nicht, dass der finanzielle Ausgleich im Falle des § 113 BetrVG nicht an den Betriebsrat als Gläubiger der vom Arbeitgeber zu erbringenden Beteiligungspflicht, sondern an den Arbeitnehmer und damit an eine dritte Person erfolgt. Es ist allgemein anerkannt, dass die Vertragsstrafe gleichfalls an einen Dritten zahlbar ist.[23]

Wie der Wortlaut nahe legt und auch aus § 339 S. 1 BGB zu entnehmen ist, entsteht eine Vertragsstrafe grundsätzlich durch vertragliche Vereinbarung.[24] Jedoch kann einem Schuldverhältnis auch durch Gesetz im materiellen Sinne eine Vertragsstrafe vorgegeben werden, so dass aus diesem Grund ein Einordnungs-

---

19 BAG vom 20.11.2001, AP Nr. 39 zu Art. 113 BetrVG 1972; *Schulze*, Zulässigkeit einstweiliger Verfügung, S. 163.

20 BAG vom 20.11.1970, EzA § 72 BetrVG 1952, Nr. 2; BAG vom 10.06.1969, EzA § 72 BetrVG 1952 Nr. 1; *Hess*, in: Hess/Schlochauer/Worzalla/Glock, § 113 BetrVG Rn. 18; *Hinrichs*, Kündigungsschutz und Arbeitnehmerbeteiligung bei Massenentlassungen, S.186; a.A. LAG Hamm vom 14.09.2004, LAGE § 113 BetrVG 1972 Nr. 2.

21 *Hinrichs*, Kündigungsschutz und Arbeitnehmerbeteiligung bei Massenentlassungen, S.187 f.

22 Hierzu und zu weiteren Funktionen der Vertragsstrafe BGH vom 20.01.2000, NJW 2000, 2106, 2107; BGH vom 07.05.1997, ZIP 1997, S. 1240, 1241; BGHZ 105 vom 23.06.1988, 24, 27 f.; BGHZ 85 vom 18.11.1982, 305, 312 f.; *Böttcher*, ZfA 1970, 3, 8; *Ebert*, Pönale Elemente im deutschen Privatrecht, S. 254 f.; *Grüneberg*, in: Palandt, Vorb. v § 339 BGB, Rn. 1; *Rieble*, in: Staudinger, Vorbem. zu §§ 339 ff. BGB Rn. 13 ff.

23 *Gottwald*, in: MüKo-BGB, § 339 BGB Rn. 3; *Lindacher*, in: Soergel, § 339 BGB Rn. 6; *Rieble*, in: Staudinger, Vorbem. zu §§ 339 ff. BGB Rn. 164.

24 *Gottwald*, in: MüKo-BGB, § 339 BGB Rn. 4; *Rieble*, in: Staudinger, Vorbem. zu §§ 339 ff. BGB Rn. 113.

versuch des § 113 BetrVG als gesetzlich angeordnete Vertragsstrafe jedenfalls nicht abgelehnt werden kann.[25]

Andererseits ist eine Vertragsstrafe auch zulässig bei nachweislich fehlendem Schaden, womit es für ihr Eingreifen ausreichend ist, dass sich der Schuldner sollenswidrig verhalten hat.[26] Ein derartiger möglicher Schadensverzicht ist jedoch nicht vereinbar mit § 113 BetrVG, denn für diesen Ausgleichsanspruch des Arbeitnehmers muss in jedem Fall ein wirtschaftlicher Nachteil entstanden sein.

Die Vertragsstrafe wird weiterhin häufig dazu genutzt, den Gläubiger bei der Existenz eines Schadens von der Notwendigkeit des genauen Schadensnachweises zu entbinden.[27] Auch diese weitere Funktion der Vertragsstrafe steht zumindest mit § 113 Abs. 2 BetrVG im Widerspruch, denn beruft sich der Arbeitnehmer darauf, dass ihm infolge der betriebsverfassungswidrig durchgeführten Betriebsänderung andere wirtschaftliche Nachteile als die Entlassung entstanden sind, muss er diese detailliert darlegen.[28]

Ferner ist zu bedenken, dass die Vertragsstrafe als zivilrechtliches Sanktionsmittel grundsätzlich ein Vertretenmüssen verlangt, wovon nur im Wege der Individualabrede abgewichen werden kann.[29] Wie bereits angesprochen, ist nach ständiger Rechtsprechung[30] und nach absolut herrschender Meinung[31] das Verschuldenserfordernis aber gerade nicht Tatbestandsvoraussetzung des § 113 Abs. 3 BetrVG.

---

25 *Grüneberg*, in: Palandt, Vorb. v § 339 BGB Rn. 2; *Rieble*, in: Staudinger, Vorbem. zu §§ 339 ff. BGB Rn. 132; ausführlich hierzu *Ebert*, Pönale Elemente im deutschen Privatrecht, S. 258 f.

26 RG vom 28.10.1921, RGZ 103, 88, 101; BGH vom 27.11.1974, BGHZ 63, 256, 260; *Ebert*, Pönale Elemente im deutschen Privatrecht, S. 255; *Grüneberg*, in: Palandt, § 339 BGB Rn. 2.

27 BGH vom 20.01.2000, NJW 2000, 2106, 2107; BGH vom 07.05.1997, ZIP 1997, 1240, 1241; *Ebert*, Pönale Elemente im deutschen Privatrecht, S. 255; *Gottwald*, in: MüKo-BGB, Vor § 339 BGB Rn. 6; *Rieble*, in: Staudinger, Vorbem. zu §§ 339 BGB ff. Rn. 8; *Vollkommer*, in: Jauernig, § 339 BGB Rn. 3.

28 A.A. *Hinrichs*, Kündigungsschutz und Arbeitnehmerbeteiligung bei Massenentlassungen, S. 187.

29 Zum Grundsatz des Verschuldenserfordernisses vgl. *Ebert*, Pönale Elemente im deutschen Privatrecht, S. 257; *Gottwald*, in: MüKo-BGB, § 339 BGB Rn. 33; *Rieble*, in: Staudinger, § 339 BGB Rn. 144 ff.; *Vollkommer*, in: Jauernig, § 339 BGB Rn. 19. Zur Problematik, dass nur im Wege der Einzelabrede auf das Verschulden verzichtet werden kann, siehe *Ebert*, Pönale Elemente im deutschen Privatrecht, S. 257; *Gottwald*, in: MüKo-BGB, § 339 BGB Rn. 34; *Grüneberg*, in: Palandt, § 339 BGB Rn. 3 sowie *Bötticher*, ZfA 1970, 3, 44; *Rieble*, in: Staudinger, § 339 BGB Rn. 146 f., welche die Abdingbarkeit des Verschuldenserfordernises ablehnen. Allein *Hinrichs* (Kündigungsschutz und Arbeitnehmerbeteiligung bei Massenentlassungen, S.187) geht generell von einer Abdingbarkeit aus.

30 BAG vom 20.11.2001, AP Nr. 39 zu § 113 BetrVG 1972 Bl. 3; BAG vom 08.06.1999, AP Nr. 47 zu § 111 BetrVG 1972; BAG vom 10.12.1996, AP Nr. 32 zu § 113 BetrVG 1972; BAG vom 24.01.1996, AP Nr. 17 zu § 50 BetrVG 1972; BAG vom 04.12.1979, AP Nr. 6 zu § 111 BetrVG 1972; LAG Hamm vom 04.12.2003, ZInsO 2004, S. 824.

Wegen der genannten Widersprüche verbietet sich eine Behandlung des § 113 BetrVG als gesetzlich angeordnete Vertragsstrafe.

5. Ergebnis zur rechtsdogmatischen Einordnung des § 113 Abs. 3 BetrVG

Festzuhalten ist, dass der Nachteilsausgleich weder als Schadensersatzvorschrift noch als Strafnorm im klassischen Sinne oder gar als Vertragsstrafe charakterisiert werden kann. Wird § 113 BetrVG somit nicht von den bekannten Rechtsfiguren erfasst, ist der Nachteilsausgleich als Sanktions- und Ausgleichsregelung eigener Art anzusehen. Aus dieser höchst ungenauen rechtsdogmatischen Einordnung können allerdings keinerlei Rückschlüsse gezogen werden, die bei der Anwendung des § 113 BetrVG weiterhelfen.

III. Rangverhältnis beider Zwecke

Wurde eben festgestellt, dass der Nachteilsausgleich und damit auch der hier allein interessierende § 113 Abs. 3 BetrVG eine Sanktions- sowie eine Kompensationsfunktion erfüllen soll, so ist noch nichts darüber gesagt, ob ein Rangverhältnis zwischen beiden Funktionen auszumachen ist. Zu dieser Problematik finden sich indes nur selten Aussagen.[32] Meist werden Ausgleichs- und Sanktionszweck in einem Atemzug genannt, woraus zu entnehmen ist, dass man beide Funktionen für gleichrangig erachtet.[33]

1. Gesetzeskonzeption

Ein Anhaltspunkt für ein bestehendes Rangverhältnis könnte sich aus der Konzeption des § 113 BetrVG ergeben. Wie dargelegt, hängt es stets vom Tätigwerden der betroffenen Arbeitnehmer ab, ob eine Missachtung der Beteiligungsrechte aus

---

[31] *Bauer*, Betriebsänderungen, S. 112; *Fitting/Engels/Schmidt/Trebinger/Linsenmaier*, § 113 BetrVG Rn. 16; *Hess*, in: Hess/Schlochauer/Worzalla/Glock, § 113 BetrVG Rn. 20; *Knorr*, Der Sozialplan, S. 125; *Oetker*, in: GK-BetrVG, § 113 BetrVG Rn. 37; *Richardi/Annuß*, in: Richardi, § 113 BetrVG Rn. 28; *Stege/Weinspach/Schiefer*, §§ 111-113 BetrVG Rn. 171; a.A. *Ehmann*, Betriebsstillegung und Mitbestimmung, S. 80 f.

[32] Den Vorrang des Ausgleichszwecks vertreten *Keller*, NZA 1997, 519, 520; *Schlünder*, Rechtsfolgen, S. 233, allerdings ohne eine nähere Begründung zu liefern. Im Gegensatz dazu *Fitting/Engels/Schmidt/Trebinger/Linsenmaier*, § 113 BetrVG Rn. 2; *Oetker*, in: GK-BetrVG, § 113 BetrVG Rn. 5; *ders.*, Anm. zu BAG vom 22.07.2003, AP Nr. 42 zu § 113 BetrVG 1972, 5, 11 R; *ders.*, Anm. zu LAG Niedersachen vom 12.08.2002, LAGE § 122 InsO Nr. 1, 9, 15 f., die den Sanktionszweck in den Mittelpunkt stellen.

[33] So z.B. BAG vom 20.11.2001, AP Nr. 39 zu § 113 BetrVG 1972; BAG vom 13.06.1988, AP Nr. 19 zu § 113 BetrVG 1972; *Däubler*, in: DKK, § 113 BetrVG Rn. 1; *Hess*, in: Hess/Schlochauer/Worzalla/Glock, § 113 BetrVG Rn. 1; *Löwisch/Kaiser*, § 113 BetrVG Rn. 1; *Richardi/Annuß*, in: Richardi, § 113 BetrVG Rn. 2.

den §§ 111 f. BetrVG geahndet wird. Der Betriebsrat kann also selbst keine Sanktionierung des Arbeitgebers betreiben. Gerade diese Abhängigkeit des Betriebsrats vom Handeln des einzelnen Belegschaftsmitglieds könnte dafür sprechen, dass die Ausgleichsfunktion vom Gesetzgeber als maßgeblicher Zweck gesehen wird.

Wie am Beispiel des § 87 und § 102 BetrVG gezeigt, ist es für das BetrVG gerade typisch, dass die Nichtbeachtung von Beteiligungsrechten seitens des Arbeitgebers allein zu Konsequenzen auf individualrechtlicher Ebene führt. Eine derartige Ausgestaltung von Sanktionsnormen findet ihren Grund darin, dass der Betriebsrat fremdnützig im Interesse der durch ihn repräsentierten Arbeitnehmer tätig wird.[34] Die in § 113 BetrVG verwendete Gesetzeskonzeption liefert folglich kein Argument, dass etwa der Kompensations- vorrangig vor dem Sanktionszweck sein soll.

2. Entstehungsgeschichte

Die Begründung zum Gesetzesentwurf des BetrVG 1972 spricht davon, dass der Nachteilsausgleich „die Einhaltung der Beteiligung des Betriebsrats bei unternehmerischen Maßnahmen“ absichern und gewährleisten soll, „dass Arbeitnehmer, die von solchen ohne Beachtung der Mitbestimmungsregelung durchgeführten Maßnahmen nachteilig betroffen werden, einen Ausgleich erhalten“.[35]

Zählt die Gesetzesbegründung beide Zwecke hintereinander auf, ohne irgendwelche Abstufungen vorzunehmen, so scheint ein Argument gefunden, dass der Gesetzgeber Kompensation und Sanktion für gleichwertig erachtet. Es kann aber nicht ausgeschlossen werden, dass er sich gar keine Gedanken über ein Rangverhältnis gemacht hat und mit der Aufzählung in der Begründung lediglich zum Ausdruck bringen wollte, dass dem Nachteilsausgleich ein doppelter Zweck zukommen soll. Somit ist auch der Gesetzesbegründung zum BetrVG nicht eindeutig zu entnehmen, wie die Legislative Sanktions- und Kompensationszweck zueinander gewichten wollte.

3. Teleologie des § 113 BetrVG

Bedenkt man hingegen nochmals, dass mittels § 113 BetrVG der Unternehmer sanktioniert werden soll, wenn er einen Interessenausgleich nicht in ausreichendem Maß versucht hat, so zeigt sich für die hier angesprochene Problematik auch ein Lösungsansatz. Denn der Gesetzgeber hat die Sanktion nicht etwa derart ausgestaltet, dass die vom Arbeitgeber zu erbringenden Leistungen dem Staat zufließen, sondern Nutznießer des § 113 BetrVG soll allein der durch die Betriebsänderung betroffene Arbeitnehmer sein. Dessen Chancen auf eine

---

34 Vgl. dazu den Abschnitt „Nachteilsausgleich allein zum Arbeitnehmerschutz?“.

35 BT-Drucks. 6/1786, S. 55.

verträgliche Betriebsänderung wurden gerade durch einen unzureichenden Interessenausgleichsversuch des Unternehmers verspielt. Der Gesetzgeber hat sich daher entschieden, dass die von § 113 BetrVG bezweckte Sanktion durch Ausgleichszahlungen an den konkret Betroffenen erfolgen soll. Mithin ist die Kompensationsfunktion nur Mittel zum Sanktionszweck und aus diesem Grund auch als nachrangige Aufgabe des § 113 BetrVG zu behandeln.[36]

4. Ergebnis zum Rangverhältnis

Es lassen sich weder aus der Ausgestaltung noch aus der Entstehungsgeschichte des § 113 Abs. 3 BetrVG Argumente dafür finden, dass zwischen Sanktions- und Kompensationszweck ein bestimmtes Rangverhältnis existiert. Allerdings liefert die Teleologie einen verlässlichen Anhaltspunkt dafür, dass der Gesetzgeber beim Nachteilsausgleich die Sanktionsfunktion in den Vordergrund rücken wollte.

IV. Nachteilsausgleich allein zum Arbeitnehmerschutz?

Auch wenn feststeht, dass der Nachteilsausgleich indirekt den Unternehmer zur Beachtung der §§ 111 f. BetrVG anhalten soll, so ist damit noch nicht die Frage beantwortet, wer nach dem Willen des Gesetzes eigentlich vom Schutzbereich des § 113 BetrVG unmittelbar erfasst sein soll.

Verschiedentlich wurde die These aufgestellt, dass der Nachteilsausgleich einzig dem Schutz des betroffenen Arbeitnehmers, jedoch nicht der Sicherung der Position des Betriebsrats dient.[37] Die Vertreter dieser Ansicht kommen so zum Ergebnis, dass die Beteiligungsrechte des Betriebsrats bei Betriebsänderungen durch das BetrVG nicht ausreichend geschützt sind und damit ein allgemeiner Unterlassungsanspruch notwendig ist.[38] Für diese Auffassung scheint zunächst zu

---

36 *Fitting/Engels/Schmidt/Trebinger/Linsenmaier*, § 113 BetrVG Rn. 2; *Oetker*, in: GK-BetrVG, § 113 BetrVG Rn. 5; *ders.*, Anm. zu BAG vom 22.07.2002, AP Nr. 42 zu § 113 BetrVG 1972, 5, 11 R; *ders.*, Anm. zu LAG Niedersachen vom 12.08.2002, LAGE § 122 InsO Nr. 1, 9, 15 f.

37 LAG Thüringen vom 18.08.2003, LAGE § 111 BetrVG 2001 Nr. 1; LAG Berlin vom 07.09.1995, LAGE § 111 BetrVG 1972 Nr. 13; LAG Hamburg vom 13.11.1981, NJW 1984, 324, 324; ArbG Karlsruhe vom 22.07.2003, NZA-RR 2004, 482, 484; *Bruns*, AiB 2003, 15, 17; *Buschmann*, BB 1983, 510, 514; *Trittin*, DB 1983, 230, 231.

38 So beispielsweise LAG Hamm vom 28.08.2003, NZA-RR 2004, 80, 81; LAG Thüringen vom 18.08.2003, LAGE § 111 BetrVG 2001 Nr. 1; LAG Karlsruhe vom 22.07.2003, NZA-RR 2004, 482, 483; LAG Thüringen vom 26.09.2000, LAGE § 111 BetrVG 1972 Nr. 17; LAG Hamburg vom 27.06.1996, LAGE § 111 BetrVG 1972 Nr. 15; LAG Berlin vom 07.09.1995, NZA 1996, 1284, 1286; ArbG Hamburg vom 06.01.2005, AiB 2005, 345; ArbG Marburg, vom 29.12.2003, NZA-RR 2004, 199, 200; ArbG Berlin vom 09.03.2000, AiB 2001, 544, 545; ArbG Hamburg vom 04.11.1997, NZA-RR 1998, 127, 127; ArbG Dessau vom 30.04.1993, AuA 1994, 184, 185; KreisG Jena vom 22.09.1992, BB 1992, 2223; KreisG Saalfeld vom 04.02.1991, DB 1992, S. 919; *Buschmann*, BB 1983, 510, 512; *Derleder*, AuR 1995, 13,17; *Pflüger*, DB 1998, 2062, 2063 f.; *Trittin*, DB 1983, 230, 230; *Zwanziger*, BB

sprechen, dass der Nachteilsausgleich rein individualrechtlich ausgestaltet ist, es also stets einer Handlung des betroffenen Arbeitnehmers bedarf, um den Arbeitgeber finanziellen Belastungen auszusetzen.

Man muss sich jedoch vergegenwärtigen, dass das BetrVG dem Betriebsrat nur Befugnisse zugewiesen hat, um das Selbstbestimmungsdefizit des einzelnen Arbeitnehmers auszugleichen, welches sich daraus ergibt, dass der Arbeitnehmer wegen der allgemein gehaltenen vertraglichen Tätigkeitsbeschreibung in weitem Umfang dem Direktionsrecht des Arbeitgebers unterworfen ist und er sich in eine fremde organisatorische Einheit eingliedern, also anpassen muss.[39]

Deshalb wurden dem Betriebsrat auch die Beteiligungsrechte der §§ 111 f. BetrVG allein zum Schutze der durch ihn repräsentierten Arbeitnehmer gewährt.[40] Handelt der Betriebsrat nur im fremden Interesse und nicht um seiner selbst willen, so ist auch die Gesetzeskonzeption des BetrVG verständlich, wenn lediglich dem Arbeitnehmer das Recht zugewiesen wird, die Verletzung der Beteiligungsrechte gegenüber dem Arbeitgeber geltend zu machen.[41]

Dass die Missachtung von Mitwirkungsrechten des Betriebsrats auf individualrechtlicher Ebene sanktioniert wird, stellt sich auch nicht als Besonderheit der §§ 111 ff. BetrVG dar. So führt beispielsweise eine Nichtbeteiligung des Betriebsrats in sozialen Angelegenheiten des § 87 BetrVG nach herrschender Meinung zur Unwirksamkeit der Maßnahme gegenüber den einzelnen Arbeitnehmern.[42] Wird bei einer Kündigung der Betriebsrat nicht ordnungsgemäß nach § 102 BetrVG angehört, so kann der Gekündigte im Kündigungsschutzverfahren die Unwirksamkeit der Kündigung wegen Missachtung des kollektiven Beteiligungsrechts nach § 102 Abs. 1 S. 3 BetrVG geltend machen.[43]

1998, 477, 480. Zur Problematik der Anerkennung eines allgemeinen Unterlassungsanspruch vgl. § 9 B II.

39 *Kreutz*, Grenzen der Betriebsautonomie, S. 172 ff.; *Raab*, Negatorischer Rechtsschutz, S. 31; *ders.*, ZfA 2001, 31, 35; *Wiese*, in: GK-BetrVG, Einleitung, Rn. 71; *ders.*, ZfA 2000, 117, 119 ff. Neben der Schutzfunktion kommt der Betriebsverfassung noch die Aufgabe der „gleichberechtigten Teilhabe" zu. (so ausdrücklich *Wiese*, in: GK-BetrVG, Einleitung, Rn. 78). Siehe zu dieser weiteren Funktion auch *v. Hoyningen-Huene*, Festschrift für Wiese, 175, 178; *Raab*, ZfA 2001, 31, 37.

40 Statt aller *Matthes*, Festschrift für Dieterich, 355, 357.

41 *Schlünder*, Rechtsfolgen, S. 231; *Schulze*, Zulässigkeit einstweiliger Verfügungen, S. 164.

42 Zu dieser sog. Theorie der notwendigen Mitbestimmung vgl. BAG (GS) vom 03.12.1991, AP Nr. 51 zu § 87 BetrVG 1972 Lohngestaltung; *Bommermann*, Die Theorie der Wirksamkeitsvoraussetzung; *v. Hoyningen-Huene*, Betriebsverfassungsrecht, § 12 III 5; *Konzen*, Leistungspflichten, S. 83 ff.; *Miersch*, Rechtsfolgen mitbestimmungswidriger Maßnahmen, S. 97 ff.; *Schlünder*, Rechtsfolgen, S. 7 ff.; a.M. *Richardi*, in: Richardi, § 87 BetrVG 104 ff. – zu dieser Auffassung ausführlich *Hurlebaus*, Fehlende Mitbestimmung bei § 87 BetrVG, S. 47 ff. Dazu, dass der Gesetzgeber des BetrVG 1972 die Theorie der notwendigen Mitbestimmung übernommen hat, vgl. *Konzen*, NZA 1995, 865, 869.

43 *Schlünder*, Rechtsfolgen, S. 23 ff.

Damit wird deutlich, dass das BetrVG regelmäßig Maßnahmen des Arbeitgebers, welche Betriebsratsrechte verletzen, allein auf der individualrechtlichen Ebene ahndet.[44] Gerade wegen der Fremdnützigkeit des Betriebsratshandelns kann der individualrechtlichen Ausgestaltung des § 113 BetrVG aber nicht entnommen werden, dass der Nachteilsausgleich allein dem einzelnen Arbeitnehmer dienen soll und damit die Position des Betriebsrats lediglich reflexartig schützt.

Die Ansicht, wonach dem § 113 BetrVG nur Individualschutzcharakter zukommt, ist auch mit der Gesetzesbegründung zu § 113 BetrVG nicht vereinbar.[45] In ihr kommt klar zum Ausdruck, dass „die Einhaltung der Beteiligungsrechte des Betriebsrats bei unternehmerischen Maßnahmen abgesichert werden“ sollen, der Betriebsrat also selbst unmittelbares Schutzobjekt ist.[46]

Die mit § 113 BetrVG bezweckte Steuerung des Unternehmerverhaltens bei Betriebsänderungen dient mithin nicht allein dem einzelnen betroffenen Arbeitnehmer, sondern die Norm soll nach dem Willen des Gesetzes gleichfalls auch die Position des Betriebsrats absichern.

Auf einem anderen Blatt steht natürlich die Frage, ob § 113 BetrVG effektiv und ausreichend ist, die Stellung des Betriebsrats bei Betriebsänderung zu verteidigen. Denn wehrt sich der Arbeitnehmer nicht und fordert vom Arbeitgeber keinen Nachteilsausgleich, so steht der Betriebsrat, dessen Beteiligungsrechte verletzt wurden, schutzlos da. Ob es hierdurch zu einer Schutzlücke gekommen ist, welche eventuell mit einem Unterlassungsanspruch des Betriebsrats geschlossen werden kann, soll indes an anderer Stelle diskutiert werden.[47]

V. Zusammenfassung zum Zweck des § 113 Abs. 3 BetrVG

§ 113 Abs. 3 BetrVG hat die Aufgabe, die „Schwäche des Interessenausgleichsverfahrens“ zu mildern, da der Betriebsrat bei einer Betriebsänderung zwar den Sozialplan, aber nicht den Interessenausgleich erzwingen kann. Diese zugedachte Bestimmung erfüllt der Nachteilsausgleich durch die Androhung finanzieller Belastungen, wenn der Arbeitgeber die entsprechenden Beteiligungsrechte aus den §§ 111 f. BetrVG nicht beachtet. § 113 Abs. 3 BetrVG kommt somit eine Sanktionsfunktion zu. Der Nachteilsausgleich weist die vom Arbeitgeber zu erbringenden finanziellen Mittel allein den Belegschaftsmitgliedern zu, die infolge der betriebsverfassungswidrig durchgeführten Betriebsänderung Nachteile erleiden mussten. § 113 BetrVG erfüllt daher auch einen Kompensationszweck, welcher jedoch gegenüber dem Sanktionszweck nachrangig ist. Weiter ist fest-

---

44 ArbG Schwerin vom 13.02.1998, NZA-RR 1998, 448, 449 f.; *Schulze*, Zulässigkeit einstweiliger Verfügungen, S. 164.

45 So auch *Bengelsdorf*, DB 1990, 1233, 1236; *Schulze*, Zulässigkeit einstweiliger Verfügungen, S. 164.

46 BT-Drucks. 6/1786, S. 55.

47 Vgl. hierzu ausführlich § 9 B II.

zuhalten, dass der Nachteilsausgleich weder als Strafnorm im klassischen Sinne noch als gesetzlich angeordnete Vertragsstrafe oder als Schadensersatzvorschrift angesehen werden kann. Die Regelung des § 113 BetrVG ist vielmehr als Sanktions- und Ausgleichsregelung eigener Art zu interpretieren.

B. § 74 BetrVG 1952 als historischer Anknüpfungspunkt für die Nachteilsausgleichsregelung

I. Vergleich von § 113 BetrVG und § 74 BetrVG 1952

§ 113 BetrVG findet seinen Ursprung in § 74 BetrVG 1952. Nach dieser Norm war der Arbeitgeber zu einer Ausgleichszahlung gegenüber einem Belegschaftsmitglied verpflichtet, wenn er von einer Einigung[48] bzw. einem bindenden Einigungsvorschlag der Vermittlungsstelle über das „Ob" und das „Wie" einer Betriebsänderung ohne zwingenden Grund abwich und deshalb der Arbeitnehmer entlassen wurde. Mithin ist der Regelungsgehalt des § 74 BetrVG 1952 fast wörtlich in § 113 Abs. 1 BetrVG übernommen worden.

Bereits während der Geltung des BetrVG 1952 war man sich bewusst, dass § 74 BetrVG 1952 eine ausfüllungsbedürftige Lücke enthielt. Denn die Konstellation, dass der Unternehmer die Betriebsänderung durchführt, ohne dass der Betriebsrat vorher sein Mitbestimmungsrecht wirksam ausüben konnte, unterfiel gerade keiner Sanktion. Um diesen Missstand abzuhelfen, wurde der Unternehmer in einem solchen Fall so gestellt, als ob eine Einigung bzw. ein Vermittlungsvorschlag vorliegen würde, wonach eine Betriebsänderung nicht durchgeführt werden soll.[49] § 113 Abs. 3 BetrVG hat diese Lückenfüllung quasi Gesetz werden lassen.

Allein § 113 Abs. 2 BetrVG stellt eine gewisse Neuerung gegenüber dem § 74 BetrVG 1952 dar. Die letztgenannte Norm erkannte den Arbeitnehmern nur dann eine Entschädigungszahlung zu, wenn sie entlassen wurden. § 113 Abs. 2 BetrVG berücksichtigt demgegenüber, dass neben dem Verlust des Arbeitsplatzes auch andere wirtschaftliche Nachteile denkbar sind, welche kompensiert werden müssen.

---

[48] Entgegen dem Wortlaut des § 74 BetrVG 1952 ist als Einigung i.S. der Vorschrift auch die Übereinkunft der Betriebspartner anzusehen, welche ohne Mitwirkung der Vermittlungsstelle erzielt wurde. Vgl. dazu *Dietz*, § 74 BetrVG Rn. 5.

[49] BAG vom 20.11.1970, AP Nr. 8 zu § 72 BetrVG; BAG vom 20.01.1961, AP Nr. 2 zu § 72 BetrVG; *Dietz*, § 74 BetrVG Rn. 11; *Fitting-Krageloh-Auffarth*, § 72 BetrVG Rn. 29; *Hueck/Nipperdey*, Arbeitsrecht II/2, S. 875 (Fn. 68); *Neumann-Duesberg*, Betriebsverfassungsrecht, S. 596; *Nikisch*, Arbeitsrecht III, S. 534.

II. Unterschiedliche Beteiligungskonzepte im BetrVG 1952 und 1972 bei Betriebsänderungen

Festzuhalten ist, dass § 113 BetrVG grundsätzlich eine Übertragung des § 74 BetrVG 1952 in das neue Gesetz darstellt. Eine solche identische Fortschreibung muss jedoch verwundern, da dem BetrVG 1952 im Vergleich zum BetrVG 1972 ein anderes Konzept hinsichtlich der Mitwirkungsrechte des Betriebsrats bei Betriebsänderungen zugrunde lag.

So gewährte § 72 Abs. 1 BetrVG 1952 dem Betriebsrat ein Mitbestimmungsrecht allein bei der unternehmerischen Entscheidung über die Durchführung der Betriebsänderung. Eine Regelung, ob die Arbeitnehmervertreter auch über den Ausgleich oder die Milderung der geplanten Maßnahme mitbestimmen können, enthielt das Gesetz jedoch nicht.[50] Dem BetrVG 1952 war daher die Konzeption des BetrVG 1972, wonach bei den Mitwirkungsrechten zu differenzieren ist, ob es um die Durchführung der betrieblichen Maßnahme (Interessenausgleich) oder um Regelungen über die Folgenbeseitigung (Sozialplan) geht, unbekannt.

Wesentliche Unterschiede zwischen dem BetrVG 1952 und dem BetrVG 1972 bestehen auch hinsichtlich der Intensität der Mitwirkungsrechte. Konnten sich Betriebsrat und Arbeitgeber zur Zeit der Geltung des BetrVG 1952 nicht über einen Interessenausgleich einigen und war die Einschaltung einer behördlichen Stelle nach § 72 Abs. 2 BetrVG 1952 ebenso erfolglos, so sah § 73 BetrVG 1952 die Anrufung der Vermittlungsstelle vor. Nach § 73 Abs. 1 BetrVG 1952 versuchte auch sie noch einmal eine Einigung zwischen den Betriebspartnern. Gelang dies ebenfalls nicht, so konnte die Vermittlungsstelle gemäß § 73 Abs. 2 BetrVG 1952 im Gegensatz zur heutigen Regelung einen Vermittlungsvorschlag vorlegen. Trotz des Wortes „Vermittlungsvorschlag" war die Entscheidung der Vermittlungsstelle bindend.[51] Folglich war im BetrVG 1952 der Interessenausgleich über die Vermittlungsstelle durchsetzbar. Im Gegensatz dazu kann unter der Geltung des BetrVG 1972 die unternehmerische Entscheidung über die Durchführung einer Betriebsänderung gerade nicht mehr zwingend beeinflusst werden.

Es stellt sich damit die Frage, ob aufgrund des neuen Konzepts des BetrVG 1972 hinsichtlich der Betriebsratsrechte bei Betriebsänderungen auch eine Neugestaltung der Sanktionsvorschrift notwendig war. Muss dies bejaht werden, so ist die vom Gesetzgeber praktizierte Übernahme des § 74 BetrVG 1952 in den § 113 BetrVG mit dem neuen System der Mitbestimmung in wirtschaftlichen Angelegenheiten nicht vereinbar.[52] Zunächst lässt sich § 113 Abs. 1 BetrVG mit

---

50 Nach Auffassung des Bundesarbeitsgerichts konnten jedoch Abfindungszahlungen zum Gegenstand der Interessenausgleichsverhandlungen gemacht werden. Vgl. dazu nur BAG vom 20.11.1970, AP Nr. 7 zu § 72 BetrVG.

51 Vgl. nur *Dietz*, § 73 BetrVG Rn. 7.

52 So *Matthes*, Festschrift für Wlotzke, 393, 402; *Richardi/Annuß*, in: Richardi, § 113 BetrVG Rn. 3 f.; ausführlicher: *Richardi*, in: Richardi (6. Aufl.) § 113 BetrVG Rn. 2 ff.

dem Regelungsplan der §§ 111f. BetrVG verbinden, womit die fast wörtliche Übernahme des § 74 BetrVG stimmig mit dem Konzeptionswechsel ist. Zur Zeit der Geltung des BetrVG 1952 legte § 74 BetrVG die finanziellen Belastungen fest, wenn sich der Arbeitgeber nicht an den *erzwingbaren* Interessenausgleich gehalten hat. Zwar kann heute gegen den Willen des Arbeitgebers kein Interessenausgleich mehr durchgesetzt werden, stimmt der Unternehmer auf freiwilliger Basis dennoch einer solchen Einigung zu, so ist aus dem Aspekt des enttäuschten Vertrauens eine Sanktion, wie sie § 113 Abs. 1 BetrVG vorsieht, geboten.

Die Erforderlichkeit eines solchen Druckmittels wird umso deutlicher, wenn man bedenkt, dass die herrschende Auffassung den Interessenausgleich nicht als eine Betriebsvereinbarung, sondern als eine besondere Vereinbarung kollektivrechtlicher Art ansieht.[53] Denn Folge dieser Sichtweise ist, dass dem Interessenausgleich im Verhältnis von Arbeitnehmer und Arbeitgeber keine unmittelbare und zwingende Wirkung zukommt und der Betriebsrat die Einhaltung des Interessenausgleichs ebenfalls nicht verlangen kann.[54]

Auch die von § 74 BetrVG 1952 in § 113 Abs. 1 BetrVG übernommene Regelung, wonach ein Ausgleich nicht gewährt wird, wenn der Arbeitgeber wegen eines zwingenden Grundes vom vereinbarten Interessenausgleich abweichen musste, ist entgegen *Richardi/Annuß*[55] nicht rätselhaft oder gar unüberlegt. Vielmehr wird hiermit dem Grundsatz entsprochen, dass bei unvorhersehbaren Änderungen in der Geschäftsgrundlage, die keinem der Beteiligten zumutbar sind, ein Festhalten an dem Vertrag nicht verlangt werden kann.

Ebenso ist die in § 113 Abs. 3 BetrVG kodifizierte Lückenfüllung des BAG zu § 74 BetrVG 1952 nicht unvereinbar mit dem neuen Beteiligungssystem des BetrVG 1972 bei Betriebsänderungen. Zwar kann, wie schon mehrfach erwähnt wurde, der Abschluss eines Interessenausgleichs nach geltendem Recht nicht mehr verlangt werden. Dass der Unternehmer auf der einen Seite einen Interessenausgleich nicht schließen braucht, er aber dennoch finanzielle Einbußen erdulden

---

53 BAG vom 28.08.1991, AP Nr. 2 zu § 85 ArbGG 1979; *Annuß*, in: Richardi, § 112 BetrVG Rn. 36 ff.; *Kania*, in ErfK, § 112, 112a BetrVG Rn. 9; *Oetker*, in: GK-BetrVG, §§ 112, 112a BetrVG Rn. 36; *Richardi*, Festschrift für Wiese, 441, 445, *Schaub*, Festschrift für Däubler, 347, 348. Abweichend *Fitting/Engels/Schmidt/Trebinger/Linsenmaier*, §§ 112, 112a BetrVG Rn. 50 ff., welche den Interessenausgleich zwar auch als Kollektivvereinbarung besonderer Art betrachten, jedoch Betriebsrat und Arbeitgeber durch diese Vereinbarung als gebunden ansehen. Hingegen betrachtet *Matthes* (Festschrift Wlotzke, 393, 396 f.) den Interessenausgleich als eine normativ wirkende Betriebsvereinbarung. Nach *Siemes* (ZfA 1998, 183, 191) ist der Interessenausgleich als ein schuldrechtlicher Vertrag zu behandeln. Im Gegensatz dazu fehlt es nach Auffassung *Ehmanns* (Festschrift Kissel, 175, 177 ff.) beim Interessenausgleich offensichtlich an einem Rechtsbindungswillen.

54 BAG vom 28.08.1991, AP Nr. 2 zu § 85 ArbGG 1979; *Annuß*, in: Richardi, § 112 BetrVG Rn. 36 ff.; *Kania*, in ErfK, § 112, 112a BetrVG Rn. 9; *Oetker*, in: GK-BetrVG, §§ 112, 112a BetrVG Rn. 36; *Richardi*, Festschrift für Wiese, 441, 445.

55 In: Richardi, § 113 BetrVG Rn. 4.

muss, wenn er einen ausreichenden Versuch zu einer solchen Vereinbarung nicht unternimmt, stellt erkennbar keinen Widerspruch dar. Denn mit der Regelung des § 113 Abs. 3 BetrVG wollte der Gesetzgeber eine Sanktion etablieren, die lediglich die Nichtbeachtung des *Beteiligungsverfahrens* betrifft und damit den Weg zum Interessenausgleich schützt.[56] Dem Betriebsrat soll dadurch, dass der Arbeitnehmer zu einem Versuch mittelbar angehalten wird, die Chance gegeben werden, die Entscheidungsfindung bezüglich der Betriebsänderung noch zu Gunsten der Belegschaft zu beeinflussen.

Somit stellt sich die Übernahme des Regelungsgehalts des § 74 BetrVG 1952 in § 113 BetrVG 1972 trotz des geänderten Beteiligungsprinzips bei Betriebsänderungen nicht als unharmonisch oder gar systemwidrig dar.

C. Dogmatische Konstruktion

I. Problemaufriss

§ 113 Abs. 3 BetrVG enthält selbst keine Rechtsfolge, wenn ein Arbeitnehmer infolge einer betriebsverfassungswidrig durchgeführten Betriebsänderung entlassen wurde bzw. andere wirtschaftliche Nachteile erlitt. Die Regelung erklärt vielmehr die Absätze 1 bzw. 2 des § 113 BetrVG und damit zumindest deren Rechtsfolgen für anwendbar.[57] Für die vorzunehmende dogmatische Einordnung sind dann auch die Absätzen 1 und 2 allein maßgeblich.

§ 113 Abs. 2 BetrVG, der dem Arbeitnehmer einen Ausgleich gewährt, wenn er durch die Betriebsänderung andere wirtschaftliche Nachteile als den Verlust seines Arbeitsplatzes erleidet, ist eindeutig so formuliert, dass der Arbeitnehmer vom Arbeitgeber Zahlung eines finanziellen Ausgleichs und damit ein Tun fordern kann, so dass hier unstrittig die Voraussetzungen des § 194 Abs. 1 BGB gegeben sind und mithin eine Anspruchsgrundlage vorliegt.

Anders stellt sich hingegen die Situation bei § 113 Abs. 1 BetrVG dar. Betrachtet man sich dessen Wortlaut, so fällt auf, dass abweichend vom zweiten Absatz der Arbeitnehmer vom Arbeitgeber gerade keine Zahlung verlangen darf, sondern er lediglich vor dem Arbeitsgericht Klage auf Zahlung erheben kann. Somit sind die Voraussetzungen, die § 194 Abs. 1 BGB an eine Anspruchsnorm stellt, allein vom Wortlaut des § 113 Abs. 1 BetrVG ausgehend nicht erfüllt. Aus diesem Grund vertritt *Oetker* die Auffassung, dass zwar § 113 Abs. 2 BetrVG, aber nicht § 113 Abs. 1 BetrVG als eine Anspruchsgrundlage zu qualifizieren sei. Der letztgenannte Absatz gebe den Betroffenen nur ein Recht, das Arbeitsgericht anzuru-

---

[56] *Richardi*, in: Richardi (6. Aufl.) § 113 BetrVG Rn. 3 u. 5.

[57] Zur Frage, ob darüber hinaus § 113 Abs. 3 BetrVG auch als partielle Rechtsgrundverweisung auf § 113 Abs. 1 und 2 BetrVG verstanden werden kann, vgl. die Ausführungen in § 6 B VII 2. Die Beantwortung dieser Frage hat eine besondere Bedeutung dafür, ob ein wichtiger Grund i.S.d. § 113 Abs. 1 BetrVG auch im Rahmen des § 113 Abs. 3 BetrVG eine Ausnahme vom Eingreifen der Sanktionswirkung erlauben kann.

fen.[58] Die Gegenauffassung geht, ohne sich vertiefend mit der Problematik auseinanderzusetzen, davon aus, dass es sich bei beiden Absätzen um Ansprüche der Arbeitnehmer handelt.[59]

II. Konsequenzen der beiden Auffassungen

Es verwundert, dass sich soweit ersichtlich niemand außer *Oetker* mit dem Problem näher befasst. Dies wäre nur dann erklärbar, wenn auch die abweichende Betrachtung zu keinen anderen Ergebnissen kommen würde und sich somit diese Diskussion in die lange Schlange der rein akademischen Streitigkeiten einreihen müsste.

Sieht man in § 113 Abs. 1 BetrVG eine Anspruchsgrundlage i.S.d. § 194 Abs. 1 BGB, so kann der Arbeitnehmer zumindest bereits zu dem Zeitpunkt die Zahlung des Ausgleichs verlangen, in dem er infolge der Betriebsänderung seinen Arbeitsplatz verloren hat.[60] Folgt man jedoch der abweichenden Auffassung von *Oetker*, so entsteht der Anspruch des betroffenen Arbeitnehmers erst mit Erlass des Urteils, wobei bis zu dessen Rechtskraft der Anspruch auflösend bedingt ist.[61] Damit wird ersichtlich, dass diese Diskussion nicht nur akademischer Natur ist, sondern maßgebliche Bedeutung für den Zeitpunkt entfaltet, ab dem der Arbeitnehmer Zahlung verlangen kann.

1. Auswirkung im Erbrecht und bei der Abtretung

Erste praktische Auswirkungen zeigen sich für den Fall, dass der Arbeitnehmer infolge der Betriebsänderung entlassen wird, er aber noch vor Abschluss des gerichtlichen Verfahrens verstirbt. Gemäß § 1922 BGB geht mit dem Tod des Erblassers dessen Vermögen auf seine Erben über. Zum Vermögen gehören unproblematisch auch Ansprüche[62] des Verstorbenen, so dass nach herrschender

---

58 *Oetker*, in: GK-BetrVG, § 113 BetrVG Rn. 74; ablehnend BAG vom 20.06.1978, AP Nr. 2 zu § 113 BetrVG 1972.

59 So z.B. *Fitting/Engels/Schmidt/Trebinger/Linsenmaier*, § 113 BetrVG Rn. 2; *Löwisch/Kaiser*, § 113 BetrVG Rn. 6.

60 *Löwisch/Kaiser*, § 113 BetrVG Rn. 17; *Riesenkampff*, Rechtsfolgen betriebsverfassungswidriger Betriebsänderungen, S. 152; *Stege/Weinspach/Schiefer*, §§ 111-113 BetrVG Rn. 167; a.A. *Fitting/Engels/Schmidt/Trebinger/Linsenmaier*, § 113 BetrVG Rn. 46; *Hunold*, NZA-RR 2004, 561, 563, wonach der Anspruch mit Beginn der Durchführung der Betriebsänderung entsteht. Siehe dazu § 7 B I.

61 *Oetker*, in: GK-BetrVG, § 113 BetrVG Rn. 74.

62 *Stürner*, in: Jauernig, § 1922 BGB Rn. 2; *Leipold*, in: MüKo-BGB, § 1922 BGB Rn. 18; *Stein*, in: Soergel, § 1922 BGB Rn. 38.

Ansicht auch der Erbe den Nachteilsausgleich aus § 113 Abs. 1 BetrVG vom Arbeitgeber fordern kann.[63]

Sieht man hingegen § 113 Abs. 1 BetrVG allein als ein Recht an, das Arbeitsgericht anzurufen, fällt es schwer diese Kompetenz des Arbeitnehmers als Teil seines Vermögens zu betrachten, das auf seine Erben übergeht. Oberflächlich betrachtet könnte es sich hier um ein Gestaltungsrecht handeln, welches auch nach § 1922 BGB vererbbar wäre.[64] Ein solches ist gegeben, wenn der Inhaber durch einen einseitigen Akt ein Rechtsverhältnis begründen, inhaltlich ändern oder aufheben kann.[65] Das Recht, ein Gericht anzurufen, ist jedoch allein ein Mittel des Prozessrechts und gerade keine materiellrechtliche Kompetenz, womit es auch nicht als Gestaltungsrecht behandelt werden kann. Die abweichende Auffassung kommt daher zum Ergebnis, dass im Falle des Todes des Arbeitnehmers dessen Recht aus § 113 Abs. 1 BetrVG nicht auf seine Erben übergeht.[66] Hat der Arbeitnehmer hingegen bereits Leistungsklage beim Gericht erhoben und ist dann verstorben, so können die Erben auch nach letztgenannter Ansicht das Verfahren fortführen.[67]

Eine vergleichbare Problematik zeigt sich auch bei der Abtretung. Diese ist vor Erlass des Urteils nur dann wirksam, wenn man § 113 Abs. 1 BetrVG als Anspruch betrachtet, der entweder mit Beginn der Durchführung der Betriebsänderung oder zumindest mit der dadurch eintretenden Entlassung entstanden ist.[68]

2. Auswirkungen hinsichtlich der Verjährung

Augenscheinlich hat die Diskussion ebenfalls Einfluss auf die Frage der Verjährung. Ist § 113 Abs. 1 BetrVG mit der herrschenden Auffassung als Anspruch zu behandeln, so verjährt dieser gemäß § 195 BGB nach drei Jahren, wo-

---

63 *Fitting/Engels/Schmidt/Trebinger/Linsenmaier*, § 113 BetrVG Rn. 47; *Hess*, in: Hess/Schlochauer/Worzalla/Glock, § 113 BetrVG Rn. 52.

64 Dazu, dass Gestaltungsrechte gemäß § 1922 BGB auf die Erben übergehen, vgl. *Stürner*, in: Jauernig, § 1922 BGB Rn. 4; *Stein*, in: Soergel, § 1922 BGB Rn. 38 u. 60.

65 *Larenz/Wolf*, BGB-AT, § 15 Rn. 78.

66 *Oetker*, in: GK-BetrVG, § 113 BetrVG Rn. 94.

67 *Oetker*, in: GK-BetrVG, § 113 BetrVG Rn. 94.

68 Siehe zu dieser Diskussion nochmals *Löwisch/Kaiser*, § 113 BetrVG Rn. 17; *Riesenkampff*, Rechtsfolgen betriebsverfassungswidriger Betriebsänderungen, S. 152; *Stege/Weinspach/Schiefer*, §§ 111-113 BetrVG Rn. 167, die für die Anspruchsentstehung auch die Entlassung fordern; a.A. *Fitting/Engels/Schmidt/Trebinger/Linsenmaier*, § 113 BetrVG Rn. 46; *Hunold*, NZA-RR 2004, 561, 563, wonach der Durchführungsbeginn der Betriebsänderung für die Entstehung des Anspruchs maßgeblich ist. Ausführlicher zu der Thematik § 7 B I.

bei sich der Verjährungsbeginn nach § 199 Abs. 1 BGB richtet.[69] Folgt man hingegen *Oetker* und erkennt einen Anspruch des Arbeitnehmers erst mit Erlass des Urteils an, so verjährt dieser gemäß § 197 Abs. 1 Nr. 3 BGB nach 30 Jahren, wobei die Frist nach § 201 S. 1 BGB mit Eintritt der Rechtskraft des Urteils zu laufen beginnt.[70]

3. Auswirkungen auf die Zwangsvollstreckung

Wichtige Unterschiede zeigen sich auch bei der Zwangsvollstreckung. Hier kann ebenfalls vor Erlass des Urteils eine Zwangsvollstreckung nach § 828 ZPO zugunsten der Arbeitnehmergläubiger nur erfolgen, wenn, entgegen *Oetker*, in § 113 Abs. 1 BetrVG ein Anspruch zu sehen ist.[71]

4. Zwischenergebnis

Die eben genannten Ansichten über die Qualität des § 113 Abs. 1 BetrVG führen zu unterschiedlichen Konsequenzen hinsichtlich Verjährung, Vererbbarkeit, Abtretbarkeit und Zwangsvollstreckung. Kurz sei noch erwähnt, dass die gegenteiligen Auffassungen auch Einfluss auf die Höhe der Verzugszinsen haben. Diese Diskussion hat somit nicht nur akademischen Wert, sie bedarf deshalb einer vertiefteren Auseinandersetzung als von der herrschenden Meinung bisher vorgenommen.

III. Streitentscheidung

1. Unterschiedlicher Wortlaut

Ein schlagendes Argument gegen die Behandlung des § 113 Abs. 1 BetrVG als Anspruchsgrundlage i.S.d. § 194 Abs. 1 BGB scheint der unterschiedliche Wortlaut der ersten beiden Absätze des § 113 BetrVG zu liefern. Warum sonst hat der Gesetzgeber § 113 Abs. 2 BetrVG eindeutig als Anspruch qualifiziert und den ersten Absatz des § 113 BetrVG hiervon abweichend formuliert?

Die Begründung ergibt sich aus der Entstehungsgeschichte des § 113 BetrVG. Wie bereits an anderer Stelle ausgeführt, stellt dessen erster Absatz lediglich die wortgetreue Übernahme des § 74 BetrVG 1952 dar, wobei sich in der Gesetzesbegründung zum BetrVG 1952 kein Argument findet, dass der Gesetzgeber hier keinen Anspruch des Arbeitnehmers gegenüber dem Arbeitgeber festschreiben

---

[69] *Däubler*, in: DKK, § 113 BetrVG Rn. 20 i.V.m. §§ 112-112a BetrVG, Rn. 140; *Richardi/ Annuß*, in: Richardi, § 113 BetrVG Rn. 62; abweichend *Hess*, in: Hess/Schlochauer/ Worzalla/Glock, § 113 BetrVG Rn. 9, wonach der Anspruch in 30 Jahren verjährt.

[70] *Oetker*, in: GK-BetrVG, § 113 BetrVG Rn. 81.

[71] Zur Frage, ob auf die an den Arbeitnehmer zu zahlenden Ansprüche die Pfändungsgrenzen des § 850c ZPO anzuwenden sind, vgl. § 7 B II.

wollte.[72] Mit der Aufnahme des Absatz 2 in den neuen § 113 BetrVG 1972 hat der Gesetzgeber die von ihm erkannte Lücke geschlossen, wonach die Beschäftigten auch andere Nachteile als den Verlust ihrer Arbeitsplätze durch eine Betriebsänderung erleiden können. Im Unterschied zum ersten Absatz konnte der Gesetzgeber des BetrVG 1972 hier allerdings auf kein bestehendes Vorbild zurückgreifen, so dass er seinen eigenen Wortstil anwenden musste, was die unterschiedliche Formulierung erklärt. Der Befund, sowohl den zweiten als auch den ersten Absatz des § 113 BetrVG als Arbeitnehmeransprüche i.S.d. § 194 Abs. 1 BGB zu qualifizieren, wird auch durch die Begründung zum BetrVG 1972 gestützt. In ihr kommt nochmals deutlich zum Ausdruck, dass die Abfindungsverpflichtung des Abs. 2 bloß als Erweiterung zu § 113 Abs. 1 BetrVG aufgefasst werden soll, um so Schutzlücken für die Belegschaft zu vermeiden.[73] Handelt es sich also bei § 113 Abs. 2 nur um eine Ergänzung, so gibt es keinen Grund für eine unterschiedliche Einordnung der ersten beiden Absätze des Nachteilsausgleichs, wie er von der Mindermeinung gefordert wird.

2. Parallele zu § 9 Abs. 1 S. 1 KSchG?

Um eine Behandlung des § 113 Abs. 1 BetrVG als Antragsrecht zu begründen, wird weiterhin vorgebracht, dass der Gesetzgeber sich beim Abfassen des ersten Absatzes der Nachteilsausgleichsregelung streng an § 9 Abs. 1 S. 1 KSchG gehalten hat.[74] Bei dieser Vorschrift ist es allgemein anerkannt, dass der dort geregelte Abfindungsanspruch des Arbeitnehmers erst mit dem arbeitsgerichtlichen Urteil entsteht.[75] Gleiches müsse dann aber auch für § 113 Abs. 1 BetrVG gelten.[76]

Diese Parallele kann nicht einfach mit der Begründung übergangen werden, dass § 113 Abs. 1 BetrVG auf § 74 BetrVG 1952 aufbaut, der damit § 9 KSchG 1969 zeitlich vorausgeht und sich deswegen der Gesetzgeber bei § 113 Abs. 1 BetrVG bzw. § 74 BetrVG 1952 gar nicht an die Vorschrift des § 9 Abs. 1 KSchG anlehnen konnte. Denn der Regelungsgehalt des § 9 KSchG war bereits in § 7 KSchG 1951 enthalten, so dass es sehr wohl möglich erscheint, dass man sich bei der Formulierung des BetrVG an den entsprechenden Regelungen des KSchG orientierte.

Jedoch ist die Parallele aus anderen Gründen zu verneinen. Zum einen fällt bei genauerer Betrachtung der unterschiedliche Wortlaut von § 9 Abs. 1 KSchG und § 113 Abs. 1 BetrVG auf. So ist § 9 Abs. 1 S. 1 KSchG als Handlungsauf-

---

72 Zur Begründung des BetrVG 1952 vgl. BT-Drucks. 1/3585, S. 13 ff.

73 BT-Drucks. 6/1786, S. 55.

74 Vgl. hierzu *Oetker*, in: GK-BetrVG, § 113 BetrVG Rn. 81.

75 BAG vom 09.12.1987, AP Nr. 4 zu § 62 ArbGG 1979; BAG vom 20.06.1978, NJW 1979, 126, 127; *Biebl*, in: APS, § 9 KSchG Rn . 83; *v. Hoyningen/Linck*, § 10 KSchG Rn. 15; *Löwisch/Spinner*, § 10 KSchG Rn. 1.

76 So *Oetker*, in: GK-BetrVG, § 113 BetrVG Rn. 81.

forderung gegenüber dem Gericht formuliert („hat das Gericht aufzulösen…"). Hingegen stellt § 113 Abs. 1 BetrVG allein auf den betroffenen Arbeitnehmer ab, indem er diesem die Möglichkeit einräumt, bei pflichtwidrig durchgeführten Betriebsänderungen Klage auf Zahlung einer Abfindung zu erheben. Weiterhin ist zu bedenken, dass die Abfindungsregelung des § 9 Abs. 1 S. 1 KSchG in einem untrennbaren Zusammenhang mit der Gestaltungsmacht des Gerichts steht, das nicht durch Kündigung beendete Arbeitsvertragsverhältnis wegen Unzumutbarkeit für den Arbeitnehmer aufzulösen.[77] Einen mit § 9 Abs. 1 S. 1 KSchG vergleichbaren Gestaltungsakt gibt es im Rahmen des § 113 BetrVG jedoch nicht.[78]

Es bestehen daher erhebliche Unterschiede zwischen § 9 Abs. 1 S. 1 KSchG und § 113 Abs. 1 BetrVG, womit das Argument, dass sich der Gesetzgeber beim Abfassen des § 113 Abs. 1 BetrVG der Formulierung und des Regelungskonzepts des § 9 Abs. 1 S. 1 KSchG bediente, nicht überzeugen kann.[79]

3. Normzweck des § 113 BetrVG

Andererseits könnte der Normzweck des § 113 Abs. 1 BetrVG zur Verneinung seiner Anspruchsqualität herangezogen werden. Wie bereits dargelegt, ist zwar primäres Ziel dieser Vorschrift, betriebsverfassungswidriges Verhalten des Arbeitgebers bei Betriebsänderungen zu sanktionieren, jedoch kann dieses Ziel unabhängig von der konkreten Ausgestaltung des § 113 Abs. 1 BetrVG als Anspruch oder als reines Antragsrecht erreicht werden. Auch ein bloßes Abstellen auf die sekundäre Kompensationsaufgabe des Nachteilsausgleichs ist nicht geeignet, zur Klärung beizutragen. Zwar wird dem Sinn, die Nachteile der Arbeitnehmer auszugleichen oder zu mildern, am besten entsprochen, wenn man auch den ersten Absatz des § 113 BetrVG als Anspruch qualifiziert. Allerdings steht es dem Gesetzgeber frei, wie er eine Norm formuliert, um ein von ihm erstrebtes Ziel zu erreichen. Es ist damit unzulässig, sich auf einen abstrakten Normzweck wie die Kompensationsfunktion bei § 113 BetrVG zu berufen und ohne einen Anhaltspunkt zu haben, aus diesem Zweck konkrete Vorgaben für die Behandlung einer Norm entnehmen zu wollen.

Es erscheint jedoch als nicht begründbar, warum der Gesetzgeber bei Absatz 1 und 2 des § 113 BetrVG hinsichtlich der Anspruchsqualität differenzieren will. Wie gezeigt, kommt beiden Regelungen die gleiche Funktion zu. Sie erfassen lediglich verschiedene finanziell bezifferbare Nachteile, um so einen umfassenden Schutz des Arbeitnehmers bei Betriebsänderungen zu gewährleisten. Zwar ist es schwieriger, die finanziellen Einbußen, welche der Verlust des Arbeitsplatzes hervorruft zu bestimmen, als diejenigen, die aus anderen wirtschaftlichen Nachteilen entstehen, weshalb auch das Gericht angerufen werden muss. Es ist aber ge-

---

77 BAG vom 20.06.1978, NJW 1979, 126 , 126.

78 LAG Hamm vom 14.09.2004, LAGE § 113 BetrVG 2001 Nr. 2.

79 So auch BAG vom 20.06.1978, NJW 1979, 126, 126.

rade die Funktion des Erkenntnisverfahrens festzustellen, ob und in welcher Höhe ein Anspruch besteht, damit der Gläubiger im Wege der Zwangsvollstreckung die ihm zuerkannten Rechte durchsetzen kann.

Demzufolge kann man entgegen der Auffassung *Oetkers* dem Gesetzgeber des BetrVG nicht unterstellen, eine derart unterschiedliche Behandlung beider Absätze gewollt zu haben. Sowohl § 113 Abs. 1 BetrVG als auch § 113 Abs. 2 BetrVG begründen unbedingte[80] Ansprüche der Arbeitnehmer gegen den Arbeitgeber.

---

[80] Siehe hierzu nochmals § 2 C II.

§ 3 Nachteilsausgleichsanspruch gemäß § 113 Abs. 3 BetrVG und EG-Recht

A. Allgemeines

Auf der Ebene des Gemeinschaftsrechts werden die Arbeitnehmer vor einschneidenden Veränderungen in ihren Unternehmen primär durch drei Richtlinien geschützt: die Massenentlassungsrichtlinie (RL 98/59/EG), die Betriebsübergangsrichtlinie (RL 2001/23 EG) sowie die Insolvenzrichtlinie (RL 80/987 EWG). Diese Richtlinien besitzen alle den gleichen Regelungsgrund, wonach die Verwirklichung des gemeinsamen Marktes größere unternehmerische Einheiten erfordert, so dass Unternehmensumstrukturierungen notwendig sind.[1] Den Preis für diese notwendigen Veränderungen sollen jedoch nicht allein die Arbeitnehmer tragen. Die genannten Richtlinien zielen daher darauf ab, die sozialen Folgen der Umstrukturierungen für die Beschäftigten zu mildern, ohne die unternehmerische Entscheidungsfreiheit in einschneidender Weise zu beschränken.[2] Neben diesem sozialen Zweck tritt sekundär das Ziel, durch eine Angleichung der nationalen Regelungen auf dem Gebiet des Arbeitnehmerschutzes auch Wettbewerbsverzerrungen zu vermeiden.[3]

Die drei Richtlinien werden durch die Rahmenrichtlinie (RL 2002/14 EG) ergänzt, welche den Mitgliedsstaaten aufgibt, Regelungen zu schaffen, die für die Arbeitnehmer ein allgemeines und nicht nur auf spezielle Einzelfälle bezogenes Recht auf Information und Anhörung vorsehen. Mit der Rahmenrichtlinie soll zum einen verhindert werden, dass Entscheidungen, die erhebliche Auswirkungen für die Arbeitnehmer haben, ohne jegliche Beteiligung der Betroffenen gefällt werden können.[4] Zum anderen will die Rahmenrichtlinie erreichen, dass die Beschäftigten für notwendige Veränderungen sensibilisiert werden, damit die Arbeitnehmer diese auch mittragen, um so die Flexibilität und die Wettbewerbsfähigkeit der Unternehmen zu erhöhen.[5] Mithin hat die Rahmenrichtlinie neben der Aufgabe, dem Arbeitnehmerschutz zu dienen, auch eine wettbewerbspolitische Funktion.

Unternehmensumstrukturierungen, die von den Richtlinien erfasst werden, können, soweit sie die Anforderungen des § 111 S. 1 BetrVG erfüllen, auch Betriebs-

---

1 *Schiek*, Europäisches Arbeitsrecht, S. 228. Für die Rahmenrichtlinie ist dies ausdrücklich in den Nr. 9 und Nr. 11 der amtlichen Begründung aufgenommen wurden. Siehe dazu Amtsblatt EG L 80/29 f.

2 *Blanpain/Schmidt/Schweibert*, Europäisches Arbeitsrecht, Rn. 439. Vgl. beispielsweise zum Arbeitnehmerschutzgedanken der Massenentlassungsrichtlinie die Nr. 2 der amtlichen Gründe (Amtsblatt EG L 225/16).

3 EuGH vom 12.02.1985, Slg 1985, 559, 563; *Hennsler*, in: Hennsler/Braun, Arbeitsrecht in Europa, Rn. 75; *Wißmann*, RdA 1998, 221, 221 f., der jedoch erhebliche Zweifel am Erreichen dieses Ziels hat.

4 Siehe hierzu Nr. 6 der amtlichen Gründe der RL 2002/14 EG.

5 Zu diesem Ziel der Rahmenrichtlinie vgl. Nr. 7 und Nr. 9 der amtlichen Gründe.

änderungen darstellen. In diesen Fällen ist dann der Anwendungsbereich der Beteiligungsrechte aus den §§ 111 ff. BetrVG und damit auch der aus § 113 Abs. 3 BetrVG eröffnet. Auf diese Weise sanktioniert der Nachteilsausgleichsanspruch eventuell nicht allein die Verletzung des Interessenausgleichsverfahrens, sondern ebenso die Nichtbeachtung der o.g. EG-Richtlinien. Im Folgenden soll daher untersucht werden, ob der deutsche Gesetzgeber für die Umsetzung aller vier Richtlinien sich zumindest auch der §§ 111 ff. BetrVG bedient hat und ob § 113 Abs. 3 BetrVG eine effektive Sanktionsnorm für die Richtlinien darstellt.

B. Massenentlassungsrichtlinie (RL 98/59/EG)

I. Inhalt der Richtlinie

Um den schon oben erwähnten Zielen des Arbeitnehmerschutzes sowie der Beseitigung von Wettbewerbsverzerrungen bei Massenentlassungen zu entsprechen, legt Art. 2 Abs. 1 der Richtlinie fest, dass der Arbeitgeber bei einer beabsichtigten Massenentlassung die Arbeitnehmervertreter informieren muss und er sie darüber hinaus auch zu konsultieren hat.[6] Hierfür gibt Art. 2 Abs. 2 den Inhalt der Verhandlungen vor, wonach Arbeitgeber und Arbeitnehmervertreter zum einen über das „Ob“ sowie die Art und Weise der Massenentlassungen und zum anderen auch über die sozialen Folgen einer solchen Maßnahme zu beraten haben. Eine Einigungspflicht erfordert die Massenentlassungsrichtlinie jedoch nicht. Um eine Konsultation zwischen gleichberechtigten Partnern zu gewährleisten, legt Art. 2 Abs. 3 in dezidierter Form fest, wie der Arbeitgeber seine Informationspflicht gegenüber den Arbeitnehmervertretern zu erfüllen hat.

Neben der Informations- und Beratungspflicht schreibt der dritte Teil der Richtlinie ein genaues Anzeigeverfahren gegenüber den zuständigen staatlichen Stellen vor. Wie aus Art. 4 Abs. 2 zu entnehmen ist, soll mit dieser Anzeige die entsprechende Behörde in die Lage versetzt werden, dass sie Maßnahmen ergreifen kann, um den plötzlichen Anstieg von Arbeitssuchenden zu bewältigen, insbesondere den Betroffenen einen schnellen Wiedereinstieg ins Berufsleben zu ermöglichen.[7] Um der Behörde eine gewisse Reaktionszeit zuzubilligen, legt Art. 4 Abs. 1 eine Sperre fest, nach der Massenentlassungen in einem Zeitraum von mindestens 30 Tagen nach erfolgter Anzeige unwirksam sind.[8]

---

6 Zum historischen Hintergrund der Richtlinie, vgl. *Hinrichs*, Kündigungsschutz und Arbeitnehmerbeteiligung bei Massenentlassungen, S. 22 f.; *Wank*, in: Hanau/Steinmeyer/Wank, Handbuch des europäischen Arbeits- und Sozialrechts, § 18 Rn. 190.

7 *Birk*, in: MüHb-ArbR, § 19 Rn. 285; *Fuchs/Marhold*, Europäisches Arbeitsrecht, S. 178; *Wank*, in: Hanau/Steinmeyer/Wank, Handbuch des europäischen Arbeits- und Sozialrechts, § 18 Rn. 203.

8 *Fuchs/Marhold*, Europäisches Arbeitsrecht, S. 178.

II. Umsetzung in deutsches Recht

1. §§ 17 f. KSchG als primäre Umsetzungsnormen

Der deutsche Gesetzgeber hat zur Umsetzung der RL 98/59/EG primär die §§ 17 f. KSchG gewählt.[9] So ist nach § 17 Abs. 2 S. 1 KSchG der Arbeitgeber verpflichtet, vor Durchführung der Massenentlassung den Betriebsrat zu unterrichten.[10] Weiterhin muss er gemäß § 17 Abs. 2 S. 2 KSchG mit den Arbeitnehmervertretern beraten, wie die Entlassungen eventuell noch vermieden bzw. eingeschränkt und wie ihre Folgen gemildert werden können, womit man Art. 2 der RL 98/59/EG Rechnung tragen wollte.[11] Auch wurde das von Art. 3 der Richtlinie geforderte Anzeigeverfahren in § 17 f. KSchG aufgenommen. Die der Behörde zur Reaktion auf den Anstieg der Arbeitssuchenden dienende Sperrfrist des Art. 4 der Massenentlassungsrichtlinie wurde durch § 18 KSchG umgesetzt.

2. §§ 111 ff. BetrVG als Ergänzung

Neben den §§ 17 f. KSchG ist jedoch nach weiteren Normen zu suchen, welche die Vorgaben der Massenentlassungsrichtlinie umsetzen. Dabei ist zu bedenken, dass Umsetzungs-vorschriften auch solche Regelungen sein können, die bereits vor Existenz der Richtlinie bestanden.[12] Aufgrund dessen, dass eine Verringerung der Belegschaft eine Betriebsänderung i.S.d. § 111 S. 3 Nr. 1 BetrVG darstellt, wenn die Zahlenwerte des § 17 Abs. 1 S. 1 KSchG erreicht sind, darüber hinaus aber mindestens fünf Prozent der Arbeitnehmer entlassen werden, ist eine Massenentlassung regelmäßig auch als Betriebsänderung zu sehen, womit die Beteiligungsrechte des Betriebsrats nach den §§ 111 f. BetrVG eröffnet sind.[13]

---

9 BAG vom 30.03.2004, NZA 2004, 931, 933; BAG vom 18.11.2003, NZA 2004, 741, 743; *Franzen*, ZfA 2006, 437, 446; *Wißmann*, RdA 1998, 221, 222.

10 Zum Begriff der Entlassung i.S.d. Massenentlassungsrichtlinie vgl. § 3 B IV.

11 Zu den hier nicht maßgeblichen, aber dennoch strittigen Fragen hinsichtlich der Richtlinienkonformität des § 17 KSchG gerade im Hinblick auf leitende Angestellte und im Hinblick auf den Betriebsbegriff in dieser Norm, vgl. *Hinrichs*, Kündigungsschutz und Arbeitnehmerbeteiligung bei Massenentlassungen, S. 94 ff.; *Wißmann*, RdA 1998, 221, 222 f.

12 *Schlachter*, Festschrift für Wißmann, 412, 414; *Wißmann*, RdA 1998, 221, 222.

13 Zur Problematik des Personalabbaus als Betriebsänderung i.S.d. § 111 S. 3 Nr. 1 BetrVG siehe BAG vom 18.06.2004, AP Nr. 1 zu § 112 BetrVG 1972 Namensliste; BAG vom 18.11.20003, AP Nr. 76 zu § 118 BetrVG 1972; BAG vom 10.12.1996, AP Nr. 32 zu § 113 BetrVG 1972; BAG vom 07.08.1990, AP Nr. 34 zu § 111 BetrVG 197; BAG vom 07.08.1990, AP Nr. 30 zu § 111 BetrVG 1972; BAG vom 06.12.1988, AP Nr. 26 zu § 111 BetrVG 1972; BAG vom 02.08.1983, AP Nr. 12 zu § 111 BetrVG 1972; BAG vom 22.01.1980, AP Nr. 7 zu § 111 BetrVG 1972; BAG vom 04.12.1979, AP Nr. 6 zu § 111 BetrVG 1972; BAG vom 15.10.1979, AP Nr. 5 zu § 111 BetrVG 1972; BAG vom 22.05.1979, AP Nr. 4 zu § 111 BetrVG 1972; BAG vom 22.05.1979, AP Nr. 3 zu § 111 BetrVG 1972; *Annuß*, in: Richardi, § 111 BetrVG, Rn. 70 ff.; *Däubler*, in: DKK § 111 BetrVG Rn. 47; *Fitting/Engels/Schmidt/Trebinger/Linsenmaier*, § 111 BetrVG Rn. 73 ff; *v. Hoyningen-Huene*, Betriebsverfassungsrecht, § 15 II 2 b (1); *Hromadka/Maschmann*,

Gemäß § 111 S. 1 BetrVG hat dann der Unternehmer vor Durchführung einer Personalabbaumaßnahme den Betriebsrat zu unterrichten und mit ihm zu beraten. In der Verhandlung nach § 111 S. 1 BetrVG können die Arbeitnehmervertreter zum einen über Alternativen diskutieren, um eventuell ein Unterlassen der geplanten Betriebsänderung zu erreichen.[14] Zum anderen sind auch die Modalitäten einer solchen Maßnahme und deren Folgen für die Belegschaft tauglicher Gegenstand einer Beratung zwischen den Betriebspartnern.[15] Die nach § 111 S. 1 BetrVG möglichen Beratungsgegenstände decken sich mit dem von Art. 2 Abs. 2 der RL 98/59/EG geforderten Inhalt der Konsultationen zwischen Unternehmer und Arbeitnehmervertreter bei einer Massenentlassung. Demzufolge stellt § 111 S. 1 BetrVG eine weitere Umsetzungsnorm für das im zweiten Teil der Massenentlassungsrichtlinie geregelte Informations- und Konsultationsverfahren dar.

3. Umsetzung auch mittels § 106 BetrVG?

Aufgrund der identischen Formulierung des § 111 S. 3 Nr. 1 BetrVG und § 106 Abs. 3 Nr. 6 BetrVG ist bei einer Massenentlassung auch regelmäßig der Wirtschaftsausschuss zu unterrichten. Das BetrVG scheint somit noch eine weitere Norm bereitzuhalten, welche der Umsetzung der in der Massenentlassungsrichtlinie geforderten Unterrichtungspflicht in deutsches Recht dient. § 106 BetrVG kann jedoch zur Erfüllung der Richtlinienvorgaben nichts beitragen, wenn es sich beim Wirtschaftsausschuss um keine Arbeitnehmervertreter i.S. der RL 98/59/EG handelt. Was unter diesem Begriff zu verstehen ist, richtet sich gemäß Art. 1 Abs. 1 Buchst. b der RL 98/59/EG nach den Rechtsvorschriften bzw. der Rechtspraxis der Mitgliedsstaaten. Aufgrund der Tatsache, dass der Wirtschaftsausschuss gemäß § 107 Abs. 2 S. 1, 2 BetrVG vom Betriebsrat bzw. vom Gesamtbetriebsrat bestimmt wird und er nach § 106 Abs. 1 S. 2 BetrVG zwar mit dem Unternehmer über wirtschaftliche Angelegenheiten zu beraten hat, die dort gewonnenen Erkenntnisse aber zugleich dem Betriebsrat mitteilen muss, ergibt sich, dass er nur ein Hilfsorgan des Betriebs- oder Gesamtbetriebsrats ist, um die Kommunikation

---

Arbeitsrecht II, Rn. 607; *Kania*, in: ErfK, § 111 BetrVG Rn. 9; *Löwisch/Kaiser*, § 111 BetrVG Rn. 24; *Matthes*, in: MüHb-ArbR, § 360 Rn. 28 f.; *Oetker*, in: GK-BetrVG, § 111 BetrVG Rn. 65 ff.; *Verch*, Personalabbau und Betriebsverfassung, S. 71 ff.

14 *Bauer*, Betriebsänderungen, S. 53; *Annuß*, in: Richardi, § 111 BetrVG Rn. 155; *Däubler*, in: DKK, § 111 BetrVG Rn. 135; *Fitting/Engels/Schmidt/Trebinger/Linsenmaier*, § 111 BetrVG Rn. 115; *Löwisch/Kaiser*, § 111 BetrVG Rn. 42; *Oetker*, in: GK-BetrVG § 111 BetrVG Rn. 170; *Verch*, Personalabbau und Betriebsverfassung, S. 128.

15 *Bauer*, Betriebsänderungen, S. 53; *Annuß*, in: Richardi, § 111 BetrVG Rn. 155; *Däubler*, in: DKK, § 111 BetrVG Rn. 135; *Fitting/Engels/Schmidt/Trebinger/Linsenmaier*, § 111 BetrVG Rn. 115; *Hess*, in: Hess/Schlochauer/Worzalla/Glock, § 111 BetrVG Rn. 34; *Löwisch/Kaiser*, § 111 BetrVG Rn. 42; *Oetker*, in: GK-BetrVG § 111 BetrVG Rn. 170.

mit dem Unternehmer zu verbessern.[16] Ist er aber nur ein Organ des Betriebsrats, so sieht auch die Massenentlassungsrichtlinie den Wirtschaftsausschuss nicht als eigenständige Arbeitnehmervertretung an. Zwar gewährleistet § 106 BetrVG durch Zwischenschaltung des Wirtschaftsausschusses eine mittelbare Unterrichtung des Betriebsrats. Dies mag wegen der besonderen Kompetenz der Ausschussmitglieder auch effektiv sein. Jedoch fordert der Wortlaut der RL 98/59/EG eindeutig, dass der Unternehmer die Arbeitnehmervertreter selbst und nicht etwa durch Mittelsmänner über die Personalabbaumaßnahme informieren muss. Daher dient die in § 106 Abs. 2 i.V.m. Abs. 3 Nr. 6 BetrVG festgelegte Unterrichtungspflicht gegenüber dem Wirtschaftsausschuss nicht der Umsetzung der RL 98/59/EG.

4. Weitere Umsetzungsnormen

Neben den eben genannten Normen des § 17 KSchG und des § 111 S. 1 BetrVG hilft in einem gewissen Rahmen auch § 32 Abs. 2 SprAuG mit, die vom zweiten Teil der RL 98/59/EG aufgestellten Anforderungen zu erfüllen.[17] So werden mittels § 32 Abs. 2 SprAuG die leitenden Angestellten, welche nach § 5 Abs. 3 S. 1 BetrVG vom Anwendungsbereich des BetrVG ausgenommen sind, bei Massenentlassungen in das von Art. 2 der Richtlinie geforderte Informations- und Konsultationsverfahren einbezogen.

III. § 113 Abs. 3 BetrVG als ausreichende Sanktion zur Durchsetzung des zweiten Teils der Massenentlassungsrichtlinie?

Dienen die Mitwirkungsrechte der §§ 111 ff. BetrVG der Umsetzung des zweiten Teils der Massenentlassungsrichtlinie, so liegt es nahe, dass der Sanktionsvorschrift des § 113 Abs. 3 BetrVG auch die Aufgabe zukommt, die Durchsetzung dieser Richtlinie zumindest mit zu gewährleisten. Es ist deshalb zu untersuchen, welche Anforderungen die RL 98/59/EG an eine nationale Sanktionsnorm stellt und inwieweit § 113 Abs. 3 BetrVG diesen Vorgaben gerecht wird.

---

[16] BAG vom 07.04.2004, AP Nr. 17 zu § 106 BetrVG 1972; BAG vom 09.05.1995, AP Nr. 12 zu § 106 BetrVG 1972; BAG vom 05.02.1991, AP Nr. 10 zu § 106 BetrVG 1972; BetrVG 1972; BAG vom 01.08.1990, AP Nr. 8 zu § 106 BetrVG 1972; BAG vom 23.08.1989, AP Nr. 7 zu § 106 BetrVG 1972; BAG vom 31.10.1975, AP Nr. 2 zu § 108 BetrVG 1972; *Annuß*, in: Richardi, § 106 BetrVG Rn. 4; *Däubler*, in: DKK, § 106 BetrVG Rn. 2; *Kania*, in: ErfK, § 106 BetrVG Rn. 1; *Fitting/Engels/Schmidt/Trebinger/Linsenmaier*, § 106 BetrVG Rn. 4; *v. Hoyningen-Huene*, Betriebsverfassungsrecht, § 6 VI 1; *Hess*, in: Hess/Schlochauer/Worzalla/Glock, § 106 BetrVG Rn. 21; *Joost*, in: MüHb-ArbR, § 319 Rn. 2; *Löwisch/Kaiser*, § 106 BetrVG Rn. 1; *Oetker*, in: GK-BetrVG, § 106 BetrVG Rn. 3; *Rumpff/Boewer*, Mitbestimmung in wirtschaftlichen Angelegenheiten, S, 177; *Wiese*, Festschrift für Molitor, 365, 369; a.A. *Stege/Weinspach/Schiefer*, §§ 106-109 BetrVG Rn. 7a.

[17] *Wißmann*, RdA 1998, 221, 222.

Ursprünglich enthielt die Massenentlassungsrichtlinie keine Regelung, wie Arbeitgeber sanktioniert werden sollen, sofern sie die in der Richtlinie festgelegten Pflichten bei Massenentlassungen verletzten.[18] Im Jahre 1992 wurde der jetzige Art. 6 eingeführt, wonach der nationale Gesetzgeber verpflichtet wird, den Arbeitnehmervertretern bzw. den Arbeitnehmern selbst gerichtliche oder administrative Mittel zur Durchsetzung der Arbeitgeberpflichten zur Verfügung zu stellen. Aus dieser Norm könnte man entnehmen, dass die Richtlinie allein eine verfahrensrechtliche Sicherung fordert, sie darüber hinaus dem jeweiligen Gesetzgeber aber völlig freie Hand lässt, wie er die Sanktionen ausgestaltet.

Aus Art. 10 UAbs. 1 S. 1 i.V.m. Art. 249 UAbs. 3 EGV ergibt sich jedoch die Verpflichtung aller Mitgliedsstaaten, für eine effektive Durchsetzung der europarechtlichen Vorschriften zu sorgen.[19] Mithin sind die nationalen Gesetzgeber verpflichtet, auch wenn die Richtlinie selbst keine ausdrücklichen Vorgaben enthält, geeignete Regeln zu schaffen, die etwaige Verstöße ahnden.[20] Hinsichtlich der Anforderungen an solche Regelungen führte der EuGH aus, dass Sanktionen derart beschaffen sein müssen, dass sie Verstöße gegen nationales sowie gegen Gemeinschaftsrecht nach Art und Schwere gleich bestrafen, sie den Verhältnismäßigkeitsgrundsatz beachten sowie abschreckend wirken.[21]

Es ist daher zu überprüfen, ob § 113 Abs. 3 BetrVG, soweit es jedenfalls um das in Art. 2 der RL 98/59/EG geregelte Informations- und Konsultationsverfahren geht, eine solch hinreichende Sanktion darstellt.

Der Nachteilsausgleich des § 113 Abs. 3 BetrVG greift ein, wenn der Arbeitgeber im Hinblick auf eine beabsichtigte Betriebsänderung einen Interessenausgleich nicht in ausreichendem Maße versucht. Unabhängig davon, welche Schritte der Unternehmer hierfür genau vornehmen muss, ist ein solch ausreichender Versuch jedenfalls dann nicht gegeben, wenn der Arbeitgeber nicht einmal mit ernstem Einigungswillen die Beratung mit dem Betriebsrat sucht.[22]

Festzuhalten ist, dass § 113 Abs. 3 BetrVG die von Art. 2 Abs. 1 der RL 98/59/EG geforderte Konsultation zwischen den Betriebspartnern grundsätzlich

---

[18] Zur geschichtlichen Entwicklung der Massenentlassungsrichtlinie vgl. *Hinrichs*, Kündigungsschutz und Arbeitnehmerbeteiligung bei Massenentlassungen, S. 33 ff.

[19] EuGH vom 08.06.1994, EAS-ES, RL 75/129/EWG Art. 2 Nr. 1; EuGH vom 08.04.1976, Slg. 1976, 497, 517; dazu auch *Hinrichs*, Kündigungsschutz und Arbeitnehmerbeteiligung bei Massenentlassungen, S. 62 f.; *Leuchten/Lipinski*, NZA 2003, 1361, 1363; *Schlachter*, Festschrift für Wißmann, 412, 413; *Wißmann*, RdA 1998, 221, 225.

[20] EuGH vom 08.06.1994, EAS-ES, RL 75/129/EWG Art. 2 Nr. 1.

[21] EuGH vom 08.06.1994, EAS-ES, RL 75/129/EWG Art. 2 Nr. 1.

[22] Zur Problematik, welche Anforderungen an einen ausreichenden Versuch i.S.d. § 113 Abs. 3 BetrVG zu stellen sind, vgl. § 6 B.

absichert.[23] Da eine Beratung auch nur dann sinnvoll ist, wenn der Betriebsrat vorher ausführlich über die geplante Maßnahme informiert wurde, wird der Unterrichtungspflicht des Art. 2 Abs. 3 der Richtlinie ebenfalls mittels § 113 Abs. 3 BetrVG zur Durchsetzung verholfen.

Ein erhebliches Defizit als taugliche Sanktionsnorm i.S.d. Massenentlassungsrichtlinie weist § 113 Abs. 3 BetrVG jedoch auf, wenn man sich vergegenwärtigt, dass sich diese Vorschrift allein auf den Interessenausgleich bezieht, welcher nur die Fragen des „Ob" und des „Wie" der Personalabbaumaßnahme betrifft. Die ebenfalls von Art. 2 Abs. 2 S. 1 der RL 98/59/EG geforderte Diskussion über eine mögliche Milderung oder Beseitigung der durch den Personalabbau entstehenden Folgen für die Arbeitnehmer ist nicht Gegenstand des Interessenausgleichs und deshalb auch nicht durch § 113 Abs. 3 BetrVG sanktioniert.

Diesem in Bezug auf die Massenentlassungsrichtlinie unstrittig bestehenden Mangel des Nachteilsausgleichs wird jedoch dadurch abgeholfen, dass die Beratung über die Folgenbeseitigung Gegenstand des Sozialplans ist. Der ist gemäß § 112 Abs. 4 S. 1 BetrVG erzwingbar, so dass nach deutschem Recht der Arbeitgeber in die von Art. 2 Abs. 2 der RL 98/59/EG geforderte Diskussion über die Vermeidung oder Milderung der entstehenden Nachteile eintreten muss.[24]

Zu konstatieren ist, dass der nach Art. 2 Abs. 2 vorzunehmenden Beratung über die Verhinderung oder Einschränkung der Massenentlassung im deutschen Recht durch die Nachteilsausgleichsregelung des § 113 Abs. 3 BetrVG und der ebenfalls von der Massenentlassungsrichtlinie verlangten Verhandlung über die Folgenbeseitigung durch die Erzwingbarkeit des Sozialplans zur Durchsetzung verholfen wird.

1. Ausreichende Sanktion, obwohl allein dem Arbeitnehmer ein Anspruch zusteht?

Allerdings könnte § 113 Abs. 3 BetrVG zur Sicherung der Beteiligungsrechte aus dem zweiten Teil der Massenentlassungsrichtlinie nicht ausreichend sein, da mittels dieser deutschen Regelung allein die betroffenen Arbeitnehmer gegen die Verletzung der Konsultationsrechte des Betriebsrats vorgehen dürfen.[25] Oftmals möchten sich die Arbeitnehmer aber nicht dem Druck einer Konfrontation mit dem Arbeitgeber aussetzen oder sie haben vom Bestehen ihrer Ansprüche gar keine Kenntnis. Werden aber kaum bzw. keine Nachteilsausgleichsansprüche gel-

---

[23] *Hanau*, NZA 1996, 841, 844 f.; *Hinrichs*, Kündigungsschutz und Arbeitnehmerbeteiligung bei Massenentlassungen, S. 169; *Wißmann*, RdA 1998, 221, 225; a.A. *Löwisch*, RdA 1997, 80, 85.

[24] *Leuchten/Lipinski*, NZA 2003,1361, 1364; *Schlachter*, Festschrift für Wißmann, 412, 414; *Wißmann*, RdA 1998, 221, 225.

[25] So in Bezug auf §§ 17 f. KSchG *Hinrichs*, Kündigungsschutz und Arbeitnehmerbeteiligung bei Massenentlassungen, S. 174 ff.

tend gemacht, so fehlt es an der abschreckenden Wirkung des § 113 BetrVG, welche vom EuGH gefordert wird, um als effektive Sanktionsnorm zur Sicherung der Richtlinienvorgaben gelten zu können.

Jedoch muss in dem Zusammenhang Art. 6 der RL 98/59/EG beachtet werden, nach dem die Mitgliedsstaaten verpflichtet sind, den Arbeitgebervertretern und/oder den Arbeitnehmern bestimmte gerichtliche bzw. administrative Verfahren bereitzustellen, damit diese die Verpflichtungen aus der Richtlinie durchsetzen können. Art. 6 der RL 98/59/EG sieht also selbst vor, dass es bei einer Konsultationspflichtverletzung ausreicht, wenn nach nationalem Recht die Verletzung allein von dem einzelnen Arbeitnehmer geltend gemacht werden kann. Demzufolge ist Art. 6 eindeutig zu entnehmen, dass eine Sanktionsvorschrift nicht einfach mit der Begründung als untauglich abzulehnen ist, allein den Arbeitnehmern Rechtsdurchsetzungsinstrumente an die Hand zu geben, sei nicht in ausreichendem Maße abschreckend.[26] Somit kann trotz individualrechtlicher Ausgestaltung des § 113 BetrVG, die Norm nicht als unzureichendes Sicherungsmittel zur Durchsetzung der Konsultationspflichten aus der Massenentlassungsrichtlinie angesehen werden.

2. Geringere Anforderung an den Personalabbau durch die RL 98/59/EG

Dass dennoch der Nachteilsausgleich zusammen mit der nach § 112 Abs. 4 BetrVG festgelegten Erzwingbarkeit des Sozialplans nicht in umfassender Weise die von Art. 2 der Richtlinie geforderten Unterrichtungs- und Beratungspflichten sanktionieren, zeigt ein Vergleich der Voraussetzungen, die Art. 1 Abs. 1 Buchst. a der RL 98/59/EG an das Vorliegen einer Massenentlassung und § 111 S. 3 Nr. 1 BetrVG an das Vorhandensein einer Betriebsänderung bei reinem Personalabbau stellen.[27] Wie an anderer Stelle bereits dargelegt, ist nach Auffassung des BAG eine Betriebsänderung durch bloßen Personalabbau nur dann gegeben, wenn neben dem Erreichen der Zahlenvorgaben des § 17 Abs. 1 S. 1 KSchG auch mindestens fünf Prozent der Belegschaft entlassen werden.[28] Hingegen kennt die Massenentlassungsrichtlinie eine derartige prozentuale Untergrenze nicht. Finden also in Betrieben mit mehr als 600 Beschäftigten Massenentlassungen statt, die mindestens 30 Arbeitnehmer aber weniger als fünf Prozent der Belegschaft betref-

---

26 *Leuchten/Lipinski*, NZA 2003, 1361, 1365; *Löwisch*, RdA 1997, 80, 85; *Wißmann*, RdA 1998, 221, 226. a.A. *Hinrichs*, Kündigungsschutz und Arbeitnehmerbeteiligung bei Massenentlassungen, S. 174 ff., die auf Art. 6 der RL 98/59/EG in diesem Zusammenhang nicht eingeht.

27 *Schlachter*, Festschrift für Wißmann, 412, 414; *Wißmann*, RdA 1998, 221, 226.

28 BAG vom 18.11.2003, AP Nr. 76 zu § 118 BetrVG 1972; BAG vom 08.06.1999, Az.: 1 AZR 694/98 (n.v.); BAG vom 07.08.1990, AP Nr. 34 zu § 111 BetrVG 1972; BAG vom 06.12.1988, AP Nr. 26 zu § 111 BetrVG 1972; BAG vom 02.08.1983, AP Nr. 12 zu § 111 BetrVG 1972.

fen, so ist zwar der Anwendungsbereich der RL 98/59/EG eröffnet, jedoch entstehen nach deutschem Recht keine Beteiligungsrechte des Betriebsrats nach den §§ 111 f. BetrVG, womit auch § 113 BetrVG nicht eingreifen kann.[29]

Folglich erfasst der Nachteilsausgleich nicht alle Massenentlassungen i.S.d. Richtlinie und weist aus diesem Grund als Sanktionsnorm zur Durchsetzung der Konsultationspflichten ein erhebliches Defizit auf.

3. Weiteres Sanktionsdefizit in den Fällen des § 112a BetrVG?

Wie gerade festgestellt, sanktioniert der Nachteilsausgleich allein die Konsultationspflichten über das „Ob" und das „Wie" der Massenentlassungen. Unterrichtung und Beratung über die Beseitigung bzw. Minderung ihrer Folgen werden durch den erzwingbaren Sozialplan zur Durchsetzung verholfen.

Nun hebt § 112a Abs. 1 S. 1 BetrVG bei einem reinen Personalabbau die Erzwingbarkeit des Sozialplans auf, wenn die dort genannten Entlassungszahlen nicht erreicht werden. Die geforderten Zahlenwerte liegen jedoch deutlich über der Schwelle des Art. 1 Abs. 1 Buchst. a der RL 98/59/EG. Damit werden Konsultationen bei Massenentlassungen, die der Richtlinie unterfallen, nicht durch die §§ 111 ff. BetrVG sanktioniert, soweit es um die Frage der Folgenbeseitigung geht.[30]

Die gleiche Situation stellt sich auch bei Unternehmensneugründungen i.S.d. § 112a Abs. 2 S. 1 BetrVG. Auch hier ist ein Sozialplan nicht erzwingbar, so dass die Verletzung der Unterrichtungs- und Beratungspflicht hinsichtlich der durch die Massenentlassung entstehenden Folgen für den Arbeitgeber zu keinen nachteiligen Konsequenzen führt. Die Massenentlassungsrichtlinie kennt jedoch eine solche Ausnahme nicht, womit das deutsche Betriebsverfassungsrecht ebenfalls Lücken aufweist, um die von Art. 2 der RL 98/59/EG geforderten Informations- und Konsultationspflichten durchzusetzen.

4. Wirksamer Schutz durch § 113 BetrVG bei Tendenzbetrieben?

Auch bei Tendenzbetrieben i.S.d. § 118 Abs. 1 BetrVG stellt § 113 Abs. 3 BetrVG keine wirksame Sanktionsnorm für die vor der Massenentlassung geforderten Unterrichtungs- und Beratungspflichten dar. Wie noch gezeigt wird, gebietet der Verweis in § 118 Abs. 1 S. 2 BetrVG, die §§ 111 ff. BetrVG nur in Bezug auf den Sozialplan anzuwenden.[31] Daher stehen dem Betriebsrat in einem solchen Betrieb keine Mitwirkungsrechte hinsichtlich des „Ob" und des „Wie" der Betriebsänderung zu, womit den Arbeitgeber dann auch keine Nachteils-

---

[29] *Schlachter*, Festschrift für Wißmann, 412, 414; *Wißmann*, RdA 1998, 221, 226.

[30] *Leuchten/Lipinski*, NZA 2003, 1361, 1364 f.; *Schlachter*, Festschrift für Wißmann, 412, 414; *Wißmann*, RdA 1998, 221, 226 f.

[31] Siehe hierzu § 4 B.

ausgleichsansprüche treffen, wenn er den Betriebsrat insofern nicht beteiligt.[32] Die RL 98/59/EG ist hingegen auf Tendenzbetriebe uneingeschränkt anwendbar. Konsequenz ist, dass die Informations- und Konsultationspflichten des Art. 2 in vollem Umfang in diesen Betrieben „zu beachten" sind und für die genannten Pflichten im einfachstaatlichen Recht eine effektive und abschreckende Sanktion auch gegenüber dem Tendenzunternehmer existieren muss. Bestehen nach den §§ 111 ff. BetrVG in Tendenzbetrieben keine Unterrichtungs- bzw. Beratungspflichten über die Durchführung einer Betriebsänderung und damit insoweit auch keine Sanktionen durch § 113 BetrVG, so bleiben die §§ 111 ff. BetrVG ersichtlich hinter den Vorgaben der Richtlinie zurück.

Zu keinem anderen Ergebnis kommt, wer der Ansicht des BAG folgt und § 113 Abs. 3 BetrVG bei Tendenzbetrieben insofern für anwendbar hält, dass der Arbeitgeber zum Nachteilsausgleich verpflichtet ist, wenn er die Unterrichtungs- und Beratungspflichten des § 111 S. 1 BetrVG hinsichtlich des Sozialplans nicht erfüllt.[33] Denn nach Auffassung des BAG ist der Arbeitgeber entgegen Art. 2 der Massenentlassungsrichtlinie gleichfalls nicht gezwungen, den Betriebsrat über Fragen des „Ob" und des „Wie" der Betriebsänderung zu beteiligen, so dass auch nach der Rspr. das BetrVG insoweit keine Sanktionen vorsieht.

5. Fehlende Sanktionswirkung bei bestehenden Sozialplanansprüchen?

Ein Defizit als ausreichende Sanktionsnorm könnte § 113 Abs. 3 BetrVG auch dadurch aufweisen, dass Nachteilsausgleichs- und Sozialplanansprüche nicht beziehungslos nebeneinander stehen.[34] Tritt der Anspruch aus § 113 BetrVG bei

---

[32] LAG Berlin vom 15.10.1997, Az: 15 Sa 72/97 (n.v.); *Bauer*, Festschrift für Wißmann, 215, 222; *ders.* Betriebsänderung, S. 122; *Bauer/Lingemann*, NZA 1995, 813, 816; *Dütz*, Festschrift für Westermann, 37, 50; *Gillen/Hörle*, NZA 2003, 1225, 1227; *Hess*, in: Hess/Schlochauer/Worzalla/Glock, § 118 BetrVG Rn. 55; *Kania*, in: ErfK, § 118 BetrVG Rn. 18; *Kraft*, Anm. zu BAG vom 27.10.1998, EzA § 113 BetrVG 1972 Nr. 27, 11, 13; *Lunk*, NZA 2005, 841, 846; *Matthes*, in: MüHb-ArbR, § 365 Rn. 5; *Oetker*, in: GK-BetrVG, § 113 BetrVG Rn. 12; *Richardi/Annuß*, in: Richardi, § 113 BetrVG Rn. 34; *Richter*, DB 1991, 2661, 2662; *Rinsdorf*, ZTR 2001, 197; *Röder/Baeck*, Interessenausgleich und Sozialplan, S. 34; *Thüsing*, in: Richardi, § 118 BetrVG Rn. 172; *Weber*, in: GK-BetrVG, § 118 BetrVG Rn. 144, 152; *ders.*, NZA 1989, Beilage Nr. 3, 2, 7.

[33] Zu dieser Rechtsprechung siehe BAG vom 30.03.2004, AP Nr. 47 zu § 113 BetrVG; BAG vom 18.11.2003, AP Nr. 76 zu § 118 BetrVG 1972; BAG vom 27.10.1998, AP Nr. 65 zu § 118 BetrVG 1972; zustimmend auch *Fitting/Engels/Schmidt/Trebinger/Linsenmaier*, § 113 BetrVG Rn. 4; *Löwisch/Kaiser*, § 118 BetrVG Rn. 22; *Stege/Weinspach/Schiefer*, § 118 BetrVG Rn. 111.

[34] Die gleiche Problematik stellt sich auch bei Zusammentreffen von Nachteilsausgleichsansprüchen und tariflichen Abfindungsansprüchen. Siehe hierzu Thür. LAG vom 28.06.1994, Az: 7 Sa 1237/93 (n.v.).

Bestehen eines Sozialplans zurück[35] oder werden Sozialplan- und Nachteilsausgleichsansprüche miteinander verrechnet[36], so besteht die Gefahr, dass für den Arbeitgeber kein ausreichender Druck zum Versuch eines Interessenausgleichs und damit auch nicht mehr zur Beratung über das „Ob“ und das „Wie“ einer Massenentlassung i.S.d. Art. 2 Abs. 2 der RL 98/59/EG vorhanden ist.[37] Dies hätte zur Konsequenz, dass § 113 Abs. 3 BetrVG keine abschreckende Wirkung hat, was jedoch Voraussetzung einer Sanktionsnorm ist, die Richtlinienvorgaben im nationalen Recht zur Durchsetzung verhelfen soll.[38]

a) Subsidiarität des Nachteilsausgleichsanspruchs

Die in der Literatur vertretene Meinung, welche § 113 BetrVG gegenüber dem Sozialplan als verdrängt ansieht, begründet ihre Auffassung damit, dass Nachteilsausgleichs- sowie Sozialplananspruch eine Zweckidentität dahingehend aufweisen, dass beide zumindest auch dem Ausgleich der wirtschaftlichen Nachteile der Arbeitnehmer dienen. Aus diesem Grund sei es nicht gerechtfertigt, dass Arbeitnehmer eine Kumulation beider Leistungen verlangen können.[39] Die neben dem Ausgleichszweck bestehende Sanktionsfunktion des § 113 BetrVG will nach dieser Literaturmeinung allein erreichen, dass auf jeden Fall ein finanzieller Ausgleich erzwungen werden kann. Kommt es zum Abschluss eines Sozialplans, so liegt ein solcher Ausgleich vor, womit eine Sanktion nicht mehr erforderlich ist.[40] Mithin gebieten weder der Sanktions- noch der Ausgleichszweck des § 113

---

35 *Ehmann*, Betriebsstillegung, S. 75 ff.; *Fabricius*, in: GK-BetrVG (6. Aufl.), § 113 BetrVG Rn. 94 f.; *Hess*, in: Hess/Schlochauer/Worzalla/Glock, § 113 BetrVG Rn. 2; *Ohl*, Der Sozialplan, S. 160.

36 BAG vom 20.11.2001, AP Nr. 39 zu § 113 BetrVG 1972; BAG vom 13.06.1989, AP Nr. 19 zu § 113 BetrVG 1972; BAG (GS) vom 15.10.1979, AP Nr. 6 zu § 112 BetrVG 1972; *Bauer*, Betriebsänderungen, S. 120; *v. Hoyningen-Huene*, Betriebsverfassungsrecht, § 15 V 4; *Kleinebrink*, NZA-RR 2005, 281, 288; *Löwisch/Kaiser*, § 113 BetrVG Rn. 16; *Lüke*, Anm. zu BAG vom 13.06.1989, AP Nr. 19 zu § 113 BetrVG 1972, 5, 6R f.; *Matthes*, in: MüHb-ArbR, § 361 Rn. 42; *Richardi/Annuß*, in: Richardi, § 113 BetrVG Rn. 65; *Rumpff/Boewer*, Mitbestimmung in wirtschaftlichen Angelegenheiten, S. 426 f.; *Verch*, Personalabbau und Betriebsverfassung, S. 283 f.

37 So auch *Fitting/Engels/Schmidt/Trebinger/Linsenmaier*, § 113 BetrVG, Rn. 32; *Hanau*, NZA 1996, 841, 844; *Heither*, Festschrift für Däubler, 338, 341; *Hinrichs*, Kündigungsschutz und Arbeitnehmerbeteiligung bei Massenentlassungen, S.180; *Kohte*, 50 Jahre Bundesarbeitsgericht, 1219, 1249 f.; *Oetker*, in: GK-BetrVG, § 113 BetrVG Rn. 101; *ders.*, NZA 1998, 1193, 1198; *Schlachter*, Festschrift für Wißmann, 412, 416; *Wißmann*, RdA 1998, 221, 227.

38 EuGH vom 08.06.1994, EAS-ES, RL 75/129 EWG Art. 2 Nr. 1.

39 *Fabricius*, in: GK-BetrVG (6. Aufl.), § 113 BetrVG Rn. 97.

40 *Fabricius*, in: GK-BetrVG (6. Aufl.), § 113 BetrVG Rn. 97; *Ohl*, Der Sozialplan, S. 162.

BetrVG, dass bei bestehendem Sozialplan noch zusätzlich ein Nachteilsausgleich gefordert werden kann.[41]

Die Ansicht von der Subsidiarität des Nachteilsausgleichs interpretiert jedoch den Sanktionszweck des § 113 Abs. 3 BetrVG in fehlerhafter Weise. Wie in § 2 ausführlich behandelt, will § 113 Abs. 3 BetrVG die Schwäche des Interessenausgleichs, der im Gegensatz zum Sozialplan nicht erzwingbar ist, abmildern.[42] Mit der Ankündigung finanzieller Belastungen soll der Unternehmer angehalten werden, einen Interessenausgleich mit dem Betriebsrat ernsthaft zu versuchen. Der Sozialplan hat hingegen nur die Funktion, die infolge der Betriebsänderung entstehenden Nachteile[43] finanziell auszugleichen. Einen irgendwie gearteten Sanktionszweck kann der Sozialplan als Einigung der Betriebspartner ersichtlich nicht erfüllen, so dass im Bezug auf den letztgenannten Zweck Nachteilsausgleichs- und Sozialplananspruch nicht deckungsgleich sind. Wegen dieser über den Ausgleich wirtschaftlicher Nachteile hinausgehenden Funktion des § 113 BetrVG kann der Nachteilsausgleich nicht als subsidiär hinter dem Sozialplan zurücktreten.

b) Verrechnung mit Sozialplanansprüchen

Die ständige Rspr.[44] und die herrschende Lehre[45] gehen davon aus, dass Ansprüche aus Sozialplan und § 113 BetrVG zwar nebeneinander, aber nicht beziehungslos zueinander bestehen. Da sowohl der Sozialplan als auch § 113

---

41 *Fabricius*, in: GK-BetrVG (6. Aufl.), § 113 BetrVG Rn. 97.

42 Siehe dazu § 2 A I.

43 Zur Diskussion, ob dem Sozialplan eine Entschädigungsfunktion oder bzw. und eine Überbrückungsfunktion zukommt, siehe BAG vom 24.08.2004, NZA 2005, 302, 304; BAG vom 21.10.2003, AP Nr. 163 zu § 112 BetrVG 1972; BAG vom 14.08.2001, AP Nr. 142 zu § 112 BetrVG 1972; *Annuß*, in: Richardi, § 112 BetrVG Rn. 52; *Dorndorf*, Sozialplan im Konkurs, S. 9 ff.; *Fuchs*, Der Sozialplan nach dem Betriebsverfassungsgesetz, S. 28 ff.; *Gamillscheg*, Festschrift für Bosch, 209, 220; *Keller*, NZA 1997, 519, 521; *Kessen*, Der Inhalt des Sozialplans, S. 13 ff. *Löwisch/Kaiser*, § 112 BetrVG Rn. 14; *Oetker*, in: GK-BetrVG, § 112, 112a BetrVG Rn. 100; *Richardi*, Sozialplan und Konkurs, S. 11 ff.; *Verch*, Personalabbau und Betriebsverfassung, S. 197 ff.

44 BAG vom 20.11.2001, AP Nr. 39 zu § 113 BetrVG 1972; BAG vom 13.06.1989, AP Nr. 19 zu § 113 BetrVG 1972; BAG (GS) vom 15.10.1979, AP Nr. 6 zu § 112 BetrVG 1972; LAG Schleswig-Holstein vom 11.05.2001, Az: 5 Sa 66(01 (n.v.); LAG Schleswig-Holstein vom 14.12.2000, Az: 5 Sa 452/00 (n.v.); LAG Schleswig-Holstein vom 21.09.2000, Az: 5 Sa 250/00 (n.v.); LAG Brandenburg vom 20.11.1997, Az: 3 Sa 486/97 (n.v.).

45 *Bauer*, Betriebsänderungen, S. 120; *v. Hoyningen-Huene*, Betriebsverfassungsrecht, § 15 V 4; *Hunold*, NZA-RR 2005, 561, 564; *Kleinebrink*, NZA-RR 2005, 281, 288; *Löwisch/Kaiser*, § 113 BetrVG Rn. 16; *Lüke*, Anm. zu BAG vom 13.06.1989, AP Nr. 19 zu § 113 BetrVG 1972, 5, 6 R f.; *Matthes*, in: MüHb-ArbR, § 361 Rn. 42; *Oetker*, in: GK-BetrVG, § 113 BetrVG Rn. 100; *Richardi/Annuß*, in: Richardi, § 113 BetrVG Rn. 65; *Rumpff/Boewer*, Mitbestimmung in wirtschaftlichen Angelegenheiten, S. 426 f.; *Verch*, Personalabbau und Betriebsverfassung, S. 283 f.

BetrVG den Arbeitnehmern eine Entschädigung für den Verlust ihrer Arbeitsplätze gewähren will, sei es nicht gerechtfertigt, dass die Betroffenen zwei Abfindungen wegen eines erlittenen Nachteils verlangen können.[46] Diese Übervorteilung der Arbeitnehmer müsse durch Verrechnung des Nachteilsausgleichs- mit dem Sozialplananspruch vermieden werden.[47] Damit stellt auch die herrschende Meinung allein auf die Zweckidentität hinsichtlich der Ausgleichsfunktion ab. Sie unterscheidet sich von der ersten Ansicht lediglich dadurch, dass sie einen Nachteilsausgleichsanspruch der Sache nach für gegeben hält, der Arbeitnehmer jedoch nur Zahlung verlangen kann, wenn der vorher zustande gekommene Sozialplan einen geringeren Betrag für ihn bereithält.[48]

Ebenso setzen sich die Rspr. und der überwiegende Teil des Schrifttums parallel zur oben vorgestellten Auffassung den Bedenken aus, dass sie dem Sanktionszweck des § 113 BetrVG nicht hinreichend gerecht werden.[49] Diesem Zweck wird nur entsprochen, wenn für den Arbeitgeber stets ein finanzieller Druck besteht, einen Interessenausgleich mit dem Betriebsrat zu versuchen. Nach Auffassung des BAG existiert ein solcher Druck „*in der Regel*“[50] auch im Fall der Verrechnung.[51] So führt das BAG an, dass der Nachteilsausgleichsanspruch den Sozialplananspruch in seinem Betrag übersteigen und damit § 113 Abs. 3 BetrVG Zahlungsansprüche begründen kann, da das Arbeitsgericht bei der Festsetzung der Höhe des Nachteilsausgleichsanspruchs weder an § 112 Abs. 5 S. 2 BetrVG gebunden ist noch die wirtschaftlichen Verhältnisses des Arbeitgebers beachten muss.[52] Weiterhin gibt das Gericht zu bedenken, dass gerade in den Fällen des § 112a BetrVG kein Sozialplan erzwungen werden kann, ein Nachteilsausgleichsanspruch bei unzureichendem Versuch des Interessenausgleichs jedoch besteht, so

---

46 BAG vom 20.11.2001, AP Nr. 39 zu § 113 BetrVG 1972; BAG vom 13.06.1989, AP Nr. 19 zu § 113 BetrVG 1972; BAG (GS) vom 15.10.1979, AP Nr. 6 zu § 112 BetrVG 1972; *v. Hoyningen-Huene*, Betriebsverfassungsrecht, § 15 V 4; *Hunold*, NZA-RR 2005, 561, 564; *Kleinebrink*, NZA-RR 2005, 281, 288; *Löwisch/Kaiser*, § 113 BetrVG Rn. 16; *Lüke*, Anm. zu BAG vom 13.06.1989, AP Nr. 19 zu § 113 BetrVG 1972, 5, 6 R f.; *Matthes*, in: MüHb-ArbR, § 361 Rn. 42; *Richardi/Annuß*, in: Richardi, § 113 BetrVG Rn. 65.

47 BAG (GS) vom 15.10.1979, AP Nr. 6 zu § 112 BetrVG 1972; *v. Hoyningen-Huene*, Betriebsverfassungsrecht, § 15 V 4; *Löwisch/Kaiser*, § 113 BetrVG Rn. 16.

48 Wird hingegen erst nachträglich ein Sozialplan abgeschlossen, so müssen die nach § 113 BetrVG gewährten Abfindungen beim Sozialplananspruch angerechnet werden. Vgl. dazu BAG vom 13.06.1989, AP Nr. 19 zu § 113 BetrVG 1972.

49 Zu dieser Kritik siehe *Däubler*, in: DKK, §§ 112, 112a BetrVG Rn. 60; *Kania, in*: ErfK, § 113 BetrVG Rn. 2; *Oetker*, in: GK-BetrVG, § 113 BetrVG Rn. 100; *Preis/Bender*, in: Wlotzke/Preis, § 113 BetrVG Rn. 21.

50 So ausdrücklich BAG vom 20.11.2001, AP Nr. 39 zu § 113 BetrVG 1972.

51 BAG vom 20.11.2001, AP Nr. 39 zu § 113 BetrVG 1972; BAG vom 13.06.1989, AP Nr. 19 zu § 113 BetrVG 1972; BAG (GS) vom 15.10.1979, AP Nr. 6 zu § 112 BetrVG 1972.

52 BAG vom 20.11.2001, AP Nr. 39 zu § 113 BetrVG 1972; BAG vom 10.12.1996, AP Nr. 32 zu § 113 BetrVG 1972.

dass auch in diesen Konstellationen § 113 BetrVG einen finanziellen Druck auf die Arbeitgeber ausübt.[53]

Zwar kann für die vom BAG aufgeführten Beispiele nicht bestritten werden, dass § 113 BetrVG eine Druckwirkung gegenüber dem Arbeitgeber entfaltet. Wie das Gericht mit der Formulierung „in der Regel" selbst zugibt, existieren aber durchaus Fälle, in denen eine Verrechnung dazu führt, dass dem Nachteilsausgleichsanspruch keine selbständige Bedeutung zukommt. Gedacht sei beispielsweise an die Konstellation, dass der Unternehmer in kurzer Zeit eine Massenentlassung durchführen will, ohne den Betriebsrat über die Frage der möglichen Verhinderung oder Milderung dieser Maßnahme zu konsultieren. Er schließt jedoch mit dem Betriebspartner einen Sozialplan ab, der den entlassenen Arbeitnehmern weit die Grenzen des § 10 KSchG übersteigende Leistungen gewährt. Die von der herrschenden Meinung befürwortete Verrechnung hätte hier zur Konsequenz, dass der Unternehmer Nachteilsausgleichsansprüche und damit Sanktionen für den unterbliebenen Versuch, die Massenentlassung noch zu verhindern oder abzumildern, nicht erwarten muss.[54] Es sind also durchaus Fälle denkbar, in denen § 113 BetrVG bei erfolgter Verrechnung ersichtlich keinen Druck mehr ausüben kann, einen Interessenausgleichsversuch zu unternehmen. Da § 113 BetrVG in allen Konstellationen und nicht nur im Regelfall eine Sanktionsfunktion zu erfüllen hat, ist eine automatische Verrechnung mit Sozialplanansprüchen abzulehnen.[55]

c) Teilweise Verrechnung

Besteht zwischen Sozialplan und Nachteilsausgleich eine teilweise Zweckidentität, ist eventuell auch eine teilweise Verrechnung geboten.[56] Diese könnte beispielsweise dahingehend erfolgen, dass eine Anrechnung der Abfindungsansprüche aus § 113 Abs. 3 BetrVG auf den Sozialplan nur insoweit erfolgen darf, als die mit der Entlassung entstandenen wirtschaftlichen Nachteile abgegolten werden.[57]

Wie festgestellt, liegt zwischen dem Sanktions- und dem Ausgleichszweck des § 113 BetrVG jedoch keine Gleichrangigkeit vor.[58] Vielmehr ist die in der Norm

---

[53] BAG vom 20.11.2001, AP Nr. 39 zu § 113 BetrVG 1972; BAG vom 13.06.1989, AP Nr. 19 zu § 113 BetrVG 1972; BAG vom 08.11.1988, AP Nr. 18 zu § 113 BetrVG 1972.

[54] Dieser Fall wird auch vom BAG (in AP Nr. 39 zu § 113 BetrVG 1972) gesehen. Nach Ansicht des Gerichts sei hier jedoch die Grenze der Sanktion erreicht, die das BetrVG für angemessen hält.

[55] *Preis/Bender*, in: Wlotzke/Preis, § 113 BetrVG Rn. 21.

[56] So *Hinrichs*, Kündigungsschutz und Arbeitnehmerbeteiligung bei Massenentlassungen, S. 185; *Kohte*, 50 Jahre Bundesarbeitsgericht, 1219, 1250; *Oetker*, in: GK-BetrVG, § 113 BetrVG Rn. 100.

[57] *Kohte*, 50 Jahre Bundesarbeitsgericht, 1219, 1250; *Oetker*, in: GK-BetrVG, § 113 BetrVG Rn. 100.

[58] Siehe dazu § 2 A III.

enthaltene Verpflichtung des Arbeitgebers, die entstandenen Nachteile der betroffenen Beschäftigten zu kompensieren, lediglich ein Mittel zur Erreichung des Sanktionszwecks.[59] Steht bei § 113 BetrVG also der Sanktionsgedanke im Mittelpunkt, der beim Sozialplan keine Rolle spielt, so darf eine auch teilweise automatische Verrechnung beider Ansprüche nicht erfolgen.

Damit ist zugleich ein Anhaltspunkt für die Frage gefunden, ob die Betriebspartner bei einem nachträglich vereinbarten Sozialplan eine Klausel aufnehmen können, wonach bestehende Nachteilsausgleichsansprüche anzurechnen sind. Zwar kommt den Parteien des Sozialplans eine Regelungsautonomie zu. Eine solche Autonomie kann jedoch nicht dazu führen, dass sie gesetzliche Vorgaben übergehen können. Hat der Gesetzgeber mit § 113 Abs. 3 BetrVG festgelegt, dass der Unternehmer, welcher den Interessenausgleich nicht in ausreichendem Maße versucht hat, zu sanktionieren ist, so dürfen die Betriebspartner diese Sanktionsanordnung nicht mit Aufnahme einer Anrechnungsklausel unterlaufen.[60]

d) Ergebnis zur fehlenden Sanktionswirkung bei bestehenden Sozialplanansprüchen

Stehen Sozialplan- und Nachteilsausgleichsansprüche beziehungslos nebeneinander und erfolgt keine automatische Verrechnung, so ergeben sich allein aus diesem Grund keine Defizite bei der Sanktionierung der in Art. 2 der Massenentlassungsrichtlinie genannten Arbeitgeberpflichten durch § 113 Abs. 3 BetrVG.

6. Zusammenfassung der Umsetzungsdefizite

Da die RL 98/59/EG geringere Anforderungen an den Personalabbau stellt als die §§ 111 ff. BetrVG, erfasst der Nachteilsausgleich nicht alle Massenentlassungen i.S.d. Richtlinie und weist schon deshalb als Sanktionsnorm zur Durchsetzung der Unterrichtungs- und Konsultationspflichten ein Defizit auf.[61]

Gemäß dem BetrVG sind in Tendenzbetrieben nachteilige Folgen gegenüber dem Arbeitgeber nicht vorgesehen, wenn er mit dem Betriebspartner keine Konsultationen hinsichtlich der Verhinderung oder Abmilderung des Personalabbaus vornimmt. Da Art. 2 Abs. 2 der Massenentlassungsrichtlinie jedoch stets fordert, dass

---

[59] *Fitting/Engels/Schmidt/Trebinger/Linsenmaier*, § 113 BetrVG Rn. 2; *Oetker*, in: GK-BetrVG, § 113 BetrVG Rn. 100; *ders.*, Anm. zu BAG vom 22.07.2003, AP Nr. 42 zu § 113 BetrVG 1972, 5, 11 R; *ders.*, Anm. zu LAG Niedersachen vom 12.08.2002, LAGE § 122 InsO Nr. 1, 9, 15 f.

[60] *Hinrichs*, Kündigungsschutz und Arbeitnehmerbeteiligung bei Massenentlassungen, S. 186; a.A. *Däubler*, in: DKK, §§ 112, 112a BetrVG, Rn. 60; *Fitting/Engels/Schmidt/Trebinger/Linsenmaier*, § 113 BetrVG, Rn. 33; *Hanau*, ZfA 1974, 89, 110; *Hess*, in: Hess/Schlochauer/Worzalla/Glock, § 112 BetrVG, Rn. 58; *Teichmüller*, Die Betriebsänderung, S. 125.

[61] Hierzu § 3 B III 1.

der Arbeitgeber mit den Arbeitnehmervertretern auch über diese Fragen zu beraten hat, fehlt es im BetrVG hier ebenfalls an einer effektiven Sanktionsnorm.[62]

Eine hinreichende Durchsetzungsnorm ist auch im Hinblick auf die Folgenbeseitigung des Personalabbaus im Anwendungsbereich des § 112a BetrVG nicht gegeben, da hier ein Sozialplan nach deutschem Recht nicht erzwingbar ist.[63]

IV. Richtlinienkonforme Auslegung

Die soeben aufgezeigten Umsetzungsdefizite könnten beseitigt werden, wenn die §§ 111 ff. BetrVG richtlinienkonform auszulegen sind. Diese Auslegungsform bedeutet, dass das nationale Recht unter Beachtung der Vorgaben der Richtlinie interpretiert werden muss.[64] Jedoch ist das Instrument der richtlinienkonformen Auslegung nicht anzuwenden, wenn der deutsche Gesetzgeber bereits an anderer Stelle ausreichende Sanktionen für die Verletzung der Konsultationspflichten aus der Massenentlassungsrichtlinie bereitgestellt hat. Das Gemeinschaftsrecht benötigt zu seiner Durchsetzung lediglich eine effektive Sanktionsnorm im innerstaatlichen Recht und nicht mehrere.[65] Stellt, wie bereits gezeigt, § 17 Abs. 2 KSchG die primäre Umsetzungsnorm für die Vorgaben des Art. 2 der RL 98/59/EG dar, so liegt es nahe, zunächst in den §§ 17 f. KSchG nach ausreichenden Sanktionen zu suchen. Ursprünglich waren sich Literatur[66] und Rspr.[67] in Deutschland weitgehend darin einig, den Begriff der Entlassung in den §§ 17 f. KSchG mit der tatsächlichen Beendigung des Arbeitsverhältnisses gleichzusetzen, so dass der Arbeitgeber die Anforderungen des § 17 KSchG auch nach Ausspruch der Kündigung noch erfüllen konnte. Am 27.01.2005 stellte der EuGH aufgrund eines Vorabentscheidungsersuchens des ArbG Berlin allerdings klar, dass unter Entlassung i.S.d. Art. 2 bis 4 der RL 98/59/EG die Kündigungserklärung des Arbeitgebers zu verstehen ist.[68] Nach Auffassung des Gerichts darf daher eine Kündigung erst ausgesprochen werden, wenn das Konsultationsverfahren nach

---

62 Vgl. § 3 B III 4.

63 Siehe hierzu § 3 B III 3.

64 EuGH vom 05.10.2004, AP Nr. 12 zu EWG-Richtlinie Nr. 93/104; EuGH vom 10.04.1984, AP Nr. 1 zu § 611a BGB; BAG vom 18.11.2003, AP Nr. 76 zu § 118 BetrVG 1972; BAG vom 18.02.2003, NZA 2003, 742, 747; ArbG Lörrach vom 01.03.2005. NZA 2005, 584, 585; ArbG Krefeld vom 14.04.2005, NZA 2005, 582, 582; *Bauer/Krieger/Powietzka*, DB 2005, 445, 445; *Ferme/Lipinski*, ZIP 2005, 593, 594; *Hinrichs*, Kündigungsschutz und Arbeitnehmerbeteiligung bei Massenentlassungen, S. 63 ff.

65 *Wißmann*, RdA 1998, 221, 227.

66 *Ascheid*, in: ErfK (5. Aufl.), § 17 KSchG Rn. 12; *v. Hoyningen-Huene/Linck*, § 17 KSchG Rn. 18 f.; *Kittner*, in: KDZ, § 17 KSchG Rn. 13; *Löwisch/Spinner*, § 17 KSchG Rn. 27; *Moll*, in: APS, § 17 KSchG Rn. 26; *Pfeiffer*, in: HaKo-KSchG, § 17 KSchG Rn. 26; *Weigand*, in: KR, § 17 KSchG Rn. 32.

67 BAG vom18.09.2003, AP Nr. 14 zu § 17 KSchG 1969; BAG vom 31.07.1986, AP Nr. 5 zu § 17 KSchG 1969; BAG vom 06.12.1973, AP Nr. 1 zu § 17 KSchG 1969.

68 EuGH vom 27.01.2005, BB 2005, 331, 333.

Art. 2 und das Anzeigeverfahren nach den Art. 3 f. der Massenentlassungsrichtlinie durchgeführt wurden.[69] Folge dieses Urteils war ein Streit in der deutschen Literatur aber auch in den Instanzgerichten, ob nun die §§ 17 f. KSchG richtlinienkonform ausgelegt werden können, um die Festlegungen des EuGH zu erfüllen.[70] Mit dem Urteil des BAG vom 23.03.2006 ist diese Diskussion für die Praxis dahingehend entschieden, dass auch der Begriff der Entlassung in § 17 KSchG als Ausspruch der Kündigung zu verstehen ist.[71] Infolgedessen verpflichtet § 17 Abs. 2 KSchG den Unternehmer, seine Unterrichtungs- und Beratungspflicht gegenüber dem Betriebsrat noch vor Kündigungsausspruch vorzunehmen.[72]

Unabhängig von der genauen dogmatischen Einordnung[73] muss die Nichtbeachtung der Pflichten aus § 17 Abs. 2 KSchG zur Konsequenz haben, dass die Kündigung das Arbeitsverhältnis nicht beendet.[74] Nur so kann die Vorgabe des EuGH erfüllt werden, wonach gerade die Konsultation der Arbeitnehmervertreter erreichen soll, Massenentlassungen zu verhindern.[75] Ausgehend vom eben erwähnten Urteil des BAG ist jetzt also anzunehmen, dass die §§ 17 f. KSchG nicht nur die primären Umsetzungsvorschriften des hier interessierenden Art. 2 der Massenentlassungsrichtlinie darstellen, sondern die Normen des KSchG auch effektive Sanktionsmittel bereithalten. Für eine richtlinienkonforme Auslegung der §§ 111 ff. BetrVG besteht daher keine Notwendigkeit mehr.

---

69 EuGH vom 27.01.2005, BB 2005, 331, 333.

70 Siehe nur LAG Niedersachsen vom 15.06.2005, LAGReport 2005, 368; LAG Köln vom 10.05.2005, LAGE § 1 KSchG Soziale Auswahl Nr. 49; ArbG Krefeld vom 14.04.2005, NZA 2005, 582; ArbG Lörrach vom 24.03.2005, NZA 2005, 584; ArbG Bochum vom 17.03.2005, NJOZ 2005, 1804; *Bauer/Krieger/Powietzka*, DB 2005, 445; *Dornbusch/Wolff*, BB 2005, 885; *Ferme/Lipinski*, ZIP 2005, 593; *Osnabrügge*, NJW 2005, 1093; *Riesenhuber/Domröse*, NZA 2005, 568; *Wolter*, AuR 2005, 135.

71 BAG vom 23.03.2006, NZA 2006, 971, 972. Vgl. hierzu *Ferme/Lipinski*, NZA 2006, 937.

72 BAG vom 23.03.2006, NZA 2006, 971,972.

73 Die Rechtsunwirksamkeit der Kündigung aus § 18 Abs. 1 KSchG entnehmen ArbG Bochum vom 17.03.2005, NJOZ 2005, 1804, 1813; *Osnabrügge*, NJW 2005, 1093, 1094; *Riesenhuber/Domröse*, NZA 2005, 568, 569; a.A. ArbG Berlin vom 01.03.2005, NZA 2005, 585, welches § 17 KSchG als Verbotsgesetz i.S.d. § 134 BGB auslegt. Das BAG hat im Urteil vom 23.03.2006 (NZA 2006, 971, 972) die genauen Rechtsfolgen eines Verstoßes gegen § 17 KSchG offengelassen.

74 *Kiel*, in: ErfK,§ 18 KSchG Rn. 11; *Osnabrügge*, NJW 2005, 1093, 1094; *Riesenhuber/Domröse*, NZA 2005, 568, 569.

75 EuGH vom 27.01.2005, BB 2005, 331, 333.

C. Betriebsübergangsrichtlinie (RL 2001/23/EG)

I. Inhalt der Richtlinie

1. Informations- und Konsultationspflichten des Art. 7 der RL 2001/23/EG

Für die hier interessierenden Beteiligungsrechte des Betriebsrates beim Betriebsübergang[76] und deren Sanktionen enthält allein Art. 7 der RL 2001/23 EG die entscheidenden Regelungen.[77] Nach dessen ersten Absatz sind Erwerber und Veräußerer verpflichtet, ihre jeweiligen Arbeitnehmervertreter vor dem Betriebsübergang über den Zeitpunkt, den Grund, die Folgen für die Arbeitnehmer und über die hinsichtlich der Beschäftigten in Aussicht genommenen Maßnahmen zu unterrichten.[78] Daneben sieht Art. 7 Abs. 2 vor, dass Erwerber und Veräußerer die Arbeitnehmervertreter auch konsultieren müssen, wenn sie derartige Maßnahmen hinsichtlich der Beschäftigten in Betracht ziehen.[79]

Von diesem so genannten „Grundmodell" macht der dritte Absatz für Mitgliedsstaaten eine Ausnahme, deren Rechtsvorschriften vorsehen, dass die Arbeitnehmervertreter Schiedsstellen anrufen können, „um eine Entscheidung über hinsichtlich der Arbeitnehmer zu treffende Maßnahmen zu erhalten".[80] Diese Staaten könnten die Unterrichtungs- und Beratungspflichten des Abs. 1 und 2 dahingehend beschränken, dass sie nur für den Fall bestehen, dass der Betriebsübergang zu einer Betriebsänderung führt, die wesentliche Nachteile für einen erheblichen Teil der Belegschaft zur Folge hat.[81]

Nach Art. 7 Abs. 5 steht es den Mitgliedsstaaten frei, die eben genannten Beteiligungspflichten auf Unternehmen bzw. Betriebe zu beschränken, welche

---

76 Zum Begriff des Bertriebsübergangs siehe EuGH vom 20.11.2003, NJW 2004, 45 ff.; EuGH vom 24.01.2002, EAS-ES, RL 77/187/EWG Art. 1 Nr. 23; EuGH vom 10.12.1998, EAS-ES, RL 77/187/EWG Art. 1 Nr. 18; *Birk*, in: MüHb-ArbR, § 19 Rn. 227 ff.; *Colneric*, Festschrift für Steindorff, 1129, 1138 f.; *Waas/Johanns*, EuZW 1999, 458, 458 f.; *Willemsen/Annuß*, NJW 1999, 2073, 2073 f.

77 Zum Hintergrund dieser Richtlinie vgl. *Joussen*, in: EAS-SD, B 7200, Rn. 1 ff.; speziell zur Entstehungsgeschichte des Art. 7 der RL 2001/23 EG siehe *Colneric*, Festschrift für Steindorff, 1129, 1130 ff.

78 Dazu, dass Art. 7 Abs. 1 der Richtlinie hinsichtlich des Zeitpunkts der Informationspflicht zwischen Erwerber und Veräußerer differenziert, vgl. *Löw*, Die Betriebsveräußerung, S. 175 f. *Oetker*, NZA 1998, 1193, 1197.

79 Zum Begriff der Maßnahmen in Art. 7 Abs. 2 RL 2001/23 EG siehe *Oetker*, NZA 1998, 1193, 1194.

80 Auf das Ausnahmemodell des Art. 7 Abs. 3 kann sich also nur der Mitgliedsstaat berufen, der gesetzlich ein erzwingbares Schiedsverfahren geregelt hat. Vgl. dazu *Franzen*, RdA 2002, 258, 260; *Oetker*, NZA 1998, 1193, 1195; *Riesenhuber*, NZA 2004, 340, 343.

81 Diese Regelung wurde gerade auf Betreiben der deutschen Vertreter im Rat aufgenommen. Siehe dazu *Colneric*, Festschrift für Steindorff, 1129, 1132 f.; *Grau*, ZfA 2005, 647, 648; *Trümner*, PersR 1997, 197, 201.

nach einfachstaatlichem Recht die Voraussetzungen zur Bestellung eines Arbeitnehmervertreterkollegiums erfüllen.

Kann in einem Betrieb oder in einem Unternehmen unabhängig vom Willen der Arbeitnehmer eine Arbeitnehmervertretung nicht bestellt werden, so muss gemäß Art. 7 Abs. 6 der RL 2001/23/EG den Arbeitnehmern selbst ein Informationsanspruch zukommen.

2. Von der Richtlinie geforderte Sanktionen

Auch die Betriebsübergangsrichtlinie enthält keine konkreten Vorgaben, welche Sanktionen die einzelnen Mitgliedsstaaten bei der Umsetzung festlegen müssen, wenn die Beteiligung der Arbeitnehmervertreter fehlerhaft oder gar nicht vorgenommen wurde. Jedoch gilt auch hier die in Art. 10 EGV festgeschriebene Pflicht der Mitgliedsstaaten, für eine effektive Durchsetzung der Richtlinien im innerstaatlichen Bereich zu sorgen, wie dies durch Art. 9 der Betriebsübergangsrichtlinie noch einmal deutlich hervorgehoben wird.[82] Der Umsetzungsgesetzgeber hat also Sanktionsnormen bereitzustellen, welche Verstöße gegen nationales sowie gegen Gemeinschaftsrecht nach Art und Schwere gleich bestrafen, verhältnismäßig sowie abschreckend sind.[83]

II. Umsetzung in deutsches Recht

1. Umsetzung der kollektivrechtlichen Informations- und Konsultationspflichten

Nach § 111 S. 1 BetrVG bestehen für den Unternehmer nur Unterrichtungs- und Beratungspflichten gegenüber dem Betriebsrat, wenn der Betriebsübergang zu einer Betriebsänderung geführt hat, die wesentliche Nachteile für die Belegschaft oder für einen erheblichen Teil der Belegschaft mit sich bringt. Der deutsche Gesetzgeber nimmt mithin die Ausnahmeregelung des Art. 7 Abs. 3 der Betriebsübergangsrichtlinie für sich in Anspruch. Dass in Deutschland das Grundmodell des Art. 7 Abs. 1 und 2 nicht umgesetzt werden muss, wird grundsätzlich damit begründet, dass nach § 112 Abs. 4 BetrVG der Betriebsrat mit Hilfe der Einigungsstelle einen Sozialplan durchsetzen kann, so dass das von Art. 7 Abs. 3 der RL 2001/23/EG geforderte erzwingbare Schiedsverfahren im BetrVG existiert.[84]

---

[82] *Oetker*, NZA 1998, 1193, 1196; *Riesenhuber*, RdA 2004, 340, 342.

[83] EuGH vom 08.06.1994, EAS-ES, RL 75/129/EWG Art. 2 Nr. 1.

[84] *V. Alvensleben*, Rechte der Arbeitnehmer bei Betriebsübergängen, S. 330; *Colneric*, Festschrift für Steindorff, 1129, 1134 f.; *Debong*, Die Betriebsübergangsrichtlinie, S. 96; *Franzen*, RdA 2002, 258, 260; *Löw*, Die Betriebsveräußerung, S. 176 f.; *Oetker*, NZA 1998, 1193, 1197; *Oetker/Schubert*, in: EAS, B 8300, Rn. 488 ff.; *Wank*, in: Hanau/Steinmeyer/Wank, § 18 Rn. 151. Ausführlich zu dieser Problematik § 3 C II 3.

Allerdings greifen die §§ 111 ff. BetrVG nur ein, wenn im betroffenen Betrieb mehr als 20 wahlberechtigte Arbeitnehmer beschäftigt sind. Da nach Art. 7 Abs. 5 die einzelnen Mitgliedsstaaten das Bestehen der Unterrichtungs- und Beratungsrechte davon abhängig machen können, dass im jeweiligen Betrieb oder Unternehmen ein Kollegium von Arbeitnehmervertretern existiert und nach § 9 S. 1 BetrVG in Betrieben mit bis zu 20 Arbeitnehmern der Betriebsrat aus nur einer Person besteht, ist der Schwellenwert des § 111 S. 1 BetrVG richtlinienkonform.[85]

Neben den kollektivrechtlichen Informations- und Beratungspflichten aus § 111 S. 1 BetrVG hat der deutsche Gesetzgeber mittels § 613a Abs. 5 BGB dem Veräußerer bzw. dem Erwerber noch eine Unterrichtungspflicht gegenüber jedem vom Betriebsübergang betroffenen Arbeitnehmer auferlegt. Gemäß Art. 7 Abs. 6 der Betriebsübergangsrichtlinie ist eine solche Informationspflicht jedoch nur notwendig, wenn die Bestellung einer Arbeitnehmervertretung im Betrieb oder Unternehmen nicht möglich ist, so dass insoweit in Deutschland die Vorgaben der RL 2001/23/EG „übererfüllt“ wurden.[86]

2. Innerstaatliche Sanktionen zur Durchsetzung der kollektivrechtlichen Informations- und Konsultationspflichten

Stellt § 111 S. 1 BetrVG die Erfüllung der Umsetzungsverpflichtung aus Art. 7 Abs. 3 i.V.m. Abs. 1 und 2 der Betriebsübergangsrichtlinie dar, so ist zugleich der Nachteilsausgleichsanspruch aus § 113 Abs. 3 BetrVG die primäre Sanktionsnorm. Wie schon in § 2 ausführlich dargestellt, soll § 113 Abs. 3 BetrVG neben seiner Ausgleichsfunktion für die betroffenen Arbeitnehmer auch und gerade den Arbeitgeber sanktionieren, wenn dieser nicht oder in nicht ausreichendem Maße den Betriebsrat unterrichtet und mit ihm über das „Ob“ und „Wie“ einer Betriebsänderung verhandelt.[87]

Somit scheint mit § 113 Abs. 3 BetrVG eine im Sinne der Rechtsprechung des EuGH ausreichende Sanktionsnorm bereitzustehen.[88]

---

85 *Colneric*, Festschrift für Steindorff, 1129, 1134; *Franzen*, RdA 2002, 258, 260; *Oetker*, NZA 1998, 1193, 1196; *Oetker/Schubert*, in: EAS-SD, B 8300, Rn. 484.

86 Ursache dieser Übererfüllung ist, dass Art. 7 Abs. 6 der RL zwar mit dem Grundmodell des Art. 7 Abs. 1 und 2 harmoniert, im Zusammenhang mit dem Ausnahmemodell des Art. 7 Abs. 3 jedoch Schutzdefizite aufweist. Hierzu ausführlich *Grau*, ZfA 2005, 647, 655; *Hauck*, Festschrift für Wißmann, 546, 549; *Franzen*, RdA 2002, 258. Ausführlich zu den entstehenden Problemen bei überschießender Erfüllung von Richtlinienvorgaben durch den nationalen Gesetzeber *Lutter*, Gedächtnisschrift für Heinze, 571 ff.

87 Siehe § 2 A I.

88 So grundsätzlich *V. Alvensleben*, Rechte der Arbeitnehmer bei Betriebsübergängen, S. 330; *Colneric*, Festschrift für Steindorff, 1129, 1135 ff.; *Hanau*, Festschrift für Gaul, 287, 303; *Löw*, Die Betriebsveräußerung, S. 182 ff.; *Oetker*, NZA 1998, 1193, 1197; *Oetker/Schubert*, in: EAS-SD, B 8300, Rn. 496.

3. Erfüllung der Voraussetzung des Art. 7 Abs. 3 der Betriebsübergangsrichtlinie?

Die Feststellung, dass § 111 S. 1 BetrVG und der Nachteilsausgleichsanspruch aus § 113 S. 3 BetrVG in ausreichendem Maße die Vorgaben des Art. 7 der Betriebsübergangsrichtlinie umsetzen, beruht auf der Annahme, dass der deutsche Gesetzgeber sich grundsätzlich des Ausnahmemodells des Art. 7 Abs. 3 der RL 2001/23/EG bedienen durfte, er also dem Betriebsrat eine Schiedsstelle bereitstellt, die angerufen werden kann, „um eine Entscheidung über hinsichtlich der Arbeitnehmer zu treffende Maßnahmen zu erhalten".[89] In der Literatur wurde in diesem Zusammenhang lediglich kritisch hinterfragt, ob mit der Aufnahme des § 112a BetrVG durch das Beschäftigungsförderungsgesetz[90] vom 26.04.1985 bei reinem Personalabbau bzw. bei Unternehmensneugründungen die Voraussetzungen des Ausnahmemodells noch erfüllt werden.[91] Da bei den dort genannten Maßnahmen der Sozialplan nicht mehr seitens des Betriebsrats durchgesetzt werden kann, fehlt es an der erzwingbaren Schiedsstellenentscheidung nach Art. 7 Abs. 3 der Richtlinie, welche jedoch notwendig ist, wenn vom Grundmodell des Art. 7 Abs. 1 und 2 abgewichen werden soll.[92]

Allerdings bestehen bereits Bedenken, ob der deutsche Gesetzgeber dadurch, dass der Betriebsrat auch außerhalb des § 112a BetrVG über die Einigungsstelle nur eine Entscheidung über den Ausgleich oder die Milderung der Nachteile für die Arbeitnehmer erzwingen kann, überhaupt eine Schiedsstelle i.S.d. Art. 7 Abs. 3 der RL 2001/23/EG bereithält.[93]

a) Anforderung an die Schiedsstelle i.S.d. Art. 7 Abs. 3 der RL 2001/23/EG

aa) Wortlaut und Systematik des Art. 7 Abs. 3 der RL 2001/23/EG

Der Wortlaut des Art. 7 Abs. 3 verlangt, dass die Schiedsstelle eine beiderseitig bindende Entscheidung „über hinsichtlich der Arbeitnehmer zu treffende Maßnahmen" abschließen darf. Zwar ist zuzugeben, dass der Wortlaut insofern relativ

---

89 Allg. Auffassung *v. Alvensleben*, Rechte der Arbeitnehmer bei Betriebsübergängen, S. 330; *Colneric*, Festschrift für Steindorff, 1129, 1134 f.; *Hanau*, Festschrift für Gaul, 287, 303; *Löw*, Die Betriebsveräußerung, S. 182 ; *Oetker*, NZA 1998, 1193, 1197; *Oetker/Schubert*, in: EAS-SD, B 8300 Rn. 492.

90 BGBl I, S. 710 ff.

91 *V. Alvensleben*, Rechte der Arbeitnehmer bei Betriebsübergängen, S. 330 ff.; *Colneric*, Festschrift für Steindorff, 1129, 1135 ff.; *Löw*, Die Betriebsveräußerung, S. 182 ff.; *Oetker*, NZA 1998, 1193 ,1198 ff.; *Oetker/Schubert.*, in: EAS-SD, B 8300 Rn. 499 ff.

92 Ausführlich zu dieser Problematik *Oetker*, NZA 1998, 1193, 1198 ff.; *Riesenhuber*, RdA 2004, 340, 343 f.

93 *B. Gaul*, Das Arbeitsrecht der Betriebs- und Unternehmensspaltung, § 28 Rn. 106; *Grau*, ZfA 2005, 647, 676 ff.; *Riesenhuber*, RdA 2004, 340, 344 ff.

unbestimmt ist.[94] Der europäische Gesetzgeber verwendet den Begriff der „Arbeitnehmer betreffenden Maßnahmen" aber auch in Art. 7 Abs. 1 UAbs. 1 4. Spstr., in Art. 7 Abs. 2 sowie in Art. 7 Abs. 6. In diesen Absätzen wird nach allgemeiner Ansicht der Maßnahmebegriff dahingehend definiert, dass er jede vom Veräußerer oder vom Erwerber im Zuge des Inhaberwechsels herbeigeführte Änderung der wirtschaftlichen, rechtlichen oder sozialen Lage der Arbeitnehmer im Betrieb oder Unternehmen erfasst, welche sich nicht unerheblich zum Nachteil der Arbeitnehmer auswirken kann.[95]

Es ist aber kein Grund ersichtlich, warum trotz gleicher Verwendung des Begriffs der Maßnahme in den einzelnen Absätzen des Art. 7 diesem eine unterschiedliche Bedeutung zukommen soll. Mithin ist die o.g. Definition auch in Art. 7 Abs. 3 der Richtlinie anzuwenden. Damit wird deutlich, dass die Schiedsstelle i.S.d. Art. 7 Abs. 3 der Betriebsübergangsrichtlinie eine bindende Entscheidung nicht nur über die Folgen einer Maßnahme, sondern über die Personalmaßnahme selbst treffen muss, will sich der jeweilige Umsetzungsgesetzgeber auf das Ausnahmemodell des Art. 7 Abs. 3 der RL 2001/23/EG berufen.[96]

bb) Historie des Art. 7 Abs. 3 der RL 2001/23/EG

Gegen dieses systematische Argument scheint jedoch die Entstehungsgeschichte des Art. 7 Abs. 3 zu sprechen. So soll gerade das Ausnahmemodell auf Betreiben der Bundesrepublik Deutschland aufgenommen worden sein, damit diese die §§ 111 ff. BetrVG nicht ändern musste.[97] Ein Nachweis dieser Behauptung findet sich jedoch nicht in den Materialien zur RL 77/187/EWG als Vorgängerrichtlinie der RL 2001/23/EG.[98] Vielmehr scheint sie auf sekundären Quellen zu beruhen. Wie *Oetker* zutreffend darlegt, ist damit der Begründungswert des historischen Auslegungsansatzes bei Art. 7 Abs. 3 erheblich gemindert, so dass die systematischen Erwägungen nicht verdrängt werden können.[99]

---

94 *Löw*, Die Betriebsveräußerung, S. 182; *Oetker*, NZA 1998, 1193, 1198; a.A. *Grau*, ZfA 2005, 647, 676; *Riesenhuber*, RdA 2004, 340, 345.

95 *V. Alvensleben*, Rechte der Arbeitnehmer bei Betriebsübergängen, S. 121; *Grau*, ZfA 2005, 647, 676; *Oetker*, NZA 1998, 1193, 1194; *Oetker/Schubert*, in: EAS-SD, B 8300 Rn. 475; *Riesenhuber*, RdA 2004, 340, 345; *Trümner*, PersR 1997, 197, 201.

96 *B. Gaul*, Das Arbeitsrecht der Betriebs- und Unternehmensspaltung, § 28 Rn. 106; *Grau*, ZfA 2005, 647, 677; *Riesenhuber*, RdA 2004, 340, 345.

97 *V. Alvensleben*, Rechte der Arbeitnehmer bei Betriebsübergängen, S. 122; *Colneric*, Festschrift für Steindorff, 1129, 1133; *Hanau*, Festschrift für Gaul, 297, 303; *Löw*, Die Betriebsveräußerung, S. 182; Trümner, PersR 1997, 197, 201.

98 *Oetker*, NZA 1998, 1193, 1199.

99 *Oetker*, NZA 1998, 1193, 1199; zustimmend *Grau*, ZfA 2005, 647, 677.

cc) Teleologie des Art. 7 Abs. 3 der RL 2001/23/EG

Da die Richtlinie den Mitgliedsstaaten einräumt, sich für ein Modell des Art. 7 zu entscheiden, müssen Ausnahme- sowie Grundmodell grundsätzlich einen gleichwertigen Schutz bieten. So wird das Manko des Art. 7 Abs. 3, der zusätzlich eine Betriebsänderung verlangt und die Informationsrechte der Arbeitnehmervertreter einschränkt, dadurch kompensiert, dass für seine Anwendbarkeit gerade ein erzwingbares Schiedsstellenverfahren existieren muss.[100] Verlangt man für das Eingreifen des Ausnahmemodells lediglich, dass die Arbeitnehmervertreter allein eine Entscheidung über die Folgen der Personalmaßnahme erzwingen können, im Gegenzug bei bestimmten Betriebsübergängen gar keine Unterrichtungs- und Beratungspflichten für den Unternehmer ausgelöst werden, ist eine Parität zwischen Grund- und Ausnahmemodell nicht mehr gegeben.

Gegen diese Argumentation kann sich auch nicht der Vorwurf durchsetzen, dass die eigentlichen mit der Betriebsübergangsrichtlinie beabsichtigten Informations- und Konsultationsrechte der Arbeitnehmervertreter zu einem Mitbestimmungsrecht erhöht werden, wenn man in Art. 7 Abs. 3 ein erzwingbares Schiedsstellenverfahren fordert, welches auch die Personalabbaumaßnahme erfasst. So steht es dem einzelnen Mitgliedsstaat doch frei, ob er lieber das Grundmodell des Art. 7 Abs. 1 und 2 der Richtlinien umsetzt, das eine entscheidungskompetente Schiedsstelle nicht verlangt.[101] Daneben ist zu bedenken, dass Art. 7 Abs. 3 der Richtlinie sich als übernommener Rest des in Art. 8 des Kommissionsvorschlags zur Betriebsübergangsrichtlinie enthaltenen Mitbestimmungsrechts darstellt. Es ist daher nur logisch, dass hier statt Mitwirkungs- sogar Mitbestimmungsrechte festgelegt sind.[102]

dd) Zwischenergebnis

Aus der Systematik und dem Sinn des Art. 7 ergibt sich, dass nur dann das Ausnahmemodell umgesetzt werden darf, wenn im jeweiligen Mitgliedsstaat eine Schiedsstelle vorgesehen ist, die eine für den Arbeitgeber und für die Arbeitnehmervertreter bindende Entscheidung über die Personalmaßnahme und deren Folgen für die Arbeitnehmer treffen kann.

b) Konsequenzen für das deutsche Recht

aa) Umsetzungsdefizit durch die §§ 111 S. 1, 113 Abs. 3 BetrVG

Nach den §§ 111 ff. BetrVG kann der Betriebsrat lediglich eine Einigung über die Folgenmilderung bzw. -beseitigung einer Betriebsänderung mit Hilfe der

---

100 *Grau*, ZfA 2005, 647, 677 f.; *Löw*, Die Betriebsveräußerung, S. 183; *Oetker*, NZA 1998, 1193, 1199.

101 *Riesenhuber*, RdA 2004, 340, 346.

102 *Riesenhuber*, RdA 2004, 340, 346.

Einigungsstelle durchsetzen. Hingegen ist es für ihn unmöglich, eine Vereinbarung über die Durchführung der Maßnahme zu erzwingen. Damit sieht das BetrVG keine Schiedsstelle vor, welche die Voraussetzungen des Art. 7 Abs. 3 der Betriebsübergangsrichtlinie erfüllt. Es war dem deutschen Gesetzgeber aus diesem Grund verwehrt, sich bei der Umsetzung der Richtlinie auf das Ausnahmemodell zu berufen. Gilt also auch für ihn das Grundmodell des Art. 7, so war und ist er verpflichtet, bei jedem Betriebsübergang dem Veräußerer und Erwerber die Informations- und Konsultationspflichten des Art. 7 Abs. 1 und 2 der RL 2001/23/EG aufzuerlegen. Da nach § 111 S. 1 BetrVG jedoch nur Unterrichtungs- und Beratungspflichten für die Fälle des Betriebsübergangs vorgesehen sind, welche mit einer Betriebsänderung verbunden sind, weisen § 111 S. 1 BetrVG und § 113 Abs. 3 BetrVG als dessen Sanktionsnorm ein erhebliches Umsetzungsdefizit für die Fälle des Betriebsübergangs auf, die nicht von § 111 BetrVG erfasst werden.

bb) Kein Ausgleich durch den Wirtschaftsausschuss nach § 106 BetrVG

Dieses Manko kann auch nicht durch die Unterrichtungspflicht gegenüber dem Wirtschaftsausschuss nach § 106 BetrVG beseitigt werden, da der Ausschuss allein in Unternehmen zu bilden ist, die in der Regel mehr als 100 Arbeitnehmer beschäftigen.[103] Zwar ermächtigt Art. 7 Abs. 5 der RL 2001/23/EG die Mitgliedsstaaten, dass sie die Informations- und Konsultationspflichten des Art. 7 auf Unternehmen und Betriebe begrenzen dürfen, welche nach nationalstaatlichem Recht die Voraussetzung für die Wahl eines Arbeitnehmervertreterkollegiums erfüllen. Gemäß § 9 S. 1 BetrVG kann aber in Betrieben mit mehr als 20 Arbeitnehmern bereits ein mehrköpfiger Betriebsrat bestehen, so dass schon der Anwendungsbereich des § 106 BetrVG nicht mit Art. 7 Abs. 5 vereinbar ist.[104] Darüber hinaus sieht § 106 BetrVG das nach Art. 7 Abs. 2 der Betriebsübergangsrichtlinie bestehende Beratungsrecht nicht vor.[105]

Ein letzter aber ebenfalls wichtiger Grund, dass § 106 BetrVG in keiner Weise die Vorgaben des Art. 7 der Richtlinie erfüllt, ergibt sich aus der Rechtsnatur des Wirtschaftsausschusses. Bereits im Rahmen der Ausführungen zur Massenentlassungsrichtlinie wurde festgestellt, dass der Wirtschaftsausschuss lediglich als Hilfsorgan des Betriebsrats fungiert und nicht selbst als Arbeitnehmervertretung i.S. der RL 98/59/EG angesehen werden kann.[106] Da Art. 2 Abs. 1 der RL

---

103 A.A. ausdrücklich *Grau*, ZfA 2005, 647, 679.

104 *Oetker*, NZA 1998, 1193, 1200; *Riesenhuber*, RdA 2004, 340, 342.

105 *Oetker*, NZA 1998, 1193, 1200.

106 BAG vom 07.04.2004, AP Nr. 17 zu § 106 BetrVG 1972; BAG vom 09.05.1995, AP Nr. 12 zu § 106 BetrVG 1972; BAG vom 05.02.1991, AP Nr. 10 zu § 106 BetrVG 1972; BAG vom 01.08.1990, AP Nr. 8 zu § 106 BetrVG 1972; BAG vom 23.08.1989, AP Nr. 7 zu § 106 BetrVG 1972; BAG vom 31.10.1975, AP Nr. 2 zu § 108 BetrVG 1972; *Annuß*, in: Richardi, § 106 BetrVG Rn. 4; *Däubler*, in: DKK, § 106 BetrVG Rn. 2; *Kania*, in: ErfK, § 106 BetrVG

2001/23/EG zur Bestimmung des Begriffs der Arbeitnehmervertreter ebenfalls auf das Recht des einzelnen Mitgliedsstaats verweist, muss gleiches bei der Betriebsübergangsrichtlinie gelten. Im Ergebnis ist der Wirtschaftsausschuss auch nicht als Arbeitnehmervertretung i.S.d. RL 2001/23/EG zu sehen.[107]

cc) Alternativen für den Gesetzgeber

Um seine Umsetzungsverpflichtungen aus der Betriebsübergangsrichtlinie zu erfüllen, stehen dem deutschen Gesetzgeber mehrere Möglichkeiten zur Verfügung.

Er könnte zum einen den Interessenausgleich erzwingbar ausgestalten, so dass die §§ 111 ff. BetrVG dann grundsätzlich die Voraussetzungen des Art. 7 Abs. 3 der RL 2001/23/EG erfüllen würden und der deutsche Gesetzgeber sich weiterhin auf das Ausnahmemodell berufen darf.[108] Allerdings bestehen dann immer noch die hier nicht näher zu diskutierenden Bedenken, ob wegen der Einführung des § 112a BetrVG in bestimmten Konstellationen mangels Durchsetzbarkeit des Sozialplans wiederum eine entscheidungskompetente Schiedsstelle i.S.d. Art. 7 Abs. 3 fehlt. Auch muss berücksichtigt werden, dass die Erzwingbarkeit des Interessenausgleichs das bisherige abgestufte System der Beteiligungsrechte des Betriebsrats völlig aushebeln und in empfindlicher Weise die grundrechtlich geschützte Unternehmerfreiheit beschränken würde.

Mithin erscheint es eher dem Willen des BetrVG-Gesetzgebers zu entsprechen, wenn man das Regelungskonzept der §§ 111 ff. BetrVG beibehält. Konsequenz ist, dass dann das Grundmodell des Art. 7 Abs. 1 und 2 BetrVG in das deutsche Recht umgesetzt werden muss.[109] Diesem Modell würde man dadurch Rechnung tragen, dass für alle Betriebsübergänge, die nicht mit einer Betriebsänderung verbunden sind und somit nicht in den Anwendungsbereich der §§ 111 ff. BetrVG fallen, eine zusätzliche Norm in das BetrVG aufgenommen wird, welche die Unterrichtungs- und Beratungspflichten aus Art. 7 Abs. 1 und 2 der RL 2003/23/EG enthält.[110] Hierbei ist zu beachten, dass die neu zu schaffende Norm

---

Rn. 1; *Fitting/Engels/Schmidt/Trebinger/Linsenmaier*, § 106 BetrVG Rn. 4; *v. Hoyningen-Huene*, Betriebsverfassungsrecht, § 6 VI 1; *Hess*, in: Hess/Schlochauer/Worzalla/Glock, § 106 BetrVG Rn. 21; *Joost*, in: MüHb-ArbR, § 319 Rn. 2; *Löwisch/Kaiser*, § 106 BetrVG Rn. 1; *Oetker*, in: GK-BetrVG, § 106 BetrVG Rn. 3; *Rumpff/Boewer*, Mitbestimmung in wirtschaftlichen Angelegenheiten, S. 177; *Wiese*, Festschrift für Molitor, 365, 369; a.A. *Stege/Weinspach/Schiefer*, §§ 106-109 BetrVG Rn. 7a.

107 *Riesenhuber*, RdA 2004, 340, 342.

108 *Riesenhuber*, RdA 2004, 340, 346.

109 *Grau*, ZfA 2005, 647, 683 f.; *Franzen*, RdA 2002, 258, 261.

110 Vgl. *Grau*, ZfA 2005, 647, 684 zu den sich ergebenden Problemen, wenn man neben der Installation eines kollektivrechtlichen Informations- und Beteiligungsrechts bei Betriebsübergängen zugleich das individuelle Informationsrecht des § 613a Abs. 5 BGB auf die in Art. 7 Abs. 6 der RL 2001/23/EG genannten Konstellationen zurückführt.

dann ebenfalls Sanktionen bereithalten muss, die eine Pflichtverletzung durch den Veräußerer oder den Erwerber ahnden. Hierbei bietet sich in Anlehnung an § 113 Abs. 3 BetrVG ebenfalls ein Nachteilsausgleichsanspruch der betroffenen Arbeitnehmer an.

D. Rahmenrichtlinie (RL 2002/14/EG)

I. Allgemeines zur Richtlinie[111]

Ursprünglich regelte der europäische Gesetzgeber Informations- und Konsultationspflichten des Unternehmers gegenüber den Arbeitnehmervertretern nur für spezielle Konstellationen wie Massenentlassung und Betriebsübergang.

Mit der Schaffung des Instituts des Europäischen Betriebsrats durch die RL 94/45/EG wurde das Recht auf Unterrichtung und Anhörung in allgemeiner Form zwar weiter ausgebaut, jedoch allein für Unternehmen oder Unternehmensgruppen, die gemeinschaftsweit operieren. Durch die RL 2002/14/EG, welche eine grenzüberschreitende Unternehmensaktivität nicht erfordert, wurde nun ein Normenkomplex geschaffen, die über die bisherigen punktuellen Einzelregelungen hinausgehend einen allgemeinen Rahmen für die Informations- und Konsultationsrechte der Arbeitnehmervertreter etabliert.[112] Dabei werden gemäß Art. 9 der RL 2002/14/EG die spezielleren Richtlinien hinsichtlich des Betriebsübergangs und der Massenentlassung nicht verdrängt, sondern nur ergänzt.[113]

Mit der Rahmenrichtlinie sollte zum einen das Ziel verfolgt werden, die Arbeitnehmerposition gegenüber dem Arbeitgeber dadurch zu verbessern, dass die Arbeitnehmervertreter in Entscheidungen, welche schwerwiegende Auswirkungen für die Belegschaft haben, in stärkerem Maße einbezogen werden.[114]

Daneben soll die Rahmenrichtlinie auch dazu dienen, die Wettbewerbsfähigkeit der Unternehmen zu erhöhen.[115] Diese sind in Zeiten der globalen Märkte gezwungen, in kurzer Zeit Anpassungen an veränderte Anforderungen und Bedingungen vorzunehmen.[116] Solche Änderungen können nur dann schnell erfolgen, wenn auch die Belegschaft deren Notwendigkeit erkennt und sie mitträgt. Damit dies möglich ist, müssen die Arbeitnehmer bei der Entscheidungsfindung

---

[111] Zur Entstehungsgeschichte der sog. „Renault-Richtlinie“ siehe *Reichold*, NZA 2003, 289, 289; *Schäfer*, Der europäische Rahmen für Arbeitnehmermitwirkung, S. 95 ff.; *Schiek*, Europäisches Arbeitsrecht, S. 272; *Weiler*, AiB 2002, 265, 265.

[112] Zu diesem sog. „spill-over-Effekt“, vgl. *Deinert*, NZA 1999, 800, 800; *Reichold*, NZA 2003, 289, 290; *Fuchs/Marhold*, Europäisches Arbeitsrecht, S. 224; *Wank*, in: Hanau/Steinmeyer/Wank, § 19 Rn. 130.

[113] Ausführlich zum Verhältnis der Rahmenrichtlinie zur Massenentlassungs- und Betriebsübergangsrichtlinie *Schäfer*, Der europäische Rahmen für Arbeitnehmermitwirkung, S. 181 ff.

[114] Vgl. Erwägung Nr. 6 der RL 2002/14/EG.

[115] Dazu Erwägung Nr. 7 der RL 2002/14/EG.

[116] Dazu Erwägung Nr. 8 der RL 2002/14/EG.

beteiligt werden, was die Rahmenrichtlinie, z.B. durch die Verpflichtung des Arbeitgebers, umfassend über die Lage des Unternehmens zu berichten, versucht zu gewährleisten.

Dem deutschen Gesetzgeber sind die Konzeption sowie der Zweck der Rahmenrichtlinie fremd. Gesetzliche Regelungen zur Beteiligung der Arbeitnehmerschaft haben im deutschen Recht allein die Aufgabe, die Objektstellung der Arbeitnehmer zu mildern. Dass man mittels Arbeitsrecht auch wirtschaftssteuernde Impulse setzen kann, wurde bisher nicht in Betracht gezogen.[117] Auch eine Statuierung solch allgemeiner Informations- und Beratungsrechte hat der deutsche Gesetzgeber nicht vorgenommen. Vielmehr unterteilte er die Beteiligungsrechte des Betriebsrats bekanntlich streng in solche, die soziale, personelle oder wirtschaftliche Angelegenheiten betreffen.

II. Inhalt der Richtlinie

Neben der hier nicht interessierenden Unterrichtungspflicht über die wirtschaftliche Situation nach Art. 4 Abs. 2 lit. a sowie der aus Art. 4 Abs. 2 lit. b stammenden Pflicht zur Unterrichtung und Anhörung in Beschäftigungsangelegenheiten legt Art. 4 Abs. 2 lit. c ein Unterrichtungs- und Anhörungsrecht[118] der Arbeitnehmervertreter zu Entscheidungen fest, „die wesentliche Veränderungen der Arbeitsorganisation oder der Arbeitsverträge mit sich bringen können". Dabei sind unter dem Begriff der Arbeitsorganisation alle Umstände zu verstehen, unter denen die Arbeitsleistung vorzunehmen ist.[119] Vom Tatbestandsmerkmal der Arbeitsverträge werden hingegen alle materiellen Arbeitsbedingungen erfasst.[120] Wie aus der Formulierung entnommen werden kann, dass die unternehmerische Entscheidung u.a. zu *Veränderungen* der Arbeitsverträge führen muss, handelt es sich bei Art. 4 Abs. 2 lit. c der Rahmenrichtlinie um einen kollektiven Tatbestand.[121]

Nach Art. 4 Abs. 4 lit. e ist es Ziel einer solchen Anhörung, dass eine Vereinbarung über die in Art. 4 Abs. 2 lit. c genannten Entscheidungen getroffen wird, wobei die Richtlinie jedoch keinen Abschlusszwang vorsieht.[122]

Um die Durchsetzung der Rechte der Arbeitnehmervertreter aus dieser Richtlinie zu gewährleisten, enthält die Rahmenrichtlinie mit Art. 8 Abs. 1 nicht nur eine Verfahrensklausel, sondern mit Art. 8 Abs. 2 jetzt auch eine eigene Sanktionsregel. Die RL 2002/14/EG weicht damit von der Massenentlassungs- oder

---

117 *Reichold*, NZA 2003, 289, 291.

118 Vgl. hierzu die Legaldefinitionen in Art. 2 lit. f und g der Rahmenrichtlinie.

119 *Bonin*, RdA 2004, 321, 325; *Deinert*, NZA 1999, 800, 803.

120 *Bonin*, RdA 2004, 321, 325; *Reichold*, NZA 2003, 289, 297.

121 Im Ergebnis auch *Reichold*, NZA 2003, 289, 297, der allerdings den kollektiven Charakter aus dem Erfordernis der Wesentlichkeit in Art. 4 Abs. 2 lit. c ableitet.

122 *Bonin*, RdA 2004, 321, 325; *Deinert*, NZA 1999, 800, 800; *Reichold*, NZA 2003, 289, 297.

Betriebsübergangsrichtlinie ab, welche eine ausdrückliche Verpflichtung der Mitgliedsstaaten, für ausreichende Sanktionen zu sorgen, noch nicht enthielten. Allerdings stellt Art. 8 Abs. 2 der Richtlinie insofern keine Neuerung dar, als die bisher aus dem Grundsatz des *effet utile* entnommene Pflicht des einzelnen Mitgliedsstaates, effektive Sanktionsvorschriften zu erlassen, nun in Gesetzesform gegossen wurde.[123]

III. Umsetzung der Richtlinie ins deutsche Recht

Um den Rahmen der Arbeit nicht zu sprengen, soll auch hier nur geprüft werden, ob das Informations- und Anhörungsrecht des Art. 4 Abs. 2 lit. c der Rahmenrichtlinie in ausreichender Form in deutsches Recht umgesetzt wurde.

Nach § 111 S. 1 BetrVG besteht eine Unterrichtungs- und Beratungspflicht des Arbeitgebers bei geplanten Betriebsänderungen, welche wesentliche Nachteile für die Belegschaft oder erhebliche Teile der Belegschaft nach sich ziehen. Solche Nachteile werden sich regelmäßig als Veränderungen der Arbeitsorganisation bzw. der Arbeitsverträge darstellen, so dass § 111 S. 1 BetrVG als eine Umsetzungsnorm der Vorgaben aus Art. 4 Abs. 2 lit. c der Rahmenrichtlinie angesehen werden kann. Da sowohl § 111 S. 1 BetrVG als auch Art. 4 Abs. 2 lit. c der Betriebsübergangsrichtlinie eine wesentliche Änderung erfordern und Art. 4 Abs. 2 lit. c, wie gezeigt, ebenfalls als ein kollektiver Tatbestand zu behandeln ist, sind auf dem ersten Blick Umsetzungslücken nicht ersichtlich.

1. Defizit bei Veränderungen der Unternehmensstruktur

Ein Defizit könnte sich allerdings daraus ergeben, dass § 111 S. 1 BetrVG bezüglich der geplanten Veränderung betriebsbezogen ist und damit Änderungen der Unternehmensstruktur nur erfasst, wenn sich diese auf den jeweiligen Betrieb auswirken.

Während des Gesetzgebungsverfahrens [124] zur Rahmenrichtlinie schlug das Europäische Parlament konkrete, aber nicht abschließende Beteiligungstatbestände vor, die ein Informations- und Anhörungsrecht der Arbeitnehmervertreter nach Art. 4 Abs. 2 lit. c auslösen sollen.[125] So war u.a. auch vorgesehen, dass Unternehmenszusammenschlüsse die Pflichten des Art. 4 Abs. 2 lit. c begründen. Zwar wurde der Vorschlag von der Kommission nicht in den Richtlinientext aufgenommen. Sie begründete diesen Schritt damit, dass eine sol-

---

[123] Nach Ankündigung der Kommission [KOM (98), 612 end., S. 8] wird der Wortlaut des Art. 8 Abs. 2 in allen künftigen Richtlinien als Standardklausel aufgenommen.

[124] Ausführlich *Schäfer*, Der europäische Rahmen für Arbeitnehmermitwirkung, S. 95 ff.

[125] Änderungsantrag 22, Abl. EG [1999] C 219/223, 227.

che Ergänzung des Art. 4 Abs. 2 lit. c nicht erforderlich ist, die vom Parlament genannten Beteiligungstatbestände jedoch als Musterbeispiele anzusehen sind.[126]

Damit ist festzuhalten, dass Unternehmenszusammenschlüsse stets ein Unterrichtungs- und Anhörungsrecht nach Art. 4 Abs. 2 lit. c der Rahmenrichtlinie begründen, sie jedoch die Beteiligungsrechte der §§ 111 f. BetrVG nur dann auslösen, wenn die Veränderung der Unternehmensstruktur zugleich zu Änderungen im jeweiligen Betrieb führt.[127] § 111 BetrVG weist bei der Umsetzung der Vorgaben der Rahmenrichtlinie somit ein Defizit auf.[128]

2. Defizit bei Übergang des ganzen Betriebes

Ein weiterer Umsetzungsmangel zeigt sich beim Übergang des Betriebes als Ganzes. Gemäß Art. 4 Abs. 2 lit. c werden Unterrichtungs- und Anhörungsrechte ebenfalls durch Gegenstände „der in Art. 9 Abs. 1 genannten Gemeinschaftsbestimmungen“ begründet. Eine solche Bestimmung ist neben der Massenentlassungs- auch die Betriebsübergangsrichtlinie, so dass der reine Betriebsübergang einen „Gegenstand“ i.S.d. Art. 4 Abs. 2 lit. c darstellt und folglich die dort genannten Beteiligungsrechte nach sich zieht. Im deutschen Recht liegt nach überwiegender Ansicht jedoch keine Betriebsänderung i.S.d. § 111 S. 1 BetrVG vor, wenn der Betrieb als Ganzes auf einen Erwerber übergeht.[129] Damit ist ein weiterer Bereich gefunden, in dem § 111 S. 1 BetrVG gegenüber der Rahmenrichtlinie ein Umsetzungsdefizit aufweist.[130]

3. Ergebnis und Heilung der Mängel

§ 111 BetrVG erfüllt allein nicht die Vorgaben des Art. 4 Abs. 2 lit. c in vollem Umfang. Neben § 111 BetrVG ist ferner § 90 BetrVG zur Umsetzung heranzuziehen. Danach muss der Arbeitgeber den Betriebsrat über Umgestaltungen der Arbeitsplätze, des Arbeitsablaufs und der Arbeitsumgebung informieren und mit ihm über die genannten Punkte beraten.[131] § 90 BetrVG erfasst also wesentliche

---

[126] KOM (2001) 296 endg., S. 3 f.

[127] *Bonin*, AuR 2004, 321, 325.

[128] *Bonin*, AuR 2004, 321, 325; a.A. *Deinert*, NZA 1999, 800, 803; *Reichold*, NZA 2003, 289, 298.

[129] BAG vom 25.01.2000, AP Nr. 137 zu § 112 BetrVG 1972; BAG vom 16.06.1987, AP Nr. 19 zu § 111 BetrVG 1972; BAG vom 17.03.1987, AP Nr. 18 zu § 111 BetrVG 1972; BAG vom 04.12.1979, AP Nr. 6 zu § 111 BetrVG 1972; *Annuß*, in: Richardi, § 111 BetrVG Rn. 124; *Fitting/Engels/Schmidt/Trebinger/Linsenmaier*, § 111 BetrVG Rn. 50; *Kania, in: ErfK*, § 111 BetrVG Rn. 10; *Matthes*, in: MüHb-ArbR, § 360 Rn. 58; *Moll*, RdA 2003, 129, 131; *Oetker*, in: GK-BetrVG, § 111 BetrVG Rn. 104.

[130] *Bonin*, AuR 2004, 321, 325.

[131] Zu § 90 BetrVG *Annuß*, in: Richardi, § 90 BetrVG Rn. 5 ff.; *Fitting/Engels/Schmidt/Trebinger/Linsenmaier*, § 90 BetrVG Rn. 7 ff.; *Kania, in: ErfK*, § 90 BetrVG Rn. 1 ff.; *Oetker*, in: GK-BetrVG, § 90 BetrVG Rn. 4 ff.

Veränderungen der Umstände, unter denen die Arbeitsleistung zu erbringen ist, und somit die Umgestaltungen der Arbeitsorganisation i.S.d. Art. 4 Abs. 2 lit. c der RL 2002/14/EG. Folglich dient auch § 90 BetrVG der Umsetzung der Rahmenrichtlinie.[132] Die durch § 111 BetrVG hervorgerufenen Mängel kann die Norm natürlich nicht beseitigen. Ebenfalls muss ein Rückgriff auf § 106 Abs. 2 BetrVG zur Lückenschließung ausscheiden. Wie an anderer Stelle schon dargelegt,[133] ist der Wirtschaftsausschuss nur ein Hilfsorgan des Betriebs- oder des Gesamtbetriebsrats, um die Kommunikation mit dem Unternehmer zu verbessern.[134] Der Wirtschaftsausschuss kann daher nicht als eigenständige Arbeitnehmervertretung i.S.d. der Rahmenrichtlinie gesehen werden.[135]

Auch eine richtlinienkonforme Auslegung des Begriffs der Betriebsänderung hilft nicht, die aufgezeigten Mängel des § 111 BetrVG zu beseitigen.[136] Sieht man beispielsweise einen Unternehmenszusammenschluss ohne gleichzeitig eintretende Veränderungen im jeweiligen Betrieb als Betriebsänderung i.S.d. § 111 S. 1 BetrVG an, um so Art. 4 Abs. 2 lit. c der Rahmenrichtlinie gerecht zu werden, verstößt man gegen den Willen des deutschen Gesetzgebers, der klar durch den Wortlaut des § 111 BetrVG zum Ausdruck gebracht wurde. Danach sollen allein bei bestimmten Änderungen auf der betrieblichen Ebene, die zu erheblichen Auswirkungen für die Belegschaft führen, die Beteiligungsrechte nach §§ 111 f. BetrVG ausgelöst werden.

Festzuhalten ist, dass § 90 und § 111 BetrVG die Anforderungen des Art. 4 Abs. 2 lit. c der RL 2002/14/EG im Wesentlichen erfüllen, jedoch § 111 BetrVG noch einige Defizite aufweist, die auch mittels richtlinienkonformer Auslegung nicht beseitigt werden können.

---

[132] *Deinert*, NZA 1999, 800, 803; *Reichold*, NZA 2003, 289, 298.

[133] Vgl. § 3 B II 3.

[134] BAG vom 07.04.2004, AP Nr. 17 zu § 106 BetrVG 1972; BAG vom 09.05.1995, AP Nr. 12 zu § 106 BetrVG 1972; BAG vom 05.02.1991, AP Nr. 10 zu § 106 BetrVG 1972; BetrVG 1972; BAG vom 01.08.1990, AP Nr. 8 zu § 106 BetrVG 1972; BAG vom 23.08.1989, AP Nr. 7 zu § 106 BetrVG 1972; BAG vom 31.10.1975, AP Nr. 2 zu § 108 BetrVG 1972; *Annuß*, in: Richardi, § 106 BetrVG Rn. 4; *Däubler*, in: DKK § 106 BetrVG Rn. 2; *Kania*, in: ErfK, § 106 BetrVG Rn. 1; *Fitting/Engels/Schmidt/Trebinger/Linsenmaier*, § 106 BetrVG Rn. 4; *v. Hoyningen-Huene*, Betriebsverfassungsrecht, § 6 VI 1; *Hess*, in: Hess/Schlochauer/Worzalla/Glock, § 106 BetrVG Rn. 21; *Joost*, in: MüHb-ArbR, § 319 Rn. 2; *Löwisch/Kaiser*, § 106 BetrVG Rn. 1; *Oetker*, in: GK-BetrVG, § 106 BetrVG Rn. 3; *Rumpff/Boewer*, Mitbestimmung in wirtschaftlichen Angelegenheiten, S. 177; *Wiese*, Festschrift für Molitor, 365, 369; a.A. *Stege/Weinspach/Schiefer*, §§ 106-109 BetrVG Rn. 7.

[135] A.A. *Bonin*, AuR 2004, 321, 326; offengelassen von *Reichold*, NZA 2003, 289, 298.

[136] A.A. *Reichold*, NZA 2003, 289, 298.

IV. Innerstaatliche Sanktionen zur Durchsetzung der Richtlinie

Wie an anderer Stelle bereits dargestellt,[137] weist die Rahmenrichtlinie insofern ein Novum auf, dass sie mit Art. 8 Abs. 2 erstmals ausdrücklich gegenüber den Mitgliedsstaaten bestimmte Sanktionsvorgaben festschreibt. In Anlehnung an die ständige Rechtsprechung des EuGH muss danach der jeweilige Mitgliedsstaat abschreckende und verhältnismäßige Sanktionen gegenüber dem Arbeitgeber vorsehen, wenn dieser gegen die Festlegungen der Richtlinie verstoßen hat.[138]

Zieht man zur Umsetzung des Art. 4 Abs. 2 lit. c der Rahmenrichtlinie u.a. § 111 BetrVG[139] heran, so kommt als entsprechendes Sanktionsmittel wiederum der Nachteilsausgleichsanspruch des § 113 Abs. 3 BetrVG in Betracht. Da der Nachteilsausgleich die unzureichende Beteiligung des Betriebsrats hinsichtlich des „Ob“ und des „Wie“ einer Betriebsänderung ahndet, stellt er auch eine ausreichende Durchsetzungsnorm der Unterrichtungs- und Anhörungspflicht aus Art. 4 Abs. 2 lit. c dar.[140] Soweit § 111 BetrVG aber in dem eben beschriebenen Umfang Defizite bei der Umsetzung der Rahmenrichtlinie aufweist, kann wegen des Abhängigkeitsverhältnisses zwischen § 113 BetrVG und § 111 BetrVG auch der Nachteilsausgleich keine ausreichende Sanktion i.S.d. Art. 8 Abs. 2 bereithalten. Ebenso sind die Straf- und Bußgeldvorschriften der §§ 119, 121 BetrVG nicht in der Lage, die beschriebenen Mängel abzustellen. So erfüllt die unterlassene Beteiligung des Betriebsrats nur dann den Tatbestand des § 119 Abs. 1 Nr. 2 BetrVG, wenn dadurch die Amtstätigkeit der Arbeitnehmervertreter gestört ist. Nach herrschender Meinung ist für eine solche Störung notwendig, dass der Betriebsrat bewusst beiseite geschoben wurde, so dass die Missachtung eines Beteiligungsrechts regelmäßig keine Behinderung i.S.d. § 119 Abs. 1 Nr. 2 BetrVG darstellt.[141] Auch die Bußgeldvorschrift des § 121 Abs. 1 BetrVG ist nicht als geeignete Sanktionsnorm anzusehen. Nach ihrem eindeutigen Wortlaut greift die Regelung allein bei Verletzungen von Aufklärungs- bzw. Auskunftspflichten ein.[142] Art. 4 Abs. 2 lit. c der Rahmenrichtlinie sieht jedoch vor, dass die Arbeitnehmervertreter über Entscheidungen, welche „wesentliche Veränderungen der Arbeitsorganisation oder der Arbeitsverträge mit sich bringen können“, nicht nur zu informieren sind, sondern sie müssen hinsichtlich des jeweiligen Gegen-

---

137 Vgl. § 3 D II.

138 Art. 8 Abs. 2 der RL fordert auch Sanktionen gegenüber den Arbeitnehmervertretern, wenn diese gleichfalls die Vorgaben der RL missachtet haben.

139 Ob die Sanktionierung der Verstöße gegen § 90 BetrVG den Vorgaben des Art. 8 Abs. 2 der RL entspricht, soll indes hier außer acht bleiben.

140 Im Grundsatz auch *Deinert*, NZA 1999, 800, 805; *Reichold*, NZA 2003, 289, 299.

141 BAG vom 20.09.1957, AP Nr. 34 zu § 1 KSchG, Bl. 3R; *Annuß*, in: Richardi, § 119 BetrVG Rn. 21; *Löwisch/Kaiser*, § 119 BetrVG Rn. 3; *Stege/Weinspach/Schiefer*, § 119 BetrVG Rn. 11; *Trümner*, in: DKK, § 119 BetrVG Rn. 13; abw. *Hess*, in: Hess/Schlochauer/Worzalla/Glock, § 119 BetrVG Rn. 27, der sogar eine Umgehungsabsicht verlangt.

142 Zum Normzweck des § 121 BetrVG *Oetker*, in: GK-BetrVG, § 119 BetrVG, Rn. 5; *Trümner*, in: DKK, § 121 BetrVG Rn. 3.

standes auch angehört werden. Folglich deckt § 121 BetrVG nicht alle Unternehmerpflichten des Art. 4 Abs. 2 lit. c der RL 2002/14/EG ab, um als umfassende Sanktionsnorm gelten zu können.

E. Insolvenzrichtlinie (RL 80/987 EWG)

Die vierte Richtlinie, welche die Umstrukturierung von Unternehmen betrifft, verpflichtet die Mitgliedsstaaten, die Arbeitnehmer vor den Folgen einer Insolvenz ihres Arbeitgebers zu schützen.[143] Sie weist vor allem sozialrechtliche Regelungen auf, enthält jedoch keine Normen, welche zugunsten der Arbeitnehmervertreter Beteiligungsrechte begründen, womit die Richtlinie auch keinerlei Berührung zu § 113 BetrVG aufweist.[144] Ob die Insolvenzrichtlinie vom deutschen Gesetzgeber umgesetzt worden ist und welche Sanktionen das deutsche Recht bietet, um eine Durchsetzung dieser Richtlinie zu gewährleisten, kann daher in dieser Abhandlung außer Betracht bleiben.

F. Zusammenfassung

Die in der Massenentlassungsrichtlinie (RL 98/59/EG), in der Rahmenrichtlinie (RL 2002/14 EG) und in der Betriebsübergangsrichtlinie (RL 2001/23 EG) festgelegten Pflichten der Arbeitgeber werden im deutschen Recht zumindest teilweise in den §§ 111 ff. BetrVG festgeschrieben. Damit hilft auch die Sanktionsnorm des § 113 Abs. 3 BetrVG, dass den Richtlinienvorgaben im nationalen Recht Geltung verschafft wird.

In Bezug auf die Massenentlassungsrichtlinie weist § 113 Abs. 3 BetrVG einige Defizite auf, um als umfassende Sanktionsnorm gelten zu können. Allerdings bedarf es hier keiner richtlinienkonformen Auslegung, um die bestehenden Mängel zu beseitigen, da bereits die §§ 17 f. KSchG ausreichende Sanktionen zur Durchsetzung der Richtlinie bereithalten.

Bei der Umsetzung der Betriebsübergangsrichtlinie hält das BetrVG nicht die Anforderungen ein, die dem deutschen Gesetzgeber erlauben, sich auf das Ausnahmemodell nach Art. 7 Abs. 3 der RL 2001/23/EG zu berufen. Gilt für ihn auch das Grundmodell, ist er verpflichtet, bei jedem Betriebsübergang Informations- und Konsultationspflichten für den Veräußerer sowie den Erwerber zu statuieren. § 111 S. 1 BetrVG kann, da die Regelung allein Betriebsübergänge erfasst, die zu einer Betriebsänderung führen, diese Voraussetzungen nicht erfüllen. Deshalb ist auch der Nachteilsausgleich des § 113 Abs. 3 BetrVG, welcher

---

143 *Schiek*, Europäisches Arbeitsrecht, S. 244.

144 Zum genauen Inhalt der RL *Fuchs/Marhold*, Europäisches Arbeitsrecht, S. 164 ff.; *Schiek*, Europäisches Arbeitsrecht, S. 244 ff.; *Wank*, in: Hanau/Steinmeyer/Wank, Handbuch des europäischen Arbeits- und Sozialrechts, § 18 Rn. 170 ff.

auf die § 111 BetrVG aufbaut, nicht in der Lage, als ausreichende Sanktionsnorm für die Betriebsübergangsrichtlinie zu gelten.

Der hier interessierende Art. 4 Abs. 2 lit. c der Rahmenrichtlinie wird grundsätzlich durch die §§ 90, 111 BetrVG umgesetzt. § 111 S. 1 BetrVG weist jedoch insofern Defizite auf, dass sowohl eine Änderung der Unternehmensstruktur, die keine Auswirkungen auf den jeweiligen Betrieb zeigt, als auch der Übergang eines Betriebes als Ganzes nicht vom Anwendungsbereich der Norm erfasst werden. Nach Art. 4 Abs. 2 lit. c der Rahmenrichtlinie stehen den Arbeitnehmervertretern aber in diesen Fällen gleichfalls ein Unterrichtungs- und Anhörungsrecht zu. Erfüllt § 111 S. 1 BetrVG nicht alle Vorgaben des Art. 4 Abs. 2 lit. c der RL 2002/14/EG, kann er Nachteilsausgleichsanspruch aus § 113 Abs. 3 BetrVG keine hinreichende Sanktionsvorschrift i.S.d. Art. 8 Abs. 2 der Rahmenrichtlinie darstellen.

Der deutsche Gesetzgeber ist somit aufgerufen, die noch bestehenden Lücken bei der Umsetzung der genannten Richtlinien zu schließen.

§ 4 Anwendungsbereich des § 113 Abs. 3 BetrVG

A. Allgemeines

I. Beteiligungspflichtige Betriebsänderung

Da die Nachteilsausgleichsregelung des § 113 BetrVG auf den Beteiligungsrechten aus den §§ 111 f. BetrVG fußt, ist auch ihr Anwendungsbereich untrennbar mit dem der §§ 111 f. BetrVG verbunden. Deshalb kann § 113 BetrVG überhaupt nur eingreifen, wenn eine beteiligungspflichtige Betriebsänderung i.S.d. § 111 S. 1 BetrVG in Rede steht.[1] Ferner muss das Unternehmen, in dessen jeweiligen Betrieb die Änderung durchgeführt wurde, auch die in § 111 S. 1 BetrVG genannten Voraussetzungen hinsichtlich der Beschäftigtenzahl erfüllen.

Es sind daher im Rahmen des Nachteilsausgleichs wiederum alle diejenigen Probleme relevant, welche bereits bei den eigentlichen Beteiligungsrechten aus den §§ 111 f. BetrVG diskutiert werden. Als Beispiel seien nur die Vielzahl von Fragen genannt, die dadurch entstanden sind, dass seit der Reform des BetrVG für die Geltung der Beteiligungsrechte nicht mehr auf die Betriebsgröße abgestellt wird, sondern eine unternehmensbezogene Berechnung vorzunehmen ist.[2] So ist nun für die Rechte des Betriebsrats bei Betriebsänderung ausschlaggebend, was überhaupt unter einem Unternehmen i.S.d. Betriebsverfassungsrechts zu verstehen ist.[3] Als

---

[1] Wann eine derartige Betriebsänderung vorliegt, vgl. *Annuß*, in Richardi, § 111 BetrVG Rn. 56; *Däubler*, in: DKK, § 111 BetrVG Rn. 31 ff.; *Fitting/Engels/Schmidt/Trebinger/Linsenmaier*, § 111 BetrVG Rn. 40 ff.; *Hess*, in: Hess/Schlochauer/Worzalla/Glock, § 111 BetrVG Rn. 13 ff.; *Kania*, in: ErfK, § 111 BetrVG Rn. 5 ff.; *Löwisch/Kaiser*, § 111 BetrVG Rn. 18 ff.; *Matthes*, in: MüHb-ArbR, § 360 Rn. 12 ff.; *Oetker*, in: GK-BetrVG, § 111 BetrVG Rn. 33 ff.; *Stege/Weinspach/Schiefer*, §§ 111-113 BetrVG Rn. 9d ff.

[2] Ursache dieser Gesetzesänderung waren Bedenken, ob § 111 S. 1 BetrVG a.F. mit dem Gleichbehandlungsgrundsatz aus Art. 3 Abs. 1 GG vereinbar ist. Denn mit der Forderung einer bestimmten Beschäftigtenzahl wollte man Kleinunternehmen vor den finanziellen Belastungen schützen, die sich aus der Ausübung der Beteiligungsrechte bei Betriebsänderung ergeben. Da aber allein die Arbeitnehmeranzahl im Betrieb maßgebend war, kamen auch große Unternehmen in den Genuss z.B. keinen Sozialplan abschließen zu müssen, wenn eine Betriebsänderung in deren Kleinbetrieben geplant war. Diese Unternehmen waren regelmäßig sehr wohl in der Lage, die mit der Beteiligung des Betriebsrats verbundenen Belastungen zu tragen, so dass sie gerade gegenüber Unternehmen mit identischer Beschäftigtenzahl, die allerdings nicht in viele Kleinbetriebe untergliedert waren, einen nicht begründbaren Wettbewerbsvorteil hatten. Vgl. hierzu BAG vom 08.06.1998, AP Nr. 47 zu § 111 BetrVG 1972; *Däubler*, in: DKK (8. Aufl.), § 111 BetrVG Rn. 29; *Hanau*, Die Mitbestimmung 1999, 21, 24; *Löwisch*, DB 1999, 2209, 2210; *Thüsing*, NZA 2000, 700, 702. Es wurde daher bereits während der Geltung des § 111 S. 1 BetrVG a. F. teilweise allein auf die Unternehmensgröße abgestellt. Siehe nur *Fuchs*, Der Sozialplan nach dem Betriebsverfassungsgesetz, S. 23; *Mothes*, AuR 1974, 325, 329 f.

[3] Zum betriebsverfassungsrechtlichen Unternehmensbegriff der herrschenden Lehre *v. Hoyningen-Huene*, Betriebsverfassungsrecht, § 3 II 3; *Zöllner/Loritz*, Arbeitsrecht, § 44 II 2. Abweichend hingegen BAG vom 23.08.1989, AP Nr. 7 zu § 106 BetrVG 1972; BAG vom 01.08.1990, AP Nr. 8 zu § 106 BetrVG 1972; BAG vom 12.05.1977, SAE 1977, 137, 138,

weitere Folge dieses veränderten Anknüpfungspunktes stellt sich die Frage, unter welchen Voraussetzungen die §§ 111 ff. BetrVG in Gemeinschaftsbetrieben mehrerer Unternehmen relevant werden.[4] So ist umstritten, ob in Fällen, in denen zwar der Gemeinschaftsbetrieb die Beschäftigtengrenze des § 111 S. 1 BetrVG überschreitet, jedoch die daran beteiligten Unternehmen diese Grenze nicht erreichen, dennoch die Beteiligungsrechte bei Betriebsänderungen und damit § 113 BetrVG zur Anwendung kommen.[5]

II. Existenz eines Betriebsrates

Für die Anwendung der §§ 111 ff. BetrVG ist es eine weitere Voraussetzung, dass überhaupt ein Betriebsrat existiert.

1. Notwendiger Zeitpunkt des Bestehens

Hierbei kommt dem konkreten Zeitpunkt, zu dem der Betriebsrat gebildet wurde, gerade für das Bestehen des Nachteilsausgleichsanspruchs eine besondere Bedeutung zu. Denn oftmals wird ein Betriebsrat erst gewählt, nachdem die wirtschaftlichen Schwierigkeiten bzw. das nahende Aus bereits offenkundig sind.[6] Nimmt dann der Arbeitgeber, ohne die Beteiligungs-rechte zu beachten, eine Betriebsänderung vor, wird er Abfindungsansprüche der Arbeitnehmer aus § 113 Abs. 3 BetrVG mit der Begründung abwehren wollen, dass der Betriebsrat für eine rechtzeitige Beteiligung zu spät gebildet wurde.

a) Wortlaut des § 111 S. 1 BetrVG

Zur Klärung dieser Problematik ist zunächst der Wortlaut des § 111 S. 1 BetrVG heranzuziehen. Hiernach hat der Unternehmer den Betriebsrat über die geplante

---

wonach es keinen eigenständigen betriebsverfassungsrechtlichen Unternehmensbegriff gibt, sondern dieser vielmehr dem HGB, AktG und GmbHG zu entnehmen ist. Kritisch zu diesen Ansätzen *Joost*, in: MüHb-ArbR, § 313 Rn. 11 ff.; *ders*, Betrieb und Unternehmen, S. 77; *Konzen*, AuR 1985, 341, 349; *Leipold*, Anm. zu BAG, Urt. v. 05.12.1975, SAE 1977, 139, 140; *Preis*, Festschrift für Däubler, 266, 268 f.; *Schubert*, ZfA 2004, 253, 254; *Wiedemann*, Anm. zu BAG vom 23.08.1989, AP Nr. 7 zu § 47 BetrVG 1972, 4, 4.

4 Ausführlich zu dieser Thematik *Boecken*, 50 Jahre Bundesarbeitsgericht, 931.

5 Gegen eine entsprechende Anwendung der §§ 111 ff. BetrVG etwa *Annuß*, in: Richardi, § 111 BetrVG Rn. 26; *ders.*, NZA 2001, 367, 369; *Fitting/Engels/Schmidt/Trebinger/Linsenmaier*, § 111 BetrVG Rn. 20; *Lingemann*, NZA 2002, 934, 936; *Löwisch*, BB 2001, 1790, 1796 f.; *Reichold*, NZA 2001, 857, 864; *Schubert*, ZfA 2004, 253, 278 f. Eine Analogie nehmen hingegen *Däubler*, in: DKK, § 111 BetrVG Rn. 24a; *ders.*, AuR 2001, 285, 291; *Hanau*, ZIP 2001, 1981, 1985 f.; *Oetker*, in: GK-BetrVG, § 111 BetrVG Rn. 11 an. Vgl. auch *Boecken*, 50 Jahre Bundesarbeitsgericht, 931, 936 ff., der die Beteiligungsrechte in diesem Fall sogar unmittelbar anwenden will.

6 Ein solcher Sachverhalt lag etwa den Entscheidungen des BAG vom 18.11.2003 (AP Nr. 46 zu § 113 BetrVG 1972) sowie vom 20.04.1982 (AP Nr. 15 zu § 112 BetrVG 1972) zugrunde.

Betriebsänderung zu unterrichten und mit ihm darüber auch zu beraten. Indem der Gesetzgeber gerade auf die geplante Betriebsänderung abstellt, wird deutlich, dass stets vor der Umsetzung dieser Planung eine Beteiligung der Arbeitnehmervertreter zu erfolgen hat. Kommt also eine Unterrichtung und Beratung während des Durchführungszeitraums zu spät, werden folglich auch keine anderen Beteiliungsrechte relevant, wenn der Betriebsrat erst in diesem Zeitraum gewählt wird.[7]

Hingegen können dem Wortlaut des § 111 S. 1 BetrVG keine konkreten Aussagen entnommen werden, zu welchem genauen Zeitpunkt in der Vorbereitungsphase der Betriebsrat bestehen muss.[8]

b) Vertrauensschutz

Die Rechtsprechung forderte wiederholt, dass der Betriebsrat bereits in dem Moment zu existieren hat, in dem der Unternehmer die Entscheidung über die Betriebsänderung trifft.[9] Zur Untermauerung dieses Ergebnisses führt das BAG in erster Linie ein Vertrauensschutzargument an.[10] Danach hat der Unternehmer ein berechtigtes Interesse, bereits in der Planungsphase kalkulieren zu können, welche finanziellen Belastungen durch eine Betriebsänderung auf ihn zukommen. Dieses Vertrauen würde verletzt, wenn nach dem Entschluss zur Durchführung der

---

7 Soweit unstrittig. Hierzu BAG vom 18.11.2003, AP Nr. 46 zu § 113 BetrVG 1972; BAG vom 28.10.1992, AP Nr. 63 zu § 112 BetrVG 1972; BAG vom 20.04.1982, AP Nr. 15 zu § 112 BetrVG 1972; LAG Thüringen vom 05.12.2002, NZI 2003, 561, 561; LAG Köln vom 26.04.2000, Az.: 7 Sa 1461/99 (n.v.); *Annuß*, in: Richardi, § 111 BetrVG Rn. 27; *Däubler*, in: DKK, § 111 BetrVG Rn.124; *Fitting/Engels/Schmidt/Trebinger/Linsenmaier*, § 111 BetrVG Rn. 34; *Jaeger/Röder/Heckelmann*, Praxishandbuch Betriebsverfassungsrecht, S. 887; *Kania*, in: ErfK, § 111 BetrVG Rn. 6; *Kocher*, NZI 2003, 527, 530; *Löwisch/Kaiser*, § 111 BetrVG Rn. 8; *Matthes*, in: MüHb-ArbR, § 360 Rn. 8; *Oetker*, in: GK-BetrVG, § 111 BetrVG Rn. 23; *Rumpff/Boewer*, Mitbestimmung in wirtschaftlichen Angelegenheiten, S. 255 f.; *Koch*, in Schaub, § 244 Rn. 5; *Stege/Weinspach/Schiefer*, §§ 111-113 BetrVG Rn. 18.

8 A.A. *Annuß*, in: Richardi, § 111 BetrVG Rn. 27, wonach der Wortlaut des § 111 BetrVG dafür spricht, dass die Errichtung des Betriebsrats unmittelbar vor Durchführung der Betriebsänderung ausreichend ist, dass die §§ 111 ff. BetrVG noch zur Anwendung kommen.

9 BAG vom 18.11.2003, AP Nr. 46 zu § 113 BetrVG 1972; BAG vom 28.10.1992, AP Nr. 63 zu § 112 BetrVG 1972; BAG vom 20.04.1982, AP Nr. 15 zu § 112 BetrVG 1972; LAG Thüringen vom 05.12.2002, NZI 2003, S. 561, 561; *Fitting/Engels/Schmidt/Trebinger/Linsenmaier*, § 111 BetrVG Rn. 34; *Löwisch/Kaiser*, § 111 BetrVG Rn. 8; *Matthes*, in: MüHb-ArbR, § 360 Rn. 8; *Oetker*, in: GK-BetrVG, § 111 BetrVG Rn. 23; *Stege/Weinspach/Schiefer*, §§ 111-113 BetrVG Rn. 18.

10 BAG vom 18.11.2003, AP Nr. 46 zu § 113 BetrVG 1972; BAG vom 28.10.1992, AP Nr. 63 zu § 112 BetrVG 1972; BAG vom 20.04.1982, AP Nr. 15 zu § 112 BetrVG 1972. Gegen diesen Ansatz ArbG Reutlingen vom 29.10.1998, AuR 1998, 492; *Däubler*, in: DKK, § 111 BetrVG Rn. 124; *Kraushaar*, AuR 2000, 245, 247.

Betriebsänderung ein Betriebsrat gewählt werden könnte und der Anwendungsbereich der §§ 111 ff. BetrVG somit eröffnet wäre.[11]

Unabhängig von der Stimmigkeit des Vertrauensschutzargumentes führt dieser Ansatz allerdings nicht zu dem Ergebnis, zu welchem die Rechtsprechung gelangt ist. Denn wird, während sich der Unternehmer hinsichtlich der Betriebsänderung noch in der Entschließungsphase befindet, etwa ein Wahlvorstand nach § 17 Abs. 2 S. 1 BetrVG gewählt, so ist in diesem Moment das Vertrauen auf Nichtbeteiligung der Arbeitnehmervertreter zerstört.[12]

Stellt man also konsequent auf den Vertrauensschutz ab, so wäre es für die Geltung der §§ 111 ff. BetrVG ausreichend, wenn der Unternehmer im Zeitpunkt seiner Entscheidung über die Betriebsänderung eine gesicherte Kenntnis über das baldige Bestehen des Betriebsrats besitzt.

c) Funktion der §§ 111 ff. BetrVG

Eine derartige Lösung wird jedoch dem Sinn der Interessenausgleichsregelungen und gerade des Nachteilsausgleichsanspruchs aus § 113 Abs. 3 BetrVG nicht gerecht. So soll § 113 Abs. 3 BetrVG den Unternehmer anhalten, bei der Entscheidung über das „Ob“ und das „Wie“ einer Betriebsänderung den Betriebsrat zu beteiligen, damit so die Belegschaftsinteressen berücksichtigt werden können.

Diese gesetzgeberisch gewollte Einflussnahme der Arbeitnehmervertreter auf die Entscheidung des Unternehmers hat jedoch nur zum Zeitpunkt der Planungsphase einen Sinn.[13] Es ist nicht ausreichend, wenn während dieser Planung allein die gesicherte Aussicht besteht, dass es zur Bildung eines Betriebsrats kommen wird. Im Ergebnis ist dem BAG zuzustimmen, dass die Interessenausgleichsregelungen und somit auch § 113 Abs. 3 BetrVG nur dann Anwendung finden, wenn der Betriebsrat bereits zum Zeitpunkt des Entschlusses über die Betriebsänderung bestand.

Wegen der hier vorgenommenen thematischen Beschränkung auf den Nachteilsausgleich soll indes ausdrücklich offen bleiben, ob die Sozialplanregelungen nicht auch dann noch zur Anwendung kommen, wenn der Betriebsrat erst nach Abschluss der Betriebsänderungsplanung gebildet wurde.[14]

---

[11] BAG vom 20.04.1982, AP Nr. 15 zu § 112 BetrVG 1972.

[12] *Däubler*, in: DKK, § 111 BetrVG Rn. 124; *Fuchs*, Sozialplan, S. 25; *Kocher*, NZI 2003, 527, 530; *Kraushaar*, AuR 2000, 245, 247.

[13] BAG vom 20.04.1982, AP Nr. 15 zu § 112 BetrVG 1972 Bl. 2 R f.

[14] Kann ein Sozialplan sogar nach Durchführung der Betriebsänderung noch abgeschlossen werden und gibt das Vertrauensschutzargument entgegen der Rspr. gerade keinen Anhaltspunkt, dass auf den Zeitpunkt der Entscheidungsfindung abzustellen ist, so drängt sich eine Differenzierung geradezu auf.

2. Zuständigkeit des Gesamt- bzw. Konzernbetriebsrats

Ebenso wird für die Existenz von Nachteilsausgleichsansprüchen aus § 113 Abs. 3 BetrVG entscheidend sein, welcher Betriebsrat zwecks Interessenausgleichsverhandlung vom Unternehmer angegangen werden muss.

Nach § 50 Abs. 1 BetrVG ist nicht der Betriebs-, sondern der Gesamtbetriebsrat originär zuständig, wenn eine Angelegenheit in Rede steht, welche über den einzelnen Betrieb hinausgeht, und die auch zwingend eine betriebsübergreifende Regelung erfordert.[15] Grundsätzlich kann eine Betriebsänderung schon von ihrem Begriff her nicht mehrere Betriebe betreffen.[16] Allerdings ist der Gesamtbetriebsrat dennoch gemäß § 50 Abs. 1 BetrVG der richtige Verhandlungspartner für einen Interessenausgleich, wenn die unternehmerische Entscheidung in mehreren Betrieben eine Betriebsänderung auslösen wird oder zumindest betriebsübergreifende Fragen aufwirft und es daher in sachlicher Hinsicht erforderlich ist, dass eine einheitliche Lösung gefunden wird.[17]

Statt des Gesamtbetriebsrats ist nach § 58 Abs. 1 BetrVG allein der Konzernbetriebsrat gemäß der §§ 111 ff. BetrVG zu beteiligen, wenn die Planung der Betriebsänderung nicht bloß betriebsübergreifend, sondern unternehmensübergreifend ist und sie zwingend eine einheitliche Regelung im Konzern erfordert.[18] Der

---

[15] BAG vom 21.01.2003, EzA § 50 BetrVG 2001 Nr. 2; BAG vom 23.10.2002, AP Nr. 26 zu § 50 BetrVG 1972; BAG vom 11.12.2001, AP Nr. 22 zu § 50 BetrVG 1972; BAG vom 15.01.2001, AP Nr. 23 zu § 50 BetrVG 1972; BAG vom 14.12.1999, AP Nr.104 zu § 87 BetrVG 1972 Lohngestaltung; BAG vom 11.11.1998, AP Nr. 19 zu § 50 BetrVG 1972; BAG vom 16.06.1998, AP Nr. 7 zu § 87 BetrVG 1972 Gesundheitsschutz; BAG vom 30.08.1995, AP Nr. 29 zu § 87 BetrVG 1972 Überwachung; BAG vom 06.12.1988, AP Nr. 37 zu § 87 BetrVG 1972 Lohngestaltung; Annuß, in: Richardi, § 50 BetrVG Rn. 13; *Eisemann*, in: ErfK, § 50 BetrVG Rn. 2 ff.; *Fitting/Engels/Schmidt/Trebinger/Linsenmaier*, § 50 BetrVG Rn. 15 ff.; *Glock*, in: Hess/Schlochauer/Worzalla/Glock, § 50 BetrVG Rn. 10 ff.; *Joost*, in: MüHb-ArbR, § 313 Rn. 44; *Kreutz*, in: GK-BetrVG, § 50 BetrVG Rn. 21 ff.; *Löwisch/Kaiser*, § 50 BetrVG Rn. 3; *Ohlendorf/Salomon*, NZA 2006, 131, 132; *Stege/Weinspach/Schiefer*, §§ 47-52 BetrVG Rn. 7 f.; krit. *Trittin*, in: DKK, § 50 BetrVG Rn. 24 ff.

[16] So zutreffend *Schmitt-Rolfes*, 50 Jahre Bundesarbeitsgericht, 1081, 1083.

[17] BAG vom 13.10.2002, AP Nr. 26 zu § 50 BetrVG 1972; BAG vom 11.12.2001, AP Nr. 22 zu § 50 BetrVG 1972; BAG vom 08.06.1999, AP Nr. 47 zu § 111 BetrVG 1972; BAG vom 24.01.1996, AP Nr. 16 zu § 50 BetrVG 1972; *Annuß*, in: Richardi, § 50 BetrVG Rn. 37; *Oetker*, in: GK-BetrVG, § 111 BetrVG Rn. 177; Abweichend *Däubler*, in: DKK, § 111 BetrVG Rn. 118; *Hess*, in: HSW, § 111 BetrVG Rn. 5; *Ohlendorf/Salomon*, NZA 2006, 131, 132; *Schmitt-Rolfes*, 50 Jahre Bundesarbeitsgericht, 1081, 1083, die für die Zuständigkeit des Gesamtbetriebsrats fordern, dass die unternehmerische Entscheidung zu Betriebsänderungen in mehreren Betrieben führt.

[18] § 58 BetrVG ist § 50 BetrVG nachgebildet, womit auch die Zuständigkeitsvoraussetzungen im Grundsatz identisch sind. Vgl. hierzu BAG vom 20.12.1995, AP Nr. 1 zu § 58 BetrVG 1972; *Fitting/Engels/Schmidt/Trebinger/Linsenmaier*, § 58 BetrVG Rn. 16; *Kreutz*, in: GK-BetrVG, § 58 BetrVG Rn. 17 ff.; *Richardi/Annuß*, in: Richardi, § 58; BetrVG Rn. 7; *Schmitt-Rolfes*, 50 Jahre Bundesarbeitsgericht, 1081, 1094; *Trittin*, in: DKK, § 58 BetrVG Rn. 16.

Frage, was seitens des Unternehmers zu tun ist, wenn zwischen Betriebsrat und Gesamtbetriebsrat Streit besteht, wer an den Interessenausgleichsverhandlungen zu beteiligen ist, soll indes erst an späterer Stelle nachgegangen werden.

B. Anwendbarkeit des § 113 Abs. 3 BetrVG in Tendenzbetrieben

I. § 113 Abs. 3 BetrVG als Sanktion bei unzureichendem Interessenausgleichsversuch?

Gemäß § 118 Abs. 1 S. 2 BetrVG gelten für Tendenzbetriebe die Vorschriften über die Beteiligungsrechte bei Betriebsänderungen nur so weit, als sie den „Ausgleich oder die Milderung wirtschaftlicher Nachteile für die Arbeitnehmer infolge Betriebsänderungen" betreffen.[19]

Mit dieser aus § 112 Abs. 1 S. 2 BetrVG übernommenen Legaldefinition des Sozialplans wird klargestellt, dass, um die wirtschaftliche Entscheidungsfreiheit des Tendenzträgers zu schützen, eine Beteiligung des Betriebsrats bei der Frage über das „Ob" und das „Wie" der Betriebsänderung nicht notwendig ist, damit ein Interessenausgleichsversuch nicht unternommen werden muss.[20] Besteht für den Tendenzträger keine Verpflichtung, einen Interessenausgleich zu versuchen, kann ihn folglich auch nicht die Sanktionsvorschrift des § 113 Abs. 3 BetrVG treffen.[21]

Dieser Schlussfolgerung der herrschenden Meinung wird entgegengesetzt, dass die ausdrücklich in § 118 Abs. 2 BetrVG aufgenommene Verweisung auf den § 113 BetrVG doch sinnlos wäre, wenn im Tendenzbetrieb ein Interessenaus-

---

19 Vgl. allgemein zum Grundgedanken des § 118 BetrVG *Gillen/Hörle*, NZA 2003, 1225, 1225; *Mikat*, Festschrift für Küchenhoff Bd. I, 261, 280; *Müller*, Festschrift für Hilger/Stumpf, 477, 479.

20 *Bauer*, Festschrift für Wißmann, 215, 222; *ders.* Betriebsänderung, S. 122; *Bauer/Lingemann*, NZA 1995, 813, 816; *Bender*, in: Wlotzke/Preis, § 118 BetrVG Rn. 41; *Fitting/Engels/Schmidt/Trebinger/Linsenmaier*, § 113 BetrVG Rn. 4; *Hess*, in: Hess/Schlochauer/Worzalla/Glock, § 118 BetrVG Rn. 55; *Kania*, in: ErfK, § 118 BetrVG Rn. 18; *Kraft*, Anm. zu BAG vom 27.10.1998, EzA § 113 BetrVG 1972 Nr. 27, 11, 13; *Löwisch/Kaiser*, § 118 BetrVG Rn. 22; *Matthes*, in: MüHb-ArbR, § 365 Rn. 5; *Röder/Baeck*, Interessenausgleich und Sozialplan, S. 34; *Stege/Weinspach/Schiefer*, §§ 111-113 BetrVG Rn. 10; *Thüsing*, in: Richardi, § 118 BetrVG Rn. 172; *Weber*, in: GK-BetrVG, § 118 BetrVG Rn.146.

21 LAG Berlin vom 15.10.1997, Az.: 15 Sa 72/97 (n.v.); *Bauer*, Festschrift für Wißmann, 215, 222; *ders.* Betriebsänderung, S. 122; *Bauer/Lingemann*, NZA 1995, 813, 816; *Bender*, in: Wlotzke/Preis, § 118 BetrVG Rn. 41; *Dütz*, Festschrift für Westermann, 37, 50; *Gillen/Hörle*, NZA 2003, 1225, 1227; *Hess*, in: Hess/Schlochauer/Worzalla/Glock, § 118 BetrVG Rn. 55; *Kania*, in: ErfK, § 118 BetrVG Rn. 18; *Kraft*, Anm. zu BAG vom 27.10.1998, EzA § 113 BetrVG 1972 Nr. 27, 11, 13; *Lunk*, NZA 2005, 841, 846; *Matthes*, in: MüHb-ArbR, § 365 Rn. 5; *Oetker*, in: GK-BetrVG, § 113 BetrVG Rn. 12; *Richardi/Annuß*, in: Richardi, § 113 BetrVG Rn. 34; *Richter*, DB 1991, 2661, 2662; *Rinsdorf*, ZTR 2001, 197; *Röder/Baeck*, Interessenausgleich und Sozialplan, S. 34; *Thüsing*, in: Richardi, § 118 BetrVG Rn. 172; *Weber*, in: GK-BetrVG, § 118 BetrVG Rn. 152; *ders.*, NZA 1989, Beilage Nr. 3, 2, 7.

gleichsversuch nie unternommen werden muss.[22] Einen derartigen offensichtlichen Fehler könne man dem Gesetzgeber aber nicht einfach unterstellen.[23] Vielmehr müssen, um der in § 118 Abs. 1 S. 1 BetrVG enthaltenen Bezugnahme auf § 113 BetrVG gerecht zu werden, die Vorschriften über den Nachteilsausgleich auch im Tendenzbetrieb uneingeschränkt zur Anwendung kommen.[24]

Einer derartigen Auslegung des § 118 BetrVG steht jedoch schon der Wortlaut der Norm entgegen.[25] So eröffnet zwar § 118 Abs. 1 S. 2 BetrVG grundsätzlich den Anwendungsbereich der §§ 111 ff. BetrVG bei Tendenzbetrieben. Durch die „Insoweit-Klausel" stellt die Vorschrift allerdings klar, dass die §§ 111 ff. BetrVG in Tendenzbetrieben nicht uneingeschränkt zur Geltung kommen.[26]

Auch ist die Aufnahme des § 113 BetrVG im § 118 Abs. 1 S. 2 BetrVG entgegen anderer Behauptungen nicht sinnlos. Denn der Unternehmer kann bei einer Betriebsänderung im Tendenzbetrieb freiwillig einen Interessenausgleich abschließen.[27] Weicht er dann aber ohne zwingenden Grund von dieser Vereinbarung ab, ist es auch gerechtfertigt, ihn durch die Anwendung des § 113 Abs. 1 und 2 BetrVG zu sanktionieren.[28]

---

22 *Wede*, in: DKK, § 118 BetrVG Rn. 61; *ders.*, AiB 2000, 42, 42.

23 *Wede*, in: DKK, § 118 BetrVG Rn. 61; *ders.*, AiB 2000, 42, 42.

24 *Wede*, in: DKK, § 118 BetrVG Rn. 61; *ders.*, AiB 2000, 42, 42. im Ergebnis auch *Grunsky*, Festschrift für Mallmann, 79, 84 f., wonach die den Interessenausgleichsversuch regelnden Vorschriften ungeachtet des Tendenzschutzes stets anzuwenden seien, da dem Unternehmer nicht mehr passieren könne, als nach § 113 BetrVG an den einzelnen Arbeitnehmer Geldzahlungen leisten zu müssen, womit er nicht in seiner Tendenzausübung beeinflusst werden kann; vgl. auch *Fabricius*, in: GK-BetrVG (6. Aufl.), § 118 BetrVG Rn. 533, welcher den Interessenausgleich als Oberbegriff ansieht, der auch den Sozialplan umfasst, so dass im Tendenzbetrieb die Normen über den Interessenausgleich wie § 113 Abs. 3 BetrVG anwendbar sind, soweit sie Ausgleich oder Milderung der wirtschaftlichen Nachteile betreffen. Siehe zu dieser Auffassung ausführlich *Kraft*, Anm. zu BAG vom 27.10.1998, EzA § 113 BetrVG 1972 Nr. 27, 11, 13.

25 *Bauer*, Festschrift für Wißmann, 215, 222; *Bauer/Lingemann*, NZA 1995, 813, 816; *Hess*, in: Hess/Schlochauer/Worzalla/Glock, § 118 BetrVG Rn. 55; *Kraft*, Anm. zu BAG vom 27.10.1998, EzA Nr. 27 zu § 113 BetrVG 1972, 11, 13; *Matthes*, in: MüHb-ArbR, § 365 Rn. 5; *Thüsing*, in: Richardi, § 118 BetrVG Rn. 172; *Weber*, in: GK-BetrVG, § 118 BetrVG Rn. 145.

26 *Bauer*, Festschrift für Wißmann, 215, 219; *Bauer/Lingemann*, NZA 1995, 813, 816; *Kraft*, Anm. zu BAG vom 27.10.1998, EzA Nr. 27 zu § 113 BetrVG 1972, 11, 13.

27 Zum möglichen Verzicht des Unternehmers auf den Tendenzschutz vgl. BAG vom 05.10.2000, AP Nr. 67 zu § 118 BetrVG 1972; BAG vom 31.01.1995, AP Nr. 56 zu § 118 BetrVG 1972; *Bauer*, Festschrift für Wißmann, 215, 222; *Bauer/Lingemann*, NZA 1995, 813, 816; *Fitting/Engels/Schmidt/Trebinger/Linsenmaier*, § 118 BetrVG Rn. 2; *Thüsing*, in Richardi, § 118 BetrVG Rn. 23; *Weber*, in: GK-BetrVG, § 118 BetrVG Rn. 145; a.A. *Matthes*, in: MüHb-ArbR, § 364 Rn. 3.

28 *Bauer*, Festschrift für Wißmann, 215, 222; *Bauer/Lingemann*, NZA 1995, 813, 816; *Weber*, in: GK-BetrVG, § 118 BetrVG Rn. 145; abweichend *Matthes*, in: MüHb-ArbR, § 365 Rn. 5, der auch in diesem Fall § 113 Abs. 1 und 2 BetrVG nicht anwenden will.

Die Anwendbarkeit der Interessenausgleichsregelungen im Tendenzbetrieb ist darüber hinaus gerade mit dem von § 118 Abs. 1 S. 2 BetrVG verfolgten Zweck nicht vereinbar.[29] Denn die Vorschrift soll die grundrechtlich gewährleistete Betätigung von Unternehmen im geistig-ideellen Bereich vor der Einflussnahme durch den Betriebsrat schützen.[30] Deshalb hat der Unternehmer über die unmittelbar tendenzbezogene Entscheidung hinsichtlich des „Ob" und des „Wie" einer Betriebsänderung unabhängig und frei zu entscheiden.[31] Auf diese Weise erfüllt § 118 BetrVG den sich aus den einzelnen Grundrechten ergebenden staatlichen Schutzauftrag, die Grundrechtsbetätigung auch gegenüber nichtstaatlichen Einwirkungsmöglichkeiten abzuschirmen.[32]

Würde man nun den Unternehmer durch die finanziellen Belastungen des § 113 Abs. 3 BetrVG mittelbar zwingen, seine unternehmerische Entscheidung über die Betriebsänderung zumindest bis zum Abschluss der Interessenausgleichsverhandlungen aufzuschieben, so ist er eben nicht mehr frei, jederzeit tendenzrelevante Entscheidungen zu treffen und umzusetzen.[33] Mit der ihm zustehenden Freiheit der Grundrechtsausübung ist dies jedoch nicht vereinbar.

Mithin kommt auch eine verfassungskonforme Auslegung zum Resultat, dass für den Tendenzunternehmer keine Obliegenheit besteht, einen Interessenausgleich

---

29 *Bauer*, Festschrift für Wißmann, 215, 222; *Bauer/Lingemann*, NZA 1995, 813, 816; *Gillen/Hörle*, NZA 2003, 1225, 1227.

30 BVerfG vom 29.04.2003, AP Nr. 75 zu § 118 BetrVG 1972; BVerfG vom 15.12.1999, NZA 2000, 264, 264 f.; BVerfG vom 06.11.1979, AP Nr. 14 zu § 118 BetrVG 1972; *Bauer*, Festschrift für Wißmann, 215, 222; *Fitting/Engels/Schmidt/Trebinger/Linsenmaier*, § 118 BetrVG Rn. 2; *Gillen/Hörle*, NZA 2003, 1225, 1227; *Hess*, in: Hess/Schlochauer/Worzalla/Glock, § 118 BetrVG Rn. 2; *Kania*, in: ErfK, § 118 BetrVG Rn. 1; *Löwisch/Kaiser*, § 118 BetrVG Rn. 1; *Mayer-Maly*, AfP 1971, 194, 195; *ders.*, BB 1973, 761, 765; *Matthes*, in: MüHb-ArbR, § 364 Rn. 3; *Thüsing*, in: Richardi, § 118 BetrVG Rn. 17; *Weber*, in: GK-BetrVG, § 118 BetrVG Rn. 146.

31 *Bauer/Lingemann*, NZA 1995, 813, 816; *Gillen/Hörle*, NZA 2003, 1225, 1227; *Thüsing*, in: Richardi, § 118 BetrVG Rn. 17; *Weber*, in: GK-BetrVG, § 118 BetrVG Rn. 146.

32 Zum Charakter der Grundrechte als objektive Wertentscheidungen, vgl. BVerfG vom 28.05.1993, BVerfGE 88, 203, 254; BVerfG vom 15.01.1958, BVerfGE 7, 198, 205 f.; *Alexy*, Theorie der Grundrechte, S. 415 ff; *Badura*, Staatsrecht, S. 83; *Canaris*, AcP 184 (1984), 201, 228; *Dieterich*, in: ErfK, Einl. GG Rn. 33 ff.; *Jarass*, AöR 110 (1985), 363; *ders.*, 50 Jahre Bundesverfassungsgericht, 35, 39 f.; *ders.*, in: Jarass/Pieroth, GG, Vorb. zu Art. 1 GG Rn. 3; *Klein*, DVBl. 1994, 489, 491; *v. Münch*, in: von Münch/Kunig, GG, Vorb. zu Art. 1-19GG Rn. 22; *Richardi*, in MüHb-ArbR, § 10 Rn. 13 ff; *Ruffert*, Vorrang der Verfassung, S. 201 ff.; *Unruh*, Dogmatik der grundrechtlichen Schutzpflichten, 20 ff.

33 *Bauer*, Festschrift für Wißmann, 215, 222; *Bauer/Lingemann*, NZA 1995, 813, 816; *Gillen/Hörle*, NZA 2003, 1225, 1227; *Hess*, in: Hess/Schlochauer/Worzalla/Glock, § 118 BetrVG Rn. 55; *Kania*, in: ErfK, § 118 BetrVG Rn. 18; *Löwisch/Kaiser*, § 118 BetrVG Rn.22; *Matthes*, in: MüHb-ArbR, § 365 Rn. 5; *Oetker*, in: GK-BetrVG, § 113 BetrVG Rn. 12; *Richardi/Annuß*, in: Richardi, § 113 BetrVG Rn. 34; *Roeder/Baeck*, Interessenausgleich und Sozialplan, S. 28; *Thüsing*, in Richardi, § 118 BetrVG Rn. 17; *Weber*, in: GK-BetrVG, § 118 BetrVG Rn. 152.

vorzunehmen und insoweit die Sanktionsnorm des § 113 Abs. 3 BetrVG keine Anwendung findet.

II. § 113 Abs. 3 BetrVG als Sanktion im Rahmen des Sozialplanverfahrens?

Die Rechtsprechung gelangt indes zu einem weiteren Auslegungsergebnis. Zwar besteht auch nach ihrer Auffassung keine Interessenausgleichsobliegenheit im Tendenzbetrieb, andererseits ist der Betriebsrat im Hinblick auf den Sozialplan ebenso rechtzeitig zu unterrichten und es sind mit ihm darüber Verhandlungen aufzunehmen. Kommt nun der Tendenzunternehmer diesen Verpflichtungen nicht nach, so trifft ihn die Sanktion des § 113 Abs. 3 BetrVG.[34]

Zur Begründung wird angeführt, dass § 113 Abs. 3 BetrVG zwar unmittelbar nur auf den Interessenausgleich Bezug nimmt. Eine derartige Einigung der Betriebspartner erfordert immer eine ausreichende Unterrichtung und Verhandlung, welche somit gleichfalls vom Schutzbereich des § 113 Abs. 3 BetrVG erfasst sind. Allerdings sind Information und Beratung zwischen Betriebsrat und Unternehmer auch stets Voraussetzung für den Sozialplan. Deshalb wird nach Auffassung des BAG die Sozialplanverhandlung mittelbar von der Sicherungswirkung des § 113 Abs. 3 erfasst. Schlösse man nun im Tendenzbetrieb die Anwendung des § 113 Abs. 3 BetrVG völlig aus, so bestünde im Hinblick auf den Sozialplan eine vom Gesetzgeber nicht gewollte Schutzlücke.[35]

In der Entscheidung vom 30.03.2004 geht das BAG nun noch einen Schritt weiter.[36] Aus der in § 118 Abs. 1 S. 2 BetrVG enthaltenen Formulierung, dass die Vorschriften der §§ 111 ff. BetrVG in Tendenzbetrieben „nur insoweit anzuwenden sind, als sie Ausgleich und Milderung wirtschaftlicher Nachteile betreffen“, sei zu entnehmen, dass das BetrVG dem Tendenzunternehmer bei Betriebsänderungen lediglich „ein Weniger an Beteiligung des Betriebsrats“ abverlangt. Dann müssen aber alle Pflichten bzw. Obliegenheiten, die im Tendenzbetrieb zu beachten sind, erst recht auch im tendenzfreien Betrieb gelten.[37] Konsequenz dieser Auffassung ist, dass auch in tendenzfreien Betrieben die Sanktionsregel des § 113 Abs. 3 BetrVG Anwendung findet, wenn bezogen auf den Sozialplan die Unterrichtung und Beratung nicht hinreichend wahrgenommen wird.[38]

---

[34] BAG vom 30.03.2004, AP Nr. 47 zu § 113 BetrVG; BAG vom 18.11.2003, AP Nr. 76 zu § 118 BetrVG 1972; BAG vom 27.10.1998, AP Nr. 65 zu § 118 BetrVG 1972; ebenso auch *Fitting/Engels/Schmidt/Trebinger/Linsenmaier*, § 113 BetrVG Rn. 4; *Löwisch/Kaiser*, § 118 BetrVG Rn. 22; *Stege/Weinspach/Schiefer*, § 118 BetrVG Rn. 111.

[35] BAG vom 30.03.2004, AP Nr. 47 zu § 113 BetrVG 1972; BAG vom 18.11.2003, AP Nr. 76 zu § 118 BetrVG 1972; BAG vom 27.10.1998, AP Nr. 65 zu § 118 BetrVG 1972.

[36] In AP Nr. 47 zu § 113 BetrVG 1972.

[37] BAG vom 30.03.2004, AP Nr. 47 zu § 113 BetrVG 1972.

[38] BAG vom 30.03.2004, AP Nr. 47 zu § 113 BetrVG 1972.

1. Ergebnis der Rechtsprechung als Form der Auslegung?

Nach eigenem Bekunden gelangte das BAG im Wege der Auslegung zum Ergebnis, dass in Tendenzbetrieben § 113 Abs. 3 BetrVG im Hinblick auf Sozialplanverhandlungen anwendbar ist.[39] Die Auslegung einer Norm überschreitet jedoch ihre Grenzen, wenn sie zum einen mit dem Wortlaut in Widerspruch tritt und zum anderen, wenn sie mit dem erkennbaren Willen des Gesetzgebers nicht vereinbar ist.[40] Indem sich § 118 Abs. 1 S. 2 BetrVG ausdrücklich nur auf den Sozialplan bezieht, hingegen § 113 Abs. 3 BetrVG allein einen unzureichenden Interessenausgleichsversuch sanktionieren will, ist das vom BAG erzielte Ergebnis weder vom Wortlaut des § 113 Abs. 3, noch des § 118 Abs. 1 S. 2 BetrVG gedeckt.[41] Eine Auslegung ist damit nicht zulässig.

2. Ergebnis der Rechtsprechung durch Analogieschluss?

Allerdings könnte die vom BAG geforderte Anwendung des § 113 Abs. 3 BetrVG zum Schutz von Sozialplanverhandlungen im Wege der Analogie erreicht werden. Jedoch ist auch dieser Akt der Rechtsfortbildung nicht schrankenlos.

a) Planwidrige Regelungslücke

So ist notwendig, dass im Hinblick auf den Schutz der Sozialplanverhandlungen überhaupt eine planwidrige Regelungslücke besteht. Eine derartige Lücke ist gegeben, wenn der Gesetzgeber beim Erlass der Norm einen Umstand gar nicht oder nicht vollständig seinem Willensentschluss zugrunde gelegt hat und damit eine Frage ungeregelt ließ, obwohl diese nach seiner Absicht eigentlich einer Regelung bedurft hätte.[42] Dass die auf den Sozialplan bezogenen Unterrichtungs- und Verhandlungspflichten entgegen der gesetzgeberischen Konzeption nicht ausreichend geschützt sind, lässt sich nicht belegen. Denn der Betriebsrat kann gemäß § 112 Abs. 4 BetrVG sogar nach bereits durchgeführter Betriebsänderung einen Sozialplan über die Einigungsstelle erzwingen. Eine verspätete oder nicht

---

39 So ausdrücklich BAG vom 27.10.1998, AP Nr. 65 zu § 118 BetrVG 1972.

40 BVerfG vom 24.05.1995, NVwZ 1996, 574, 578; BVerfG vom 26.04.1994, NJW 1994, 2475, 2476; *Bachner*, NZA 1999, 1241, 1241; *Larenz/Canaris*, Methodenlehre, S. 143 ff.; *Rieger*, NVwZ 2003, 17, 18; *Saueressig*, Jura 2005, 525, 530; *Zippelius*, Bundesverfassungsgericht und Grundgesetz Bd. 2, 108, 118 ff.

41 *Bauer*, Festschrift für Wißmann, 215, 223; *Bauer/Lingemann*, NZA 1995, 813, 816; *Gillen/Hörle*, NZA 2003, 1225, 1231; *Kania*, in: ErfK, § 118 BetrVG Rn. 18; *Kraft*, Anm. zu BAG vom 27.10.1998, EzA § 113 BetrVG 1972 Nr. 27, 11, 14; *Oetker*, in: GK-BetrVG, § 113 BetrVG Rn. 14; *Thüsing*, in: Richardi, § 118 BetrVG, Rn. 172; *Weber*, in: GK-BetrVG, Rn. 152. Den Verstoß gegen die Wortlautgrenze der Auslegung erkennt auch das BAG (in AP Nr. 65 zu § 118 BetrVG 1972), ohne daraus Konsequenzen zu ziehen.

42 *Bachner*, NZA 1999, 1241, 1243; *Bydlinski*, Juristische Methodenlehre, S. 473; *Larenz/Canaris*, Methodenlehre, S. 194; *Canaris*, Feststellung von Lücken im Gesetz, S. 31 ff.; *Pawlowski*, Methodenlehre, Rn. 467 ff.; *Zippelius*, Juristische Methodenlehre, S. 65 f.

ordnungsgemäße Unterrichtung bzw. Beratung verhindert damit den Sozialplan nicht.[43] Zum anderen stellt sich eine unzureichende Aufklärung über die Folgen einer geplanten Betriebsänderung als eine Ordnungswidrigkeit i.S.d. § 121 Abs. 1 BetrVG dar.[44] Darüber hinaus kann der Betriebsrat die Vornahme von Unterrichtung und Beratung über § 111 S. 1 BetrVG auch gerichtlich durchsetzen.[45] Es zeigt sich also, dass für die Unterrichtung und Beratung über den Sozialplan gar keine Schutzlücke besteht, welche mit Hilfe des § 113 Abs. 3 BetrVG zu schließen ist.[46]

b) Teleologische Vergleichbarkeit

Für eine analoge Anwendung des § 113 Abs. 3 BetrVG muss darüber hinaus das Interessenausgleichsverfahren, welches eigentlich durch den Nachteilsausgleichsanspruch des § 113 Abs. 3 BetrVG abgesichert wird, mit dem Sozialplanverfahren vergleichbar sein.

Wie an anderer Stelle dargelegt, kann weder der Abschluss eines Interessenausgleiches gegen den Willen des Arbeitgebers erzwungen werden, noch kann ein Arbeitnehmer aus einem erzielten Interessenausgleich unmittelbare Rechtsfolgen ableiten.[47] Auch steht dem Betriebsrat nicht die Möglichkeit zu, gegenüber dem Unternehmer auf Einhaltung der getroffenen Regelung zu klagen. Um diese Schwächen des Interessenausgleichsverfahrens abzumildern, setzt nun § 113 BetrVG an. So erreicht § 113 Abs. 1 BetrVG, indem er finanzielle Belastungen androht, wenn von der erzielten Einigung ohne zwingenden Grund abgewichen wird, dass für den Interessenausgleich zumindest eine indirekte Bindungswirkung besteht. Der dritte Absatz des § 113 BetrVG soll hingegen bezwecken, dass sich der Arbeitgeber auf Verhandlungen einlässt und damit die Chance besteht, dass eine Verständigung zwischen den Betriebspartnern über das „Ob“ und das „Wie“ einer Betriebsänderung erzielt wird.

Im Gegensatz zum Interessenausgleich kommt dem Sozialplan laut § 112 Abs. 1 S. 3 BetrVG die Wirkung einer Betriebsvereinbarung zu, so dass er bereits

---

43 *Bauer*, Festschrift für Wißmann, 215, 223; *Bauer/Lingemann*, NZA 1995, 813, 816; *Schlachter*, Festschrift für Wißmann, 412, 418.

44 *Oetker*, in: GK-BetrVG, § 113 BetrVG Rn. 14.

45 Siehe hierzu ausführlich § 9 B I 1.

46 *Bauer*, Festschrift für Wißmann, 215, 223; *Bauer/Lingemann*, NZA 1995, 813, 816; *Gillen/Hörle*, NZA 2003, 1225, 1231; *Oetker*, in: GK-BetrVG, § 113 BetrVG Rn. 14; *Schlachter*, Festschrift für Wißmann, 412, 418; *Weber*, in: GK-BetrVG, Rn. 149.

47 Vgl. hierzu bereits § 2 A I sowie *Annuß*, in: Richardi, § 112 BetrVG Rn. 3; *S. Biedenkopf*, Interessenausgleich und Sozialplan, S. 87; *Buschmann*, BB 1983, 510, 512; *Däubler*, in: DKK, §§ 112, 112a BetrVG Rn. 1; *v. Hoyningen-Huene*, Betriebsverfassungsrecht, § 15 III 3; *Leinemann*, ZIP 1989, 552, 553; *Matthes*, Festschrift für Wlotzke, 393, 398 f.; *Oetker*, in: GK-BetrVG, §§ 112, 112a BetrVG Rn. 27; *Schlochauer*, ArbRGgw. (Bd. 20), 61, 70; *Verch*, Personalabbau und Betriebsverfassung, S. 174.

unmittelbare Wirkung für die bestehenden Arbeitsverhältnisse entfaltet.[48] Ebenso ist der Abschluss eines Sozialplans nach § 112 Abs. 4 BetrVG gegen den Willen des Arbeitgebers erzwingbar.[49]

Folglich gewähren die Sozialplanregelungen dem Betriebsrat eine viel stärkere Rechtsposition als die Vorschriften über den Interessenausgleich, so dass die Sanktionsnorm des § 113 BetrVG allein auf den Interessenausgleich passt, sie hingen zum Schutz des Sozialplanverfahrens überflüssig ist.[50]

c) Zwischenergebnis

Mangels Vorliegen der Voraussetzungen einer Analogie kann entgegen der Auffassung des BAG § 113 Abs. 3 BetrVG auch nicht entsprechend angewendet werden, wenn der Tendenzunternehmer die auf den Sozialplan bezogenen Unterrichtungs- und Verhandlungspflichten nicht in ausreichendem Maße erfüllt. Somit ist der vom Gericht gezogene Schluss, dass bei unzureichender Unterrichtung und Beratung bezüglich des Sozialplans die Sanktion des § 113 Abs. 3 BetrVG erst recht den tendenzfreien Unternehmer trifft, ebenso abzulehnen.

III. Ergebnis zur Anwendbarkeit des § 113 Abs. 3 BetrVG in Tendenzbetrieben

Es ist daher der herrschenden Meinung in der Literatur zu folgen, welche dem Nachteilsausgleichsanspruch aus § 113 Abs. 3 BetrVG im Tendenzbetrieb gar keine Funktion zuerkennt. Der in § 118 Abs. 1 S. 2 BetrVG enthaltenen Verweisung auf § 113 BetrVG kommt allein eine Bedeutung für den Fall zu, dass ein

---

48 Zur Rechtsnatur und zur Rechtswirkung des Sozialplans siehe BAG vom 17.10.1989, AP Nr. 53 zu § 112 BetrVG 1972; BAG vom 08.11.1988, AP Nr. 48 zu § 112 BetrVG 1972; BAG vom 24.03.1981, AP Nr. 12 zu § 112 BetrVG 1972; BAG vom 29.11.1978, AP Nr. 7 zu § 112 BetrVG 1972; *Annuß*, in: Richardi, § 112 BetrVG Rn. 171, 175 f.; *Däubler*, in: DKK, §§ 112, 112a BetrVG Rn. 24 f.; *Fitting/Engels/Schmidt/Trebinger/Linsenmaier*, §§ 112, 112a BetrVG Rn. 172, 175; *Fuchs*, Der Sozialplan, S. 16; *Hess*, in: Hess/Schlochauer/Worzalla/Glock, § 112 BetrVG, Rn. 90 f.; *v. Hoyningen-Huene*, Betriebsverfassungsrecht, § 15 IV 2; *Kania*, in: ErfK, § 111 BetrVG Rn. 13; *Löwisch/Kaiser*, § 112 BetrVG Rn. 53; *Matthes*, in: MüHb-ArbR, § 362 Rn. 47 f.; *Oetker*, in: GK-BetrVG, §§ 112, 112a BetrVG Rn. 112, 115; *Ohl*, Der Sozialplan, S. 65; *Stege/Weinspach/Schiefer*, §§ 111-113 BetrVG Rn. 97.

49 *Annuß*, in: Richardi, § 112 BetrVG Rn. 134; *Däubler*, in: DKK, §§ 112, 112a BetrVG Rn. 29; *Fitting/Engels/Schmidt/Trebinger/Linsenmaier*, §§ 112, 112a BetrVG Rn. 78; *Hess*, in: Hess/Schlochauer/Worzalla/Glock, § 112 BetrVG Rn. 86; *Kania*, in: ErfK, §§ 112, 112a BetrVG Rn. 14; *Löwisch/Kaiser*, § 111 BetrVG Rn. 88; *Matthes*, in: MüHb-ArbR, § 360 Rn. 23; *Oetker*, in: GK-BetrVG, §§ 112, 112a BetrVG Rn. 229; *Rumpff/Boewer*, Mitbestimmung in wirtschaftlichen Angelegenheiten, S. 255 f.; *Stege/Weinspach/Schiefer*, §§ 111-113 BetrVG Rn. 125.

50 *Bauer*, Festschrift für Wißmann, 215, 223; *Bauer/Lingemann*, NZA 1995, 813, 816; Gillen/Hörle, NZA 2003, 1225, 1231; *Kraft*, Anm. zu BAG vom 27.10.1998, EzA § 113 BetrVG 1972 Nr. 27, 11, 14.

Interessenausgleich auf freiwilliger Basis abgeschlossen wird, der Unternehmer jedoch ohne zwingenden Grund von dieser Vereinbarung abweicht.

C. Anwendbarkeit bei nicht sozialplanpflichtigen Betriebsänderungen

Ursprünglich hatte der Gesetzgeber die Mitwirkungsrechte des Betriebsrats in wirtschaftlichen Angelegenheiten derart ausgestaltet, dass bei Vorliegen einer Betriebsänderung stets die Regeln des erzwingbaren Sozialplans und die des sanktionsbewährten Interessenausgleiches nebeneinander Anwendung fanden. Diese Parallelität hob das Beschäftigungsförderungsgesetz vom 30. April 1985 durch die Einfügung des § 112a BetrVG auf. Wie bereits dem Wortlaut zu entnehmen ist, sollte damit die Bereitschaft der Arbeitgeber zu Neueinstellungen gefördert werden.[51] Nach § 112a Abs. 1 BetrVG ist nun trotz Vorliegens einer Betriebsänderung i.S.d. § 111 BetrVG ein Sozialplan nicht erzwingbar, wenn die Betriebsänderung allein in der betriebsbedingten Entlassung von Arbeitnehmern liegt und die Schwellenwerte des § 112a Abs. 1 BetrVG nicht erreicht werden. Daneben schützt Abs. 2 Betriebe eines neu gegründeten Unternehmens vier Jahre lang vor finanziellen Belastungen, indem dort ebenfalls ein Sozialplan nicht erzwungen werden kann.[52]

I. Analoge Anwendung des § 112a BetrVG auf Nachteilsausgleichsansprüche aus § 113 Abs. 3 BetrVG?

Es stellt sich hier sofort die Frage, ob im Anwendungsbereich des § 112a BetrVG bei einem unzureichenden Interessenausgleichsversuch auch ein Nachteilsausgleichsanspruch gemäß § 113 Abs. 3 BetrVG nicht mehr gefordert werden kann. Eine solche analoge Anwendung des § 112a BetrVG wurde allein von *Heinze* befürwortet.[53]

---

[51] BT-Drucks. 10/2102, S. 17.

[52] Vergleiche zum Streit, ob § 112 a Abs. 2 BetrVG auch anzuwenden ist, wenn zwar das Unternehmen, aber nicht der zugehörige Betrieb jünger als vier Jahre ist BAG vom 10.12.1996, AP Nr. 110 zu § 112 BetrVG 1972; BAG vom 22.02.1995, AP Nr. 8 zu § 112a BetrVG 1972; BAG vom 22.02.1995, AP Nr. 7 zu § 112a BetrVG 1972; BAG vom 13.06.1989, AP Nr. 3 zu § 112a BetrVG 1972; *Annuß*, in: Richardi, § 112a BetrVG Rn. 15; *Fitting/Engels/Schmidt/Trebinger/Linsenmaier*, §§ 112, 112a BetrVG 90; *Heinze*, NZA 1987, 41, 49; *Hess*, in: Hess/Schlochauer/Worzalla/Glock, § 112a BetrVG Rn. 12; *v. Hoyningen-Huene*, Betriebsverfassungsrecht, § 15 IV 4; *Kania*, in: ErfK, §§ 112,112a BetrVG Rn. 17; *Löwisch/Kaiser*, § 112a BetrVG Rn. 6; *Oetker*, in: GK-BetrVG Rn. 244; *Stege/Weinspach/Schiefer*, §§ 111-113 BetrVG Rn. 71a; *Vogt*, BB 1986, 2328, 2331 f. sowie abweichend *Däubler*, in: DKK, §§ 112, 112a BetrVG Rn. 35; *Rumpff/Boewer*, Mitbestimmung in wirtschaftlichen Angelegenheiten, S. 361.

[53] In: NZA 1987, 41, 49 ff. *Heinze* spricht in diesem Zusammenhang allerdings in unklarer Weise davon, die Beschränkung des § 112a BetrVG auf die §§ 112 f. BetrVG im Wege einer teleologischen Reduktion erstrecken zu wollen. Soll aber entgegen dem zu engen Wortlaut

1. Argumentation von Heinze

Heinze vertrat die Auffassung, dass nach dem ursprünglichen gesetzgeberischen Willen zwischen Unterrichtung und Beratung nach § 111 S. 1 BetrVG sowie dem Interessenausgleichs- und dem Sozialplanverfahren eine unauflösbare Zweck-Mittel-Relation bestehe.[54] So stelle sich die Informations- und Beratungspflicht des § 111 S. 1 BetrVG als ein Mittel dar, einen Interessenausgleich zu erreichen. Der Interessenausgleich wiederum solle gerade jene Nachteile vermeiden, welche sonst durch einen Sozialplan auszugleichen oder zu mildern wären. Damit sei auch der Interessenausgleich nur ein Mittel zur Erreichung des Sozialplans.[55] Der Nachteilsausgleich solle hingegen ein Fehlgehen dieser Zweck-Mittel-Relation verhindern.[56] Durch das Beschäftigungsförderungsgesetz sei die inhaltliche Wechselbeziehung von Interessenausgleich und Sozialplan zerstört. Dieser gesetzgeberische Fehler lasse sich nur dadurch beheben, dass in den Fällen des § 112a BetrVG nicht nur die Erzwingbarkeit des Sozialplans ausgeschlossen werde, sondern auch die auf den Interessenausgleichsversuch bezogene Sanktion des § 113 Abs. 3 BetrVG unanwendbar sei.[57]

2. Voraussetzungen einer Analogie

Ob der Auffassung *Heinzes* zu folgen ist und hier eine Analogie bejaht werden kann, hängt allein davon ab, ob die strengen Voraussetzungen dieses Mittels der Rechtsfortbildung vorliegen. Wie bereits mehrfach erwähnt, setzt die Analogie stets eine planwidrige Regelungslücke voraus. Eine derartige Lücke ergibt sich aus systematischen, historisch-genetischen sowie aus Normzweckargumenten.[58]

Bereits die Gesetzesbegründung zum Beschäftigungsförderungsgesetz 1985 stellt eindeutig klar, dass das beabsichtigte Ziel, durch eine erhöhte Flexibilität Arbeitgeber zu mehr Einstellungen zu motivieren, allein durch den Ausschluss der Sozialplanpflichtigkeit unter den in § 112a BetrVG genannten Umständen erreicht werden soll.[59] Hingegen müssten die anderen im Zusammenhang mit einer Betriebsänderung stehenden Beteiligungsvorschriften, wie die Regeln hinsichtlich des Interessenausgleiches, aber in jedem Falle bestehen bleiben.[60] Mithin war sich

---

eine einschränkende Norm auf andere Regelungen angewendet werden, so liegt eine Analogie vor, die nur im Ergebnis zu einer Reduktion der betroffenen Normen führt. Vgl. dazu *Schmalz*, Methodenlehre, Rn. 342.

54 In: NZA 1987, 41, 42.

55 *Heinze*, NZA 1987, 41, 42 und 51.

56 *Heinze*, NZA 1987, 41, 42.

57 *Heinze*, NZA 1987, 41, 51.

58 Allgemein zu den Voraussetzungen einer planwidrigen Regelungslücke *Larenz/Canaris*, Methodenlehre, S. 202 ff; *Pawlowski*, Methodenlehre, S. 210 ff.; *Schmalz*, Methodenlehre, Rn. 324.

59 BT-Drucks. 10/2102, S. 17 f.

60 BT-Drucks. 10/2102, S. 17 f.

der Gesetzgeber im Jahr 1985 bewusst, dass durch § 112a BetrVG eine Trennung des ursprünglichen Gleichlaufs von Sozialplanpflichtigkeit und sanktionierbarem Interessenausgleichsversuch in gewissen Situationen entstehen wird, so dass eine planwidrige Unvollständigkeit hier nicht vorliegt und eine Analogie ausscheidet. Die von *Heinze* dargelegten Widersprüche dieser gesetzlichen Lösung sind, unterstellt sie würden tatsächlich vorliegen, somit vom Rechtsanwender zu akzeptieren.

Folglich muss im Falle einer nicht sozialplanpflichtigen Betriebsänderung i.S.d. § 112a BetrVG ein Interessenausgleich versucht werden und auch der Nachteilsausgleich des § 113 Abs. 3 BetrVG ist hier anzuwenden.[61]

II. Analoge Anwendung des § 113 Abs. 3 BetrVG auf den nicht erzwingbaren Sozialplan?

Eine extreme Gegenposition zu *Heinze* bezieht *Däubler*, welcher vertritt, dass der Nachteilsausgleichsanspruch im Rahmen des § 112a BetrVG entsprechende Anwendung finden soll, wenn der Arbeitgeber zwar bezüglich des Interessenausgleiches, nicht aber hinsichtlich des Sozialplans verhandelt.[62] Er begründet seine Position damit, dass der Betriebsrat, sofern § 112 Abs. 4 BetrVG nicht eingreift, bei den Sozialplanverhandlungen genauso dasteht, wie beim Interessenausgleich. Dort hat der Gesetzgeber aber erkannt, dass dieses betriebsverfassungsrechtliche Mitwirkungsrecht nur beachtet wird, wenn es zumindest durch eine Sanktionsnorm geschützt ist.[63] Auch im Falle des § 112a BetrVG würde das Sozialplanverfahren völlig wertlos sein, wenn es statt der Erzwingbarkeit nicht einmal mittelbar durch einen Ersatzanspruch geschützt wäre.[64] Damit will *Däubler* die gerade durch § 112a BetrVG aufgehobene Erzwingbarkeit des Sozialplans indirekt durch ein individual-rechtliches Sanktionsmittel ersetzen. Auch diese Auffassung setzt sich Bedenken aus, dass sie die Analogievoraussetzungen nicht beachtet. Mit § 112a BetrVG sollte der Arbeitgeber in bestimmten Situationen vor finanziellen Belastungen eines Sozialplans bewahrt werden.[65] Durch eine entsprechende Anwendung des § 113 BetrVG würde man den Arbeitgeber nötigen, in zeitintensive Sozialplanverhandlungen einzutreten. Will er nun schnellstmöglich seine beabsichtigte Betriebsänderung durchführen, wird er oftmals gezwungen sein, doch wieder einen kostspieligen Sozialplan abzuschließen. Damit verstößt auch die von *Däubler* propagierte Analogie gerade gegen das Regelungsziel des § 112a BetrVG. Die mit der fehlenden Erzwingbarkeit verbun-

---

61 *Gajewski*, Festschrift für D. Gaul, 189, 192; *Spinti*, Ansprüche aus Sozialplan, S. 124; *Vogt*, BB 1986, 2328, 2331 f.

62 *Däubler*, in: DKK, § 113 BetrVG Rn. 10.

63 Vgl. zur Konzeption des Nachteilsausgleichs als Sanktion im Hinblick auf den Interessenausgleich die Ausführungen im 2. Kapitel.

64 *Däubler*, in: DKK, § 113 BetrVG Rn. 10.

65 *Kania*, in: ErfK, §§ 112, 112a BetrVG Rn. 17; *Matthes*, in: MüHb-ArbR, § 363 Rn. 52 ff.

dene Schutzlosigkeit des Betriebsrats bei Sozialplanverhandlungen ist als gesetzlich gewollt hinzunehmen.

III. Ergebnis zur Anwendbarkeit des § 113 Abs. 3 BetrVG bei einer nicht sozialplanpflichtigen Betriebsänderung

Ist wegen § 112a BetrVG eine Betriebsänderung nicht sozialplanpflichtig, so hat dies keine Auswirkung auf den Interessenausgleichsversuch und die entsprechende Sanktionsnorm des § 113 Abs. 3 BetrVG. Letztgenannte Norm sanktioniert auch nicht ein Unterlassen von Sozialplanverhandlungen in den Fällen des § 112a BetrVG. Vielmehr bleibt es dabei, dass in diesen Konstellationen die Kopplung von erzwingbarem Sozialplan und sanktioniertem Interessenausgleichsversuch aufgehoben ist.

§ 5 Schuldner des Nachteilsausgleichsanspruchs

A. Grundsätzliches zur Schuldnerstellung bei § 113 Abs. 3 BetrVG

Schuldner des Nachteilsausgleichsanspruchs ist wegen der in § 113 BetrVG angelegten Verweisung auf die §§ 111 f. BetrVG stets der Adressat der dort begründeten Beteiligungspflichten. Diese obliegen laut § 111 Abs. 1 S. 1 BetrVG dem Unternehmer, worunter der Rechtsträger des Betriebes zu verstehen ist. Daher muss auch als Schuldner des Nachteilsausgleichsanspruchs grundsätzlich die natürliche bzw. die juristische Person, welche Inhaber des Betriebes ist, angesehen werden.[1] Gleiches gilt hinsichtlich der Schuldnerstellung, wenn es sich um eine unternehmensbezogene Betriebsänderung handelt und für die Beteiligungsrechte aus den §§ 111 f. BetrVG der Gesamtbetriebsrat gemäß § 50 Abs. 1 BetrVG zuständig ist.[2]

B. Schuldner des Nachteilsausgleichsanspruchs bei konzerndimensionalen Betriebsänderungen

Zu diskutieren ist allerdings die Sonderkonstellation der konzerndimensionalen Betriebsänderung, welche nach § 58 Abs. 1 BetrVG den originären Zuständigkeitsbereich des Konzernbetriebsrats eröffnet.[3] Hier ist bereits nicht eindeutig erkennbar, wer überhaupt auf Seiten des Konzerns die Beteiligung vornehmen muss. Bedenkt man jedoch, dass die Rechte aus den §§ 111 f. BetrVG dem Konzernbetriebsrat ermöglich sollen, auf die Entscheidung über das „Ob" und das „Wie" einer Betriebsänderung im Interesse der Belegschaft Einfluss zu nehmen, so kann tauglicher Partner nur derjenige sein, dem auch die Entscheidungs- und Planungshoheit zusteht. Diese liegt im Fall der konzernweiten Betriebsänderung allein bei der Konzernobergesellschaft. Somit ist diese auch verpflichtet, den Konzernbetriebsrat nach den §§ 111 f. BetrVG zu beteiligen.[4]

Gegen den grundsätzlich zu ziehenden Schluss von der Pflichtenstellung der Konzernobergesellschaft auf ihre alleinige Schuldnerstellung im Rahmen des

---

[1] BAG vom 15.01.1991, AP Nr. 21 zu § 113 BetrVG 1972; *v. Hoyningen-Huene*, Betriebsverfassungsrecht, § 15 V 1; *Löwisch/Kaiser*, § 111 BetrVG Rn. 11; *Oetker*, in: GK-BetrVG, § 113 BetrVG Rn 9; *Stege/Weinspach/Schiefer*, §§ 111-113 BetrVG Rn. 5a.

[2] Zur Zuständigkeit des Gesamtbetriebsrats bei Betriebsänderungen vgl. BAG vom 13.10.2002, AP Nr. 26 zu § 50 BetrVG 1972; BAG vom 11.12.2001, AP Nr. 22 zu § 50 BetrVG 1972; BAG vom 08.06.1999, AP Nr. 47 zu § 111 BetrVG 1972; BAG vom 24.01.1996, AP Nr. 16 zu § 50 BetrVG 1972; *Annuß*, in: Richardi, § 50 BetrVG Rn. 37; *Oetker*, in: GK-BetrVG, § 111 BetrVG Rn. 177; abweichend *Däubler*, in: DKK, § 111 BetrVG Rn. 118; *Hess*, in: Hess/Schlochauer/Worzalla/Glock, § 111 BetrVG Rn. 5; *Ohlendorf/Salomon*, NZA 2006, 131, 132; *Schmitt-Rolfes*, 50 Jahre Bundesarbeitsgericht, 1081, 1083, die für die Zuständigkeit des Gesamtbetriebsrats fordern, dass die unternehmerische Entscheidung zu Betriebsänderungen in mehreren Betrieben führt.

[3] *Schmitt-Rolfes*, 50 Jahre Bundesarbeitsgericht, 1081, 1094.

[4] *Schmitt-Rolfes*, 50 Jahre Bundesarbeitsgericht, 1081, 1095.

§ 113 Abs. 3 BetrVG wird eingewendet, dass der betroffene Arbeitnehmer meist nicht erkennen kann, ob es sich um eine konzernweite oder etwa um eine unternehmensbezogene Betriebsänderung handele und wen er folglich als Haftungsschuldner in Anspruch zu nehmen habe. Um den Arbeitnehmer von dieser Unsicherheit zu entlasten, müsse stets die jeweilige Konzerngesellschaft als tauglicher Nachteilsausgleichsschuldner behandelt werden, in der er „beschäftigt" ist.[5] Allerdings sei auch nicht einzusehen, warum die Konzernobergesellschaft nicht ebenso nach § 113 Abs. 3 BetrVG haftet, denn ihr ist das gesetzwidrige Verhalten anzulasten. Aus diesem Grund sollen die Konzernobergesellschaft und das abhängige Unternehmen für einen Anspruch aus § 113 Abs. 3 BetrVG gesamtschuldnerisch einstehen.[6]

Die These von der gesamtschuldnerischen Haftung setzt sich jedoch Bedenken dahingehend aus, dass sie dem Wortlaut des § 113 BetrVG nicht gerecht wird. Indem die Norm Sanktionen androht, wenn ein Interessenausgleich nicht in ausreichendem Maße versucht wird bzw. von ihm grundlos abgewichen wird, zeigt sich die Untrennbarkeit der Nachteilsausgleichsvorschrift von den pflichtenbegründenten Regelungen der §§ 111 f. BetrVG.[7] Konsequenz ist dann aber auch, dass sich nur derjenige einem Nachteilsausgleichsanspruch aussetzen kann, der die Beteiligungspflichten bei Betriebsänderungen zu beachten hat. Muss also bei einer konzernweiten Betriebsänderung nur die Konzernobergesellschaft den Konzernbetriebsrat beteiligen, so kommt sie als alleiniger Schuldner eines Arbeitnehmeranspruchs gemäß § 113 BetrVG in Frage.

C. Schuldner des Nachteilsausgleichsanspruchs im Unterordnungskonzern bei „einfachen" Betriebsänderungen

Abweichend vom Sonderfall der konzerndimensionalen Betriebsänderung stellt sich ferner die Frage, wer im Unterordnungskonzern nach § 113 Abs. 3 BetrVG haftet, wenn ein Interessenausgleich mit dem Betriebsrat bzw. dem Gesamtbetriebsrat nicht in ausreichendem Maße versucht wurde.

Ausgangspunkt für eine Beantwortung dieser Frage ist hier wiederum, dass als Haftungsschuldner wegen der in § 113 BetrVG enthaltenen Verknüpfung zu den §§ 111 f. BetrVG allein derjenige in Frage kommt, welcher auch zum Interessenausgleichsversuch verpflichtet ist. Zum anderen ist maßgeblich, dass den Beteiligungsrechten aus den §§ 111 ff. BetrVG nur entsprochen wird, wenn die Person, welche mit dem Betriebsrat verhandelt, auch tatsächlich in der Lage ist,

---

5 *Schmitt-Rolfes*, 50 Jahre Bundesarbeitsgericht, 1081, 1096.

6 *Schmitt-Rolfes*, 50 Jahre Bundesarbeitsgericht, 1081, 1096.

7 Vgl. hierzu nochmals BAG vom 15.01.1991, AP Nr. 21 zu § 113 BetrVG 1972; *v. Hoyningen-Huene*, Betriebsverfassungsrecht, § 15 V 1; *Löwisch/Kaiser*, § 111 BetrVG Rn. 11; *Oetker*, in: GK-BetrVG, § 113 BetrVG Rn 9; *Stege/Weinspach/Schiefer*, §§ 111-113 BetrVG Rn. 5a.

auf die Durchführung der Betriebsänderung einzuwirken. Im anderen Fall wären Beratungen mit dem Betriebsrat als reine Förmelei anzusehen.

I. Abweichende Auffassung zum Adressat der Beteiligungspflichten aus den §§ 111 f. BetrVG

1. Adressat der Beteiligungspflichten aus den §§ 111 f. BetrVG im Vertragskonzern

Ausgehend vom letztgenannten Gedanken leitet eine Minderansicht ab, dass beim Unterordnungskonzern[8] i.S.d. § 18 Abs. 1 AktG, soweit jedenfalls die Zusammenfassung unter einer einheitlichen Leitungsmacht durch einen Beherrschungsvertrag[9] nach § 291 Abs. 1 S. 1 AktG erfolgte, nicht das konzernabhängige Unternehmen, sondern vielmehr die Konzernspitze verpflichtet ist, die Beteiligung des Betriebsrates zu gewährleisten, so dass das herrschende Unternehmen ggf. auch Schuldner eines Nachteilsaugleichsanspruchs ist.[10] Begründet wird diese Ansicht damit, dass bei einem Unterordnungskonzern mit bestehenden Beherrschungsvertrag der Vorstand des abhängigen Unternehmens nach § 308 Abs. 2 S. 1 AktG verpflichtet ist, die Weisungen des herrschenden Unternehmens zu befolgen und darüber hinaus auch oftmals eine personelle Verflechtung zwischen den Unternehmen existiert. Dies führe dazu, dass dem abhängigen Unternehmen kein Entscheidungsspielraum hinsichtlich der Betriebsänderung zusteht, die Maßnahme vielmehr von der Konzerspitze angeordnet werde. [11] Nach der Mindermeinung kann dem Sinn und Zweck der §§ 111 f. BetrVG nur entsprochen werden, wenn das herrschende Unternehmen als Entscheidungsträger zur

---

[8] Zur Unterscheidung zwischen Unterordnungskonzern des § 18 Abs. 1 AktG und dem Gleichordnungskonzern des § 18 Abs. 2 AktG, vgl. *Bayer*, in: MüKo-AktG, § 18 AktG, Rn. 2; *Emmerich*, in: Emmerich/Habersack, § 18 AktG Rn. 3; *Emmerich/*Habersack, Konzernrecht, § 4 III 1 und IV 1; *Hüffer*, § 18 AktG, Rn. 2; *Koppensteiner*, in: Kölner Komm.-AktG, § 18 AktG Rn. 5; *Krieger*, in: MüHb-GesR, § 68 Rn. 70, 77.

[9] Hier spricht man in Abgrenzung zu den faktischen Konzernen von einem Vertragskonzern. Siehe zu diesem *Bayer*, in: MüKo-AktG, § 18 AktG Rn. 6; *Emmerich*, in: Emmerich/Habersack, § 18 AktG Rn. 3; *Hüffer*, § 18 AktG Rn. 3; *Krieger*, in: MüHb-GesR, § 68 Rn. 72 f.

[10] *Fabricius*, in: GK-BetrVG (6. Auflage), § 111 BetrVG Rn. 42; *Fitting/Kaiser/Heither/Engels*, § 111 BetrVG Rn. 105; *Wiese*, Festschrift Wiedemann, 617, 636; *Windbichler*, Arbeitsrecht im Konzern, S. 405; *Ziegler*, Der Begriff der Betriebsänderung, S. 99.

[11] Damit ergeben sich keinerlei Probleme, wenn die Konzernmutter in Bezug auf die Betriebsänderung nur Rahmenvorgaben festgelegt hat und somit der Tochtergesellschaft noch ein Spielraum bei der Ausgestaltung der Änderung zukommt. Hier verbleibt es auch nach der Mindermeinung bei der Schuldnerstellung des abhängigen Unternehmens. Siehe hierzu auch *Windbichler*, Arbeitsrecht im Konzern, S. 404 f.

Durchführung der Betriebsratsbeteiligung verpflichtet wird.[12] Folgerichtig ist es bei einem unzureichenden Interessenausgleich dann auch Gläubiger eines Nachteilsausgleichsanspruchs.

2. Adressat der Beteiligungspflichten aus den §§ 111 f. BetrVG im faktischen Konzern

Unterstellt man diese Ansicht einmal als richtig, stellt sich des Weiteren die Frage, ob man das herrschende Unternehmen auch im Fall des faktischen Unterordnungskonzerns als Adressat der Beteiligungsrechte aus den §§ 111 f. BetrVG und damit auch als Schuldner des Nachteilsausgleichsanspruch ansehen muss. Dabei ist ein solcher faktischer Konzern gegeben, wenn eine Zusammenfassung unter einheitlicher Leitung erfolgt, sich diese aber nicht auf eine vertragliche Grundlage stützen kann.[13]

Allerdings ist der Vorstand des abhängigen Unternehmens den Weisungen der Konzernspitze nicht unterworfen.[14] Er hat vielmehr die Gesellschaft eigenverantwortlich i.S.d. § 76 Abs. 1 AktG zu leiten, so dass er zu prüfen hat, ob er eine Anordnung des herrschenden Unternehmens umsetzt oder nicht.[15] Daher ist festzuhalten, dass dem abhängigen Unternehmen hinsichtlich der Durchführung einer Betriebsänderung ein Spielraum verbleibt, ob man einer Anweisung der Konzernmutter nachkommen wird, so dass die Interessenausgleichsverhandlung zwischen ihm und dem Betriebsrat in dieser Konstellation keine bloße Förmelei darstellt. Die Pflichten aus den §§ 111 f. BetrVG sind also allein vom abhängigen Konzernunternehmen zu erfüllen, womit es im Fall der „Schlechterfüllung" auch die Nachteilsausgleichsansprüche zu tragen hat.[16]

3. Konsequenzen der abweichenden Auffassung für die Schuldnerstellung bei § 113 Abs. 3 BetrVG

Folgt man der abweichenden Auffassung dahingehend, dass als Adressat der Beteiligungsrechte nur in Frage kommen kann, wem tatsächlich auch die

---

12 *Fabricius*, in: GK-BetrVG (6. Auflage), § 111 BetrVG Rn. 42; sowie *Fitting/Kaiser/Heither/ Engels*, § 111 BetrVG Rn. 105; Wiese, Festschrift Wiedemann, 617, 636; *Windbichler*, Arbeitsrecht im Konzern, S. 405; *Ziegler*, Der Begriff der Betriebsänderung, S. 99.

13 *Bayer*, in: MüKo-AktG, § 18 AktG Rn. 8; *Hüffer*, § 18 AktG Rn. 4; *Krieger*, in: MüHb-GesR, § 68 Rn. 72; *K. Schmidt*, Gesellschaftsrecht, § 31 IV 4.

14 OLG Hamm vom 10.05.1995, ZIP 1995, 1263, 1269; OLG Karlsruhe vom 21.11.1986, WM 1987, 533, 534; *Habersack*, in: Emmerich/Habersack, § 311 AktG Rn. 78; *Hüffer*, § 311 AktG Rn. 48; *Koppensteiner*, in: Kölner Komm.-AktG, § 311 AktG Rn. 90; *Krieger*, in: MüHb-GesR, § 69 Rn. 24.

15 *Habersack*, in: Emmerich/Habersack, § 311 AktG Rn. 78; *Hüffer*, § 311 AktG Rn. 48; *Koppensteiner*, in: Kölner Komm.-AktG, § 311 AktG Rn. 91; *Krieger*, in: MüHb-GesR, § 69 Rn. 24.

16 *Fabricius*, in: GK-BetrVG (6. Auflage), § 111 BetrVG, Rn. 46.

Möglichkeit zusteht, selbständig über die Betriebsänderung zu entscheiden und verbindet man die Schuldnerstellung bei § 113 BetrVG untrennbar mit der Adressatenstellung bei den §§ 111 f. BetrVG, so haftet im Unterordnungskonzern das abhängige Unternehmen nur, wenn ein faktischer Konzern vorliegt. Im Fall des Vertragskonzerns ist Schuldner des Nachteilsausgleichsanspruchs hingegen die Konzernspitze.

II. Würdigung dieser Auffassung

1. Abweichende Ansicht durch Auslegung begründbar?

Wie jedoch *Fabricius* selbst feststellt, ist die eben dargelegte Ansicht nicht mit dem Wortlaut der §§ 111 ff. und insbesondere nicht mit § 113 BetrVG vereinbar.[17] So unterscheidet § 112 Abs. 5 S. 2 Nr. 2 BetrVG für die Weiterbeschäftigungsmöglichkeit der Arbeitnehmer zwischen den Betrieben des konkret betroffenen Unternehmens und denen anderer Konzernunternehmen. Eine derartige Differenzierung wäre allerdings überflüssig, wenn man als Unternehmer i.S.d. §§ 111 ff. BetrVG stets denjenigen ansehen könnte, dem die tatsächliche Entscheidungskompetenz zukommt.[18]

2. Abweichende Ansicht durch Analogie begründbar?

Die Auffassung von *Fabricius* könnte sich methodisch als analoge Anwendung des § 113 BetrVG darstellen. Für die Anwendbarkeit dieses Rechtsgewinnungsverfahrens ist, wie schon öfters dargestellt, eine planwidrige Regelungslücke notwendig. Eine derartige durch die Analogie ausfüllungsfähige Lücke ist gegeben, wenn eine bestimmte Fallgruppe vom Gesetz nicht erfasst wird, obwohl nach Sinn und Zweck des Gesetzes eine Regelung dieses Bereiches erforderlich ist.[19] Indem der Gesetzgeber aber in den §§ 111 ff. BetrVG festgelegt hat, dass in allen Fällen stets die natürliche bzw. juristische Person, welche Rechtsträger des Betriebes ist, den Betriebsrat bei einer geplanten Betriebsänderung zu beteiligen hat, wurde hier ein Sachverhalt nicht ungeregelt gelassen, vielmehr hat der Gesetzgeber allein eine Regelung getroffen, die wegen ihres Inhalts eventuell gegen den Sinn der §§ 111 ff. BetrVG verstößt. Eine ausfüllungsfähige Lücke liegt damit allerdings nicht vor.

---

17 *Fabricius*, in: GK-BetrVG (6. Auflage), § 111 BetrVG, Rn. 42.

18 BAG vom 15.01.1991, AP Nr. 21 zu § 113 BetrVG 1972.

19 *Bydlinski*, Juristische Methodenlehre, S. 472 f.; *Canaris*, Die Feststellung von Lücken im Gesetz, S. 15 ff.; *Pawlowski*, Methodenlehre für Juristen, Rn. 475; *Larenz/Canaris*, Methodenlehre der Rechtswissenschaft, S. 191 ff.; *Zippelius*, Juristische Methodenlehre, S. 64 f.

3. Abweichende Ansicht durch teleologische Gesetzeskorrektur begründbar?

Vielmehr berichtigt *Fabricius* mit seiner Auffassung den Wortlaut der §§ 111 ff. BetrVG hinsichtlich des Begriffs des Schuldners, um dem Zweck dieser Vorschriften gerecht zu werden. Eine solche teleologische Gesetzeskorrektur ist jedoch nur möglich, sofern der Wortsinn der Norm, nicht das von der Vorschrift Gewollte zum Ausdruck bringt und dem Normzweck nicht durch Auslegung, Analogie oder Reduktion entsprochen werden kann.[20]

a) Widerspruch zwischen Wortlaut und Normzweck

Wie gezeigt, ergibt sich bei den Beteiligungsrechten aus den §§ 111 ff. BetrVG ein Widerspruch zwischen Wortlaut und Normzweck dadurch, dass mittels der §§ 111 ff. BetrVG der Betriebsrat bei einer geplanten Betriebsänderung in die Lage versetzt werden soll, auf den Entscheidungsträger einzuwirken, um etwaige Nachteile für die Belegschaft noch soweit wie möglich zu verhindern. Bei einer Betriebsänderung im Vertragskonzern ist allein die Konzernobergesellschaft als Entscheidungsträger anzusehen. Da die §§ 111 ff. BetrVG aber als Adressat nur das jeweils betroffene Unternehmen behandeln, gehen die Beteiligungsrechte in dieser Konstellation ins Leere.

b) Widerspruch nicht auf anderem Wege auflösbar

Dass man dem Sinn und Zweck der §§ 111 ff. BetrVG nicht mittels Auslegung oder Analogie zum Durchbruch verhelfen kann, wurde bereits an anderer Stelle festgestellt. Auch eine teleologische Reduktion zur Problemlösung kommt ersichtlich nicht in Frage. Diese setzt eine verdeckte Lücke voraus, welche gegeben ist, wenn entgegen dem Wortlaut die Teleologie der Regelung eine Begrenzung notwendig macht.[21] Wie gezeigt, erfordern der Sinn und Zweck der §§ 111 ff. BetrVG nicht die Herausnahme einer bestimmten Fallgruppe, sondern eine differenzierte Zuweisung der Adressaten- und Schuldnerstellung, so dass auch keine verdeckte Lücke vorliegt.

Festzuhalten ist, dass dem Normzweck nicht durch Auslegung, Analogie bzw. Reduktion entsprochen werden kann, womit die Voraussetzungen der teleologischen Gesetzeskorrektur als Auffangtatbestand gegeben sind. Aus diesem Grund ist die abweichende Auffassung zur Adressatenstellung bei den §§ 111 f.

---

20 Siehe hierzu *Canaris*, Die Feststellung von Lücken im Gesetz, S. 91ff.; *Larenz/Canaris*, Methodenlehre der Rechtswissenschaft, S. 216 f.; *Schmalz*, Methodenlehre, S. 151.

21 *Canaris*, Die Feststellung von Lücken im Gesetz, S. 82 ff.; *Larenz/Canaris*, Methodenlehre der Rechtswissenschaft, S. 210 f.; *Pawlowski*, Methodenlehre für Juristen, Rn. 493 ff.; *Schmalz*, Methodenlehre, S. 146.

BetrVG und folglich auch zur Schuldnerstellung bei § 113 Abs. 3 BetrVG dogmatisch begründbar.

D. Schuldnerstellung und Betriebsinhaberwechsel

Probleme hinsichtlich der Schuldnerstellung bei § 113 BetrVG sind auch im Rahmen des Betriebsinhaberwechsels denkbar. Ein solcher Übergang des Betriebes stellt zwar dadurch, dass es hier nicht zu einer Veränderung in der Betriebsorganisation kommt, keine Betriebsänderung i.S.d. § 111 BetrVG dar.[22] Jedoch werden im Zusammenhang mit dem Wechsel der Inhaberschaft oftmals Umgestaltungen der Betriebe vorgenommen, womit die Beteiligungsrechte der §§ 111 f. BetrVG eröffnet sind.[23] So kommt es beispielsweise bei einem Betriebsteilübergang stets zu einer Betriebsänderung, denn bevor ein solcher Teil übergehen kann, muss er aus der einheitlichen Organisation herausgelöst werden. Diese Ausgliederung stellt eine Spaltung i.S.d. § 111 S. 3 Nr. 2 Alt. 2 BetrVG dar, weshalb der Betriebsrat zu beteiligen und daher auch der Anwendungsbereich des § 113 BetrVG eröffnet ist.[24]

---

22 BAG vom 25.01.2001, AP Nr. 137 zu § 112 BetrVG 1972; BAG vom 31.10.1995, AP Nr. 29 zu § 72 ArbGG 1979, Nr. 20; BAG vom 16.06.1987, AP Nr. 19 zu § 111 BetrVG 1972; BAG vom 17.02.1981, AP Nr. 9 zu § 111 BetrVG 1972; BAG vom 21.10.1980, AP Nr. 8 zu § 111 BetrVG 1972; LAG Düsseldorf vom 23.01.2003, LAGE § 125 InsO Nr. 3; *Annuß*, in: Richardi, § 111 BetrVG Rn. 124; *Bauer*, DB 1994, 217, 218; *Fitting/Engels/Schmidt/Trebinger/Linsenmaier*, § 111 BetrVG Rn. 5; *Hess*, in: Hess/Schlochauer/Worzalla/Glock, § 111 BetrVG Rn. 55; *Kania*, in: ErfK, § 111 BetrVG Rn. 10; *Löwisch/Kaiser*, § 111 BetrVG Rn. 19; *Matthes*, in: MüHb-ArbR, § 360 Rn. 58; *ders.*, NZA 2000, 1073, 1073; *Moll*, RdA 2003, 129, 130; *Müller-Glöge*, in: MüKo-BGB, § 613a BGB Rn. 74; *Neef*, NZA 1994, 97, 97; *Neef/Schrader*, NZA 1998, 804, 804; *Oetker*, in: GK-BetrVG, § 111 BetrVG Rn. 52; *Rumpff/Boewer*, Mitbestimmung in wirtschaftlichen Angelegenheiten, S. 292. A.A. *Däubler*, in: DKK, § 111 BetrVG, Rn. 102; *B. Gaul*, BB 1999, 582, 582 ff.; *Simon*, ZfA 1987, 311, 317 f., *Teichmüller*, Betriebsänderung, S. 54 ff.; die u.a. darauf abstellen, dass ein Arbeitgeberwechsel zur Verringerung der Haftungssumme führen kann, was für die Arbeitnehmer einen erheblichen Nachteil darstellt, so dass die Beteiligungsrechte aus §§ 111 ff. BetrVG ihrem Sinn und Zweck nach eingreifen müssen.

23 BAG vom 25.01.2001, AP Nr. 137 zu § 112 BetrVG 1972; BAG vom 16.06.1987, AP Nr. 19 zu § 111 BetrVG 1972; *Niebler/Förschner*, Betriebsveräußerung, Rn. 21; *Richardi/Annuß*, in: Staudinger, § 613a BGB, Rn. 236. Abweichend wird von Teilen der Literatur vertreten, dass bei einem Betriebsteilübergang die Rechte aus den §§ 111 ff. BetrVG nicht für die Arbeitnehmer zur Entstehung gelangen, die im übergehenden Betriebsteil beschäftigt sind. Hier wird deren Schutz allein durch § 613a BGB gewährleistet, vgl. dazu Römer, Interessenausgleich, S. 114 ff.

24 Siehe hierzu ausführlich *Matthes*, NZA 2000, 1073, 1074 und *Moll*, RdA 2003, 129, 134, der insbesondere die Frage diskutiert, ob Betriebsspaltung ähnlich wie die anderen in § 111 S. 3 BetrVG genannten Tatbestände nur bei einer gewissen Erheblichkeit zu bejahen ist.

Für die Frage, wer nun als Schuldner des Nachteilsausgleichsanspruchs angesehen werden muss, ist entscheidend, ob diese Veränderungen vor oder nach dem Betriebsübergang vorgenommen wurden.[25]

I. Schuldner bei Betriebsänderung nach Wechsel der Betriebsinhaberschaft

Durch den Betriebsinhaberwechsel tritt der Erwerber vollumfänglich in alle Rechte und Pflichten des Arbeitgebers ein. Unternimmt er dann eine Betriebsänderung, ohne einen ausreichenden Interessenausgleich versucht zu haben, ist er grundsätzlich auch allein Schuldner eines Anspruchs aus § 113 Abs. 3 BetrVG.

Abweichendes gilt nur im Falle der Betriebsaufspaltung i.S.d. § 124 Abs. 1 UmwG. In einer derartigen Konstellation werden die zur Führung eines Betriebes notwendigen Vermögensteile des zu spaltenden Rechtsträgers im Wesentlichen auf eine Anlagegesellschaft übertragen. Das ursprüngliche Unternehmen führt den Betrieb als Betriebsgesellschaft weiter, wobei ihm hierzu die notwendigen Betriebsmittel von der Anlagegesellschaft überlassen werden.[26] Führt nun die Betriebsgesellschaft eine Betriebsänderung durch, ohne einen hinreichenden Interessenausgleichsversuch unternommen zu haben, so haftet nach § 134 Abs. 1 S. 1 UmwG neben ihr auch die Anlagegesellschaft als Gesamtschuldner, sofern die dort genannte Frist nicht überschritten wurde.[27]

II. Schuldner bei Betriebsänderung vor Wechsel der Betriebsinhaberschaft

Eine vor einem Wechsel der Betriebsinhaberschaft durchgeführte Betriebsänderung begründet zunächst die Schuldnerstellung des alten Betriebsinhabers. Im Folgenden soll untersucht werden, ob durch den Betriebsübergang der Erwerber nun an die Stelle des ehemaligen Inhabers tritt oder er beispielsweise mit ihm gesamtschuldnerisch bezüglich der Nachteilsausgleichsansprüche haftet. Für diese Frage ist es von Bedeutung, dass ein Betriebsübergang sich zum einen im Wege der Einzelrechtsnachfolge und zum anderen im Wege der Gesamtrechtsnachfolge vollziehen kann.[28]

---

25 *Löwisch/Kaiser*, § 111 BetrVG Rn. 13; *Niebler/Förschner*, Betriebsveräußerung Rn. 212.

26 Eine Betriebsaufspaltung kann auch dadurch erfolgen, dass dem übertragenden Rechtsträger das Anlagevermögen verbleibt, hingegen der Betrieb auf die Betriebsgesellschaft übergeht. Vgl. dazu § 134 Abs. 1 S. 2 BetrVG.

27 Zur Arbeitnehmerschutzfunktion des § 134 UmwG siehe *Hommelhoff/Schwab*, in: Lutter, § 134 UmwG Rn. 2; *Maier-Reimer/Vossen*, in: Semler/Stengel, § 134 UmwG Rn. 1 f.; Willemsen, in: Kallmeyer, UmwG, § 134 Rn. 1.

28 *Hromadka/Maschmann*, Arbeitsrecht II, § 19 Rn. 1 ff.; *Preis*, in: ErfK, § 613a BGB Rn. 178; *Zöllner/Loritz*, Arbeitsrecht, § 20.

1. Haftung des Veräußerers und des Erwerbers beim Betriebsübergang durch Einzelrechtsnachfolge

Bei der Singularsukzession ordnet § 613a Abs. 1 S. 1 BGB für das Arbeitsvertragsverhältnis einen Vertragspartnerwechsel auf der Arbeitgeberseite an, womit der Erwerber in die Rechte und Pflichten hinsichtlich der zum Zeitpunkt des Betriebsübergangs bestehenden Arbeitsvertragsverhältnisse eintritt.[29] Mithin haftet er für bereits entstandene Ansprüche der Arbeitnehmer.

a) Haftung bei Anspruch aus § 113 Abs. 3 i.V.m. Abs. 1 BetrVG

aa) Haftung mittels § 613a BGB?

Führte noch der ehemalige Betriebsinhaber die Betriebsänderung pflicht- bzw. obliegenheitswidrig durch, worauf der einzelne Arbeitnehmer entlassen wurde, so ändert § 613a BGB bei einem späteren Betriebsübergang nichts an der Schuldnerstellung, denn hier sind die Arbeitsvertragsverhältnisse vor dem Übergang schon beendet worden. § 613a BGB setzt aber voraus, dass die Arbeitsvertragsverhältnisse, in die der Erwerber eintreten soll, zum Zeitpunkt des Betriebsübergangs noch bestehen.[30] Daher tritt der Betriebserwerber bei Nachteilsausgleichsansprüchen aus § 113 Abs. 3 i.V.m. Abs. 1 BetrVG nicht mit Hilfe des § 613a BGB in die Schuldnerstellung ein.[31]

bb) Haftung mittels § 25 Abs. 1 S. 1 HGB?

Im Rahmen eines Handelsgeschäfts könnte sich eine Haftung des Erwerbers für bereits begründete Nachteilsausgleichsansprüche jedoch aus § 25 Abs. 1 S. 1 HGB ergeben.[32] Dies erfordert, dass bei Verbindlichkeiten aus Arbeitsvertragsverhältnissen neben § 613a BGB der § 25 Abs. 1 HGB überhaupt anwendbar ist.

---

[29] Zu den Voraussetzungen des § 613a BGB vgl. *Edenfeld*, in: Erman, § 613a BGB Rn. 6 ff.; *Fuchs*, in: Bamberger/Roth, § 613a BGB Rn. 6 ff.; *D. Gaul*, Der Betriebsübergang, S. 111 ff.; *Hromadka/Maschmann*, Arbeitsrecht II, § 19 Rn. 7; *Müller-Glöge*, in: MüKo-BGB, § 613a BGB Rn.14 ff.; *Preis*, in: ErfK, § 613a BGB, Rn. 5 ff.; *Weidenkaff*, in: Palandt, § 613a BGB Rn. 9 ff.; *Raab*, in: Soergel, § 613a BGB Rn. 14 ff.; *Richardi/Annuß*, in: Staudinger, § 613a BGB Rn 41 ff.; *Willemsen*, in: Willemsen/Hohenstatt/Schweibert/Seibt; Umstrukturierung und Übertragung von Unternehmen Rn. 31 ff.

[30] BAG vom 13.02.2003, AP Nr. 249 zu § 613a BGB; *Edenfeld*, in: Erman, § 613a BGB Rn. 43; *Müller-Glöge*, in: MüKo-BGB, § 613a BGB Rn. 77; *Preis*, in ErfK, § 613a BGB, Rn. 67; *Weidenkaff*, in: Palandt, § 613a BGB Rn. 18-22; *Raab*, in: Soergel, § 613a BGB Rn. 75; *Richardi/Annuß*, in: Staudinger, § 613a BGB Rn 144.

[31] *Löwisch/Kaiser*, § 111 BetrVG Rn. 13.

[32] Zu den Voraussetzungen des § 25 HGB vgl. *Ammon*, in: Röhricht/v. Westphalen, § 25 HGB Rn. 2 ff.; *Canaris*, Handelsrecht, § 7 I 20 ff.; *Hopt*, in: Baumbach/Hopt, § 25 HGB Rn. 2 ff.; *Hüffer*, in: Staub, § 25 HGB Rn. 34 ff.; Lieb, in: MüKo-HGB, § 25 HGB Rn. 36 ff.; *Oetker*, Handelsrecht, § 4 E II; *Roth*, in: Koller/Roth/Morck, § 25 HGB Rn. 3 ff.; *Zimmer/Scheffel*, in: Ebenroth/Boujong/Joost, § 25 HGB Rn. 22 ff.

Von weiten Teilen der Literatur wird vertreten, dass sowohl § 613a BGB als auch § 25 Abs. 1 HGB als Haftungsgrundlage in Betracht kommen.[33] Hingegen verdrängen nach Auffassung des BAG die handelsrechtlichen Regelungen des § 25 und § 28 HGB die Anwendung des § 613a BGB.[34] Ganz im Gegensatz dazu sieht eine Literaturmeinung § 613a BGB als speziellere Regelung gegenüber § 25 HGB an.[35]

Den beiden letztgenannten Ansichten ist zumindest dahingehend zuzustimmen, dass eine Idealkonkurrenz von § 613a BGB und § 25 HGB aufgrund ihrer unterschiedlichen Konstruktionen nicht möglich ist. Denn abgesehen von den in § 613a Abs. 2 genannten Ansprüchen, führt § 613a BGB wegen des angeordneten Arbeitgeberwechsels zu einer sofortigen Enthaftung des Veräußerers.[36] Hingegen bleibt bei § 25 HGB innerhalb des in § 26 HGB festgesetzten Zeitraums der ehemalige Arbeitgeber als originärer Haftungsschuldner erhalten.[37]

Der Auffassung, welche § 613a BGB mit seinem allein auf Arbeitsvertragsverhältnisse begrenzten Anwendungsbereich als abschließende Sonderregelung gegenüber § 25 Abs. 1 HGB ansieht, muss beigepflichtet werden, da sonst eine schwer begründbare Besserstellung von Arbeitnehmern entsteht, welche von Kaufleuten beschäftigt werden.[38] Denn während die übrigen Arbeitnehmer bei einem Arbeitgeberwechsel den ehemaligen Arbeitgeber als Schuldner verlieren, wenn man von den Ausnahmen des § 613a Abs. 2 BGB absieht, bleibt dieser speziellen Arbeitnehmergruppe wegen § 25 HGB der alte Arbeitgeber für den in § 26 HGB festgelegten Zeitraum erhalten.[39]

Eine derartige Bevorteilung eines bestimmten Teils von Arbeitnehmern ist allerdings hinzunehmen, denn § 613a BGB als speziellere Regelung gegenüber § 25 HGB anzusehen, ist mit dem Sinn und Zweck der Norm nicht vereinbar. So soll § 613a BGB gerade der Belegschaft im Fall des Betriebsübergangs dienen, indem die Regelung u.a. einen arbeitsrechtlichen Bestandsschutz gewährt und sie die bereits kollektivrechtlich geregelten Arbeitsbedingungen weiter erhalten

---

33 So z.B. *Commandeur/Kleinebrink*, Betriebs- und Firmenübernahme, S. 284 f.; *Edenfeld*, in: Erman, § 613a BGB Rn. 68; *Zimmer/Scheffel*, in: Ebenroth/Boujong/Joost, § 25 HGB Rn. 93.

34 BAG vom 23.01.1990, EzA § 28 HGB Nr. 1.

35 Ammon, in: Röhricht/v. Westphalen, § 25 HGB Rn. 47; Lieb, in MüKo-HGB, § 25 HGB Rn. 93; *ders.*, GmbHR 1992, 561, 568; *ders.*, Anm. zu BAG vom 23.01.1990, EzA § 28 HGB Nr. 1,15, 20.

36 Lieb, in: MüKo-HGB, § 25 HGB Rn. 93; *ders.*, GmbHR 1992, 561, 568; *ders.*, Anm. zu BAG vom 23.01.1990, EzA § 28 HGB Nr. 1, 15, 16 f.

37 Zur Diskussion, ob § 25 Abs. 1 S. 1 HGB lediglich zu einem Schuldbeitritt des Erwerbers führt oder den Austausch der Vertragspartner bewirkt, siehe *Hopt*, in: Baumbach/Hopt, § 25 HGB Rn. 10; *Lieb*, in: MüKo-HGB, § 25 HGB Rn. 80 ff.; *Roth*, in: Koller/Roth/Morck, § 25 HGB Rn. 7; *K. Schmidt*, Handelsrecht, § 8 I 4 und 6; *Zimmer*, in: Ebenroth/Boujong/Joost, § 25 HGB Rn. 58 ff.

38 Lieb, in: MüKo-HGB, § 26 HGB Rn. 7.

39 Lieb, in: MüKo-HGB, § 25 HGB Rn. 93; *ders.*, GmbHR 1992, 561, 568.

will.[40] Sieht man nun § 613a BGB als lex specialis an, so führt dies für eine spezielle Gruppe von Arbeitnehmern zu einer Schlechterstellung gegenüber den übrigen Gläubigern. Denn während der frühere Kaufmann wegen der Haftungsbegrenzung in § 613a Abs. 2 BGB gegenüber den Arbeitnehmern frei wird, haftet er im Verhältnis zu den anderen Gläubigern für Altverbindlichkeiten unbeschränkt.[41] Eine derartige Schlechterstellung der Arbeitnehmer ist aber erkennbar unvereinbar mit dem arbeitnehmerdienenden Zweck des § 613a BGB, so dass für Arbeitnehmer in Handelsgeschäften die Haftungsnorm des § 25 HGB den § 613a BGB verdrängt, womit auch für eine Altschuld aus § 113 Abs. 3 i.V.m. Abs. 1 BetrVG der ehemalige und der neue Arbeitgeber als Gesamtschuldner haften.[42]

b) Haftung bei Anspruch aus § 113 Abs. 3 i.V.m. Abs. 2 BetrVG

Steht den Arbeitnehmern hingegen ein Nachteilsausgleichsanspruch aus § 113 Abs. 3 i.V.m. Abs. 2 BGB zu, ist das Arbeitsvertragsverhältnis während des Betriebsinhaberwechsels nicht beendet. Den Beschäftigten sind vielmehr andere wirtschaftliche Nachteile entstanden. Mithin ist hier zum Zeitpunkt des Betriebsübergangs das für § 613a Abs. 1 S. 1 BGB notwendige Vertragsverhältnis noch vorhanden, so dass der Erwerber nun Schuldner dieses Nachteilsausgleichsanspruches ist.[43] Wie bereits dargelegt, erlischt damit zwar die Arbeitgeberstellung des alten Betriebsinhabers, dieser haftet jedoch weiterhin unter den Voraussetzungen des § 613a Abs. 2 S. 1 BGB für die schon vor dem Übergang begründeten Verbindlichkeiten und daher auch hinsichtlich des Nachteilsausgleichsanspruchs aus § 113 Abs. 3 i.V.m. Abs. 2 BetrVG.

Für Arbeitnehmer in Handelsgeschäften bleibt es dabei, dass bezüglich dieser Altverbindlichkeit die Regelung des § 25 HGB den § 613a Abs. 2 BGB verdrängt.

2. Haftung des Veräußerers und des Erwerbers beim Betriebsübergang durch Gesamtrechtsnachfolge

Ein Betriebsinhaberwechsel ist auch im Wege der Gesamtrechtsnachfolge möglich. Neben dem Übergang wegen Erbfalls nach § 1922 BGB spielen hier insbesondere die Fälle der Umwandlung i.S.d. UmwG eine Rolle. Dabei kann ein Wechsel des Rechtsträgers sowohl durch Verschmelzung (§ 2 UmwG) als auch durch Auf- (§ 123 Abs. 1 UmwG) bzw. durch Abspaltung (§ 123 Abs. 2 UmwG)

---

40 *Edenfeld*, in: Erman, § 613a BGB Rn. 3 ff.; *ders*, AuA 1996, 379, 381; Lieb, Anm. zu BAG vom 23.01.1990, EzA § 28 HGB Nr. 1,15, 20; *Müller-Glöge*, in: MüKo-BGB, § 613a BGB Rn. 6 f.; *Weidenkaff*, in: Palandt, § 613a BGB Rn. 2; *Raab*, in: Soergel, § 613a BGB Rn. 5 ff.; *Richardi/Annuß*, in: Staudinger, § 613a BGB Rn 9 ff.

41 BAG vom 23.01.1990, EzA § 28 HGB Nr. 1.

42 BAG vom 23.01.1990, EzA § 28 HGB Nr. 1. Auch *Lieb* (in: MüKo-HGB, § 26 HGB Rn. 8) spricht hier von einem „unzweifelhaften Nachteil" seines Lösungsansatzes.

43 Löwisch/Kaiser, § 111 BetrVG Rn. 13.

sowie durch Ausgliederung (§123 Abs. 3 UmwG) oder durch Vermögensübertragung (§§ 174 f. UmwG) erfolgen. Lediglich bei einem Formwechsel ist ein Betriebsinhaberwechsel nicht denkbar, denn in dieser Konstellation erhält der Rechtsträger gemäß § 190 Abs. 1 UmwG nur eine neue Rechtsform.

Aus dem Wortlaut des § 324 UmwG, welcher davon spricht, dass bei Verschmelzung, Spaltung und Vermögensübertragung § 613a Abs. 1 sowie Abs. 4 bis 6 BGB „unberührt bleiben", sowie aus der erfolgten Neufassung des § 613a Abs. 3 BGB durch das Gesetz zur Bereinigung des Umwandlungsrechts (UmwBerG) vom 28. Oktober 1994 entnimmt nun die herrschende Meinung, dass auch bei Umwandlungen die Arbeitsvertragsverhältnisse grundsätzlich nach § 613a BGB übergehen.[44]

a) Haftung bei Anspruch aus § 113 Abs. 3 i.V.m. Abs. 1 BetrVG

Bei einem Anspruch aus § 113 Abs. 3 i.V.m. Abs. 1 BetrVG gegen dem ursprünglichen Rechtsträger hilft auch im Umwandlungsfalle § 613a BGB nicht weiter, um die Schuldnerstellung des Erwerbers zu begründen. Wie bereits erwähnt, ist in dieser Konstellation zum Zeitpunkt des Betriebsübergangs gar kein Arbeitsverhältnis mehr existent, in welches der neue Betriebsinhaber eintreten kann. Allerdings haften im Falle der Spaltung alle beteiligten Unternehmen für die bereits bestehenden Altschulden akzessorisch bzw. gesamtschuldnerisch nach § 133 Abs. 1 S. 1 UmwG.[45] Ist also bereits vor der Spaltung ein Nachteilsausgleichsanspruch aus § 113 Abs. 3 i.V.m. Abs. 1 BetrVG gegen dem überragenden Rechtsträger entstanden, so kann dieser wie auch der Erwerber vom betroffenen Arbeitnehmer als Gesamtschuldner in Anspruch genommen werden.[46] Aus § 133 Abs. 1 S. 2 UmwG lässt sich entnehmen, dass neben der umwandlungsrechtlichen Haftungsregelung auch die Vorschrift des § 25 HGB anwendbar ist, sofern deren Voraussetzungen gegeben sind.

---

[44] *Boecken*, Unternehmensumwandlungen, Rn. 56 ff.; *ders.*, ZIP 1994, 1087, 1089; *Däubler*, RdA 1995, 136, 140; *Fuchs*, in: Bamberger/Roth, § 613a BGB Rn. 47; *Joost*, in: Lutter, § 324 UmwG Rn. 3; *ders.*, ZIP 1995, 976, 980; *Sagasser/Bula*, Umwandlungen, S. 29; *Simon*, in: Semler/Stengel, § 324 UmwG Rn. 1; *Wank*, in: MüHb-ArbR, § 124 Rn. 210; *Willemsen*, in: Kallmeyer, UmwG, § 324 Rn. 1; *ders.*, NZA 1996, 791, 798 f. Die frühere herrschende Meinung ging davon aus, dass § 613a BGB bei einer Gesamtrechtsnachfolge nicht anwendbar ist, da hier ja die Arbeitsvertragsverhältnisse schon kraft Gesetzes übergehen, so dass die Arbeitnehmer nicht durch § 613a BGB geschützt werden müssen. Siehe hierzu BAG vom 25.02.1981, AP Nr. 24 zu § 613a BGB sowie *B.Gaul*, NZA 1995, 717, 720.

[45] Zur Diskussion, ob § 133 UmwG eine Gesamtschuld oder eine akzessorische Haftung begründet, vgl. *Hommelhoff/Schwab*, in: Lutter, § 133 UmwG Rn. 24 ff.; *Kallmeyer*, in: Kallmeyer, § 133 UmwG Rn. 2; *Maier-Reimer*, in: Semler/Stengel, § 133 UmwG Rn. 29 ff.

[46] *Löwisch/Kaiser*, § 113 BetrVG Rn. 13. Der übertragende Rechtsträger haftet natürlich nur dann, wenn er nicht im Wege der Spaltung erloschen ist.

Auch bei einer Verschmelzung haftet der übernehmende Rechtsträger denknotwendig für derartige Altverbindlichkeiten des zu verschmelzenden Unternehmens.[47]

b) Haftung bei Anspruch aus § 113 Abs. 3 i.V.m. Abs. 2 BetrVG

Bleibt das Arbeitsvertragsverhältnis trotz der Betriebsänderung des übertragenden Betriebsinhabers bestehen und sind den Arbeitnehmern andere wirtschaftliche Nachteile entstanden, die einen Anspruch aus § 113 Abs. 3 i.V.m. Abs. 2 BetrVG begründen, so sind hier die Voraussetzungen des § 613a Abs. 1 BGB erfüllt, womit auch im Umwandlungsfalle der neue Betriebsinhaber in die Arbeitgeberstellung eintritt und damit für schon entstandene Ansprüche der Arbeitnehmer die Schuldnerstellung einnimmt.

Es stellt sich jedoch die Frage, wie der ehemalige Rechtsträger des Betriebes in Anspruch genommen werden kann, sofern dieser noch existent ist.[48] Hier konkurrieren die umwandlungsrechtlichen Regelungen mit der arbeitsrechtlichen Haftungsnorm des § 613a Abs. 2 BGB.[49]

aa) Unzureichend durchdachte Gesetzesfassung

Gegen die Spezialität des § 613a BGB spricht, dass § 324 UmwG allein die Absätze 1 sowie 4 bis 6 des § 613a BGB bei gesellschaftsrechtlichen Umwandlungen für anwendbar hält, er hingegen den hier entscheidenden zweiten Absatz nicht erwähnt.[50] Andererseits legt § 613a Abs. 3 BGB gerade fest, dass die Regelung des § 613a Abs. 2 BGB nur dann nicht gilt, wenn der bisherige Rechtsträger durch die Umwandlung erloschen ist.[51] Hieraus könnte wiederum entnommen werden, dass für alle anderen Fälle der Umwandlung die Haftungsregelung des § 613a Abs. 2 BGB zur Anwendung kommt. Wegen dieser Widersprüchlichkeit der gesetzlichen Vorschriften lässt sich allein durch Betrachtung des Wortlauts die dargestellte Normenkonkurrenz nicht auflösen.

---

47 *Löwisch/Kaiser*, § 113 BetrVG Rn. 13.

48 Der bisherige Arbeitgeber erlischt durch Verschmelzung (§ 20 Abs. 1 Nr. 2 UmwG) sowie durch Aufspaltung (§ 131 Abs. 1 Nr. 2 UmwG).

49 Für eine Anwendung des § 613a Abs. 2 BGB *Boecken*, Unternehmensumwandlungen, Rn. 228 ff.; *Däubler*, RdA 995, 136, 142; *Heinze*, ZfA 1997, 1, 16. Gegen diesen Vorrang des arbeitsrechtlichen Haftungskomplex *Joost*, in: Lutter, § 324 UmwG Rn. 79; *ders.*, ZIP 1995, 976, 981; *Kallmeyer*, in: Kallmeyer, § 133 Rn. 10; *Simon*, in: Semler/Stengel, § 342 UmwG Rn. 38; *Willemsen*, in: Kallmeyer, § 324 UmwG Rn. 22; *Wlotzke*, DB 1995, 40, 43. Siehe ausführlich zu diesem Problem *Brinkmann*, Die Spaltung von Rechtsträgern, S. 217 ff.

50 *Brinkmann*, Die Spaltung von Rechtsträgern, S. 232; *Joost*, in: Lutter, § 324 UmwG Rn. 78; *Preis*, in ErfK, § 613a BGB Rn. 187; *Simon*, in: Semler/Stengel, § 342 UmwG Rn. 38.

51 *Joost*, in: Lutter, § 324 UmwG Rn. 78; *Simon*, in: Semler/Stengel, § 342 UmwG Rn. 38.

bb) Sinn und Zweck des § 613a BGB

Allerdings ergibt sich eine Lösung, wenn nochmals die Argumente vergegenwärtigt werden, welche schon das strittige Verhältnis von § 613a Abs. 2 BGB und § 25 HGB klären konnten.[52] So hat § 613a Abs. 2 BGB gerade die Funktion, die Position des Arbeitnehmers beim Wechsel des Betriebsinhabers zu schützen, indem der ehemalige Arbeitgeber trotz Vertragspartnerwechsel als Schuldner grundsätzlich erhalten bleibt.[53] Diese Vorschrift dient dem Arbeitnehmerschutz. Da § 133 UmwG eine Weiterhaftung des übertragenden Unternehmens in einer Form ermöglicht, die einfacher und effektiver ist, als es § 613a BGB zulässt, führt eine angenommene Spezialität der arbeitsrechtlichen Regelung gerade zu einer Schlechterstellung des Arbeitnehmers gegenüber anderen Gläubigern, was jedoch ersichtlich dem Zweck des § 613a BGB widersprechen würde.[54] Somit haftet das übertragende Unternehmen allein unter den Voraussetzungen des § 133 Abs. 1 S. 1 UmwG und wegen des Verweises in § 133 Abs. 1 S. 2 HGB auch nach § 25 HGB.

---

52 Vgl. hierzu § 5 D II 1 a.

53 *Fuchs*, in: Bamberger/Roth, § 613a BGB Rn. 42; *Müller-Glöge*, in: MüKo-BGB, § 613a BGB Rn. 159; *Preis*, in: ErfK, § 613a BGB Rn. 129; *Annuß*, in: Staudinger, § 613a BGB Rn. 301.

54 *Joost*, in: Lutter, § 324 UmwG, Rn. 79; *ders.*, ZIP 1995, 976, 981; *ders.*, in: Lutter, Verschmelzung, S. 297, 325; *Kallmeyer*, in: Kallmeyer, § 133 UmwG, Rn. 11; *Simon*, in: Semler/Stengel, § 324 UmwG Rn. 38; *Wank*, in: MüHb-ArbR, § 124 Rn. 222; *Willemsen*, in: Kallmeyer, § 324 UmwG Rn. 11; a.A. *Boecken*, Unternehmensumwandlungen, Rn. 228 ff.

§ 6 Anspruchsvoraussetzungen

A. Betriebsänderung

Um den Nachteilsausgleichsanspruch nach § 113 Abs. 3 BetrVG auslösen zu können, muss es sich zunächst bei der Maßnahme des Unternehmers, die ohne ausreichende Beteiligung des Betriebsrats erfolgte, um eine Betriebsänderung i.S.d. § 111 S. 1 BetrVG handeln. Welche Bedingungen im Einzelfall zu erfüllen sind, damit eine solche Betriebsänderung bejaht werden kann, ist Gegenstand unzähliger Streits und Diskussionen. Um ein Ausufern dieser Arbeit zu vermeiden, soll bezüglich der Thematik der Betriebsänderung allein das Problem vertieft werden, ob ein Beschlussverfahren über das Bestehen einer Betriebsänderung bindende Wirkung für ein späteres Urteilsverfahren um den Nachteilsausgleich entfaltet.

I. Bindungswirkung eines vorangegangenen Beschlussverfahrens - Problemaufriss

Ausgangspunkt für die Beantwortung dieser Frage ist die Tatsache, dass das deutsche Arbeitsprozessrecht für die Rechtsdurchsetzung zum einen das Urteilsverfahren nach § 2 ArbGG anbietet, welches der Geltendmachung von arbeitsrechtlichen Individualansprüchen dient. Zum anderen wurde in § 2 a ArbGG das Beschlussverfahren statuiert, wodurch kollektive Streitigkeiten geschlichtet werden sollen.[1] Beide Verfahrensarten bestehen unabhängig voneinander, womit Harmonisierungsprobleme auftreten können.

Leitet nun der Arbeitgeber ein Beschlussverfahren gegenüber dem Betriebsrat ein, in dem festgestellt werden soll, dass mangels Betriebsänderung keine Beteiligungsrechte nach den §§ 111 f. BetrVG bestehen und entspricht das Gericht diesem Feststellungsantrag, so ergibt sich die Frage, wie ein anschließendes Urteilsverfahren zwischen Arbeitnehmer und Arbeitgeber um einen Nachteilsausgleichsanspruch davon beeinflusst wird. Konkreter gefragt, ist das erkennende Gericht im Individualverfahren hinsichtlich der Problematik, ob eine Betriebsänderung vorliegt, durch die Entscheidung im Beschlussverfahren gebunden?

II. Entwicklung der Rechtsprechung zu diesem Problem

Ursprünglich ist das BAG, ohne einen großen Begründungsaufwand zu betreiben, davon ausgegangen, dass das Beschlussverfahren keine Bindungswirkung für das spätere Verfahren zwischen den Arbeitsvertragsparteien entfaltet.[2] Dieser Auffassung folgte das Gericht noch im Urteil vom 15.01.1987.[3] Hier stritten sich im

---

1 Zur historischen Entwicklung beider Verfahren vgl. *Prütting*, RdA 1991, 257, 258; *Thomas*, Materiellrechtliche Bindungswirkung, S. 9 ff.; *Weth*, Das arbeitsgerichtliche Beschlussverfahren, S. 5 ff.

2 BAG vom 18.03.1975, AP Nr. 1 zu § 111 BetrVG 1972.

3 BAG vom 15.01.1987, AP Nr. 21 zu § 75 BPersVG.

verwaltungsgerichtlichen Verfahren Personalrat und Arbeitgeber, ob die ohne Beteiligung des Personalrats vorgenommene Kürzung einer sozialen Leistung wegen Verletzung des Beteiligungsrechts aus § 75 Abs. 3 Nr. 5 BPersVG unwirksam ist, was das Verwaltungsgericht rechtskräftig verneinte. Im darauf folgenden Urteilsverfahren forderte ein Arbeitnehmer gerade wegen dieser Nichtbeteiligung des Personalrats, die soziale Leistung in ihrer ursprünglichen Höhe. Auch hier schied nach Auffassung des BAG eine Bindungswirkung des verwaltungsgerichtlichen Beschlussverfahrens für das Urteilsverfahren aus.

Umso überraschender war, dass mit dem kurz darauf folgenden Urteil des 1. Senats vom 10.11.1987 eine Wende in der Auffassung des BAG hinsichtlich der Bindungswirkung eintrat.[4] Danach soll das Gericht im Urteilsverfahren, wenn um die Existenz eines Nachteilsausgleichsanspruchs gestritten wird, an die vorhergehende Entscheidung im Beschlussverfahren gebunden sein.[5] Dass der Arbeitnehmer, welcher am ersten Verfahren nicht beteiligt wurde und somit keinen Einfluss auf die Gerichtsentscheidung nehmen konnte, nun dennoch von diesem Beschluss erfasst wird, ist nach der Auffassung des BAG nicht mit der Erstreckung der Rechtskraft auf ihn als Dritten zu rechtfertigen, denn eine solche würden ArbGG und ZPO gerade im Hinblick auf den Grundsatz des § 325 Abs. 1 ZPO nicht vorsehen.[6] Vielmehr zog das Gericht in der Entscheidung vom 10.11.1987 das bis dahin unbekannte Institut der „präjudiziellen Bindungswirkung" heran, um das genannte Ergebnis zu begründen. Eine Ursache für diese Bindungswirkung sei darin zu sehen, dass sonst der im Verfahrensrecht geltenden Regelung, wonach widersprüchliche Gerichtsentscheidungen zu vermeiden sind, nicht entsprochen werden kann.[7] Zum anderen ergibt sich nach Auffassung des Gerichts die Bindungswirkung aus dem „besonderen Charakter" des § 113 Abs. 3 BetrVG, denn wurde im Beschlussverfahren rechtskräftig festgestellt, dass eine Betriebsänderung und damit auch die Beteiligungsrechte des Betriebsrats nicht vorliegen, so kann man den Unternehmer im Urteilsverfahren nicht eine Verletzung derartiger Beteiligungspflichten vorwerfen und ihn zum Nachteilsausgleich verurteilen.[8]

Dieser Rechtsprechungswechsel wurde in den folgenden die Bindungswirkung von Beschlussverfahren betreffenden Urteilen des BAG bestätigt.[9] Allerdings

---

4 BAG vom 10.11.1987, AP Nr. 15 zu § 113 BetrVG 1972.

5 BAG vom 10.11.1987, AP Nr. 15 zu § 113 BetrVG 1972.

6 BAG vom 10.11.1987, AP Nr. 15 zu § 113 BetrVG 1972.

7 BAG vom 10.11.1987, AP Nr. 15 zu § 113 BetrVG 1972.

8 BAG vom 10.11.1987, AP Nr. 15 zu § 113 BetrVG 1972.

9 BAG vom 30.03.2004, AP Nr. 47 zu § 113 BetrVG 1972; BAG vom 10.03.1998, AP Nr. 5 zu § 84 ArbGG 1979; BAG vom 17.02.1992, AP Nr. 1 zu § 84 ArbGG 1979; BAG vom 09.04.1991, AP Nr. 8 zu § 18 BetrVG 1972.

wechselte teilweise die Begründung, womit es schwierig ist, der Rechtsprechung eine einheitliche Argumentation zu entnehmen.[10]

III. Beurteilung der Auffassung der Rechtsprechung

Gemäß den §§ 80 Abs. 2 S. 1, 46 Abs. 2 S. 1 ArbGG i.V.m. § 495 Abs. 1 ZPO kommen im arbeitsgerichtlichen Beschlussverfahren die Vorschriften zur Anwendung, welche das Verfahren vor den Amtsgerichten regeln. Deshalb ist hier auch die Bindungswirkung eines Urteils gegenüber Dritten an den die materielle Rechtskraft festlegenden §§ 322, 325 ZPO zu messen.

1. Grundsatz der Beschränkung der Rechtskraftwirkung auf die Parteien und andere formelle Beteiligte

Ausgangspunkt für die subjektive Reichweite der Rechtskraft ist § 325 ZPO. Nach dieser Vorschrift werden in erster Linie die Prozessparteien von der Bindungswirkung erfasst.[11] Ursache dieser Regel ist, dass sie am Verfahren mitgewirkt haben, somit ihr rechtliches Gehör verwirklicht wurde und sie die schließlich ergangene Entscheidung des Gerichts zumindest partiell beeinflussen konnten.[12] Von diesem Grundsatz ausgehend, wonach nur durch ein Urteil gebunden werden darf, wer im Verfahren Einfluss auf dessen Inhalt nehmen konnte, ergibt sich, dass neben den Prozessparteien auch die anderen formell Beteiligten durch die Rechtskraft eines Urteils erfasst werden.[13]

Im Verfahren nach § 2a ArbGG kann gemäß herrschender Meinung lediglich beteiligt werden, wer entweder in seiner betriebsverfassungsrechtlichen, seiner personalvertretungsrechtlichen oder mitbestimmungsrechtlichen Rechtsstellung unmittelbar betroffen ist.[14] Somit kann dem Arbeitnehmer keine Beteiligtenstellung im Beschlussverfahren zugebilligt werden, wenn allein dessen Individual-

---

[10] Siehe z.B. BAG vom 09.04.1991, AP Nr. 8 zu § 18 BetrVG 1972.

[11] Im arbeitsgerichtlichen Beschlussverfahren, für das auch der § 325 ZPO gilt, ist jedoch eine andere Terminologie zu beachten.

[12] BGH vom 16.11.1951, BGHZ 3, 385, 388; *Bettermann*, Vollstreckung des Zivilurteils, S. 80 f.; *Leipold*, in: Stein/Jonas, § 325 ZPO I Rn. 1 f.

[13] BAG vom 01.02.1983, AP Nr. 14 zu § 322 ZPO; BAG vom 27.01.1981, AP Nr. 2 zu § 80 ArbGG 1979; *Leipold*, in: Stein/Jonas, § 325 ZPO I Rn. 3; *Prütting*, RdA 1991, 257, 260. Zu den formell Beteiligten im Beschlussverfahren siehe *Laux*, Antrag- und Beteiligungsbefugnis im Beschlussverfahren, S. 5 f.; *Weth*, Das arbeitsgerichtliche Beschlußverfahren, S. 51 ff.

[14] BAG vom 19.09.1985, AP Nr. 12 zu § 19 BetrVG 1972; BAG vom 29.08.1985, AP Nr. 13 zu § 83 ArbGG 1979; BAG vom 13.03.1984, AP Nr. 9 zu § 83 ArbGG 1979; *Hauck*, in: Hauck/Helml, § 83 ArbGG Rn. 9; *Hromadka/Maschmann*, Arbeitsrecht II, § 21 Rn. 115; *Matthes*, in: Germelmann/Matthes/Müller-Glöge/Prütting, § 83 ArbGG Rn. 14; a.A. *Grunsky*, § 83 ArbGG § 83 Rn. 14; *Prütting*, RdA 1991, 257, 260.

belange berührt sind.[15] Durch die gerichtliche Entscheidung über das Bestehen eines Mitbestimmungsrechts des Betriebsrats nach den §§ 111 f. BetrVG wird aber noch nicht einmal die Rechtsposition des einzelnen Arbeitnehmers unmittelbar erweitert bzw. eingeengt, so dass er in einem entsprechenden Verfahren nicht beteiligt werden darf.[16] Fehlt ihm die Beteiligtenstellung, dann trifft ihn grundsätzlich auch die Wirkung eines zwischen Betriebsrat und Arbeitgeber ergehenden Beschlusses nicht.

2. Bindung Dritter durch den arbeitsgerichtlichen Feststellungsbeschluss

Die am Beschlussverfahren unbeteiligten Arbeitnehmer könnten jedoch von der Rechtskraft dieser arbeitsgerichtlichen Entscheidung erfasst werden, wenn hier ein Fall der Durchbrechung der bei einem Feststellungsbeschluss geltenden „inter-partes-Wirkung“ vorliegen würde.

a) Gesetzlich angeordneter Fall der Rechtskrafterstreckung

Einen vom Gesetz angeordneten Fall der Rechtskrafterstreckung auf Dritte stellt im kollektiven Arbeitsrecht, soweit ersichtlich, allein § 9 TVG dar.[17] Zwar wird erwogen, diese Vorschrift im Betriebsverfassungsrecht analog anzuwenden, jedoch nur für die Konstellation, dass im Beschlussverfahren eine rechtskräftige Entscheidung über das Bestehen oder den Inhalt einer Betriebsvereinbarung

---

15 BAG vom 27.05.1982, AP Nr. 3 zu § 80 ArbGG 1979; *Dütz*, Festschrift für Gnade, 487, 492; *Hauck*, in: Hauck/Helml, § 83 ArbGG Rn. 13; *Koch*, in: Düwell/Lipke, § 83 ArbGG Rn. 17; *Konzen*, Festschrift für Zeuner, 401, 404. Eine Beteiligung des Arbeitnehmers kommt zum Beispiel in Betracht, wenn Unstimmigkeiten hinsichtlich des aktiven bzw. des passiven Wahlrechts bestehen.

16 Von der hier vertretenen Auffassung, wonach von der materiellen Bindungswirkung eines Urteils bzw. eines Beschlusses alle formell Beteiligten erfasst werden, weicht *Grunsky* (§ 80 ArbGG Rn. 50) ab. Nach seiner Auffassung sind die subjektiven Grenzen enger zu ziehen, mit dem Ergebnis, dass sich die Rechtskraft allein auf den Antragsteller und den Antragsgegner erstrecken soll. *Grunsky* begründet seine Auffassung damit, dass es nicht jedem Beteiligten zugemutet werden kann und es darüber hinaus auch kein Bedürfnis dafür besteht, dass ihn die Rechtskraft der gerichtlichen Entscheidung erfasst. Mithin kommt man auch bei Anwendung der Ansicht von *Grunsky* zum Ergebnis, dass der Arbeitnehmer als Partei des späteren Urteilsverfahrens nicht von der subjektiven Rechtskraftwirkung des Beschlusses erreicht werden kann. Die gegenteilige Auffassung zu *Grunsky* nimmt *Matthes*, in: *Germelmann/Matthes/Müller-Glöge/Prütting*, § 84 ArbGG Rn. 25 ff. ein, der die Rechtskraft einer gerichtlichen Entscheidung auch auf alle materiell zu Beteiligenden ausdehnt. Aufgrund dessen, dass im Rahmen der §§ 111 f. BetrVG allein Arbeitgeber und Betriebsrat, jedoch nicht der einzelne Arbeitnehmer eine Rolle spielen, kommt auch diese abweichende Auffassung bezüglich der subjektiven Reichweite der Rechtskraft in der hier strittigen Konstellation zu keinem anderen Ergebnis.

17 *Prütting*, RdA 1991, 257, 261.

getroffen wurde.[18] In einem späteren Individualverfahren wäre dann auch der Arbeitnehmer hinsichtlich der Frage, ob überhaupt eine Betriebsvereinbarung existiert oder wie diese auszulegen ist, an den vorhergehenden Beschluss gebunden. Da § 9 TVG also nur den Streit um eine Kollektivvereinbarung betrifft, hilft auch dessen analoge Anwendung für die hier interessierende Konstellation nicht weiter.[19]

b) Betriebsrat als gesetzlicher Prozessstandschafter

Die Arbeitnehmer könnten jedoch dann von der Rechtskraft des Beschlusses erfasst werden, wenn der Betriebsrat im vorhergehenden Verfahren als gesetzlicher Prozessstandschafter der Belegschaft aufgetreten ist. Ein solcher Fall der Prozessstandschaft liegt vor, wenn eine Person ein fremdes Recht im eigenen Namen geltend macht.[20] Konsequenz ist, dass der Prozessstandschafter zwar Partei im Verfahren ist, die Folgen des Prozesses, wie z.B. die Rechtskraftwirkung der gerichtlichen Entscheidung, jedoch auch den Rechtsinhaber treffen.[21]

Bei den auf Betriebsebene etablierten Mitbestimmungsrechten ist zum einen denkbar, dass sie den einzelnen Arbeitnehmern[22] bzw. der Belegschaft als solche[23] zugeordnet sind, mit der Folge, dass der Betriebsrat diese für ihn fremden Rechte in einem Prozess im eigenen Namen geltend machen würde. Auf der anderen Seite ist es auch möglich, den Betriebsrat selbst als Träger der Mitbestimmungsbefugnisse anzusehen, so dass hier eine Prozessstandschaft ausscheiden müsste.[24]

Dafür, dass allein den Arbeitnehmern die betriebsverfassungsrechtlichen Beteiligungsrechte zuzuordnen sind, spricht die Überschrift des Vierten Teils des BetrVG, in der ausdrücklich von der Mitwirkung und Mitbestimmung der

---

18 *Dütz*, ArbRGgw. (Bd. 20), 33, 54; *Krause*, Rechtskrafterstreckung im Arbeitsrecht, S. 99 ff. Abweichende Auffassungen sehen § 9 TVG hingegen nicht als subjektive Erweiterung der Rechtskraft, sondern nehmen hier z.B. eine materiellrechtliche Bindung der Dritten (so *Borgs*, Festschrift für Gierke, 39, 64) oder eine „Bindungswirkung eigener Art" an (so *Schreiber*, ZfA 1983, 31, 46).

19 Zum Streitgegenstand des Vorprozesses, den § 9 TVG erfassen will, vgl. *Oetker*, in: Wiedemann, § 9 TVG Rn. 14 ff.; *Reinecke*, in: Däubler, § 9 TVG Rn. 16 ff.

20 *Putzo*, in: Thomas/Putzo, § 51 ZPO Rn. 24; *Rosenberg/Schwab/Gottwald*, Zivilprozessrecht, S. 236 f.; *Vollkommer*, in: Zöller, Vor § 50 ZPO, Rn. 20; *Zeiss/Schreiber*, Zivilprozessrecht, S. 47.

21 BGH vom 27.10.1983, BGHZ 88, 331, 334; BGH vom 23.01.1981, BGHZ 79, 245, 248; *Putzo*, in: Thomas/Putzo, § 51 ZPO Rn. 40; *Vollkommer*, in: Zöller, Vor § 50 ZPO, Rn. 33.

22 *Belling*, Die Haftung des Betriebsrats und seiner Mitglieder für Pflichtverletzungen, S. 109 ff.; *Jacobi*, Grundlehren des Arbeitsrechts, S. 295 ff.

23 *Däubler*, AuR 1982, 6, 9; *Fabricius*, Relativität der Rechtsfähigkeit, S. 232; *Hueck/Nipperdey*, Arbeitsrecht Band II/2, S. 1085 f.; *Säcker*, RdA 1965, 372, 376.

24 *Jox*, NZA 1990, 424, 425; *Konzen*, Festschrift für Zeuner, 401, 427; *Kreutz*, Grenzen der Betriebsautonomie, S. 30 ff.; *von Hoyningen-Huene*, in: MüHb-ArbR, § 291 Rn. 14; *Prütting*, RdA 1991, 257, 261.

Arbeitnehmer die Rede ist.[25] Andererseits ist zu bedenken, dass wiederum die einzelnen Vorschriften dieses Abschnitts explizit dem Betriebsrat und nicht den Arbeitnehmern bzw. der Belegschaft die jeweiligen Kompetenzen zuweisen. Stellt man also nur auf die konkrete Norm ab, so spricht das Wortlautargument eher dafür, dem Betriebsrat die Beteiligungsrechte als ihm gehörig zuzuerkennen.[26]

Der Wortlaut ist also erkennbar ungeeignet, zu einer Lösung der angesprochenen Problematik beizutragen.

Ein Argument für die These, dass den Arbeitnehmern die Mitbestimmungsrechte zuzuordnen sind, könnte sich jedoch dann ergeben, wenn der Betriebsrat unmittelbar der Belegschaft gegenüber verantwortlich und von ihr abhängig ist.[27] Aus der Tatsache, dass die Betriebsversammlung als Zusammenschluss aller Arbeitnehmer des Betriebes laut § 45 S. 2 BetrVG dem Betriebsrat zwar Anträge unterbreiten kann, an die dieser jedoch nicht gebunden ist, und aus dem Fakt, dass nach § 23 Abs. 1 BetrVG eine gerichtliche Auflösung des Betriebsrats nur möglich ist, sofern dieser seine Pflichten grob verletzt, ergibt sich, dass das BetrVG von einer Souveränität des Betriebsrats in seiner Amtszeit ausgeht.[28]

Auch kann die Rechtsinhaberschaft der Arbeitnehmer nicht damit begründet werden, dass dies der Sinn und der Zweck der Beteiligungsrechte fordern.[29] Mit dem BetrVG soll auf betrieblicher Ebene der Gedanke der Mitbestimmung i.S. der Beteiligung der Betroffenen umgesetzt werden.[30] Man bezweckt damit, die Abhängigkeit des Arbeitnehmer, welche sich durch die Eingliederung in eine fremde Organisation ergibt, zumindest zu mildern.[31] Zusätzlich wird mit diesem Gesetz auch ein allgemein politisches Ziel verfolgt. So sollen die Arbeitnehmer angehalten werden, ihre eigenen Interessen durch Beteiligung an den für sie maßgeblichen Entscheidungen selbst zu verteidigen.[32] Es ist jedoch nicht verständlich,

---

25 So z.B. *Hueck/Nipperdey*, Arbeitsrecht – Band II/2, S. 1086.

26 *Kreuz*, Grenzen der Betriebsautonomie, S. 23; *Veit*, Die funktionelle Zuständigkeit des Betriebsrats, S. 127 f.

27 So geht das österreichische Arbeitsverfassungsgesetz (öArbVG) in §§ 39 f. ausdrücklich von der Verantwortlichkeit des Betriebsrats gegenüber den Arbeitnehmern aus, wobei das öArbVG auch die Belegschaft zum Träger der Mitwirkungsrechte auserkoren hat. Der Betriebsrat hat diese Rechte für die Arbeitnehmerschaft des Betriebes durchzusetzen. Vgl. hierzu *Löschnigg*, Arbeitsrecht, Rn. 8.4.1; *Strasser/Jabonegg*, § 40 ArbVG Rn. 1.

28 *Rosset*, Rechtssubjektivität des Betriebsrats, S. 36; *Veit*, Die funktionelle Zuständigkeit des Betriebsrats, S. 124 f.

29 *Hueck/Nipperdey*, Arbeitsrecht – Band II/2, S. 1086.

30 *V. Hoyningen-Huene*, Betriebsverfassungsrecht, § 1 II 1; *Wiese*, in: GK-BetrVG, Einleitung Rn. 78.

31 *V. Hoyningen-Huene*, Betriebsverfassungsrecht, § 1 II 2; *Koch*, in: Schaub, § 210 Rn. 2.

32 *Koch*, in: Schaub, § 210 Rn. 2. Dieses Gesetzeskonzept zeigt sich auch in vielen anderen Bereichen. So sollen die Kommunalgesetze der Länder neben der Aufgabe, eine effektive Verwaltung der Gemeinden zu erreichen, auch stets die Gemeindebewohner anhalten, sich als

warum diese beiden Zwecke nicht erfüllt werden können, wenn man dem Betriebsrat die Beteiligungsrechte als eigene Rechte zuweist, denn der Rechtsträger muss nicht identisch mit der Person sein, die aus diesem Recht ein Vorteil ziehen soll.[33]

Für die Lösung dieses Problems ist vielmehr ausschlaggebend, dass dem Betriebsrat nach allgemeiner Ansicht durch das BetrVG auch Pflichten auferlegt werden.[34] Dabei handelt es sich u.a. um solche Pflichten, die schon ihrer Art nach nie der Belegschaft aufgebürdet werden können.[35] So ist es ersichtlich, dass die Pflicht, einen Wahlvorstand zu berufen, wie es § 16 Abs. 1 S. 1 BetrVG fordert, oder die Pflicht zur vertrauensvollen Zusammenarbeit nach § 2 Abs. 1 BetrVG nicht die einzelnen Arbeitnehmer, sondern allein den Betriebsrat treffen sollen. Können dem Betriebsrat Pflichten aus dem BetrVG auferlegt werden, so ist kein Grund erkennbar, ihm Rechte aus diesem Gesetz zu verweigern.[36]

Ist der Betriebsrat also selbst Rechtsträger, so tritt er in einem Beschlussverfahren nicht als Prozessstandschafter der Belegschaft auf, womit sich aus dem Gedanken der Prozessstandschaft eine Rechtskrafterstreckung auf den einzelnen Arbeitnehmer nicht begründen lässt.[37]

c) Bindungswirkung kraft Repräsentation

Auch wenn die rechtstechnischen Voraussetzungen einer gesetzlichen Prozessstandschaft nicht gegeben sind, ist nicht zu leugnen, dass der Betriebsrat installiert wurde, um die Interessen der Belegschaft zu bündeln und sie gegenüber dem Arbeitgeber zu repräsentieren.[38] Nach einer in der Literatur vertretenen Auffassung soll sich aus diesem Repräsentationsgedanken ergeben, dass die Rechtskraft des Beschlussverfahrens auch die unbeteiligten Arbeitnehmer erfasst.[39]

Mit einer solch allgemeinen Argumentation kann eine Rechtskrafterstreckung jedoch nicht begründet werden. Auch wenn das so erzielte Ergebnis erstrebenswert und einleuchtend ist, kann man die gesetzliche Grundkonzeption nicht mit dem Rückgriff auf Allgemeinüberlegungen ohne Aussagekraft aushebeln. § 325

Betroffene bei der Regelung ihrer Belange zu engagieren. Vgl. dazu BVerfG vom 12.07.1960, BVerfGE 11, 266, 275; *Pieroth*, in: Jarass/Pieroth, Art 28 GG Rn. 10.

33 *Kreutz*, Grenzen der Betriebsautonomie, S. 28.

34 Zu diesen Pflichten des Betriebsrats vgl. *Kania*, in: ErfK, § 74 BetrVG Rn. 3, 9; *Kreutz*, in: GK-BetrVG, § 74 BetrVG Rn. 2, 10,24; *v. Hoyningen-Huene*, Betriebsverfassungsrecht, § 4 IV; *ders.*, in: MüHb-ArbR, § 301 Rn. 4 ff.; *Löwisch/Kaiser*, § 74 BetrVG Rn. 2 ff.; *Richardi*, in: *Richardi*, § 74 BetrVG Rn. 4, 12; *Stege/Weinspach/Schiefer*, § 74 BetrVG Rn. 1 ff.

35 *Konzen*, Festschrift für Wolf, 273, 296; *Kreutz*, Grenzen der Betriebsautonomie, S. 31.

36 *Veit*, Die funktionelle Zuständigkeit des Betriebsrats, S. 127 f.

37 *Prütting*, RdA 1991, 257, 261; *Veit*, Die funktionelle Zuständigkeit des Betriebsrats, S. 124 ff.

38 So schon *E. R. Huber*, Wirtschaftsverwaltungsrecht II, S. 485.

39 *Dütz*, ArbRGgw (Bd. 20), 33, 53; *ders.*, Festschrift für Gnade, 487, 499; Leipold, Anm. zu BAG vom 10.11.1987, AP Nr. 15 zu § 113 BetrVG 1972, 5, 7.

Abs. 1 S. 1 ZPO gibt ausdrücklich vor, dass die Rechtskraft einer gerichtlichen Entscheidung allein zwischen den beteiligten Parteien wirkt und sie nur unter bestimmten, wie beispielsweise den in § 327 ZPO genannten Voraussetzungen auch Dritte erfasst. Eine Bindungswirkung, welche lediglich mit dem Schlagwort der Repräsentation begründet wird, übergeht jedoch diese vom Gesetzgeber gewollte grundsätzliche „inter partes-Wirkung", ohne dass deutlich wird, welche konkreten Anforderungen erfüllt sein müssen und wie weit reichend eine solche Bindung gehen soll.[40]

d) Bindung kraft präjudiziellem Rechtsverhältnis

Eine derartige Bindungswirkung des vorhergehenden Beschlussverfahrens könnte sich allerdings kraft präjudiziellem Rechtsverhältnis ergeben. Ein solches liegt vor, wenn das rechtskräftig entschiedene Rechtsverhältnis für den Subsumtionsschluss des nachfolgenden Verfahrens von notwendiger Bedeutung ist.[41] Ob dem Arbeitgeber im Urteilsverfahren vorzuhalten ist, dass er keinen hinreichenden Interessenausgleich vorgenommen hat, hängt auch davon ab, ob überhaupt eine Betriebsänderung i.S.d. § 111 S. 1 BetrVG bejaht werden kann, was bereits durch den vorangegangenen Beschluss des Arbeitsgerichts entschieden wurde. In der hier zu diskutierenden Konstellation ist Präjudizialität somit gegeben.[42]

aa) Lehre von der materiellrechtlichen Bindungswirkung

Nach einer ursprünglich für das Zivilrecht entwickelten Lehre[43], welche später auch auf das Arbeitsrecht übertragen[44] wurde, entfaltet eine Entscheidung über ein präjudizielles Rechtsverhältnis allein dann eine Bindungswirkung für ein Folgeverfahren mit unterschiedlichen Parteien, wenn die des ersten Prozesses auch aus materiellem Recht befugt sind, die gleiche Wirkung herbeizuführen.[45]

Da der Gesetzgeber in § 325 Abs. 1 2. Alt. ZPO allerdings nur für die Rechtsnachfolge und damit allein für einen konkreten Fall der materiellen Abhängigkeit eine Rechtskrafterstreckung angeordnet hat, ist zu entnehmen, dass er gerade nicht vom Grundsatz ausging, wonach eine Erstreckung der Rechtskraft immer erfolgen

---

40 Im Ergebnis auch *Krause*, Rechtskrafterstreckung im kollektiven Arbeitsrecht, S. 174; *Prütting*, RdA 1991, 257, 264.

41 *Jox*, NZA 1990, 424, 426; *Prütting*, RdA 1991, 257, 260; *Thomas*, Materiellrechtliche Bindungswirkung, S. 50 f.

42 *Jox*, NZA 1990, 424, 426; *Thomas*, Materiellrechtliche Bindungswirkung, S. 51.

43 Diese Auffassung wurde von *Bettermann*, Vollstreckung des Zivilurteils, S. 79 ff. begründet und von *A. Blomeyer* (in: ZZP 75, 1 ff.) und *Huber* (in: JuS 1972, 621 ff.) weiterentwickelt und in einem gewissen Umfang modifiziert.

44 *Otto*, RdA 1989, 247, 254.

45 Vgl. dazu die einzelnen Beispiele bei *Bettermann*, Vollstreckung des Zivilurteils, S. 87.

soll, wenn die Parteien des ersten Prozesses auch nach materiellem Recht befähigt sind, die Rechtslage Dritter zu verändern.[46] Der Lehre von der materiellrechtlichen Bindungswirkung kann damit nicht gefolgt werden.

bb) Lehre von der Drittwirkung der Rechtskraft

Die extremste Auffassung, um eine Urteilsbindung Dritter zu erreichen, vertritt die so genannte „Lehre von der Drittwirkung der Rechtskraft".[47] Nach ihr wirkt eine gerichtliche Entscheidung über ein Rechtsverhältnis zwischen den Parteien immer auch gegenüber einem Dritten, wenn das Urteil des Vorverfahrens präjudiziell für den Prozess des Dritten ist.[48] Ein Grund sei insbesondere darin zu sehen, dass die Parteien „dem Urteil nachzuleben"[49] haben, sie also an die Gerichtsentscheidung gebunden seien.[50] Nach *Schwab* wäre eine „Bindungswirkung nur eine halbe Sache", wenn sich eine Partei auf diese Wirkung nicht gegenüber Dritten berufen könnte.[51]

Wendet man diese Lehre auf unsere Konstellation an, so wäre auch der einzelne Arbeitnehmer als unbeteiligter Dritter an die Entscheidung im Beschlussverfahren gebunden, ob eine Betriebsänderung vorliegt oder nicht. Diese Ansicht ist allerdings ebenso abzulehnen. Denn wie bereits gezeigt, legt § 325 ZPO grundsätzlich die Grenze der subjektiven Rechtskraft mit seiner inter-partes-Wirkung fest, so dass es für eine Durchbrechung dieser Grundregel eines gesetzlichen Ansatzpunktes bedarf, den die Lehre von der Drittwirkung jedoch nicht aufzeigen kann.[52] Gegen diese Auffassung, welche im Ergebnis zu einer absoluten Rechtskraftwirkung führen würde, spricht ferner, dass die vom Gesetzgeber in den §§ 64 ff. ZPO vorgesehenen Institute, um eine Bindungswirkung Dritter zu erreichen, bei einer derart weiten Wirkungskraft von Gerichtsentscheidungen überflüssig wären.[53]

cc) Prozessuale Rechtskrafttheorie

(1) Inhalt und Bedeutung der Theorie

Gerade wegen der Vorgaben des § 325 ZPO muss der prozessualen Rechtskrafttheorie gefolgt werden. Diese kommt zum vorzugswürdigen Ergebnis, dass auch

---

46 *Jox*, NZA 1990, 424, 427; *Thomas*, Materiellrechtliche Bindungswirkung, S. 66.

47 Diese Theorie wurde von *Schwab*, ZZP 77, 124 ff. begründet.

48 *Schwab*, ZZP 77, 124, 141 f.

49 Zu den Ausnahmen der Drittwirkung bei präjudiziellen Rechtsverhältnissen *Schwab*, ZZP 77, 124, 141 ff.

50 *Schwab*, ZZP 77, 124, 138.

51 In: ZZP 77, 124, 138.

52 *Jox*, NZA 1990, 424, 427; *Krause*, Rechtskrafterstreckung im kollektiven Arbeitsrecht, S. 56 f.; *Leipold*, in: Stein/Jonas, § 325 ZPO VI Rn. 80 ff.; *Prütting*, RdA 1991, 257, 263.

53 *Prütting*, RdA 1991, 257, 263.

bei präjudiziellen Rechtsverhältnissen eine Bindungswirkung grundsätzlich auszuscheiden hat.[54] Eine Ausnahme ist allerdings dann vorzunehmen, wenn die Bindung Dritter entweder ausdrücklich im Gesetz angeordnet wurde, oder durch Auslegung der materiellrechtlichen Norm zu entnehmen ist, dass der Gesetzgeber hier eine derartige Erweiterung der Rechtskraftwirkung beabsichtigte.[55]

(2) Einordnung der Entscheidungen des BAG

In der eingangs erwähnten Entscheidung vom 10.11.1987 erweckte das BAG den Eindruck, dass es mit der „präjudiziellen Bindungswirkung" ein neues Rechtsinstitut entwickelt hat, um eine Erstreckung der Rechtskraft auf Dritte begründen zu können.[56] Da das Gericht sich im Urteil jedoch ebenso auf die Grundsatzbedeutung des § 325 ZPO berief und eine Bindungswirkung im konkreten Fall hauptsächlich mit dem besonderen Sinn und Zweck des § 113 Abs. 3 BetrVG begründete, folgte es trotz unterschiedlicher Terminologie im Ergebnis der herrschenden prozessualen Rechtskrafttheorie, womit auf diese Rechtsprechung nicht gesondert eingegangen werden muss.[57] So ist es auch verständlich, warum das BAG beispielsweise in der Entscheidung vom 09.04.1991 nicht mehr auf das so genannte Institut der präjudiziellen Bindungswirkung abstellte, sondern allein die maßgebliche materielle Rechtsnorm in den Mittelpunkt seiner Argumentation rückte.[58]

(3) Anwendung der prozessualen Rechtskrafttheorie

Festzuhalten bleibt, dass eine Bindungswirkung des vorangegangenen Beschlussverfahrens über das Bestehen einer Betriebsänderung für das sich anschließende Nachteilsausgleichsverfahren nur denkbar ist, wenn diese ausdrücklich im Gesetz angeordnet wurde bzw. sich im Wege der Auslegung ergibt.

Da eine derartige gesetzliche Anordnung im BetrVG erkennbar nicht erfolgte, ist das Augenmerk allein auf die Auslegung des § 113 Abs. 3 BetrVG zu legen.

---

[54] *Hartmann*, in: Baumbach/Lauterbach, § 325 ZPO Rn. 1; *Jox*, NZA 1990, 424, 426 f.; *Leipold*, in: Stein/Jonas, § 325 ZPO Rn. 87 ff.; *Prütting*, RdA 1991, 257, 263 f.; *Putzo*, in: Thomas/Putzo, § 325 ZPO Rn. 5; *Rosenberg/Schwab/Gottwald*, § 155 Rn, 1; *Vollkommer*, in: Zöller, § 325 ZPO Rn. 2.

[55] *Leipold*, in: Stein/Jonas, § 325 ZPO Rn. 92; *Prütting*, RdA 1991, 257, 265 f.; *Rosenberg/Schwab/Gottwald*, § 155 Rn. 2.

[56] BAG vom 10.11.1987, AP Nr. 15 zu § 113 BetrVG 1972.

[57] *Thomas*, Materiellrechtliche Bindungswirkung, S. 63 f

[58] In: AP Nr. 8 zu § 18 BetrVG 1972.

(aa) Wortlaut / Systematik / Entstehungsgeschichte

Weder aus dem Wortlaut noch aus der Systematik oder der Entstehungsgeschichte der Vorschrift über den Nachteilsausgleich lassen sich Anhaltspunkte dafür entnehmen, dass der Gesetzgeber hier von einer Rechtskrafterstreckung auf Dritte ausging.[59]

(bb) Sinn und Zweck

Wie schon an anderer Stelle betont wurde, kommt § 113 Abs. 3 BetrVG in erster Linie die Funktion zu, bei einer geplanten Betriebsänderung einen unzureichenden Interessenausgleichsversuch des Arbeitgebers zu sanktionieren.[60] Streiten sich die Betriebspartner, ob eine Betriebsänderung überhaupt vorliegt, und bescheinigt das Arbeitsgericht, dass die Beteiligungsrechte mangels Vorliegen der Tatbestandsvoraussetzungen des § 111 S. 1 BetrVG nicht existieren, so kann man in einem späteren Individualprozess dem Arbeitgeber nicht vorwerfen, dass er den Betriebsrat hinsichtlich eines Interessenausgleichs hätte beteiligen müssen und er wegen dieses Fehlverhaltens nun nach § 113 Abs. 3 BetrVG zu sanktionieren ist.[61] Greift der Sanktionsgedanke des § 113 Abs. 3 BetrVG, da sich der Arbeitgeber bloß an die Entscheidung im Beschlussverfahren gehalten hat, nicht ein und kommt im Rahmen des § 113 Abs. 3 BetrVG gerade dieser Funktion die maßgebliche Bedeutung zu, so dürfen widersprechende Ergebnisse zwischen Beschluss- und Urteilsverfahren nicht eintreten.[62] Demzufolge fordert der Sanktionszweck des § 113 Abs. 3 BetrVG, dass die Bindungswirkung des vorangegangenen Beschlussverfahrens auch den einzelnen Arbeitnehmer als Partei des sich anschließenden Verfahrens über das Bestehen des Nachteilsausgleichsanspruchs erfasst.

3. Ergebnis zur Bindungswirkung

Wurde in einem Beschlussverfahren zwischen Betriebsrat und Arbeitgeber bereits rechtskräftig über das Bestehen einer Betriebsänderung entschieden, so kann hiervon in einem späteren Verfahren über die Existenz von Nachteilsausgleichsansprüchen nicht abgewichen werden. Bei einem solchen präjudiziellen Rechtsverhältnis ergibt sich die Bindungswirkung jedoch allein aus § 113 Abs. 3 BetrVG.

---

59 *Jox*, NZA 1990, 424, 427; *Prütting*, RdA 1991, 257, 266; *Thomas*, Materiellrechtliche Bindungswirkung, S. 78.

60 Zum Sanktions- und Ausgleichszweck sowie dem bestehenden Rangverhältnis zwischen beiden Funktionen, vgl. § 2 A I und III.

61 BAG vom 10.11.1987, AP Nr. 15 zu § 113 BetrVG 1972; *Jox*, NZA 1990, 424, 427.

62 A.A. *Thomas*, Materiellrechtliche Bindungswirkung, S. 81 f., welcher dem Kompensationsgedanken die entscheidende Bedeutung im Rahmen des § 113 Abs. 3 BetrVG zuwist.

B. Kein ausreichender Versuch des Interessenausgleichs

I. Allgemeines

Der Nachteilsausgleichsanspruch des § 113 Abs. 3 BetrVG setzt weiterhin voraus, dass der Unternehmer die Betriebsänderung durchführt, ohne vorher mit dem Betriebsrat einen ausreichenden Versuch des Interessenausgleichs unternommen zu haben. Auf die Frage, welche Voraussetzungen erfüllt sein müssen, damit von einem genügenden Interessenausgleichsversuch gesprochen werden kann, gibt das BetrVG allerdings keine konkreten Auskünfte. Der Arbeitgeber steht deshalb vor dem Problem, dass er § 113 Abs. 3 BetrVG keine genauen Handlungsvorgaben entnehmen kann.

II. Pflicht zur Unterrichtung des Betriebsrats

1. Ist diese Pflicht von der Sanktion des § 113 Abs. 3 BetrVG erfasst?

Laut § 111 S. 1 BetrVG ist der Unternehmer vor Durchführung der geplanten Betriebsänderung verpflichtet, den Betriebsrat umfassend und rechtzeitig zu informieren. Da § 113 Abs. 3 BetrVG allerdings nur von einem unzureichenden Interessenausgleichsversuch spricht, stellt sich als erstes das Problem, ob der Nachteilsausgleichsanspruch überhaupt diese spezielle Pflichtverletzung des Unternehmers sanktioniert.

Es ist denkbar, dass die Missachtung der Informationspflicht seitens des Arbeitgebers gar nicht der Sanktionswirkung des § 113 Abs. 3 BetrVG unterliegt, sondern die in § 111 S. 1 BetrVG festgeschriebene Verpflichtung allein als gerichtlich durchsetzbarer Anspruch des Betriebsrats zu qualifizieren ist.[63] Die Anhänger einer derartigen Sichtweise begründen ihre Auffassung damit, dass § 113 Abs. 3 BetrVG ausdrücklich nur vom Nichtversuchen des Interessenausgleichs spricht und somit die zeitlich vorhergehende Unterrichtung gar nicht erfassen will.[64]

Diese Ansicht hängt jedoch zu stark am Wortlaut der betriebsverfassungsrechtlichen Sanktionsvorschrift.[65] So ist der Betriebsrat erst in der Lage, mit dem Unternehmer über das „Ob“ und das „Wie“ einer Betriebsänderung zu beraten und darüber hinaus eventuell eine Einigung zu erzielen, wenn er umfassend über die Pläne des Unternehmers und deren mögliche Auswirkungen informiert

---

63 So etwa *Dütz*, Festschrift für Westermann, 37, 50; *Gaul/Gajewski*, Betriebsänderung, S. 58; *Meisel*, Anm. zu BAG vom 28.01.1979, AP Nr. 4 zu § 113 BetrVG 1972, 3, 4; *Richardi*, Anm. zu BAG vom 14.09.1976, AP Nr. 2 zu § 113 BetrVG 1972, 4,5; *Rumpff/Boewer*, Mitbestimmung in wirtschaftlichen Angelegenheiten, S. 315.

64 *Dütz*, Festschrift für Westermann, 37, 50; *Gaul/Gajewski*, Betriebsänderung, S. 58; *Riesenkampff*, Rechtsfolgen betriebsverfassungsrechtlicher Betriebsänderungen, S. 24.

65 So ausdrücklich auch *Ehmann*, Betriebsstillegung, S. 69 f.

wurde.[66] Ohne eine solche Information ist eine Interessenausgleichsverhandlung gar nicht durchführbar, womit die Unterrichtung des Betriebsrats eine notwendige Vorstufe für das dann folgende Verfahren darstellt. Um dieser erheblichen Bedeutung der Informationspflicht gerecht zu werden, ist bei fehlender oder unzureichender Unterrichtung des Betriebsrats ein ungenügender Interessenausgleichsversuch anzunehmen.[67] An dieser Stelle soll noch ausdrücklich offen bleiben, ob § 113 Abs. 3 BetrVG als abschließende Norm verstanden werden muss und es somit ausgeschlossen ist, dass die Informationspflicht vom Betriebsrat gerichtlich durchgesetzt werden kann.[68]

2. Unterrichtungspflicht nur bei geplanter Betriebsänderung

Es stellt sich als Nächstes die Frage, ob der Betriebsrat nur dann zu informieren und daraufhin ein Interessenausgleichsversuch zu unternehmen ist, wenn die Betriebsänderung auf einer unternehmerischen Planung beruht, nicht aber, wenn sie aufgrund plötzlicher und unabwendbarer Ereignisse notwendig wurde. Diese Differenzierung wird zumindest von einer in der Literatur vertretenen Auffassung vorgenommen, welche das Wort „geplant" in § 113 Abs. 3 BetrVG als ein eigenständiges Tatbestandsmerkmal behandelt.[69] Konsequenz dieser Ansicht ist, dass der Unternehmer den Betriebsrat nicht zu informieren braucht, wenn z.B. der Betrieb durch höhere Gewalt zerstört wurde oder wegen plötzlich eintretender politischer Ereignisse der gesamte Absatzmarkt weggebrochen ist, womit in derartigen Fällen auch die Sanktionsnorm des § 113 Abs. 3 BetrVG nicht eingreifen würde. Diese Auffassung beruft sich ebenfalls in zu starrer Weise auf den bloßen Wortlaut der gesetzlichen Regelung und missachtet dabei zum einen den Schutzzweck des § 113 Abs. 3 BetrVG und zum anderen die Entstehungsgeschichte des Nachteilsausgleichsanspruchs.[70]

Denn § 113 Abs. 3 BetrVG soll den Unternehmer mittelbar anhalten, mit dem Betriebsrat die Betriebsänderung derart zu gestalten, dass für die Arbeitnehmer so wenig Nachteile wie möglich entstehen, womit § 113 Abs. 3 BetrVG die Belange der Belegschaft schützen will.[71] Für den betroffenen Arbeitnehmer ist es jedoch

---

66 BAG vom 21.11.2001, AP Nr. 39 zu § 113 BetrVG 1972; BAG vom 19.01.1999, AP Nr. 37 zu § 113 BetrVG 1972; *Schulze*, Zulässigkeit einstweiliger Verfügungen, S. 170; *Verch*, Personalabbau und Betriebsverfassung, S. 119.

67 *Bauer*, Betriebsänderung, S. 59; *Diller/Powietzka*, DB 2001, 1034, 1037, *Ehmann*, Betriebsstillegung, S. 70; *Eich*, DB 1983, 657, 658; *Konzen*, Betriebsverfassungsrechtliche Leistungspflichten, S. 58; *Schulze*, Zulässigkeit einstweiliger Verfügungen, S. 170.

68 Vgl. zu dieser Diskussion die Ausführungen in § 9 B I 1.

69 *S. Biedenkopf*, Interessenausgleich und Sozialplan, S. 72; *Birk*, Gemeinsame Anm. zu AP Nr. 3-5 zu § 111 BetrVG 1972, 3 R, 5.

70 So auch *Verch*, Personalabbau und Betriebsverfassung, S. 120.

71 BAG vom 19.01.1999, AP Nr. 37 zu § 113 BetrVG 1972; BAG vom 10.12.1996, AP Nr. 32 zu § 113 BetrVG 1972. Optimal wäre die Lösung, die Betriebsänderung völlig zu vermeiden.

unwichtig, ob nun die Betriebsänderung von langer Hand geplant war oder sie aufgrund plötzlich auftretender Ereignisse notwendig wurde, denn in beiden Fällen ist unter Umständen seine wirtschaftliche Existenz gefährdet. Folglich sind in den genannten Konstellationen die Arbeitnehmerinteressen in gleicher Weise berührt.[72] Eine dennoch vorgenommene Differenzierung zwischen geplanter und aufgezwungener Betriebsänderung würde diesen Gleichlauf der Gefahren für die Belange der Arbeitnehmer in beiden Fällen übergehen.

Auch die Entstehungsgeschichte der §§ 111 ff. BetrVG spricht eine deutliche Sprache. So sah der Regierungsentwurf noch vor, dass eine Beteiligung des Betriebsrats zu entfallen hat, wenn die Einschränkung „... auf Grund einer Veränderung der Auftragslage oder der wirtschaftlichen Lage des Betriebes bedingt" ist, sie folglich dem Unternehmer aufgezwungen wurde.[73] Im späteren Gesetzesverfahren wurde diese Einschränkung jedoch ausdrücklich verworfen, denn man fürchtete eine fehlende Bestimmtheit der Regelung und die damit einhergehende Aushöhlung des betriebsverfassungsrechtlichen Mitwirkungs rechts.[74]

Festzuhalten bleibt, dass auch im Fall der unvorhergesehenen Betriebsänderung der Betriebsrat zu unterrichten ist, womit das Wort „geplant" in § 111 S. 1 BetrVG nicht ein weiteres Tatbestandsmerkmal für die Beteiligungsrechte darstellt, sondern hierdurch soll allein zum Ausdruck gebracht werden, dass die Beteiligung so früh wie möglich zu erfolgen hat.[75]

3. Zeitpunkt des Entstehens der Unterrichtungspflicht

a) Genaue Definition der Rechtzeitigkeit

Der Unternehmer genügt seiner Unterrichtungspflicht aus § 111 S. 1 BetrVG nicht und macht sich deshalb laut § 113 Abs. 3 BetrVG gegenüber den Arbeitnehmern ersatzpflichtig, wenn er den Betriebsrat verspätet über die Betriebsänderung informiert.[76] Den genauen Zeitpunkt, wann die Information zu erfolgen hat, legt das Gesetz allerdings nicht fest. Vielmehr spricht es nur vom rechtzeitigen

---

72 *Verch*, Personalabbau und Betriebsverfassung, S. 120.

73 BT-Drucks. 6/1786, S. 23.

74 BT-Drucks. 6/2729, S. 32.

75 BAG vom 23.01.1979, AP Nr. 4 zu § 113 BetrVG 1972; BAG vom 14.09.1976, AP Nr. 2 zu § 113 BetrVG 1972; BAG vom 17.09.1974, AP Nr. 1 zu § 113 BetrVG; *Annuß*, in: Richardi, § 111 BetrVG Rn. 147; *Bauer*, Betriebsänderungen, S. 51; *Dolde/Bauer*, BB 1978, 1675, 1677; *Dütz*, Festschrift Westermann, 37, 49; *Fitting/Engels/Schmidt/Trebinger/Linsenmaier*, § 111 BetrVG Rn. 108; *Meisel*, Anm. zu BAG vom 28.01.1979, AP Nr. 4 zu § 113 BetrVG 1972, 3, 3; *Rumpff/Boewer*, Mitbestimmung in wirtschaftlichen Angelegenheiten, S. 320; *Uhlenbruck*, Anm. zu BAG vom 17. 09. 1974, AP Nr. 1 zu § 113 BetrVG 1972, 6, 7 R; *Verch*, Personalabbau und Betriebsverfassung, S. 121.

76 Der Mangel wird geheilt, wenn sich der Betriebsrat trotzdem auf einen Interessenausgleich einlässt. Siehe hierzu nur BAG vom 17.02.1981, AP Nr. 11 zu § 112 BetrVG 1972.

Unterrichten, womit eine Diskussion um den genauen Zeitpunkt vorprogrammiert ist. Einigkeit besteht lediglich darin, dass die Information des Betriebsrats verspätet ist, wenn der Unternehmer schon mit der Durchführung der Betriebsänderung begonnen hat. Denn in einer derartigen Situation wurden bereits alle Entscheidungen getroffen, womit im Hinblick auf den Interessenausgleichsversuch jede Beteiligung der Interessenvertreter der Belegschaft zwecklos ist.[77] Aus diesem Grund muss die Mitteilung an den Betriebsrat in der der Durchführung notwendigerweise vorgelagerten Planungsphase erfolgen.[78] Dabei ist jedoch zu bedenken, dass diese Phase verschiedene Etappen durchläuft. Sie beginnt stets mit ersten Gedankenspielen, welche in konkrete Überlegungen zum Ablauf einmünden.[79] Die Planung endet mit dem endgültigen Beschluss hinsichtlich der Durchführung der Betriebsänderung.[80] Bei der Frage, in welchem Planungsstadium die Unterrichtung rechtzeitig ist, sind die gegenläufigen Interessen von Unternehmer und Betriebsrat zu beachten.[81] Der Unternehmer wird es bevorzugen, den Betriebsrat so spät wie möglich zu informieren, da er befürchten muss, dass durch Indiskretionen die Belegschaft oder gar die Geschäftspartner verunsichert werden. Hingegen verlangt die Gegenseite schnellstmöglich eine Aufklärung über eine

---

77 BAG vom 22.07.2003, AP Nr. 42 zu § 113 BetrVG 1972; BAG vom 04.12.2002, AP Nr. 2 zu § 38 InsO; BAG vom 14.09.1976, AP Nr. 2 zu § 113 BetrVG 1972; BAG vom 17.09.1974, AP Nr. 1 zu § 113 BetrVG 1972; LAG Baden-Württemberg vom 27.09.2004, NZA-RR 2005, 195, 195; Hess. LAG vom 25.07.2002, AiB 2003, 41, 42; LAG Köln, 14.11.2001, AuR 2002, 237; *Annuß*, in: Richardi, § 111 BetrVG Rn. 144; *Bauer*, Betriebsänderungen, S. 51; *Dolde/Bauer*, BB 1978, 1675, 1677; *Däubler*, in: DKK, § 111 BetrVG Rn. 132; *Ehmann*, Betriebsstillegung, S. 22; *Kania*, in: ErfK, § 111 BetrVG Rn. 20; *Kraushaar*, AiB 1994, 289, 290; *Leinemann*, ZIP 1989, 552, 552; *Löwisch/Kaiser*, § 111 BetrVG Rn. 38; *Matthes*, in: MüHb-ArbR, § 361 Rn. 2; *Oetker*, in: GK-BetrVG, § 111 BetrVG Rn. 148; *Preis/Bender*, in: Wlotzke/Preis, § 111 BetrVG Rn. 31; *Verch*, Personalabbau und Betriebsstillegung, S. 122.

78 BAG vom 14.09.1976, AP Nr. 2 zu § 113 BetrVG 1972; BAG vom 17.09.1974, AP Nr. 1 zu § 113 BetrVG 1972; BAG vom 20.11.1970, AP Nr. 8 zu § 72 BetrVG; LAG Baden-Württemberg vom 27.09.2004, NZA-RR 2005, 195, 195; *Annuß*, in: Richardi, § 111 BetrVG Rn. 144; *Däubler*, in: DKK, § 111 BetrVG Rn. 132; *Fitting/Engels/Schmidt/Trebinger/Linsenmaier*, § 111 BetrVG Rn. 107; *Kania*, in: ErfK, § 111 BetrVG Rn. 20; *Löwisch/Kaiser*, § 111 BetrVG Rn. 37; *Matthes*, in MüHb-ArbR, § 361 Rn. 2; *Oetker*, in: GK-BetrVG, § 111 BetrVG Rn. 148; *Stege/Weinspach/Schiefer*, §§ 111-113 BetrVG Rn. 19; vgl. schon BT-Drucks. 6/2729, S. 8.

79 *Meisel*, Anm. zu BAG vom 28.01.1979, AP Nr. 4 zu § 113 BetrVG 1972, 3, 4.

80 Zu den verschieden Phasen der Planung vgl. auch *Ehmann* Betriebsstillegung, S. 18; *Meisel*, Anm. zu BAG vom 28.01.1979, AP Nr. 4 zu § 113 BetrVG 1972, Bl. 4; *Teichmüller*, Die Betriebsänderung, S. 33 ff.

81 Natürlich ist eine solche Interessenkollision nicht allzu schematisch zu verstehen. Gerade bei einer teilweisen Betriebsstillegung liegt eine späte Information des Betriebsrats auch im Interesse der Arbeitnehmer, deren Arbeitsplatz weiter besteht, denn auch sie haben kein Interesse, dass durch eine Indiskretion die Kundschaft des Unternehmens bzw. andere Geschäftspartner verschreckt werden, wodurch eventuell das Unternehmen gefährdet werden könnte.

Betriebsänderung, damit sie die Unternehmerentscheidung noch beeinflussen kann.

Als erste Möglichkeit der Problemlösung bietet sich an, rechtzeitig i.S.d. § 113 Abs. 3 BetrVG mit frühestmöglich gleichzusetzen.[82] Dies würde bedeuten, dass der Unternehmer bereits bei der Durchführung erster Gedankenspiele, also noch vor Beginn einer ernsthaften Planung, seiner Unterrichtungspflicht nachkommen müsste.[83] Für dieses Ergebnis spricht, dass so dem Interesse des Betriebsrats an rascher Information voll entsprochen wird. Denn je zeitiger man ihm Auskünfte zukommen lässt, desto schneller ist er auch in der Lage, seine Argumente dem Unternehmer näher zu bringen, damit diese in die Planung einfließen können. Jeder Zeitverzug führt hingegen dazu, dass der Willensbildungsprozess vorangeschritten ist, wodurch es immer schwerer für den Betriebsrat wird, sich Gehör zu verschaffen. Denn hat der Unternehmer sich ausgiebig Gedanken gemacht und sich mühsam unter Abwägung aller ihm bekannten Argumente zu einer Entscheidung durchgerungen, ist es kaum noch vorstellbar, dass er aufgrund der Überlegungen des Betriebsrats nun seine gesamte Planung neu durchdenkt.[84] Auf der anderen Seite wird mit dem Lösungsansatz vom frühestmöglichen Zeitpunkt das oben beschriebene Geheimhaltungsinteresse des Unternehmers missachtet. Dagegen kann nicht einfach argumentiert werden, dass man diesem Unternehmerinteresse schon auf anderem Wege gerecht wird und es daher hier nicht mehr berücksichtigt werden muss. So ist zwar in § 79 BetrVG die Geheimhaltungspflicht der Betriebsratsmitglieder statuiert, welche z.B. durch § 120 Abs. 1 BetrVG sanktioniert wird und gegebenenfalls auch zu einer Schadensersatzhaftung der einzelnen Arbeitnehmervertreter führt, jedoch ist es tägliche Praxis, dass der informierte Betriebsrat z.B. politische Akteure um Hilfe bittet und somit seine Pflicht aus § 79 BetrVG verletzt. Dass alle Seiten eine derartige Informationsweitergabe an Dritte als notwendiges Mittel der Arbeitnehmervertreter ansehen, um sich Unterstützung bei der Rettung von Arbeitsplätzen zu holen, zeigt sich daran, dass in der Praxis zur Ahndung dieser Pflichtverletzung kaum ein Kläger auf der Unternehmerseite zu finden ist.[85]

Daher kann man dem Geheimhaltungsbegehren des Unternehmers nicht auf andere Weise gerecht werden, so dass es bei der Festlegung des Unterrichtungszeitpunkts auch nicht verdrängt werden darf. Dieses besondere Unternehmerinteresse berücksichtigt die Auffassung, welche auf den frühestmöglichen Zeitpunkt abstellt, allerdings nicht in ausreichendem Maße, so dass sie abzulehnen ist.

---

82 So BAG vom 14.09.1976, AP Nr. 2 zu § 113 BetrVG 1972.

83 So etwa ArbG Stuttgart vom 15.07.2004, NZA-RR 2004, 537, 538. Vgl. zu dieser Entscheidung krit. *Rieble*, NZA 2004, 1029 ff.

84 *Ehmann*, Betriebsstillegung, S. 24 f.

85 Süffisant spricht *Ehmann* (Betriebsstillegung, S. 26) davon, dass es sich bei der Haftung der Betriebsratsmitglieder wegen Verletzung der Geheimhaltungspflichten im Rahmen der §§ 111 ff. BetrVG „praktisch kaum mehr als um ein vielbearbeitetes Dissertationsthema handelt".

Als extreme Gegenposition ist andererseits denkbar, dass die Unterrichtung in dem Moment des Planungsverlaufs noch rechtzeitig ist, in dem der Unternehmer bereits seinen Entschluss hinsichtlich des „Ob“ der Betriebsänderung getroffen hat und er nur noch nicht die Art und Weise der Durchführung geklärt hat, so dass die Einflussnahme des Betriebsrats stark eingeschränkt wäre.[86] Als ein Argument für diese Auffassung wird angeführt, dass der Unternehmer eine Entscheidung gefasst haben muss, damit es überhaupt etwas zu informieren gibt.[87] Jedoch wurde an anderer Stelle schon gezeigt, dass der Verlauf der Planung mehrere Phasen aufweist. So muss sich der Unternehmer, nachdem er erste Überlegungen angestellt hat, wie eine Betriebsänderung aussehen und zu welche Folgen sie eventuell führen kann, überlegen, ob er in eine detaillierte Planung z.B. unter Einbeziehung von externen Beratern eintreten will. Bereits hier wurde eine Entscheidung getroffen, über die es möglich wäre, den Betriebsrat zu informieren, ohne sich dabei schon festgelegt zu haben, ob überhaupt eine Betriebsänderung durchgeführt wird. Ein durchschlagendes Argument für die letztgenannte Extremposition könnte sich jedoch wiederum aus der Berücksichtigung der widerstreitenden Interessen von Arbeitgeber und Betriebsrat ergeben. Denn bei „gezielten Indiskretionen sowie ... politischer und propagandistischer Beeinflussung“[88] ist der Unternehmer wegen des entstehenden öffentlichen Drucks oft nicht mehr frei zu entscheiden, ob die Betriebsänderung durchgeführt wird. Mithin dient das Geheimhaltungsinteresse auch der grundrechtlich geschützten Unternehmerfreiheit, weshalb die Informationsinteressen des Betriebsrats nach dieser Auffassung unterlegen sein müssen.[89] Auch dieses Argument kann nicht überzeugen. Das Informationsrecht des Betriebsrats soll dazu beitragen, dass die Arbeitnehmervertreter Einfluss auf die Entscheidung über die Betriebsänderung nehmen können, um im Idealfall den betroffenen Belegschaftsangehörigen ihre Arbeitsbedingungen so zu erhalten, wie sie waren. Somit dient das Informationsinteresse im Ergebnis der durch Art. 12 GG geschützten Berufsfreiheit der Arbeitnehmer. Wollen sowohl das Geheimhaltungsinteresse auf der einen Seite als auch das Informationsinteresse auf der anderen Seite grundrechtlich geschützten Freiheiten zur Seite stehen, so ist kein Grund ersichtlich, warum nur das erstgenannte Interesse „siegreich“ sein soll.[90]

Zur Lösung des Problems, in welchem Planungsstadium die Informationspflicht erfolgen soll, ist vielmehr vorbehaltlos auf die Funktion des Informationsrechts abzustellen, wobei natürlich auch die Gewährleistung der Unternehmerautonomie beachtet werden muss. Wie schon festgestellt, sollen im Idealfall Betriebsrat und

---

86 So *Ehmann*, Betriebsstillegung, S. 53.

87 *Ehmann*, Betriebsstillegung, S. 53.

88 So *Ehmann*, Betriebsstillegung, S. 53.

89 *Ehmann*, Betriebsstillegung, S. 54.

90 Im Ergebnis auch *Rumpff/Boewer*, Mitbestimmung in wirtschaftlichen Angelegenheiten, S. 321; a.A. *Ehmann*, Betriebsstillegung, S. 54.

Unternehmer möglichst eine gemeinsame Lösung hinsichtlich des „Ob" und des „Wie" einer Betriebsänderung erarbeiten. Eine derartige Übereinkunft ist nur möglich, wenn der Unternehmer sich nicht vorher schon entschieden hat und er wirklich offen in die Verhandlungen mit dem Betriebsrat eintritt.[91] Damit ist es nicht ausreichend, wenn verschiedentlich gefordert wird, dass eine Unterrichtung noch rechtzeitig ist, wenn der Unternehmer zwar im Prinzip eine Betriebsänderung durchführen will, er sich aber eine endgültige Entscheidung bis nach der Beteiligung des Betriebsrats vorbehält.[92] Denn es besteht augenscheinlich die Gefahr, dass der Unternehmer doch im Inneren so festgefahren ist, dass er nicht mehr die Geduld aufbringt, auch auf überzeugende Argumente einzugehen. Die Konsequenz wäre, dass der Beteiligung des Betriebsrats lediglich eine Alibifunktion zukommt und wie *Ehmann*[93] treffend formuliert hat, nur Aggressionen bei den Betroffenen erzeugen würde. Auf der anderen Seite kann man nicht verlangen, dass der Unternehmer alle Gedankenspiele über etwaige Betriebsänderungen mitteilt, denn es ist wirklich nicht zu leugnen, dass jede nach außen dringende Information über betriebliche Veränderungen zu Irritationen am Markt und damit zu einer Gefährdung des Unternehmens führen kann.

Unter Beachtung der Unternehmerfreiheit auf der einen und einer wirksamen Beteiligung des Betriebsrats bei solchen wichtigen Entscheidungen auf der anderen Seite ist die Unterrichtung durch den Unternehmer folglich in dem Moment durchzuführen, in dem ihm bewusst wird, dass er in eine gründliche und ergebnisoffene Planung bezüglich einer Betriebsänderung eintreten will.

b) Sonderfälle zur Rechtzeitigkeit der Unterrichtung und der darauf folgenden Interessenausgleichsverhandlung

aa) Betriebsratsbeteiligung bei Mitwirkung des Aufsichtsrats einer AG

Als erster Fall soll behandelt werden, ob bei einer geplanten Betriebsänderung in einer AG zunächst der Aufsichtsrat zu beteiligen und erst dann der Betriebsrat zu informieren ist oder der Ablauf genau umgekehrt zu erfolgen hat. Zu dieser

---

[91] BAG vom 04.06.2003, AP Nr. 2 zu § 209 InsO; *Däubler*, in: DKK, § 111 BetrVG Rn. 132; *Oetker*, in: GK-BetrVG § 113 BetrVG Rn. 39; *Rumpff/Boewer*, Mitbestimmung in wirtschaftlichen Angelegenheiten, S. 321; a.A. *Annuß*, in: Richardi § 111 Rn. 148, wonach der Unternehmer sich bereits zu einer Betriebsänderung entschlossen hat, diese aber noch revidierbar ist.

[92] So aber BAG vom 28.10.1992, AP Nr. 63 zu § 112 BetrVG 1972; LAG Baden-Württemberg vom 27.09.2004, NZA-RR 2005, 195, 195; *Annuß*, in: Richardi, § 111 BetrVG Rn. 145; *Fitting/Engels/Schmidt/Trebinger/Linsenmaier*, § 111 BetrVG Rn. 107; *Kania*, in: ErfK, § 111 BetrVG Rn. 20; *Löwisch/Kaiser*, § 111 BetrVG Rn. 37; *Matthes*, in: MüHb-ArbR, § 361 Rn. 1; *Oetker*, in: GK-BetrVG, § 111 BetrVG Rn. 149; *Stege/Weinspach/Schiefer*, §§ 111-113 BetrVG Rn. 19; *Steffan*, NZA-RR 2000, 337, 341; *Verch*, Personalabbau und Betriebsverfassung, S. 124.

[93] In: Betriebsstillegung, S. 25.

Problematik stellte das BAG einmal pauschal fest, dass die Beteiligungsrechte aus den §§ 111 f. BetrVG nur gewahrt sind, wenn der Betriebsrat bereits vor der Beteiligung des Aufsichtsrats über eine eventuelle Änderung im betrieblichen Ablauf benachrichtigt wurde.[94] In dieser Allgemeinheit kann der Aussage des Gerichts allerdings nicht zugestimmt werden. Es ist vielmehr nach der Art der Beteiligung des Aufsichtsrats zu differenzieren.

Eine mögliche Form der Mitwirkung des Überwachungsorgans stellt die Wahrnehmung von Zustimmungspflichten zu konkreten Maßnahmen des Vorstandes dar. So kann laut § 111 Abs. 4 S. 2 AktG die Satzung der AG festlegen, dass bestimmte Betriebsänderungen nur im Einvernehmen mit dem Aufsichtsrat erfolgen dürfen, wobei grundsätzlich die Zustimmung vor der Vornahme des Geschäfts vorliegen muss.[95] Kann aus dem Erfordernis, dass die Maßnahme nach der Einwilligung durchzuführen ist, auch entnommen werden, dass die Unterrichtung des Betriebsrats und die darauf folgenden Verhandlungen zwischen den Betriebspartnern ebenso erst nach der Beteiligung des Aufsichtsrats erfolgen dürfen?[96]

Gegen einen derartigen Schluss sprechen jedoch gewichtige Argumente. Zum einen wird ein solches Ergebnis nicht vom Zweck dieses präventiven Überwachungsmittels gefordert, denn mit ihm soll lediglich erreicht werden, dass der Vorstand keine, die Gesellschaft schädigenden Geschäfte vornimmt.[97] Dieses Ziel wird aber auch nicht gefährdet, wenn der Betriebsrat schon vor dem Aufsichtsrat beteiligt wurde, so dass man unmittelbar vor der Umsetzung der Betriebsänderung steht. Denn lehnt der Aufsichtsrat nun die Änderung ab, sind noch keine Maßnahmen getroffen worden, welche die AG beeinträchtigen könnten. Die Beteiligung des Aufsichtsrats wäre demnach noch rechtzeitig.

Als zweites Argument gegen die These, dass zunächst der Aufsichtsrat zu beteiligen ist und erst im Anschluss der Betriebsrat informiert werden darf, kann ferner der sonst verfehlte Regelungszweck des § 111 S. 1 BetrVG angeführt werden. Denn die Beschlussfassung seitens des Aufsichtsrats setzt denknotwendig voraus, dass der Vorstand einen Vorschlag bezüglich der Betriebsänderung ausgearbeitet und dem Überwachungsgremium vorgelegt hat. Wie an anderer Stelle gezeigt, ist es für die Rechtzeitigkeit der Unterrichtung i.S.d. § 111 S. 1 BetrVG notwendig,

---

94 Siehe hierzu BAG vom 14.09.1976, AP Nr. 2 zu § 111 BetrVG 1972; a.A. *Däubler*, in: DKK, § 111 BetrVG Rn. 132; *Fitting/Engels/Schmidt/Trebinger/Linsenmaier*, § 111 BetrVG Rn. 108; *Kohte*, 50 Jahre Bundesarbeitsgericht, 1219, 1242 ff.; *Oetker*, in: GK-BetrVG § 111 BetrVG Rn. 150; *Teichmüller*, Betriebsänderung, S. 67; *Wiese*, Festschrift für Wiedemann, 617, 629 ff.

95 *Hüffer*, § 111 AktG Rn. 19; *Semler*, in: MüKo-AktG, § 111 AktG Rn. 436. Nach herrschender Meinung ist eine (nachträgliche) Genehmigung nur bei eilbedürftigen Geschäften statthaft.

96 So *Ehmann*, Betriebsstillegung, S. 91.

97 Vgl. zur Funktion des Zustimmungsrechts statt aller *Hüffer*, § 111 AktG Rn. 16; *Semler*, in: MüKo-AktG, § 111 AktG Rn. 395.

dass sich die Unternehmensseite zwar entschieden hat, in die Planung bezüglich einer Betriebsänderung einzutreten, man jedoch allen dort zu treffenden Entscheidungen gegenüber noch offen und verhandlungsbereit ist. Arbeitet der Vorstand eine Beschlussvorlage für den Aufsichtsrat aus, so hat er sich hinsichtlich der Frage des „Ob“ einer Änderung schon entschlossen, womit eine spätere Interessenausgleichsverhandlung mit dem Betriebsrat kaum noch ihren Zweck erfüllen kann.

Verlangt man dennoch erst die Zustimmung des Aufsichtrats, muss weiterhin bedacht werden, dass der Vorstand, wenn er die Argumente des Betriebsrats für überzeugend hält und unter diesem Eindruck die Betriebsänderung nun in anderer Weise durchführen will, er beim Aufsichtsrat erneut um Zustimmung bitten muss. Gerade wegen der Erkenntnis, dass gewisse Veränderungen am Markt oder die wirtschaftliche Situation des Unternehmens eine schnelle Betriebsänderung erfordern, wird der Vorstand jedoch selten nochmals den gesellschaftsintern notwendigen Beteiligungsweg betreten wollen, sondern allein aus Zeitgründen strikt an seinem schon bewilligten Änderungskonzept festhalten. [98] Dem betriebsverfassungsrechtlichen Mitwirkungsrecht des Betriebsrats nach den §§ 111 ff. BetrVG käme somit nur eine Alibifunktion zu und würde zur Farce.

Als Zwischenergebnis ist festzustellen, dass bei einer Betriebsänderung erst der Betriebsrat zu informieren und mit ihm ein Interessenausgleich zu versuchen ist, bevor die Einwilligung des Aufsichtsrats eingeholt wird.[99]

Anders stellt sich die Situation dar, wenn die Beteiligung des Aufsichtsrats lediglich darin besteht, dass der Vorstand ihm Berichtspflichten i.S.d. § 90 AktG zu erbringen hat. Dadurch, dass der Vorstand hier nur informiert und keinen Entschluss des Aufsichtsrats zu erwarten hat, durch den er faktisch gebunden wird, ist er in der Lage, ohne jegliche Zwänge frei mit dem Betriebsrat das „Ob“ und das „Wie“ einer Änderung zu beraten. Folglich hat es für die Frage der Rechtzeitigkeit i.S.d. § 111 S. 1 BetrVG keinen Einfluss, ob erst der Aufsichtsrat und dann der Betriebsrat informiert wird oder umgekehrt.[100]

---

98 *Oetker*, in: GK-BetrVG, § 111 BetrVG 150; *Rumpff/Boewer*, Mitbestimmung in wirtschaftlichen Angelegenheiten, S. 326; *Verch*, Personalabbau und Betriebsverfassung, S. 125 f.; a.A. *Annuß*, in: Richardi, § 111 BetrVG Rn. 147.

99 Ebenso auch LAG Köln vom 14.11.2001, AuR 2002, 237; *Fabricius/Oetker*, in: GK-BetrVG (7. Auflage) § 111 BetrVG Rn. 150; *Preis/Bender*, in: Wlotzke/Preis, § 111 BetrVG Rn. 31; a.A. *Annuß*, in: Richardi, § 111 BetrVG Rn. 147; *Ehmann*, Betriebsstillegung, S. 91; *Oetker*, in: GK-BetrVG, § 113 BetrVG Rn. 40; *Verch*, Personalabbau und Betriebsverfassung, S. 125 f.

100 *Rumpff/Boewer*, Mitbestimmung in wirtschaftlichen Angelegenheiten, S. 326; *Verch*, Personalabbau und Betriebsverfassung, S. 126; so wohl auch *Annuß*, in: Richardi, § 111 BetrVG Rn. 147 und *Richardi*, Anm. zu BAG vom 14.09.1976, AP Nr. 2 zu § 113 BetrVG 1972, 4, 5 R.

bb) Unterrichtung des Betriebsrats bei Beteiligung der Hauptversammlung einer Aktiengesellschaft

Unter Umständen ist es auch denkbar, dass der Hauptversammlung der AG laut § 119 Abs. 1 AktG die Kompetenz zukommt, über die Betriebsänderung zu entscheiden. So z.B., wenn nach § 119 Abs. 1 Nr. 8 AktG die Gesellschaft aufgelöst, also ihr Zweck von am Markt werbend tätig zu sein, hin zur Abwicklung geändert werden soll.[101] In diesem Zusammenhang wird dann die Stilllegung des bzw. der Betriebe beschlossen. Es stellt sich somit die Frage, wann in dieser Konstellation die Unterrichtung des Betriebsrats zu erfolgen hat, um das Erfordernis der Rechtzeitigkeit i.S.d. § 111 S. 1 BetrVG zu erfüllen.

Nach § 121 Abs. 2 S. 1 AktG wird die Hauptversammlung grundsätzlich[102] durch den Vorstand einberufen, dem auch ein Recht zusteht, der Hauptversammlung einzelne Beschlussvorschläge zu unterbreiten. Nach allgemeiner Meinung wird unter einem solchen Vorschlag verstanden, dass der Vorstand seine Vorstellungen hinsichtlich dieses einen Punktes antragsförmig formuliert.[103] Stimmt die Hauptversammlung jetzt nur noch zu, so ist die Entscheidung über die Betriebsänderung auf der Seite des Unternehmers getroffen worden. Um aber die oben gezeigten Voraussetzungen für den Rechtzeitigkeitsbegriff in § 111 S. 1 BetrVG zu erfüllen, wonach der Verhandlungspartner des Betriebsrats noch allen Planungsmöglichkeiten gegenüber offen sein muss, hat die Betriebsratsbeteiligung bereits zu dem Zeitpunkt zu erfolgen, in dem der Vorstand zum Ergebnis gekommen ist, eventuell der Hauptversammlung einen derartigen Beschlussvorschlag über eine Betriebsänderung zu unterbreiten und er bezüglich des Vorschlagsinhaltes in eine konkrete Planung eintreten will.

cc) Betriebsratsbeteiligung nach erfolgter Weisung der Gesellschafter an die Geschäftsführer einer GmbH

Bei einer Betriebsänderung in einer Gesellschaft mit beschränkter Haftung stellt sich in erster Linie die Frage, ob die Unterrichtung des Betriebsrats noch als rechtzeitig angesehen werden kann, wenn schon vorher eine Weisung der Gesellschafter an die Geschäftsführer ergangen ist, eine derartige Änderung durchzuführen.

Zwar steht den Geschäftsführern grundsätzlich die Exekutivgewalt in der GmbH zu. Im Unterschied zur AG mit ihrem eigenverantwortlichen Vorstand sind jedoch hier die Gesellschafter die höchsten Entscheidungsträger und die Geschäftsführer

---

[101] Vgl. statt aller zum Tatbestand der Gesellschaftsauflösung *Hüffer*, § 262 AktG Rn. 2.

[102] So ist gemäß § 122 Abs. 1 S. 1 AktG die Hauptversammlung auch einzuberufen, wenn dies von einer qualifizierten Minderheit der Aktionäre gefordert wird.

[103] *Hüffer*, § 124 AktG Rn. 12.

sind ihren Beschlüssen unterworfen.[104] Wie aus § 37 Abs. 1 GmbHG zu entnehmen ist, folgt daraus, dass die Gesellschafter generelle und auf einzelne Geschäfte bezogene Anweisungen erteilen können, welche von den Geschäftsführern zu befolgen sind.[105] Ordnen also die erstgenannten eine Betriebsänderung an, so besteht für die Geschäftsführer nur noch ein sehr begrenzter Entscheidungsspielraum hinsichtlich der Art und Weise der Durchführung. Wird nach einer solchen Weisung der Betriebsrat erst unterrichtet, kann dieser mit seinen Argumenten auch nur noch die Planung hinsichtlich des „Wie" der Änderung beeinflussen. Um dem Zweck der §§ 111 ff. BetrVG entsprechen zu können, muss der Interessenvertreter der Arbeitnehmer aber auch die Möglichkeit haben, durch gute Argumente die Betriebsstilllegung insgesamt zu verhindern, welche in diesem Fall wegen fehlender Kompetenz der Geschäftsführer jedoch von vornherein nicht besteht.[106]

Daher darf die Anweisung an die Geschäftsführer allein unter der Bedingung erteilt werden, dass sie die Mitwirkungsrechte des Betriebsrats zu beachten haben. Denn nur in diesem Fall haben die Geschäftsführer die Ermächtigung, mit den Belegschaftsvertretern alle Aspekte einer Betriebsänderung und damit auch die Frage, ob eine solche überhaupt vorgenommen werden muss, unvoreingenommen und ergebnisoffen zu beraten.

dd) Betriebsratsbeteiligung nach der Entscheidung des Unternehmers, den Betrieb zu schließen, sofern eine Betriebsübernahme scheitert

Eine weitere, vor allem praktisch relevante Frage ist, ob eine Beteiligung des Betriebsrats seitens des Unternehmers noch rechtzeitig erfolgen kann, wenn bereits die Entscheidung, den Betrieb stilllegen zu wollen, unter der Bedingung getroffen wurde, dass eine andauernde Betriebsübernahmeverhandlung scheitert.

Auch hier ist wiederum der Zweck des Beteiligungsrechts maßgeblich für die Antwort. In der gegenwärtig zu behandelnden Konstellation ist die Rechtzeitigkeit der Unterrichtung und der späteren Interessenausgleichsverhandlung nur gegeben, wenn die Bedingung allein dahingehend zu verstehen ist, dass der Unternehmer seinen Entschluss hinsichtlich der Betriebsstilllegung bis zum Scheitern der Übernahmegespräche aufschieben will, er also danach erst in die Planung eintreten

---

104 Zur Kompetenzverteilung innerhalb der Gesellschaft und der unterschiedlichen Konzeption der GmbH im Vergleich zur AG, siehe *Lutter/Hommelhoff*, § 37 GmbHG Rn. 1; *Koppensteiner*, in: Rowedder, § 37 GmbHG Rn. 2 f.

105 *Lutter/Hommelhoff*, § 37 GmbHG Rn. 17; *Koppensteiner*, in: Rowedder, § 37 GmbHG Rn. 26.

106 BAG vom 30.03.2004, AP Nr. 47 zu § 113 BetrVG 1972; BAG vom 21.11.2001, AP Nr. 39 zu § 113 BetrVG 1972; *Hunold*, NZA-RR 2004, 561, 563; *Oetker*, in: GK-BetrVG, § 113 BetrVG Rn. 40 wonach der Gesellschafterbeschluss nur Teil des Meinungsbildungsprozesses der Arbeitgeberseite ist, welches den Verhandlungsgegenstand zwischen Betriebsrat und Geschäftsführer lediglich vorgibt.

will.[107] Liegt stattdessen eine tatsächliche Bedingung vor, so hat allein der Eintritt dieses ungewissen Ereignisses, nicht mehr die Mitwirkung des Betriebsrats, Einfluss auf die Durchführung der Betriebsstilllegung, womit die Beteiligung der Arbeitnehmervertreter zu spät kommt.

ee) Unternehmenskauf unter der Bedingung einer Betriebsänderung

Eng mit der eben diskutierten Problematik hängt auch die Frage zusammen, ob eine Mitwirkung des Betriebsrats noch als rechtzeitig gelten kann, wenn ein Unternehmenskaufvertrag unter der aufschiebenden Bedingung abgeschlossen wurde, zunächst noch bestimmte Betriebsänderungen vorzunehmen. So etwa, wenn Veräußerer und Erwerber übereinkommen, dass ein Übergang des Unternehmens nur bei erfolgter Stilllegung einzelner Betriebe bzw. Betriebsteile eintreten soll.

Zwar lässt sich argumentieren, dass die Vertragspartner mit der Aufnahme dieser Bedingung inzident anerkannt haben, wegen der Betriebsänderung den Betriebsrat noch einbeziehen zu müssen. Daraus zugleich abzuleiten, dass sie auch damit rechnen, eine Beteiligung der Arbeitnehmervertreter könnte eventuell die geplante Veränderung im Betrieb verhindern, womit Veräußerer und Erwerber noch ergebnisoffen wären, erscheint als Begründung zu idealistisch. Denn indem sie vereinbart haben, dass der Vertrag unter der Bedingung einer Betriebsänderung erfolgen soll, machten sie ihre Entschlossenheit deutlich, eine derartige Maßnahme durchzuführen. Die Entscheidung über das „Ob“ einer Betriebsänderung ist daher schon zu einem Zeitpunkt getroffen worden, zu dem der Betriebsrat keinerlei Kenntnis von einer beabsichtigten Änderung hatte, womit die Arbeitnehmervertreter nach erfolgter Unterrichtung auf bereits fest entschlossene Gesprächspartner treffen und sie keinen Einfluss mehr auf die Entscheidungsfindung ausüben können.

ff) Rechtzeitigkeit der Betriebsratsbeteiligung bei Einführung neuer Technologien

Dem Wettbewerbsdruck gehorchend, müssen immer mehr Unternehmer neue Technologien in ihren Betrieben einführen, um die Produktionskosten zu senken und damit marktgerechte Preise fordern zu können. Als Beispiel sei angeführt, dass in einem Betrieb der gesamte Fertigungsablauf nicht mehr durch bloße optische Kontrolle der Mitarbeiter, sondern in umfassender Art und Weise mit Hilfe von Computern überwacht wird.[108] Eine solche Installation von Computer-

---

[107] BAG vom 14.09.1976, AP Nr. 2 zu § 113 BetrVG 1972; zustimmend auch die Anmerkung von *Otto*, SAE 1977, 284, 285.

[108] Vgl. *Oetker*, in: GK-BetrVG, § 113 BetrVG Rn. 41 zu anderen Beispielen von vorbereitenden Rechtsgeschäften, welche Teil einer geplanten Betriebsänderung sind.

technik ist u.U. als „grundlegende Änderung der Betriebsanlage“ i.S.d. § 111 S. 3 Nr. 4 Var. 3 BetrVG bzw. als „Einführung grundlegend neuer Arbeitsmethoden“ i.S.d. § 111 S. 3 Nr. 5 Alt. 1 BetrVG und damit als eine Betriebsänderung zu sehen.[109] In diesem Zusammenhang stellt sich die Frage, ob die Unterrichtung des Betriebsrats als verspätet anzusehen ist, wenn der Unternehmer zwar schon die Lizenzverträge über die Überwachungssoftware abgeschlossen, aber noch nicht damit begonnen hat, die Programme auf die Computer zu installieren oder in sonstiger Weise die Überwachungstechnik einzurichten. Auch hier ist ersichtlich, dass aus einer rein formalen Sichtweise der Betriebsrat noch in umfassender Weise beteiligt werden kann. Jedoch hat sich der Unternehmer durch den Abschluss des Softwarevertrages schon faktisch zur Einführung der neuen Technologie entschieden, denn es wäre unrealistisch zu glauben, er würde sich erheblichen finanziellen Belastungen aussetzen, ohne sich endgültig und abschließend zur Durchführung der Betriebsänderung durchgerungen zu haben.[110] Eine zu diesem Zeitpunkt erfolgte Unterrichtung ist folglich nicht mehr rechtzeitig, damit der Betriebsrat auf alle die Problematik betreffenden Entscheidungen noch Einfluss nehmen kann.

gg) Rechtzeitigkeit der Betriebsratsbeteiligung bei Einschaltung eines externen Beratungsunternehmens

Als letzter Fall soll die Problematik untersucht werden, ob eine Betriebsratsbeteiligung bereits verspätet ist, wenn sich der Unternehmer zwar noch zu keiner konkreten Betriebsänderung entschieden hat, er jedoch ein externes Beratungsunternehmen „beauftragt“ hat, ihm Vorschläge zur Problemlösung zu unterbreiten. Hier ist der Unternehmer noch gar nicht in die Planungsphase eingetreten, vielmehr erfolgte die Einschaltung der Unternehmensberatung allein, um Material und Vorschläge für eine dann folgende Planung zu erhalten, sofern das Beratungsunternehmen die Notwendigkeit einer Änderung des betrieblichen Ablaufs signalisiert.[111] Eine zu diesem Zeitpunkt vorgenommene Unterrichtung des Betriebsrats ist noch rechtzeitig, um ihn in das beginnende Planungsverfahren zu integrieren.

---

109 Zu den konkreten Voraussetzungen, wann eine solche grundlegende Änderung der Betriebsanlagen bzw. eine grundlegende Einführung neuer Arbeitsmethoden vorliegt, vgl. BAG vom 26.10.1982, AP Nr. 10 zu § 111 BetrVG 1972; *Annuß*, in: Richardi, § 111 BetrVG Rn. 114 ff.; Däubler, in: DKK, § 111 BetrVG Rn. 84 u. 90; *Fitting/Engels/Schmidt/ Trebinger/Linsenmaier*, § 111 BetrVG Rn. 97 ff.; *Hromadka/Maschmann*, Arbeitsrecht II, § 16 Rn. 612; *Löwisch/Kaiser*, § 111 BetrVG Rn. 36; *Matthes*, in: MüHb-ArbR, § 360, Rn. 67 u. 70; *Oetker*, in: GK-BetrVG, § 111 BetrVG Rn. 115, 123; *Stege/Weinspach/Schiefer*, §§ 111-113 BetrVG Rn. 64 ff. Speziell zur Einführung der Informationstechnologie in Unternehmen *Schmechel*, NJW 2004, 237 ff.

110 *Oetker*, in: GK-BetrVG, § 113 BetrVG Rn. 41.

111 So auch *Rumpff/Boewer*, Mitbestimmung in wirtschaftlichen Angelegenheiten, S. 325.

4. Umfang der Unterrichtungspflicht

a) Allgemeines zum Umfang

Im Folgenden soll der Umfang der bestehenden Unterrichtungspflicht untersucht werden. Mit § 111 S. 1 BetrVG legt der Gesetzgeber fest, dass die Information an den Betriebsrat „umfassend“ sein muss. Was unter „umfassend“ zu verstehen ist, bestimmt wiederum maßgeblich der Sinn und Zweck des Beteiligungsrechts. Wie bereits dargelegt, soll die Unterrichtungspflicht den Betriebsrat in die Lage versetzen, als kompetenter Verhandlungspartner des Unternehmers aufzutreten und Lösungsalternativen anzubieten.[112] Damit muss dem Betriebsrat der Zeitplan, der Grund, die Auswirkungen auf die Arbeitnehmer und der genaue Inhalt der möglichen Betriebsänderungen mitgeteilt werden.[113] Weiterhin ist für eine umfassende Diskussion erforderlich, dass die Arbeitnehmervertreter informiert werden, welche anderen Handlungsalternativen aus der Sicht des Unternehmers noch bestehen und warum man diese nicht bevorzugt.[114]

Bei einer Betriebsstilllegung wird der Informationspflicht auch dann nicht genügt, wenn der Unternehmer allein seine Verpflichtung zur Unterrichtung aus § 17 Abs. 2 KSchG erfüllt, er also dem Betriebsrat lediglich die Zahl der zu entlassenden Arbeitnehmer, den Zeitraum und die Kriterien zur Auswahl der Entlassenen mitteilt. Dies ergibt sich bereits aus dem Vergleich der Aufgaben, die zum einen die §§ 17 f. KSchG und zum anderen die §§ 111 ff. BetrVG erfüllen sollen.[115] Die genannten Normen des KSchG haben die maßgebliche Funktion, den Arbeitsmarkt vorzubereiten, dass dieser die neuen Arbeitssuchenden besser verkraften kann und eventuell von Seiten der Agentur für Arbeit konkrete Maßnahmen

---

112 BAG vom 20.11.01, AP Nr. 39 zu § 113 BetrVG 1972; BAG vom 19.01.99, AP Nr. 37 zu § 113 BetrVG; *Bauer*, Betriebsänderungen, S. 52 f.; *Annuß*, in: Richardi, § 111 BetrVG Rn. 150; *Däubler*, in: DKK, § 111 BetrVG Rn. 134; *Fitting/Engels/Schmidt/Trebinger/Linsenmaier*, § 111 BetrVG Rn. 111; *Kania*, in: ErfK, § 111 BetrVG Rn. 21; *Oetker*, in: GK-BetrVG, § 111 BetrVG Rn. 143; *Rumpff/Boewer*, Mitbestimmung in wirtschaftlichen Angelegenheiten, S. 328.

113 *Annuß*, in: Richardi, § 111 BetrVG Rn. 150; *Däubler*, in: DKK, § 111 BetrVG Rn. 134; *Fitting/Engels/Schmidt/Trebinger/Linsenmaier*, § 111 BetrVG Rn. 111; *Leinemann*, ZIP 1989, 552, 552; *Löwisch/Kaiser*, § 111 BetrVG Rn. 39; *Matthes*, in: MüHb-ArbR, § 361 Rn. 3; *Oetker*, in: GK-BetrVG, § 111 BetrVG Rn. 143; *Stege/Weinspach/Schiefer*, §§ 111-113 BetrVG Rn. 23.

114 *Annuß*, in: Richardi, § 111 BetrVG Rn. 150, *Bauer/Göpfert*, DB 1997, 1464, 1468; Däubler, in: DKK, § 111 BetrVG Rn.133; *Fitting/Engels/Schmidt/Trebinger/Linsenmaier*, § 111 BetrVG Rn. 111; *Löwisch/Kaiser*, § 111 BetrVG Rn. 39; *Matthes*, in: MüHb-ArbR, § 361 Rn. 3; *Oetker*, in: GK-BetrVG, § 111 BetrVG Rn. 143; *Preis/Bender*, in: Wlotzke/Preis, § 111 BetrVG Rn. 32; *Stege/Weinspach/Schiefer*, §§ 111-113 BetrVG Rn. 23.

115 BAG vom 10.06.1969, AP Nr. 6 zu § 72 BetrVG; *Kania*, in: ErfK, § 111 BetrVG Rn. 21; *Rumpff/Boewer*, Mitbestimmung in wirtschaftlichen Angelegenheiten, S. 329.

getroffen werden, die einer schnellen Vermittlung dienen.[116] Im Gegensatz dazu sollen die Beteiligungsrechte der §§ 111 ff. BetrVG unmittelbar dem Schutz der Belegschaft vor Betriebsänderungen dienen.[117]

Erkennt der Betriebsrat allerdings, dass die vorgenommene Unterrichtung Lücken aufweist, so hat er diesen Mangel wegen des Gebots zur vertrauensvollen Zusammenarbeit gegenüber dem Unternehmer anzuzeigen.[118] Unterlässt er diese Obliegenheit, so kann der Betriebsrat wegen des bestehenden Verbots widersprüchlichen Verhaltens sich im Nachhinein nicht auf die unzureichende Informationspflichterfüllung des Unternehmers berufen.[119]

b) Unterrichtung unter dem Vorbehalt der Nichtgefährdung von Betriebs- bzw. Geschäftsgeheimnissen?

Entscheidend für die Möglichkeit des Betriebsrats, Einfluss auf die Betriebsänderung nehmen zu können, ist auch, ob der Unternehmer eine Information verweigern darf, wenn Betriebs- bzw. Geschäftsgeheimnisse[120] gefährdet sind. Ein solches Verweigerungsrecht ist in § 111 S. 1 BetrVG nicht ausdrücklich enthalten. Anders ist dies allerdings bei der Unterrichtungspflicht gegenüber dem Wirtschaftsausschuss nach § 106 Abs. 2 BetrVG. Soweit Betriebs- oder Geschäftsgeheimnisse gefährdet sind, besteht dort eine Unterrichtungspflicht nicht. Es wird nun die These vertreten, dass der Geheimhaltungsschutz des § 106 Abs. 2 BGB auch bei der Informationspflicht gegenüber dem Betriebsrat nach § 111 S. 1 BetrVG zu beachten ist.[121] Dieser Auffassung ist jedoch nur zuzustimmen, wenn die Voraussetzungen der Analogie vorliegen.

aa) Planwidrige Regelungslücke

In der Konzeption des § 111 S. 1 BetrVG müsste zunächst eine Lücke bestehen, die mit dem gesetzgeberischen Regelungsplan nicht vereinbar ist.

Dem Interesse des Arbeitgebers nach Geheimhaltung hat der Gesetzgeber dadurch Rechnung getragen, dass die Betriebsratsmitglieder laut § 79 Abs. 1 BetrVG Geheimnisse nicht offenbaren und verwerten dürfen. Wegen des Verweises in

---

116 *V. Hoyningen-Huene/Linck*, Vorb. zu §§ 17 ff. KSchG Rn. 9 f.; *Kiel*, in: ErfK, § 17 KSchG Rn. 2; *Kittner*, in: KDZ, § 17 KSchG Rn. 3; *Moll*, in: APS, Vor §§ 17 ff. KSchG Rn 8; *Pfeiffer*, in: HaKo-KSchG, § 17 KSchG Rn. 1; *Weigand*, in: KR, § 17 KSchG Rn. 7.

117 Siehe dazu die Ausführungen in § 2 A I.

118 Siehe dazu die vergleichbare Rspr. zu § 99 BetrVG BAG vom 14.03.1989, AP Nr. 64 zu § 99 BetrVG 1972; BAG vom 28.01.1986, AP Nr. 34 zu § 99 BetrVG 1972.

119 Für den speziellen Fall der Insolvenz ArbG Lingen vom 09.07.1999, ZIP 1999, 1892, 1895; *Oetker/Friese*, DZWIR 2001, 134, 135.

120 Zum Begriff des Geschäftsgeheimnisses *Oetker*, Festschrift für Wißmann, 396, 397 ff.

121 *Löwisch/Kaiser*, § 111 BetrVG Rn. 39, die allerdings die Anwendung nur auf Umstände beschränken, auf denen die Betriebsänderung beruht.

§ 79 Abs. 2 BetrVG gilt diese Norm auch für Mitglieder des Wirtschaftsausschusses. Mit der Regelung in § 106 Abs. 2 BetrVG machte der Gesetzgeber nun deutlich, dass in wirtschaftlichen Angelegenheiten über § 79 BetrVG hinaus ein weiterer Schutz des Unternehmers vor Indiskretion notwendig ist.[122] Aus der Tatsache, dass er in § 111 S. 1 BetrVG einen solchen Geheimnisschutz nicht aufgenommen hat, die Tatbestände des § 111 S. 3 BetrVG und des § 106 Abs. 3 Nr. 5-9 BetrVG aber im Kern identisch sind, muss man entnehmen, dass er von einem Geheimnisvorbehalt in § 111 S. 1 BetrVG bewusst Abstand genommen hat, so dass die genannte Vorschrift eine planwidrige Regelungslücke nicht enthält. Dieses Ergebnis wird dadurch gestützt, dass die Unterrichtungspflicht aus § 111 S. 1 BetrVG nur bei einer Betriebsänderung besteht, die erhebliche Auswirkungen auf die Belegschaft hat. Hier besteht ein immenses Bedürfnis der Arbeitnehmer, dass ihr „Vertretungsorgan“ alle Informationen erhält, um als gleichberechtigter Partner an den Interessenausgleichsverhandlungen teilnehmen zu können.[123]

Anders ist die Situation bei den Unterrichtungspflichten gegenüber dem Wirtschaftsausschuss. Gerade der Auffangtatbestand des § 106 Abs. 3 Nr. 10 BetrVG macht deutlich, dass es sich hier um „alltägliche Berichtspflichten“ des Unternehmers handelt. Ein vergleichbar intensives Informationsinteresse der Arbeitnehmerschaft wie bei § 111 S. 1 BetrVG besteht damit nicht. Es ist also davon auszugehen, dass der Gesetzgeber wegen der Bedeutung des § 111 S. 1 BetrVG dem Geheimhaltungsverlangen des Unternehmers eine geringere Bedeutung zumaß als dem Belegschaftsinteresse auf Information und somit bewusst einen Geheimhaltungsschutz in § 111 S. 1 BetrVG nicht aufgenommen hat.[124] Für eine Analogie fehlt es folglich bereits an der planwidrigen Regelungslücke.

bb) Teleologische Vergleichbarkeit

Das letztgenannte Argument ist ebenfalls geeignet, die teleologische Vergleichbarkeit zwischen der Unterrichtungspflicht aus § 111 S. 1 BetrVG und § 106 Abs. 2 BetrVG abzulehnen.

Besteht wegen der besonderen Bedeutung der Betriebsänderung für die Arbeitnehmerschaft zwischen § 111 S. 1 BetrVG und § 106 Abs. 2 BetrVG ein Unterschied im Hinblick auf das Verhältnis von Geheimhaltungsinteresse des Arbeitgebers und Informationsbedürfnis der Belegschaft, so übersieht eine ana-

122 OLG Karlsruhe vom 07.06.1985, AP Nr. 1 zu § 121 BetrVG 1972; *Oetker*, Festschrift für Wißmann, 396, 404.

123 Im Ergebnis *Oetker*, Festschrift für Wißmann, 396, 405; *Rumpff/Boewer*, Mitbestimmung in wirtschaftlichen Angelegenheiten, S. 329, die mit diesem Argument nur die teleologische Vergleichbarkeit ablehnen.

124 *Oetker*, Festschrift für Wißmann, 396, 405; *Rumpff/Boewer*, Mitbestimmung in wirtschaftlichen Angelegenheiten, S. 329.

loge Anwendung gerade diesen Gegensatz beider Normen, womit auch die teleologische Vergleichbarkeit abzulehnen ist.

Die durch § 113 Abs. 3 BetrVG sanktionierte Unterrichtungspflicht des Unternehmers steht daher nicht unter dem Vorbehalt, dass weder Geschäfts- noch Betriebsgeheimnisse gefährdet werden dürfen.[125]

c) Zugleich auch Pflicht zur Bereitstellung der notwendigen Unterlagen?

Muss eine analoge Anwendung des Geheimhaltungsschutzes aus § 106 Abs. 2 BetrVG im Rahmen der Unterrichtungspflicht des § 111 S. 1 BetrVG ausscheiden, so stellt sich ferner die Frage, ob auch die nach § 106 Abs. 2 BetrVG notwendige Pflicht zur Bereitstellung von entsprechenden Unterlagen bei der Informationserteilung i.S.d. § 111 S. 1 BetrVG nicht zu beachten ist. Zu dieser Lösung kommt, wer allein den Wortlaut beider Normen vergleicht. In § 106 Abs. 2 BetrVG ist diese Aufgabe des Unternehmers, die notwendigen Unterlagen dem Betriebsrat zur Verfügung zu stellen, explizit festgelegt. In § 111 S. 1 BetrVG fehlt hingegen eine solche Regelung.

Gemäß der allgemeinen Vorschrift des § 80 Abs. 2 S. 2 HS 1 BetrVG erstreckt sich bereits die Unterrichtungspflicht gegenüber dem Betriebsrat auch auf die Bereitstellung der erforderlichen Unterlagen. Die Norm erfasst schon von ihrem Wortlaut nicht den Wirtschaftsausschuss. Aus diesem Grund bedurfte es allein in § 106 Abs. 2 BetrVG, jedoch nicht in § 111 S. 1 BetrVG einer ausdrücklichen Aufnahme dieser Vorlagepflicht.[126]

Der Unternehmer ist daher verpflichtet, den Betriebsrat umfassend zu unterrichten und ihm die dazugehörigen Unterlagen bereitzustellen, will er sich nicht den Konsequenzen des § 113 Abs. 3 BetrVG aussetzen.

III. Durchführung von Interessenausgleichsverhandlungen

1. Allgemeines

Nach erfolgter Unterrichtung des Betriebsrats müssen sich die Interessenausgleichsverhandlungen zwischen den Betriebspartnern anschließen, wenn der Unternehmer nicht Nachteilsausgleichsansprüche der Arbeitnehmer riskieren

---

[125] *Annuß*, in: Richardi, § 111 BetrVG Rn. 152; Däubler, in: DKK, § 111 BetrVG Rn. 134; *Fitting/Engels/Schmidt/Trebinger/Linsenmaier*, § 111 BetrVG Rn. 111; *Kania*, in: ErfK, § 111 BetrVG Rn. 21; *Oetker*, in: GK-BetrVG, § 111 BetrVG Rn. 144; *ders.*, Festschrift für Wißmann, 396, 405; *Rumpff/Boewer*, Mitbestimmung in wirtschaftlichen Angelegenheiten, S. 329; a.A. *Löwisch/Kaiser*, § 111 BetrVG Rn. 39.

[126] *Annuß*, in: Richardi, § 111 BetrVG Rn. 151; *Fitting/Engels/Schmidt/Trebinger/Linsenmaier*, § 111 BetrVG Rn. 113; *Oetker*, in: GK-BetrVG, § 111 BetrVG Rn. 144; *Rumpff/Boewer*, Mitbestimmung in wirtschaftlichen Angelegenheiten, S. 329. Zu diesen Unterlagen gehören z.B. die eben diskutierten Berichte von Unternehmensberatern. Vgl. dazu Däubler, in: DKK, § 111 BetrVG Rn. 133; *Fitting/Engels/Schmidt/Trebinger/Linsenmaier*, § 111 BetrVG Rn. 112.

möchte. Dazu ist es notwendig, dass der Unternehmer den Betriebsrat auffordert, derartige Beratungen aufzunehmen.[127]

a) Unklarheiten hinsichtlich der Zuständigkeit des betriebsverfassungsrechtlichen Organs

In diesem Zusammenhang soll zunächst geklärt werden, was von Seiten des Unternehmers zu tun ist, sofern Unklarheiten darüber bestehen, welches betriebsverfassungsrechtliche Organ als Verhandlungspartner angegangen werden muss. Solche Unklarheiten ergeben sich daraus, dass nicht in jedem Falle der Betriebsrat des einzelnen Betriebes, sondern unter Umständen der Gesamtbetriebsrat zu beteiligen ist.[128] Gemäß § 50 Abs. 1 S. 1 BetrVG ist der Letztgenannte originär zuständig, wenn im Unternehmen Maßnahmen geplant sind, die in mehreren oder allen Betrieben des Unternehmens Betriebsänderungen auslösen und zwischen diesen einzelnen Betriebsänderungen ein Zusammenhang besteht, welcher eine überbetriebliche Regelung erfordert.[129] Ein Streit zwischen Gesamtbetriebsrat und den einzelnen Betriebsräten über die Zuständigkeit kann sich z.B. ergeben, wenn in einem Unternehmen, das aus einem Großbetrieb und mehreren Kleinbetrieben besteht, die Delegierten des Großbetriebs die Mehrheit im Gesamtbetriebsrat stellen, womit die Belegschaften bzw. die Betriebsräte der kleinen Betriebe die Gefahr sehen, dass ihre Interessen in diesem Gremium nicht ausreichend vertreten werden.[130] Hinzu kommt, dass die Abgrenzung der Zuständigkeit zwischen dem Gesamt- und dem Einzelbetriebsrat nicht in jedem Fall unproblematisch möglich ist, so dass dem Unternehmer es nicht immer leicht fallen wird, das richtige betriebsverfassungsrechtliche Organ zu Verhandlungen aufzufordern.[131]

Eine Lösungsmöglichkeit könnte darin gesehen werden, dem Unternehmer aufzuerlegen, stets den tatsächlich zuständigen (Gesamt-)Betriebsrat anzugehen und ihm somit bei einer fehlerhaften Wahl des Verhandlungspartners einen unzu-

---

[127] Däubler, in: DKK, § 113 BetrVG Rn. 8; *Fitting/Engels/Schmidt/Trebinger/Linsenmaier*, § 113 BetrVG Rn. 114; *Löwisch/Kaiser*, § 113 BetrVG Rn. 9; *Matthes*, in: MüHb-ArbR, § 361 Rn. 8; *Oetker*, in: GK-BetrVG, § 113 BetrVG Rn. 43.

[128] Eine originäre Zuständigkeit des Konzernbetriebsrats bei Betriebsänderungen ist hingegen kaum denkbar. Vgl. dazu *Leinemann*, ZIP 1989, 552, 552.

[129] BAG vom 11.12.2001, AP Nr. 22 zu § 50 BetrVG 1972; BAG vom 15.01.2001, AP Nr. 23 zu § 50 BetrVG 1972; BAG vom 24.01.1996, AP Nr. 16 zu § 50 BetrVG 1972; *Hermann*, Transfer-Sozialplan, S. 79; *Hunold*, NZA-RR 2004, 561, 562; *Matthes*, in: MüHb-ArbR, § 361, Rn. 2; *Schmitt-Rolfs*, 50 Jahre Bundesarbeitsgericht, 1081, 1083, der richtig darlegt, dass die häufig in Rechtsprechung und Literatur gebrauchte Formel, wonach die Zuständigkeit des Gesamtbetriebsrats begründet ist, wenn eine Betriebsänderung alle oder mehrere Betriebe betrifft, höchst ungenau formuliert wurde, da eine Betriebsänderung nur ein Betrieb betreffen kann.

[130] *Schmitt-Rolfs*, 50 Jahre Bundesarbeitsgericht, 1081, 1083.

[131] Zur Problematik der Zuständigkeitsabgrenzung vgl. BAG vom 24.01.1996, AP Nr. 16 zu § 50 BetrVG 1972.

reichenden Versuch i.S.d. § 113 Abs. 3 BetrVG vorzuwerfen. Diese allein dem Unternehmer belastende Risikoverteilung entspricht aber nicht dem Sanktionszweck des Nachteilsausgleichs. Hat er alles ihm mögliche getan, um das für die Beratung zuständige betriebsverfassungsrechtliche Organ zu ermitteln, dann ist es gerade unter dem Gesichtspunkt, dass bei solchen Betriebsänderungen oftmals schnelle Entscheidungen erforderlich sind, auch von § 113 Abs. 3 BetrVG nicht geboten, den Unternehmer mit Hilfe von Nachteilsausgleichsansprüchen der Arbeitnehmer abzustrafen.[132] Vielmehr hat er gerade durch sein Bemühen gezeigt, dass er die Beteiligungsrechte aus den §§ 111 ff. BetrVG akzeptiert und einhalten will.

Aus der oben schon angesprochenen Initiativlast des Unternehmers ergibt sich jedoch, dass er bei Zweifeln über die Zuständigkeit alle Beteiligungsgremien auffordern muss, welche unter Umständen für die geplante Betriebsänderung zuständig sein könnten.[133] Legen nun die einzelnen Betriebsräte gemeinsam mit dem Gesamtbetriebsrat fest, dass Letztgenannter für die Ausübung der Beteiligungsrechte aus § 111 S. 1 BetrVG befugt sein soll, so ist der Gesamtbetriebsrat zumindest laut § 50 Abs. 2 BetrVG der richtige Verhandlungspartner und muss vom Unternehmer zur Beratung aufgefordert werden.[134] Hält sich der Arbeitgeber jetzt nicht an den Gesamtbetriebsrat, so setzt er sich dem Vorwurf aus, einen nicht ausreichenden Versuch i.S.d. § 113 Abs. 3 BetrVG auf Abschluss eines Interessenausgleiches unternommen zu haben.

Anders stellt sich die Situation dar, wenn die Einigung zwischen Einzel- und Gesamtbetriebsrat dahingehend ausfällt, dass der Einzelbetriebsrat zuständig sein soll. Im Gegensatz zum eben beschriebenen Sachverhalt ist eine solche Entscheidung nicht bindend, da bei Zuständigkeit des Gesamtbetriebsrats eine Delegation auf den Einzelbetriebsrat vom Gesetz nicht vorgesehen ist.[135] Nimmt der Unternehmer dennoch mit dem Einzelbetriebsrat Verhandlungen auf, so ist zu bedenken, dass er sich der getroffenen Entscheidung der betriebsverfassungsrechtlichen Organe gebeugt hat, womit ihm ein sanktionswürdiges Verhalten nicht vorzuwerfen ist.[136] Können sich jedoch Gesamt- und Einzelbetriebsrat nicht

---

132 BAG vom 24.01.1996, AP Nr. 16 zu § 50 BetrVG 1972; *Hunold*, NZA-RR 2004, 561, 562.

133 BAG vom 24.01.1996, AP Nr. 16 zu § 50 BetrVG 1972; *Lingemann*, NZA 2002, 934, 937; *Oetker*, in: GK-BetrVG, § 113 BetrVG Rn. 44; *Schmitt-Rolfs*, 50 Jahre Bundesarbeitsgericht, 1081, 1090; krit. *Stege/Weinspach/Schiefer*, §§ 111 – 113 BetrVG Rn. 171, wonach es in erster Linie den Betriebsräten obliegt, dass tatsächlich zuständige Organ als Gesprächspartner dem Unternehmer zu präsentieren.

134 BAG vom 24.01.1996, AP Nr. 16 zu § 50 BetrVG 1972; *Lingemann*, NZA 2002, 934, 937; *Schmitt-Rolfs*, 50 Jahre Bundesarbeitsgericht, 1081, 1090.

135 BAG vom 24.01.1996, AP Nr. 16 zu § 50 BetrVG 1972.

136 BAG vom 24.01.1996, AP Nr. 16 zu § 50 BetrVG 1972; *Schmitt-Rolfs*, 50 Jahre Bundesarbeitsgericht, 1081, 1090.

verständigen, wer als Verhandlungspartner tätig sein soll, muss es ausreichen, wenn der Unternehmer eine Entscheidung trifft, die nachvollziehbar ist.[137]

Eine vergleichbare Sachlage ist gegeben, wenn sich der Unternehmer im Unklaren darüber befindet, ob im Betrieb ein Betriebsrat besteht. Eine solche Konstellation ist denkbar, wenn der Betrieb auf einen neuen Unternehmer übergeht oder wenn nach der Insolvenzeröffnung der Insolvenzverwalter die Unternehmeraufgaben ausübt.[138] In beiden Fällen ist es leicht vorstellbar, dass auf der Unternehmerseite mangelnde Kenntnis über die Existenz eines Betriebsrats bestehen kann. Auch hier muss für einen tauglichen Versuch i.S.d. § 113 Abs. 3 BetrVG ausreichend sein, wenn sich der Unternehmer ausdrücklich darum bemüht herauszufinden, ob für ihn ein Ansprechpartner bereitsteht.[139]

b) Notwendige Pause zwischen Unterrichtung und Beratung

Weiterhin stellt sich die Frage, ob der Unternehmer verpflichtet ist, nach der Unterrichtung dem Betriebsrat für die anstehenden Beratungen einen gewissen Zeitraum zu gewähren, damit dieser sich auf die Verhandlungen vorbereiten kann. Eine solche Verpflichtung wird, soweit sie überhaupt Gegenstand der Diskussion ist, abgelehnt.[140] Dieses Ergebnis wird auch vom Wortlaut des § 111 S. 1 BetrVG gestützt, denn die Norm nennt die Verpflichtung zur Unterrichtung und Beratung in einem Atemzug. Für eine gewisse Bedenkzeit ergeben sich dagegen keine Anhaltspunkte. Auf der anderen Seite spricht für eine notwendige Pause, dass sonst der Zweck der Unterrichtungspflicht ausgehöhlt zu werden droht. Mit dieser Verpflichtung wollte der Gesetzgeber erreichen, dass der Betriebsrat die notwendigen Informationen erhält, um sich einen Überblick über die tatsächliche Lage zu verschaffen und so als vollwertiger Verhandlungspartner auftreten zu können.[141] Als adäquaten Partner in einer Beratung kann man jedoch nur jemanden bezeichnen, der sich mit der Thematik intensiv auseinandergesetzt und eventuell Alternativkonzepte ausgearbeitet hat. Billigt man dem Unternehmer zu, so zu terminieren, dass der Betriebsrat keine Zeit mehr hat, ein Gegenkonzept zu entwerfen, entsteht ein Ungleichgewicht hinsichtlich der Verhandlungsstärke zwischen Unternehmer und Betriebsrat, was gerade die Unterrichtungspflicht des § 111 S. 1 BetrVG verhindern will.

---

[137] BAG vom 24.01.1996, AP Nr. 16 zu § 50 BetrVG 1972; *Kania*, in: ErfK, §§ 112, 112a BetrVG Rn. 6; *Oetker*, in: GK-BetrVG, § 113 BetrVG Rn. 44; *Schmitt-Rolfs*, 50 Jahre Bundesarbeitsgericht, 1081, 1090.

[138] Zu den beiden genannten Möglichkeiten vgl. LAG Düsseldorf vom 12.10.1990, LAGE § 113 BetrVG Nr. 5 und *Oetker*, in: GK-BetrVG, § 113 BetrVG Rn. 44.

[139] LAG Düsseldorf vom 12.10.1999, LAGE § 113 BetrVG Nr. 5; *Oetker*, in: GK-BetrVG, § 113 BetrVG Rn. 44.

[140] So z.B. *Bauer*, Betriebsänderungen, S. 52; *ders.*, DB 1994, 217, 222.

[141] Statt aller *Matthes*, DB 1972, 286, 287.

Somit ist festzuhalten, dass zwischen der Unterrichtung und dem ersten Beratungstermin ein angemessener Zeitraum bestehen muss, damit sich auch der Betriebsrat vorbereiten kann.

c) Notwendiger Inhalt und Umfang der Beratung

Der notwendige Inhalt der Beratung zwischen Betriebsrat und Unternehmer ergibt sich bereits aus dem damit verfolgten Ziel, welches im Abschluss eines Interessenausgleiches liegt. Die Beteiligten sollen sich darüber einigen, ob eine Betriebsänderung vorzunehmen und wie diese konkret durchzuführen ist, wobei hier die widerstreitenden Interessen von Arbeitnehmern und Unternehmern berücksichtigt und miteinander abgewogen werden müssen.[142] Dabei können die Beratungen über den Interessenausgleich zusammen mit den Verhandlungen über den Sozialplan erfolgen.[143] Dies ist zwar nicht zwingend, in der Praxis ist jedoch eine parallele Verhandlung der Regelfall, denn es ist verständlich, dass der Betriebsrat zu einer Einigung über den Interessenausgleich nur willens ist, wenn daneben auch eine Übereinstimmung hinsichtlich des Sozialplans erzielt wird.[144] Es ist aber stets zu beachten, dass der Unternehmer anders als beim Sozialplan zum Abschluss eines Interessenausgleiches nicht gezwungen werden kann.[145] Aus diesem Grunde muss es genügen, wenn sich der Unternehmer ernsthaft um einen Abschluss bemüht.[146] Hierbei ist jedoch ersichtlich, dass ein Gericht zur Beantwortung der Frage, ob der Unternehmer diese betriebsverfassungsrechtliche Pflicht verletzt hat, schwer nachprüfen kann, ob ein derartiges Bemühen bei den Verhandlungen an den Tag gelegt wurde. Es muss ausreichen, wenn dem

---

[142] *Bauer*, DB 1994, 217, 222; *Däubler*, in: DKK, §§ 112, 112a BetrVG Rn. 3; *Fitting/Engels/Schmidt/Trebinger/Linsenmaier*, § 111 BetrVG Rn. 115; *Kraushaar*, AiB 1994, 289, 291; *Löwisch/Kaiser*, § 113 BetrVG Rn. 9; *Matthes*, Festschrift Wlotzke, 393, 395; *ders*, in: MüHb-ArbR, § 361 Rn. 8; *Annuß*, in: Richardi, § 111 BetrVG Rn. 155; *Rumpff/Boewer*, Mitbestimmung in wirtschaftlichen Angelegenheiten, S. 330; *Steffan*, NZA-RR 2000, 337, 342; *Stege/Weinspach/Schiefer*, §§ 111-113 BetrVG Rn. 75. Durch das Betriebsverfassungsreformgesetz wurde, gerade um zu erreichen, dass der Betriebsrat als gleichwertiger Verhandlungspartner fungieren kann, in § 113 S. 2 BetrVG das Recht dieses Beteiligungsorgans aufgenommen, einen Berater hinzuzuziehen. Vgl. dazu kritisch *Oetker*, NZA 2002, 465 ff.

[143] *Dolde/Bauer*, BB 1978, 1675, 1678; *Röder/Baeck*, Interessenausgleich und Sozialplan, S. 15; *Rumpff/Boewer*, Mitbestimmung in wirtschaftlichen Angelegenheiten, S. 331; *Teichmüller*, Die Betriebsänderung, S. 118.

[144] *Dolde/Bauer*, BB 1978, 1675, 1678.

[145] Nur im Rahmen des § 112a BetrVG ist ein Sozialplan auch nicht erzwingbar.

[146] *Fitting/Engels/Schmidt/Trebinger/Linsenmaier*, § 113 BetrVG Rn. 18; *Hess*, in: Hess/Schlochauer/Worzalla/Glock, § 113 BetrVG Rn. 27; *Oetker*, in: GK-BetrVG, § 113 BetrVG Rn. 45.

Betriebsrat Gelegenheit gegeben wird, seine Auffassung über die Notwendigkeit der Betriebsänderung und eventuelle Gegenkonzepte vorzutragen.[147]

2. Beendigung der Verhandlung

a) Beendigung durch Abschluss eines Interessenausgleichs

Eine Möglichkeit, die Beratungen zu beenden ist, dass sich der Unternehmer zum Abschluss eines Interessenausgleiches überzeugen lässt. Liegt eine solche Vereinbarung vor, so hat er die Pflicht, den Interessenausgleich zu versuchen, mehr als erfüllt, womit grundsätzlich § 113 Abs. 3 BetrVG nicht mehr eingreifen kann.

aa) Mündlicher Interessenausgleich

In diesem Zusammenhang stellt sich allerdings die Problematik, ob ein nur mündlich zustande gekommener Interessenausgleich ebenfalls das Entstehen von Nachteilsausgleichsansprüchen verhindert. Bei einem Interessenausgleich ist die Schriftform Wirksamkeitsvoraussetzung, was auch in § 112 Abs. 1 S. 1 BetrVG festgeschrieben wurde.[148] Führt der Unternehmer nach einer solch unwirksamen Einigung die Betriebsänderung durch, so hat er nach einer Mindermeinung in der Literatur die betriebsverfassungsrechtlichen Pflichten aus den §§ 111 f. BetrVG dennoch erfüllt, womit auch die Sanktionsnorm des § 113 Abs. 3 BetrVG nicht mehr zum Zuge kommt.[149] Diese Lösung sei die Konsequenz daraus, dass ein Interessenausgleichsversuch im Rahmen des § 113 Abs. 3 BetrVG ausreichend ist. Der Unternehmer, der einen, wenn auch nicht wirksamen Interessenausgleich erzielt, hat ihn jedenfalls versucht.[150] Dem kann nicht gefolgt werden. § 113 Abs. 3 BetrVG fordert den Unternehmer auf, nicht irgendeinen, sondern einen wirksamen Interessenausgleich zu versuchen. Der ausgehandelte mündliche Interessenausgleich erfüllt jedoch nicht diese Voraussetzung, womit der Unternehmer seiner vom Gesetz auferlegten Verpflichtung nicht nachgekommen ist. Die Mindermeinung führt ferner zu Schutzlücken für die betroffenen Arbeitnehmer. Weicht der Unternehmer von dem mündlichen Interessenausgleich ab, so können die

---

147 *Fitting/Engels/Schmidt/Trebinger/Linsenmaier*, § 113 BetrVG Rn.18; *Oetker*, in: GK-BetrVG, § 113 BetrVG Rn. 45.

148 BAG vom 20.04.1994, AP Nr. 27 zu § 113 BetrVG; ArbG Osnabrück vom 31.01.2001, AiB 2001, 548, 550, *Annuß*, in: Richardi, § 112 BetrVG Rn. 28; *Bauer*, Betriebsänderungen, S. 62; *Däubler*, in: DKK, §§ 112, 112a BetrVG Rn. 10; *Fitting/Engels/Schmidt/Trebinger/Linsenmaier*, §§ 112, 112a BetrVG Rn. 45; *Löwisch/Kaiser*, § 112 BetrVG Rn. 6; *Matthes*, DB 1972, 286, 287 f.; *Oetker*, in: GK-BetrVG, §§ 112, 112a BetrVG Rn. 33; *Röder/Baeck*, Interessenausgleich und Sozialplan, S. 17; *Rumpff/Boewer*, Mitbestimmung in wirtschaftlichen Angelegenheiten, S. 350; *Stege/Weinspach/Schiefer*, §§ 111-113 BetrVG Rn. 101; *Steffan*, NZA-RR 2000, 337, 342.

149 *Löwisch*, RdA 1989, 216, 218; *Löwisch/Kaiser*, § 112 BetrVG Rn. 7.

150 *Löwisch*, RdA 1989, 216, 218; *Löwisch/Kaiser*, § 112 BetrVG Rn. 7.

Arbeitnehmer nicht aus § 113 Abs. 1 bzw. Abs. 2 BetrVG vorgehen, da die Vorschriften einen wirksamen Interessenausgleich voraussetzen, welcher wegen der fehlenden Schriftform nicht gegeben ist. Nach der abweichenden Literaturauffassung kann auch kein Nachteilsausgleich gemäß § 113 Abs. 3 BetrVG verlangt werden, wenn man den Abschluss eines unwirksamen Interessenausgleichs für einen tauglichen Versuch i.S. der genannten Norm ausreichen lässt.

Damit sind die Arbeitnehmer, welche für die entstandene missliche Situation keine Verantwortung tragen, nicht in der Lage, Ansprüche gegen den Unternehmer geltend zu machen und sie sind ferner auch nicht durch einen Interessenausgleich geschützt.[151]

Als Ergebnis ist festzuhalten, dass bei fehlender Schriftform des Interessenausgleichs der Unternehmer nur Nachteilsausgleichsansprüche vermeiden kann, wenn er das weitere Verfahren des § 112 BetrVG beschreitet.[152]

bb) Rahmeninteressenausgleich

Nicht nur beim Sozialplan, sondern auch beim Interessenausgleich ist der Abschluss einer Rahmenvereinbarung denkbar.[153] Ein solcher Rahmeninteressenausgleich liegt vor, wenn sich die Betriebspartner entsprechend einigen, ohne dass eine konkrete Betriebsänderung in Aussicht steht.[154] Wird eine Änderung dann spruchreif, stellt sich die Frage, ob der Unternehmer unter Verweis auf den schon abgeschlossenen Rahmeninteressenausgleich z.B. eine Betriebsstilllegung sofort durchführen kann, ohne Nachteilsausgleichsansprüche befürchten zu müssen. Die Lösung der Problematik lässt sich wiederum aus der Funktion des Interessenausgleichs gewinnen. Neben der Übereinkunft, dass eine Betriebsänderung notwendig ist, soll der Interessenausgleich eine Regelung der genauen Modalitäten der geplanten Änderung enthalten. Dies ist jedoch nur möglich, wenn auch eine konkrete Betriebsänderung ansteht. Aufgrund der vielen Möglichkeiten, wie eine Betriebsänderung durchgeführt werden kann, sind prophylaktische Organisationsregelungen wenig sinnvoll. Mithin kann ein Interessenausgleich nur seinen Zweck

---

151 Vgl. zur Anspruchsqualität von § 113 Abs. 1 und 2 BetrVG die Ausführungen in § 2 C.

152 BAG vom 21.07.2005, AP Nr. 50 zu § 113 BetrVG 1972; BAG vom 26.10.2004, AP Nr. 49 zu § 113 BetrVG 1972; BAG vom 20.04.1994, AP Nr. 27 zu § 113 BetrVG; BAG vom 09.07.1985, AP Nr. 13 zu § 113 BetrVG 1972; LAG Thüringen vom 22.07.1998, NZA-RR 1999, 309, 310; *Annuß*, in: Richardi, § 112 BetrVG Rn. 28; *Bauer*, Betriebsänderungen, S. 62; *Kania/Joppich*, NZA 2005, 749, 751; *Matthes*, DB 1972, 286, 287 f.; *Röder/Baeck*, Interessenausgleich und Sozialplan, S. 17; *Rumpff/Boewer*, Mitbestimmung in wirtschaftlichen Angelegenheiten, S. 350; *Steffan*, NZA-RR 2000, 337, 342.

153 Kritisch zum Rahmensozialplan *Löwisch*, Festschrift für Dieterich, 345 ff.

154 Vgl. allgemein zu Rahmenvereinbarung aus Anlass einer Betriebsänderung *Annuß*, in: Richardi, § 112 BetrVG Rn. 64; *Ehmann*, Festschrift für Kissel, 175, 185 f.; *Hoyningen-Huene*, Betriebsverfassungsrecht, § 15 IV 2; *Löwisch*, Festschrift für Dieterich, 345, 347 ff.; *Oetker*, in: GK-BetrVG, §§ 112, 112a BetrVG Rn. 11.

erfüllen, wenn er eine konkrete Betriebsänderung zum Gegenstand hat, womit ein sog. „Rahmeninteressenausgleich" nicht die Voraussetzungen des § 112 Abs. 1 S. 1 BetrVG erfüllt.[155] Damit wird zugleich deutlich, dass der Unternehmer sich Nachteilsausgleichsansprüchen seiner Arbeitnehmer nach § 113 Abs. 3 BetrVG aussetzt, wenn er unter Verweis auf eine solche Vereinbarung die Betriebsänderung durchführt.

b) Beendigung ohne Abschluss eines Interessenausgleichs

Aufgrund dessen, dass der Unternehmer nicht zum Abschluss eines Interessenausgleiches gezwungen werden kann, ist es ihm möglich die Verhandlung mit dem Betriebsrat abzubrechen, ohne sich gleich Nachteilsausgleichsansprüchen auszusetzen. Entscheidend ist nur, dass er mit ernstem Willen zur Einigung verhandelt. Warum man dennoch keine Einigung erzielen konnte, ist unwichtig. Zu klären ist in diesem Zusammenhang allein, ob der Unternehmer eine gewisse Beratungsdauer einhalten muss.

aa) Ergänzung des § 113 Abs. 3 BetrVG durch das Arbeitsrechtliche Beschäftigungsförderungsgesetz

Eine genaue Terminvorgabe für die Beendigung des Verfahrens bezüglich des Interessenausgleichs ist in der jetzigen Fassung des § 113 Abs. 3 BetrVG nicht enthalten. Anders stellte sich die Situation für den Zeitraum vom 01. 10. 1996 bis zum 01. 01. 1999 dar, in welchem § 113 Abs. 3 BetrVG eine Ergänzung um zwei Sätze durch das Arbeitsrechtliche Beschäftigungsförderungsgesetz enthielt.[156] Danach hatte der Unternehmer seine betriebsverfassungsrechtlichen Verpflichtungen bei einer Betriebsänderung erfüllt, wenn er den Betriebsrat nach § 111 S. 1 BetrVG unterrichtete[157] und ein Interessenausgleich nicht innerhalb von zwei Monaten nach Beginn der Beratungen bzw. nach der schriftlichen Aufforderung zur Aufnahme von Verhandlungen zustande kam. Wurde die Einigungsstelle

---

[155] BAG vom 20.11.2001, AP Nr. 39 zu § 113 BetrVG 1972; BAG vom 19.01.1999, AP Nr. 37 zu § 113 BetrVG 1972; BAG vom 29.11.1983, AP Nr. 10 zu § 113 BetrVG 1972.

[156] Vgl. dazu BGBl. 1996 I Nr. 48 S. 1476. § 113 Abs. 3 BetrVG i.d.F. des Arbeitsrechtlichen Beschäftigungsförderungsgesetzes zeichnete zum Teil inhaltlich § 122 InsO nach, der zwar erst zum 01.01. 1999 in Kraft trat, aber bereits 1994 verabschiedet wurde. Durch diesen § 113 BetrVG wurden die Unterschiede zwischen dem allgemeinen Arbeitsrecht und dem durch die InsO geschaffenen Sonderarbeitsrecht für den Bereich der Mitwirkung des Betriebsrats bei Betriebsänderungen teilweise angeglichen. Zum Nebeneinander beider Regelungssysteme *Heinze*, NZA 1999, 57, 58.

[157] Hier verwirrt § 113 Abs. 3 S. 2 BetrVG a.F. etwas, da er allgemein von der notwendigen Beteiligung nach § 111 S. 1 BetrVG sprach, was auch eine vollständige Beratung mit dem Betriebsrat bedeuten würde. Indem er aber festlegte, dass eine Aufforderung zur Beratung ausreicht, ist jedoch deutlich, dass allein die Unterrichtung i.S.d. § 111 S. 1 BetrVG gemeint war. Siehe dazu *Röder/Baeck*, BB 1996 (Beil. 17), 23, 23.

angegangen, so endete die Frist spätestens einen Monat nach deren Anrufung, soweit auch die Zwei-Monatsfrist überschritten wurde.

Im Folgenden soll kein Ausflug in die Rechtsgeschichte unternommen werden, sondern allein der Problematik nachgegangen werden, ob dieser gesetzliche Lösungsversuch zur Frage des ausreichenden Versuchs i.S.d. § 113 Abs. 3 BetrVG sinnvoll war, so dass die Streichung der Sätze 2 und 3 des § 113 Abs. 3 BetrVG durch das Gesetz zu „Korrekturen in der Sozialversicherung und zur Sicherung der Arbeitnehmerrechte" sich als eine Fehlentscheidung des Gesetzgebers darstellt.[158] Ferner ist zu bedenken, ob man nicht aus der ehemaligen Fristenregelung des § 113 Abs. 3 BetrVG a.F. eine Auslegungshilfe für den hinreichenden Interessenausgleichsversuch i.S.d. § 113 Abs. 3 n.F. entnehmen kann.

Als Grund für die Neuregelung des Interessenausgleichs durch das Arbeitsrechtliche Beschäftigungsförderungsgesetz vom 01.10.1996 wurde schlagwortartig die Notwendigkeit der Beschleunigung des zeitaufwendigen Verfahrens genannt.[159] Die wiederum schnell erfolgte Abschaffung der § 113 Abs. 3 S. 2 und. 3 BetrVG begründete man damit, dass infolge der Abänderung des § 113 Abs. 3 BetrVG der Befriedigungseffekt des Interessenausgleichsversuchs nicht mehr erreicht wurde.[160]

Für eine vertiefte Auseinandersetzung mit der Thematik ist es notwendig, sich die gegensätzlichen Interessenlagen von Arbeitgeber und Belegschaft und die ursprüngliche Lösung hinsichtlich des Verfahrens im Gesetz vor Augen zu führen.

Der Unternehmer hat das Bestreben, so schnell wie möglich eine für erforderlich erachtete Betriebsänderung durchzuführen, so dass er auch alsbald die Zustimmung des Betriebsrats erhalten möchte.[161] Auf der anderen Seite will der Betriebsrat, sofern er die Betriebsänderung nicht abwenden kann, eine hohe Dotierung des Sozialplans erreichen.[162] Aufgrund der bis zum 01.10.1996 geltenden Gesetzeskonzeption erteilte der Betriebsrat seine rasche Zustimmung zur Beendigung eines Interessenausgleichsversuchs nur für den Preis eines „teuren" Sozialplans.[163] Dem Arbeitgeber kam damit die Wahl zu, sich für eine schnelle, aber kostenintensive Einigung oder für ein langwieriges Interessenausgleichsverfahren zu entscheiden, welches für ihn gegebenenfalls auch sehr kostspielig werden konnte.[164] So hatte der Betriebsrat etwa die Möglichkeit, bei der Bestellung der Einigungsstelle das Interessenausgleichsverfahren um bis zu einem halben Jahr hinauszuzögern.

---

158 Vgl. dazu BGBl. 1998 I, S. 3843.

159 BT-Drucks. 13/5107, S. 31.

160 BT-Drucks 14/45, S. 57 f.

161 *Teichmüller*, Die Betriebsänderung, S. 39; *Walter*, AuA 1991, 357, 358.

162 *Teichmüller*, Die Betriebsänderung, S. 39 f.; *Walter*, AuA 1991, 357, 358.

163 Mit dem Korrekturgesetz vom 01.01.1999 ist diese Gesetzeslösung wieder geltendes Recht geworden.

164 *Löwisch*, BB 1999, 102, 106; *Neef*, NZA 1997, 65, 66; *Röder/Baeck*, BB 1996, Beilage Nr. 17, 23, 25.

Mit der Neuregelung des Interessenausgleichsverfahrens durch das Arbeitsrechtliche Beschäftigungsförderungsgesetz änderten sich jedoch die Verhandlungspositionen beider Seiten erheblich.[165] Der Betriebsrat war nicht mehr in der Lage, das Drohmittel der langen Zeitdauer auszuspielen, vielmehr nutzte nun der Arbeitgeber das Zeitargument für sich. Denn nach Auffassung des BAG gelten die inhaltlichen Beschränkungen des § 112 V BetrVG nicht für freiwillige Sozialpläne, so dass hier pauschale Abfindungsregelungen möglich sind.[166] Mithin konnte der Unternehmer dem Betriebsrat anbieten, einen schnellen, aber dafür preiswerten und pauschalisierten Sozialplan abzuschließen oder ein Einigungsstellenverfahren über den Sozialplan zu beginnen, wobei es dem Unternehmer möglich war, durch Beachtung von Einzelschicksalen, dieses Verfahren in die Länge zu ziehen, so dass der mögliche Inhalt einer Einigung für die betroffenen Arbeitnehmer ungewiss blieb. Wegen der zeitlichen Begrenzung in § 113 Abs. 3 BetrVG a. F. war andererseits das Interessenausgleichsverfahren vom Verfahren über den Sozialplan abgekoppelt, womit der Arbeitgeber nach Ablauf der dort genannten Frist die Betriebsänderung sanktionslos durchführen durfte und er sich im Übrigen Zeit lassen konnte.

Mit der eingetretenen Schwächung der Verhandlungsposition des Betriebsrats war das Ziel des Arbeitsrechtlichen Beschäftigungsförderungsgesetzes, das Verfahren zu beschleunigen, erreicht. Statt dass regelmäßig ein halbes Jahr für ein Interessenausgleichsverfahren veranschlagt werden musste, waren nun grundsätzlich zwei Monate ausreichend.

Jedoch ist fraglich, ob man mit dieser scheinbar unternehmerfreundlichen Regelung den Begünstigten nicht einen „Bärendienst" erwiesen hatte. Indem der Unternehmer durch Zeitablauf das „Problem" des Interessenausgleichsversuchs lösen konnte, musste die Einigungsstelle nicht mehr notwendigerweise angegangen werden. Allerdings wird der wirtschaftliche Erfolg z.B. einer Umstrukturierung für den Unternehmer nur dann eintreten, wenn auch die Belegschaft die Entscheidung mitträgt oder sie zumindest nicht torpediert[167]. Mit der unterlassenen Einschaltung der Einigungsstelle verstreicht eine Chance für den Unternehmer, den Betriebsrat in neutraler Atmosphäre von der Notwendigkeit der Veränderung zu

---

165 *Heinze*, Festschrift für Wiese, 161, 168; *Neef*, NZA 1997, 65, 68; *Röder/Baeck*, BB 1996 (Beilage Nr. 17), 23, 25.

166 *Neef*, NZA 1997, 65, 68.

167 Vgl. zur Notwendigkeit der Kooperationsbereitschaft *Zander*, AuA 1991, 221 ff. Als Beispiel für die den Betriebsablauf lähmende Unsicherheit der Belegschaft sei die ursprünglich geplante Massenentlassung und Betriebsstillegung bei der Karstadt-Quelle AG genannt. Hier sollten, um den Verlust von dreihundert Millionen € des ersten Halbjahrs 2004 auszugleichen, rund 8500 Stellen abgebaut und 72 Filialen geschlossen werden. Siehe dazu FAZ vom 24.09.2004, S. 24 und Der Spiegel Nr. 40/27.09.2004, S. 100 ff.

überzeugen, damit dieser auf die Belegschaft Einfluss nimmt, hinter der Entscheidung zu stehen.[168]

Zusammengefasst bedeutet dies, dass das Verfahren vor der Einigungsstelle auch der Erhaltung des Betriebsklimas dient, welchem ein maßgeblicher Anteil am Erfolg einer Umstrukturierungsmaßnahme zukommt. Aus diesem Grund stellt die im Jahr 1998 erfolgte Streichung der § 113 Abs. 3 S. 2 und 3 BetrVG nicht nur eine Verbesserung der Verhandlungsposition des Betriebsrats dar und dient der Belegschaft, höher dotierte Sozialpläne durchzusetzen, diese Gesetzeskorrektur hilft auch dem Unternehmer, seine betrieblichen Veränderungen erfolgreich durchzuführen. Die Entfristung des Interessenausgleichsverfahrens durch den arbeitsrechtlichen Teil des so genannten Korrekturgesetzes war demzufolge ein sachgerechter Weg zur Berichtigung einer gesetzgeberischen Fehlentscheidung.[169]

In diesem Zusammenhang stellt sich die von *Löwisch* aufgeworfene Frage, ob trotz der erfolgten Streichung, zur Lösung des Problems, die Anforderungen an den Interessenausgleichsversuch in § 113 Abs. 3 BetrVG sachgerecht zu umschreiben, an die alte Zeitablaufregelung angeknüpft werden darf oder sogar muss.[170] Nach *Löwisch* hat die gestrichene Regelung gezeigt, dass ein Interessenausgleichsverfahren in zwei bzw. in maximal drei Monaten beendet werden kann.[171] Deshalb soll auch jetzt noch für einen ausreichenden Versuch genügen, wenn der Unternehmer den Betriebsrat unterrichtet, ihn zu Verhandlungen auffordert und eine „je nach Umfang der in Rede stehenden Betriebsänderung angemessene Frist“ von regelmäßig zwei Monaten vergangen ist.[172] Mit dieser Lösung wird aber der gesetzgeberische Wille völlig übergangen. Wie an anderer Stelle schon gezeigt, war der Gesetzgeber des so genannten Korrekturgesetzes davon überzeugt, dass die Fristenregelung wegen fehlender Notwendigkeit, die Einigungsstelle anrufen zu müssen, nicht geeignet ist, dass für eine Betriebsänderung notwendige Verständnis auf beiden Seiten zu erreichen. Die Auffassung von *Löwisch* führt wiederum dazu, dass die Einschaltung der Einigungsstelle überflüssig ist und daher der Befriedigungseffekt des Interessenausgleichsverfahrens gefährdet ist. Mit der Streichung des § 113 Abs. 3 S. 2 und 3 BetrVG a.F.

---

168 Neef, NZA 1997, 65, 68; *Röder/Baeck*, BB 1996 (Beilage Nr. 17), 23, 25.

169 Vgl. dazu auch die kritischen Ausführungen von *Löwisch*, BB 1999, 102 ff.; *Küttner*, Arbeitsrecht und Arbeitsgerichtsbarkeit, 431, 436; *Verch*, Personalabbau und Betriebsverfassung, S. 272 f.

170 *Löwisch/Kaiser*, § 113 BetrVG Rn. 12; *Löwisch*, BB 1999, 102, 106; *Löwisch/Caspers*, in: MüKo-InsO, §§ 121, 122 InsO Rn. 20.

171 *Löwisch/Kaiser*, § 113 BetrVG Rn. 12; *Löwisch*, BB 1999, 102, 106; *Löwisch/Caspers*, in: MüKo-InsO, §§ 121, 122 InsO Rn. 20.

172 *Löwisch/Kaiser*, § 113 BetrVG Rn. 12; *Löwisch*, BB 1999, 102, 106; *Löwisch/Caspers*, in: MüKo-InsO, §§ 121, 122 InsO Rn. 20.

kommt der ehemaligen Fristenregelung für die Frage, ob ein ausreichender Versuch i.S.d. § 113 Abs. 3 BetrVG vorliegt, somit keine Bedeutung mehr zu.[173]

bb) Analoge Anwendung des § 17 Abs. 2 und 3 KSchG

Zu einer genauen und damit planbaren Bestimmung der Verhandlungsdauer führt die Ansicht in der Literatur, welche § 17 Abs. 2 und 3 KSchG analog heranziehen will. Gemäß § 17 Abs. 2 S. 2 BetrVG haben Arbeitgeber und Betriebsrat bei Massenentlassungen die Pflicht, sich umfassend zu beraten.[174] Nach § 17 Abs. 3 S. 2 KSchG muss der Unternehmer die notwendige Anzeige bei der Agentur für Arbeit unter Beifügung der Stellungnahme des Betriebsrats erstatten. Liegt eine solche Äußerung des Beteiligungsgremiums nicht vor, so ist es nach § 17 Abs. 2 S. 3 KSchG für die Wirksamkeit der Anzeige ausreichend, wenn der Arbeitgeber glaubhaft macht, den Betriebsrat zwei Wochen vor Erstattung der Anzeige unterrichtet zu haben und der Agentur für Arbeit den Stand der Beratungen mitteilt. Aufgrund dessen, dass Massenentlassungen regelmäßig das Ergebnis von Betriebsänderungen sind und die Beratungsverpflichtung des § 17 Abs. 2 S. 2 KSchG damit dem Interessenausgleichsversuch nach den §§ 111 f. BetrVG entspricht, soll es nach der eben genannten Auffassung auch gerechtfertigt sein, die Zwei-Wochen-Regel des § 17 Abs. 3 S. 2 KSchG für den erforderlichen Zeitbedarf bei Verhandlungen über den Interessenausgleich heranzuziehen.[175] Konsequenz ist, dass nach Ablauf dieser Frist die Verhandlungen grundsätzlich abgebrochen werden können.

Auch einer solchen Analogie muss widersprochen werden. Es wurde schon an anderer Stelle gezeigt, dass § 17 KSchG auf der einen und die §§ 111 ff. BetrVG auf der anderen Seite unterschiedliche Regelungsziele verfolgen, so dass die Vergleichbarkeit als notwendige Voraussetzung für eine analoge Anwendung fehlt. § 17 KSchG hat u.a. die maßgebliche Aufgabe, die Arbeitsverwaltung auf zahlreiche neue Arbeitssuchenden vorzubereiten, damit diese so schnell wie möglich wieder in den Arbeitsmarkt integriert werden können.[176] Die hier in Rede stehenden betriebsverfassungsrechtlichen Normen sollen hingegen nur den Interessen der von der Betriebsänderung betroffenen Arbeitnehmer dienen.

---

[173] LAG Niedersachen vom 12.08.2002, LAGE § 122 InsO Nr. 1; *Däubler*, in: DKK, §§ 112, 112a BetrVG Rn. 5a; *Fitting/Engels/Schmidt/Trebinger/Linsenmaier*, § 113 BetrVG Rn. 19; *Matthes*, RdA 1999, 178, 179.

[174] *Bauer*, Betriebsänderungen, S. 53; *Ehmann*, Betriebsstillegung und Mitbestimmung, S. 56 f., der davon spricht, dass „zeitlicher Druck stets gut ist", notwendige Aufgaben rasch zu erfüllen.

[175] Siehe *Ehmann*, Betriebsstillegung und Mitbestimmung, S. 57, wonach es den Betriebspartnern auch zumutbar sei, sich „notfalls in Nachtsitzungen" zusammenzuraufen.

[176] *V. Hoyningen-Huene/Linck*, Vorb. Zu §§ 17 ff. KSchG Rn. 10; *Kiel*, in: ErfK, § 17 KSchG Rn. 2; *Kittner*, in: KDZ, § 17 KSchG Rn. 5; *Stege/Weinspach/Schiefer*, §§ 111-113 BetrVG Rn. 112.

cc) Abschließendes zur notwendigen Verhandlungsdauer

Die bisherigen Ausführungen zeigen, dass eine konkrete Verhandlungsdauer nicht eingehalten werden muss. Vielmehr ist das ernsthafte Bemühen um den Abschluss des Interessenausgleichs dafür entscheidend, wie lange Betriebsrat und Unternehmer beraten müssen. Wurde dem Betriebsrat in ausreichendem Maße die Möglichkeit eingeräumt, seine Auffassung über die Betriebsänderung und eventuelle Alternativkonzepte vorzutragen, so hat der Unternehmer seine Beratungspflicht aus § 111 S. 1 BetrVG erfüllt und kann die Verhandlung abbrechen.

IV. Ersuchen um Vermittlung beim Vorstand der Bundesagentur für Arbeit

Schlägt die Verhandlung zwischen Betriebsrat und Unternehmer über die Betriebsänderung fehl und wird kein Interessenausgleich erzielt, so enthält § 112 Abs. 2 S. 1 BetrVG zunächst die Möglichkeit, den Vorstand[177] der Bundesagentur für Arbeit als Vermittler einzuschalten.

1. Pflicht bzw. Obliegenheit des Unternehmers, den Vorstand der Bundesagentur um Vermittlung zu ersuchen

Es stellt sich in diesem Zusammenhang die Frage, ob § 112 Abs. 2 S. 1 BetrVG dem Unternehmer nur eine Kompetenz einräumt, den Vorstand der Bundesagentur anzugehen oder darüber hinaus der Vorstand sogar angerufen werden muss, wenn sich der Unternehmer nicht Nachteilsausgleichsansprüche der Belegschaft aussetzen möchte. Nach allgemeiner Meinung ist das Einschalten des Vorstandes der Bundesagentur für Arbeit für die beiden Betriebspartner rein fakultativ, so dass das Nichtversuchen dieses Vermittlungsschrittes keinerlei Konsequenzen für den Arbeitgeber hat.[178]

Es ist allerdings auffällig, dass im Gegensatz zur Problematik, ob der Unternehmer für einen ausreichenden Versuch i.S.d. § 113 Abs. 3 BetrVG stets die Einigungsstelle anrufen muss, die Notwendigkeit, den Vorstand der Bundesagentur anzugehen, ohne großen Argumentationsaufwand von der Literatur abgelehnt wird.[179]

---

177 Vgl. *Oetker*, in: GK-BetrVG, § 112 BetrVG Rn. 202 zur Problematik, warum in Fortführung des § 112 Abs. 2 S. 1 BetrVG a.F. bei dem zur Vermittlung Verpflichtenden nicht mehr an den behördlichen Mittelbau der Bundesagentur angeknüpft wurde.

178 Siehe hierzu etwa *Kania*, in: ErfK, §§ 112, 112a BetrVG Rn. 7.

179 Vgl. nur *Däubler*, in: DKK, § 113 BetrVG Rn. 11; *Fitting/Engels/Schmid/Trebinger/Linsenmaier*, §§ 112, 112a BetrVG Rn. 31; *Hohenstatt/Willemsen*, ArbK § 113 BetrVG Rn. 10; *Matthes*, in: MüHb-ArbR, § 361 Rn. 19; *Oetker*, in: GK-BetrVG, § 113 BetrVG Rn. 48; *Richardi/Annuß*, in: Richardi, § 113 BetrVG Rn. 29 ; *Stege/Weinspach/Schiefer*, §§ 111 – 113 BetrVG Rn. 113.

Der Grund, dem Arbeitgeber die hier genannte Initiativpflicht nicht aufzuerlegen, kann dem Wortlaut des § 112 Abs. 2 S. 1 BetrVG nicht entnommen werden, wonach Unternehmer oder Betriebsrat den Vorstand ersuchen *können* aber nicht *müssen*. Wie noch gezeigt werden wird, enthält § 112 Abs. 2 S. 2 BetrVG hinsichtlich der Einschaltung der Einigungsstelle eine identische Formulierung. Nach herrschender Meinung soll dies jedoch nicht daran hindern, den Unternehmer dennoch zu verpflichten, die Einigungsstelle anzugehen, wenn er keine Nachteilsausgleichsansprüche befürchten möchte.

Allein die Vorschrift des § 112 Abs. 2 S. 2 BetrVG gibt Aufschluss, welche Konsequenzen es nach sich zieht, wenn der Vorstand der Bundesagentur für Arbeit nicht um Vermittlung ersucht wurde. Danach tritt als einzige Folge ein, dass die Betriebspartner nun die Einigungsstelle anrufen können, womit deutlich wird, dass der Gesetzgeber für einen ausreichenden Versuch i.S.d § 113 Abs. 3 BetrVG nicht verlangt, dass der Unternehmer von sich aus den Vorstand der Bundesagentur angehen muss.[180]

2. „Reaktionspflichten" des Unternehmers bei einem Vermittlungsversuch des Vorstandes der Bundesagentur für Arbeit

Wurde soeben festgestellt, dass der Unternehmer nicht die Initiative zu ergreifen braucht, den Vorstand der Bundesagentur für Arbeit um Vermittlung zu ersuchen, ist jedoch nichts darüber gesagt, in welcher Intensität und in welcher Zeitspanne er sich an einem vom Betriebsrat initiierten Vermittlungsversuch der eben genannten Stelle beteiligen muss. Das Gesetz gibt selbst keine Auskunft, welche Verhandlungsbemühungen aufgebracht werden müssen und welche Konsequenzen eine Nichtbeteiligung nach sich zieht.[181]

Von einem Teil der Literatur wird vertreten, dass der Arbeitgeber in Bezug auf § 113 BetrVG keinem Einlassungszwang[182] unterliegt, er sich also ohne jegliche Folgen an einem solchen Vermittlungsbemühen des Vorstandes der Bundesagentur für Arbeit nicht beteiligen braucht.[183] Dieser Ansicht kann nicht mit einem bloßen Hinweis auf § 112 Abs. 2 S. 1 BetrVG untermauert werden, wonach

---

180 *Bauer*, Betriebsänderungen, S. 63; *Bovensiepen*, RdA 1975, 288, 290; *Däubler*, in: DKK, §§ 112, 112a BetrVG Rn. 4; *Dolde/Bauer*, BB 1978, 1675, 1678; *Fitting/Engels/Schmidt/Trebinger/Linsenmaier*, §§ 112, 112 a BetrVG Rn. 31; *Knorr*, Der Sozialplan, S. 57; *Matthes*, in: MüHb-ArbR, § 361 Rn. 19; *Löwisch/Kaiser*, § 112 BetrVG Rn. 86; *Richardi/Annuß*, in: Richardi, § 113 BetrVG Rn. 29; *Röder/Baeck*, Interessenausgleich und Sozialplan, S. 18; *Rumpff/Boewer*, Mitbestimmung in wirtschaftlichen Angelegenheiten, S. 354; *Stege/Weinspach/Schiefer*, §§ 111–113 BetrVG Rn. 113.

181 *Matthes*, DB 1972, 286, 288.

182 Zur Frage, ob der Betriebsrat auch eine Einlassung vom Unternehmer verlangen kann, vgl. die Ausführungen in § 9 B I 2 b.

183 So *Löwisch/Kaiser*, § 112 BetrVG Rn. 86; *Stege/Weinspach/Schiefer*, §§ 111-113 BetrVG Rn. 113.

die Betriebspartner den Vermittlungsversuch vor dem Vorstand der Bundesagentur für Arbeit durchführen können. Denn das Wort *können* in § 112 Abs. 2 S. 1 BetrVG bezieht sich allein auf die dem Unternehmer bzw. dem Betriebsrat zustehenden Initiativmöglichkeiten bei einer Betriebsänderung. Eine Aussage, was zu tun ist, wenn die andere Seite von ihrer Möglichkeit, den Vorstand der Bundesagentur für Arbeit anzurufen, Gebrauch macht, ist damit aber nicht getroffen.

Schon der allgemeine Grundsatz der vertrauensvollen Zusammenarbeit i.S.d. § 2 Abs. 1 BetrVG zwingt den Unternehmer, sich bei derartigen Vermittlungsbemühungen zu positionieren.[184] Daneben wäre auch die dem Betriebsrat durch § 112 Abs. 2 S. 1 BetrVG eingeräumte Kompetenz völlig entwertet, wenn man es dem Unternehmer freistellt, ob er sich an diesen Bemühungen beteiligen will. Es ist jedoch stets zu betonen, dass der Interessenausgleich nicht erzwungen werden kann, der Vorstand der Bundesagentur somit auch nur einen Versuch der Einigung anregen darf.

Die Konsequenz der eben angestellten Überlegungen ist, dass der Unternehmer wie bei der Beratung nach § 111 S. 1 BetrVG mit ernstem Einigungswillen in den Vermittlungsversuch des § 112 Abs. 2 S. 1 BetrVG gehen muss. Die hiervon abweichende Auffassung, wonach der Unternehmer jederzeit die Einigungsstelle anrufen kann und damit die Vermittlungsbemühungen des Vorstands der Bundesagentur für Arbeit als gescheitert anzusehen sind und beendet werden müssen, führt dazu, dass dieser vom Gesetzgeber dem Einigungsstellenverfahren vorgeschalteter Vermittlungsschritt völlig abhängig vom Gutdünken eines Betriebspartners ist und somit eine Chance vertan wird, einen für die betroffenen Arbeitnehmer bestmöglichen Kompromiss zu erreichen.[185]

Der Vermittlungsversuch darf daher erst in dem Moment sanktionslos beendet werden, wenn ersichtlich wird, dass eine Übereinkunft der Betriebspartner nicht erzielt werden kann, wobei dies durch den außenstehenden und damit objektiven Vorstand der Bundesagentur für Arbeit bzw. durch dessen Vertreter festgestellt werden muss.

---

184 *Annuß*, in: Richardi, § 112 BetrVG Rn. 220; *Bauer*, Betriebsänderungen, S. 63; *Fitting/Engels/Schmidt/Trebinger/Linsenmaier*, §§ 112, 112a BetrVG Rn. 33; *Knorr*, Der Sozialplan, S. 58; *Verch*, Personalabbau und Betriebsverfassung, S. 258, die allein auf § 2 Abs. 1 BetrVG abstellen.

185 *Fitting/Engels/Schmidt/Trebinger/Linsenmaier*, §§ 112, 112a BetrVG Rn. 33; a. A. *Annuß*, in: Richardi, § 112 BetrVG Rn. 225; *Bovensiepen*, RdA 1975, 288, 290; *Knorr*, Der Sozialplan, S. 58; *Oetker*, in: GK-BetrVG, §§ 112, 112a BetrVG Rn. 217; *Rumpff/Boewer*, Mitbestimmung in wirtschaftlichen Angelegenheiten, S. 354.

V. Anrufen der Einigungsstelle

1. Initiativpflicht / -obliegenheit des Arbeitgebers

Als weitere Hilfestellung, um zu einem Interessenausgleich zu gelangen, sieht § 112 Abs. 2 S. 2 BetrVG vor, dass die Betriebspartner auch die Einigungsstelle anrufen können.

Vom BAG wurde durch das Urteil vom 18.12.1984 entschieden und seitdem ist es ständige Rechtsprechung, dass der Arbeitgeber, um ein Eingreifen des § 113 Abs. 3 BetrVG zu vermeiden, von sich aus die Einigungsstelle angehen und dort einen Interessenausgleich versuchen muss.[186] Dieser Ansicht schließen sich auch in überwiegendem Maße die Vertreter der Literatur an.[187]

Trotz der Konstanz der Rechtsprechung und der Phalanx der zustimmenden Literaturmeinung soll im Folgenden der Versuch unternommen werden, sich vertiefend und kritisch mit der Problematik auseinander zu setzen. Hierzu sind die Argumente des grundlegenden Urteils des BAG noch einmal einzeln zu untersuchen.

a) Wortlautargumente

Genauso wie aus § 113 Abs. 3 BetrVG nicht entnommen werden kann, ob der Unternehmer für einen ausreichenden Interessenausgleichsversuch den Vorstand der Bundesagentur angehen muss, lässt sich aus dem Wortlaut der Norm auch nicht ermitteln, ob stets eine Initiative des Arbeitgebers zur Anrufung der Einigungsstelle gefordert wird. Die Sanktionsregel verlangt lediglich einen Versuch des Interessenausgleiches, sie legt aber nicht fest, welche Voraussetzungen an diesen Versuch geknüpft werden.

Das BAG führt zur Begründung seiner These an, dass § 113 Abs. 3 BetrVG seinen Anknüpfungspunkt „erkennbar" in § 112 Abs. 3 S. 2 BetrVG findet.[188] Nach dieser Vorschrift ist die Einigungsstelle gezwungen, einen Interessen-

---

[186] BAG vom 18.12.1984, AP Nr. 11 zu § 113 BetrVG 1972; aus der neueren Rechtsprechung siehe nur BAG vom 21.07.2005, AP Nr. 50 zu § 113 BetrVG 1972; BAG vom 26.10.2004, AP Nr. 49 zu § 113 BetrVG 1972; BAG vom 21.11.2001, AP Nr. 39 zu § 113 BetrVG 1972; LAG Hamm vom 04.12.2003, ZInsO 2004, 824; LAG Schleswig-Holstein vom 11.05.2001, Az.: 5 Sa 66/01 (n.v.); LAG Schleswig-Holstein vom 14.12.2000, Az.: 5 Sa 452/00 (n.v.); LAG Thüringen vom 22.07.1998, NZA-RR 1999, 309, 310.

[187] *Däubler*, in: DKK, § 113 BetrVG Rn. 11; *Fitting/Engels/Schmidt/Trebinger/Linsenmaier*, § 113 BetrVG Rn. 13; *v. Hoyningen-Huene*, Betriebsverfassungsrecht, S. 381; *Hunold*, NZA-RR 2004, S. 561 ff. (563); *Kania*, in: ErfK, §§ 112, 112a BetrVG Rn. 8; *Küttner*, Arbeitsrecht und Arbeitsgerichtsbarkeit, S. 431 ff.; *Matthes*, in: MüHb-ArbR, § 361 Rn. 25 f.; *ders.*, RdA 1999, 178, 179; *Oetker*, in: GK-BetrVG, § 113 BetrVG Rn. 49; *Preis/Bender*, in: Wlotzke/Preis, § 113 BetrVG Rn. 12; *Richardi/Annuß*, in: Richardi, § 113 BetrVG Rn. 29 f.; *Rumpff/Boewer*, Mitbestimmung in wirtschaftlichen Angelegenheiten, S. 419 f.

[188] BAG vom 18.12.1984, AP Nr. 11 zu § 113 BetrVG, wobei hier fälschlicherweise § 112 Abs. 3 BetrVG statt § 113 Abs. 3 BetrVG erwähnt wurde.

ausgleich zu versuchen. Das Gericht vertritt damit die Auffassung, dass aus der Verpflichtung der Einigungsstelle, sich um eine Lösung zu bemühen, ebenso abzuleiten ist, dass die Betriebspartner dieses Vermittlungsgremium einberufen müssen.[189] Ergreift der Betriebsrat nicht die Initiative, so ist der Unternehmer verpflichtet, dies zu tun.

Ein derartiges Argument überzeugt indes nicht. § 112 Abs. 3 S. 2 BetrVG trifft allein eine Aussage, was von der Seite der Einigungsstelle aus zu unternehmen ist, wenn sie angegangen wurde. Der Norm kann man aber nicht entnehmen, ob dieses Gremium einzuberufen ist und wer dies vorzunehmen hat.

Zweitens legt § 112 Abs. 1 S. 1 BetrVG fest, dass der zwischen Betriebsrat und Unternehmer zustande gekommene Interessenausgleich schriftlich niedergelegt werden soll. Gelingt eine solche Vereinbarung nicht, können nach § 112 Abs. 2 S. 1 BetrVG die Beteiligten beim Vorstand der Bundesagentur für Arbeit um Vermittlung ersuchen oder die Einigungsstelle anrufen. Sieht also § 112 Abs. 2 S. 1 BetrVG vor, dass bereits die Verhandlungen zwischen den Betriebspartnern zum Erfolg, also zum Abschluss eines Interessenausgleiches führen können, so muss denknotwendig schon der Weg zu einer derartigen Übereinkunft als Versuch verstanden werden.[190] Der Vergleich des § 112 Abs. 2 S. 1 BetrVG mit § 113 Abs. 3 BetrVG ergibt eher ein Indiz für den Versuch i.S.d. Nachteilsausgleichsanspruchs lediglich die Unterrichtung und Beratung zu verlangen.[191]

Ein weiteres Wortlautargument gegen die Ansicht der Rechtsprechung lässt sich ferner aus § 112 Abs. 2 S. 2 BetrVG entnehmen. In dieser Norm spricht der Gesetzgeber explizit davon, dass der Betriebsrat oder der Unternehmer die Einigungsstelle anrufen *können*.[192] Wird dem Unternehmer damit nur eine Möglichkeit eingeräumt, so darf dieser keine Nachteile erleiden, wenn er die ihm gebotene Option nicht nutzen möchte.[193] In seiner grundlegenden Entscheidung vom 18. 12. 1984 lehnt das BAG dieses Argument mit der Begründung ab, dass § 112 BetrVG nur das Verhältnis von Betriebsrat und Unternehmer regelt, es beim Nachteilsausgleich jedoch um einen Anspruch der Arbeitnehmer gegen den Unternehmer geht.[194] Damit wird jedoch die immer wieder beschworene Sank-

---

189 BAG vom 18.12.1984, AP Nr. 11 zu § 113 BetrVG.

190 *S. Biedenkopf*, Interessenausgleich und Sozialplan, S. 93.

191 Diese Ansicht wird unter anderem von *Beuthien*, ZfA 1988, 1 ff.; *S. Biedenkopf*, Interessenausgleich und Sozialplan, S. 95; *Ehmann*, Betriebsstillegung und Mitbestimmung, S. 62; *Hanau*, ZfA 1974, 89, 111, Löwisch, RdA 1989, 216, 218 f.; *Stege/Weinspach/Schiefer*, §§ 111-113 BetrVG Rn. 116 vertreten.

192 Vgl. auch die Gesetzesbegründung, in der stets vom Anrufen *können* gesprochen wird (BT-Drucks. 6/1786, S. 55).

193 *Göpfert/Krieger*, NZA 2005, 254, 255.

194 BAG vom 18.12.1984, AP Nr. 11 zu § 113 BetrVG. Konsequenz dieser Sichtweise ist, dass das Anrufen der Einigungsstelle durch den Unternehmer nur eine Obliegenheit ist, deren Nichterfüllung gegenüber den Arbeitnehmern zum Schadensersatz führt, es sich hier aber um

tionsfunktion des Nachteilsausgleichsanspruchs übersehen.[195] § 113 BetrVG soll gerade dazu dienen, dass der Unternehmer die Rechte des Betriebsrats hinsichtlich des Interessenausgleichs einhält. Mithin muss im Rahmen des § 113 BetrVG auf das zwischen den Betriebspartnern bestehende Pflichtenverhältnis abgestellt werden.

Zusammenfassend ist festzuhalten, dass entgegen der Ansicht des BAG aus dem Wortlaut der §§ 112 f. BetrVG kein Argument zu ziehen ist, wonach für den Unternehmer die Pflicht besteht, die Einigungsstelle anzurufen.

b) Entstehungsgeschichte

Weiterhin wird vom BAG im Urteil vom 18. 12. 1984 auch die Entstehungsgeschichte des § 113 BetrVG ins Feld geführt.[196] So konnte nach § 72 Abs. 2 S. 2 BetrVG 1952 der Unternehmer bzw. der Betriebsrat eine Vermittlungsstelle anrufen, wenn eine Einigung über den Interessenausgleich nicht erreicht, der Vermittlungsversuch einer behördlichen Stelle fehlschlug oder erst gar nicht versucht wurde. Die Vermittlungsstelle hatte dann einen Interessenausgleich zu probieren. Gelang dies nicht, so machte sie gemäß § 73 Abs. 2 BetrVG 1952 einen Vermittlungsvorschlag, welcher für die Betriebspartner bindend war. Während der Geltung des BetrVG 1952 war es bereits ständige Rechtsprechung, dass der Unternehmer das Verfahren ausschöpfen musste und damit auch die Einigungsstelle anzurufen hatte.[197] Nach Ansicht des BAG ist aus der Tatsache, dass in das BetrVG 1972 trotz Kenntnis dieser Rechtsprechung die Regelung der §§ 72 f. BetrVG 1952 in § 112 Abs. 2 S. 1, 2 und Abs. 3 BetrVG 1972 übernommen wurde, ein weiterer Beleg dafür zu sehen, dass auch der Gesetzgeber des „neuen" Betriebsverfassungsgesetzes die bestehende Auffassung des Gerichts geteilt hat.[198]

Auch diese Begründung erscheint bedenklich. Wie bereits an anderer Stelle angerissen, unterscheiden sich die Konzeptionen des BetrVG 1952 und des BetrVG 1972 im Hinblick auf die Mitwirkungsrechte bei Betriebsänderungen dadurch, dass früher ein Sozialplan nicht erzwungen werden konnte. Vielmehr war der Interessenausgleich gegen den Willen des Unternehmers durchsetzbar. Um finanzielle Nachteile der betroffenen Arbeitnehmer ausgleichen zu können, wurde deshalb von Seiten des Betriebsrats oftmals der Abschluss eines Sozialplans zur

---

keine Verpflichtung gegenüber dem Betriebsrat handelt. Zustimmend zu dieser Differenzierung *Matthes*, RdA 1999, 178, 179.

195 Siehe dazu die Ausführungen in § 2 A I.

196 BAG vom 18.12.1984, AP Nr. 11 zu § 113 BetrVG.

197 Grundlegend BAG vom 20.11.1970, AP Nr. 7 zu § 72 BetrVG; BAG vom 10.06.1969, AP Nr. 6 zu § 72 BetrVG; BAG vom 20.01.1961, AP Nr. 2 zu § 72 BetrVG; siehe auch *Dietz*, § 74 BetrVG Rn. 11.

198 BAG vom 18.12.1984, AP Nr. 11 zu § 113 BetrVG.

Bedingung des Interessenausgleichs gemacht. Damit war der Interessenausgleich nach altem Recht der einzige Behelf des Betriebsrats, die Interessen der Belegschaft durchzusetzen.[199] Aus diesem Grund war es auch verständlich, wenn die Rechtsprechung sehr hohe Anforderungen an den Versuch einer solchen Vereinbarung stellte und forderte, dass der Unternehmer stets die Einigungsstelle anrufen musste.

Die Situation änderte sich mit Inkrafttreten des BetrVG 1972. Es kam der Sozialplan hinzu, der im Gegensatz zum Interessenausgleich nun erzwingbar ausgestaltet ist, womit Letztgenannter nicht mehr das einzige Mittel darstellt, um die Arbeitnehmerinteressen zu verteidigen. Es bedarf daher für einen Ausgleich der den Arbeitnehmern entstandenen finanziellen Nachteilen auch nicht mehr des Umweges über den Interessenausgleich. Somit besteht kein Grund, an den Versuch des Interessenausgleiches so strenge Ansprüche zu stellen, wie es zu Zeiten des BetrVG 1952 nötig war.

Aus der Entstehungsgeschichte des § 113 BetrVG kann folglich kein Argument gezogen werden, welches die Ansicht der Rechtsprechung und der ihr folgenden herrschenden Auffassung in der Literatur untermauert.

c) Sinn und Zweck der Norm

Das BAG führt ferner ein Zweckargument zur Begründung seiner These an. Danach soll der Unternehmer angehalten werden, das Interessenausgleichsverfahren bis hin zur Einigungsstelle zu betreiben, denn bei der dort herrschenden neutralen Atmosphäre ist es eher möglich, Kompromisse zu erzielen und Spannungen zwischen den Betriebspartnern abzubauen.[200] Zwar lässt sich die eben angesprochene Funktion der Einigungsstelle, Missverständnisse zu bereinigen, nicht leugnen.[201] Als einziger Grund, den Unternehmer in ein kostenintensives Einigungsstellenverfahren zu zwingen, kann diese Wirkung jedoch nicht dienen. Besteht aus Sicht des Betriebsrats Klärungsbedarf, welcher eine solch neutrale Atmosphäre erfordert, so hat er nach § 112 Abs. 2 S. 2 BetrVG die Möglichkeit, selbst die Einigungsstelle anzurufen.[202] Kurz gefasst bedeutet dies, dass der Betriebsrat die Initiative zur Anrufung der Einigungsstelle ergreifen kann. Nutzt er sie nicht, darf das nicht zu Lasten des Unternehmers gehen und für diesen zu erhöhten Anforderungen führen.

---

199 *Ehmann*, Betriebsstillegung und Mitbestimmung, S. 60; *Hanau*, ZfA 1974, 89, 111.

200 BAG vom 21.11.2001, AP Nr. 39 zu § 113 BetrVG 1972; BAG vom 18.12.1984, AP Nr. 11 zu § 113 BetrVG.

201 Siehe hierzu § 6 B III 2 a bb.

202 *S. Biedenkopf*, Interessenausgleich und Sozialplan, S. 93; *Hanau*, ZfA 1974, 89, 111.

d) Praktikabilitätserwägungen

Als letztes Argument wird in der grundlegenden Entscheidung des BAG auch eine Praktikabilitätserwägung zur Begründung herangezogen. Die stets notwendige Anrufung der Einigungsstelle habe zur Folge, dass die dort vorgenommenen Verhandlungen regelmäßig protokolliert werden. Durch diese Protokolle könne ermittelt werden, ob der Unternehmer mit ernstem Willen zur Einigung verhandelt hat, was Voraussetzung für einen ausreichenden Versuch i.S.d. § 113 Abs. 3 BetrVG ist.[203] Gerade aus dem Gesichtspunkt heraus, dass ein Einigungsstellenverfahren zeitaufwendig und damit sehr teuer ist und sich die übrigen Argumente der Rechtsprechung als unzutreffend erwiesen haben, erscheint es nicht gerechtfertigt, aus Beweisgründen dem Arbeitgeber eine derartig zeitraubende Verpflichtung aufzuerlegen.[204]

Diese Unzumutbarkeit der langen Verfahrensdauer wird von der abweichenden Auffassung deshalb als Hauptgrund angesehen, um die Pflicht bzw. die Obliegenheit des Unternehmers, die Einigungsstelle anzurufen, abzulehnen.[205] Dem hält das BAG entgegen, dass die gleiche Zeit auch verstreichen würde, wenn der Betriebsrat von seinem Initiativrecht Gebrauch macht.[206] Dies stimmt jedoch nicht. Denn die Verzögerung tritt gewöhnlich dadurch ein, dass der Betriebsrat die Vorschläge des Arbeitgebers für die Besetzung der Einigungsstelle nicht akzeptieren möchte, womit der Arbeitgeber gemäß § 76 Abs. Abs. 2 S. 2 und 3 BetrVG i.V.m. § 98 Abs. 1 S. 1 ArbGG das Arbeitsgericht anrufen muss. Gegen dessen Entscheidung kann nach § 98 Abs. 2 S. 1 ArbGG auch noch Beschwerde eingelegt werden. Alle diese Möglichkeiten stehen dem Betriebsrat natürlich nicht zu, wenn er selbst das Vermittlungsgremium anruft.[207] Damit wird deutlich, dass die Verhandlungsdauer davon abhängt, welcher Betriebspartner tätig wurde, so dass die Erwiderung des BAG auf das Argument der abweichenden Auffassung nicht den Tatsachen entspricht. Es bleibt daher festzuhalten, dass auch die Praktikabilitätserwägungen des Gerichts zur Lösung der angesprochenen Problematik nichts beitragen können.

e) Weitere Überlegungen

Das dem BAG zwar nicht hinsichtlich seiner Begründung, jedoch in Bezug auf sein Ergebnis zu folgen ist, ergibt sich allerdings aus einer anderen Überlegung.

Es ist zu bedenken, dass das Verstreichenlassen der dem Betriebsrat durch § 112 Abs. 2 S. 2 BetrVG gegebenen Möglichkeiten bei Verneinung der Pflicht des

---

203 BAG vom 18.12.1984, AP Nr. 11 zu § 113 BetrVG; zustimmend *Matthes*, Festschrift für Wlotzke, 393, 402 f.

204 Zur Verfahrensdauer vgl. den praktischen Beispielsfall bei *Federlin*, ZfA 1988, 99, 104.

205 *S. Biedenkopf*, Interessenausgleich und Sozialplan, S. 94; *Federlin*, ZfA 1988, 99, 104.

206 BAG vom 18.12.1984, AP Nr. 11 zu § 113 BetrVG.

207 *S. Biedenkopf*, Interessenausgleich und Sozialplan, S. 94.

Unternehmers, selbst die Einigungsstelle anzurufen, allein die Arbeitnehmer benachteiligen würde. Diese sind jedoch gar nicht an dem Interessenausgleichsverfahren beteiligt und haben somit auch keine Einflussmöglichkeiten auf den Geschehensablauf.[208] Aus dem Fakt, dass die einzelnen Arbeitnehmer nicht selbst tätig werden können, sie aber gerade die Nachteile tragen müssen, wenn der Betriebsrat nicht die ihm gesetzlich gegebenen Möglichkeiten ausnutzt, gebietet es der Arbeitnehmerschutz, dem Unternehmer aufzuerlegen, dass er die Einigungsstelle anrufen muss, will er sich nicht Nachteilsausgleichsansprüchen i.S.d. § 113 Abs. 3 BetrVG aussetzen.

Dieses Ergebnis wird ferner dadurch untermauert, dass der einzelne Arbeitnehmer den Betriebsrat bzw. dessen Mitglieder bei pflichtwidriger Unterlassung der durch § 112 Abs. 2 S. 2 BetrVG gegebenen Möglichkeit nicht oder nur in seltensten Fällen in die Haftung nehmen kann. Zwar ist ein gesetzliches Beteiligungsrecht wegen des Treuhandcharakters der Betriebsratstätigkeit als ein Pflichtrecht gegenüber der Belegschaft anzusehen.[209] Jedoch kommt man auch dann zu keiner Haftung, wenn man etwa der Konzeption *Bellings* folgt und bei Nichtausübung von Beteiligungsrechten, welche die Belange des einzelnen Arbeitnehmers wahren sollen, eine Schadensersatzpflicht des Betriebsrats gegenüber den Arbeitnehmern aus einer analogen Anwendung der §§ 1915, 1833 Abs. 1 S. 1, 2219 Abs. 1 BGB bejaht.[210] Denn der Betriebsrat ist als Kollegialorgan nicht vermögensfähig.[211] Gleiches gilt für eine Haftung der einzelnen Betriebsratsmitglieder. Ihnen obliegt zwar die Verpflichtung gegenüber der Belegschaft, ihr Amt so auszuüben, dass der Betriebsrat nach außen hin rechtmäßig in Erscheinung tritt.[212] Sie üben jedoch unentgeltlich ein Ehrenamt aus, so dass ihnen ein Haftungsprivileg zuteil kommen muss.[213] Selbst sind sie deshalb nur dann zum

---

208 BAG vom 18.12.1984, AP Nr. 11 zu § 113 BetrVG.

209 *Belling*, Die Haftung des Betriebsrats, S. 277; *Thüsing*, in Richardi, Vor § 26 BetrVG Rn. 13; im Ergebnis *Heinze*, ZfA 1988, 53, 64 ff.; a.A. *v. Hoyningen-Huene*, Betriebsverfassungsrecht, § 4 III 3 c, welcher eine Rechtsbeziehung zwischen Arbeitnehmern und Betriebsrat ablehnt.

210 In: Die Haftung des Betriebsrats, S. 277. Zu einem Schutzbedürfnis kommt natürlich ebenso, wer bereits eine Rechtsbeziehung zwischen Betriebsrat und Belegschaft verneint. So z. B. *v. Hoyningen-Huene*, Betriebsverfassungsrecht, § 4 III 3 c; *ders.*, Festschrift für Wiese, 175, 180.

211 *Fitting/Engels/Schmidt/Trebinger/Linsenmaier*, § 1 BetrVG Rn. 217; *v. Hoyningen-Huene*, Betriebsverfassungsrecht, § 4 II 2; *ders.*, in: MüHb-ArbR, § 299 Rn. 23; *Kraft/Franzen*, in: GK-BetrVG, § 1 BetrVG Rn. 74; *Thüsing*, in: Richardi, § Vor 26 BetrVG Rn. 8.

212 *Belling*, Die Haftung des Betriebsrats, S. 229; *Thüsing*, in: Richardi, Vor § 26 BetrVG Rn. 14.

213 Statt aller BAG vom 21.07.2005, AP Nr. 50 zu § 113 BetrVG 1972; *Belling*, Die Haftung des Betriebsrats, S. 246 ff.; *Joost*, in: MüHb-ArbR, § 308 Rn. 3; *Thüsing*, in: Richardi, Vor § 26 BetrVG Rn. 14.

Schadensersatz verpflichtet, wenn sie grob fahrlässig oder vorsätzlich handeln, was im Regelfall jedoch nicht der Fall sein wird.

Demnach steht den Arbeitnehmern keine Möglichkeit zu, auf den Betriebsrat einzuwirken, dass dieser die Einigungsstelle angeht. Sie erhalten auch keinen Schadensersatz vom Betriebsrat bzw. seinen Mitgliedern, wenn eine für sie nachteilige Betriebsänderung durchgesetzt wird und vorher ihre Interessen nicht in ausreichendem Maße berücksichtigt wurden. Ihrem Schutzbedürfnis kann man lediglich dadurch gerecht werden, dass man dem Unternehmer selbst die Pflicht auferlegt, die Einigungsstelle anzurufen.

f) Ergebnis

Festzuhalten ist, dass dem grundlegenden Urteil des BAG vom 18.12.1984 zwar nicht in seiner Begründung, jedoch im Ergebnis zu folgen ist, wonach der Unternehmer, will er einen ausreichenden Versuch i.S.d. § 113 Abs. 3 BetrVG vornehmen, von sich aus die Einigungsstelle anrufen muss.

2. „Pflicht" des Arbeitgebers zum Abwarten des Einigungsstellenspruchs

Mit dem eben gefundenen Ergebnis ist noch nichts darüber gesagt, ob der Unternehmer auch gezwungen ist, einen Spruch der Einigungsstelle abzuwarten. Zwar ist das Vermittlungsgremium nicht berechtigt, gegen den Willen einer Seite mit verbindlicher Wirkung einen Interessenausgleich aufzustellen.[214] Aus dieser fehlenden Rechtsmacht der Einigungsstelle kann allerdings nicht geschlossen werden, dass der Unternehmer ohne jegliche Konsequenzen sofort mit der Durchführung der Betriebsänderung beginnen darf.[215] Den Unternehmer zu verpflichten, von sich aus die Einigungsstelle anzurufen, ihm zugleich aber zu gestatten, dass er, ohne eine Entscheidung der Einigungsstelle abwarten zu müssen, die Betriebsänderung vornehmen kann, würde zur Konsequenz haben, dass der Einschaltung der betrieblichen Vermittlungsstelle eine reine Alibifunktion zukommen würde, welcher man von vornherein der Möglichkeit beraubt hat, einen tauglichen Versuch eines Interessenausgleichs vorzunehmen. Es ist jedoch davon auszugehen, dass der Gesetzgeber die Einschaltung der Einigungsstelle als letzte Chance etablieren wollte, damit die erheblich betroffenen Interessen der Arbeitnehmerschaft doch noch gebührend berücksichtigt werden. Dem kann man nur dann Rechung tragen, wenn man verlangt, dass die Durchführung der Betriebsänderung erst vorgenommen werden darf, wenn die Einigungsstelle förmlich das Scheitern der

---

214 Vgl. dazu bereits die Ausführungen in § 2 A I.

215 So aber *Löwisch*, RdA 1989, 216, 218; *Matthes*, Festschrift für Wlotzke, S. 393, 400; *ders.*, DB 1972, 286, 288; *Oetker*, in: GK-BetrVG, § 113 BetrVG Rn. 50.

Einigungsbemühungen feststellt bzw. beschließt.[216] Allein in diesem Moment sind alle gesetzlich etablierten Möglichkeiten ergriffen und ausgereizt worden, um die Betriebsänderung so zu gestalten, dass sie so wenig wie möglich die Belegschaftsinteressen beeinträchtigt.

3. Zusammenfassung hinsichtlich des Ersuchens um Vermittlung beim Vorstand der Bundesagentur für Arbeit / Anrufen der Einigungsstelle

Ist eine Beratung mit dem Betriebsrat über einen Interessenausgleich fehlgeschlagen, so muss der Unternehmer, um einen ausreichenden Versuch i.S.d. § 113 Abs. 3 BetrVG unternommen zu haben, zwar nicht den Vorstand der Bundesagentur für Arbeit um Vermittlung ersuchen. Hat jedoch der Betriebsrat dieses Vermittlungsgremium eingeschaltet, so ist der Unternehmer gehalten, so lange an den Verhandlungen mit ernstem Einigungswillen teilzunehmen, bis objektiv erkennbar ist, dass ein Interessenausgleich nicht erzielt wird, wobei diese Feststellung durch den eingeschalteten Vorstand der Bundesagentur für Arbeit getroffen werden muss.

Hingegen hat der Unternehmer von sich aus die Einigungsstelle anzurufen, wenn er Ansprüche der Belegschaft aus § 113 Abs. 3 BetrVG vermeiden will. Es soll hier aber noch einmal betont werden, dass es sich bei der „Verpflichtung", die Einigungsstelle anzugehen, nicht um eine Rechtspflicht, sondern um eine Obliegenheit handelt, deren Nichtbefolgung lediglich die Zahlung des Nachteilsausgleichs nach sich zieht. Auch hier muss der Unternehmer, um der Einigungsstelle überhaupt eine Vermittlungschance zu geben, so lange mit der Durchführung der Betriebsänderung warten, bis durch die Einigungsstelle das Scheitern ihrer Bemühungen förmlich festgestellt wurde. Tut er dies nicht, so hat er ebenfalls keinen ausreichenden Versuch i.S.d. § 113 Abs. 3 BetrVG unternommen.

VI. Schuldhaftes Nichtversuchen?

Weiterhin ergibt sich die Frage, ob der Nachteilsausgleichsanspruch nur eingreifen kann, wenn dem Arbeitgeber hinsichtlich des nicht ausreichenden Interessenausgleichsversuchs auch ein Verschulden vorzuwerfen ist, er also fahrlässig oder vorsätzlich die Anforderungen des § 113 Abs. 3 BetrVG nicht erfüllte.

Nach ständiger Rechtsprechung ist das Verschulden kein Tatbestandsmerkmal des § 113 Abs. 3 BetrVG, vielmehr reicht ein objektiver Verstoß gegen die Obliegenheit, einen Interessenausgleich zu versuchen, aus.[217] Dieser Auffassung schließt sich auch die Literatur an.[218]

---

[216] LAG Niedersachen vom 12.08.2002, LAGE § 122 InsO Nr. 1; *Matthes*, RdA 1999, 178, 179; *Richardi/Annuß*, in: Richardi, § 113 BetrVG Rn. 50.

[217] BAG vom 20.11.2001, AP Nr. 39 zu § 113 BetrVG 1972; BAG vom 08.06.1998, AP Nr. 47 zu § 111 BetrVG 1972; BAG vom 24.01.1996, AP Nr. 16 zu § 50 BetrVG 1972; BAG vom

Stellt man jedoch oberflächlich darauf ab, dass § 113 BetrVG neben seiner Ausgleichsfunktion auch einen Sanktionszweck gegenüber dem Arbeitgeber erfüllen soll, so scheint die fehlende Berücksichtigung des Verschuldens unstimmig zu sein. Derjenige, der schuldlos den vom Gesetz auferlegten Pflichten nicht nachkommt, kann keinen sanktionellen Nachteilen ausgesetzt sein.

Eine allein auf den Begriff der Sanktion abstellende Sichtweise verkennt, dass § 113 Abs. 3 BetrVG vielmehr die Beteiligung des Betriebsrats bei Betriebsänderungen sicherstellen soll, um so die Interessen der betroffenen Arbeiter mittelbar zu schützen.[219] Für die Wahrung ihrer Belange ist es aber ohne Bedeutung, ob eine ausreichende Beteiligung wegen eines schuldhaften oder schuldlosen Verhaltens des Unternehmers nicht erfolgt ist. In beiden Fällen werden die Arbeitnehmerinteressen bei der Entscheidungsfindung nicht berücksichtigt, was § 113 Abs. 3 BetrVG gerade verhindern will. Demzufolge bedingt ein umfangreicher Arbeitnehmerschutz, dass es auf ein Verschulden des Arbeitgebers im Rahmen des § 113 Abs. 3 BetrVG nicht ankommen kann, so dass der Auffassung der Literatur und Rechtsprechung zuzustimmen ist.

VII. Ausnahmen von der Notwendigkeit des Versuchs des Interessenausgleichs

Von den eben dargestellten Anforderungen an einen hinreichenden Interessenausgleichsversuch sind allerdings Ausnahmen denkbar, in denen es von vornherein aussichtslos erscheint, dass der angestrebte Erfolg der Verhandlungen eintreten wird. Ob man dennoch stets an den Voraussetzungen festhalten muss oder in bestimmten Situationen Abweichungen erlaubt sind, soll im Folgenden untersucht werden.

1. Verhandlungsverweigerung durch den Betriebsrat

Zum einen wird in der Literatur und in der Rechtsprechung diskutiert, ob den Unternehmer auch dann die Sanktionswirkungen des § 113 Abs. 3 BetrVG treffen, wenn sich der Betriebsrat grundsätzlich an einem Interessenausgleich nicht beteiligen möchte, sondern vielmehr erklärt, er sehe für eine solche Übereinkunft

---

26.10.1982, AP Nr. 10 zu § 111 BetrVG 1972; BAG vom 04.12.1979, AP Nr. 6 zu § 111 BetrVG 1972; LAG Hamm vom 04.12.2003, ZInsO 2004, 824.

[218] *Bauer*, Betriebsänderungen, S. 112; *Fitting/Engels/Schmidt/Trebinger/Linsenmaier*, § 113 BetrVG Rn. 16; *Hess*, in: Hess/Schlochauer/Worzalla/Glock, § 113 BetrVG Rn. 20; *Knorr*, Der Sozialplan, S. 125; *Oetker*, in: GK-BetrVG, § 113 BetrVG Rn. 37; *Richardi/Annuß*, in: Richardi, § 113 BetrVG Rn. 28; *Stege/Weinspach/Schiefer*, §§ 111-113 BetrVG Rn. 171; a.A. *Ehmann*, Betriebsstillegung und Mitbestimmung, S. 80 f.

[219] BAG vom 20.11.2001, AP Nr. 39 zu § 113 BetrVG 1972; BAG vom 08.06.1998, AP Nr. 47 zu § 111 BetrVG 1972; BAG vom 24.01.1996, AP Nr. 16 zu § 50 BetrVG 1972. Siehe dazu auch die Ausführungen in § 2 A I.

gar keine Notwendigkeit.[220] Nach einer Mindermeinung in der Literatur muss bei einer Verhandlungsverweigerung seitens des Betriebsrats eine Ausnahme von der Obliegenheit des Unternehmers, das Interessenausgleichsverfahren voll auszuschöpfen, anerkannt werden, denn in diesem Fall würde sich das Verfahren als reine Förmelei darstellen.[221]

Ein Argument gegen diese These und dafür, dass der Unternehmer dennoch die Initiativlast trägt, könnte sich daraus ergeben, dass sich das Erreichen eines Interessenausgleichs für den Unternehmer als eine Obliegenheit gegenüber den Arbeitnehmern darstellt, womit es auf den Willen des Betriebsrats als quasi außenstehenden Dritten nicht ankommen kann.[222] Allerdings darf nicht vergessen werden, dass die Belegschaft eines Betriebes durch den Betriebsrat „vertreten" wird. Der einzelne Arbeitnehmer ist gar nicht in der Lage, die ihn betreffenden Belange anlässlich einer Betriebsänderung gegenüber dem Arbeitgeber durchzusetzen, vielmehr benötigt er die Hilfe des Betriebsrats. Letztgenannter ist somit im Verhältnis zwischen Unternehmer und Arbeitnehmer kein außenstehender Dritter.

Andererseits kann der Betriebsrat auf seine gesetzlichen Beteiligungsrechte nicht wirksam verzichten.[223] Wie eben angesprochen, nimmt er diese Rechte nicht im eigenen Interesse, sondern zum Wohle der Belegschaft wahr. Aus diesem Grund ist er genauso wie der Unternehmer verpflichtet, mit ernstem Willen eine Einigung zu versuchen.[224] Verweigern die Arbeitnehmervertreter trotzdem die Mitwirkung an einem Interessenausgleich, so darf sich der Unternehmer mit diesem betriebsverfassungswidrigen Verhalten nicht begnügen und die Betriebsänderung einfach durchführen.[225] Gerade weil er erkennen kann, dass sich der Betriebspartner pflichtwidrig verhält, muss er alles daransetzen, um einen Interessenausgleichsversuch zu erreichen. Eine Verhandlungsverweigerung des Betriebsrats

---

220 BAG vom 26.10.2004, AP Nr. 49 zu § 113 BetrVG 1972; LAG Hamm vom 04.12.2003, ZInsO 2004, 824; LAG Hamm vom 22.07.2003, LAGReport 2003, 340; LAG Hamm vom 21.07.1975, DB 1975 1899; *Kania/Joppich*, NZA 2005, 749, 750; *Matthes*, Festschrift für Wlotzke, 393, 403; *Oetker*, in: GK-BetrVG, § 113 BetrVG Rn. 51; *Richardi/Annuß*, in: Richardi, § 113 BetrVG Rn. 30.

221 So z. B. *Oetker*, in: GK-BetrVG, § 113 BetrVG Rn. 51; *Richardi/Annuß*, in: Richardi, § 113 BetrVG Rn. 30; *Stege/Weinspach/Schiefer*, §§ 111 – 113 Rn. 171; a.A. BAG vom 26.10.2004, AP Nr. 49 zu § 113 BetrVG 1972; LAG Hamm vom 04.12.2003, ZInsO 2004, 824; LAG Hamm vom 22.07.2003, LAGReport 2003, 340; *Matthes*, Festschrift für Wlotzke, 393, 403, der damit seine frühere Position [z.B. in: MüHb-ArbR (1. Auflage) § 353 Rn. 2] aufgibt.

222 So LAG Hamm vom 22.07.2003, LAGReport 2003, 340; *Matthes*, Festschrift für Wlotzke, 393, 403.

223 BAG vom 26.10.2004, AP Nr. 49 zu § 113 BetrVG 1972.

224 BAG vom 26.10.2004, AP Nr. 49 zu § 113 BetrVG 1972; *Fitting/Engels/Schmidt/Trebinger/Linsenmaier*, §§ 112, 112a BetrVG Rn. 26.

225 Nach Auffassung des BAG [vom 06.08.1991, 1 AZR 642/90 (n.v.)] ist eine Ausnahme von der Initiativpflicht des Unternehmers nur für den Fall anzuerkennen, dass der Betriebsrat seine Tätigkeit völlig eingestellt hat.

entbindet den Unternehmer daher nicht, die Einigungsstelle anzurufen, wenn er die Rechtsfolgen des § 113 Abs. 3 BetrVG vermeiden möchte.[226]

2. Zwingender Grund des Nichtversuchens

Ein häufiger Streitgegenstand ist ferner, ob im Rahmen des § 113 Abs. 3 BetrVG der zwingende Grund des § 113 Abs. 1 BetrVG berücksichtigt werden muss, es also dem Unternehmer unter bestimmten Umständen erlaubt ist, sanktionslos eine Betriebsänderung trotz Nichtbeteiligung des Betriebsrats durchzuführen. Als solche rechtfertigenden Gründe könnten z.B. starke wirtschaftliche Schwierigkeiten angesehen werden, welche das Unternehmen geradezu nötigen, Betriebsschließungen vorzunehmen.[227]

Eine in der Literatur vertretene Ansicht kommt zu diesem Ergebnis, indem sie, soweit es um den zwingenden Grund geht, § 113 Abs. 3 BetrVG als Rechtsgrundverweisung auf die Absätze 1 und 2 des § 113 BetrVG ansieht.[228]

Dogmatisch betrachtet, setzen diese Literaturvertreter nicht bei den durch die Sanktionsnorm des § 113 BetrVG geschützten Pflichten aus den §§ 111 f. BetrVG an, sondern beziehen sich allein auf den Nachteilsausgleichsanspruch. Liegt im konkreten Fall ein zwingender Grund vor, so soll der Unternehmer zwar weiterhin verpflichtet sein, den Betriebsrat an der geplanten Betriebsänderung zu beteiligen. Erfüllt er jedoch diese ihm obliegenden Aufgaben nicht, so trifft ihn kein Nachteilsausgleichsanspruch.[229]

a) Wortlaut

Zur Unterstützung dieser Auffassung ist eventuell der Wortlaut des § 113 Abs. 3 BetrVG heranzuziehen, welcher ausdrücklich festlegt, dass die Absätze 1 und 2 entsprechend gelten sollen. Vergleicht man allerdings alle drei Absätze des § 113 BetrVG miteinander, so fällt auf, dass es für die Anspruchsbegründung jeweils

---

226 BAG vom 26.10.2004, AP Nr. 49 zu § 113 BetrVG 1972; LAG Hamm vom 04.12.2003, ZInsO 2004, 824; LAG Hamm vom 22.07.2003, LAGReport 2003, 340; *Kania/Joppich*, NZA 2005, 749, 750.

227 Vgl. dazu BAG vom 22.07.2003, AP Nr. 42 zu § 113 BetrVG 1972; BAG vom 31.10.1995, AP Nr. 29 zu § 72 ArbGG 1979; BAG vom 23.01.1979, AP Nr. 4 zu § 113 BetrVG 1972; LAG Niedersachsen vom 12.08.2002, LAGE § 122 InsO Nr.1; Hess. LAG vom 25.07.2002, AiB 2003, 41, 42; *Oetker*, Anm. zu BAG vom 22.07.2003, AP Nr. 43 zu § 113 BetrVG 1972, 5, 7 R; *ders.*, Anm. zu LAG Niedersachsen vom 12.08.2002, LAGE § 122 InsO Nr. 1, 9, 10.

228 *Beuthien*, ZfA 1988, 1, 28; *Richardi/Annuß*, in: Richardi, § 113 BetrVG Rn. 25 ff. *Willemsen/Hohenstatt/Schweibert/Seibt/Schweibert*, Umstrukturierung und Übertragung von Unternehmen, Kap. C Rn. 296.

229 Grundlegend zu dieser dogmatischen Trennung vgl. *Oetker*, Anm. zu BAG vom 22.07.2003, AP Nr. 43 zu § 113 BetrVG 1972, 5, 7 R; *ders.*, Anm. zu LAG Niedersachsen vom 12.08.2002, LAGE § 122 InsO Nr. 1, 9, 11; ungenau hingegen BAG vom 22.07.2003, AP Nr. 42 zu § 113 BetrVG 1972; BAG vom 23.01.1979, AP Nr. 4 zu § 113 BetrVG 1972.

Voraussetzung ist, dass die betroffenen Arbeitnehmer durch die dort genannten Pflichtverletzungen des Arbeitgebers entweder entlassen wurden oder einen anderen wirtschaftlichen Nachteil erlitten haben. Würde es sich bei § 113 Abs. 3 BetrVG tatsächlich um eine Rechtsgrundverweisung handeln, so wäre die Erwähnung dieser Nachteile in § 113 Abs. 3 BetrVG überflüssig.[230] Es ist jedoch nicht davon auszugehen, dass der Gesetzgeber des BetrVG 1972 funktionslose Wiederholungen in seine Regelungen aufnehmen wollte.

Dem Wortlautvergleich lässt sich folglich allein ein Anhaltspunkt dafür entnehmen, dass der Gesetzgeber § 113 Abs. 3 BetrVG als Rechtsfolgenverweisung verstanden hat.[231]

b) Entstehungsgeschichte

Richardi und *Annuß* ziehen die Rechtsprechung des BAG zu § 74 BetrVG 1952 heran, um ihre Ansicht, wonach auch bei § 113 Abs. 3 BetrVG der zwingende Grund berücksichtigt werden muss, zu untermauern.[232] Wie schon an anderer Stelle dargelegt, enthielt das BetrVG 1952 keine Regelungen, welche Konsequenzen den Unternehmer treffen sollen, wenn er statt von einem vereinbarten Interessenausgleich abzuweichen, ein der Übereinkunft zugrunde liegendes Einigungsverfahren mit dem Betriebsrat gar nicht erst unternimmt.[233] Um einen umfassenden Arbeitnehmerschutz zu gewährleisten, vertrat das Gericht die Auffassung, dass das alte BetrVG insoweit lückenhaft ist und aus diesem Grund § 74 BetrVG 1952 für die letztgenannte Fallgruppe entsprechend anzuwenden ist.[234] Eine solche Analogie hatte zur Folge, dass der schon damals in § 74 BetrVG 1952 enthaltene zwingende Grund auch beim Nichtversuchen eines Interessenausgleichs berücksichtigt werden musste. *Richardi* und *Annuß* argumentieren nun, dass der Gesetzgeber diese Rechtsprechung durch § 113 Abs. 3 BetrVG eins zu eins in Gesetzesform gießen wollte.[235] Er beabsichtigte keine Veränderungen, so dass man auch heute Ausnahmen von der Notwendigkeit eines

---

230 BAG vom 17.09.1974, AP Nr. 1 zu § 113 BetrVG 1972; *Feuerborn*, Sachliche Gründe im Arbeitsrecht, S. 149 f.; *Oetker*, in: GK-BetrVG, § 113 BetrVG Rn. 53; *ders.*, Anm. zu BAG vom 22. 7. 2003, AP Nr. 42 zu § 113 BetrVG 1972, 5, 7 R f.; *Preis/Bender*, in: Wlotzke/Preis, § 113 BetrVG Rn. 13; a.A. *Richardi/Annuß*, in: Richardi, § 113 BetrVG Rn. 26 f.

231 BAG vom 13.06.1988, AP Nr. 19 zu § 113 BetrVG 1972; BAG vom 18.12.1984, AP Nr. 11 zu § 113 BetrVG 1972; BAG vom 17.09.1974, AP Nr. 1 zu § 113 BetrVG 1972; *Feuerborn*, Sachliche Gründe im Arbeitsrecht, S. 149 f.; *Kania*, in: ErfK, § 113 BetrVG Rn. 19; *Matthes*, DB 1972, 286, 289; *Oetker*, in: GK-BetrVG, § 113 BetrVG Rn. 53; *Preis/Bender*, in: Wlotzke/Preis, § 113 BetrVG Rn. 13.

232 *Richardi/Annuß*, in: Richardi, § 113 BetrVG Rn. 26; ausführlich zu diesem Begründungsansatz *Fabricius*, in: GK-BetrVG (6. Auflage), § 113 BetrVG Rn. 33 f.

233 Vgl. dazu die Ausführungen in § 2 B.

234 BAG vom 10.06.1969, AP Nr. 6 zu § 72 BetrVG; BAG vom 20.01.1969, AP Nr.2 zu § 72 BetrVG.

235 *Richardi/Annuß*, in: Richardi, § 113 BetrVG Rn. 26.

Interessenausgleichsversuchs bei Existenz zwingender Gründe zulassen muss. Dem kann nicht zugestimmt werden. Es war zwar unstrittig die Grundintention des Gesetzgebers, den von der Rechtsprechung geschaffenen Zustand, wonach ein Nachteilsausgleichsanspruch auch existiert, wenn der Unternehmer einen Interessenausgleich gar nicht versucht, durch § 113 Abs. 3 BetrVG gesetzlich zu verankern. Daraus kann aber nicht gefolgert werden, dass man die Auffassung des Bundesarbeitsgerichts ohne wenn und aber in die neue Vorschrift übernehmen wollte. Wie gezeigt, fehlte es während der Geltung des BetrVG 1952 an einer Vorschrift, um einen unzureichenden Interessenausgleichsversuch sanktionieren zu können. Man musste daher einen Anknüpfungspunkt suchen, um die in dieser Konstellation sonst gefährdeten Arbeitnehmerinteressen zu schützen. Als Hilfsmittel bot sich allein eine Analogie zu § 74 BetrVG 1952 an, so dass man auch all dessen Voraussetzungen übernehmen musste. Mit der Schaffung des § 113 BetrVG hatte der Gesetzgeber die Möglichkeit, die vom BAG aufgezeigte Schutzlücke zu schließen, ohne dabei an die methodischen Vorgaben einer Analogie gebunden zu sein. Dass er diese Chance nutzte, zeigt gerade der Wortlaut des § 113 Abs. 3 BetrVG. Dieser spricht eine klare Sprache, indem er, wie an anderer Stelle dargelegt, eben keinen Verweis auf die Tatbestandsvoraussetzungen des § 113 Abs. 1 BetrVG enthält, sondern vielmehr nur dessen Rechtsfolgen für anwendbar erklärt.

c) Sinn und Zweck

Diese besonders von *Beuthien*[236] als ungerechtfertigte Ungleichbehandlung von Absatz 1 und 3 des § 113 BetrVG im Hinblick auf den zwingenden Grund kritisierte Differenzierung entspricht auch dem Sinn und Zweck dieser Norm.[237] Dass nach § 113 Abs. 1 BetrVG der Unternehmer ausnahmsweise sanktionslos von einem Interessenausgleich abweichen kann, stellt einen gesetzlich ausgeformten Spezialfall der Störung der Geschäftsgrundlage dar, welcher es erlauben muss, den Grundsatz der Vertragstreue in bestimmten Ausnahmesituationen aufzuheben, wenn einer Partei wegen unvorhersehbarer Ereignisse ein Festhalten an der Vereinbarung nicht mehr zugemutet werden kann. Im Gegensatz dazu ahndet § 113 Abs. 3 BetrVG, wenn der Unternehmer es von vornherein unterlässt, die betriebsverfassungsrechtlichen Beteiligungsrechte einzuhalten. § 113 Abs. 3 BetrVG ist damit keine gesetzliche Ausformung des Instituts der Störung der Geschäftsgrundlage, so dass Abs. 1 und Abs. 3 unterschiedliche Zielrichtungen verfolgen und aus diesem Grund auch eine Differenzierung verständlich ist.

---

236 In: ZfA 1988, 1, 28.

237 So auch *Feuerborn*, Sachliche Gründe im Arbeitsrecht, S. 150; *Fabricius*, in: GK-BetrVG (6. Auflage), § 113 BetrVG Rn. 32.

d) Zwischenergebnis

Zusammenfassend kann daher festgehalten werden, dass es sich bei § 113 Abs. 3 BetrVG um eine Rechtsfolgenverweisung handelt, womit der in Abs. 1 aufgenommene zwingende Grund die fehlende Durchführung eines Interessenausgleichs nicht rechtfertigen kann.

3. Teleologische Reduktion

Es sind dennoch eng begrenzte Ausnahmefälle vorstellbar, in denen Verhandlungen über einen Interessenausgleich zwischen den Betriebspartnern von vornherein als sinnlos anzusehen sind. So z.B. wenn das betreffende Unternehmen überschuldet ist, keine Löhne mehr zahlen kann, eine Übernahme des Betriebes durch ein anderes Unternehmen gescheitert ist und seine Gläubiger plötzlich ihre Bereitschaft zum Stillhalten widerrufen, da einer von ihnen bereits mit der Verwertung von Sicherheiten begonnen hat.[238] In diesem Falle erscheint die Verpflichtung, einen Interessenausgleich zu versuchen, für den Unternehmer als unzumutbar und für die Arbeitnehmerschaft auch als nicht dienlich.

Um derartige Konstellationen bewältigen zu können, ist zum einen denkbar, eine Ausnahme von der Verhandlungspflicht zu gestatten. Auf der anderen Seite ist es ebenso möglich, dem Unternehmer die genannte Pflicht zwar weiterhin aufzuerlegen, jedoch bei der Sanktionsnorm des § 113 Abs. 3 BetrVG eine teleologische Reduktion vorzunehmen. Die Verletzung des § 112 Abs. 1 S. 1 BetrVG wäre daher für ihn ohne Folgen, womit sich diese Norm als eine lex imperfecta darstellen würde. Als dritte Möglichkeit der Problemlösung bietet sich natürlich auch an, streng auf den Wortlaut der §§ 111 f. BetrVG zu verweisen und Ausnahmen in keiner Weise zu erlauben.

Betrachtet man die Entscheidungen des BAG zu dieser Thematik, so fällt auf, dass sich das Gericht zu einem einheitlichen Begründungsansatz bisher nicht durchringen konnte.

So äußerte sich das BAG im ersten grundlegenden Urteil vom 23.01.1979 dahingehend, dass zwar, wie dargelegt, eine Rechtsgrundverweisung auf § 113 Abs. 1 BetrVG nicht möglich ist.[239] Allerdings muss der Arbeitgeber einen Interessenausgleichsversuch dann nicht vornehmen, wenn er sich in einer solch hoffnungslosen Situation befindet, in der auch eine Interessenausgleichsverhandlung nur eine Formalie darstellt. Mithin favorisiert das Gericht in diesem Urteil die

[238] Diese Situation lag der Entscheidung des BAG vom 23.01.1979 in AP Nr. 4 zu § 113 BetrVG 1972 zu Grunde.

[239] BAG vom 23.01.1979, AP Nr. 4 zu § 113 BetrVG; so jetzt auch LAG Hamm vom 21.12.2004, LAGReport 2005, 153.

Lösungsmöglichkeit, wonach in Ausnahmefällen schon keine Verhandlungspflicht besteht.[240]

In der Entscheidung vom 31.10.1995 setzte sich das BAG ein zweites Mal vertiefend mit der Problematik auseinander.[241] Es konkretisierte, wann ein solcher Ausnahmefall gegeben ist, indem es verlangte, dass die Betriebsstilllegung zum einen unausweichlich sein muss und darüber hinaus auch kein Verhandlungsspielraum hinsichtlich des Zeitpunktes und der Modalitäten der Stilllegung zwischen den Betriebspartnern mehr bestehen darf.[242] In dogmatischer Hinsicht stellt das Urteil diesmal nicht auf die Verpflichtung des Unternehmers ab, einen Interessenausgleich durchzuführen, sondern es verneint allein ein Eingreifen des § 113 Abs. 3 BetrVG.[243]

Für den Fall des eröffneten Insolvenzverfahrens erkannte das BAG in der Entscheidung vom 22.07.2003 keinerlei ungeregelte Ausnahmen von den §§ 111 ff. BetrVG an.[244] Ob dies auch außerhalb der Insolvenz gelten soll, ließ das Gericht hierbei ausdrücklich offen, wobei es bei seiner Argumentation wieder auf die Entbehrlichkeit des Interessenausgleichsversuchs abstellte.[245]

Es zeigt sich damit, dass das BAG nicht nur hinsichtlich der Zulassung derartiger Ausnahmen unschlüssig ist, sondern im Rahmen der Begründung nicht genau differenziert, ob dann bereits keine Verhandlungspflicht besteht oder nur an die Rechtsfolge des § 113 Abs. 3 BetrVG anzuknüpfen ist.[246]

Im Folgenden ist zu untersuchen, welche der drei oben genannten Lösungsmöglichkeiten vorzuziehen ist, wenn die unternehmerische Situation derart hoffnungslos ist, dass für Verhandlungen mit dem Betriebsrat keinerlei Spielraum existiert.

a) Ausnahmen von der Verhandlungspflicht im Rahmen eines eröffneten Insolvenzverfahrens?

Zur Problemlösung ist in einem ersten Schritt die Aussage des BAG zu hinterfragen, wonach im Rahmen eines eröffneten Insolvenzverfahrens keine ungere-

---

240 BAG vom 23.01.1979, AP Nr. 4 zu § 113 BetrVG.

241 BAG vom 31.10.1995, AP Nr. 29 zu § 72 ArbGG 1979.

242 BAG vom 31.10.1995, AP Nr. 29 zu § 72 ArbGG 1979.

243 BAG vom 31.10.1995, AP Nr. 29 zu § 72 ArbGG 1979, wenn es ausführt, dass die „Arbeitnehmer nicht in jedem Fall einen Nachteilsausgleich nach § 113 BetrVG beanspruchen" können.

244 BAG vom 22.07.2003, AP Nr. 42 zu § 113 BetrVG 1972; bestätigt durch BAG vom 18.11.2003, AP Nr. 162 zu § 112 BetrVG 1972.

245 BAG vom 22.07.2003, AP Nr. 42 zu § 113 BetrVG 1972; im Urteil vom 18.11.2003 spricht das Gericht allgemein von einer teleologischen Reduktion der §§ 111 ff. BetrVG – vgl. BAG vom 18.11.2003, AP Nr. 162 zu § 112 BetrVG 1972.

246 *Oetker*, Anm. zu BAG vom 22.07.2003, AP Nr. 42 zu § 113 BetrVG 1972, 5, 7 R.

gelten Ausnahmesituationen, in denen ein Interessenausgleichsversuch entbehrlich ist, existieren. Diese Behauptung begründet das Gericht mit der abschließenden Wirkung des § 122 InsO.[247] Die Norm bietet dem Insolvenzverwalter die Möglichkeit, das Interessenausgleichsverfahren nach § 112 Abs. 2 BetrVG abzukürzen, wenn dessen Fortführung zu Nachteilen für die wirtschaftliche Situation des Unternehmens führt und gegen einen derartigen Verhandlungsabbruch auch keine erheblichen sozialen Belange der Belegschaft sprechen.[248] Allerdings bedarf eine solche Abkürzung der Zustimmung des Arbeitsgerichts.

Für die abschließende Wirkung und damit für die Argumentation des BAG spricht zunächst die systematische Stellung des § 122 InsO. Denn neben der Norm beinhaltet auch § 121 InsO eine Modifikation des ursprünglichen Interessenausgleichsverfahrens, um dem Ziel der Verfahrensbeschleunigung zu dienen. Sieht damit die InsO in differenzierter Weise Möglichkeiten vor, wie im Fall von erheblichen wirtschaftlichen Schwierigkeiten von den Regelungen der §§ 111 ff. BetrVG abgewichen werden kann, so ergibt sich ein Anhaltspunkt, dass die Anerkennung weiterer Fallgestaltungen, in denen ein Interessenausgleich entbehrlich ist, nicht mit dem Willen des Gesetzgebers vereinbar ist.

Dieser Befund wird auch durch die Gesetzgebungsmaterialien verstärkt. Hiernach sollte die in § 122 InsO aufgenommene Kontrolle durch das Arbeitsgericht erreichen, dass eine Abkürzung der Interessenausgleichsverhandlungen wirklich erforderlich ist, „um Missbräuchen vorzubeugen".[249] Erkennt man nun weitere Konstellationen an, in denen ein Insolvenzverwalter nicht verpflichtet ist, einen Interessenausgleich mit dem Betriebsrat zu versuchen, so würde gerade die Funktion des Arbeitsgerichts als Kontrollinstanz ausgehöhlt und damit die Stellung der Arbeitnehmervertreter im Rahmen von Betriebsänderungen erheblich geschwächt.

Daneben widerspricht die Zulassung weiterer Ausnahmen von den §§ 111 ff. BetrVG nicht nur den Interessen der Belegschaftsseite, sondern sie ist auch dem Insolvenzverwalter gegenüber abträglich.[250] Wird nämlich in einem späteren Verfahren seine Sichtweise, dass er wegen einer Sondersituation keinen Interessenausgleich versuchen musste, verworfen, setzt er sich eventuell der Haftung nach § 60 InsO aus. Gleichfalls wird die Situation der Insolvenzgläubiger durch eine Anerkennung derartiger Fallgruppen nicht verbessert.[251] Denn eine solche Fehleinschätzung durch den Verwalter führt auch dazu, dass die Masse durch die Nachteilsausgleichsansprüche gekürzt wird.

Folglich ist der vom BAG gezogene Schluss überzeugend, dass im Rahmen des eröffneten Insolvenzverfahrens § 122 InsO abschließend ist und keine weiteren

---

247 BAG vom 22.07.2003, AP Nr. 42 zu § 113 BetrVG 1972.

248 Vgl. hierzu die Ausführungen zum Nachteilsausgleich in der Insolvenz in § 8.

249 Vgl. Regierungsentwurf zur InsO in BT-Drucks. 12/2443, S. 154.

250 BAG vom 22.07.2003, AP Nr. 42 zu § 113 BetrVG 1972.

251 BAG vom 22.07.2003, AP Nr. 42 zu § 113 BetrVG 1972.

Ausnahmen von der Verpflichtung, den Betriebsrat nach den §§ 111 f. BetrVG zu beteiligen, anerkannt werden können.[252]

b) Ausnahmen von der Verhandlungspflicht außerhalb eines eröffneten Insolvenzverfahrens?

Es stellt sich nun die Frage, ob auch außerhalb des Insolvenzverfahrens keine Fallgestaltungen mehr denkbar sind, „in denen ausnahmsweise der Versuch eines Interessenausgleichs entbehrlich ist“[253].

Wie schon betont, will § 122 InsO den Insolvenzverwalter privilegieren, indem das Verhandlungsprocedere abgekürzt wird, was zu einer Verfahrensbeschleunigung führen soll. Allerdings ist laut § 122 InsO zu einer derartigen Abkürzung stets die Einschaltung des Arbeitsgerichts notwendig. Dieses Privileg würde in sein Gegenteil verkehrt, wenn man außerhalb des Insolvenzverfahrens Fallgestaltungen zulassen würde, in denen ausnahmsweise Interessenausgleichsverhandlungen nicht erforderlich sind. Denn in dieser Situation wäre allein der Insolvenzverwalter gezwungen, das gerichtliche Zustimmungsverfahren nach § 122 Abs. 2 InsO zu betreiben. Der „normale“ Arbeitgeber könnte hingegen sofort die Betriebsänderung durchführen, ohne sich Ansprüchen aus § 113 Abs. 3 BetrVG auszusetzen.

Sind also in der Insolvenz keine Konstellationen denkbar, in denen ein Interessenausgleichsversuch entbehrlich ist, so muss dies erst recht für Betriebsänderungen gelten, die außerhalb des eröffneten Insolvenzverfahrens stattfinden sollen.

Eine teleologische Reduktion, welche allein an § 112 BetrVG anknüpft, ist daher nicht zulässig.

c) Teleologische Reduktion bei § 113 Abs. 3 BetrVG

Es ist jedoch noch nichts darüber gesagt, ob in Situationen, in denen sich ein Beteiligungsverfahren als sinnlos darstellt, eventuell eine teleologische Reduktion des § 113 Abs. 3 BetrVG denkbar ist. Wie angesprochen, hätte dies zur Konsequenz, dass der Arbeitgeber zwar weiterhin zum Interessenausgleichsversuch verpflichtet ist. Kommt er dem Versuch mangels Verhandlungsspielraum nicht nach, so entstehen dennoch keine Nachteilsausgleichsansprüche der Belegschaft.

---

[252] So auch LAG München vom 04.07.2002, AZ 4 Sa 565/01 (n.v.) als Vorinstanz; sowie BAG vom 18.11.2003, AP Nr. 162 zu § 112 BetrVG 1972; *Moll*, Anm. zu BAG vom 22.07.2003, EWiR 2004, 239, 240; *Oetker*, Anm. zu BAG vom 22.07.2003, AP Nr. 43 zu § 113 BetrVG 1972, 5, 7 f.; *ders.*, Anm. zu LAG Niedersachsen vom 12.08.2002, LAGE § 122 InsO Nr. 1, 9, 10.

[253] BAG vom 22.07.2003, AP Nr. 42 zu § 113 BetrVG 1972.

aa) Unvereinbarkeit der teleologischen Reduktion mit § 122 InsO

Allerdings könnte auch eine Reduktion der Sanktionsnorm mit § 122 InsO unvereinbar sein. Betrachtet man sich den Wortlaut des § 122 InsO, so wird augenscheinlich, dass die Vorschrift allein das Interessenausgleichsverfahren i.S.d. § 112 BetrVG modifiziert. Hier steht aber eine Reduktion im Rahmen der Rechtsfolgen zur Diskussion, womit sich aus dem Geltungsbereich des § 122 InsO keine Ablehnung der teleologischen Reduktion des § 113 Abs. 3 BetrVG ergibt.[254]

Etwas anderes könnte dem Willen des InsO-Gesetzgebers zu entnehmen sein. So stellt die Begründung zum Regierungsentwurf klar, dass Interessenausgleichsverhandlungen ebenso durchzuführen sind, wenn „eine unverzügliche Einstellung der Unternehmenstätigkeit erforderlich ist, um weitere Verluste zu vermeiden".[255] Allerdings verdeutlicht der historische Gesetzgeber damit lediglich, dass er im Insolvenzfall stets ein, wenn auch abgekürztes, Interessenausgleichsverfahren für erforderlich hält.[256] Ob er zugleich eine Sanktion für die Ausnahmefälle fordert, in denen der Insolvenzverwalter wegen wirtschaftlicher Schwierigkeiten sowieso über keinen Verhandlungsspielraum mehr verfügt, kann der Gesetzesbegründung jedoch nicht entnommen werden.[257]

Ein Indiz für die Zulässigkeit einer teleologischen Reduktion des § 113 Abs. 3 BetrVG ergibt sich aus dem Sinn und Zweck des § 122 InsO. Diese Norm soll nur der insolvenztypischen Eilbedürftigkeit einer Betriebsänderung gerecht werden, indem der Verwalter ermächtigt wird, von dem höchstrichterlich geforderten Procedere des Anrufens der Einigungsstelle abzuweichen.[258] § 122 InsO dient damit allein der Verfahrensbeschleunigung, so dass sich hier keine Anhaltspunkte finden lassen, wonach ein Nachteilsausgleich in allen Fällen des pflichtwidrigen Unterlassens von Interessenausgleichsverhandlungen erforderlich ist.[259]

Eine teleologische Reduktion des § 113 Abs. 3 BetrVG für unzulässig zu erklären, ist darüber hinaus nicht mit dem Sinn und Zweck der Nachteilsausgleichsregelung vereinbar. Durch die Norm soll der Arbeitgeber mittelbar angehalten werden, sich auf Interessenausgleichsverhandlungen einzulassen, um so dem Interesse der Belegschaft an einer für sie milden Form der Betriebsänderung gerecht zu werden.[260] In Fällen, in denen die wirtschaftliche Lage des Unternehmens derart

---

[254] *Oetker*, Anm. zu LAG Niedersachsen vom 12.08.2002, LAGE § 122 InsO Nr. 1, 9, 11; *ders.*, Anm. zu BAG vom 22.07.2003, AP Nr. 42 zu § 113 BetrVG 1972, 5, 9 f.

[255] BT-Drucks. 12/2443, S. 153.

[256] Vgl. hierzu die Ausführungen zum Nachteilsausgleichsanspruch in der Insolvenz in § 8.

[257] *Oetker*, Anm. zu BAG vom 22.07.2003, AP Nr. 43 zu § 113 BetrVG 1972, 5, 9 R; *ders.*, Anm. zu LAG Niedersachsen vom 12.08.2002, LAGE § 122 InsO Nr. 1, 9, 11.

[258] *Berscheid*, NZI 2000, 1, 1; *Caspers*, Personalabbau und Betriebsänderung, S. 2; *Warrikoff*, BB 1994, 2338, 2339.

[259] *Oetker*, Anm. zu BAG vom 22.07.2003, AP Nr. 43 zu § 113 BetrVG 1972, 5, 9 R; *ders.*, Anm. zu LAG Niedersachsen vom 12.08.2002, LAGE § 122 InsO Nr. 1, 9, 12.

[260] Siehe hierzu nochmals § 2 A I.

prekär ist, dass eine Betriebsänderung nur in einer Art und Weise erfolgen kann, sind auch Verhandlungen zwischen den Betriebspartnern ohne Sinn. Dann existiert aber kein Grund, den Arbeitgeber mittels § 113 Abs. 3 BetrVG zu diesen Interessenausgleichsverhandlungen indirekt zu zwingen.[261]

Infolgedessen steht fest, dass sich aus § 122 InsO keine Argumente gegen eine teleologische Reduktion des § 113 Abs. 3 BetrVG ergeben, andererseits der Telos des Nachteilsausgleichsanspruchs eine solche Reduktion zulässt.

bb) Unvereinbarkeit der teleologischen Reduktion mit der Massenentlassungsrichtlinie (RL 98/59/EG)

Andererseits könnte die Richtlinie 98/59/EG (Massenentlassungsrichtlinie) gegen eine teleologische Reduktion des § 113 Abs. 3 BetrVG sprechen.[262]

Nach Art. 2 der RL 98/59/EG ist der Arbeitgeber verpflichtet, die Arbeitnehmervertreter über eine geplante Massenentlassung zu informieren, mit diesen über das „Ob“ und die Durchführung einer solchen Maßnahme zu beraten sowie mit den Vertretern der Belegschaft auch über die Milderung der durch die Massenentlassung entstandenen Folgen zu debattieren.[263] Hierbei enthält die Richtlinie keinen Insolvenzvorbehalt, wie dies mit Art. 5 in der Betriebsübergangsrichtlinie (RL 2001/23/EG) geschehen ist. Damit gelten die Vorgaben des Art. 2 der RL 98/59/EG unabhängig von der wirtschaftlichen Situation des Unternehmens.

Um den Pflichten aus der Massenentlassungsrichtlinie zu einer effektiven Durchsetzung zu verhelfen, fordert Art. 10 EGV, dass die Mitgliedsstaaten im einfachstaatlichen Recht Regelungen etablieren, welche Pflichtverstöße in abschreckender Weise sanktionieren.[264] Eine teleologische Reduktion des § 113 Abs. 3 BetrVG führt allerdings dazu, dass sich die aus § 112 BetrVG ergebende Pflicht zu einer lex imperfecta wird. In dieser Situation ist ein Konflikt mit dem Gemeinschaftsrecht zu vermuten, denn das Europarecht fordert eine umfassende Sanktion, wenn die in Art. 2 der RL 98/59/EG festgelegten Pflichten nicht erfüllt werden. Da § 112 BetrVG die Vorgaben des Art. 2 der Massenentlassungsrichtlinie teilweise umzusetzen hilft, im Falle der teleologischen Reduktion ein

---

261 *Oetker*, Anm. zu BAG vom 22.07.2003, AP Nr. 43 zu § 113 BetrVG 1972, 5, 9 R; *ders.*, Anm. zu LAG Niedersachsen vom 12.08.2002, LAGE § 122 InsO Nr. 1, 9, 12.

262 So etwa das BAG vom 22.07.2003, AP Nr. 42 zu § 113 BetrVG 1972, welches jedoch allein darauf abstellt, dass ein dem Art. 5 der RL 2001/23 EG entsprechender Insolvenzvorbehalt in der Massenentlassungsrichtlinie nicht enthalten ist. Ein solcher Vorbehalt erlaubt Ausnahmen von der Verpflichtung einen Interessenausgleich zu versuchen. Der hier zu diskutierende zweite Lösungsansatz will jedoch allein auf der Sanktionsebene eine Reduktion vornehmen, so dass er vom Argument des fehlenden Insolvenzvorbehalts nicht berührt wird.

263 Vgl. dazu die ausführliche Darlegung im Kapitel 3.

264 Zu den allgemeinen Anforderungen, die Art. 10 EGV den Mitgliedsstaaten auferlegt, vgl. EuGH vom 08.06.1994, EAS-ES, Art. 2 RL 75/129/EWG Nr. 1.

Verstoß gegen § 112 BetrVG aber folgenlos bleibt, scheint das deutsche Recht insoweit die Vorgaben des Art. 10 EGV nicht zu erfüllen.

Wie der EuGH in seiner grundlegenden Entscheidung vom 08.06.1994 festlegte, erfordert der Grundsatz der effektiven Durchsetzung des Gemeinschaftsrechts allerdings nicht, dass Richtlinien sichernde Sanktionsnomen derart beschaffen sein müssen, dass sie unterschiedslos in jedem Fall eingreifen.[265] Vielmehr hat der nationale Gesetzgeber den Verhältnismäßigkeitsgrundsatz zu beachten.[266] Dieser setzt voraus, dass zum einen ein Mittel gewählt wurde, welches geeignet ist, dem beabsichtigten Ziel zu dienen.[267] Zum anderen darf dem Gesetzeber keine mildere Lösungsalternative zur Verfügung stehen, welche eine vergleichbare Effektivität aufweist.[268] Letzte Voraussetzung des Verhältnismäßigkeitsgrundsatzes ist, dass die mit dem gewählten Mittel einhergehenden Nachteile auch nicht außer Verhältnis zu den beabsichtigten Zielen stehen dürfen.[269]

Dass eine uneingeschränkte Anwendung des § 113 Abs. 3 BetrVG dem mit der Massenentlassungsrichtlinie verfolgten Ziel, nämlich die Unternehmer zur Beteiligung der Arbeitnehmervertreter bei solch schwerwiegenden Entscheidungen zu zwingen, dienlich ist, kann nicht bestritten werden.

Die teleologische Reduktion des § 113 Abs. 3 BetrVG könnte sich jedoch als mildere, aber vergleichbar effektive Alternative zur uneingeschränkten Anwendung der Sanktionsnorm darstellen. Indem die Reduktion in gewissen Sondersituationen den Unternehmer von der Verpflichtung zum Nachteilsausgleich ausnimmt, erweist sie sich unproblematisch als ein milderes Mittel, um die in der Massenentlassungsrichtlinie enthaltenen Beteiligungspflichten durchzusetzen. Lediglich die gleiche Effektivität erscheint fraglich.

Wie eben angesprochen, soll die von Art. 10 EGV geforderte Sanktion ermöglichen, dass die Beteiligungsrechte der Arbeitnehmervertreter bei Massenentlassungen nicht übergangen werden und somit die Interessen der betroffenen Arbeitnehmer im Planungsprozess Berücksichtigung finden können. In Fällen, in denen eine teleologische Reduktion des § 113 Abs. 3 BetrVG in Betracht zu ziehen ist, können die Belegschaftsinteressen mangels Verhandlungsspielraums jedoch unter keinen Umständen Berücksichtigung finden. Folglich würde auch eine

---

265 EuGH vom 08.06.1994, EAS-ES, Art. 2 RL 75/129/EWG Nr. 1.

266 EuGH vom 08.06.1994, EAS-ES, Art. 2 RL 75/129/EWG Nr. 1.

267 *Degenhart*, Staatsrecht I, Rn. 391; *Emmerich-Fritsche*, Grundsatz der Verhältnismäßigkeit, S. 60 ff; *v. Münch*, Staatsrecht I, Rn. 370; *Schneider*, Gesetzgebung, Rn. 64.

268 *Degenhart*, Staatsrecht I, Rn. 391; *Emmerich-Fritsche*, Grundsatz der Verhältnismäßigkeit, S. 60 ff; *v. Münch*, Staatsrecht I, Rn. 370; *Schneider*, Gesetzgebung, Rn. 64.

269 *Degenhart*, Staatsrecht I, Rn. 397 f.; *Emmerich-Fritsche*, Grundsatz der Verhältnismäßigkeit, S. 66 ff; *v. Münch*, Staatsrecht I, Rn. 370; *Schneider*, Gesetzgebung, Rn. 66; umfassend *H. Hanau*, Grundsatz der Verhältnismäßigkeit, S. 96 ff.

uneingeschränkte Anwendung der Sanktionsnorm nicht erreichen, dass dem von Art. 2 und. 10 der RL 98/59/EG verfolgten Ziel besser entsprochen wird.[270]

Damit ist die teleologische Reduktion des § 113 Abs. 3 BetrVG zwar ein ebenso effektives, aus den oben beschriebenen Gründen jedoch ein milderes Mittel als die uneingeschränkte Geltung der Sanktionsnorm, um die Vorgaben des Art. 10 der Massenentlassungsrichtlinie zu erfüllen. Ein eventueller Konflikt mit der Massenentlassungsrichtlinie begründet nicht die Ablehnung der teleologischen Reduktion.

cc) Ergebnis zur teleologische Reduktion

Im Ergebnis können die im Urteil vom 22.07.2003 enthaltenen Einwendungen des BAG zwar eine Zurückweisung des Lösungsansatzes rechtfertigen, welcher Ausnahmen schon im Rahmen der Notwendigkeit des Interessenausgleichsversuchs anerkennen will. Jedoch lassen sich weder aus § 122 InsO noch aus einem Konflikt mit der Massenentlassungsrichtlinie Argumente gegen eine teleologische Reduktion bei § 113 Abs. 3 BetrVG finden. Aus diesem Grund ist die im Urteil vom 22.07.2003 durch das Gericht vorgenommene Begründung nicht geeignet, den Ansatz von der Reduktion auf Sanktionsebene abzulehnen.

Vielmehr muss man sich zur Lösung des Problems, ob in bestimmten aussichtslosen Fällen der Anwendungsbereich des § 113 Abs. 3 BetrVG zu weit gefasst ist, nochmals die Argumente vergegenwärtigen, welche die Vereinbarkeit der teleologischen Reduktion mit dem Gemeinschaftsrecht begründen konnten. § 113 Abs. 3 BetrVG soll ein unzureichendes Verhalten des Unternehmers bei Betriebsänderungen sanktionieren. Eine solche Sanktion kann den Adressaten jedoch dann nicht treffen, wenn ein normgerechtes Verhalten für ihn unzumutbar ist. Versteht man Unzumutbarkeit lediglich dahingehend, dass der Betreffende nicht in der Lage ist, die ihm auferlegte Pflicht zu erfüllen, so müsste man konstatieren, dass auch in den Konstellationen, in denen für Verhandlungen mit dem Betriebsrat aufgrund einer aussichtlosen Situation kein Spielraum besteht, der Unternehmer den Interessenausgleichsversuch dennoch pro forma starten kann. Bei einer solchen Sichtweise wäre eine Unzumutbarkeit in den hier zu diskutierenden Fällen nicht gegeben und § 113 Abs. 3 BetrVG einschlägig. Der Begriff der Unzumutbarkeit muss aber weiter verstanden werden. Niemand darf durch eine Sanktionsnorm auch nur mittelbar zu einer Handlung gezwungen werden, bei der von Anfang an allen Beteiligten bewusst ist, dass sie keine Aussicht auf Erfolg haben kann. Denn das von einer Sanktionsnorm geforderte Verhalten ist nicht um seiner selbst willen vorzunehmen, sondern es soll damit vielmehr ein tiefer liegender Zweck erreicht werden. Die Funktion des Interessenausgleichsversuchs ist, dass

---

[270] *Oetker*, in: GK-BetrVG, § 113 BetrVG Rn. 56; *ders* , Anm. zu BAG vom 22.07.2003, AP Nr. 42 zu § 113 BetrVG 1972, 5, 10 R; *ders.*, Anm. zu LAG Niedersachsen vom 12.08.2002, LAGE § 122 InsO Nr. 1, 9, 13.

die Interessen der Belegschaft im Planungsprozess über die Betriebsänderung berücksichtigt werden können und so im Idealfall eine Entscheidung getroffen wird, welche auch die Arbeitnehmerbelange berücksichtigt. Eine solche Chance, dass die Belegschaftsinteressen bei der Entscheidungsfindung überhaupt Beachtung finden können, besteht allerdings nicht, wenn die Entscheidung über die Art und Weise der Durchführung der Betriebsänderung nicht mehr vom Unternehmer selbst getroffen, sondern diese ihm vielmehr diktiert wird. In einem solchen Fall wäre das Interessenausgleichsverfahren für die Beteiligten von Anfang an ohne Sinn. Kann also das beabsichtigte Ziel nicht eintreten, so ist die Pflicht, dennoch einen Interessenausgleich zu versuchen, für den Unternehmer nicht zumutbar. Konsequenz ist, dass in den hier diskutierten Ausnahmefällen auch eine Sanktion nicht angebracht wäre, womit einer teleologischen Reduktion gegenüber der strengen Anwendung des § 113 Abs. 3 BetrVG der Vorzug zu geben ist.[271]

Zwar muss eingeräumt werden, dass die hier vertretene Auffassung nur auf den Sanktionscharakter des § 113 Abs. 3 BetrVG abstellt und damit die ebenfalls existierende Kompensationsfunktion der Norm weitgehend ausblendet. Wie bereits in § 2 festgestellt, ist die Aufgabe des § 113 Abs. 3 BetrVG, die für die Arbeitnehmer entstandenen Nachteile auszugleichen, gegenüber der Sanktionsfunktion nachrangig. Ist demnach eine Sanktionierung des Unternehmers durch Gewährung des Nachteilsausgleichs nicht zulässig, so kann allein der Kompensationscharakter einen Anspruch nicht begründen.

4. Entbindung durch zeitlich unbefristeten Sozialplan

Entbindet ein bereits vereinbarter, zeitlich unbefristeter Sozialplan, welcher konkrete Abfindungszahlungen vorsieht, den Unternehmer bei einer späteren Betriebsänderung von der Obliegenheit, einen ausreichenden Interessenausgleichsversuch zu unternehmen?

Auf diese Idee könnte man kommen, wenn man sich den bestehenden Zusammenhang zwischen Interessenausgleich und Sozialplan verdeutlicht.[272] Der Interessenausgleich enthält Regelungen, wie eine Betriebsänderung durchgeführt werden soll, wobei der Idealfall erreicht ist, wenn wenige oder keine Belange der Belegschaft durch die beabsichtigte Betriebsänderung nachteilig berührt werden. Ist dies jedoch nicht möglich und müssen z.B. einzelne Arbeitnehmer entlassen werden, so sollen im Sozialplan die entstehenden Nachteile der Betroffenen finanziell abgemildert werden. Die zwischen beiden Vereinbarungen existierende Verbindung wird besonders offensichtlich, wenn im Interessenausgleich beispiels-

---

[271] *Oetker*, in: GK-BetrVG, § 113 BetrVG Rn. 55 f.; *ders.*, Anm. zu BAG vom 22.07.2003, AP Nr. 42 zu § 113 BetrVG 1972, Bl. 5 ff.; *ders.*, Anm. zu LAG Niedersachsen vom 12.08.2002, LAGE § 122 InsO Nr. 1, 9 ff.; *Preis/Bender*, in: Wlotzke/Preis, § 113 BetrVG Rn. 14.

[272] Zu diesem Zusammenhang zwischen Interessenausgleich und Sozialplan vgl. *Ehmann*, Betriebsstillegung und Mitbestimmung, S. 60.

weise jegliche Entlassungen verhindert werden konnten. In diesem Fall bedarf es mangels bestehender Nachteile für die Belegschaft keines Sozialplans.[273] Wurden hingegen alle eventuell auftretenden finanziellen Einbußen schon in einem vorher abgeschlossenen Sozialplan aufgefangen, so ist denkbar, dass dann auch für einen Interessenausgleich kein Bedarf mehr besteht und der Unternehmer ohne Beteiligung des Betriebsrats sanktionslos eine Betriebsänderung vornehmen kann.

Konsequenz dieses Gedankens ist aber, dass die Arbeitnehmervertreter beim Abschluss eines derartigen Sozialplans faktisch in alle späteren und zu diesem Zeitpunkt noch nicht absehbaren Betriebsänderungen einwilligen und sie sich somit der Möglichkeit berauben, Einfluss auf Art und Weise dieser Änderung zu nehmen. Wie das BAG zutreffend feststellt, läuft eine solche Sichtweise darauf hinaus, dass der Betriebsrat bei Betriebsänderungen i.S.d. § 111 BetrVG auf sein gesetzliches Beteiligungsrecht verzichten würde.[274] Ein derartiger Verzicht des Betriebsrats ist jedoch nicht möglich.

5. Zusammenfassung der Ausnahmen von der Notwendigkeit des Versuchs des Interessenausgleichs

Der Arbeitgeber braucht folglich nur dann keinen ausreichenden Versuch eines Interessensausgleichs vornehmen, ohne Ansprüche der Arbeitnehmer aus § 113 Abs. 3 BetrVG befürchten zu müssen, wenn die wirtschaftliche Situation des Unternehmens derart aussichtslos erscheint, dass eine Betriebsstilllegung unausweichlich ist und für die Betriebspartner auch kein Verhandlungsspielraum hinsichtlich des Zeitpunkts und der Modalitäten der Stilllegung mehr besteht.[275] In allen anderen genannten Fällen ist eine vergleichbare Ausnahme nicht anzuerkennen.

VIII. Ergebnisse zum ausreichenden Versuch des Interessenausgleichs

- Auch die Unterrichtungspflicht aus § 111 S. 1 BetrVG wird durch § 113 Abs. 3 BetrVG sanktioniert.
- Das Wort „geplant“ in § 111 S. 1 BetrVG bedeutet nicht, dass in unvorhergesehenen Betriebsänderungen keine Unterrichtung und Beteiligung des Betriebsrats zu erfolgen hat, sondern vielmehr soll mit diesem Wort zum Ausdruck gebracht werden, dass die Beteiligung der Arbeitnehmervertreter so früh wie möglich vorzunehmen ist.
- Rechtzeitig ist eine Unterrichtung i.S.d. § 111 S. 1 BetrVG durch den Unternehmer nur in dem Moment, in dem ihm klar wird, dass er in eine

---

[273] *Ehmann*, Betriebsstillegung und Mitbestimmung, S. 60.
[274] In: AP Nr. 10 zu § 113 BetrVG 1972.
[275] Siehe dazu die Ausführungen in § 6 B VII 3 c cc.

gründliche und ergebnisoffene Planung hinsichtlich einer Betriebsänderung eintreten will.

- Die Unterrichtung des Betriebsrats muss so umfassend sein, dass dieser in die Lage versetzt wird, als kompetenter Verhandlungspartner Lösungsalternativen zu den Betriebsänderungsvorschlägen des Unternehmers anzubieten.
- Der Unternehmer darf die Information an den Betriebsrat nicht mit dem Hinweis verweigern, dass Betriebs- bzw. Geschäftsgeheimnisse gefährdet sind.
- Weiterhin ist der Unternehmer verpflichtet, neben der Unterrichtung des Betriebsrats diesem auch die notwendigen Unterlagen zur Verfügung zu stellen.
- Zwischen Unterrichtung des Betriebsrats und der sich anschließenden Beratung zwischen den Betriebspartnern muss ein angemessener Zeitraum bestehen, damit sich der Betriebsrat mit der Thematik intensiv auseinandersetzen kann.
- Für den Umfang der Verhandlungen ist es ausreichend, wenn der Unternehmer dem Betriebsrat Gelegenheit gegeben hat, seine Auffassung über die Notwendigkeit der Betriebsänderung und eventuelle Gegenkonzepte vorzutragen.
- Weder ein mündlicher Interessenausgleich noch ein Rahmeninteressenausgleich genügt, den Unternehmer vom weiteren Beteiligungsverfahren zu befreien.
- Der Unternehmer braucht nicht den Vorstand der Bundesagentur für Arbeit um Vermittlung ersuchen, um Nachteilsausgleichsansprüche zu vermeiden.
- Initiiert jedoch der Betriebsrat einen Vermittlungsversuch des Vorstands der Bundesagentur für Arbeit, so muss sich der Arbeitgeber hieran so lange beteiligen, bis der Vorstand festgestellt hat, dass die Vermittlung fehlgeschlagen ist. Erfüllt der Unternehmer diese „Verpflichtung" nicht, liegt kein ausreichender Versuch i.S.d. § 113 Abs. 3 BetrVG vor.
- Der Unternehmer muss für einen ausreichenden Interessenausgleichsversuch von sich aus die Einigungsstelle anrufen. Kommt er dieser Obliegenheit nicht nach, so können die durch die Betriebsänderung betroffenen Arbeitnehmer einen Nachteilsausgleich verlangen.
- Trotz dass die Einigungsstelle gegen den Willen des Unternehmers keinen für ihn verbindlichen Interessenausgleich verabschieden kann, muss er so lange mit der Durchführung der Betriebsänderung warten, bis die Einigungsstelle förmlich das Scheitern des Ausgleichsversuches festgestellt hat.

- Ein schuldhaftes Verhalten des Unternehmers ist keine Tatbestandsvoraussetzung des § 113 Abs. 3 BetrVG.
- Auch bei einer Verhandlungsverweigerung des Betriebsrats darf der Unternehmer die Betriebsänderung nicht einfach vornehmen, will er nicht Nachteilsausgleichsansprüche riskieren.
- § 113 Abs. 3 BetrVG ist als Rechtsfolgenverweis zu den Absätzen 1 und 2 des § 113 BetrVG zu sehen, womit die in § 113 Abs. 1 BetrVG genannten Gründe einen unterbliebenen Interessenausgleich nicht rechtfertigen können.
- Ebenfalls entbindet ein schon vorher geschlossener, zeitlich unbefristeter Sozialplan nicht davon, einen Interessenausgleich zu versuchen, wie es § 113 Abs. 3 BetrVG vom Unternehmer fordert.
- Allein in einer Situation, in der eine Betriebstilllegung unausweichlich ist und in welcher auch kein Verhandlungsspielraum für den Unternehmer mehr besteht, ist eine teleologische Reduktion im Rahmen des § 113 Abs. 3 BetrVG gerechtfertigt. Die dennoch bestehende „Pflicht" aus § 112 BetrVG wird damit zur lex imperfecta.

C. Entlassung oder wirtschaftliche Nachteile als Folge der Betriebsänderung

Dem betroffenen Arbeitnehmer steht ein Abfindungsanspruch gemäß § 113 Abs. 3 BetrVG nur zu, wenn er geltend machen kann, dass er infolge der Betriebsänderung entlassen wurde oder andere wirtschaftliche Nachteile erlitten hat.

I. Begriff der Entlassung

Dabei scheint der Begriff der Entlassung auf den ersten Blick keinerlei Probleme aufzuweisen. Überlegt man sich allerdings, ob auch die Eigenkündigung des Arbeitnehmers oder die einvernehmliche Vertragsaufhebung unter diesen Begriff subsumiert werden können, so wird offensichtlich, dass der Auslegung des Wortes „entlassen" in § 113 Abs. 3 BetrVG eine erhebliche Bedeutung für die Reichweite des Nachteilsausgleichsanspruchs zukommt. So ist zum einen denkbar, Entlassung mit Kündigung gleichzusetzen. Zum anderen ist es ebenso möglich, als Entlassung alle Tatbestände anzusehen, welche zur Beendigung des Arbeitsverhältnisses führen.[276]

---

[276] *Fitting/Engels/Schmidt/Trebinger/Linsenmaier*, § 113 BetrVG Rn. 21; *Hess*, in: Hess/ Schlochauer/Worzalla/Glock, § 113 BetrVG Rn. 7; *Oetker*, in: GK-BetrVG, § 113 BetrVG Rn. 59; *Preis/Bender*, in: Wlotzke/Preis, § 113 BetrVG Rn. 16; *Richardi/Annuß*, in: Richardi, § 113 BetrVG Rn. 42; *Rumpff/Boewer*, Mitbestimmung in wirtschaftlichen Angelegenheiten, S. 417.

1. Wortlaut

Der dritte Absatz des § 113 BetrVG spricht genau wie der erste Absatz lediglich davon, dass Arbeitnehmer „entlassen werden". Damit weist die gesetzliche Regelung den betroffenen Beschäftigten für die Frage der Beendigung des Arbeitsvertragsverhältnisses allein eine Objekt-, und keine Handelndenstellung zu. Folglich liefert der Wortlaut der Norm einen Anhaltspunkt dafür, dass „entlassen werden" i.S.d. § 113 Abs. 3 BetrVG mit „gekündigt werden" vergleichbar ist und die Eigenkündigung des Arbeitnehmers bzw. die einverständliche Vertragsaufhebung nicht von der Sanktionsnorm erfasst werden sollen.[277] Auch der allgemeine Sprachgebrauch bestätigt diese Lösung. So definiert „Meyers Großes Universallexikon" Entlassung mit der „Beendigung des Arbeitsvertragsverhältnisses durch Kündigung seitens des Arbeitgebers".[278]

2. Historisches Argument

Ein Blick auf die ursprüngliche Sanktionsregel des § 74 Abs. 1 BetrVG 1952 könnte allerdings gegen eine Gleichsetzung von Kündigung und Entlassung sprechen. Nach dieser Vorschrift war es Voraussetzung für einen finanziellen Ausgleich, dass der Arbeitgeber dem Betroffenen rechtmäßig gekündigt haben muss. Da sich der Gesetzgeber des BetrVG 1972 bei der Formulierung des § 113 BetrVG nicht an den Wortlaut des § 74 Abs. 1 BetrVG 1952 gehalten hat, wäre es möglich anzunehmen, dass er auch andere Tatbestände der Beendigung des Arbeitsvertragsverhältnisses als die Arbeitgeberkündigung erfassen wollte.[279]

Allerdings darf die amtliche Überschrift des § 74 BetrVG 1952 nicht vergessen werden. Indem sie von einer Entlassungsentschädigung spricht, der Tatbestand der Norm aber eine Arbeitgeberkündigung fordert, wird deutlich, dass der Gesetzgeber des BetrVG 1952 die Entlassung und die Beendigung des Arbeitsvertragsverhältnisses beruhend auf einer arbeitgeberseitigen Kündigung gleichgesetzt hat. Aufgrund dessen, dass § 113 BetrVG 1972 wieder den Entlassungsbegriff aus der amtlichen Überschrift des § 74 BetrVG 1952 aufnimmt, ist nicht eindeutig erkennbar, ob der Gesetzgeber des BetrVG 1972 die Gleichsetzung von Entlassung und Arbeitgeberkündigung fortführen wollte oder nicht. Eine Rückschau auf § 74 BetrVG 1952 kann deshalb keine Argumentationshilfe für die Auslegung des Begriffs der Entlassung liefern.

3. Systematik

Aus systematischen Erwägungen scheint § 112a BetrVG eine Lösung bereitzuhalten. Gemäß § 112a Abs. 1 S. 2 BetrVG gilt als Entlassung auch das vom

---

277 LAG Berlin vom 01.09.1986, DB 1987, 181.

278 Meyers Großes Universallexikon, Bd. 4 Do-Fd, S. 369.

279 So ausdrücklich *Oetker*, in: GK-BetrVG, § 113 BetrVG Rn. 59.

Arbeitgeber veranlasste Ausscheiden aufgrund von Aufhebungsverträgen. Hierbei ist zu bedenken, dass diese Vorschrift erst durch das Beschäftigungsförderungsgesetz vom 26.4.1985 eingeführt wurde.[280] Legte der Gesetzgeber für die Frage der Erzwingbarkeit von Sozialplänen bei einem Personalabbau nun ausdrücklich fest, dass als Entlassung ebenso das Ausscheiden aufgrund eines vom Arbeitgeber veranlassten Aufhebungsvertrags anzusehen ist, hat er aber eine solche Regelung im Rahmen des § 113 BetrVG nicht getroffen, so spricht einiges dafür, dass der Gesetzgeber diese Erweiterung des Entlassungsbegriffs für den Nachteilsausgleich nicht vornehmen wollte.[281] Es lässt sich also auch kein systematisches Argument gegen die Gleichsetzung von Entlassung und Kündigung finden.

4. Sinn und Zweck der Norm

Neben diesen formalen Erwägungen muss ferner der Sinn und Zweck des Nachteilsausgleichsanspruchs berücksichtigt werden. Neben dem schon ausführlich behandelten Sanktionszweck soll § 113 Abs. 3 BetrVG auch eine Ausgleichsfunktion gegenüber dem einzelnen Arbeitnehmer erfüllen, welcher infolge der pflichtwidrig durchgeführten Betriebsänderung seinen Arbeitsplatz verloren hat.[282] Dafür kann es aber nicht entscheidend sein, ob nun der Arbeitnehmer selbst auf die Betriebsänderung reagiert und gekündigt hat, er einer Vertragsaufhebung zustimmt oder gekündigt wurde. In allen Fällen hat der Arbeitnehmer u.U. erhebliche finanzielle Einbußen zu tragen, die letztlich auf der Betriebsänderung beruhen, welche ohne ausreichenden Versuch eines Interessenausgleiches vorgenommen wurde. Deshalb kann dem Zweck des § 113 Abs. 3 BetrVG genauso wie dem des § 113 Abs. 1 BetrVG nur entsprochen werden, wenn unter dem Begriff „entlassen werden" alle Formen der Beendigung des Arbeitsvertragsverhältnisses verstanden werden, die auf der Veranlassung des Arbeitgebers beruhen.[283]

Dennoch werden in erster Linie arbeitgeberseitige Kündigungen den Abfindungsanspruch des § 113 Abs. 3 BetrVG auslösen. Hierbei ist umstritten, ob die Kündigung auch rechtswirksam sein muss.[284] Die Vorgängerregelung des § 74 BetrVG

---

280 BGBl. 1985 I, S. 710.

281 LAG Berlin vom 01.09.1986, DB 1987, 181; *Stege/Weinspach/Schiefer*, §§ 111-113 BetrVG Rn. 165 f; a.A. *Matthes*, in: MüHb-ArbR, § 361 Rn. 41; *Oetker*, in: GK-BetrVG, § 113 BetrVG Rn. 59; *Rumpff/Boewer*, Mitbestimmung in wirtschaftlichen Angelegenheiten, S. 417.

282 Siehe dazu ausführlich § 2 A I.

283 BAG vom 23.0.2003, NZA 2004, 440, 442; *Bauer*, Betriebsänderungen, S. 114; *Fitting/Engels/Schmidt/Trebinger*, § 113 BetrVG Rn. 22; *Löwisch*, RdA 1989, 216, 220; *Oetker*, in: GK-BetrVG, § 113 BetrVG Rn. 59; *Richardi/Annuß*, in: Richardi, § 113 BetrVG Rn. 37; *Rumpff/Boewer*, Mitbestimmung in wirtschaftlichen Angelegenheiten, S. 417; a.A. LAG Berlin vom 01.09.1986, DB 1987, 181.

284 So *Hess*, in: Hess/Schlochauer/Worzalla/Glock, § 113 BetrVG Rn. 9; *Kania*, in: ErfK, § 113 BetrVG Rn. 5; *Löwisch/Kaiser*, § 113 BetrVG Rn. 5; *Matthes*, in: MüHb-ArbR, § 361 Rn. 41; *Stege/Weinspach/Schiefer*, §§ 111-113 BetrVG Rn. 165 f.; a.A. *Däubler*, in: DKK, § 113

1952 verlangte ausdrücklich eine rechtswirksame Kündigung. Vom Erfordernis der Rechtswirksamkeit ist in § 113 BetrVG nicht mehr die Rede, so dass ein Argument gefunden scheint, auf die Wirksamkeit der Kündigung nicht mehr abstellen zu müssen.[285]Andererseits darf auch hier die Ausgleichsfunktion des § 113 Abs. 3 BetrVG nicht übergangen werden. Wie gezeigt, soll die Vorschrift die finanziellen Einbußen des einzelnen Arbeitnehmers zumindest teilweise kompensieren, welche ihm infolge der pflichtwidrig durchgeführten Betriebsänderung entstanden sind.[286] Kann eine Kündigung nicht als wirksam angesehen werden, so stellt es eine Obliegenheit des Arbeitnehmers dar, die Unwirksamkeit im Rahmen einer Klage vor dem Arbeitsgericht feststellen zu lassen. Ist dies geschehen, sind für ihn keine finanziellen Nachteile mehr erkennbar, die es durch § 113 Abs. 3 BetrVG auszugleichen gilt. Strengt der Arbeitnehmer hingegen keine Klage an, so muss er auch diejenigen Einbußen auf sich nehmen, welche durch seine Obliegenheitsverletzung entstanden sind.

Eine diese Ansicht stützende Parallele kann aus der Rechtsprechung des Bundesverfassungsgerichts und des Bundesgerichtshofs zum enteignungsgleichen Eingriff gezogen werden.[287] Danach ist der Bürger bei einem rechtswidrigen hoheitlichen Eingriff in eine durch Art. 14 GG geschützte Rechtsposition grundsätzlich gezwungen, sich im Wege des Primärrechtsschutzes gegen dieses staatliche Handeln zur Wehr zu setzen. Ihm steht es deshalb nicht zu, den rechtswidrigen Eingriff zu dulden und mit Hilfe des Entschädigungsverfahrens seine erlittene Beeinträchtigung finanziell ausgleichen zu lassen.[288]

BetrVG Rn. 14; *Fitting/Engels/Schmidt/Trebinger*, § 113 BetrVG Rn. 23; *v. Hoyningen-Huene*, Betriebsverfassungsrecht, § 15 V 5; *Oetker*, in: GK-BetrVG, § 113 BetrVG Rn. 59; *Richardi/Annuß*, in: Richardi, § 113 BetrVG Rn. 37; *Rumpff/Boewer*, Mitbestimmung in wirtschaftlichen Angelegenheiten, S. 417. Durch die Neuregelung der §§ 4, 7 KSchG hat dieser Streit allerdings an Bedeutung verloren.

285 *Däubler*, in: DKK, § 113 BetrVG Rn. 17; *Oetker*, in: GK-BetrVG, § 113 BetrVG Rn. 59; *Richardi/Annuß*, in: Richardi, § 113 BetrVG Rn. 37.

286 Vgl. hierzu bereits die Ausführungen in § 2 A I sowie BAG vom 20.11. 2001, AP Nr. 39 zu § 113 BetrVG 1972; BAG vom 13.06.1989, AP Nr. 19 zu § 113 BetrVG 1972; *Däubler*, in: DKK, § 113 BetrVG Rn. 1; *Hess*, in: Hess/Schlochauer/Worzalla/Glock, § 113 BetrVG Rn. 1; *Kraft*, Anm. zu BAG vom 27.10.1998, EzA § 113 BetrVG 1972 Nr. 27, 11, 14; *Oetker*, in: GK-BetrVG, § 113 BetrVG Rn. 5; *Richardi/Annuß*, in: Richardi, § 113 BetrVG Rn. 2; *Rumpff/Boewer*, Mitbestimmung in wirtschaftlichen Angelegenheiten, S. 415; *Schlochauer*, ArbRGgw. (Bd. 20), 61, 73; *Schulze*, Zulässigkeit einstweiliger Verfügung, S. 162; *Stege/ Weinspach/Schiefer*, §§ 111-113 BetrVG Rn. 164; *Verch*, Personalabbau und Betriebsverfassung, S. 265; a.A. *Schäfer*, AuR 1982, 120, 120, der nur auf den Sanktionscharakter abstellt.

287 BVerfG vom 02.12.1999, NJW 2000, 1402 ff.; siehe auch *Maurer*, Allgemeines Verwaltungsrecht, § 27 Rn. 98 f.; *Ossenbühl*, Staatshaftungsrecht, S. 220 ff.

288 BVerfG vom 02.12.1999, NJW 2000, 1402 ff.

Diese Unzulässigkeit des „Duldens und Liquidierens“ ist auch auf die Fälle der unwirksamen Kündigung zu übertragen. Damit kann eine Arbeitgeberkündigung einen Nachteilsausgleichsanspruch nur auslösen, wenn sie rechtswirksam ist.

5. Konsequenzen für einzelne Beendigungstatbestände

Wendet man die eben dargestellte Definition des Entlassungsbegriffs in § 113 Abs. 3 BetrVG an, wonach alle Tatbestände erfasst werden, die zur Beendigung des Arbeitsvertragsverhältnisses führen, so kann der Nachteilsausgleichsanspruch auch bei der Arbeitnehmerkündigung sowie der einvernehmlichen Vertragsaufhebung geltend gemacht werden, sofern zwischen der pflichtwidrigen Betriebsänderung und den genannten Beendigungstatbeständen eine Kausalität besteht.[289]

Wie ferner gezeigt wurde, muss im Rahmen des § 113 BetrVG die ordentliche bzw. außerordentliche Kündigung durch den Arbeitgeber wirksam sein.[290] Geht der Arbeitnehmer zunächst im Rahmen einer Kündigungsschutzklage gegen die Kündigung vor und erhält vom Gericht bescheinigt, dass das Arbeitsvertragsverhältnis durch die konkrete Kündigung beendet wurde, so steht nach Eintritt der formellen Rechtskraft des Urteils die Wirksamkeit der Kündigung nun auch für das folgende Nachteilsausgleichsverfahren fest.[291] Ein gewisses Risiko existiert für den Arbeitnehmer, wenn er die Kündigung für rechtmäßig hält und allein den Nachteilsausgleich verlangt. Stellt sich im Laufe des Prozesses sein Irrtum heraus, so hat eine dann angestrengte Kündigungsschutzklage wegen Verstreichens der Frist aus § 4 KSchG keine Aussicht auf Erfolg. In der Konsequenz geht der Arbeitnehmer leer aus. Eine derartige Gefahr kann allerdings ausgeschlossen werden, wenn die Kündigungsschutzklage hilfsweise mit dem Antrag auf Zahlung des Nachteilsausgleichs verbunden wird.[292]

Sprach der Arbeitgeber hingegen eine Änderungskündigung aus, so muss nach der Reaktion des Arbeitnehmers differenziert werden. Ist er mit den geänderten Vertragsbedingungen einverstanden, so besteht sein Arbeitsvertrag weiter, nun-

---

289 BAG vom 23.09.2003, NZA 2004, 440, 442; *Bauer*, Betriebsänderungen, S. 114; *Fitting/Engels/Schmidt/Trebinger*, § 113 BetrVG Rn. 22; *Löwisch*, RdA 1989, 216, 220; *Oetker*, in: GK-BetrVG, § 113 BetrVG Rn. 59; *Richardi/Annuß*, in: Richardi, § 113 BetrVG Rn. 42; *Röder/Baeck*, Interessenausgleich und Sozialplan, S. 25; *Rumpff/Boewer*, Mitbestimmung in wirtschaftlichen Angelegenheiten, S. 417; a.A. LAG Berlin vom 01.09.1986, DB 1987, 181; LAG Hamm vom 30.1.1987, DB 1987, 1592, 1592; *Stege/ Weinspach/Schiefer*, §§ 111-113 BetrVG Rn. 165 f.

290 *Kania*, in: ErfK, § 113 BetrVG Rn. 5; *Löwisch/Kaiser*, § 113 BetrVG Rn. 5; *Matthes*, in: MüHb-ArbR, § 361 Rn. 41; *Stege/Weinspach/Schiefer*, §§ 111-113 BetrVG Rn. 165 f; a.M. *Bauer*, Betriebsänderungen, S. 114; *Däubler*, in DKK, § 113 BetrVG Rn. 14; *Fitting/Engels/ Schmidt/Trebinger*, § 113 BetrVG Rn. 23; *Oetker*, in: GK-BetrVG, § 113 BetrVG Rn. 59; *Richardi/Annuß*, in: Richardi, § 113 BetrVG Rn. 37.

291 Zu dieser Rechtskrafterstreckung vgl. bereits § 6 A.

292 Siehe dazu *Richardi/Annuß*, in: Richardi, § 113 BetrVG Rn. 38.

mehr mit neuem Inhalt. Die Voraussetzung, dass das Arbeitsvertragsverhältnis beendet wurde, liegt hier nicht vor, womit ein Nachteilsausgleichsanspruch aus § 113 Abs. 3 i.V.m. Abs. 1 BetrVG ausscheidet.[293] Gleiches muss gelten, wenn er die Änderung der Vertragsbedingungen nur unter Vorbehalt angenommen hat, denn auch hier endet, unabhängig vom Ausgang des gerichtlichen Verfahrens, sein Vertragsverhältnis mit dem Arbeitgeber in keinem Fall.[294]

Lehnt er hingegen die vom Arbeitgeber angestrebte Vertragsänderung ab, so ist diese Situation wie jede andere Beendigungskündigung zu behandeln, womit der Tatbestand der Entlassung erfüllt ist.[295]

II. Begriff der anderen wirtschaftlichen Nachteile

1. Allgemeines

Neben der Entlassung ist ein Nachteilsausgleichsanspruch auch gegeben, wenn dem Anspruchssteller infolge der Betriebsänderung andere finanziell spürbare Einbußen entstanden sind.

Bereits aus der Formulierung des § 113 Abs. 3 BetrVG, wonach es notwendig ist, dass der Arbeitnehmer entweder entlassen wurde oder andere wirtschaftliche Nachteile zu erdulden hatte, wird deutlich, dass sich beide Beeinträchtigungen bei dem Betroffenen ausschließen müssen. Demnach kann der Arbeitnehmer einen finanziellen Ausgleich nach § 113 Abs. 3 BetrVG wegen Eintritts wirtschaftlicher Nachteile nur verlangen, wenn sein Arbeitsvertragsverhältnis trotz der Betriebsänderung weiter besteht.[296]

Ferner legt der Wortlaut des § 113 Abs. 3 BetrVG fest, welche Nachteile kompensationsfähig sind. Indem dieser fordert, dass wirtschaftliche Nachteile eingetreten sein müssen, ist ein Nachteilsausgleichsanspruch laut § 113 Abs. 3 BetrVG nur

---

293 *Oetker*, in: GK-BetrVG, § 113 BetrVG Rn. 61; *Richardi/Annuß*, in: Richardi, § 113 BetrVG Rn. 40; *Rumpff/Boewer*, Mitbestimmung in wirtschaftlichen Angelegenheiten, S. 418; a.A. LAG Hamm vom 14.09.2004, LAGE § 113 BetrVG 2001 Nr. 2; *Däubler*, in: DKK, § 113 BetrVG Rn. 14. Andererseits können die neuen Arbeitsbedingungen „andere wirtschaftliche Nachteile" i.S.d. § 113 Abs. 3 BetrVG darstellen und daher einen Abfindungsanspruch begründen. Siehe hierzu *Fitting/Engels/Schmidt/Trebinger*, § 113 BetrVG Rn. 22; *Hess*, in: Hess/Schlochauer/Worzalla/Glock, § 113 BetrVG Rn. 6; *Oetker*, in: GK-BetrVG, § 113 BetrVG Rn. 61; *Richardi/Annuß*, in: Richardi, § 113 BetrVG Rn. 40.

294 *Oetker*, in: GK-BetrVG, § 113 BetrVG Rn. 61; *Richardi/Annuß*, in: Richardi, § 113 BetrVG Rn. 41; *Rumpff/Boewer*, Mitbestimmung in wirtschaftlichen Angelegenheiten, S. 418.

295 LAG Hamm vom 14.09.2004, LAGE § 113 BetrVG 2001 Nr. 2.; *Däubler*, in: DKK, § 113 BetrVG Rn. 14; *Oetker*, in: GK-BetrVG, § 113 BetrVG Rn. 61; *Richardi/Annuß*, in: Richardi, § 113 BetrVG Rn. 41; *Rumpff/Boewer*, Mitbestimmung in wirtschaftlichen Angelegenheiten, S. 418.

296 BAG vom 31.10.1995, AP Nr. 29 zu § 72 ArbGG 1979; BAG vom 23.08.1988, AP Nr. 17 zu § 113 BetrVG 1972; *Matthes*, in: MüHb-ArbR, § 361 Rn. 45; *Oetker*, in: GK-BetrVG, § 113 BetrVG Rn. 65; *Richardi/Annuß*, in: Richardi, § 113 BetrVG Rn. 50.

gegeben, wenn durch die Betriebsänderung der Vermögensstand des Arbeitnehmers negativ beeinträchtigt wurde, so dass immaterielle Nachteile keine Berücksichtigung finden.[297]

2. Einschränkung aus einem Vergleich mit der Entlassung

Allerdings könnte das eben aufgezeigte Ergebnis, wonach alle Vermögenseinbußen im Rahmen des § 113 Abs. 3 BetrVG als wirtschaftliche Nachteile ausgeglichen werden, durch einen Vergleich mit dem Begriff der Entlassung einzuschränken sein.

Ein solcher Gedanke drängt sich dadurch auf, dass Entlassung und die wirtschaftlichen Nachteile in einem Atemzug in § 113 Abs. 3 BetrVG genannt werden. Hieraus könnte geschlussfolgert werden, dass die wirtschaftlichen Nachteile auch eine vergleichbare Qualität wie die Entlassungen aufweisen müssen. Konsequenz dieser Einschränkung wäre, dass etwa der Arbeitnehmer, welcher infolge einer Betriebsänderung nur höhere Anfahrtskosten aufzubringen hat, diese nicht durch § 113 Abs. 3 BetrVG ausgeglichen bekommt.

a) Wortlaut

Der Wortlaut des § 113 Abs. 3 BetrVG kann für eine solche Begrenzung der wirtschaftlichen Nachteile nicht herangezogen werden. Aus der Tatsache, dass das Gesetz zwei Tatbestandsalternativen aufgenommen hat, darf nicht automatisch geschlossen werden, dass diese beiden Beeinträchtigungen auch das gleiche Gewicht aufweisen müssen.

b) Systematik

Da § 113 Abs. 3 BetrVG als eine Rechtsfolgenverweisung konzipiert wurde, um eine unter der Geltung des BetrVG 1952 bestehende Gesetzeslücke zu schließen, kann man für die Frage, welche Anforderung an die wirtschaftlichen Nachteile zu stellen ist, nicht ausschließlich auf § 113 Abs. 3 BetrVG abzielen. Vielmehr sind auch die Ausgangsvorschriften des § 113 Abs. 1 und 2 BetrVG mit in die Betrachtung einzubeziehen. Allerdings kann diesen Absätzen ebenfalls nicht entnommen werden, dass die wirtschaftlichen Nachteile eine bestimmte Qualität aufweisen müssen.

c) Teleologie

Auch der vom Gesetzgeber mit § 113 BetrVG verfolgte Zweck spricht gegen erhöhte Anforderungen an die wirtschaftlichen Nachteile. Im Fall des § 113 Abs. 3

---

[297] *Bauer*, Betriebsänderungen S. 115; *Matthes*, in: MüHb-ArbR, § 361 Rn. 45; *Oetker*, in: GK-BetrVG, § 113 BetrVG Rn. 66; *Richardi/Annuß*, in: Richardi, § 113 BetrVG Rn. 52.

BetrVG soll der Arbeitgeber sanktioniert werden, wenn er ohne Beteiligung des Betriebsrats eine Betriebsänderung vornimmt und dem einzelnen Arbeitnehmer dadurch Beeinträchtigungen entstehen. Hierbei reichte es dem Gesetzgeber nicht aus, als einzigen Nachteil die Entlassung aufzunehmen, sondern er wollte weitere Konstellationen erfasst sehen. Verlangt man aber, dass die anderen Einbußen von ihrer Intensität mit der Entlassung vergleichbar sein müssen, so stellt sich die Frage, welche Fallgruppen denkbar sind, die diese Anforderung erfüllen können. Bei einer Entlassung ist es dem Betroffenen nicht mehr möglich, seiner gewohnten Arbeitstätigkeit nachzugehen, womit er auch keinen Lohn mehr erhält. Entstehen dem Einzelnen andere wirtschaftliche Nachteile, wie höhere Fahrtkosten oder verschlechterte Arbeitsbedingungen, dann existiert noch immer sein Arbeitsvertragsverhältnis, so dass ihm ein Lohnanspruch zusteht und er einer Beschäftigung nachgehen kann. Folglich sind andere wirtschaftliche Nachteile i.S.d. § 113 BetrVG, die das gleiche Gewicht wie eine Entlassung aufweisen, kaum denkbar, was zur Konsequenz hätte, dass § 113 Abs. 2 BetrVG und auch der entsprechende Verweis in § 113 Abs. 3 BetrVG nur einen geringen Anwendungsbereich aufweisen würden. Dem Gesetzgeber kann man jedoch nicht unterstellen, dass er solche funktionslosen Regelungen treffen wollte.

Aus diesem Grund ist festzuhalten, dass dem Willen des Gesetzgebers nur entsprochen wird, wenn man für die wirtschaftlichen Nachteile i.S.d. § 113 BetrVG kein mit einer Entlassung vergleichbares Gewicht fordert.

III. Kausalität

1. Allgemeines

Für einen Nachteilsausgleichsanspruch dürfen Entlassung bzw. die entstandenen wirtschaftlichen Nachteile und die „pflichtwidrig" durchgeführte Betriebsänderung nicht beziehungslos nebeneinander stehen. Vielmehr fordert § 113 Abs. 3 BetrVG mit dem Wort „infolge", dass zwischen der Betriebsänderung und den Nachteilen beim konkret Betroffenen Kausalität vorliegt.[298] Dabei ist allerdings ein erheblicher Unterschied zu § 113 Abs. 1 und Abs. 2 BetrVG festzustellen. Bei den beiden ersten Absätzen des § 113 BetrVG muss ein Ursachenzusammenhang zwischen dem Abweichen des Unternehmers vom vereinbarten Interessenausgleich und der beim Arbeitnehmer eingetretenen Beeinträchtigung vorliegen.[299] Im Gegensatz dazu fordert § 113 Abs. 3 BetrVG, dass allein die Betriebsänderung

---

[298] BAG vom 14.12.2004, BB 2005, 2193, 2194; LAG Bremen vom 21.10.2004, AP Nr. 48 zu § 113 BetrVG 1972.

[299] *Bauer*, Betriebsänderungen, S. 114; *Oetker*, in: GK-BetrVG, § 113 BetrVG Rn. 68; *Richardi/ Annuß*, in: Richardi, § 113 BetrVG Rn. 19; *Rumpff/Boewer*, Mitbestimmung in wirtschaftlichen Angelegenheiten, S. 415 f.; *Stege/Weinspach/Schiefer*, §§ 111-113 BetrVG Rn. 165 e.

kausal für die Nachteile sein muss.[300] Es ist deshalb nicht ausschlaggebend, ob man z.B. die Entlassung auch dann vorgenommen hätte, wenn mit dem Betriebsrat ein Interessenausgleich versucht worden wäre.[301]

Besteht zwischen der Betriebsänderung und den eingetretenen Einbußen lediglich ein mittelbarer Ursachenzusammenhang, ist bereits Kausalität anzunehmen, sofern dieser aus Sicht eines objektiven Beobachters nicht außerhalb jeglicher Lebenserfahrung liegt.[302] Ein derartiger Zusammenhang i.S.d. § 113 BetrVG ist beispielsweise gegeben, wenn ohne Beteiligung des Betriebsrats eine völlig andere Produktionsrichtung eingeschlagen und damit eine grundlegende Änderung des Betriebszwecks vorgenommen wird, um auf dem Markt erfolgreich zu sein, später jedoch für diese neue Produktionsrichtung kein ausreichender Absatz besteht, so dass einzelne Arbeiter entlassen werden müssen.[303]

2. Ausgewählte Einzelfälle

a) Zusammenhang zwischen Betriebsänderung und Eigenkündigung des Arbeitnehmers bzw. einvernehmlicher Vertragsaufhebung

Wie schon festgestellt wurde, muss, um den Sinn und Zweck des § 113 BetrVG zu entsprechen, als Entlassung jeder Tatbestand gesehen werden, der zur Beendigung des Arbeitsvertragsverhältnisses führt, so dass auch die Eigenkündigung des Arbeitnehmers und die einvernehmliche Vertragsaufhebung vom Begriff der Entlassung erfasst werden. Hier ist jedoch ein besonderes Augenmerk auf den Ursachenzusammenhang zu legen. Kündigt der Arbeitnehmer oder stimmt er einer Vertragsaufhebung zu, ist dies nur dann auf die Betriebsänderung zurückzuführen, wenn der Arbeitgeber die objektiv berechtigte Annahme beim Arbeitnehmer hervorgerufen hat, „mit der eigenen Initiative zur Beendigung des Arbeits-

---

300 BAG vom 14.12.2004, AP Nr. 32 zu § 611 BGB Haftung des Arbeitgebers; BAG vom 31.10.1995, AP Nr. 29 zu § 72 ArbGG 1979; BAG vom 13.06.1989, AP Nr. 19 zu § 113 BetrVG 1972; *Oetker*, in: GK-BetrVG, § 113 BetrVG Rn. 71; *Richardi/Annuß*, in: Richardi, § 113 BetrVG Rn. 32; *Stege/Weinspach/Schiefer*, §§ 111-113 BetrVG Rn. 180.

301 BAG vom 13.06.1989, AP Nr. 19 zu § 113 BetrVG 1972; LAG Bremen vom 21.10.2004, AP Nr. 48 zu § 113 BetrVG 1972; *Däubler*, in: DKK, § 113 BetrVG Rn. 15; *Kania*, in. ErfK, § 113 BetrVG Rn. 9; *Löwisch/Kaiser*, § 113 BetrVG Rn. 12; *Oetker*, in: GK-BetrVG, § 113 BetrVG Rn. 71; *Richardi/Annuß*, in: Richardi, § 113 BetrVG Rn. 32; a.A. LAG Köln vom 04.11.1987, ZIP 1988, 52, 53.

302 *Fitting/Engels/Schmidt/Trebinger*, § 113 BetrVG Rn. 27; *Oetker*, in: GK-BetrVG, § 113 BetrVG Rn. 71; *Richardi/Annuß*, in: Richardi, § 113 BetrVG Rn. 20.

303 Zu den Voraussetzungen, wenn eine Produktionsänderung eine Betriebsänderung i.S.d. § 111 S. 2 Nr. 4 Var. 2 BetrVG darstellt, vgl. statt aller *Richardi/Annuß*, in: Richardi, § 113 BetrVG Rn. 110 ff.

vertragsverhältnisses einer andernfalls notwendig werdenden betriebsbedingten Kündigung des Arbeitgebers lediglich zuvorzukommen".[304]

b) Unterbrechung des Ursachenzusammenhangs bei Widerspruch des Arbeitnehmers gemäß § 613a Abs. 6 S. 1 BGB

Abschließend soll noch untersucht werden, ob ein Ursachenzusammenhang zu bejahen ist, wenn die Betriebsänderung darin besteht, dass ein Betriebsteil auf einen Erwerber übergeht[305], es in diesem Zusammenhang nicht zu einem Versuch des Interessenausgleichs gekommen ist, der einzelne Arbeitnehmer dem Eintritt des Erwerbers in das Arbeitsvertragsverhältnis nach § 613a Abs. 6 S. 1 BGB widerspricht und der Veräußerer ihn wegen fehlender Beschäftigungsmöglichkeit daraufhin entlässt.[306]

aa) Äquivalenz/Einschränkung durch die Adäquanz

Würde man den Betriebsteilübergang wegdenken, so könnte der widersprechende Arbeitnehmer seiner ursprünglichen Tätigkeit in diesem Betriebsteil weiterhin sinnvoll nachgehen, so dass es einer Entlassung nicht bedarf. Kausalität i.S. der Äquivalenztheorie ist damit gegeben. Dass für den widersprechenden Arbeitnehmer nach erfolgtem Betriebsteilübergang keine Beschäftigungsmöglichkeit mehr besteht und ihm deshalb gekündigt werden muss, ist für einen objektiven Beobachter nicht außerhalb jeglicher Lebenswahrscheinlichkeit, womit auch nach der einschränkenden Adäquanztheorie ein Ursachenzusammenhang besteht.

bb) Unterbrechung des Kausalzusammenhangs

Durch den Widerspruch des Arbeitnehmers gegen das Eintreten des Erwerbers in das Arbeitsvertragsverhältnis könnte der Ursachenzusammenhang unterbrochen sein. Eine solche Unterbrechung ist gegeben, wenn trotz tatsächlich bestehender Ursächlichkeit ein Kausalzusammenhang aus wertenden Gesichtspunkten abzulehnen ist, „weil ein überragendes Ereignis interveniert hat."[307] Hätte der Arbeitnehmer nicht von seinem Widerspruchsrecht Gebrauch gemacht, so wäre auch für sein Arbeitsvertragsverhältnis der Erwerber des Betriebsteils in die Arbeitgeber-

---

[304] So BAG vom 23.09.2003, NZA 2004, 440, 442; BAG vom 25.03.2003, NJOZ 2004, 226, 230; BAG vom 29.10.2002, NJOZ 2003, 1859, 1861.

[305] Ein Betriebsteilübergang ist regelmäßig mit einer Spaltung des Betriebes i.S.d. § 111 S. 3 Nr. 3 BetrVG verbunden. Vgl. dazu BAG vom 10.12.1996, AP Nr. 110 zu § 112 BetrVG 1972; LAG Hamm vom 28.08.2003, NZA-RR 2004, 80, 81 f.; *Annuß*, in: Richardi, § 111 BetrVG Rn. 102; *Däubler*, in: DKK, § 111 BetrVG Rn. 106; *Fitting/Engels/Schmidt/Trebinger*, § 111 BetrVG Rn. 87; *Kania*, in: ErfK, § 111 BetrVG Rn. 52; *Matthes*, NZA 2000, 1073, 1074; *Oetker*, in: GK-BetrVG, § 111 BetrVG Rn. 106.

[306] Siehe hierzu BAG vom 10.12.1996, AP Nr. 32 zu § 113 BetrVG 1972.

[307] *Deutsch*, Allgemeines Haftungsrecht, Rn. 156.

stellung eingetreten. Er hätte dann seine Arbeitsleistung in gewohnter Umgebung weiter erbringen können, so dass ein Entlassungsgrund nicht bestanden hätte.

Es ist jedoch zu bedenken, dass der Arbeitnehmer hier nur sein gesetzliches Widerspruchsrecht ausübt, welches bei einem Betriebsübergang entsteht. Demnach ist der Widerspruch nur die Folge des Betriebsteilübergangs und stellt damit kein überragend wichtiges Ereignis dar, welches den bestehenden Ursachenzusammenhang aus wertenden Gesichtspunkten unterbricht.[308]

cc) Ergebnis

Auch die Inanspruchnahme des Widerspruchsrechts aus § 613 a Abs. 6 S. 1 BGB verhindert keinen Abfindungsanspruch gemäß § 113 Abs. 3 BetrVG, sofern die weiteren Voraussetzungen der Norm erfüllt sind.

IV. Zusammenfassung

- Um dem Sinn und Zweck des § 113 BetrVG gerecht zu werden, ist jeder Tatbestand als Entlassung zu verstehen, welcher zur Beendigung des Arbeitsvertragsverhältnisses führt.
- Von dem Begriff der anderen wirtschaftlichen Nachteile i.S.d. § 113 BetrVG werden alle Vermögenseinbußen des Arbeitnehmers erfasst, die ihm infolge der Betriebsänderung entstanden sind.
- Für einen Nachteilsausgleich gemäß § 113 Abs. 3 BetrVG muss zwischen der Betriebsänderung, die ohne einen ausreichenden Interessenausgleichsversuch durchgeführt wurde, und den beim einzelnen Arbeitnehmer entstandenen Nachteilen zumindest ein mittelbarer Ursachenzusammenhang vorhanden sein.

---

[308] BAG vom 10.12.1996, AP Nr. 32 zu § 113 BetrVG 1972; *Fitting/Engels/Schmidt/Trebinger*, § 111 BetrVG Rn. 27; *Oetker*, in: GK-BetrVG, § 113 BetrVG Rn. 71.

§ 7 Inhalt und Umfang des Nachteilsausgleichs

A. Einführung

Wie bereits im vorangegangenen Kapitel festgestellt, handelt es sich bei § 113 Abs. 3 BetrVG um eine Rechtsfolgenverweisung auf die ersten beiden Absätze desselben Paragraphen. Wurde also der Arbeitnehmer als Folge der pflichtwidrig durchgeführten Betriebsänderung entlassen, gewährt ihm § 113 Abs. 3 i.V.m. Abs. 1 BetrVG einen Abfindungsanspruch. Sind dem Arbeitnehmer hingegen andere wirtschaftliche Nachteile als eine Entlassung entstanden, so werden diese gemäß § 113 Abs. 3 i.V.m. Abs. 1 BetrVG ausgeglichen.

Im Folgenden ist zu untersuchen, wie beide Ausgleichsforderungen zu behandeln sind, d.h. wann sie z.B. entstehen und ob auf sie wirksam verzichtet werden kann. Weiterhin soll erörtert werden, wie die Höhe der Nachteilsausgleichsansprüche zu bestimmen ist und in welchem Verhältnis sie zu anderen Forderungen des Arbeitnehmers gegenüber seinem Arbeitgeber stehen.

B. Behandlung des Nachteilsausgleichsanspruchs

I. Zeitpunkt der Entstehung

Für den Zeitpunkt der Anspruchsentstehung ist zunächst relevant, welche Qualität man § 113 Abs. 1 bzw. Abs. 2 BetrVG zuweist. Hierzu wurde bereits im Rahmen der Ausführung zur Rechtsnatur des § 113 BetrVG festgestellt, dass unterschiedliche Auffassungen allein hinsichtlich der Einordnung des § 113 Abs. 1 BetrVG existieren und diese Differenzen auch Auswirkung auf den Zeitpunkt der Anspruchsentstehung entfalten.

Wie in diesem Zusammenhang gezeigt wurde, kann § 113 Abs. 1 BetrVG nicht als Recht des Arbeitnehmers betrachtet werden, beim Arbeitsgericht eine Abfindung zu fordern, sondern der Vorschrift muss ebenso wie § 113 Abs. 2 BetrVG Anspruchsqualität zuerkannt werden.[1] Damit ist zumindest geklärt, dass der Zahlungsanspruch des Arbeitnehmers auch im Falle des § 113 Abs. 1 BetrVG nicht erst mit Vorlage des arbeitsgerichtlichen Urteils entstehen kann.[2]

Allerdings bringen diejenigen, welche § 113 Abs. 1 BetrVG Anspruchsqualität zuweisen, nur selten die Mühe auf, den Entstehungszeitpunkt genau festzulegen. So wird zum Teil davon gesprochen, dass der Nachteilsausgleichsanspruch des § 113 Abs. 3 i.V.m. Abs. 1 BetrVG entstanden ist, wenn der Unternehmer mit der pflichtwidrigen Durchführung der Betriebsänderung beginnt.[3] Andere wiederum

---

1 So auch *Fitting/Engels/Schmidt/Trebinger/Linsenmaier*, § 113 BetrVG Rn. 2; *Löwisch/Kaiser*, § 113 BetrVG Rn. 6, jedoch ohne weitere Ausführungen. Ausführlich zu dieser Position § 2 C.

2 A.A. *Oetker*, in: GK-BetrVG, § 113 BetrVG Rn. 74.

3 BAG vom 23.09.2003, AP Nr. 43 zu § 113 BetrVG 1972; BAG vom 08.04.2003, AP Nr. 40 zu § 113 BetrVG 1972; BAG vom 04.12.2002, AP Nr. 2 zu § 38 InsO; *Fitting/Engels/*

stellen auf den Moment ab, in dem auch der Nachteil für den Arbeitnehmer aufgetreten ist, z.B. dessen Entlassung.[4] Argumente für die jeweilige Ansicht werden jedoch nicht geliefert. Sie lassen sich dadurch finden, dass ein Anspruch erst zur Entstehung gelangt, wenn die einzelnen anspruchsbegründenden Voraussetzungen erfüllt sind. Es müssen also auch im Falle des § 113 Abs. 3 BetrVG alle Tatbestandsmerkmale vorliegen, damit der Nachteilsausgleichsanspruch des Arbeitnehmers zustande kommt. Konsequenz ist, dass die Nachteilsausgleichsforderung in dem Moment existent ist, in dem der Arbeitnehmer entweder entlassen wird oder einen anderen wirtschaftlichen Nachteil erleidet, sofern ein derartiges Ereignisse auf der Durchführung der Betriebsänderung beruht.[5]

II. Zwangsvollstreckung

Regelmäßig wird der Nachteilsausgleichsanspruch nicht von geringer Höhe sein, so dass eventuelle Gläubiger des Arbeitnehmers ein erhebliches Interesse besitzen, in diese Forderung vollstrecken zu können. Andererseits soll gerade der Anspruch aus § 113 Abs. 3 i.V.m. Abs. 1 BetrVG eine Kompensation für den Verlust des Arbeitsplatzes und somit auch für das nun fehlende Arbeitsentgelt bewirken. Der Arbeitnehmer wird demzufolge die zu erwartenden finanziellen Leistungen seines ehemaligen Arbeitgebers zur Deckung seiner Lebenshaltungskosten benötigen. Aus diesem Grund könnten die Pfändungsschutzregelungen der §§ 850 ff. ZPO Anwendung finden, die eine Forderungsvollstreckung durch die Arbeitnehmergläubiger erschweren. Die Schutzvorschriften der §§ 850 ff. ZPO greifen jedoch nur dann ein, wenn es sich bei den Nachteilsausgleichsansprüchen um Arbeitseinkünfte i.S.d. § 850 ZPO handelt.

Zur Frage, welche Bezüge die ZPO als Arbeitseinkommen betrachtet, gibt zunächst § 850 Abs. 2 ZPO Auskunft. Hierbei handelt es sich allerdings allein um eine nicht abschließende Aufzählung von Beispielen.[6] Entscheidend für die Auslegung des Begriffs Arbeitseinkommen ist vielmehr der Zweck der Pfändungsschutznormen der §§ 850 ff. ZPO. Diese wollen nicht nur erreichen, dass dem Arbeitnehmer ein bestimmter Betrag seines Lohns erhalten bleibt, damit dessen Triebkraft, weiterhin einer Tätigkeit nachzugehen, nicht erlischt.[7] Die §§ 850 ff.

Schmidt/Trebinger/Linsenmaier, § 113 BetrVG Rn. 46; *Hunold*, NZA-RR 2004, 561, 563; *Kleinebrink*, NZA-RR 2005, 281, 288.

4 BAG vom 20.06.1978, AP Nr. 3 zu § 113 BetrVG 1972; *Rumpff/Boewer*, Mitbestimmung in wirtschaftlichen Angelegenheiten, S. 438; *Stege/Weinspach/Schiefer*, §§ 111-113 BetrVG Rn. 167.

5 I. E. auch *Stege/Weinspach/Schiefer*, §§ 111-113 BetrVG Rn. 167.

6 BAG vom 23.07.1976, NJW 1977, 75, 76; LAG Frankfurt a.M. vom 10.12.1987, DB 1988, 1456; *Hartmann*, in: Baumbach/Lauterbach, § 850 ZPO, Rn. 3; *Boewer/Bommermann*, Lohnpfändung und Lohnabtretung, Rn. 364; *Stöber*, in: Zöller, § 850 ZPO Rn. 3.

7 Brehm, in: Stein/Jonas, § 850c ZPO Rn. 1; *Hartmann*, in: Baumbach/Lauterbach, § 850 ZPO Rn. 2; *Smid*, in: MüKo-ZPO, § 850 ZPO Rn. 1; *Stöber*, in: Zöller, § 850 ZPO Rn. 1. Die §§

ZPO sollen zugleich auch den Lebensunterhalt des Schuldners und seiner Familie sichern.[8] Damit sind als Arbeitseinkommen i.S.d. § 850 ZPO alle Einkünfte zu verstehen, die ihre Grundlage im Arbeitsvertragsverhältnis finden und der Existenzsicherung des Arbeitnehmers dienen.[9] Ob die Arbeitgeberzahlung in Bezug auf geleistete bzw. noch zu leistende Arbeit erfolgt, ist hierbei nicht von Bedeutung.[10]

Auch die Nachteilsausgleichsansprüche haben ihren Grund darin, dass zumindest ein Arbeitsvertragsverhältnis zwischen Anspruchsberechtigten und -verpflichteten bestanden hat und sie dienen wegen ihrer Kompensationsfunktion als teilweiser Ersatz für das entfallene Arbeitsentgelt. Den Nachteilsausgleichsansprüchen kommt daher ebenfalls eine Existenzsicherungsfunktion zu, womit sie als Arbeitseinkommen i.S.d. § 850 ZPO anzusehen sind.[11]

1. Pfändungsgrenze des § 850c ZPO

Als Schutznorm, die dem Arbeitnehmer den Nachteilsausgleichsanspruch zumindest in einem gewissen Umfang erhält, könnte § 850c ZPO in Frage kommen. Die Pfändbarkeitsregeln der §§ 850a-k ZPO und damit auch die Vorschrift des § 850c ZPO hinsichtlich der Pfändungsgrenzen betreffen jedoch lediglich wiederkehrende Bezüge des Arbeitnehmers.[12] Handelt es sich hingegen um nicht fortlau-

---

850 ZPO helfen daher zum einen zu verhindern, dass ein Mensch sich in das System der sozialen Sicherung begibt, weil eine Weiterbeschäftigung für ihn keinen finanziellen Anreiz bietet. Sie üben somit eine gesellschaftsdienende Funktion aus. Darüber hinaus tragen diese Regelungen auch dazu bei, einem Persönlichkeitsverfall des Schuldners zu verhindern, denn würde er wegen fehlendem Anreiz seine Beschäftigung aufgeben, fehlt ihm mit der Arbeit ein maßgeblicher Gestaltungs- und Entfaltungsfaktor seines Lebens.

8 BAG vom 30.10.2001, EzA § 112 BetrVG 1972 Nr. 109; BAG vom 13.11.1991, AP Nr. 13 zu § 850 ZPO; BAG vom 12.09.1979, AP Nr. 10 zu § 850 ZPO; *Hartmann*, in: Baumbach/ Lauterbach, § 850 ZPO Rn. 2; *Stöber*, in: Zöller, § 850 ZPO Rn. 3.

9 BAG vom 13.11.1991, AP Nr. 13 zu § 850 ZPO; BAG vom 10.02.1962, AP Nr. 3 zu § 850 ZPO; *Boewer/Bommermann*, Lohnpfändung und Lohnabtretung, Rn. 364; *Smid*, in: MüKo-ZPO, § 850 ZPO Rn. 20; *v. Zwehl*, Lohnpfändung, S. 22.

10 BAG vom 13.11.1991, AP Nr. 13 zu § 850 ZPO; *Boewer/Bommermann*, Lohnpfändung und Lohnabtretung, Rn. 364.

11 BAG vom 13.11.1991, AP Nr. 13 zu § 850 ZPO; OLG Düsseldorf vom 28.08.1979, NJW 1979, 2520,2521; *Boewer/Bommermann*, Lohnpfändung und Lohnabtretung, Rn. 371; *Brox/ Walker*, Zwangsvollstreckungsrecht, Rn. 583; *Däubler*, in: DKK, § 113 BetrVG Rn. 20; *Fitting/Engels/Schmidt/Trebinger/Linsenmaier*, § 113 BetrVG Rn. 45; *Richardi/Annuß*, in: Richardi, § 113 BetrVG Rn. 60; *Rumpff/Boewer*, Mitbestimmung in wirtschaftlichen Angelegenheiten, S. 435 f.; *v. Zwehl*, Lohnpfändung, S. 23.

12 Statt aller BAG vom 13.11.1991, AP Nr. 13 zu § 850 ZPO.

fende Vergütungen, so gewährt § 850i ZPO dem Arbeitnehmer einen Pfändungsschutz.[13]

Hinsichtlich der Einordnung des Abfindungsanspruchs aus § 113 Abs. 3 i.V.m. Abs. 1 BetrVG besteht dahingehend Konsens, diese Forderung als nicht wiederkehrend i.S.d. § 850i ZPO zu betrachten.[14] Steht dem Arbeitnehmer hingegen ein Anspruch laut § 113 Abs. 3 i.V.m. Abs. 2 BetrVG zu, da er infolge der Betriebsänderung einen anderen wirtschaftlichen Nachteil als eine Entlassung erlitten hat, so ordnen *Richardi/Annuß*[15] diesen Arbeitnehmeranspruch dem fortlaufenden Arbeitsentgelt zu. Konsequenz dieser Sichtweise ist, dass die Ansprüche aus § 113 Abs. 3 i.V.m. Abs. 2 BetrVG ohne jegliches Zutun des Schuldners nur in einem § 850c ZPO entsprechenden Rahmen pfändbar sind. Weiterhin tritt gar Unpfändbarkeit nach § 850a ZPO ein, wenn der durch die Betriebsänderung entstandene Nachteil i.S.d. § 113 Abs. 2 BetrVG z.B. darin besteht, dass der Arbeitnehmer nun einen weiteren Anfahrtsweg und somit höhere Fahrtkosten erdulden muss.[16]

Eine solch unterschiedliche Behandlung der Ansprüche aus § 113 BetrVG im Hinblick auf den Pfändungsschutz leuchtet nicht ein. Alleiniges Unterscheidungskriterium, ob eine Forderung des Arbeitnehmers gegenüber seinem Arbeitgeber nun den Regeln der §§ 850a-k ZPO oder der Schutzvorschrift des § 850i ZPO unterfällt, ist die stattfindende Wiederholung des Leistungsbezuges.[17] Der Nachteilsausgleichsanspruch aus § 113 Abs. 3 i.V.m. Abs. 2 BetrVG unterscheidet sich vom Abfindungsanspruch des § 113 Abs. 3 i.V.m. Abs. 1 BetrVG einzig durch den beim Arbeitnehmer eintretenden Nachteil und damit in den Rechtsfolgen. Beiden Ansprüchen ist charakteristisch, dass sie ihren Ursprung in der ohne ausreichende Beteiligung des Betriebsrats vorgenommenen Betriebsänderung und daher in einem einmaligen Vorgang finden, welcher folglich auch nur eine Einmalzahlung begründet.

---

13 Im Unterschied zu den §§ 850a-k ZPO muss der Schuldner bei § 850i ZPO einen entsprechenden Antrag beim Vollstreckungsgericht gestellt haben, um Pfändungsschutz zu erhalten.

14 *Boewer/Bommermann*, Lohnpfändung und Lohnabtretung, Rn. 371; *Brox/Walker*, Zwangsvollstreckungsrecht, Rn. 583; *Däubler*, in: DKK, § 113 BetrVG Rn. 20; *Fitting/Engels/Schmidt/Trebinger/Linsenmaier*, § 113 BetrVG Rn. 45; *Richardi/Annuß*, in: Richardi, § 113 BetrVG Rn. 60; *Rumpff/Boewer*, Mitbestimmung in wirtschaftlichen Angelegenheiten, S. 435 f.; *v. Zwehl*, Lohnpfändung, S. 23.

15 In: Richardi, § 113 BetrVG Rn. 61.

16 *Richardi/Annuß*, in: Richardi, § 113 BetrVG Rn. 61.

17 *Boewer/Bommermann*, Lohnpfändung und Lohnabtretung, Rn. 368; *Rumpff/Boewer*, Mitbestimmung in wirtschaftlichen Angelegenheiten, S. 435 f.; *v. Zwehl*, Lohnpfändung, S. 22 f.

2. Pfändungsschutz allein durch § 850i ZPO

Somit ist, unabhängig ob dem Arbeitnehmer ein Anspruch aus § 113 Abs. 3 i.V.m. Abs. 1 BetrVG oder aus § 113 Abs. 3 i.V.m. Abs. 2 BetrVG zusteht, allein der Pfändungsschutz nach § 850i ZPO einschlägig, welcher dem Schuldner einen notwendigen Unterhalt nur dann sichern hilft, wenn dieser einen Pfändungsschutzantrag gestellt hat.[18]

III. Verzicht auf Nachteilsausgleichsanspruch

Ein weiteres in der Literatur im Allgemeinen nur kurz angesprochenes Problem ist, ob der Arbeitnehmer auf einen Nachteilsausgleichsanspruch wirksam gegenüber dem Arbeitgeber verzichten kann.[19] Eine hierfür typische Fallkonstellation ist, dass die Arbeitsvertragsparteien einen Aufhebungsvertrag schließen, damit beispielsweise der Arbeitgeber eine Betriebsstilllegung realisieren kann.[20] In einem solchen Vertrag wird regelmäßig auch eine Abfindungszahlung an den Arbeitnehmer aufgenommen, welche jedoch stets mit dem Passus verbunden ist, dass dadurch weitere Ansprüche aus dem Arbeitsvertragsverhältnis und dessen Beendigung abgegolten sind. Hat der Arbeitgeber einen unzureichenden Interessenausgleichsversuch i.S.d. § 113 Abs. 3 BetrVG unternommen, so stellt sich die Frage, ob der abgefundene Arbeitnehmer trotz des vereinbarten Verzichts einen Nachteilsausgleichsanspruch geltend machen kann.

1. Analoge Anwendung des Zustimmungserfordernisses aus § 112 Abs. 1 S. 3 BetrVG i.V.m. § 77 Abs. 4 S. 2 BetrVG?

Der Verzicht[21] auf den Nachteilsausgleichsanspruch könnte unwirksam sein, wenn hierfür in entsprechender Anwendung der §§ 112 Abs. 1 S. 3, 77 Abs. 4 S. 2

---

[18] *Boewer/Bommermann*, Lohnpfändung und Lohnabtretung, Rn. 371; *Brox/Walker*, Zwangsvollstreckungsrecht, Rn. 583; *Däubler*, in: DKK, § 113 BetrVG Rn. 20; *Fitting/Engels/Schmidt/Trebinger/Linsenmaier*, § 113 BetrVG Rn. 45; *Rumpff/Boewer*, Mitbestimmung in wirtschaftlichen Angelegenheiten, S. 435 f.; *v. Zwehl*, Lohnpfändung, S. 23

[19] Siehe hierzu allein den Umfang der Kommentierung in *Fitting/Engels/Schmidt/Trebinger/Linsenmaier*, § 113 BetrVG Rn. 46; *Löwisch/Kaiser*, § 113 BetrVG Rn. 18; *Oetker*, in: GK-BetrVG, § 113 BetrVG Rn. 81; *Richardi/Annuß*, in: Richardi, § 113 BetrVG Rn. 64; *Kania*, in: ErfK; *Hess*, in: Hess/Schlochauer/Worzalla/Glock; *Matthes*, in: MüHb-ArbR sowie *Stege/Weinspach/Schiefer* äußern sich gar nicht zu dieser Thematik, ausführlich hingegen *Keller*, NZA 1997, 519 ff.

[20] Vgl. etwa den Sachverhalt, welcher der Entscheidung des BAG vom 23.09.2003 (AP Nr. 43 zu § 113 BetrVG 1972) zugrunde lag.

[21] Hierbei ist zu betonen, dass ein Verzicht auf einen zustehenden Anspruch nicht allein durch Erklärung des Arbeitnehmers vorgenommen werden kann, sondern er vielmehr einer Vereinbarung mit dem Unternehmer bedarf. Siehe hierzu allgemein BGH vom 04.12.1986, NJW 1987, 3203, 3203; *Kreutz*, in: GK-BetrVG, § 77 BetrVG Rn. 276; *Schlüter*, in: MüKo-BGB, § 397 BGB Rn. 1; *Stürner*, in: Jauernig, § 397 BGB Rn. 1

BetrVG eine Zustimmung des Betriebsrats erforderlich ist. Dazu müssten die Voraussetzungen einer Analogie zu den genannten Normen gegeben sein.

a) Vorliegen einer planwidrigen Regelungslücke

So ist zum einen notwendig, dass eine planwidrige Regelungslücke im Rahmen der Nachteilsausgleichsansprüche vorhanden ist. Eine solche Lücke liegt vor, wenn der Gesetzgeber beim Erlass[22] einer Norm einen Umstand gar nicht oder unvollständig seinem Willensentschluss zugrunde gelegt hat und deshalb eine Frage ungeregelt ließ, obwohl diese nach seiner Absicht eigentlich eine Regelung bedurft hätte.[23] Eine planwidrige Regelungslücke ist demzufolge eine unbeabsichtigte gesetzgeberische Unvollständigkeit.[24]

Nach dem Willen des BetrVG-Gesetzgebers sollte § 113 BetrVG u.a. auch eine effektive Sanktionsregelung darstellen, um die Beteiligungsrechte des Betriebsrats bei Betriebsänderungen durchzusetzen.[25] Ist es dem Arbeitgeber jedoch möglich, durch den Abschluss von Verzichtsvereinbarungen mit den Arbeitnehmern sich der Nachteilsausgleichsansprüche zu entledigen, so ist die Wirksamkeit des § 113 BetrVG als Sanktionsnorm beeinträchtigt. Da nicht angenommen werden kann, dass der Gesetzgeber § 113 BetrVG bewusst der Gefahr einer Aushöhlung aussetzen wollte, scheint bereits ein Anhaltspunkt für eine ausfüllungsbedürftige, weil planwidrige Lücke gefunden zu sein.

Basierend auf einem anderen Ansatz lehnt das BAG allerdings die planwidrige Regelungslücke bei § 113 BetrVG ab. Nach Auffassung des Gerichts soll sich die fehlende Lückenhaftigkeit aus der nicht bestehenden Ähnlichkeit der von § 113 Abs. 3 BetrVG erfassten und von den §§ 112 Abs. 1 S. 3, 77 Abs. 4 S. 2 BetrVG geregelten Sachverhalte ergeben.[26] Dieser Begründungsansatz ist dogmatisch fehlerhaft. Zwar besagt bereits die o.g. Definition, dass eine Gesetzeslücke nicht mit einem „Nichts“ gleichgestellt werden kann, sondern „das Fehlen einer … zu erwartenden Regel bedeutet“.[27] Die Frage, wie die existierende Unvollständigkeit

---

[22] Zur Frage, ob auch nachträglich entstandene Lücken durch eine Analogie geschlossen werden können, vgl. *Canaris*, Feststellung von Lücken im Gesetz, S. 135 f. und 189; *Hilger*, Festschrift für Larenz I, 109, 110.

[23] *Bydlinski*, Juristische Methodenlehre, S. 473; *Larenz/Canaris*, Methodenlehre, S. 192 ff.; *Pawlowski*, Methodenlehre, Rn. 467 ff.; *Zippelius*, Juristische Methodenlehre, S. 65 f.

[24] *Bachner*, NZA 1999, 1241, 1243; *Bydlinski*, Juristische Methodenlehre, S. 473; *Canaris*, Feststellung von Lücken im Gesetz, S. 31 ff.; *Larenz/Canaris*, Methodenlehre, S. 194; *Schmalz*, Methodenlehre, S. 140 - aufbauend auf *Elze*, Lücken im Gesetz, S. 3 ff.

[25] Siehe hierzu nochmals § 2 A I.

[26] BAG vom 23.09.2003, AP Nr. 43 zu § 113 BetrVG 1972; mit demselben Begründungsansatz *Keller*, NZA 1997, 519, 521.

[27] *Larenz/Canaris*, Methodenlehre, S. 196.

aufgefüllt werden kann, ist jedoch allein im Rahmen der teleologischen Vergleichbarkeit zu beantworten.[28]

Ein Indiz, dass der Gesetzgeber die Problematik des Verzichts und der sich daraus ergebenden Abschwächung der Sanktionswirkung des § 113 BetrVG gesehen und dennoch keinerlei Regelungen vorgenommen hat, womit eine Planwidrigkeit ausscheidet, könnte sich indes aus einem Vergleich mit weiteren gesetzlichen Ansprüchen des Arbeitnehmers ergeben, die ebenfalls ihre Ursache im Arbeitsvertragsverhältnis finden.[29] So hat der Gesetzgeber beispielsweise in § 13 BUrlG, § 12 EFZG, § 22 Abs. 1 TzBfG und § 18 BBiG ausdrücklich festgelegt, dass entsprechende Ansprüche aus den jeweiligen Gesetzen unverzichtbar sind. Fehlt nun bei § 113 Abs. 3 BetrVG eine vergleichbare Regelung, so ergibt sich ein Anhaltspunkt dafür, dass eine Nichtregelung geplant war und deshalb eine analoge Anwendung der §§ 112 Abs. 1 S. 3, 77 Abs. 4 S. 2 BetrVG ausscheiden muss.[30] Allerdings ist zuzugeben, dass ein derartiges Indiz allein sehr schwach ist, eine Analogie auszuschließen, denn der Verdacht, dass dem Gesetzgeber bei Erlass des § 113 BetrVG ein entsprechendes Versehen unterlaufen ist, kann mit dieser Argumentation nicht in tragfähiger Weise entkräftet werden.

Deshalb sollte eine entsprechende Anwendung der §§ 112 Abs. 1 S. 3 i.V.m 77 Abs. 4 S. 2 BetrVG allein wegen der Planwidrigkeit nicht ausgeschlossen werden.

b) Teleologische Vergleichbarkeit

Für eine Analogie könnte es jedoch an der teleologischen Vergleichbarkeit fehlen. Diese ist gegeben, wenn der durch § 113 BetrVG unzureichend geregelte und der von den §§ 112 Abs. 1 S. 3, 77 Abs. 4 S. 2 BetrVG erfasste Sachverhalt solche Parallelen aufweist, dass schon der Gleichheitssatz fordert, beide Sachlagen in identischer Weise zu behandeln.[31]

Dass hier zwei völlig unterschiedliche Sachverhalte vorliegen, ergibt sich zum einen daraus, dass der Nachteilsausgleichsanspruch im Verhältnis zum Sozialplananspruch einen anderen Geltungsgrund aufweist.[32] Der Sozialplan, welcher zumindest durch § 112 Abs. 1 S. 3 BetrVG wie eine Betriebsvereinbarung zu

---

[28] Dies bedeutet jedoch nicht, dass die Planwidrigkeit und die teleologische Vergleichbarkeit nicht auch auf identischen Erwägungen beruhen können. So wird sich oftmals die Planwidrigkeit gerade damit begründen lassen, dass der ungeregelte Fall mit dem von § X erfassten Fall im Hinblick auf die jeweiligen Interessenlagen deckungsgleich sind. Vgl. hierzu *Bydlinski*, Juristische Methodenlehre, S. 474; *Schmalz*, Methodenlehre, S. 142.

[29] BAG vom 23.09.2003, AP Nr. 43 zu § 113 BetrVG 1972; *Keller*, NZA 1997, 519, 521.

[30] BAG vom 23.09.2003, AP Nr. 43 zu § 113 BetrVG 1972; *Keller*, NZA 1997, 519, 521.

[31] *Bachner*, NZA 1999, 1241, 1245; *Bydlinski*, Juristische Methodenlehre, S. 475 f.; *Larenz/Canaris*, Methodenlehre, S. 202; *Schmalz*, Methodenlehre, S. 141; *Zippelius*, Juristische Methodenlehre, S. 69.

[32] BAG vom 23.09.2003, AP Nr. 43 zu § 113 BetrVG 1972.

behandeln ist, beruht auf einer Einigung der Betriebspartner.[33] § 77 Abs. 4 S. 2 BetrVG will verhindern, dass sich der Arbeitgeber den Folgen dieser von ihm mitgetragenen Übereinkunft auf individualvertraglicher Ebene entzieht. Die Norm soll damit die kollektive Normsetzung schützen.[34] Hingegen entstammt der Nachteilsausgleichsanspruch einer gesetzlichen Anordnung, so dass § 77 Abs. Abs. 4 S. 2 BetrVG seine vom Gesetzgeber zugedachte Funktion bei diesem Anspruch nicht erreichen kann.

Zum anderen zeigt sich die Unterschiedlichkeit beider Sachverhalte darin, dass dem Sozialplananspruch lediglich eine zukunftsbezogene Überbrückungs- sowie eine nachrangige Entschädigungsfunktion zukommt.[35] Zwar erfüllt der Nachteilsausgleichsanspruch auch diese Arbeitnehmerschutzaufgaben. Daneben soll er aber auch eine Sanktionswirkung gegenüber dem Unternehmer entfalten. Konsequenz ist, dass Nachteilsausgleichsansprüche im Vergleich zu Sozialplanansprüchen einem überschießenden Zweck dienen. Es offenbart sich daher ein weiterer Grund, dass hier zwei vergleichbare Sachverhalte nicht vorliegen.[36]

c) Ergebnis

Eine analoge Anwendung der §§ 112 Abs. 1 S. 3, 77 Abs. 4 S. BetrVG scheitert zumindest an der teleologischen Vergleichbarkeit, womit die Wirksamkeit eines

---

33 Zur Diskussion, ob der Sozialplan eine Betriebsvereinbarung i.S.d. § 77 BetrVG darstellt oder die Gleichstellungsanordnung des § 112 Abs. 1 S. 3 BetrVG gerade verdeutlicht, dass es sich hier um eine eigenständige Regelung handelt, vgl. *Annuß*, in: Richardi, § 112 BetrVG, Rn. 172; *Huth*, Sozialplanänderungen, S. 27 ff.; *Kaven*, Recht des Sozialplans, S. 124; *Oetker*, in: GK-BetrVG, §§ 112, 112a BetrVG Rn. 112 ff.; *Verch*, Personalabbau und Betriebsverfassung, S. 226 f. Zu den Konsequenzen dieses Streits siehe *Oetker*, in: GK-BetrVG, § 112, 112a BetrVG Rn. 113 auf der einen und *Däubler*, in: DKK, §§ 112, 112a BetrVG Rn. 24 sowie *Verch*, Personalabbau und Betriebsverfassung, S. 227 auf der anderen Seite, die jegliche Auswirkungen verneinen.

34 BAG vom 23.09.2003, AP Nr. 43 zu § 113 BetrVG 1972; *Kreutz*, in: GK-BetrVG (7. Aufl.), § 77 BetrVG Rn. 271; *Oetker*, in: GK-BetrVG, § 113 BetrVG Rn.82.

35 BAG vom 24.08.2004, NZA 2005, 302, 304; BAG vom 21.10.2003, AP Nr. 163 zu § 112 BetrVG 1972; BAG vom 14.08.2001, AP Nr. 142 zu § 112 BetrVG 1972; *Oetker*, in: GK-BetrVG, § 112, 112a BetrVG Rn. 101 f. Allein auf den Entschädigungszweck stellen ab *Dorndorf*, Sozialplan im Konkurs, S. 9 ff.; *Fuchs*, Der Sozialplan nach dem Betriebsverfassungsgesetz, S. 28 ff.; *Gamillscheg*, Festschrift für Bosch, 209, 220; *Keller*, NZA 1997, 519, 521; *Richardi*, Sozialplan und Konkurs, S. 11 ff.; nur auf die Überbrückungsfunktion des Sozialplans verweisen hingegen *Annuß*, in: Richardi, § 112 BetrVG, Rn. 55; *Kessen*, Der Inhalt des Sozialplans, S. 13 ff. *Löwisch/Kaiser*, § 112 BetrVG Rn. 14; *Verch*, Personalabbau und Betriebsverfassung, S. 197 ff. Zur Entwicklung der Rspr. des BAG zu dieser Problematik, vgl. *Annuß*, in: Richardi, § 112 BetrVG, Rn. 52 f.; *Oetker*, in: GK-BetrVG, §§112, 112a BetrVG Rn. 100.

36 So auch *Keller*, NZA 1997, 519, 521.

Verzichts auf den Nachteilsausgleichsanspruch nicht von der fehlenden Zustimmung des Betriebsrats abhängt.[37]

2. Unverzichtbarkeit aus dem Normzweck des § 113 Abs. 3 BetrVG?

a) Auswirkung der verschiedenen Funktionen des § 113 Abs. 3 BetrVG auf die Verzichtbarkeit

Die Unverzichtbarkeit des Nachteilsausgleichsanspruchs könnte sich allerdings aus dem Normzweck des § 113 Abs. 3 BetrVG ergeben.[38] So soll § 113 Abs. 3 BetrVG durch Androhung von finanziellen Nachteilen der Durchsetzung der Beteiligungsrechte des Betriebsrats dienen. Kann sich der Arbeitgeber diesen Nachteilen durch Vereinbarungen mit seinen Arbeitnehmer entledigen, so ist das Druckmittel wirkungslos und der Betriebsrat seines mittelbaren Rechtsschutzes beraubt.

Andererseits erfüllt § 113 Abs. 3 BetrVG auch eine Kompensationsfunktion, die allein den betroffenen Belegschaftsangehörigen zugute kommt. Stellt man nur auf diesen Teilaspekt ab, so erscheint ein Verzicht sehr wohl möglich, da es grundsätzlich jedermann freisteht, sich seiner Rechte zu entäußern. Die Verzichtsproblematik findet somit ihre Ursache wiederum in der Unterschiedlichkeit der von § 113 Abs. 3 BetrVG verfolgten Interessen.

b) Lösungsansatz aus der Gewichtung der beiden Funktionen

Eine Lösung ergibt sich, wenn man sich nochmals das zwischen Kompensations- und Sanktionszweck bestehende Rangverhältnis verdeutlicht. Wie bereits im § 2 ausführlich dargestellt, soll § 113 Abs. 3 BetrVG durch die Androhung finanzieller Belastungen erreichen, dass der Unternehmer bei einer geplanten Betriebsänderung einen Interessenausgleich versucht.[39] Dabei hat sich der Gesetzgeber entschieden, dass bei einem unzureichenden Versuch diese Zahlungen nicht dem Staat zufließen, sondern den Arbeitnehmern zukommen sollen, die durch das Verstreichenlassen der Chance auf einen Interessenausgleich wirtschaftliche Nachteile erlitten haben. Somit stellt die Ausgleichsfunktion in § 113 Abs. 3 BetrVG allein das Mittel zum Erreichen des Sanktionszwecks dar.[40] Konsequenz ist, dass

---

[37] Im Ergebnis BAG vom 23.09.2003, AP Nr. 43 zu § 113 BetrVG 1972; *Keller*, NZA 1997, 519, 521; *Kleinebrink*, NZA-RR 2005, 281, 288.

[38] Siehe zu diesem Begründungsansatz ebenfalls BAG vom 23.09.2003, AP Nr. 43 zu § 113 BetrVG 1972; LAG Baden-Württemberg vom 30.07.1996, Az.: 4 Sa 13/96 (n.v.); *Fitting/Engels/Schmidt/Trebinger/Linsenmaier*, § 113 BetrVG Rn. 46; *Oetker*, in: GK-BetrVG, § 113 BetrVG Rn. 82.

[39] Vgl. § 2 A I.

[40] *Fitting/Engels/Schmidt/Trebinger/Linsenmaier*, § 113 BetrVG Rn. 2; *Oetker*, in: GK-BetrVG, § 113 BetrVG Rn. 5; *ders.*, Anm. zu BAG vom 22.07.2003, AP Nr. 42 zu § 113 BetrVG 1972,

die Sanktion gegenüber der Kompensation vorrangig ist. Von dieser Position ausgehend ist ein Nachteilsausgleichsanspruch grundsätzlich unverzichtbar.[41] Eine Änderung tritt allerdings in dem Moment ein, in dem der Unternehmer mit der Betriebsänderung beginnt, ohne einen ausreichenden Versuch des Interessenausgleichs unternommen zu haben. In dieser Situation ist es dem Unternehmer nicht mehr möglich, seine Pflichten bzw. Obliegenheiten aus den §§ 111 f. BetrVG nachzuholen, so dass die Funktion des § 113 Abs. 3 BetrVG, die Beteiligungsrechte durch Androhung einer Sanktion mittelbar durchzusetzen, fehlgeschlagen ist. Es ist dann allein die Ausgleichsfunktion von Bedeutung, womit sich das Rangverhältnis nicht nur gewandelt hat, sondern wegen Wegfalls eines Zwecks sogar aufgehoben ist. Steht jetzt einzig die Kompensation im Mittelpunkt, muss der Arbeitnehmer auch wirksam auf seinen Nachteilsausgleichsanspruch verzichten können.[42]

c) Ergebnis

Wegen der Vorrangigkeit der Sanktionsfunktion ist der Nachteilsausgleichsanspruch grundsätzlich unverzichtbar. Hat der Unternehmer die sich aus den §§ 111 f. BetrVG ergebenden Pflichten und Obliegenheiten verletzt, so tritt allein der Kompensationszweck hervor, womit ab diesem Moment ein Verzicht seitens des Arbeitnehmers wirksam ist.[43] Zu betonen ist hierbei, dass der eben dargelegte Ansatz nicht dazu führt, dass Verzichtbarkeit stets erst ab Bestehen des Anspruchs möglich ist. Zu denken ist an folgende Konstellation, in der der Unternehmer mit der Betriebsänderung bereits begonnen hat, der Arbeitnehmer aber hiervon noch nicht nachteilig betroffen wurde. Zu diesem Zeitpunkt fehlt es an einem durch die Betriebsänderung entstandenen Nachteil für den Arbeitnehmer, so dass die Tat-

---

5, 11 R; *ders.*, Anm. zu LAG Niedersachsen vom 12.08.2002, LAGE § 122 InsO Nr. 1, 9, 15 f.

41 A.A. BAG vom 23.09.2003, AP Nr. 43 zu § 113 BetrVG 1972; *Keller*, NZA 1997, 519, 521, die von der grundsätzlichen Wirksamkeit des Verzichts ausgehen.

42 Im Ergebnis ähnlich BAG vom 23.09.2003, AP Nr. 43 zu § 113 BetrVG 1972; Hess. LAG vom 12.07.2002, Az.: 12 Sa 1615/00 (n.v.); LAG Baden-Württemberg vom 30.07.1996, Az.: 4 Sa 13/96 (n.v.); *Kleinebrink*, NZA-RR 2005, 281, 288, welche vor dem Zeitpunkt der Anspruchsentstehung die Unwirksamkeit des Verzichts annehmen.

43 Allein die Verzichtsmöglichkeit führt nicht dazu, dass § 113 Abs. 3 BetrVG die Funktion einer ausreichenden Sanktionsnorm zur Durchsetzung der sich aus Art. 2 Abs. 1 der RL 98/59/EG ergebenden Informations- und Konsultationspflichten des Unternehmers aberkannt werden kann. Aus Art. 6 der Richtlinie lässt sich entnehmen, dass eine nationale Sanktionsnorm auch dann ausreichend ist, wenn sie nur den Arbeitnehmern Rechtsdurchsetzungsinstrumente an die Hand gibt. Eine solche Ausgestaltung der Sanktion setzt sich aber immer der Gefahr aus, dass der Arbeitnehmer etwa wegen eines Verzichts die ihm zustehenden Ansprüche nicht durchsetzt und somit eine Ahndung des gegen die Massenentlassung verstoßenden Arbeitgeberverhaltens nicht erfolgt. Siehe hierzu BAG vom 23.09.2003, AP Nr. 43 zu § 113 BetrVG 1972; *Oetker*, in: GK-BetrVG, § 113 BetrVG Rn. 82.

bestandsmerkmale des § 113 BetrVG nicht vollends erfüllt und der Nachteilsausgleichsanspruch noch nicht entstanden ist. Nach der hier vertretenen Auffassung kann der Arbeitnehmer dennoch sofort wirksam verzichten.

C. Höhe des Nachteilsausgleichsanspruchs

I. Abfindungszahlung nach § 113 Abs. 3 i.V.m. Abs. 1 BetrVG

1. Allgemeines

Führt der Unternehmer eine Betriebsänderung durch, ohne in ausreichendem Maße den Interessenausgleich zu versuchen und wird der einzelne Arbeitnehmer daraufhin entlassen, so gewährt ihm § 113 Abs. 3 i.V.m. Abs. 1 BetrVG eine Abfindung. Konkrete Ausführungen, in welcher Höhe diese zu zahlen ist, gibt § 113 Abs. 1 BetrVG jedoch nicht vor. Die Regelung enthält lediglich einen Verweis auf § 10 KSchG, so dass vom Gesetz allein Obergrenzen für die Anspruchshöhe vorgegeben werden. Aus der Tatsache, dass mit § 10 KSchG auf eine Norm verwiesen wird, die nur Reglementierungen für den Anspruchsumfang aufzeigt, und sich sonst § 113 Abs. 1 BetrVG hinsichtlich der Rechtsfolgen in Zurückhaltung übt, ist zu entnehmen, dass dem Gericht, welches für einen Nachteilsausgleichsanspruch stets eingeschaltet[44] werden muss, ein Auswahlermessen[45] eingeräumt ist.[46] Damit ergibt sich das Problem, inwieweit dem Arbeitsgericht bei der Ermessensausübung neben § 10 KSchG weitere Leitlinien vorgegeben sind.

a) Angemessenheit der Abfindung i.S.d. § 9 Abs. 1 S. 1 KSchG

Ein Anhaltspunkt für die Weite des gerichtlichen Ermessens bei § 113 Abs. 1 BetrVG könnte sich aus dem Vergleich zu § 9 Abs. 1 S. 1 KSchG ergeben. In dieser Vorschrift trägt der Gesetzgeber dem Gericht direkt auf, bei Auflösung des

---

44 Zur besonderen Ausgestaltung des Nachteilsausgleichsanspruchs aus § 113 Abs. 1 BetrVG siehe bereits § 2 C.

45 Zur Unterscheidung von Auswahl- und Entschließungsermessen, *Erbguth*, Allgemeines Verwaltungsrecht, S. 124; *Maurer*, Allgemeines Verwaltungsrecht, § 7 Rn. 17; *Jestaedt*, in: Erichsen/Ehlers, Allgemeines Verwaltungsrecht, § 10 Rn. 57; *Peine*, Allgemeines Verwaltungsrecht, S. 47.

46 BAG vom 08.11.1988, AP Nr. 18 zu § 113 BetrVG 1972; BAG vom 09.07.1985, AP Nr. 13 zu § 113 BetrVG 1972; LAG Niedersachsen vom 12.08.2002, LAGE § 122 InsO Nr. 1; LAG Schleswig-Holstein vom 11.05.2001, Az: 5 Sa 66/01 (n.v.); LAG Schleswig-Holstein vom 14.12.2000, Az: 5 Sa 452/00 (n.v.); LAG Schleswig-Holstein vom 21.09.2000, Az: 5 Sa 250/00 (n.v.); *Berenz*, NZA 1993, 538, 543; *Fitting/Engels/Schmidt/Trebinger/Linsenmaier*, § 113 BetrVG Rn. 36; *Hess*, in: Hess/Schlochauer/Worzalla/Glock, § 113 BetrVG Rn. 11; *Kania*, in: ErfK, § 113 BetrVG Rn. 6; *Kleinebrink*, NJW-RR 2005, S. 281 ff. (289); *Löwisch/Kaiser*, § 113 BetrVG Rn. 6; *Matthes*, in: MüHb-ArbR, § 361 Rn. 43; *Oetker*, in: GK-BetrVG, § 113 BetrVG Rn. 83; *ders.*, Anm. zu BAG vom 22.07.2003, AP Nr. 42 zu § 113 BetrVG 1972, 5, 10 R; *Röder/Baeck*, Interessenausgleich und Sozialplan, S. 26; *Rumpff/Boewer*, Mitbestimmung in wirtschaftlichen Angelegenheiten, S. 423 f.

Arbeitsvertragsverhältnisses wegen unzumutbarer Fortführung für den Arbeitnehmer diesem eine *angemessene* Abfindung zuzusprechen. Aus dem Wort „angemessen" ist zu schließen, dass das Gericht bei der Festlegung der Abfindungshöhe verschiedene Kriterien berücksichtigen muss und sein Ermessen im Rahmen des § 9 Abs. 1 S. 1 KSchG daher nicht grenzenlos ist. § 113 Abs. 1 BetrVG enthält hingegen keine Vorgabe, dass der Nachteilsausgleich ebenfalls der Angemessenheit entsprechen muss. Aus diesem Fehlen könnte zu entnehmen sein, dass das Gericht im Rahmen des § 113 Abs. 1 BetrVG anders als bei § 9 Abs. 1 S. 1 KSchG keinerlei Ermessensrichtlinien zu beachten hat.

Räumt der Gesetzgeber der Exekutive oder der Judikative bei Verwirklichung eines gesetzlichen Tatbestands einen gewissen Spielraum ein, welche Rechtsfolgen eintreten sollen, so kann eine solche Kompetenzerweiterung für Gerichte oder Verwaltung nie bedeuten, dass sie ihre Entscheidung völlig frei treffen können.[47] Vielmehr ist zu bedenken, dass der Gesetzgeber den anderen Gewalten ein Ermessen nur zugebilligt hat, damit dem Gebot der Einzelfallgerechtigkeit besser entsprochen werden kann.[48] Somit kann es niemals eine „freie", sondern immer nur eine am Zweck der Norm ausgerichtete Ermessensausübung geben.[49]

Festzuhalten ist, dass der in § 9 Abs. 1 S. 1 KSchG aufgenommene Hinweis, dass die Abfindung angemessen und damit stets der jeweilige Einzelfall betrachtet werden muss, nur deklaratorischer Natur ist, da sich diese Forderung bereits aus dem Zweck ergibt, warum dem Gericht ein gewisser Entscheidungsspielraum zugebilligt wurde. So kann das Arbeitsgericht auch im Rahmen des § 113 Abs. 1 BetrVG, trotz Fehlen genauer Vorgaben, seine Entscheidung nicht beliebig treffen. Es muss sich hier ebenfalls stets am Zweck des § 113 BetrVG ausrichten.[50]

b) Ermessenseinschränkung durch § 112 Abs. 5 BetrVG?

Dem Ermessen des Gerichts bei der Bestimmung der Abfindungshöhe könnte jedoch durch § 112 Abs. 5 BetrVG in konkreter Weise Schranken gezogen sein. So gibt neben den einzelnen Leitlinien des § 112 Abs. 5 S. 2 BetrVG schon die Auffangregel des § 112 Abs. 5 S. 1 BetrVG der Einigungsstelle vor, dass sie bei der Aufstellung des Sozialplans zum einen die sozialen Interessen der Arbeitnehmer beachten muss als auch in einer korrigierenden Weise die wirtschaftlichen

---

47 *Achterberg*, Allgemeines Verwaltungsrecht, S. 346; *Battis*, Allgemeines Verwaltungsrecht, S. 141; *Erbguth*, Allgemeines Verwaltungsrecht, S. 124; *Maurer*, Allgemeines Verwaltungsrecht, § 7 Rn. 17; *Jestaedt*, in: Erichsen/Ehlers, Allgemeines Verwaltungsrecht, § 10 Rn. 56; *Peine*, Allgemeines Verwaltungsrecht, S. 49.

48 *Erbguth*, Allgemeines Verwaltungsrecht, S. 124; *Maurer*, Allgemeines Verwaltungsrecht, § 7 Rn. 17; *Peine*, Allgemeines Verwaltungsrecht, S. 47.

49 Vgl. hierzu *Maurer*, Allgemeines Verwaltungsrecht, § 7 Rn 17, der insofern von einem rechtsgebundenen Ermessen ausgeht.

50 I. E. *Oetker*, Anm. zu BAG vom 22.07.2003, AP Nr. 42 zu § 113 BetrVG 1972, 5, 11; *ders.*, Anm. zu LAG Niedersachen vom 12.08.2002, LAGE § 122 InsO Nr. 1, 9, 12.

Belange des Arbeitgebers zu berücksichtigen hat.[51] Wie aus dem eben Gesagten zu entnehmen ist, betrifft § 112 Abs. 5 BetrVG allein die Aufstellung des erzwingbaren Sozialplans, so dass diese Regelung für die Ermessensentscheidung im Rahmen des § 113 Abs. 1 BetrVG nur dann Grenzen ziehen kann, wenn eine analoge Anwendung des § 112 Abs. 5 BetrVG möglich ist.

aa) Regelungslücke

Zunächst muss für eine solche Analogie § 113 Abs. 1 BetrVG in Bezug auf die konkrete Ausgestaltung der Rechtsfolge lückenhaft sein. In dieser Vorschrift wird für die Bestimmung der Anspruchshöhe lediglich auf § 10 KSchG verwiesen, so dass allein eine Obergrenze für die Arbeitnehmerabfindung vom Gesetzgeber vorgegeben wird. Weitere Maßgaben, welche Faktoren zur Bestimmung der Anspruchshöhe vom Gericht zu betrachten sind, enthält das Gesetz nicht. Insofern ist von einer lückenhaften Regelung auszugehen.

bb) Planwidrigkeit

Allerdings scheint es jedoch an der Planwidrigkeit zu mangeln. Diese liegt vor, wenn der Gesetzgeber eine Frage ungeregelt ließ, obwohl diese nach seiner Absicht eigentlich einer Regelung bedurft hätte.[52] Ausgehend von der Tatsache, dass der Gesetzgeber als Vorgabe für die Bemessung des Nachteilsausgleichs in § 113 Abs. 1 BetrVG ausdrücklich auf § 10 KSchG, jedoch nicht auf § 112 Abs. 5 BetrVG verwiesen hat, ergibt sich ein starkes Indiz, dass er den Arbeitsgerichten keine detaillierten Vorgaben hinsichtlich der Anspruchshöhe festschreiben wollte, damit diese Entscheidungen treffen können, welche der jeweiligen Situation, bezogen auf das Ausgleichsbedürfnis des betroffenen Arbeiters und dem sanktionswürdigen Verhalten des Unternehmers gerecht werden.[53] Demzufolge scheitert eine analoge Anwendung des § 112 Abs. 5 BetrVG bereits an der Planwidrigkeit der vorliegenden Regelungslücke.

cc) Teleologische Vergleichbarkeit

Auch wer das Argument der fehlenden Planwidrigkeit übergeht, muss mangels teleologischer Vergleichbarkeit eine Analogie zu § 112 Abs. 5 BetrVG ablehnen. Eine solche Vergleichbarkeit ist gegeben, wenn der durch § 113 Abs. 1 BetrVG

---

[51] Vgl. genauer zum Inhalt der Abwägungsklausel BAG vom 24.08.2004, NZA 2005, 303, 305; BAG vom 14.09.1994, AP Nr. 87 zu § 112 BetrVG 1971; *Annuß*, in: Richardi, § 112 BetrVG, Rn. 139 ff.; *Hunold*, NZA-RR 2005, 57, 62; *Giese*, Festschrift für Wißmann, 314 ff.; *Oetker*, in: GK-BetrVG, §§ 112, 112a BetrVG Rn. 314 ff.

[52] *Bydlinski*, Juristische Methodenlehre, S. 473; *Larenz/Canaris*, Methodenlehre, S. 192 ff.; *Pawlowski*, Methodenlehre, Rn. 467 ff.; *Zippelius*, Juristische Methodenlehre, S. 65 f.

[53] *Brenz*, NZA 1993, 538, 544.

nur unzureichend erfasste und der in § 112 Abs. 5 BetrVG geregelte Sachverhalt solche Übereinstimmungen aufweisen, dass diese Sachlagen identisch zu behandeln sind, um Art. 3 Abs. 1 GG zu entsprechen.[54]

Wie bereits bei der Problematik, ob Nachteilsausgleichs- und Sozialplanansprüche miteinander zu verrechnen[55] sind, gezeigt wurde, kommt dem Sozialplan allein die Funktion zu, die durch die Betriebsänderung entstehenden Nachteile zu kompensieren oder zumindest zu mildern.[56] Der Nachteilsausgleich hat jedoch zusätzlich einen Sanktionszweck, der beim Sozialplan keine Entsprechung findet.[57] Aus diesem Gesichtspunkt heraus wird deutlich, dass die Nachteilsausgleichs- sowie die Sozialplanregelungen unterschiedliche Sachverhalte erfassen, die eine Gleichbehandlung durch einen etwaigen Analogieschluss nicht zulassen.[58]

Außerdem ist zu bedenken, dass beim Aufstellen des Sozialplans sich die Einigungsstelle zunächst über den Dotierungsrahmen verständigen muss und erst in einem zweiten Schritt zu diskutieren hat, wie dieser Etat auf die einzelnen Arbeitnehmer aufgeteilt werden kann. Im Rahmen des § 113 BetrVG steht indes nur die Frage im Mittelpunkt, welche wirtschaftlichen Nachteile der Einzelne erlitten hat. Eine „kollektivrechtliche Dimension“[59] fehlt hier. Dies ist ein weiteres Argument dafür, dass sich die Regelung des § 112 Abs. 5 BetrVG nicht in den Rahmen des § 113 Abs. 1 BetrVG einfügen würde. Eine Analogie zu § 112 Abs. 5 BetrVG kann daher nicht erfolgen.[60]

---

54 *Bachner*, NZA 1999, 1241, 1245; *Bydlinski*, Juristische Methodenlehre, S. 475 f.; *Larenz/ Canaris*, Methodenlehre, S. 202; *Schmalz*, Methodenlehre, S. 141; *Zippelius*, Juristische Methodenlehre, S. 69.

55 Siehe hierzu § 3 B III 5.

56 Zur Diskussion, ob dem Sozialplan eine Überbrückungs- oder bzw. und eine Entschädigungsfunktion zukommt, siehe BAG vom 24.08.2004, NZA 2005, 302, 304; BAG vom 21.10.2003, AP Nr. 163 zu § 112 BetrVG 1972; BAG vom 14.08.2001, AP Nr. 142 zu § 112 BetrVG 1972; *Hermann*, Transfer-Sozialplan, S. 46 ff.; *v. Hoyningen-Huene*, RdA 1986, S. 102 ff. (104); *Kessen*, Der Inhalt des Sozialplans, S. 13 ff.; *Löwisch*, Festschrift für Müller, 301, 306; *Löwisch/Kaiser*, § 112 BetrVG, Rn. 14; *Oetker*, in: GK-BetrVG, §§ 112, 112a BetrVG Rn. 101 f.; *Richardi*, Sozialplan, S. 15 f.; *Staufenbiel*, Sozialplan, S. 85 ff.; *Verch*, Personalabbau und Betriebsverfassung, S. 197 ff.

57 Zum Sanktionszweck des Nachteilsausgleichsanspruchs siehe nochmals § 2 A I.

58 BAG vom 19.01.1999, AP Nr. 37 zu § 113 BetrVG 1972; BAG vom 10.12. 1996, AP Nr. 32 zu § 113 BetrVG 1972; LAG Niedersachsen vom 12.08.2002, LAGE § 122 InsO Nr. 1; *Kleinebrink*, NZA-RR 2005, 281, 299; *Oetker*, Anm. zu LAG Niedersachsen vom 12.08.2002, LAGE § 122 InsO Nr. 1, 9, 14.

59 *Oetker*, Anm. zu BAG vom 22.07.2003, AP Nr. 42 zu § 113 BetrVG 1972, 5, 12 R.

60 BAG vom 04.06.2003, AP Nr. 2 zu § 209 InsO; BAG vom 19.01.1999, AP Nr. 37 zu § 113 BetrVG 1972 (allein in Bezug auf § 112 Abs. 5 S. 2 Nr. 2 BetrVG); BAG vom 10.12.1996, AP Nr. 32 zu § 113 BetrVG (ebenfalls nur in Bezug auf § 112 Abs. 5 S. 2 Nr. 2 BetrVG); LAG Niedersachsen, Urteil vom 12.08.2002, LAGE § 122 InsO Nr. 1; *Berenz*, NZA 1993, 538, 543; *Däubler*, in: DKK, § 113 BetrVG Rn. 16; *Fitting/Engels/Schmidt/Trebinger*

c) Richtlinien zur Ermessensausübung aus § 10 KSchG?

aa) Explizite Vorgaben des § 10 KSchG

Konkrete Richtlinien, wie das Gericht sein Ermessen auszuüben hat, könnten sich aus der gesetzlichen Verweisung auf § 10 KSchG ergeben. Wie mehrfach dargestellt, legt die Vorschrift primär die Obergrenze des Abfindungsanspruchs fest, so dass bereits insofern das Auswahlermessen des Arbeitsgerichts eingeschränkt wird. Zwar gibt § 10 KSchG nicht ausdrücklich einzelne Bemessungsfaktoren vor, welche die Gerichte zu beachten haben, aber aus der Tatsache, dass der Grundtatbestand des § 10 Abs. 1 KSchG die maximale Abfindung auf den 12-fachen Wert des Monatsverdienstes festlegt, hingegen § 10 Abs. 2 S. 1 KSchG erlaubt, dass ein Arbeitnehmer mit einem Betrag von bis zu fünfzehn [61] Monatsverdiensten abgefunden werden kann, wenn er das fünfzigste Lebensjahr vollendet und sein Arbeitsvertragsverhältnis auch mindestens fünfzehn Jahre bestand, ergibt sich, dass nach dem Willen des Gesetzgebers zumindest Lebensalter und Dauer der Betriebszugehörigkeit stets bei der Bestimmung der Abfindungshöhe zu beachten sind.[62]

bb) Lebensalter und Betriebszugehörigkeit als alleinige Vorgaben

Enthält § 10 KSchG nur die eben genannten zwei Bemessungsfaktoren und verweist § 113 BetrVG lediglich auf diese Vorschrift, so drängt sich die Frage auf, ob nach dem Willen des Gesetzgebers diese beiden Parameter in abschließender Weise zur Bestimmung der Abfindungshöhe heranzuziehen sind. Konsequenz dieser Sichtweise wäre, dass weitere Kriterien, wie die Intensität der Pflichtverletzung seitens des Unternehmers, vom Gericht zur Festlegung der Abfindung nicht berücksichtigt werden dürften.

Eine solche Funktion kann § 10 KSchG allerdings nicht zukommen. In unmittelbarer Anwendung konkretisiert die Norm allein die Angemessenheit der Abfin-

---

/Linsenmaier, § 113 BetrVG Rn. 38; *Kleinebrink*, NZA-RR 2005, 281, 289; *Oetker*, in: GK-BetrVG, § 113 BetrVG Rn. 85; *ders.*, Anm. zu BAG vom 22.07.2003, AP Nr. 42 zu § 113 BetrVG 1972, 5, 12 R f.; *ders.*, Anm. zu LAG Niedersachsen vom 12.08.2002, LAGE § 122 InsO Nr. 1, 9, 13; *Richardi/Annuß*, in: Richardi, § 113 BetrVG Rn. 49; *Stege/Weinspach/Schiefer*, §§ 111-113 BetrVG Rn. 167.

61 Eine Abfindung mit einem Betrag von bis zu achtzehn Monatsverdiensten ist möglich, wenn der Arbeitnehmer das 55. Lebensjahr vollendet hat und eine Betriebszugehörigkeit von mindestens 20 Jahren vorweisen kann.

62 BAG vom 22.07.2003, AP Nr. 42 zu § 113 BetrVG 1972; BAG vom 13.06.1989, AP Nr. 19 zu § 113 BetrVG 1972; LAG Hamm vom 14.09.2004, LAGE § 113 BetrVG 2001 Nr. 1; Hess. LAG vom 25.07.2002, AiB 2003, 41, 42; *Fitting/Engels/Schmidt/Trebinger/Linsenmaier*, § 113 BetrVG Rn. 30; *Kania*, in: ErfK, § 113 BetrVG Rn. 6; *Kleinebrink*, NZA-RR 2005, S. 281 ff. (289); *Oetker*, in: GK-BetrVG, § 113 BetrVG Rn. 84; *ders.*, Anm. zu BAG vom 22.07.2003, AP Nr. 42 zu § 113 BetrVG 1972, 5, 10 R; *Rumpff/Boewer*, Mitbestimmung in wirtschaftlichen Angelegenheiten, S. 423 f.

dung gemäß § 9 Abs. 1 S. 1 KSchG i.d.S., dass beim Überschreiten einer bestimmten Summe, unabhängig vom Vorhandensein weiterer Faktoren, die Abfindung generell nicht mehr als angemessen betrachtet werden kann.[63] Dabei tragen die zwei unterschiedlich hohen Obergrenzen des § 10 Abs. 1 und 2 S. 1 KSchG der Tatsache Rechnung, dass besonders ältere Arbeitnehmer geringere Chancen auf dem Arbeitsmarkt haben und ihre Betriebstreue belohnt werden muss.

Berücksichtigt man diese einzige Aufgabe des § 10 KSchG, so ergibt sich kein Anhaltspunkt, warum die in ihm enthaltenen Bemessungsvorgaben bei der Bestimmung der Abfindungshöhe nach § 9 Abs. 1 S. 1 KSchG sowie nach § 113 Abs. 1 BetrVG als abschließend zu betrachten sind.[64]

Eine gegensätzliche Sichtweise würde auch zur Folge haben, dem Gesetzgeber bei Erlass des § 113 Abs. 1 BetrVG einen entscheidenden Fehler vorzuwerfen. Denn die in diesem Falle alleinigen Bemessungsfaktoren des § 10 KSchG stellen lediglich auf die Position des Arbeitnehmers ab. Die Rolle des Arbeitgebers, welche stets ursächlich für die Anspruchsbegründung i.S.d. § 113 Abs. 3 i.V.m. Abs. 1 BetrVG ist, würde bei der Bestimmung der Abfindungshöhe keine Bedeutung spielen dürfen. Ein solches Ergebnis ist mit der Sanktionsfunktion des Nachteilsausgleichsanspruchs nicht vereinbar.[65] Deshalb darf das Gericht zur Festlegung der Anspruchshöhe neben Alter und Betriebszugehörigkeit des konkret betroffenen Arbeitnehmers weitere Kriterien heranziehen.

cc) Bemessungsfaktoren der §§ 9 Abs. 1 S. 1, 10 KSchG

Detaillierte Richtlinien, wie das Ermessen im Rahmen des § 113 Abs. 1 BetrVG auszuüben ist, könnten sich aus der zwingenden Übernahme der zu §§ 9 Abs. 1 S. 1, 10 KSchG anerkannten Bemessungsfaktoren[66] ergeben.[67] Danach müsste das

---

[63] *Fiebig*, in: HaKo-KSchG, § 10 KSchG Rn. 2; *v. Hoyningen-Huene/Linck*, § 10 KSchG Rn. 6; *Kiel*, in ErfK, § 10 KSchG Rn. 2; *Löwisch/Spinner*, § 10 KSchG Rn. 14; *Zwanziger*, in: KZD, § 10 KSchG Rn. 5.

[64] *Biebl*, in: APS, § 10 KSchG Rn. 21; *Oetker*, Anm. zu BAG vom 22.07.2003, AP Nr. 42 zu § 113 BetrVG 1972, 5, 11.

[65] Zur Sanktionsfunktion der Abfindung nach § 9 Abs. 1 S. 1 KSchG siehe BAG vom 25.11.1982, AP Nr. 10 zu § 9 KSchG 1969; BAG vom 15.02.1973, AP Nr. 2 zu § 9 KSchG 1969; BAG vom 29.03.1960, AP Nr. 7 zu § 7 KSchG; *Biebl*, in: APS, § 10 KSchG Rn. 28; *Backmeister*, in: Backmeister/Trittin/Mayer/Backmeister, § 10 KSchG Rn. 7; *Fiebig*, in: HaKo-KSchG, § 10 KSchG Rn. 18; *v. Hoyningen-Huene/Linck*, § 10 KSchG Rn. 21; *Kiel*, in: ErfK, § 10 KSchG Rn. 11; *Löwisch/Spinner*, § 10 KSchG Rn. 17; *Zwanziger*, in: KZD, § 10 KSchG Rn. 14.

[66] Vgl. zu den einzelnen Faktoren *Ascheid*, in: ErfK, § 10 KSchG Rn. 7 ff.; *Biebl*, in: APS, § 10 KSchG Rn. 21 ff.; *Backmeister*, in: Backmeister/Trittin/Mayer/Backmeister, § 10 KSchG Rn. 6 ff.; *Fiebig*, in: HaKo-KSchG, § 10 KSchG Rn. 17 ff.; *v. Hoyningen-Huene/Linck*, § 10 KSchG Rn. 17 ff.; *Löwisch/Spinner*, § 10 KSchG Rn. 17; *Zwanziger*, in: KZD, § 10 KSchG Rn. 6 ff.

Gericht zusätzlich zu Alter und zur Dauer der Berufszugehörigkeit zum Beispiel weitere Sozialdaten, wie Familienstand[68] oder Anzahl der unterhaltsberechtigten Personen[69], berücksichtigen. Das gerichtliche Ermessen bei der Bestimmung der Abfindungshöhe nach § 113 Abs. 1 BetrVG dahingehend einschränken zu wollen, dass allein eine ausschließliche Orientierung an den im Rahmen der §§ 9 Abs. 1 S. 1, 10 KSchG anerkannten Vorgaben zulässig ist, findet keine gesetzliche Grundlage. Diese Faktoren dienen lediglich dazu, im Einzelfall die Angemessenheit der Arbeitnehmerabfindung nach § 9 Abs. 1 S. 1 KSchG zu konkretisieren. Auf diese Norm verweist § 113 Abs. 1 BetrVG allerdings nicht, sondern nur auf die Festlegung der maximalen Entschädigungshöhe in § 10 KSchG. Das Gericht ist daher nicht gezwungen, außer Beschäftigungsdauer und Alter des Arbeitnehmers, deren notwendige Beachtung sich mittelbar aus § 10 KSchG ergibt, und wegen der Verweisung in § 113 Abs. 1 BetrVG auch für die dortige Bestimmung der Abfindungshöhe zu berücksichtigen ist, den anderen im Rahmen des § 9 Abs. 1 S. 1 KSchG anerkannten Parametern stets Aufmerksamkeit zu schenken.

d) Ergebnis zu den gesetzlichen Vorgaben der Ermessensausübung

Festzuhalten ist, dass dem gerichtlichen Ermessen durch die Vorgaben des § 10 KSchG Grenzen gezogen sind, so dass vom Arbeitsgericht Alter, Betriebszugehörigkeitsdauer und eine Maximalhöhe der Abfindung beachtet werden muss. Weitere Vorgaben für die Ermessensausübung sind dem Gesetz nicht zu entnehmen. Allerdings ergibt sich aus der Zweckgebundenheit[70] des eingeräumten Ermessens, dass die einzelnen vom Gericht herangezogenen Kriterien mit der Sanktions- bzw. Ausgleichsfunktion des § 113 BetrVG vereinbar sein müssen.

---

67 Eine solche Übernahme befürworten BAG vom 22.07.2003, AP Nr. 42 zu § 113 BetrVG 1972; LAG Hamm vom 14.09.2004, LAGE § 113 BetrVG 2001 Nr. 2; LAG Niedersachsen vom 12.08.2002, LAGE § 122 InsO Nr. 1; *Stege/Weinspach/Schiefer*, §§ 111-113 BetrVG Rn. 167. Abweichend *Oetker*, Anm. zu BAG vom 22.07.2003, AP Nr. 42 zu § 113 BetrVG 1972, 5, 11; *ders.*, Anm. zu LAG Niedersachsen vom 12.08.2002, LAGE § 122 InsO Nr. 1, 9, 14, welcher auf den Wortlaut des § 113 Abs. 1 BetrVG abstellt, wonach § 10 KSchG nur entsprechend anzuwenden ist, was dazuführen soll, dass um dem Sanktionszweck des § 113 Abs. 1 BetrVG zu entsprechen, Ausnahmen von den anerkannten Bemessungsfaktoren der §§ 9 10 KSchG möglich sind.

68 BAG vom 15.11.1982, AP Nr. 10 zu § 9 KSchG 1969; *Fiebig*, in: HaKo-KSchG, § 10 KSchG Rn. 18; *v. Hoyningen-Huene/Linck*, § 10 KSchG Rn. 20; *Kiel*, in ErfK, § 10 KSchG Rn. 10; *Löwisch/Spinner*, § 10 KSchG Rn. 14.

69 *Biebl*, in: APS, § 10 KSchG Rn. 24; *Fiebig*, in: HaKo-KSchG, § 10 KSchG Rn. 18; *Kiel*, in: ErfK, § 10 KSchG Rn. 10; *Löwisch/Spinner*, § 10 KSchG Rn. 14.

70 Siehe hierzu nochmals § 7 C I 1 a sowie *Erbguth*, Allgemeines Verwaltungsrecht, S. 124; *Maurer*, Allgemeines Verwaltungsrecht, § 7 Rn. 17; *Jestaedt*, in: Erichsen/Ehlers, Allgemeines Verwaltungsrecht, § 10 Rn. 56; *Peine*, Allgemeines Verwaltungsrecht, S. 47.

e) Kriterien aus dem Telos des § 113 Abs. 3 i.V.m. Abs. 1 BetrVG

aa) Vorgaben aus dem Ausgleichszweck des Nachteilsausgleichsanspruchs

Ausgehend vom Kompensationsgedanken stellt sich als erstes die Frage, welche Nachteile durch einen Nachteilsausgleichsanspruch ausgeglichen werden sollen. So ist zum einen denkbar, dass nur jene Beeinträchtigungen zu kompensieren sind, die dem Arbeitnehmer infolge seiner Entlassung entstehen.[71] Konsequenz dieser Auffassung wäre, dass § 113 Abs. 3 i.V.m. Abs. 1 BetrVG allein eine zukunftsbezogene Überbrückungsfunktion zukommt. Andererseits könnte der Ausgleichszweck des Nachteilsausgleichsanspruchs auch dahin verstanden werden, dass der Arbeitnehmer für den Verlust seines Arbeitsplatzes entschädigt werden soll.[72]

(1) Überbrückungsfunktion des Nachteilsausgleichsanspruchs

Ausschließlich den Entschädigungsgedanken des Nachteilsausgleichsanspruchs zu betonen und damit die Überbrückungsfunktion zu übergehen, ist schon mit § 10 KSchG nicht vereinbar, auf den § 113 Abs. 1 BetrVG verweist. § 10 KSchG gibt der gerichtlichen Ermessensausübung stets vor, dass das Alter des jeweiligen Arbeitnehmers berücksichtigt werden muss. So erlaubt § 10 Abs. 2 S. 1 BetrVG dem Gericht bei Bestehen einer gewissen Betriebszugehörigkeit und einem Lebensalter des Betroffenen von 50 bzw. 55 Jahren, dass als Abfindung nicht nur ein Betrag bis zu maximal zwölf Monatsverdiensten festgelegt werden kann, wie dies dem Regelfall des § 10 Abs. 1 KSchG entspricht, sondern die Höhe des Nachteilsausgleichs das fünfzehn bzw. achtzehnfache des Monatsverdienstes betragen darf. Ersichtlich wollte der Gesetzgeber mit § 10 Abs. 2 S. 1 KSchG der Tatsache Rechnung tragen, dass ältere Arbeitnehmer geringere Chancen auf dem Arbeitsmarkt haben, eine neue Beschäftigung zu finden. Dieser Nachteil soll durch die Möglichkeit einer höheren Abfindung zumindest teilweise kompensiert werden. Somit ist das zu beachtende Alter des entlassenen Arbeitnehmers ein Kriterium, welches in besonderem Maße auf die Verhältnisse nach der Entlassung abstellt und daher zukunftsbezogen ist. Da dem Nachteilsausgleichsanspruch zumindest eine Überbrückungsfunktion zukommt, dürfen folglich alle Kriterien,

---

71 So BAG vom 20.12.2001, AP Nr. 39 zu § 113 BetrVG 1972; Hess. LAG vom 25.07.2002, AiB 2003, 41, 42.

72 Zur Parallelfrage, ob auch dem Sozialplan eine Überbrückungs- oder bzw. und eine Entschädigungsfunktion zukommt, vgl. nochmals BAG vom 31.05.2005, NZA 2005, 997, 999; BAG vom 24.08.2004, NZA 2005, 302, 204; BAG vom 21.10.2003, AP Nr. 163 zu § 112 BetrVG 1972; BAG vom 14.08.2001, AP Nr. 142 zu § 112 BetrVG 1972; *Annuß*, in: Richardi, § 112 BetrVG, Rn. 55; *Hermann*, Transfer-Sozialplan, S. 46 ff.; *v. Hoyningen-Huene*, RdA 1986, 102, 104; *Kessen*, Der Inhalt des Sozialplans, S. 13 ff.; *Löwisch*, Festschrift für Müller, 301, 306; *Löwisch/Kaiser*, § 112 BetrVG Rn. 14; *Oetker*, in: GK-BetrVG, §§ 112, 112a BetrVG Rn. 101 f.; *Richardi*, Sozialplan, S. 15 f.; *Staufenbiel*, Sozialplan, S. 85 ff.; *Verch*, Personalabbau und Betriebsverfassung, S. 197 ff.

die dieser Aufgabe Rechung tragen, zur Ermessensausübung herangezogen werden.

(2) Entschädigungsfunktion des Nachteilsausgleichsanspruchs

Andererseits kann auch die Entschädigungsfunktion des Nachteilsausgleichsanspruchs nicht negiert werden.[73] Auch das ergibt sich wiederum aus § 10 KSchG. Denn neben dem Alter des betroffenen Arbeitnehmers gibt die Vorschrift auch vor, dass die Beschäftigungsdauer gleichfalls Einfluss auf die Abfindungshöhe haben muss. Anders als beim Lebensalter ist bei der Betriebszugehörigkeit nicht ersichtlich, warum hier eine längere Dauer für die Zukunft des Arbeitnehmers nachteilig sein soll. Es lässt sich zwar argumentieren, dass der Arbeitnehmer bei einer langen Beschäftigungsdauer im Betrieb regelmäßig sein Leben entsprechend den betrieblichen Vorgaben bzw. Gepflogenheiten eingerichtet hat. Er wird somit oftmals gezwungen sein, nach erfolgter Entlassung gewisse Veränderungen vorzunehmen, damit er eine neue Beschäftigung erlangen kann. Als Beispiel sei angeführt, dass er sich eine andere Wohnung suchen muss, um die zukünftige Arbeitsstätte erreichen zu können. Einen solchen Nachteil hat aber auch ein Arbeitnehmer zu befürchten, der kürzer im Betrieb beschäftigt war. Auch er muss oftmals Änderungen seiner Lebensplanung in Kauf nehmen, wenn er in ein neues Arbeitsverhältnis eintreten möchte. Folglich wird deutlich, dass das Kriterium der Betriebszugehörigkeit, welches nach § 113 Abs. 1 BetrVG i.V.m. § 10 KSchG zu beachten ist, nicht in erster Linie geringere Chancen des betroffenen Arbeitnehmers auf dem Arbeitsmarkt ausgleichen möchte, sondern vielmehr die langjährige Betriebstreue abgelten will. Ausgehend von § 10 KSchG ist daher festzuhalten, dass der Nachteilsausgleich neben der Überbrückungsfunktion auch noch einen Entschädigungszweck verfolgt.

(3) Zwischenergebnis zum Ausgleichszweck

Kommt dem Anspruch aus § 113 Abs. 3 i.V.m. Abs. 1 BetrVG die Aufgabe zu, die nach der Entlassung entstehenden Nachteile zu überbrücken und dem Arbeitnehmer für seine Entlassung zu entschädigen, so können folglich alle Kriterien, die diesen beiden Zielen Rechnung tragen, zur Ermessensausübung herangezogen werden.

bb) Vorgaben aus dem Sanktionszweck des Nachteilsausgleichsanspruchs

Anders als aus dem Ausgleichszweck lassen sich aus der Sanktionsfunktion des § 113 Abs. 3 i.V.m. Abs. 1 BetrVG in deutlich einfacherer Weise Vorgaben für die gerichtliche Ermessensausübung entnehmen. Da die Vorschrift dem Unter-

---

[73] LAG Sachsen-Anhalt vom 24.06.1997, NZA-RR 1998, 77, 78; a.A. Hess. LAG vom 25.07.2002, AiB 2003, 41, 42.

nehmer finanzielle Nachteile auferlegen soll, wenn dieser gar nicht bzw. in unzureichendem Maße einen Interessenausgleich mit dem Betriebsrat versucht, gebietet der Sanktionszweck des § 113 BetrVG solche Kriterien bei der Bestimmung der Abfindungshöhe heranzuziehen, die auf das „Warum" und das „Wie" der Pflicht- bzw. Obliegenheitsverletzung seitens des Unternehmers eingehen.[74]

cc) Untergrenze der Abfindung aus dem Sinn und Zweck des § 113 Abs. 3 i.V.m. Abs. 1 BetrVG

Im Unterschied zu § 113 Abs. 1 BetrVG i.V.m. § 10 KSchG, welche dem Gericht eine Obergrenze für die Bemessung der Abfindung vorschreiben, findet sich für eine Untergrenze kein ausdrücklicher Anknüpfungspunkt im Gesetz. Vorgaben hierfür könnten sich jedoch aus einem Vergleich mit dem Nachteilsausgleichsanspruch des § 113 Abs. 3 BetrVG i.V.m. Abs. 2 BetrVG ergeben.[75] Danach steht dem Arbeitnehmer ein Anspruch zu, wenn der Unternehmer den Interessenausgleich nicht ausreichend versucht hat und er infolge der Betriebsänderung andere wirtschaftliche Nachteile als die Entlassung erleidet. In Bezug auf die Anspruchshöhe stellt § 113 Abs. 2 BetrVG klar, dass alle Nachteile bis zu einem Zeitraum von zwölf Monaten auszugleichen sind. Die Vorschrift legt also ausdrücklich fest, dass eine bloße Milderung der Arbeitnehmereinbußen nicht ausreichend ist, sondern die entstandenen Beeinträchtigungen in vollem Umfang kompensiert werden müssen. Der betroffene Arbeitnehmer ist mithin finanziell so zu stellen, wie er bei Nichtvornahme der betriebsverfassungswidrigen Betriebsänderung stehen würde.

Da sich die Abfindungsansprüche aus § 113 Abs. 3 i.V.m. Abs. 1 BetrVG und aus § 113 Abs. 3 i.V.m. Abs. 2 BetrVG lediglich in Bezug auf die eingetretenen Einbußen beim Arbeitnehmer unterscheiden, wobei § 113 Abs. 1 BetrVG mit der Entlassung den härtesten Fall eines wirtschaftlichen Nachteils erfasst, ergibt sich ein Indiz, dass der Nachteilsausgleichsanspruch gemäß § 113 Abs. 3 i.V.m. Abs. 1 BetrVG zumindest so hoch sein muss, dass die Abfindung als teilweiser Aus-

---

[74] BAG vom 22.07.2003, AP Nr. 42 zu § 113 BetrVG 1972; BAG vom 04.12.2002, AP Nr. 2 zu § 38 InsO 1972; BAG vom 20.11.2001, AP Nr. 39 zu § 113 BetrVG 1972; LAG Niedersachsen vom 12.08.2002, LAGE § 122 InsO Nr. 1; *Fitting/Engels/Schmidt/Trebinger/ Linsenmaier*, § 113 BetrVG Rn. 30; *Kania*, in: ErfK, § 113 BetrVG Rn. 6; *Löwisch/Kaiser*, § 113 BetrVG, Rn. 6; *Oetker*, in: GK-BetrVG, § 113 BetrVG Rn. 87; abweichend wohl LAG Hamm vom 14.09.2004, LAGE § 113 BetrVG 1972 Nr. 2, wonach es nicht erforderlich sein soll, auf den Sanktionszweck abzustellen.

[75] Vgl. BAG vom 24.08.2004, AP Nr. 174 zu § 112 BetrVG 1972 zur Untergrenze des Sozialplans, welche das Gericht aus dem Zweck dieser Vereinbarung entnimmt.

gleich der dem Arbeitnehmer infolge der Entlassung eingetretenen Nachteile aufgefasst werden kann.[76]

f) Konkreter Zeitpunkt für die Bestimmung der einzelnen Kriterien zur Ermessensausübung

Neben den anzuwendenden Kriterien zur Ermessensausübung ist für die Anspruchshöhe weiterhin maßgeblich, welcher Zeitpunkt vom Gericht zugrunde zu legen ist. In Betracht kommt zum einen, auf den Moment abzustellen, in dem der Nachteilsausgleichsanspruch aus § 113 Abs. 3 i.V.m. Abs. 1 BetrVG zustande kommt.[77] Andererseits erscheint es auch denkbar, den letzten Tag der mündlichen Verhandlung zur Bestimmung der konkreten Verhältnisse heranzuziehen, wie dies die herrschende Meinung im Rahmen des § 9 Abs. 1 S. 1 KSchG fordert.[78]

Eine Antwort auf diese Frage ergibt sich, wenn man sich den Grund vergegenwärtigt, warum die herrschende Ansicht den letzten Tag der mündlichen Verhandlung bei § 9 Abs. 1 S. 1 KSchG für entscheidend hält. Die genannte Vorschrift regelt, dass ein Arbeitsverhältnis, welches durch eine unwirksame Arbeitgeberkündigung gerade nicht beendet wurde, unter den in § 9 Abs. 1 S. 1 KSchG genannten Umständen durch ein Gestaltungsurteil aufgelöst werden kann. Folge dieser Auflösungsentscheidung ist, dass das Gericht dem antragstellenden Arbeitnehmer auch eine Abfindung gewähren muss. Begründet die gerichtliche Erklärung im Rahmen des § 9 Abs. 1 S. 1 KSchG erst einen Abfindungsanspruch und spricht dem Arbeitnehmer damit keinen bereits entstandenen Anspruch zu, so kann als maßgebender Zeitpunkt allein die letzte mündliche Verhandlung gelten.[79]

Anders stellt sich jedoch die Situation beim Nachteilsausgleichsanspruch aus § 113 Abs. 3 i.V.m. Abs. 1 BetrVG dar. Wie schon in § 2 C gezeigt wurde, ist § 113 Abs.1 BetrVG als ein Arbeitnehmeranspruch zu bezeichnen, der mit Vorhandensein aller Tatbestandsmerkmale zur Entstehung gelangt ist und nur dahingehend eine Besonderheit aufweist, dass zu seiner Durchsetzung die Anrufung des Arbeitsgerichts erforderlich ist. Beruht dieser Abfindungsanspruch somit auf keiner gerichtlichen Entscheidung, kann als maßgeblicher Zeitpunkt nur der

---

[76] Nach Auffassung des BAG (vom 24.08.2004, AP Nr. 174 zu § 112 BetrVG 1972) muss der Sozialplan so dotiert sein, dass der betroffene Arbeitnehmer die finanzielle Leistung als teilweise Milderung seiner wirtschaftlichen Nachteile auffassen kann.

[77] So LAG Hamm vom 14.09.2004, LAGE § 113 BetrVG 2001 Nr. 2.

[78] BAG vom 13.05.1969, AP Nr. 2 zu § 8 KSchG; BAG vom 18.01.1962, AP Nr. 20 zu § 66 BetrVG; *Biebl*, in: APS, § 10 KSchG Rn. 20; *Backmeister*, in: Backmeister/Trittin/Mayer/Backmeister, § 10 KSchG Rn. 5; *v. Hoyningen-Huene/Linck*, § 10 KSchG Rn. 26; *Löwisch/Spinner*, § 10 KSchG Rn. 22; *Spilger*, in: KR, § 10 KSchG Rn. 46; *Zwanziger*, in: KZD, § 10 KSchG Rn. 7; a.A. *Fiebig*, in: HaKo-KSchG, § 10 KSchG Rn. 12.

[79] V. Hoyningen-Huene/Linck, § 10 KSchG Rn. 26.

Moment in Frage kommen, zu dem alle gesetzlichen Voraussetzungen erfüllt sind.[80]

2. Einzelne Kriterien für die Ermessensausübung

Im Folgenden sollen die einzelnen Kriterien für die Ermessensausübung daraufhin untersucht werden, welche konkreten Vorgaben sich aus ihnen für den Einzelfall ergeben können.

a) Alter des betroffenen Arbeitnehmers

Schon wegen des in § 113 Abs. 1 BetrVG enthaltenen Verweises auf § 10 KSchG ist das Lebensalter des entlassenen Arbeitnehmers ein zentrales Kriterium zur Bestimmung der Abfindungshöhe.[81] Da ältere Arbeitnehmer auf dem überfüllten Arbeitsmarkt kaum noch eine Chance haben, muss sich die Zunahme des Alters steigernd auf den vom Arbeitgeber gemäß § 113 Abs. 1 BetrVG zu zahlenden Betrag auswirken.[82] Dies entspricht, so an anderer Stelle bereits dargelegt, auch dem Willen des Gesetzgebers, wie ein Vergleich von § 10 Abs. 1 und Abs. 2 S. 1 KSchG zeigt.[83]

Andererseits bietet § 113 Abs. 1 BetrVG i.V.m. § 10 Abs. 2 S. 2 KSchG einen Anhaltspunkt, dass der parallel zum steigenden Lebensalter anwachsende Abfindungsbetrag wieder abgesenkt werden muss, wenn sich der Arbeitnehmer kurz vor Erreichen des Ruhestandsalters befindet.[84] So verweist die Vorschrift des § 10 Abs. 2 S. 2 KSchG auf die Altersgrenze des § 35 Nr. 1 SGB VI und verlangt, dass der Betroffene das 65. Lebensalter vollendet haben muss, um für dessen Abfindung nicht mehr die privilegierende Höchtsbetragsgrenze des § 10 Abs. 2 S. 1 KSchG, sondern wieder die Regelgrenze des § 10 Abs. 1 KSchG anzuwenden.[85]

---

[80] LAG Hamm vom 14.09.2004, LAGE § 113 BetrVG 2001 Nr. 2.

[81] BAG vom 22.07.2003, AP Nr. 42 zu § 113 BetrVG 1972; BAG vom 20.11.2001, AP Nr. 39 zu § 113 BetrVG; BAG vom 13.06.1989, AP Nr. 19 zu § 113 BetrVG 1972; LAG Hamm vom 14.09.2004, LAGE § 113 BetrVG 2001 Nr. 1; LAG Niedersachsen vom 12.08.2002, LAGE § 122 InsO Nr. 1; Hess. LAG vom 25.07.2002, AiB 2003, 41, 42; LAG Berlin vom 28.09.2001, Az: 6 Sa 1030/01 (n.v.); LAG Schleswig-Holstein vom 11.05.2001, Az: 5 Sa 66/01 (n.v.); LAG Schleswig-Holstein vom 21.09.2000, Az: 5 Sa 250/00 (n.v.); LAG Sachsen-Anhalt vom 24.06.1997, NZA-RR 1998, 77, 78; *Kania*, in: ErfK, § 113 BetrVG Rn. 6; *Kleinebrink*, NZA-RR 2005, 281, 289; *Oetker*, in: GK-BetrVG, § 113 BetrVG Rn. 84; *ders.*, Anm. zu BAG vom 22.07.2003, AP Nr. 42 zu § 113 BetrVG 1972, 5; *Rumpff/Boewer*, Mitbestimmung in wirtschaftlichen Angelegenheiten, S. 423 f.

[82] *Kiel*, in: ErfK, § 10 KSchG Rn. 8; *Löwisch/Spinner*, § 10 KSchG Rn. 13.; *Zwanziger*, in: KZD, § 10 KSchG Rn. 8

[83] Vgl. § 7 C I 1c; *Biebl*, in: APS, § 10 KSchG Rn. 22; *Kiel*, in: ErfK, § 10 KSchG Rn. 8.

[84] Hess. LAG vom 25.07.2002, AiB 2003, 41,42; *Löwisch/Spinner*, § 10 KSchG Rn. 13.

[85] Zu den sozialpolitischen Härten des § 10 Abs. 2 S. 2 KSchG, wonach die Maximalhöhe des § 10 Abs. 2 S. 2 KSchG auch dann nicht gilt, wenn der Arbeitnehmer zwar das 65. Lebensjahr

Damit liegt dem § 10 Abs. 2 S. 2 KSchG die Überlegung zugrunde, dass ein Arbeitnehmer, welcher die Altersgrenze des § 35 Nr. 1 SGB VI überschritten hat und Altersrente beziehen kann, erheblich geringere Nachteile erdulden muss, als etwa ein über 50-järiger Arbeitnehmer, welcher oftmals gezwungen ist, den Zeitraum bis zum Erreichen der Rentenaltersgrenze mit Arbeitslosengeld und der Grundsicherung für Arbeitssuchende zu bewältigen. Folglich muss auch schon zu Lasten des Anspruchsberechtigten berücksichtigt werden, ob er kurz vor dem Ruhestandsalter steht.[86] In dieser Situation kann die Überbrückung bis zum Bezug der Altersrente allein mit Erhalt von Arbeitslosengeld realisiert werden und wegen der nur kurzzeitigen Arbeitslosigkeit zeigen sich Auswirkungen auf die Höhe der Altersrente nur in geringem Maße.

Festzuhalten ist, dass das Arbeitsgericht als ein maßgebendes Kriterium stets das Alter des entlassenen Arbeitnehmers berücksichtigen muss, wobei bei steigendem Alter auch eine höhere Abfindung gerechtfertigt ist. Steht der Anspruchsberechtigte jedoch kurz vor der Altersrente, so muss seine Abfindung wegen des baldigen Rentenbezugs im Vergleich etwa zu einem 55-jährigen Arbeitnehmer wieder absinken.

b) Dauer der Betriebszugehörigkeit

Ausgehend vom Verweis auf § 10 Abs. 2 S. 1 KSchG und der Tatsache, dass dem Nachteilsausgleichsanspruch aus § 113 Abs. 3 i.V.m. Abs. 1 BetrVG neben einer Überbrückungs- auch eine Entschädigungsfunktion zukommt, muss geschlussfolgert werden, dass die Dauer der Betriebszugehörigkeit ein weiteres zentrales Kriterium zur Bestimmung der Abfindungshöhe darstellt.[87] Da mit diesem Para-

---

vollendet aber nicht die Wartezeit des § 50 SGB VI erfüllt hat und daher keine Altersrente bezieht, siehe *Spilger*, in: KDZ, § 10 KSchG Rn. 44; *Zwanziger*, in: KZD, § 10 KSchG Rn. 21.

86 Hess. LAG vom 25.07.2002, AiB 2003, 41, 42; *Kiel*, in: ErfK, § 10 KSchG Rn. 8; *Löwisch/Kaiser*, § 10 KSchG Rn. 13; *Spilger*, in: KDZ, § 10 KSchG Rn. 49; *Zwanziger*, in: KZD, § 10 KSchG Rn. 8.

87 BAG vom 18.11.2003, AP Nr. 162 zu § 112 BetrVG 1972; BAG vom 22.07.2003, AP Nr. 42 zu § 113 BetrVG 113; BAG vom 20.11.2001, AP Nr. 39 zu § 113 BetrVG; BAG vom 13.06.1989, AP Nr. 19 zu § 113 BetrVG 1972; BAG vom 22.03.1982, AP Nr. 7 zu § 113 BetrVG 1972; LAG Hamm vom 14.09.2004, LAGE § 113 BetrVG 2001 Nr. 2; LAG Niedersachsen vom 12.08.2002, LAGE § 122 InsO Nr. 1; Hess. LAG vom 25.07.2002, AiB 2003, 41, 42; LAG Schleswig-Holstein vom 11.05.2001, Az: 5 Sa 66/01 (n.v.); LAG Schleswig-Holstein vom 21.09.2000, Az: 5 Sa 250/00 (n.v.); LAG Sachsen-Anhalt vom 24.06.1997, NZA-RR 1998, 77, 77; *Däubler*, in: DKK, § 113 BetrVG Rn. 16; *Fitting/Engels/Schmidt/Trebinger/Linsenmaier*, § 113 BetrVG Rn. 30; *Hess*, in: Hess/Schlochauer/Worzalla/Glock, § 113 BetrVG Rn. 11; *Kleinebrink*, NZA-RR 2005, 281, 289; *Löwisch/Kaiser*, § 113 BetrVG Rn. 6; *Oetker*, in: GK-BetrVG, § 113 BetrVG Rn. 84; *ders.*, Anm. zu BAG vom 22.07.2003, AP Nr. 42 zu § 113 BetrVG 1972, 5, 10 R; *ders.*, Anm. zu LAG Niedersachsen vom 12.08.2002, LAGE § 122 InsO Nr. 1 , 9, 14.

meter die Betriebstreue des betroffenen Arbeitnehmers berücksichtigt wird, muss eine Steigerung der Dauer der Betriebszugehörigkeit, anders als das Lebensalter, stets und ausnahmslos zu einer Erhöhung des Anspruchs führen.

c) Weitere Sozialdaten des Arbeitnehmers

Soll der Nachteilsausgleich zumindest auch dazu dienen, die infolge der Entlassung erst entstehenden Nachteile zu überbrücken, so müssen alle anderen Sozialdaten des Arbeitnehmers im Rahmen der Ermessensausübung Berücksichtigung finden können. Denn nur dann ist es überhaupt möglich festzustellen, inwieweit und in welchem Ausmaß der Betroffene nach der Entlassung Einbußen erleiden wird. Aus diesem Grund hat das Gericht z.B. zu beachten, welchen Familienstand der Arbeitnehmer aufweist und ob er gegenüber dritten Personen unterhaltspflichtig ist.[88]

d) Verlust einer tariflichen Zusatzvergütung/Berücksichtigung erworbener Anwartschaften/Berechtigung zum Erwerb des Arbeitslosengeldes

Ebenfalls aus dem zukunftsbezogenen Kompensationszweck des Nachteilsausgleichsanspruchs ergibt sich, dass das Arbeitsgericht im Einzelfall genau zu ermitteln hat, welche weiteren finanziellen Nachteile der Arbeitnehmer infolge der Entlassung zu erdulden hat.[89] Führt der Verlust des Arbeitsplatzes dazu, dass der Betroffene sämtliche Anwartschaften einbüßt, die er im Laufe seiner Betriebszugehörigkeit erworben hat, so ist dies anspruchserhöhend zu berücksichtigen.[90] Gleiches muss auch gelten, wenn die Entlassung zur Folge hat, dass der Betroffene einen Anspruch auf eine tarifliche Zusatzvergütung verliert.[91] Ebenfalls muss der Anspruch des Arbeitnehmers deutlich höher ausfallen, wenn er infolge der Entlassung arbeitslos geworden ist, er jedoch die Voraussetzungen zum Bezug des Arbeitslosengeldes mangels Beschäftigungsdauer nicht erfüllt. Besonders in dieser Situation bedarf es des Nachteilsausgleichsanspruchs, um den Zeitraum des eventuell völligen[92] Einkommensausfalls zu überbrücken.[93]

---

[88] LAG Hamm vom 14.09.2004, LAGE § 113 BetrVG 2001 Nr. 2; LAG Sachsen-Anhalt vom 24.06.1997, NZA-RR 1998, 77, 78.

[89] BAG vom 13.06.1989, AP Nr. 19 zu § 113 BetrVG 1972; BAG vom 08.11.1988, AP Nr. 18 zu § 113 BetrVG 1972.

[90] BAG vom 13.06.1989, AP Nr. 19 zu § 113 BetrVG 1972.

[91] BAG vom 08.11.1988, AP Nr. 18 zu § 113 BetrVG 1972.

[92] Gerade wenn der Betroffene die Voraussetzungen der §§ 7 ff. SGB II nicht erfüllt und daher keine Leistungen zur Sicherung des Lebensunterhalts (§§ 19 ff. SGB II) erhält.

[93] Allgemein zur Berücksichtigung des Arbeitslosengeldes für die Abfindungshöhe vgl. Hess. LAG vom 25.07.2002, AiB 2003, 41, 42.

e) Lage auf dem Arbeitsmarkt

Ist im Einzelfall stets auf die dem Arbeitnehmer infolge der Entlassung entstehenden Nachteile abzustellen, so muss für die Anspruchshöhe auch berücksichtigt werden, wie die Chancen des Betroffenen stehen, eine vergleichbare Beschäftigung zu finden und wie lange der Zeitraum der voraussichtlichen Arbeitslosigkeit andauert. Bei diesen beiden Kriterien ist es geradezu augenfällig, dass sie erheblichen Einfluss auf die Höhe der konkret zu ermittelnden Einbußen haben und daher wegen des Überbrückungsgedankens des § 113 Abs. 3 i.V.m. Abs. 1 BetrVG gleichfalls beim Abfindungsumfang einen Niederschlag finden müssen.[94]

Ist die Lage auf dem Arbeitsmarkt ein weiteres vom Arbeitsgericht bei der Ermessensausübung zu beachtendes Kriterium, so ergibt sich folgerichtig, dass als anspruchsmindernd zu berücksichtigen ist, wenn dem Arbeitnehmer ein gleichwertiger Arbeitsplatz angeboten wird, er aber diesen grundlos[95] nicht annimmt.[96] Dann beruhen die entstehenden finanziellen Einbußen nicht mehr auf der Entlassung, sondern auf dem nicht nachzuvollziehenden Entschluss des Arbeitnehmers, was nicht zu Lasten des Unternehmers gehen kann. Nicht von Bedeutung ist in diesem Zusammenhang, ob dem Arbeitnehmer der neue Arbeitsvertrag vom Unternehmer selbst oder von einem Dritten angeboten wird, denn im Mittelpunkt stehen allein die finanziellen Nachteile des Anspruchsinhabers. Diese könnten, unabhängig davon, wer ihm das Angebot anträgt, gemildert werden, was wegen der Vertragsablehnung jedoch unterbleibt.

f) Intensität der Pflichtverletzung

§ 113 Abs. 3 i.V.m. Abs. 1 BetrVG kommt, wie bereits mehrmals betont wurde, neben der Ausgleichsfunktion auch ein Sanktionszweck zu.[97] Die Norm will das Fehlverhalten des Unternehmers, welcher im Rahmen einer geplanten Betriebsänderung einen Interessenausgleich nicht in ausreichendem Maße versucht hat, mittels Ausgleichszahlung gegenüber den einzelnen Arbeitnehmern ahnden.[98] Ausgehend von diesem Sanktionscharakter des Nachteilsausgleichsanspruchs ist

---

[94] BAG vom 20.11.2001, AP Nr. 39 zu § 113 BetrVG; BAG vom 10.12.1996, AP Nr. 32 zu § 113 BetrVG; LAG Hamm vom 14.09.2004, LAGE § 113 BetrVG 2001 Nr. 2; Hess. LAG vom 25.07.2002, AiB 2003, 41, 42; *Kania*, in: ErfK, § 113 BetrVG Rn. 6; *Oetker*, in: GK-BetrVG, § 113 BetrVG Rn. 86.

[95] Ablehnungsgrund ist beispielsweise eine überdurchschnittlich lange Anfahrtsstrecke bei nur durchschnittlichem Verdienst. Siehe hierzu LAG Hamm vom 14.09.2004, LAGE § 113 BetrVG 2001 Nr. 2.

[96] BAG vom 10.12.1996, AP Nr. 32 zu § 113 BetrVG; BAG vom 09.07.1985, AP Nr. 13 zu § 113 BetrVG 1972; LAG Hamm vom 14.09.2004, LAGE § 113 BetrVG 2001 Nr. 2; *Kleinebrink*, NZA-RR 2005, 281, 289.

[97] Zum Sanktionszweck vgl. ausführlich § 2 A I.

[98] Zum damit verbundenen Rangverhältnis von Ausgleichs- und Sanktionsfunktion, vgl. § 2 A III.

ein weiteres Kriterium für die Festlegung der Abfindungshöhe, in welcher Intensität der Unternehmer die Pflichten und Obliegenheiten aus den §§ 111 f. BetrVG missachtet hat.[99]

g) Wirtschaftliche Vertretbarkeit für den Unternehmer

Ein unzureichender Interessenausgleichsversuch hat für den Unternehmer regelmäßig zur Konsequenz, dass er sich Nachteilsausgleichsansprüchen eines erheblichen Teils der Belegschaft ausgesetzt sieht. Da Betriebsänderungen oftmals in Zeiten vorgenommen werden, in denen sich ein Unternehmen in wirtschaftlichen Schwierigkeiten befindet und die finanzielle Situation ohnehin schon angespannt ist, führen Abfindungsansprüche dazu, dass die Finanzdecke noch weiter geschmälert und daher die Notlage des Unternehmens zusätzlich vertieft wird. Es stellt sich deshalb die Frage, ob das Gericht bei seiner Ermessensausübung auch berücksichtigen muss, ob die Nachteilsausgleichsansprüche für den Unternehmer wirtschaftlich vertretbar sind.

aa) § 112 Abs. 5 S. 2 Nr. 3 BetrVG/Anerkannte Grundsätze zur Bestimmung einer angemessenen Abfindung nach § 9 Abs. 1 S. 1 KSchG

Hierzu muss man sich nochmals bewusst machen, dass mangels Analogievoraussetzungen eine entsprechende Anwendung der Leitlinien des § 112 Abs. 5 BetrVG auf die Ermessensausübung nach § 113 Abs. 1 BetrVG nicht möglich ist.[100] Daher darf das Gericht auch die Regelung des § 112 Abs. 5 S. 2 Nr. 3 BetrVG nicht beachten, wonach die wirtschaftliche Vertretbarkeit ausschlaggebend für die Höhe des Sozialplans ist.[101]

Ebenso wurde bereits dargelegt, dass die „anerkannten Grundsätze" zur Bestimmung der Angemessenheit nach § 9 Abs. 1 S. 1 KSchG nicht zur Ermessensausübung i.S.d. § 113 Abs. 1 BetrVG herangezogen werden dürfen.[102] Dies hat zur Konsequenz, dass die weitgehend[103] befürwortete Berücksichtigung der wirt-

---

[99] BAG vom 22.07.2003, AP Nr. 42 zu § 113 BetrVG 1972; BAG vom 04.12.2002, AP Nr. 2 zu § 38 InsO 1972; BAG vom 20.11.2001, AP Nr. 39 zu § 113 BetrVG 1972; LAG Hamm vom 14.09.2004, LAGE § 113 BetrVG 1972 Nr. 2; LAG Schleswig-Holstein vom 11.05.2001, Az: 5 Sa 66/01 (n.v.); LAG Schleswig-Holstein vom 14.12.2000, Az: 5 Sa 452/00 (n.v.); LAG Schleswig-Holstein vom 21.09.2000, Az: 5 Sa 250/00 (n.v.).

[100] Siehe hierzu nochmals § 7 C I 1 b.

[101] BAG vom 20.11.2001, AP Nr. 39 zu § 113 BetrVG 1972; LAG Niedersachsen vom 12.08.2002, LAGE § 122 InsO Nr. 1; *Oetker*, in: GK-BetrVG, § 113 BetrVG Rn. 88; *ders.*, Anm. zu BAG vom 22.07.2003, AP Nr. 42 zu § 113 BetrVG 1972, 5, 11 R f.; *ders.*, Anm. zu LAG Niedersachsen vom 12.08.2002, LAGE § 122 InsO Nr. 1, 9, 17.

[102] Vgl. dazu § 7 C I 1 a.

[103] So etwa *Biebl*, in: APS, § 10 KSchG Rn. 29; *Fiebig*, in: HaKo-KSchG, § 10 KSchG Rn. 18; *v. Hoyningen-Huene/Linck*, § 10 KSchG Rn. 23; *Spilger*, in: KDZ, § 10 KSchG Rn. 60;

schaftlichen Verhältnisse im Rahmen des § 9 Abs. 1 S. 1 KSchG gleichfalls keinerlei Auswirkungen auf die Bestimmung der Abfindungshöhe nach § 113 Abs. 1 BetrVG entfalten kann.[104]

bb) Sinn und Zweck des § 113 BetrVG als alleiniger Anknüpfungspunkt

Ob die wirtschaftliche Leistungsfähigkeit des Unternehmens bei der Festlegung der Abfindungssumme vom Gericht berücksichtigt werden muss, ergibt sich wiederum allein aus dem Ausgleichs- bzw. Sanktionszweck des § 113 Abs. 3 i.V.m. Abs. 1 BetrVG.

So will § 113 Abs. 3 BetrVG mit der Inaussichtstellung finanzieller Belastungen mittelbar erreichen, dass der Unternehmer die Chance auf Abschluss eines Interessenausgleichs ergreift.[105] Ziel einer solchen Vereinbarung zwischen Arbeitgeber und Betriebsrat ist, dass die geplante Betriebsänderung zu keinen bzw. nur geringen Nachteilen für die Belegschaft führt. Nach dem Willen des Gesetzgebers soll der Unternehmer diesen Einigungsversuch im Interesse seiner Beschäftigten unabhängig davon durchführen, wie es um seine finanzielle Situation bestellt ist. Konsequenz dieser Überlegungen ist, dass dem Sanktionszweck des § 113 Abs. 3 i.V.m. Abs. 1 BetrVG nur dann entsprochen wird, wenn das Gericht bei seiner Ermessensausübung grundsätzlich nicht in Betracht zieht, ob das jeweilige Unternehmen sich die Nachteilsansprüche auch „leisten" kann.[106]

cc) Grenze der wirtschaftlichen Belastbarkeit

Allerdings erscheint es bedenklich, wenn die gerichtliche Entscheidung über die Abfindungshöhe zur Folge hat, dass der Bestand des Unternehmens ernsthaft gefährdet wird. Aus diesem Grund ziehen Teile der Rspr. und Literatur für die

---

einschränkend *Löwisch/Spinner*, § 10 KSchG, Rn. 18, wonach eine Berücksichtigung nur bei Existenzgefährdung möglich sei; a.A. *Backmeister*, in: Backmeister/Trittin/Mayer, § 10 KSchG Rn. 10.

104 *Oetker*, Anm. zu BAG vom 22.07.2003, AP Nr. 42 zu § 113 BetrVG 1972, 5, 11 R f.; *ders.*, Anm. zu LAG Niedersachsen vom 12.08.2002, LAGE § 122 InsO Nr. 1, 9, 17.

105 Zum Sanktionszweck vgl. ausführlich § 2 A I.

106 BAG vom 22.07.2003, AP Nr. 42 zu § 113 BetrVG 1972; BAG vom 20.11.2001, AP Nr. 39 zu § 113 BetrVG 1972; LAG Hamm vom 14.09.2004, LAGE § 113 BetrVG 2001 Nr. 2; *Fitting/Engels/Schmidt/Trebinger/Linsenmaier*, § 113 BetrVG, Rn. 30; *Oetker*, Anm. zu BAG vom 22.07.2003, AP Nr. 42 zu § 113 BetrVG 1972, 5, 13; *ders.*, Anm. zu LAG Niedersachen vom 12.08.2002, LAGE § 122 InsO Nr. 1, 9, 17; *Richardi/Annuß*, in: Richardi, § 113 BetrVG Rn. 49; a.A. Hess. LAG vom 25.07.2002, AiB 2003, 41, 42 – wirtschaftliche Lage ist nachrangig zu beachten; LAG Sachsen-Anhalt vom 24.06.1997, NZA-RR 1998, 77, 78; *Hess*, in: Hess/Schlochauer/Worzalla/Glock, § 113 BetrVG Rn. 11; *Löwisch/Kaiser*, § 113 BetrVG Rn. 6.

Festlegung der Abfindungshöhe eine Grenze, welche überschritten sei, wenn das Unternehmen durch die zu leistende Gesamtzahlung existenziell bedroht wäre.[107]

Für eine derartige Grenze muss ein dogmatisch tragfähiger Ansatzpunkt gefunden werden. Ein solcher ergibt sich daraus, dass das Arbeitsgericht als Teil der Judikative gemäß Art. 20 Abs. 3 GG an Gesetz und Recht gebunden ist. Es muss daher die Grundrechte der jeweils am Prozess beteiligten Personen berücksichtigen sowie das Rechtsstaatsprinzip wahren. Gerade letztgenanntes Prinzip, aber auch die in Art. 12 GG wurzelnde Unternehmerfreiheit des Arbeitgebers sind verletzt, wenn das Gericht bei seiner nach § 113 Abs. 1 BetrVG vorzunehmenden Ermessensausübung den Grundsatz der Verhältnismäßigkeit in nicht ausreichendem Maße beachtet.[108]

So ist der Verhältnismäßigkeitsgrundsatz schon beeinträchtigt, wenn das konkret gewählte Mittel nicht geeignet ist, dem vom Gesetz verfolgten Zweck zu dienen.[109] Eine Verletzung liegt weiterhin vor, wenn das vom Arbeitsgericht angewendete Instrumentarium nicht nötig gewesen wäre, da ein gleich effektives jedoch gegenüber dem Adressaten milder wirkendes Mittel bereitgestanden hätte.[110] Schlussendlich ist der Verhältnismäßigkeitsgrundsatz auch missachtet, wenn die gewählte Maßnahme außer Verhältnis zum erstrebten Erfolg steht.[111]

Zwar ist ersichtlich, dass eine existenzgefährdende Abfindung geeignet ist, ein betriebsverfassungswidriges Verhalten des Arbeitgebers zu ahnden und darüber hinaus auch finanzielle Nachteile des entlassenen Belegschaftsmitglieds zumindest teilweise zu kompensieren, jedoch stellen sich Zweifel ein, ob das Gericht den vom Gesetz angestrebten Zielen nicht auch mit Nachteilsausgleichsansprüchen entsprochen hätte, welche in ihrer Gesamtheit die Grenze zur Existenzgefährdung nicht überschreiten.

Dies kann dahinstehen, wenn eine unternehmensbedrohende Abfindungsfestsetzung jedoch in keinem Verhältnis zu dem damit verfolgten Ziel steht. Hierfür

---

107 Hess. LAG vom 25.07.2002, AiB 2003, 41, 42; *Oetker*, in: GK-BetrVG, § 113 BetrVG Rn. 88; offengelassen von *Oetker*, Anm. zu LAG Niedersachsen vom 12.08.2002, LAGE § 122 InsO Nr. 1, 9, 17 f.

108 Zur Verankerung des Verhältnismäßigkeitsgebots siehe BVerfG vom 09.09.1956, BVerfGE 30, 292, 315 ff.; *Sachs*, in: ders., Art. 20 GG. Rn. 145 ff.; *Herzog*, in: Maunz/Dürig, Art. 20 IV GG Rn. 71 ff.

109 *Herzog*, in: Maunz/Dürig, Art. 20 IV GG Rn. 74; *Maurer*, Allgemeines Verwaltungsrecht, § 10 Rn. 17; *Michael*, JuS 2001, 148, 149; *Pieroth/Schlink*, Grundrechte, Rn. 283.

110 BVerfG vom 16.03.1971, BVerfGE 30, 292, 316; BVerfG vom 18.12.1968, BVerfGE 25, 1, 8; *Herzog*, in: Maunz/Dürig, Art. 20 IV GG Rn. 75; *Maurer*, Allgemeines Verwaltungsrecht, § 10 Rn. 17; *Michael*, JuS 2001, 148, 149; *Pieroth/Schlink*, Grundrechte Rn. 285.

111 BVerfG vom 15.01.2002, BVerfGE 104, 337, 349; BVerfG vom 09.03.1994, BVerfGE 90, 145, 173; BVerfG vom 15.12.1983, BVerfGE 65, 1, 54; BVerfG vom 01.03.1979, BVerfGE 50, 290, 365; BVerfG vom 05.03.1974, BVerfGE 37, 1, 22; BVerfG vom 16.03.1971, BVerfGE 30, 292, 316; kritisch *Pieroth/Schlink*, Grundrechte, Rn. 289 ff.; *Schlink*, Festschrift 50 Jahre BVerfG, 445, 448 ff.

ist wiederum zu berücksichtigen, dass Sanktions- und Ausgleichszweck des § 113 Abs. 3 BetrVG nach zutreffender Meinung nicht gleichberechtigt nebeneinander stehen, sondern die Ausgleichsfunktion nur Hilfsmittel zum Sanktionszweck ist und daher hinter dem Sanktionsgedanken zurücktritt.[112] Deshalb ist bei der Abwägung im Rahmen der Verhältnismäßigkeit im engeren Sinne primär auf den Sanktionscharakter der Abfindungszahlungen abstellen.

Auf der anderen Seite führen existenzvernichtende Nachteilsausgleichszahlungen dazu, dass dem Unternehmer die Ausübung seiner aus Art. 12 GG wurzelnden Unternehmerfreiheit unmöglich gemacht wird. Ein derartig intensiver Eingriff in das Unternehmergrundrecht, um einen Verstoß gegen gesetzliche Pflichten bzw. Obliegenheiten zu ahnden, steht erkennbar außer Verhältnis zu den nachteiligen Konsequenzen, die eine solche Entscheidung für den Arbeitgeber nach sich zieht. Ergebnis der Abwägung ist, dass eine gerichtliche Festlegung der Nachteilsausgleichsansprüche, die in ihrer Summe die Existenz des Unternehmens zerstören können, unverhältnismäßig ist.

Will das Arbeitsgericht keinen Ermessensfehler und folglich keine Verletzung des Rechtsstaatsprinzips begehen, so hat es bei der Bestimmung der Abfindungshöhe nach § 113 Abs. 1 BetrVG zu beachten, dass der Unternehmer infolge der Zahlungen nicht in Existenzgefahr kommt.

Als Ergebnis ist festzuhalten, dass die wirtschaftlichen Belange des Arbeitgebers im Rahmen der Ermessensausübung regelmäßig keine Rolle spielen, jedoch die Grenze seiner wirtschaftlichen Belastbarkeit nicht überschritten werden darf.

II. Ausgleich anderer wirtschaftlicher Nachteile gemäß § 113 Abs. 3 i.V.m. Abs. 1 BetrVG

Aufgrund der präzisen Anordnung in § 113 Abs. 2 BetrVG treten hingegen selten Probleme auf, wenn der Arbeitnehmer infolge der Betriebsänderung nicht entlassen wurde, sondern stattdessen andere wirtschaftliche Nachteile erleiden musste. Als Beispiel für derartige Beeinträchtigungen seien Versetzungen, Umgruppierungen[113] bzw. längere Anfahrtswege genannt. Wie bereits gesagt, gibt der Gesetzgeber mit dem expliziten Verweis auf die *wirtschaftlichen Nachteile* in § 113 Abs. 2 BetrVG ausdrücklich vor, dass immaterielle Einbußen der Belegschaft hingegen nicht berücksichtigt werden dürfen.[114]

Weiterhin ist schon aus dem Wortlaut des § 113 Abs. 2 BetrVG ablesbar, dass eine Milderung der eingetretenen Beeinträchtigungen nicht ausreicht, sondern die

---

112 Siehe hierzu nochmals § 2 A III.

113 Siehe hierzu BAG vom 23.08.1988, AP Nr. 17 zu § 113 BetrVG 1972.

114 *Berenz*, NZA 1993, 538, 543; *Däubler*, in: DKK, § 113 BetrVG Rn. 18; *Matthes*, in: MüHb-ArbR, § 361 Rn. 45; *Oetker*, in: GK-BetrVG, § 113 BetrVG Rn. 104; *Richardi/Annuß*, in: Richardi, § 113 BetrVG Rn. 52; *Rumpff/Boewer*, Mitbestimmung in wirtschaftlichen Angelegenheiten, S. 425.

Nachteile des einzelnen Arbeitnehmers *auszugleichen* sind.[115] Mithin muss der Betroffene so gestellt werden, wie er stehen würde, wenn die pflicht- bzw. obliegenheitswidrig durchgeführte Betriebsänderung nicht unternommen worden wäre. Um die Ausgleichsverpflichtung des Unternehmers nicht ins Uferlose wachsen zu lassen, begrenzt § 113 Abs. 2 BetrVG diese auf lediglich zwölf Monate.[116]

Die Regelung des § 113 Abs. 2 BetrVG lässt allein eine Frage dahingehend offen, ob der Unternehmer die wirtschaftlichen Nachteile des Arbeitnehmers stets in Geld auszugleichen hat oder er den Einbußen auch auf anderem Wege abhelfen kann. Ein solches Problem stellt sich beispielsweise, wenn durch die Betriebsänderung die Belegschaft erhöhte Anfahrtswege in Kauf nehmen muss, der Arbeitgeber aber nicht die gestiegenen Fahrtkosten übernehmen will, sondern einen Fahrservice einrichten möchte. Zur Problemlösung können hierfür die §§ 249 ff. BGB nicht herangezogen werden. Diese Normengruppe regelt lediglich den Anspruchsumfang bei Schadensersatzansprüchen. Wie jedoch in § 2 dargelegt, ist § 113 Abs. 3 BetrVG keine Schadensersatznorm, sondern stellt eine Sanktions- und Ausgleichsregelung eigener Art dar.[117] Auch eine entsprechende Anwendung der §§ 249 ff. BGB ist nicht möglich.[118] Hierzu fehlt es an der teleologischen Vergleichbarkeit, denn wie bereits mehrfach wiederholt, steht beim Nachteilsausgleichsanspruch der Sanktionsgedanke im Mittelpunkt.[119] Die zugunsten der Belegschaft wirkende Kompensationsfunktion ist nur Mittel zu diesem Zweck.[120] Anders ist die Situation bei Schadensersatzansprüchen, für welche die §§ 249 ff. BGB die Rechtsfolgen ausformen. Zweck dieser Normen ist, die materiellen bzw. ggf. auch immateriellen Einbußen des Anspruchsstellers zu egalisieren. Eine Sanktionsfunktion ist den Regelungen wie beispielsweise § 823 Abs. 1 BGB fremd.[121] Damit ist die Frage, ob der Unternehmer die entstan-

---

[115] *Däubler*, in: DKK, § 113 BetrVG Rn. 19; *Fitting/Engels/Schmidt/Trebinger/Linsenmaier*, § 113 BetrVG Rn. 34; *Hess*, in: Hess/Schlochauer/Worzalla/Glock, § 113 BetrVG Rn. 18; *Kania*, in: ErfK, § 113 BetrVG Rn. 7; *Matthes*, in: MüHb-ArbR, § 361 Rn. 45; *Oetker*, in: GK-BetrVG, § 113 BetrVG Rn. 104; *Rumpff/Boewer*, Mitbestimmung in wirtschaftlichen Angelegenheiten, S. 425.

[116] Als Beispiel sei angeführt, dass eine Betriebsverlegung zur höheren Fahrtkosten bei einem 25-jährigen Arbeitnehmer führt. Ohne die zeitliche Begrenzung in § 113 Abs. 3 BetrVG müsste der Unternehmer dem Betroffenen diese erhöhten Aufwendungen bis zum Ende des Arbeitsverhältnisses ersetzen, also ggf. für einen Zeitraum von 40 Jahren.

[117] Siehe hierzu § 2 A II sowie BAG vom 20.11.1970, EzA § 72 BetrVG 1952 Nr. 2; BAG vom 10.06.1969, EzA § 72 BetrVG 1952 Nr. 1; *Hess*, in: Hess/Schlochauer/Worzalla/Glock, § 113 BetrVG Rn. 18; *Hinrichs*, Kündigungsschutz und Arbeitnehmerbeteiligung bei Massenentlassungen, S.186; a.A. LAG Hamm vom 14.09.2004, LAGE § 113 BetrVG 1972 Nr. 2.

[118] A.A. *Hess*, in: Hess/Schlochauer/Worzalla/Glock, § 113 BetrVG Rn.18.

[119] Vgl. § 2 A III.

[120] So auch *Fitting/Engels/Schmidt/Trebinger/Linsenmaier*, § 113 BetrVG Rn. 2; *Oetker*, in: GK-BetrVG, § 113 BetrVG Rn. 5; *ders.*, Anm. zu BAG, AP Nr. 42 zu § 113 BetrVG 1972, 5, 11R; *ders.*, Anm. zu LAG Niedersachsen, LAGE § 122 InsO Nr. 1, 9, 15 f.

[121] Siehe nur *Oetker*, in: GK-BetrVG, § 249 BGB Rn. 8.

denen Nachteile der Belegschaft auch in anderer Weise als durch Geld ausgleichen kann, wiederum nur an Hand des Sinns und Zwecks des § 113 Abs. 3 BetrVG zu bestimmen. So fordert zunächst der nachrangige Kompensationszweck der Norm nicht, dass der Unternehmer stets eine Geldleistung erbringen muss. Für den Ausgleichsgedanken ist allein entscheidend, dass der Arbeitnehmer im Ergebnis keine wirtschaftlichen Einbußen erleidet. Wie dies geschieht, ist dabei nicht von Bedeutung. Aus Sicht der maßgeblichen Sanktionsfunktion ist es allerdings ausschlaggebend, dass dem betriebsverfassungswidrigen Verhalten des Unternehmers eine Ahndung durch eine spürbare finanzielle Belastung widerfährt. Dem Sanktionsgedanken wird nicht ausreichend Rechnung getragen, wenn der Arbeitgeber die Nachteile seiner Belegschaft beseitigen kann, ohne dass er dafür merkliche Finanzmittel erbringen muss. Im o.g. Fall, dass die Belegschaft nun weitere Anfahrtswege in Kauf nehmen muss, tritt diese Situation z.B. ein, wenn der Unternehmer dem entstandenen Nachteil allein dadurch abhilft, dass er die betroffenen Arbeitnehmer mit einem Firmenfahrzeug zum Arbeitsort befördert, welches ohnehin die Strecke hätte fahren müssen.

Um die eben am konkreten Beispiel gezeigte Gefahr auszuschließen, dass der Nachteilsausgleich das Arbeitgeberverhalten nicht ausreichend ahndet, darf dem betriebsverfassungswidrig Handelnden im Rahmen des § 113 Abs. 2 BetrVG nicht die Möglichkeit verbleiben, statt einer Zahlung an die einzelnen Arbeitnehmer deren Nachteile auf anderer Weise auszugleichen.[122]

D. Verhältnis zu anderen Ansprüchen des Arbeitnehmers

Neben dem Nachteilsausgleichsanspruch aus § 113 Abs. 3 BetrVG stehen dem Arbeitnehmer ggf. noch weitere Zahlungsansprüche gegenüber seinem Arbeitsvertragspartner zu, wenn er infolge einer Betriebsänderung entlassen wurde oder andere wirtschaftliche Nachteile erdulden musste. So ist zum einen denkbar, dass er bei einer betriebsbedingten Kündigung auf eine Kündigungsschutzklage verzichtet und daher nach § 1a KSchG eine Abfindung von seinem ehemaligen Arbeitgeber verlangen kann. Zum anderen wird dem Arbeitnehmer, welcher durch eine Betriebsänderung nachteilig betroffen ist, regelmäßig auch ein Anspruch aus einem Sozialplan zustehen. Ferner spricht das Arbeitsgericht gemäß § 9 Abs. 1 S. 1 KSchG dem Arbeitnehmer auf seinen Antrag hin einen Abfindungsanspruch zu, wenn es im Rahmen eines Kündigungsschutzprozesses feststellt, dass dessen Arbeitsverhältnis nicht durch eine Arbeitgeberkündigung aufgelöst ist, dem Arbeitnehmer eine Weiterbeschäftigung jedoch nicht zumutbar ist. Es stellt sich die Frage, ob zwischen den genannten gleichartigen Arbeitnehmeransprüchen ein Konkurrenzverhältnis besteht und wie dieses aufzulösen ist.

---

[122] A.A. *Hess*, in: Hess/Schlochauer/Worzalla/Glock, § 113 BetrVG Rn.18; *Oetker*, in: GK-BetrVG, § 113 BetrVG Rn. 105; *Richardi/Annuß*, in: Richardi, § 113 BetrVG Rn. 105.

I. Nachteilsausgleichsanspruch und Sozialplanabfindungen

Die Beziehung von Nachteilsausgleichsanspruch und Sozialplananspruch wurde bereits ausführlich in § 3 behandelt.[123] Aus diesem Grund sollen die dort gefundenen Ergebnisse hier nur in Kurzform wiederholt werden.

So ist der herrschenden Meinung in Literatur und Rechtsprechung darin zuzustimmen, dass beiden Ansprüchen des Arbeitnehmers die Ausgleichsfunktion gemeinsam ist und insoweit teilweise eine Zweckidentität existiert.[124] Diese partiell bestehende Gemeinsamkeit kann jedoch entgegen der herrschenden Auffassung nicht dazu führen, dass der Anspruch aus § 113 Abs. 3 BetrVG zurücktritt bzw. ganz oder teilweise mit dem Sozialplananspruch verrechnet werden muss, denn sonst wird der Primärzweck des § 113 Abs. 3 BetrVG übergangen, welcher in der Sanktionierung des Arbeitgebers liegt.[125] Im Gegensatz dazu, soll der Sozialplan eine solche Ahndung fehlerhaften Arbeitgeberverhaltens ersichtlich nicht vornehmen. Deshalb ist gerade in Bezug auf die entscheidende Sanktionsfunktion zwischen einem Sozialplan- und einem Nachteilsausgleichsanspruch keine Zweckidentität zu bejahen, die beispielsweise eine Verrechnung erlauben würde. Im Ergebnis ist festzuhalten, dass der Arbeitnehmer auch dann in voller Höhe seinen Anspruch aus § 113 Abs. 3 BetrVG verlangen kann, wenn ihm bereits ein Sozialplananspruch zusteht.

II. Nachteilsausgleichsanspruch und Abfindung nach § 1a Abs. 1 S. 1 KSchG

Mit Einführung des § 1a KSchG durch das Gesetz zu Reformen am Arbeitsmarkt[126] vom 24.12.2003 steht dem Arbeitnehmer bei einer betriebsbedingten Kündigung unter gewissen Voraussetzungen ein Abfindungsanspruch gegenüber

---

[123] Vgl. § 3 B III 5.

[124] BAG vom 20.11.2001, AP Nr. 39 zu § 113 BetrVG 1972; BAG vom 13.06.1989, AP Nr. 19 zu § 113 BetrVG 1972; BAG (GS) vom 15.10.1979, AP Nr. 6 zu § 112 BetrVG 1972; *v. Hoyningen-Huene*, Betriebsverfassungsrecht, § 15 V 4; *Hunold*, NZA-RR 2005, 561, 564; *Kleinebrink*, NZA-RR 2005, 281, 288; *Löwisch/Kaiser*, § 113 BetrVG Rn. 16; *Lüke*, Anm. zu BAG vom 13.06.1989, AP Nr. 19 zu § 113 BetrVG 1972, 6R f.; *Matthes*, in: MüHb-ArbR, § 361 Rn. 42; *Richardi/Annuß*, in: Richardi, § 113 BetrVG Rn. 65; für eine nur teilweise Verrechnung hingegen LAG Berlin vom 27.05.2005, NZA-RR 2005, 516, 519; *Oetker*, in: GK-BetrVG, § 113 BetrVG Rn.100; *Hinrichs*, Kündigungsschutz und Arbeitnehmerbeteiligung bei Massenentlassungen, S. 185; *Kohte*, 50 Jahre Bundesarbeitsgericht, 1219, 1250.

[125] *Fitting/Engels/Schmidt/Trebinger/Linsenmaier*, § 113 BetrVG Rn. 2; *Oetker*, in: GK-BetrVG, § 113 BetrVG Rn. 5; *ders.*, Anm. zu BAG, AP Nr. 42 zu § 113 BetrVG 1972, 5, 11 R; *ders.*, Anm. zu LAG Niedersachsen, LAGE § 122 InsO Nr. 1, 9, 15 f. Zu dieser Thematik siehe § 2 A III.

[126] BGBl. I, S. 302. Ausführlich zu dieser Gesetzesänderung *Bauer/Preis/Schunder*, NZA 2003, 704 ff.; *dies.*, NZA 2004, 195 ff.; *Löwisch*, BB 2004, 154 ff.; *Preis*, DB 2004, 70 ff.; *Thüsing/Stelljes*, BB 2003, 1673 ff.

dem Arbeitgeber zu, wenn er innerhalb der Frist des § 4 S. 1 KSchG keine Kündigungsschutzklage erhoben hat.[127] Unabhängig von der umstrittenen dogmatischen Einordnung[128] des § 1a KSchG besteht zwischen diesem Abfindungsanspruch und dem Nachteilsausgleichsanspruch aus § 113 Abs. 3 BetrVG ebenfalls kein Konkurrenzverhältnis, welches eine Verrechnung oder gar ein Zurücktreten eines Zahlungsanspruchs gebietet. Die Ursache dafür ergibt sich wiederum aus den unterschiedlichen Aufgaben beider Arbeitnehmeransprüche. Mit § 1a KSchG reagierte der Gesetzgeber auf die andauernde Kritik, dass das deutsche Kündigungsschutzrecht ein erhebliches Maß an Unflexibilität und Unkalkulierbarkeit aufweist.[129] So sähe sich der Unternehmer stets der Gefahr ausgesetzt, dass bei einem notwendigen Arbeitsplatzabbau für ihn teure und langwierige gerichtliche Auseinandersetzungen anstehen.[130] Um dieser Gefahr zu begegnen sei es nur zu verständlich, dass er sich gegenüber Neueinstellungen sehr skeptisch verhält. Mithin trage das deutsche Kündigungsschutzrecht in einem erheblichen Maße mit dazu bei, dass die Arbeitslosigkeit in Deutschland nicht gesenkt werden kann.[131] § 1a KSchG soll nun eine „einfach zu handhabende, moderne und unbürokratische Alternative zum Kündigungsschutz"[132] bieten.[133] Der Abfindungsanspruch nach

---

[127] Zu den einzelnen Tatbestandsmerkmalen des § 1a KSchG vgl. ArbG Siegen vom 09.06.2005, NZA 2005, 935; *Ascheid/Oetker*, in: ErfK, § 1a KSchG Rn. 4 ff.; *Backmeister*, in: Backmeister/Trittin/Meyer, § 1a KSchG Rn. 4 ff.; *Fiebig*, in: HaKo-KSchG, § 1a KSchG Rn. 4 ff.; *Raab*, RdA 2005, 1 ff.

[128] Siehe hierzu *Altenburg/Reufels/Leister*, NZA 2006, 71; 71 ff.; *Ascheid*, in: APS, § 1 a KSchG Rn. 5; *ders.*, in ErfK, § 1a KSchG Rn. 4; *Bauer/Krieger*, NZA 2004, 77, 77; *Däubler*, NZA 2004, 177, 178 ff; *Löwisch*, NZA 2003, 689, 694; *Preis*, DB 2004, 70, 71 ff.; *Thüsing/Stelljes*, BB 2003, 1673, 1677; *Wolf*, BB 2004, 378, 378, welche davon ausgehen, dass Grundlage des Anspruchs aus § 1 a KSchG ein Vertrag zwischen Arbeitgeber und Arbeitnehmer ist. Anders hingegen *Backmeister*, in: Backmeister/Trittin/Mayer, § 1 a KSchG Rn. 4 f.; *Bader*, NZA 2004, 65, 70; *Fiebig*, in: HaKo-KSchG, § 1a KSchG Rn. 13; *Raab*, RdA 2005, 1, 2 ff.; *Spilger*, in: KDZ, § 1a KSchG Rn. 39; *Willemsen/Annuß*, NJW 2004, 177, 182, die eine Vertragskonstruktion ablehnen.

[129] So z.B. *Donges/Eekhoff/Franz/Möschel/Neumann*, Flexibler Kündigungsschutz, S. 21 f.; *Riesenhuber*, NZA 2005, 1100, 1100; *Rüthers*, NJW 2002, 1601, 1602; *Schiefer*, NZA 2002, 770, 777; *Willemsen*, NJW 2002, 2779 ff.

[130] *Buchner*, NZA 2002, 533, 534; *ders.*, DB 2003, 1510, 1515; *Busch*, BB 2003, 470, 471.

[131] *V. Hoyningen-Huene*, Festschrift Arbeitsrecht und Arbeitsgerichtsbarkeit, 215, 219; *Rebhahn*, ZfA 2003, 163, 187; *Reuter*, RdA 2004, 161, 164; *ders.*, Festschrift für Wiedemann, 449, 463; *ders.*, 25 Jahre Bundesarbeitsgericht, 405, 419 f.; *ders.*, RdA 1973, 345, 353; *Rüthers*, NJW 2003, 546, 549; *ders.*, NJW 2002, 1601, 1602; *Söllner*, Gedächtnisschrift für Heinze, 867, 876; *Schiefer*, NZA 2002, 770, 777. An dieser Stelle kann der Kritik am deutschen Kündigungsschutzrecht allerdings nicht nachgegangen werden. Ob dem Kündigungsschutz beschäftigungshemmende Auswirkung zukommt, vgl. *Jahn*, Ökonomische Theorie, S. 82 ff. sowie die empirischen Untersuchungen in: Kommission der Europäischen Gemeinschaften, Beschäftigung in Europa, S. 182; OECD, Employment Outlook 2004, S. 82 ff.

[132] BT-Drucks. 15/204, S. 12.

§ 1a Abs. 1 S. 1 KSchG, welcher stets davon abhängt, dass der Arbeitgeber den zu kündigenden Arbeitnehmer auf die Möglichkeit der Abfindungszahlung als „Gegenleistung" für ein Unterlassen der Kündigungsschutzklage hinweist, hat demnach weder die Funktion, den Arbeitgeber in irgendeiner Weise zu sanktionieren, noch kommt § 1a KSchG die Aufgabe zu, die dem Arbeitnehmer durch ein pflicht- bzw. obliegenheitswidriges Arbeitgeberverhalten entstehenden Nachteile auszugleichen. Folglich besteht im Gegensatz zum Verhältnis von Nachteilsausgleichs- und Sozialplananspruch in der Beziehung von Abfindungsanspruch aus § 1a KSchG und Nachteilsausgleich nicht einmal eine teilweise Zweckidentität, so dass eine Verrechnung oder gar ein Zurücktreten eines Zahlungsanspruchs erst recht nicht erfolgen kann.[134]

III. Nachteilsausgleichsanspruch und Abfindung nach § 9 Abs. 1 S. 1 KSchG

Keine Probleme treten im Verhältnis von Nachteilsausgleichsanspruch und der Abfindung gemäß § 9 Abs. 1 S. 1 KSchG auf, da es hier ebenfalls an einem Konkurrenzverhältnis mangelt. Wie in § 6 ausführlich dargelegt wurde, fordert der Anspruch aus § 113 Abs. 3 i.V.m. Abs. 1 BetrVG stets, dass der Arbeitnehmer infolge der betriebsverfassungswidrig durchgeführten Betriebsänderung entlassen wurde.[135] Im Fall des § 9 KSchG stellt das Arbeitsgericht jedoch fest, dass die Arbeitgeberkündigung nicht erfolgreich war. Erst durch das Gestaltungsurteil des Gerichts wird das Arbeitsverhältnis aufgelöst, wozu stets ein Antrag des Arbeitnehmers notwendig ist. Demzufolge beruht in dieser Situation die Entlassung nicht, wie von § 113 Abs. 3 BetrVG verlangt, auf der Betriebsänderung, sondern auf dem arbeitsgerichtlichen Urteil.[136] Konsequenz ist, dass bei einer Auflösung des Arbeitsvertragsverhältnisses nach § 9 Abs. 1 S. 1 KSchG die Voraussetzungen des Nachteilsausgleichsanspruchs nicht gegeben sein können, womit dem Arbeitnehmer neben seiner Abfindungszahlung aus § 9 Abs. 1 S. 1 KSchG kein Zahlungsanspruch aus § 113 Abs. 3 BetrVG zusteht.[137]

---

133 Nach Auffassung der Literatur verfehlt § 1a KSchG diesen Zweck jedoch völlig. Siehe hierzu *Bader*, NZA 2004, 65, 70; *Bauer*, NZA 2004, 195, 196 f.; *Buchner*, DB 2003, 1510, 1516; *Giesen/Besgen*, NJW 2004, 185, 189; *Mayer*, AiB 2004, 19, 21; *Preis*, DB 2004, 70, 74; *ders.*, NZA 2004, 195, 196; *ders.*, Festschrift für Wißmann, 45, 55; *Rolfs*, ZIP 2004, 333, 342 f.; *Willemsen/Annuß*, NJW 2004, 177, 181.

134 Zur Verschiedenartigkeit einer Sozialplanleistung und eines Anspruchs aus § 1a KSchG vgl. BAG vom 31.05.2005, NZA 2005, 997, 999.

135 Vgl. § 6 C.

136 *V. Hoyningen-Huene/Linck*, § 9 KSchG Rn. 7; *Oetker*, in: GK-BetrVG, § 113 BetrVG Rn. 77; *Richardi/Annuß*, in: Richardi, § 113 BetrVG Rn. 39.

137 *V. Hoyningen-Huene/Linck*, § 9 KSchG Rn. 95; Kiel, in: ErfK, § 9 KSchG Rn. 46; *Löwisch/Spinner*, § 9 KSchG Rn. 9; *Oetker*, in: GK-BetrVG, § 113 BetrVG Rn. 77;

E. Zusammenfassung

- Der Nachteilsausgleichsanspruch nach § 113 Abs. 3 i.V.m Abs. 1 bzw. Abs. 2 BetrVG entsteht in dem Moment, in dem der Arbeitnehmer entweder entlassen wurde oder einen anderen wirtschaftlichen Nachteil erlitten hat, sofern diese Ereignisse auf der Durchführung der Betriebsänderung beruhen.
- Unabhängig, ob dem Arbeitnehmer ein Anspruch aus § 113 Abs. 3 i.V.m. Abs. 1 BetrVG oder aus § 113 Abs. 3 i.V.m. Abs. 2 BetrVG zusteht, ist allein die Pfändungsschutzregelung des § 850i ZPO einschlägig. Diese hilft der Unterhaltssicherung des Schuldners nur, wenn auch ein Pfändungsschutzantrag gestellt wurde.
- Ein Verzicht des Arbeitnehmers auf den Nachteilsausgleichsanspruch ist nur dann möglich, wenn der Unternehmer bereits mit der Durchführung der Betriebsänderung begonnen hat.
- Wie das Arbeitsgericht bei der Festlegung der Abfindungshöhe nach § 113 Abs. 3 i.V.m. Abs. 1 BetrVG sein Ermessen auszuüben hat, ergibt sich zum einen aus § 10 KSchG, wonach es Alter und Betriebszugehörigkeit zu beachten hat. Daneben legt lediglich der Telos des Nachteilsausgleichsanspruchs entsprechende Leitlinien fest. Es sind dabei alle Kriterien heranzuziehen, die der vergangenheitsbezogenen Entschädigungs- sowie der zukunftsbezogenen Kompensationsfunktion Rechnung tragen. Weiterhin dürfen Kriterien berücksichtigt werden, welche auf das „Wann" und „Wie" der Verletzung des Betriebsverfassungsgesetzes durch den Arbeitgeber eingehen.
- Bei der Bestimmung der konkreten Verhältnisse hat das Gericht auf den Moment abzustellen, in dem alle Tatbestandsvoraussetzungen des § 113 Abs. 3 BetrVG erfüllt sind.
- Das Arbeitsgericht hat bei der Festlegung der Abfindungshöhe nach § 113 Abs. 1 BetrVG weiterhin zu beachten, dass durch die Nachteilsausgleichsansprüche der Unternehmer nicht in seiner Existenz gefährdet wird.
- Entstehen dem Arbeitnehmer andere wirtschaftliche Nachteile als die Entlassung, so kommt ein Ausgleich durch den Arbeitgeber allein in Form von Geld in Betracht.
- Nachteilsausgleichsansprüche werden weder mit Sozialplan- noch mit Abfindungsansprüchen aus § 1a Abs. 1 S. 1 KSchG bzw. aus § 9 Abs. 1 S. 1 KSchG verrechnet, noch findet eine Verdrängung statt.

Richardi/Annuß, in: Richardi, § 113 BetrVG Rn. 39; *Spilger*, in: KDZ, § 10 KSchG Rn. 70; *Stege/Weinspach/Schiefer*, §§ 111-113 BetrVG Rn. 165 f.

§ 8 Nachteilsausgleich in der Insolvenz

A. Allgemeines

I. Anwendbarkeit des § 113 Abs. 3 BetrVG in der Insolvenz

Auch im Fall der Insolvenz muss der Betriebsrat bei einer geplanten Betriebsänderung grundsätzlich entsprechend der §§ 111 ff. BetrVG beteiligt werden.[1] Gerade in einer derartigen Unternehmenskrise sind die Arbeitnehmer in besonderem Maße schutzwürdig, womit auch die Regelungen des Betriebsverfassungsrechts in dieser Situation nicht zurückgenommen werde können.[2]

So tritt mit Eröffnung des Insolvenzverfahrens der Insolvenzverwalter[3] aufgrund der ihm nach § 80 Abs. 1 InsO zustehenden allgemeinen Verwaltungs- und Verfügungsbefugnis nicht nur in die Stellung des Vertragspartners gegenüber den einzelnen Belegschaftsmitgliedern ein, sondern er übernimmt auch die Rechte und Pflichten des Insolvenzschuldners aus dem BetrVG.[4] Dies ist unzweifelhaft den §§ 121 f. BetrVG zu entnehmen, welche lediglich Veränderungen der betriebsverfassungsrechtlichen Vorschriften enthalten und folglich von deren prinzipiellen

---

1 BT-Drucks. 12/2443, S. 97; sowie BAG vom 18.11.2003, AP Nr. 162 zu § 112 BetrVG 1972; BAG vom 22.07.2003, AP Nr. 42 zu § 113 BetrVG 1972; BAG vom 04.06.2003, AP Nr. 2 zu § 209 InsO; LAG Hamm vom 04.12.2003, ZInsO 2004, 824; LAG Niedersachsen vom 12.08.2002, LAGE § 122 InsO Nr. 1; LAG Thüringen vom 05.12.2002, NZI 2003, 561, 561; *Annuß*, NZI 1999, 344, 344; *Caspers*, Personalabbau und Betriebsänderung, S. 7; *Däubler*, in: DKK, Anhang zu §§ 111-113 BetrVG (§122 InsO) Rn. 1 f.; *Fitting/Engels/Schmidt/Trebinger/Linsenmaier*, §§ 112, 112a BetrVG Rn. 54; *Hess*, §§ 121, 122 InsO Rn. 1; *Hunold*, NZA-RR 2004, 561, 564; *Lakies*, BB 1999, 206, 206; *Oetker*, in: GK-BetrVG, § 113 BetrVG Rn. 57; *ders.*, Anm. zu BAG vom 22.07.2003, AP Nr. 42 zu § 113 BetrVG 1972, 5, 6 R; *ders.*, Anm. zu LAG Niedersachen vom 12.08.2002, LAGE § 122 InsO Nr. 1, 9, 9; *Oetker/Friese*, DZWIR 2001, 133, 133; *Richardi/Annuß*, in: Richardi, Anhang zu § 113 BetrVG Rn. 18; *Uhlenbruck*, Festschrift für Schwerdtner, 623, 625; *Warrikoff*, BB 1994, 2338, 2339; *Zwanziger*, Das Arbeitsrecht der Insolvenzordnung, Vor § 120 InsO Rn. 1.

2 *Caspers*, Personalabbau und Betriebsänderung, S. 7; *Oetker/Friese*, DZWIR 2001, 133, 133; *Zwanziger*, Das Arbeitsrecht der Insolvenzordnung, Vor § 120 InsO Rn. 1.

3 Im Insolvenzeröffnungsverfahren rückt nach § 22 Abs. 1 InsO der vorläufige Insolvenzverwalter in die betriebsverfassungsrechtliche Arbeitgeberstellung, wenn das Insolvenzgericht neben der Bestellung des Verwalters nach § 22 Abs. 2 Nr. 1 InsO auch ein allgemeines Verfügungsverbot gemäß § 22 Abs. 2 Nr. 2 InsO gegenüber dem Schuldner erlassen hat.

4 BAG (GS) vom 13.12.1978, AP Nr. 6 zu § 112 BetrVG 1972; BAG vom 19.10.1977, AP Nr. 3 zu § 22 KO; LAG Hamm vom 04.12.2003, ZInsO 2004, 824; *Caspers*, Personalabbau und Betriebsänderung, S. 36; *Eisenbeis/Mues*, Arbeitsrecht in der Insolvenz, Rn. 510; *Hess*, §§ 121, 122 InsO, Rn. 25; *Kocher*, BB 1998, 213, 214; *Löwisch/Caspers*, in: MüKo-InsO, Vor §§ 113 bis 128 InsO Rn. 12; *Ott*, in: MüKo-InsO, § 80 InsO Rn. 126; *Plössner*, AuA 1999, 100, 101; *Zwanziger*, Das Arbeitsrecht der Insolvenzordnung, Einleitung Rn. 93. Zum Theorienstreit, wie die Stellung des Insolvenzverwalters rechtssystematisch und rechtsdogmatisch erfasst werden muss, siehe zusammenfassend *Häsemeyer*, Insolvenzrecht, Rn. 15.02 ff.; *Uhlenbruck*, in: Uhlenbruck, § 80 InsO Rn. 63; *Ott*, in: MüKo-InsO, § 80 InsO, Rn. 20 ff.

Anwendbarkeit ausgehen. Daher ist in der Insolvenz der Nachteilsausgleichsanspruch aus § 113 Abs. 3 BetrVG ebenso zu beachten.[5] Auch dies lässt sich aus der Tatsache entnehmen, dass die InsO mit der Vorschrift des § 122 Abs. 1 S. 2 auf den Nachteilsausgleich Bezug nimmt, was wiederum die grundsätzliche Geltung des § 113 Abs. 3 BetrVG bedingt.[6]

II. Grund der insolvenzrechtlichen Sonderregelungen zu den §§ 111 ff. BetrVG

Betrachtet man sich die insolvenzrechtlichen Sonderregelungen zu den §§ 111 ff. BetrVG, so fällt auf, dass die Modifikationen in den §§ 121 f. BetrVG allein dem Verwalter zugute kommen, indem sie dessen Obliegenheiten, für einen hinreichenden Interessenausgleichsversuch zu sorgen, abschwächen.

Eine Aufnahme derartiger Vorschriften für den Insolvenzfall war notwendig, da eine uneingeschränkte Anwendung der §§ 111 ff. BetrVG zu einem Konflikt mit dem in § 1 InsO enthaltenen Primärziel des Insolvenzverfahrens geführt hätte, die größtmögliche Befriedigung aller Gläubigerforderungen zu erreichen.[7] In der Insolvenzsituation wird es oftmals unumgänglich sein, eine Betriebsänderung vorzunehmen, um weitere Verluste des Unternehmens und damit auch eine Schmälerung der Insolvenzmasse zu verhindern.[8] Die alleinige Geltung der §§ 111 ff. BetrVG hätte für den Insolvenzverwalter zur Konsequenz, dass er sich zum einen auf den zeitraubenden Weg begeben kann, einen Interessenausgleich mit dem Betriebsrat zu versuchen. In diesem Falle ist es für ihn unmöglich, die Betriebsänderung schnellstmöglich umzusetzen, was regelmäßig weitere Einbußen nach sich zieht.[9] Die Chancen der Massegläubiger, eine ausreichende Befriedigung zu erhalten, würden so ersichtlich sinken.

---

5 BAG vom 18.11.2003, AP Nr. 162 zu § 112 BetrVG 1972; BAG vom 22.07.2003, AP Nr. 42 zu § 113 BetrVG 1972; BAG vom 04.06.2003, AP Nr. 2 zu § 209 InsO; LAG Niedersachsen vom 12.08.2002, LAGE § 122 InsO Nr. 1; LAG Thüringen vom 05.12.2002, NZI 2003, 561, 561; *Däubler*, in: DKK, Anhang zu §§ 111-113 BetrVG (§ 122 InsO) Rn. 1; *Fitting/Engels/ Schmidt/Trebinger/Linsenmaier*, §§ 112, 112a BetrVG Rn. 54; *Hess*, §§ 121, 122 InsO, Rn. 1; *Oetker*, in: GK-BetrVG, § 113 BetrVG Rn. 15; *Richardi/Annuß*, in: Richardi, Anhang zu § 113 BetrVG Rn. 18; *Zwanziger*, § 122 InsO Rn. 14.

6 BAG vom 18.11.2003, AP Nr. 162 zu § 112 BetrVG 1972; BAG vom 22.07.2003, AP Nr. 42 zu § 113 BetrVG 1972; BAG vom 04.06.2003, AP Nr. 2 zu § 209 InsO.

7 *Balz*, Kölner Schrift, S. 3 ff.; *Becker*, Insolvenzrecht, Rn. 129 ff.; *Ganter*, in: MüKo-InsO, § 1 InsO Rn. 20 ff.; *Häsemeyer*, Insolvenzrecht, 2.04; *Kocher*, BB 1998, 213, 213; *Kirchhof*, in: Heidelberger-Komm.-InsO, § 1 InsO Rn. 4; *Schmerbach*, in: Frankfurter Komm.-InsO, § 1 InsO Rn. 12; *Smid*, Grundzüge, § 1 Rn. 10; *ders.*, in: Smid, § 1 InsO Rn. 32.

8 *Berscheid*, NZI 2000, 1, 1; *Caspers*, Personalabbau und Betriebsänderung, S. 2; *Oetker/ Friese*, DZWIR 2001, 133, 133; *Müller*, in: Smid, § 122 InsO Rn. 1; *Uhlenbruck*, Festschrift für Schwerdtner, 623, 626; *Warrikoff*, BB 1994, 2338, 2339.

9 *Berscheid*, NZI 2000, 1, 1; *Caspers*, Personalabbau und Betriebsänderung, S. 2; *Warrikoff*, BB 1994, 2338, 2339.

Andererseits kann der Insolvenzverwalter die Interessenausgleichsverhandlungen mit dem Betriebsrat abbrechen und die Betriebsänderung einfach durchführen. Er riskiert dann, dass die Masse den Nachteilsausgleichsansprüchen der betroffenen Arbeitnehmer ausgesetzt ist, was wiederum die Aussichten auf eine größtmögliche Befriedigung der Gläubiger abschwächt. Dem genannten Hauptziel des Insolvenzverfahrens würde man somit am nächsten kommen, wenn bei einer Betriebsänderung in der Insolvenz die §§ 111 ff. BetrVG gar nicht anwendbar wären.

Wie an anderer Stelle angesprochen, besitzen aber auch die Arbeitnehmer in der Insolvenz ein schützenswertes Interesse, im Rahmen einer geplanten Betriebsänderung mittels Betriebsrat Einfluss auf den Insolvenzverwalter zu nehmen, um durch einen Interessenausgleich eine für sie möglichst milde Lösung zu erreichen.[10] Folglich stehen sich in dieser Situation die widerstreitenden Interessen der Insolvenzgläubiger und der Arbeitnehmer gegenüber. Die in den §§ 121 f. InsO enthaltenen Sonderregelungen zu den §§ 111 ff. BetrVG haben daher die Funktion, diesen Interessenkonflikt zu einem gerechten Ausgleich zu bringen.[11]

III. Keine Verpflichtung zum Interessenausgleich bei einem erst nach der Insolvenzeröffnung gewählten Betriebsrat?

In diesem Zusammenhang stellt sich die Frage, wann ein Betriebsrat gewählt sein muss, damit bei einer geplanten Betriebsänderung den Insolvenzverwalter die Pflichten bzw. Obliegenheiten der §§ 111 ff. BetrVG treffen und sein eventuelles Fehlverhalten Nachteilsausgleichsansprüche begründet.

Wie bereits in § 4 dargelegt, braucht der Unternehmer außerhalb der Insolvenz einen Interessenausgleich nur versuchen, wenn der Betriebsrat bereits zu dem Zeitpunkt besteht, in dem mit der Planung über die Betriebsänderung begonnen werden soll.[12] Als Grund für diese zeitliche Festlegung ist zum einen das schutzwürdige Vertrauen des Unternehmers zu nennen.[13] Dieser muss bei seiner Planung kalkulieren können, ob ihn finanzielle Belastungen durch einen Sozialplan bzw. durch langwierige Interessenausgleichsverhandlungen treffen können.

---

10 Vgl. BT-Drucks. 12/2443, S. 96, wonach die Arbeitnehmer „von Opfern der Insolvenz zu Mitakteuren der Insolvenzbewältigung werden“ sollen. Kritisch, ob dieses Ziel mit der InsO erreicht wurde *Kocher*, BB 1998, 213, 214 sowie schon *Schaub*, ZIP 1989, 205 ff. Zum Schutzzweck des Arbeitsrechts in der Insolvenz vgl. nur BAG (GS) vom 13.12.1978, AP Nr. 6 zu § 112 BetrVG 1972; *Caspers*, Personalabbau und Betriebsänderung, S. 7; *Löwisch/ Caspers*, in: MüKo-InsO, Vor §§ 113 bis 128 InsO Rn. 2.

11 *Arend*, Der Personalabbau in der Insolvenzordnung, S. 86; *Caspers*, Personalabbau und Betriebsänderung, S. 8; *Lakies*, BB 1999, 206, 206.

12 Vgl. § 4 A II .

13 BAG vom 28.10.1992, AP Nr. 63 zu § 112 BetrVG 1972; BAG vom 20.04.1982, AP Nr. 15 zu § 112 BetrVG 1972; Thür. LAG vom 05.12.2002, NZI 2003, 561, 562; *Kocher*, NZI 2003, 527, 528.

Andererseits ist ebenso der Zweck des Beteiligungsrechts ausschlaggebend. Die Belegschaft soll mittels des Betriebsrats auf das „Ob" und das „Wie" der Betriebsänderung durch die Interessenausgleichsverhandlung Einfluss nehmen können. Das ist jedoch nur dann möglich, wenn der Betriebsrat zum Zeitpunkt der Planung auch existiert.

Hiervon abweichend könnte im Insolvenzfall der Termin der Insolvenzeröffnung als weiterer zeitlicher Anknüpfungspunkt für das Entstehen der Beteiligungsrechte nach den §§ 111 f. BetrVG maßgebend sein. So erscheint denkbar, dass eine nach Insolvenzeröffnung begonnene Betriebsänderungsplanung den Insolvenzverwalter zur Vornahme von Interessenausgleichsverhandlungen nicht verpflichtet, wenn der Betriebsrat zwar zum Zeitpunkt des Planungsbeginns, aber nicht schon bei Insolvenzeröffnung bestanden hat.

Anhaltspunkte für eine derartige Fokussierung auf die Insolvenzeröffnung lassen sich aus dem Wortlaut der §§ 121 ff. InsO nicht entnehmen.[14] Andererseits könnten die o.g. Gründe des Vertrauensschutzes sowie der Telos der §§ 111 ff. BetrVG dafür sprechen, dass der Betriebsrat bereits bei der Insolvenzeröffnung gewählt sein muss, damit die Beteiligungsrechte entstehen. Aber auch der Sinn und Zweck der §§ 111 ff. BetrVG hilft nicht weiter, eine solche Auffassung zu untermauern. Wie erwähnt, sollen die Beteiligungsrechte Einwirkungsmöglichkeiten der Belegschaft auf die Planung einer Betriebsänderung sichern. Ein derartiger Einfluss kann mit Hilfe des Betriebsrats solange ausgeübt werden, bis die Entscheidung über die Betriebsänderung getroffen ist. Folglich stellen die §§ 111 ff. BetrVG allein auf den Vorgang der Betriebsänderung ab, womit der Zeitpunkt der Insolvenzeröffnung ausgehend vom Sinn und Zweck der §§ 111 ff. BetrVG kein tauglicher Anknüpfungspunkt ist.[15]

Eventuell rechtfertigen Vertrauensgesichtspunkte eine teleologische Reduktion der Beteiligungsrechte aus den §§ 111 ff. BetrVG dahingehend, dass der Insolvenzverwalter einen Interessenausgleichsversuch nur unternehmen muss, wenn der Betriebsrat bereits bei der Insolvenzeröffnung existiert. Schutzwürdig könnten hier die Insolvenzgläubiger sein, welche darauf vertrauen, dass nach Insolvenzeröffnung die Masse nicht durch später entstehende Nachteilsausgleichsansprüche der Belegschaft beeinträchtigt wird. Ein derartiges Interesse ist allerdings nicht zu berücksichtigen. Vielmehr müssen Insolvenzgläubiger stets damit rechnen, dass durch Handlungen des Insolvenzverwalters sonstige Masseverbindlichkeiten i.S.d. § 55 Abs. 1 InsO begründet werden können, welche neben den Kosten des Insolvenzverfahrens nach § 53 InsO vorweg zu berichtigen sind.[16] Dies zeigt sich in besonderem Maße, wenn der Insolvenzverwalter das Unter-

---

14 BAG vom 28.10.1992, AP Nr. 63 zu § 112 BetrVG 1972.

15 LAG Hamm vom 04.12.2003, ZInsO 2004, 824; *Kocher*, NZI 2003, 527, 528; *Oetker*, in: GK-BetrVG, § 111 BetrVG Rn. 22.

16 Thür. LAG vom 05.12.2002, NZI 2003, 561, 562; *Kocher*, NZI 2003, 527, 528.

nehmen werbend weiterführt. Hier ist offensichtlich, dass die Insolvenzgläubiger das Risiko tragen, wenn die wirtschaftliche Betätigung des Insolvenzverwalters nicht von Erfolg gekrönt ist. Gläubiger können also keineswegs darauf vertrauen, dass nach Insolvenzeröffnung die Masse unverändert erhalten bleibt.[17]

Andererseits kann auch nicht als Vertrauenstatbestand angeführt werden, dass die Gläubigerstellung des einzelnen Geschäftspartners vom Fehlen eines Betriebsrats beim später insolventen Unternehmen abhängig gemacht wurde.[18] Vielmehr hat jeder Unternehmer damit zu rechnen, dass nicht nur in seinem Betrieb, sondern auch beim Betrieb des Schuldners ein Betriebsrat entstehen kann, der durch die Ergreifung von Mitwirkungsrechten eventuell mittelbaren Einfluss auf die Chancen der Gläubigerbefriedigung ausübt. Ebenfalls darf nicht vergessen werden, dass die Vorschriften der §§ 121 ff. InsO die schutzwürdigen Belange der Insolvenzgläubiger im Rahmen von Betriebsänderungen in abschließender Weise berücksichtigen.[19]

Festzuhalten ist, dass weder unmittelbar aus der InsO noch aus dem Sinn und Zweck der §§ 111 ff. BetrVG sowie aus der Existenz schutzwürdigen Vertrauens ein Anhaltspunkt gefunden werden konnte, wonach im Insolvenzfall der Betriebsrat bereits bei der Insolvenzeröffnung und nicht erst bei einer nachfolgenden Betriebsänderungsplanung existieren muss, um die entsprechenden Beteiligungsrechte entstehen zu lassen.[20]

B. Modifikation des Interessenausgleichsverfahrens durch die §§ 121 f. InsO und ihre Auswirkung auf den Nachteilsausgleichsanspruch der Arbeitnehmer

I. Adressaten der §§ 121 f. InsO

1. Insolvenzverwalter und Eigenverwaltung durch den Schuldner als unproblematische Fälle

Zunächst bedarf es einer näheren Betrachtung, wann der Anwendungsbereich der §§ 121 f. InsO eröffnet ist. Unproblematisch kann sich der durch insolvenzgerichtlichen Eröffnungsbeschluss (§ 27 InsO) bestellte Verwalter auf die Normen berufen. Ferner ergeben sich keine Schwierigkeiten, wenn das Insolvenzverfahren nicht durch einen Insolvenzverwalter abgewickelt werden soll, sondern hierzu das Gericht den Schuldner unter den Voraussetzungen des § 270 Abs. 2 InsO im Wege der Eigenverwaltung beauftragt hat. In dieser Konstellation sind laut § 279

17 BAG vom 18.11.2003, AP Nr. 162 zu § 112 BetrVG 1972; Thür. LAG vom 05.12.2002, NZI 2003, 561, 562; *Kocher*, NZI 2003, 527, 528.

18 Thür. LAG vom 05.12.2002, NZI 2003, 561, 562.

19 BAG vom 18.11.2003, AP Nr. 162 zu § 112 BetrVG 1972; LAG Hamm vom 04.12.2003, ZInsO 2004, 824.

20 BAG vom 18.11.2003, AP Nr. 162 zu § 112 BetrVG 1972; Thür. LAG vom 05.12.2002, NZI 2003, 561, 562; *Kocher*, NZI 2003, 527, 528; *Oetker*, in: GK-BetrVG, § 111 BetrVG Rn. 22.

S. 1 InsO ebenso die speziellen insolvenzrechtlichen Vorschriften über die Betriebsratsbeteiligung und damit auch die §§ 121 f. InsO anwendbar. Allerdings kann nach § 279 S. 2 InsO der Schuldner das gerichtliche Verfahren des § 122 InsO nur wirksam mit Zustimmung des nach § 270 Abs. 3 InsO zu ernennenden Sachwalters beschreiten.

2. Vorläufiger Insolvenzverwalter als Adressat der §§ 121 f. InsO?

Als weiterer Adressat kommt auch der vorläufige Insolvenzverwalter in Betracht. Zur Sicherung der Insolvenzmasse wird dieser nach § 21 InsO durch das Insolvenzgericht bestellt, wenn zwar schon der Eröffnungsantrag von Gläubiger oder Schuldner gestellt wurde, das Gericht jedoch noch prüfen muss, ob ein Eröffnungsgrund nach den § 17 ff. InsO besteht und ausreichend Masse i.S.d. § 26 InsO vorhanden ist, um das Verfahren zu beginnen.

a) „Starker“ vorläufiger Insolvenzverwalter

In dem Insolvenzeröffnungsverfahren kommt dem vorläufigen Verwalter eine starke Stellung zu, wenn das Insolvenzgericht als weitere Sicherungsmaßnahme dem Schuldner ein allgemeines Verfügungsverbot gemäß § 21 Abs. 2 Nr. 2 InsO auferlegt hat. In diesem Fall verliert der Schuldner bereits vor dem gerichtlichen Eröffnungsbeschluss die allgemeine Verwaltungs- und Verfügungsbefugnis laut § 22 Abs. 1 InsO an den vorläufigen Insolvenzverwalter. Tritt der vorläufige Verwalter genauso wie der endgültige Insolvenzverwalter in die Rechte und Pflichten des Schuldners ein, so erscheint es geboten, auch die §§ 121 f. InsO auf den vorläufigen Insolvenzverwalter anzuwenden.

aa) Unmittelbare Anwendung der §§ 121 f. InsO

Eine unmittelbare Geltung der §§ 121 f. InsO für den starken vorläufigen Insolvenzverwalter scheitert bereits am Wortlaut der Normen. So ist dort nur die Rede vom Insolvenzverwalter. Anders hingegen die §§ 21 f. InsO, welche Sicherungsmaßnahmen im Insolvenzeröffnungsverfahren regeln. Diese sprechen stets vom „vorläufigen“ Verwalter. Demzufolge enthält bereits der Wortlautvergleich zwischen den §§ 21 f. und den §§ 121 ff. InsO ein Indiz, dass auf den vorläufigen Insolvenzverwalter das insolvenzrechtliche Sonderarbeitsrecht nicht anzuwenden ist.[21] Unterstützt wird dieser Befund durch ein systematisches Argument. Nach dessen Überschrift betrifft der dritte Teil der InsO, welcher die §§ 121 f. mit erfasst, die Wirkung der Insolvenzeröffnung. Der vorläufige Insolvenzverwalter agiert jedoch gerade bis zu diesem Eröffnungsbeschluss des Insolvenzgerichts, womit seine Rechte und Pflichten durch den dritten Teil der InsO und die

---

[21] *Caspers*, Personalabbau und Betriebsänderung, S. 225; *Zwanziger*, Das Arbeitsrecht der Insolvenzordnung, Einleitung Rn. 79.

dort enthaltenden §§ 121 f. InsO nicht mehr definiert werden.[22] Eine unmittelbare Anwendung der §§ 121 f. InsO auf den starken vorläufigen Insolvenzverwalter ist folglich ausgeschlossen.

bb) Analoge Anwendung der §§ 121 f. InsO

In Betracht kommt jedoch eine analoge Anwendung der §§ 121 f. InsO auf den vorläufigen Insolvenzverwalter mit allgemeiner Vermögensverfügungsbefugnis.[23]

Gegen die hierfür notwendige Regelungslücke ist zum einen einzuwenden, dass der Gesetzgeber mit § 22 Abs. 3 S. 3 InsO zur Regelung der Rechtsstellung des vorläufigen Insolvenzverwalters auf Normen verweist, welche die Insolvenzeröffnung voraussetzen. Nutzte der Gesetzgeber das Mittel der Verweisung, so spricht vieles dafür, dass er dies in abschließender Weise tun wollte.

Auch die Geschichte des Gesetzgebungsverfahrens kann nicht eindeutig das Vorhandensein einer planwidrigen Lücke untermauern.[24] So enthielt zunächst die Begründung zum Regierungsentwurf[25] keine Aussage, ob auch dem vorläufigen Verwalter die insolvenzrechtlichen Modifikationen des Interessenausgleichsverfahrens zugute kommen sollen. Dies war allerdings ein bewusstes Schweigen. Denn es hatte sich gezeigt, dass die unter Geltung der KO als Ausnahme gedachte Abweisung mangels Masse überhand nahm, was zum Funktionsverlust der KO führte.[26] Aus diesem Grund beabsichtigte man mit § 30 Abs. 1 des RegE, dass das Insolvenzgericht bereits das Insolvenzverfahren eröffnen kann, wenn die bis zum Berichtstermin anfallenden Verfahrenskosten vorhanden sind.[27] Ob eine derartige Deckung beim Schuldner gegeben ist, stellt ein Gericht ohne große Mühe fest. Infolgedessen hätte § 30 Abs. 1 RegE zur Konsequenz, dass der Richter das Insolvenzverfahren meistens sofort eröffnen kann.[28] Durch die damit verbundene

---

22 *Caspers*, Personalabbau und Betriebsänderung, S. 225; *Zwanziger*, Das Arbeitsrecht der Insolvenzordnung, Einleitung Rn. 79.

23 So *Caspers*, Personalabbau und Betriebsänderung, S. 225 ff.; *Eisenbeis*, in: Frankfurter Komm.-InsO, § 113 InsO Rn. 11; *Löwisch/Caspers*, in: MüKo-InsO, Vor §§ 113 bis 128 InsO Rn. 30 f.; *Moll*, in: Kübler/Prütting, § 113 InsO Rn. 22 ff.

24 A.A. *Caspers*, Personalabbau und Betriebsänderung, S. 227; *Eisenbeis*, in: Frankfurter Komm.-InsO, § 113 InsO Rn. 11; *Löwisch/Caspers*, in: MüKo-InsO, Vor §§ 113 bis 128 InsO Rn. 31; *Moll*, in: Kübler/Prütting, § 113 InsO Rn. 23 ff.; *ders.*, Anm. zu ArbG Lingen, Urteil vom 09.07.1999, EWiR 1999, 1131, 1132.

25 BT-Drucks. 12/2443.

26 In den alten Bundesländern betrug 1994 der Anteil der massenlosen Konkurse 74,6 % und blieb auch in den Folgejahren im Wesentlichen unverändert. In den neuen Bundesländern wurde diese Abweisungsquote mangels Masse erst im Jahr 1998 mit 71,8 % nahezu erreicht. Vgl. hierzu *Haarmeyer*, in: MüKo-InsO, § 23 InsO Rn. 2. Zum Funktionsverlust der KO siehe *Gottwald*, in: Gottwald, InsOHdB, § 1 Rn. 22 ff.; *Weber*, Festschrift Konkursordnung, 321, 334.

27 BT-Drucks. 12/2443, S. 118.

28 *Grub*, ZIP 1993, 393, 395.

Kürze des Insolvenzeröffnungsverfahrens wären gerichtliche Sicherungsmaßnahmen, um nachteilige Veränderungen der Vermögenslage des Schuldners in dieser Zeit zu verhindern, regelmäßig nicht mehr notwendig. So war es aus Sicht des Regierungsentwurfs folgerichtig, dass man die insolvenzarbeitsrechtlichen Bestimmungen nicht auf den vorläufigen Verwalter anwenden wollte, weshalb sich auch das Schweigen in der Begründung des Regierungsentwurfs erklärt. Allerdings konnte sich dieser Entwurf im folgenden Gesetzgebungsverfahren bezüglich der Regelung des § 30 nicht durchsetzen, womit dessen Aussagekraft für die Feststellung einer Lücke in erheblichem Maße abgeschwächt ist. So erreichte der Rechtsausschuss des Bundestages, dass die Worte „bis zum Berichtstermin" in § 30 Abs. 1 des Entwurfs zur InsO gestrichen wurden, folglich ein Insolvenzverfahren erst eröffnet wird, wenn die Kosten des gesamten Verfahrens gedeckt sind.[29] Ob diese Voraussetzung gegeben ist, kann das Insolvenzgericht allerdings nicht mehr kurzfristig feststellen, weshalb das Insolvenzeröffnungsverfahren nun einen längeren Zeitraum einnimmt und daher auch die vom Gericht angeordneten Sicherungsmaßnahmen in dieser Zeitspanne wieder an Bedeutung gewinnen. [30] Dennoch passte man § 26 [31] des Entwurfs zur InsO nicht dahingehend an, den vorläufigen Verwalter wegen seiner angestiegenen Bedeutung dem „endgültigen" Verwalter gleichzustellen. Ob dies bewusst geschah, da man durch Verweigerung derartiger Privilegierungen ein Tätigwerden des vorläufigen Insolvenzverwalters eindämmen wollte[32], oder ob man sich der Tragweite der in § 30 des InsO-Entwurfs vorgenommenen Streichung für das Insolvenzeröffnungsverfahren nicht bewusst war, kann dem Schweigen in der Begründung des Rechtsausschusses nicht entnommen werden.[33]

Allerdings spricht gegen die Feststellung, dass die fehlende Verweisung auf die §§ 121 f. InsO planwidrig war, der Zweck dieser Regelungen. Wie schon an anderer Stelle erwähnt, dienen § 121 sowie § 122 InsO der erleichterten Einstellung des Betriebes durch den „endgültigen" Insolvenzverwalter, um eine weitere Masseschmälerung verhindern und dem Ziel einer effektiven Gläubigerbefriedigung entsprechen zu können. Aus § 22 Abs. 1 S. 2 Nr. 2 InsO ist zu entnehmen, dass nach dem Willen des Gesetzgebers der vorläufige Insolvenzverwalter im Regelfall den Betrieb fortführen soll, damit im später eröffneten Verfahren der

---

29 BT-Drucks. 12/7302, S. 158.

30 *Häsemeyer*, Insolvenzrecht Rn. 7.27; *Haarmeyer*, in: MüKo-InsO, § 22 InsO Rn. 12 und § 26 InsO Rn. 8.

31 Diese Norm entspricht dem heutigen § 22 InsO.

32 Gerade das Verhindern von Missbräuchen einer langwierigen vorläufigen Verwaltung war auch Ziel des Regierungsentwurfs gewesen. Siehe hierzu *Haarmeyer*, in: MüKo-InsO, § 22 InsO Rn. 10.

33 A.A. *Caspers*, Personalabbau und Betriebsänderung, S. 227 sowie *Löwisch/Caspers*, in: MüKo-InsO, Vor §§ 113 bis 128 InsO Rn. 31, welche bezweifeln, dass der Rechtsausschuss sich die Konsequenzen seiner Streichung verdeutlicht hat, womit sie hier zu einer planwidrigen Regelungslücke gelangen.

Verwalter seiner Sanierungsaufgabe überhaupt noch nachkommen kann.[34] Diese grundsätzlich auferlegte Betriebsfortführungspflicht des vorläufigen Insolvenzverwalters verdeutlicht, warum der Gesetzgeber im Insolvenzeröffnungsverfahren die Normen zur Erleichterung der Betriebsänderung nicht für anwendbar erklärt hat.

Folglich ist eine planwidrige Regelungslücke nicht vorhanden, welche eine entsprechende Anwendung der §§ 121 f. InsO für den vorläufigen Insolvenzverwalter erlauben würde.

b) „Schwacher" vorläufiger Insolvenzverwalter

Das Gericht ist bei der Anordnung einer vorläufigen Insolvenzverwaltung jedoch nicht darauf beschränkt, stets ein allgemeines Verwaltungs- und Verfügungsverbot nach § 21 Abs. 2 Nr. 2 InsO zu erlassen. Vielmehr hat es die Möglichkeit, andere im Gesetz nicht abschließend[35] genannte Sicherungsmaßnahmen zu treffen, so dass die Befugnisse des „schwachen" vorläufigen Insolvenzverwalters allein vom jeweiligen Gerichtsbeschluss abhängen.[36] So kann das Insolvenzgericht im Rahmen der Pflichtenzuweisung an den vorläufigen Verwalter z.B. ein besonderes Verfügungsverbot für bestimmte Sachverhalte anordnen. Das Gericht ist aber auch in der Lage, nur einen allgemeinen bzw. besonderen Zustimmungsvorbehalt zu erlassen. Denkbar ist ebenso, dass das Insolvenzgericht neben der Bestellung des vorläufigen Insolvenzverwalters überhaupt keine weiteren Anordnungen trifft, womit in dieser Konstellation dem Verwalter allein die Funktion eines Beraters zukommt.[37]

In den Fällen, in welchen der vorläufige Verwalter lediglich eine Beraterfunktion ausfüllt bzw. ihm eine Zustimmungsbefugnis obliegt, bleibt allein der ursprüngliche Arbeitgeber aus den §§ 111 ff. BetrVG verpflichtet, so dass kein Raum für eine analoge Anwendung der §§ 121 f. InsO vorhanden ist.[38] Auch wenn das Insolvenzgericht dem Schuldner die Verfügungsbefugnis über die Rechte aus seiner Stellung als Arbeitgeber und Betriebspartner entzogen hat und der vorläufige Verwalter insofern in diese Position eingerückt ist, kommt keine Analogie zu

---

34 *Annuß*, NZI 1999, 344, 351; *Berscheid*, NZI 2000, 1, 4; *Haarmeyer*, in: MüKo-InsO, § 22 InsO Rn. 88; *Zwanziger*, Das Arbeitsrecht der Insolvenzordnung, Einleitung Rn. 79.

35 Dies ergibt sich aus dem Wortlaut des § 21 Abs. 2 InsO („insbesondere").

36 *Becker*, Insolvenzrecht, Rn. 710; *Haarmeyer*, in: MüKo-InsO, § 22 InsO Rn. 29; *Kind*, in: Braun, § 22 InsO Rn. 28; *Kirchhof*, in: Heidelberger-Komm.-InsO, § 22 InsO Rn. 45; *Smid/Thiemann*, in: Smid, § 22 InsO Rn. 7 ff.

37 *Uhlenbruck*, in: Gottwald, InsOHdB, § 14 Rn. 28; *Kirchhof*, in: Heidelberger-Komm.-InsO, § 22 InsO Rn. 45; *Haarmeyer*, in: MüKo-InsO, § 22 InsO Rn. 30; *Uhlenbruck*, in: Uhlenbruck, § 22 InsO Rn. 2; *Smid/Thiemann*, in: Smid, § 22 InsO Rn. 8.

38 *Hamacher*, in: Nehrlich/Römermann, Vor 113 InsO Rn. 21; *Löwisch/Caspers*, in: MüKo-InsO, Vor §§ 113 bis 128 InsO Rn. 25.

den §§ 121 f. InsO in Betracht.[39] Fehlt es schon im Fall des starken vorläufigen Insolvenzverwalters an einer planwidrigen Regelungslücke, muss dies erst recht gelten, wenn gegenüber dem Schuldner statt einem allgemeinen nur ein besonderes Verfügungs- und Verwaltungsverbot erlassen wurde.

3. Zusammenfassung

Die Beschleunigungsregelungen der §§ 121 f. InsO für das Interessenausgleichsverfahren gelten weder für den starken noch für den schwachen vorläufigen Insolvenzverwalter.[40] Demnach sind diese Normen erst mit dem Vorliegen des Insolvenzeröffnungsbeschlusses anwendbar.

II. Abkürzung des Vermittlungsverfahrens durch § 121 InsO

Erste Möglichkeit bei einer geplanten Betriebsänderung Zeit einzusparen, bietet die Abkürzung des von § 112 Abs. 2 S. 1 BetrVG vorgesehenen Vermittlungsverfahrens beim Vorstand der Bundesagentur für Arbeit. In § 6 wurde gezeigt, dass außerhalb der Insolvenz der Arbeitgeber nicht von sich aus diesen Vermittlungsversuch unternehmen muss.[41] Ergreift jedoch der Betriebsrat die Initiative, so hat sich der Unternehmer mit ernstem Willen auf ein derartiges Vermittlungsverfahren einzulassen, wenn er sich keinen Nachteilsausgleichsansprüchen seiner Belegschaft aussetzen möchte.[42]

§ 121 InsO legt fest, dass ein Vermittlungsversuch vor dem Vorstand der Bundesagentur nur unternommen werden muss, wenn beide Betriebspartner diesen Schritt vornehmen wollen, so dass der Insolvenzverwalter nicht mehr gezwungen

---

39 Zu dieser Übertragung der Arbeitgeberfunktion auf den vorläufigen Insolvenzverwalter durch das Insolvenzgericht, vgl. *Uhlenbruck*, Festschrift für Schwerdtner, 623, 641.

40 *Berscheid*, NZI 2000,1, 4; *ders.*, ZIP 1997, 1568, 1580; *ders.*, in: Uhlenbruck, § 22 InsO En 89; *Bichlmeier*, Anm. zu BAG vom 22.07.2003, DZWIR 2004, 150, 150; *Eisenbeis/Mues*, Arbeitsrecht in der Insolvenz, Rn. 516; *Oetker/Friese*, DZWIR 2001, 133, 134; *Peters-Lange*, ZIP 1999, 421, 422; *Uhlenbruck*, Festschrift für Schwerdtner, 623, 626; *Zwanziger*, Das Arbeitsrecht der Insolvenzordnung, Einleitung Rn. 79; a.A. *Caspers*, Personalabbau und Betriebsänderung, S. 225 ff.; *Löwisch/Caspers*, in: MüKo-InsO, Vor §§ 113 bis 128 InsO Rn. 30; *Moll*, in: Kübler/Prütting, § 113 InsO Rn. 22ff.; *ders.*, Anm. zu ArbG Lingen vom 09.07.1999, EWiR 1999, 1131, 1132 - analoge Anwendung.

41 So auch *Annuß*, in: Richardi, § 112 BetrVG Rn. 219; *Bauer*, Betriebsänderungen, S. 63; *Bovensiepen*, RdA 1975, 288, 290; *Däubler*, in: DKK, §§ 112, 112a BetrVG Rn. 4; *Dolde/Bauer*, BB 1978, 1675, 1678; *Fitting/Engels/Schmidt/Trebinger/Linsenmaier*, §§ 112, 112a BetrVG Rn. 31; *Knorr*, Der Sozialplan, S. 57; *Matthes*, in: MüHb-ArbR, § 361 Rn. 19; *Löwisch/Kaiser*, § 112 BetrVG Rn. 86; *Röder/Baeck*, Interessenausgleich und Sozialplan, S. 18; *Rumpff/Boewer*, Mitbestimmung in wirtschaftlichen Angelegenheiten, S. 354; *Stege/ Weinspach/Schiefer*, §§ 111–113 BetrVG Rn. 113. Siehe hierzu nochmals § 6 B V 1.

42 Vgl. oben § 6 B V 2 sowie a.A. *Bauer*, Betriebsänderungen, S. 63; *Matthes*, DB 1972, 286, 288; *ders.*: Festschrift für Wlotzke, 393, 400.

ist, auf jedes Ersuchen des Betriebsrats um Vermittlung einzugehen. Konsequenz des § 121 InsO ist es, dem Betriebsrat eine Möglichkeit zu nehmen, die Durchführung der Betriebsänderung hinauszuzögern.[43]

III. Verfahrensbeschleunigung durch § 122 InsO

1. Allgemeines

Allein die Regelung des § 121 InsO ist nicht ausreichend, um eine wirkliche Verfahrensbeschleunigung zu erreichen.[44] Denn außerhalb der Insolvenz muss der Unternehmer von sich aus stets[45] die Einigungsstelle anrufen, um eventuell noch zu einem Interessenausgleich mit dem Betriebsrat gelangen zu können, wenn er keine Nachteilsausgleichsansprüche begründen möchte. Dabei stellt sich gerade das Einigungsstellenverfahren als das maßgebliche Instrument der Arbeitnehmervertreter dar, die Durchführung der Betriebsänderung so lange wie möglich hinauszuzögern.[46] So wird z.B. regelmäßig in zeitintensiver Weise über die Besetzung der Einigungsstelle gestritten.

Um dem Interesse der Gläubiger an einem beschleunigten Betriebsänderungsverfahren zu entsprechen, bietet § 122 InsO dem Insolvenzverwalter die Möglichkeit, nach Ablauf einer Frist von drei Wochen die Interessenausgleichsverhandlungen vor der Einigungsstelle abzubrechen, ohne Nachteilsausgleichsansprüche zu riskieren. Allerdings muss hierfür das Arbeitsgericht zustimmen, denn sonst besteht die Gefahr, dass der Verwalter die drei Wochen einfach verstreichen lässt, ohne ernsthafte Verhandlungen aufzunehmen und so dem Interessenausgleichsverfahren jede Chance auf Erfolg nimmt.

Anzumerken ist, dass der Insolvenzverwalter nicht gezwungen ist, den Antrag nach § 122 InsO zu stellen. Er kann sich ferner für den ursprünglichen Weg der Interessenausgleichsverhandlung über § 112 Abs. 2 BetrVG entscheiden bzw. beide Verfahren parallel betreiben. Auch diese Wahlmöglichkeit des Verwalters gebietet der Beschleunigungszweck der §§ 121 f. InsO, denn unter Umständen ist das Einigungsstellenverfahren schneller beendet als das Zustimmungsverfahren vor dem Arbeitsgericht nach § 122 InsO. Dem Ziel einer zügigeren Durchführung ist also nur gedient, wenn der Verwalter im Einzelfall den effektivsten Weg wählen kann.[47]

---

[43] Caspers, Personalabbau und Betriebsänderung, S. 170; Giesen, ZIP 1998, 142, 142; Kocher, BB 1998, 213, 214; *Löwisch/Caspers*, in: MüKo-InsO, §§ 121, 122 InsO Rn. 26; *Oetker/Friese*, DZWIR 2003, 133, 134; *Warrikhoff*, BB 1994, 2338, 2340; *Wolf*, in: Braun, § 121 InsO Rn. 3 f.

[44] *Arend*, Der Personalabbau in der Insolvenzordnung, S. 17.

[45] Zu den diskutierten Ausnahmefällen vgl. § 6 B VII.

[46] Zur Zeitdauer *Federlin*, ZfA 1988, 99 ff.

[47] *Arend*, Der Personalabbau in der Insolvenzordnung, S. 71 f.; *Eisenbeis/Mues*, Arbeitsrecht in der Insolvenz Rn. 555; *Löwisch/Caspers*, in: MüKo-InsO, Vor §§ 113 bis 128 InsO Rn. 3;

2. Zulässigkeit des Zustimmungsantrags

Im Folgenden sollen kurz die einzelnen Zulässigkeitsvoraussetzungen des Antrags auf gerichtliche Zustimmung zur Durchführung einer Betriebsänderung genannt werden.[48]

Zunächst ist notwendig, dass der Betriebsrat vorher rechtzeitig und umfassend unterrichtet wurde.[49] Für die Frage, wann und in welchem Umfang eine Unterrichtung erfolgen muss, kann auf § 111 S. 1 BetrVG verwiesen werden.[50] Dies ergibt sich zum einen daraus, dass der Insolvenzgesetzgeber bei der Formulierung der Unterrichtungspflicht den Wortlaut des § 111 S. 1 BetrVG in identischer Weise übernommen hat.[51] Zum anderen legt § 122 Abs. 1 S. 1 InsO selbst fest, dass die Vorschrift lediglich das Beteiligungsverfahren nach § 112 Abs. 2 BetrVG in der Insolvenz abkürzen will. Soll damit das „Grundverfahren" des § 111 S. 1 BetrVG auch in der Insolvenzsituation gelten, ist ein Gleichlauf bei der Unterrichtungspflicht zwischen § 111 S. 1 BetrVG und § 122 Abs. 1 S. 1 InsO folgerichtig.[52]

Für den Beginn der Drei-Wochen-Frist des § 122 Abs. 1 InsO ist weiterhin notwendig, dass mit den Interessenausgleichsverhandlungen begonnen oder der Betriebsrat zumindest schriftlich aufgefordert wurde, sich an derartigen Beratungen zu beteiligen. Da Verhandlungen nur sinnvoll vorgenommen werden können, wenn auch der Betriebsrat die notwendigen Informationen besitzt, muss die Unterrichtung spätestens zum Zeitpunkt des Verhandlungsbeginns oder mit der Aufforderung zu diesen Gesprächen beendet sein.[53]

Ebenfalls ist zu bedenken, dass § 122 InsO allein die Funktion zukommt, das Verfahren zur Herbeiführung einer Betriebsänderung abzukürzen. Die Norm soll jedoch nicht erreichen, dass die Mitwirkungsrechte des Betriebsrats vollständig

---

Moll, in: Kübler/Prütting, § 122 InsO Rn. 10; *Oetker/Friese*, DZWIR 2001, 133, 135; *Zwanziger*, Arbeitsrecht in der Insolvenz, § 122 InsO Rn. 15.

48 Neben den speziellen Voraussetzungen des § 122 Abs. 1 S. 1 InsO müssen natürlich auch die allgemeinen Prozessvoraussetzungen im Einzelfall gegeben sein.

49 *Arend*, Der Personalabbau in der Insolvenzordnung, S. 22; *Löwisch/Caspers*, in: MüKo-InsO, Vor §§ 113 bis 128 InsO Rn. 28; *Oetker/Friese*, DZWIR 2001, 133, 135; a.A. ArbG Berlin vom 26.03.1998, DZWIR 1999, 242, 243; *Hess*, Insolvenzarbeitsrecht, §§ 121, 122 InsO Rn. 206, welche die umfassende Unterrichtung im Rahmen der Begründetheit des Antrags prüfen.

50 *Arend*, Der Personalabbau in der Insolvenzordnung, S. 28; *Caspers*, Personalabbau und Betriebsänderung, S. 172; *Eisenbeis/Mues*, Arbeitsrecht in der Insolvenz, Rn. 518; *Löwisch/ Caspers*, in: MüKo-InsO, Vor §§ 113 bis 128 InsO Rn. 518; *Oetker/Friese*, DZWIR 2001, 133, 138; *Zwanziger*, Arbeitsrecht in der Insolvenz, § 122 InsO Rn. 4.

51 *Arend*, Der Personalabbau in der Insolvenzordnung, S. 28.

52 *Arend*, Der Personalabbau in der Insolvenzordnung, S. 28.

53 *Arend*, Der Personalabbau in der Insolvenzordnung, S. 29; *Eisenbeis*, in: Frankfurter Komm.-InsO, § 122 InsO Rn. 8; *Eisenbeis/Mues*, Arbeitsrecht in der Insolvenz, Rn. 523; *Löwisch/ Caspers*, in: MüKo-InsO, Vor §§ 113 bis 128 InsO Rn. 29; *Oetker/Friese*, DZWIR 2001, 133, 136.

vereitelt werden. Deshalb kann die Frist des § 122 Abs. 1 InsO nur zu laufen beginnen, wenn der Insolvenzverwalter ernsthaft mit dem Betriebspartner verhandelt bzw. er bei der schriftlichen Aufforderung auch wirklich bereit ist, sich auf Diskussionen über den Abschluss eines Interessenausgleichs einzulassen.[54]

In diesem Zusammenhang ist darüber nachzudenken, ob sich der „endgültige“ Insolvenzverwalter darauf berufen kann, dass Unterrichtung und Beratung bzw. die Aufforderung zu Gesprächen über einen Interessenausgleich bereits durch den Schuldner oder den vorläufigen Insolvenzverwalter vorgenommen wurden und somit die Frist des § 122 Abs. 1 InsO schon vor seiner Bestellung zu laufen begann.

Zu dieser Problematik trifft der Wortlaut des § 122 Abs. 1 S. 1 InsO eine eindeutige Aussage, denn er verlangt, dass der Insolvenzverwalter selbst den Betriebsrat die Information zu erteilen hat.[55] Ist es Voraussetzung, dass die Unterrichtung mit Verhandlungsbeginn bzw. mit der entsprechenden Aufforderung abgeschlossen sein muss, so steht fest, dass auch die übrigen von § 122 Abs. 1 S. 1 InsO geforderten Handlungen nur vom „endgültigen“ Verwalter vorgenommen werden können.

Auch der von § 122 InsO angestrebte Zweck der Verfahrensbeschleunigung rechtfertigt nicht, dass sich der Insolvenzverwalter im Rahmen der Fristberechnung auf Maßnahmen des Schuldners bzw. des vorläufigen Verwalters berufen kann.[56] Denn die Beschleunigung soll lediglich dadurch erreicht werden, dass der Insolvenzverwalter nicht stets das langwierige Procedere des § 112 Abs. 2 BetrVG durchzustehen hat. Dies muss er aber auch dann nicht, wenn man verlangt, dass er allein für den Fristbeginn in § 122 Abs. 1 S. 1 InsO die entsprechenden Handlungen vorzunehmen hat.

Somit bleibt festzuhalten, dass der Insolvenzverwalter im Hinblick auf die Fristwahrung bei § 122 Abs. 1 S. 1 InsO nicht darauf verweisen darf, dass die dort geforderten Maßnahmen bereits durch den Schuldner oder den vorläufigen Verwalter durchgeführt wurden.[57] Allerdings muss er nicht die drei Wochen

---

54 ArbG Lingen vom 09.07.1999, ZIP 1999, 1892, 1895; *Annuß*, NZI 1999, 344, 346; *Arend*, Der Personalabbau in der Insolvenzordnung, S. 24; *Eisenbeis*, in: Frankfurter Komm.-InsO, § 122 InsO Rn. 11; *Eisenbeis/Mues*, Arbeitsrecht in der Insolvenz, Rn. 523; *Löwisch/Caspers*, in: MüKo-InsO, §§ 121, 122 InsO Rn. 30; *Oetker/Friese*, DZWIR 2001,133, 136; *Warrikoff*, BB 1994, 2338, 2340; *Zwanziger*, Arbeitsrecht in der Insolvenz, § 122 InsO Rn. 8.

55 *Oetker/Friese*, DZWIR 2001, 133, 136.

56 *Arend*, Der Personalabbau in der Insolvenzordnung, S. 25 f.; *Oetker/Friese*, DZWIR 2001, 133, 136.

57 *Oetker/Friese*, DZWIR 2001, 133, 136; *Zwanziger*, Arbeitsrecht in der Insolvenz, § 122 InsO Rn. 5; a.A. ArbG Lingen vom 09.07.1999, ZIP 1999, 1892, 1895; *Annuß*, NZI 1999, 344, 346; *Eisenbeis*, in: Frankfurter Komm.-InsO, § 122 InsO Rn. 13; *Eisenbeis/Mues*, Arbeitsrecht in der Insolvenz, Rn. 523; *Moll*, Anm. zu ArbG Lingen vom 09.07.1999, EWiR 1999, 1131, 1131.

abwarten, um den Antrag auf Zustimmung zu stellen. Vielmehr ist ausreichend, dass die Frist zum Zeitpunkt der letzten mündlichen Verhandlung des Arbeitsgerichts verstrichen ist und der Antrag schon vorher eingereicht wurde.[58]

3. Begründetheit des Zustimmungsantrags

Das Arbeitsgericht[59] wird diesem Antrag auf vorzeitige Durchführung der Betriebsänderung zustimmen, wenn die wirtschaftliche Lage des Unternehmens eine derartige Abkürzung des Interessenausgleichsverfahrens erfordert und die sozialen Belange der Belegschaft dem nicht entgegenstehen. Vom Gericht ist also eine Zwei-Schritt-Prüfung vorzunehmen.[60]

Da § 122 InsO allein den Insolvenzgläubigern dienen soll, rechtfertigt die wirtschaftliche Lage eine gerichtliche Zustimmung nur, wenn die Beachtung des § 112 Abs. 2 BetrVG zur Folge hätte, dass die Masse in erheblichem Umfang weiter abnimmt und somit auch die Chancen der Gläubiger auf Befriedigung ihrer Forderungen sinken.[61]

Ist die wirtschaftliche Eilbedürftigkeit festgestellt, sind in einem zweiten Schritt vom Gericht die sozialen Beweggründe der Arbeitnehmer zu ermitteln, welche gegen eine vorzeitige Betriebsänderung sprechen. Hier ist dann zu entscheiden, ob diese Belange es erfordern, dass trotz Eilbedürftigkeit der Insolvenzverwalter die Verfahrensvorschriften des § 112 Abs. 2 BetrVG beachten muss, wenn er keine Nachteilsausgleichsansprüche seiner Belegschaft riskieren möchte.[62]

Soweit das Arbeitsgericht dem Antrag des Insolvenzverwalters zustimmt, kann dieser seine Betriebsänderung durchführen, ohne die Masse mit Ansprüchen gemäß § 113 Abs. 3 BetrVG zu belasten.

---

58 *Oetker/Friese*, DZWIR 2001, 133, 136; *Moll*, in: Kübler/Prütting, § 122 InsO Rn. 18.

59 Zur umstrittenen Bindung des Arbeitsgerichts durch die Entscheidung des Insolvenzgerichts nach § 158 Abs. 2 S. 2 InsO, wenn die Betriebsänderung auf einer vor dem Berichtstermin (§ 156 InsO) getroffenen Entscheidung des Insolvenzverwalters beruht, das Unternehmen vollständig stillzulegen und der Schuldner hiergegen beim Insolvenzgericht einen Antrag auf Untersagung gestellt hat, siehe nur *Caspers*, Personalabbau und Betriebsänderung, S. 178 f. ; *Oetker/Friese*, DZWIR 2001, 133, 137 f.

60 *Caspers*, Personalabbau und Betriebsänderung, S. 174; *Eisenbeis*, in: Frankfurter Komm.-InsO, § 122 InsO Rn. 14 ff.; *Eisenbeis/Mues*, Arbeitsrecht in der Insolvenz, Rn. 518; *Löwisch/Caspers*, in: MüKo-InsO, §§ 121, 122 InsO Rn. 36; *Oetker/Friese*, DZWIR 2001, 133, 137.

61 Ausführlich zum Begriff der wirtschaftlichen Lage *Arend*, Der Personalabbau in der Insolvenzordnung, S. 32 ff.; *Caspers*, Personalabbau und Betriebsänderung, S. 174 ff.

62 *Arend*, Der Personalabbau in der Insolvenzordnung, S. 43 ff.; *Caspers*, Personalabbau und Betriebsänderung, S. 180; *Löwisch/Caspers*, in: MüKo-InsO, §§ 121, 122 InsO Rn. 41 f.; *Oetker/Friese*, DZWIR 2001, 133, 138.

4. Weitere Ausnahmen von der Notwendigkeit eines Interessenausgleichsverfahrens

Wie bereits in § 6 ausführlich dargestellt, soll § 122 InsO in abschließender Weise der Tatsache Rechung tragen, dass wirtschaftliche Schwierigkeiten des Unternehmens im Fall der Insolvenz unter Umständen eine Abkürzung des Interessenausgleichsverfahrens erfordern.[63] Demzufolge sind gesetzlich nicht geregelte Ausnahmen von der Notwendigkeit dieses Verfahrens auch für Fälle, in denen dem Insolvenzverwalter keinerlei Verhandlungsspielraum zusteht, nicht denkbar.

Andererseits betrifft § 122 InsO nur den Ablauf des Interessenausgleichsverfahrens, womit er eine Reduktion, die allein auf der Sanktionsebene des § 113 Abs. 3 BetrVG ansetzt, nicht ausschließen kann.[64] Dass gerade der Verhältnismäßigkeitsgrundsatz eine solche Reduktion unabhängig davon erfordert, ob ein Insolvenzfall vorliegt oder nicht, wurde ebenfalls in § 6 dargelegt.[65]

An dieser Stelle soll noch einmal zusammengefasst werden, dass dem Insolvenzverwalter einzig die Möglichkeit zusteht, das Interessenausgleichsverfahren mit Hilfe der §§ 121 f. InsO abzukürzen. Beteiligen muss er die Arbeitnehmervertreter aber in jedem Fall. Befindet sich das Unternehmen allerdings in einer derartig finanziell angeschlagenen Situation, dass für Beratungen über den Interessenausgleich kein Spielraum existiert, so stehen der Verhandlungspflicht keine Sanktionen des § 113 Abs. 3 BetrVG gegenüber.

C. Nachteilsausgleichsanspruch in der Insolvenz

I. Höhe des Nachteilsausgleichsanspruchs

1. Abfindungshöhe nach § 113 Abs. 3 i.V.m. Abs. 1 BetrVG

a) Parallelität mit der gerichtlichen Festlegung der Abfindungshöhe außerhalb der Insolvenz?

Wurde der Arbeitnehmer infolge der betriebsverfassungswidrig durchgeführten Betriebsänderung entlassen, so legt das Arbeitsgericht auch in der Insolvenz gemäß § 113 Abs. 1 BetrVG die Abfindungshöhe im Wege pflichtgemäß ausgeübten Ermessens fest. Sondervorschriften, welche die Insolvenzsituation berücksichtigen, sieht die InsO nicht vor. Daher bleibt es dabei, dass sich Ermessensausübungsrichtlinien zunächst aus dem in § 113 Abs. 1 BetrVG enthaltenen Ver-

---

63 Siehe hierzu § 6 B VII 3 c sowie BAG vom 22.07.2003, AP Nr. 42 zu § 113 BetrVG 1972; BAG vom 18.11.2003, AP Nr. 162 zu § 112 BetrVG 1972; LAG München vom 04.07.2002, Az: 4 Sa 565/01 (n.v.); *Moll*, Anm. zu BAG vom 22.07.2003, EWiR 2004, 239, 240; *Oetker*, Anm. zu BAG vom 22.07.2003, AP Nr. 43 zu § 113 BetrVG 1972, 5, 7 f.; *ders.*, Anm. zu LAG Niedersachsen vom 12.08.2002, LAGE § 122 InsO Nr. 1, 9, 10.

64 *Oetker*, Anm. zu BAG vom 22.07.2003, AP Nr. 43 zu § 113 BetrVG 1972, 5, 9 f.; *ders.*, Anm. zu LAG Niedersachsen vom 12.08.2002, LAGE § 122 InsO Nr. 1, 9, 11.

65 Vgl. § 6 B VII 3.

weis auf § 10 KSchG ergeben. Das Gericht muss also auch im Insolvenzfall das Alter und die Dauer der Betriebszugehörigkeit des betroffenen Arbeitnehmers berücksichtigen.

In § 7 wurde dargelegt, dass außerhalb der Insolvenz weitere Kriterien allein aus dem Sanktions- sowie dem Kompensationszweck des § 113 Abs. 3 BetrVG zu entnehmen sind. Kommt der Vorschrift diese Doppelfunktion gleichfalls in der Insolvenzsituation zu, so können die im genannten Kapitel ausgearbeiteten Kriterien auch herangezogen werden, wenn der Insolvenzverwalter den Nachteilsausgleichsanspruch verursacht.

Dafür, dass die Zweckrichtung des § 113 Abs. 3 BetrVG vom Vorliegen eines Insolvenzfalls beeinflusst wird, lassen sich keine vernünftigen Argumente finden.[66] Vielmehr tritt der Insolvenzverwalter mit Eröffnung des Insolvenzverfahrens im Hinblick auf die Beteiligungsrechte des Betriebsrats in die Arbeitgeberstellung ein. Es bedarf hier ebenso der Sanktionsdrohung des Nachteilsausgleichsanspruchs, damit der Insolvenzverwalter das sonst nicht durchsetzbare Interessenausgleichsverfahren durchführt.[67] Neben dieser Sanktionsfunktion sollen natürlich auch die Nachteile der einzelnen Belegschaftsmitglieder kompensiert werden, die infolge der betriebsverfassungswidrigen Betriebsänderung auftreten. Im Ergebnis erfüllt § 113 Abs. 3 BetrVG unabhängig vom Vorliegen eines Insolvenzfalls eine Doppelfunktion, so dass die aus dem Sanktions- sowie aus dem Nachteilsausgleichszweck sich ergebenden und bereits an anderer Stelle behandelten Kriterien in der Insolvenz gleichfalls vom Arbeitsgericht berücksichtigt werden müssen.[68]

b) Entsprechende Anwendung des § 123 Abs. 1 InsO?

Allerdings besteht bei der Festlegung der Abfindungshöhe in der Insolvenz ein wesentlicher Unterschied zum Regelfall. Durch die Nachteilsausgleichsansprüche wird unter Umständen in erheblichem Maße die Masse belastet, wodurch sich die Chancen der anderen am Insolvenzverfahren beteiligten Gläubiger auf Befriedigung verringern. Deren Interessen würde man entgegenkommen, wenn in analoger Anwendung des § 123 Abs. 1 InsO die Höhe der einzelnen Nachteilsausgleichsansprüche auf maximal zweieinhalb Monatsverdienste begrenzt ist.[69]

---

66 BAG vom 22.07.2003, AP Nr. 42 zu § 113 BetrVG 1972; LAG Hamm vom 04.12.2003, ZInsO 2004, 824; *Oetker*, Anm. zu BAG vom 22.07.2003, AP Nr. 43 zu § 113 BetrVG 1972, 5, 9 f; a.A. *Häsemeyer*, Insolvenzrecht, Rn. 23.18 – allerdings ohne Begründung.

67 *Oetker*, Anm. zu BAG vom 22.07.2003, AP Nr. 43 zu § 113 BetrVG 1972, 5, 9 f; *ders.*, Anm. zu LAG Niedersachsen vom 12.08.2002, LAGE § 122 InsO Nr. 1, 9, 17.

68 Zu den einzelnen Kriterien, die sich aus dem Sanktions- bzw. Kompensationszweck des § 113 Abs. 3 BetrVG ergeben, vgl. § 7 C I 1 e.

69 So *Häsemeyer*, Insolvenzrecht , Rn. 23.18.

Hierfür ist zunächst eine planwidrige Regelungslücke erforderlich. Die §§ 121 ff. InsO sollen nach der Absicht des Gesetzgebers das Spannungsverhältnis zwischen den Belegschaftsinteressen und den berechtigten Belangen der am Insolvenzverfahren beteiligten anderen Gläubiger in gerechter Art und Weise auflösen. So erscheint die alleinige Festlegung der Sozialplanobergrenzen durch § 123 Abs. 1 InsO dem Willen zur sorgfältigen Abwägung zu entsprechen, so dass bereits an einer planwidrigen Regelungslücke zu zweifeln ist.[70]

Andererseits fehlt es ersichtlich an der teleologischen Vergleichbarkeit. So legt § 123 Abs. 1 InsO die Obergrenze des Gesamtvolumens eines Sozialplans fest. Bei Ansprüchen aus § 113 Abs. 3 BetrVG muss das Gericht stets auf den einzelnen Fall abstellen, welcher durch das Vorliegen verschiedenster Kriterien beeinflusst wird. Daher kann bei Nachteilsausgleichsansprüchen ein Gesamtvolumen gar nicht bestimmt werden, welches in seiner Höhe durch § 123 Abs. 1 InsO zu begrenzen ist.[71]

c) Berücksichtigung der Interessen anderer Insolvenzgläubiger im Rahmen des gerichtlich auszuübenden Ermessens?

Trotz Ablehnung einer derartigen Analogie ist nicht zu leugnen, dass die Nachteilsausgleichsansprüche regelmäßig den Interessen der übrigen am Insolvenzverfahren beteiligten Gläubiger zuwiderlaufen, da Abfindungen die Masse in großem Umfang belasten. Um dieser insolvenzbedingten Sondersituation gerecht zu werden, ist es denkbar, dass das Arbeitsgericht bei seiner Ermessensausübung i.S.d. § 113 Abs. 1 BetrVG die Belange der übrigen Insolvenzgläubiger als Ermessensausübungsrichtlinien beachten muss.[72]

Ist allerdings eine Analogie zu § 123 Abs. 1 InsO schon aufgrund entgegenstehenden Willens des Gesetzgebers unzulässig, so kann man ein gewünschtes anderes Ergebnis nicht einfach dadurch erreichen, dass man jetzt eine Eingrenzung der Abfindungsansprüche im Rahmen des Ermessens vornimmt. Wie gezeigt, wollte der Gesetzgeber den Interessen der übrigen Insolvenzgläubiger allein dadurch Rechnung tragen, dass dem Sozialplan Obergrenzen auferlegt werden.

---

[70] So auch BAG vom 22.07.2003, AP Nr. 42 zu § 113 BetrVG 1972; BAG vom 04.06.2003, AP Nr. 2 zu § 209 InsO; *Berscheid*, in: Uhlenbruck, §§ 121, 122 InsO Rn. 116; *Kohte*, AuA 1998, 374, 375; *Oetker*, Anm. zu BAG vom 22.07.2003, AP Nr. 43 zu § 113 BetrVG 1972, 5, 13 R; *ders.* Anm. zu LAG Niedersachsen vom 12.08.2002, LAGE § 122 InsO Nr. 1, 9, 18 f.

[71] BAG vom 22.07.2003, AP Nr. 42 zu § 113 BetrVG 1972; *Oetker*, Anm. zu BAG vom 22.07.2003, AP Nr. 43 zu § 113 BetrVG 1972, 5, 13 R; *ders.* Anm. zu LAG Niedersachsen vom 12.08.2002, LAGE § 122 InsO Nr. 1, 9, 19.

[72] So das BAG vom 09.07.1985, AP Nr. 13 zu § 113 BetrVG 1972 zu den Vorschriften der KO sowie LAG Niedersachsen vom 12.07.2002, LAGE § 122 InsO Nr. 1, welches zwar eine Analogie zu § 123 Abs. 1 InsO ablehnt, sich bei der Berücksichtigung der Gläubigerinteressen im Rahmen des § 113 Abs. 1 BetrVG aber auf den Rechtsgedanken der insolvenzrechtlichen Norm beruft.

Dieser gesetzgeberische Wille ist zu akzeptieren und darf nicht auf anderem Wege umgangen werden.[73]

Ein derartiger Befund wird verstärkt, wenn man sich nochmals verdeutlicht, dass Nachteilsausgleichsansprüche in Abweichung zu den Ansprüchen aus Sozialplänen in erster Linie sanktionierende Wirkung entfalten sollen. Würde man die Interessen der übrigen Gläubiger berücksichtigen und deshalb die Abfindungshöhe kürzen, wäre augenscheinlich die Sanktionsfunktion des § 113 BetrVG in Gefahr. Wenn nur noch geringe Abfindungsansprüche auf die Masse zukommen können, so sinkt auch die Motivation des Insolvenzverwalters, die Beteiligungsrechte aus den §§ 111 f. BetrVG zu beachten.

Das Arbeitsgericht darf daher bei der Ermessensausübung die Belange der anderen Insolvenzgläubiger nicht berücksichtigen.

2. Ausgleich anderer wirtschaftlicher Nachteile gemäß § 113 Abs. 3 i.V.m. Abs. 2 BetrVG

Wurde der Arbeitnehmer infolge der Betriebsänderung nicht entlassen, sondern musste stattdessen andere wirtschaftliche Nachteile erdulden, so ergeben sich keine zusätzlichen Probleme, wenn der Insolvenzfall eingetreten ist. Mangels Existenz insolvenzrechtlicher Sondernormen bleibt es bei der in § 113 Abs. 2 BetrVG aufgenommenen Regelung, wonach die bis zu einer Zeitdauer von zwölf Monaten entstehenden Nachteile finanziell auszugleichen sind.

II. Insolvenzrechtliche Behandlung des Nachteilsausgleichsanspruchs

Neben der Anspruchshöhe ist für den betroffenen Arbeitnehmer weiterhin ausschlaggebend, wie dessen Nachteilsausgleichsansprüche insolvenzrechtlich zu behandeln sind. So hat allein die Zuordnung des Anspruchs zu den Masseverbindlichkeiten des § 55 InsO oder zu den Insolvenzforderungen i.S.d. § 38 InsO erhebliche Auswirkungen auf die Befriedigungschance des ausgleichsberechtigten Belegschaftsmitglieds.

---

[73] *Oetker*, Anm. zu LAG Niedersachsen vom 12.08.2002, LAGE § 122 InsO Nr. 1, 9, 21. Gerade wegen dieser Rechtsänderung im Vergleich zur früheren KO kann die Entscheidung des BAG vom 09.07.1985 nicht mehr zur Begründung herangezogen werden, dass die Gläubigerinteressen im Insolvenzfall im Rahmen der Ermessensausübung nach § 113 Abs. 1 BetrVG berücksichtigt werden müssen.

1. Vornahme der Betriebsänderung seitens des „endgültigen" Insolvenzverwalters

a) Einordnung als Masseverbindlichkeit i.S.d. § 55 Abs. 1 Nr. 1 InsO

Bei den Nachteilsausgleichsansprüchen aus § 113 Abs. 3 BetrVG handelt es sich unproblematisch um sonstige Masseverbindlichkeiten i.S.d. § 55 Abs. 1 Nr. 1 InsO, wenn sie im eröffneten Insolvenzverfahren vom Verwalter begründet wurden.[74] Aufgrund dessen, dass nach dem Wortlaut des § 55 Abs. 1 Nr. 1 InsO der betreffende Gläubigeranspruch im eröffneten Verfahren nicht entstanden, sondern lediglich begründet sein muss, ist es auch im Rahmen des § 113 BetrVG ausreichend, dass der Insolvenzverwalter den Rechtsgrund für die Abfindung gelegt hat. Dabei ist der Nachteilsausgleichsanspruch nicht erst in dem Moment begründet, in dem infolge der pflichtwidrig durchgeführten Betriebsänderung der Nachteil beim einzelnen Belegschaftsmitglied eingetreten ist. Vielmehr ist der Zeitpunkt ausschlaggebend, in dem der Insolvenzverwalter beginnt, die Betriebsänderung durchzuführen, ohne vorher einen Interessenausgleich in ausreichendem Maße versucht zu haben.[75]

b) Konsequenz dieser Einordnung

Infolge der Einordnung als Masseverbindlichkeiten sind die Nachteilsausgleichsansprüche gemäß § 53 InsO vorab zu befriedigen. Stellt der Verwalter fest, dass die Insolvenzmasse zwar die Kosten des Verfahrens deckt, jedoch aus ihr die sonstigen Masseverbindlichkeiten nicht erfüllt werden können, so muss er laut § 208 Abs. 1 InsO dem Insolvenzgericht die Masseunzulänglichkeit anzeigen. Nimmt er daraufhin pflichtwidrig eine Betriebsänderung vor, so sind die nun entstehenden Nachteilsausgleichsansprüche als Neumasseverbindlichkeiten i.S.d. § 209 Abs. 1 Nr. 2 InsO zu behandeln und vorrangig gegenüber den schon existierenden Masseverbindlichkeiten zu berichtigen.[76] Bestehen mehrere Neumasseverbindlichkeiten, so werden sie gemäß § 209 Abs. 1 InsO dem Verhältnis ihrer Beiträge entsprechend geltend gemacht. Hierbei können sich die Gläubiger grund-

---

[74] BAG vom 18.11.2003, AP Nr. 162 zu § 112 BetrVG 1972; BAG vom 22.07.2003, AP Nr. 42 zu § 113 BetrVG 1972; BAG vom 04.06.2003, AP Nr. 2 zu § 209 InsO; BAG vom 08.04.2003, AP Nr.40 zu § 113 BetrVG 1972; BAG vom 04.12.2002, AP Nr. 2 zu § 38 InsO; LAG Köln vom 22.10.2001, ZInsO 2002, 545 – Vorinstanz zu BAG in AP Nr. 40 zu § 113 BetrVG 1972; LAG Hamm vom 26.08.2004, LAGReport 2005, 242; *Löwisch/Kaiser*, § 113 BetrVG Rn. 20; *Oetker*, in: GK-BetrVG, § 113 BetrVG Rn. 92; *Richardi/Annuß*, in: Richardi, § 113 BetrVG Rn. 56; *Stege/Weinspach/Schiefer*, §§ 111-113 BetrVG Rn. 170.

[75] BAG vom 08.04.2003, AP Nr.40 zu § 113 BetrVG 1972; BAG vom 04.12.2002, AP Nr. 2 zu § 38 InsO; LAG Hamm vom 26.08.2004, LAGReport 2005, 242.

[76] Allgemein zum Verteilungsprinzip des § 209 InsO vgl. *Hefermehl*, in: MüKo-InsO, § 209 InsO Rn. 13 ff.

sätzlich der Leistungsklage bedienen.[77] Abweichendes gilt, wenn der Insolvenzverwalter die so genannte weitere Masseunzulänglichkeit angezeigt hat, er damit erklärt hat, dass nur eine quotenmäßige Befriedigung der Neumasseverbindlichkeiten möglich ist. Wegen des jetzt geltenden Rechts der Gleichbehandlung aller Gläubiger soll sich niemand durch eine Vollstreckungsmaßnahme einen Vorzug verschaffen können, so dass in diesem Fall allein die Feststellungsklage möglich ist.[78]

Anders stellt sich die Situation dar, wenn der Verwalter bereits mit der Betriebsänderung begonnen hat, bevor er die Masseunzulänglichkeit angezeigt hat. In dieser Konstellation sind die Nachteilsausgleichsansprüche der Arbeitnehmer als Altmasseverbindlichkeiten und damit laut § 209 Abs. 1 Nr. 3 InsO nachrangig zu befriedigen. Bei der gerichtlichen Geltendmachung dieser Ansprüche ist allerdings das Vollstreckungsverbot des § 210 InsO zu beachten. Dann ist es aber folgerichtig, dass für eine Leistungsklage des ausgleichsberechtigten Arbeitnehmers das Rechtsschutzbedürfnis fehlt und er nur mit Hilfe der Feststellungsklage vorgehen kann.[79]

2. Vornahme der Betriebsänderung seitens des Gemeinschuldners

a) Einordnung als Insolvenzforderung i.S.d. § 38 InsO

Ebenfalls stellen sich kaum Probleme bei der insolvenzrechtlichen Behandlung von Nachteilsausgleichsansprüchen, wenn bereits der Gemeinschuldner begonnen hat, die Betriebsänderung ohne einen hinreichenden Interessenausgleichsversuch durchzuführen. Wie gezeigt, ist entscheidendes Kriterium für die Behandlung von Nachteilsausgleichsansprüchen als Masseverbindlichkeiten, dass die Betriebsänderung nach Eröffnung des Insolvenzverfahrens vorgenommen wurde. Damit besteht lediglich eine Insolvenzforderung i.S.d. § 38 InsO, wenn der Gemeinschuldner mit der Betriebsänderung begonnen hat, unabhängig davon, ob der

---

[77] LAG Hamm vom 26.08.2004, LAGReport 2005, 242; *Hefermehl*, in: MüKo-InsO, § 210 InsO Rn. 19; *Oetker*, in: GK-BetrVG, § 113 BetrVG Rn. 192 i.V.m. §§ 112, 112a BetrVG Rn. 155; *Pape*, in: Kübler/Prütting, § 210 InsO Rn. 6; *Westphal*, in: Nehrlich/Römermann, § 210 InsO, Rn. 8.

[78] *Hefermehl*, in: MüKo-InsO, § 210 InsO Rn. 20; *Oetker*, in: GK-BetrVG, § 113 BetrVG Rn. 192 i.V.m. §§ 112, 112a BetrVG Rn. 155; *Pape*, in: Kübler/Prütting, § 210 InsO Rn. 8.

[79] BAG vom 22.07.2003, AP Nr. 42 zu § 113 BetrVG 1972; BAG vom 04.06.2003, AP Nr. 41 zu § 113 BetrVG 1972; BAG vom 11.12.2001, AP Nr. 1 zu § 209 InsO; *Oetker*, in: GK-BetrVG, § 113 BetrVG Rn. 192 i.V.m. §§ 112, 112a BetrVG Rn. 155; *ders.*, Anm. zu BAG vom 22.07.2003, AP Nr. 42 zu § 113 BetrVG 1972, 5, 5 R; *ders.*, DZWIR 2002, 373, 375. Allgemein ablehnend, dass § 210 InsO Leistungsklagen der Altmassegläubiger versperrt *Kröpelin*, ZIP 2003, 2341,2341 ff.; *Roth*, Festschrift für Gaul, 573, 577 f.; *Runkel/ Schnurbusch*, NZI 2000, 49, 52 f.

Nachteil i.S.d. § 113 Abs. 1 bzw. Abs. 2 BetrVG beim Arbeitnehmer vor oder erst nach Eröffnung des Insolvenzverfahrens eingetreten ist.[80]

b) Konsequenz dieser Einordnung

Sind die Arbeitnehmer hinsichtlich ihrer Nachteilsausgleichsansprüche nur als Insolvenzgläubiger zu sehen, regeln die §§ 187 ff. InsO ihre Befriedigung. So verlieren die Belegschaftsmitglieder mit der Eröffnung des Insolvenzverfahrens die Möglichkeit, unmittelbar auf das Schuldnervermögen einzuwirken.[81] Vielmehr wird die Insolvenzmasse nun unter der gesamten Gruppe der Insolvenzgläubiger aufgeteilt, wobei hier der Gleichbehandlungsgrundsatz gilt und daher regelmäßig eine quotenmäßige Befriedigung erwartet werden kann.[82]

Als Inhaber einer Insolvenzforderung kommen die betroffenen Arbeitnehmer jedoch erst nach den Absonderungs- und Massegläubigern zum Zuge.[83] Sie müssen allerdings nicht bis zum Abschluss des Verfahrens warten, damit ihre Forderung zumindest teilweise bedient wird. Vielmehr sieht § 187 Abs. 2 S. 1 InsO eine schrittweise Erlösauskehr vor.

3. Vornahme der Betriebsänderung seitens des vorläufigen Insolvenzverwalters

a) „Starker" vorläufiger Insolvenzverwalter

Neben dem Insolvenzverwalter oder dem Gemeinschuldner kann auch der „starke" vorläufige Insolvenzverwalter pflichtwidrig die Betriebsänderung durchführen. Wie bereits erwähnt, kommt dem vorläufigen Verwalter im Insolvenzeröffnungsverfahren eine solche Stellung zu, wenn das Insolvenzgericht neben seiner Bestellung dem Schuldner ein allgemeines Verfügungsverbot auferlegt hat. In diesem Fall geht nach § 22 Abs. 1 S. 1 InsO in einer Parallele zu § 80 Abs. 1 InsO die Verwaltungs- und Verfügungsbefugnis hinsichtlich des Schuldnervermögens auf den vorläufigen Insolvenzverwalter über. Gemäß § 55 Abs. 2 S. 1 InsO gelten nach der Insolvenzeröffnung Verbindlichkeiten, die von diesem Verwaltertypus begründet wurden, gleichfalls als Masseverbindlichkeiten. Somit sind die Nachteilsausgleichsansprüche als Verbindlichkeiten i.S.d. § 55 Abs. 2 S. 1 InsO anzusehen, wenn der „starke" vorläufige Insolvenzverwalter pflichtwidrig mit der Durchführung der Betriebsänderung begonnen hat, wobei es wiederum unbeachtlich ist, wann die von § 113 Abs. 1 und 2 BetrVG geforderten Nachteile

[80] BAG vom 04.12.2002, AP Nr. 2 zu § 38 InsO; *Fitting/Engels/Schmidt/Trebinger/ Linsenmaier*, § 113 BetrVG Rn. 40; *Löwisch/Kaiser*, § 113 BetrVG, Rn. 20; *Oetker*, in: GK-BetrVG, § 113 BetrVG Rn. 91; *Stege/Weinspach/Schiefer*, §§ 111-113 BetrVG Rn. 178.

[81] *Häsemeyer*, Insolvenzrecht, Rn. 16.20; *Ehricke*, in: MüKo-InsO, § 38 InsO Rn. 4.

[82] Allgemein zum geltenden Gleichbehandlungsgrundsatz unter den Insolvenzgläubigern *Ehricke*, in: MüKo-InsO, § 38 InsO Rn. 4; *Häsemeyer*, Insolvenzrecht, Rn. 16.20.

[83] Statt aller *Becker*, Insolvenzrecht, Rn. 1447.

beim Arbeitnehmer eingetreten sind.[84] Für die Behandlung dieser Masseverbindlichkeiten kann auf die Ausführungen zum „endgültigen" Insolvenzverwalter verwiesen werden.[85]

b) „Schwacher" vorläufiger Insolvenzverwalter

Eine einheitliche insolvenzrechtliche Behandlung von Nachteilsausgleichsansprüchen, welche unter Mitwirkung eines „schwachen" vorläufige Verwalters entstehen, verbietet sich. Denn nach § 22 Abs. 2 InsO hängt die Rechtsstellung des vorläufigen Insolvenzverwalters allein von den Vorgaben des Gerichts ab, wenn dieses ein allgemeines Verfügungsverbot i.S.d. § 22 Abs. 1 S. 1 InsO gegenüber dem Gemeinschuldner nicht erlassen hat.

aa) Vorläufiger Verwalter mit partieller Vermögensverfügungsbefugnis

So ist beispielsweise denkbar, dass dem vorläufigen Verwalter die partielle Verfügungsbefugnis über die Arbeitgeberrechte zugewiesen wird. Unterlässt in dieser Situation der vorläufige Insolvenzverwalter einen ausreichenden Interessenausgleichsversuch, so könnten die entstehenden Nachteilsausgleichsansprüche auch als Masseverbindlichkeiten i.S.d. § 55 Abs. 2 S. 1 InsO zu behandeln sein. Eine direkte Anwendung des § 55 Abs. 2 S. 1 InsO auf den schwachen vorläufigen Insolvenzverwalter untersagt allerdings schon der Wortlaut der Norm. So ist hier nur vom vorläufigen Insolvenzverwalter die Rede, auf den die Verfügungsbefugnis über das gesamte Vermögen des Schuldners und gerade nicht nur über Vermögensteile übergegangen ist.[86]

Allerdings erscheint die analoge Anwendung des § 55 Abs. 2 S. 1 InsO erwägenswert, wenn der vorläufige Insolvenzverwalter mit partieller Vermögensverfügungsbefugnis Nachteilsausgleichsansprüche der Belegschaft verursacht.

(1) Planwidrige Regelungslücke

Dafür muss zunächst eine planwidrige Regelungslücke vorliegen. Bestellte das Gericht einen vorläufigen Verwalter und ordnete es ein allgemeines Verfügungsverbot an, so geht bereits im Insolvenzeröffnungsverfahren die Vermögensverfügungsbefugnis auf den Verwalter über, was laut § 80 InsO grundsätzlich erst im eröffneten Insolvenzverfahren geschehen soll. Hat der vorläufige Verwalter die gleichen Rechte wie der endgültige Insolvenzverwalter, so ist es folgerichtig,

---

84 So i. E auch LAG Hamm vom 26.08.2004, LAGReport 2005, 242; *Oberhofer*, AiB 2003, 116, 117.

85 Siehe hierzu § 8 C II 1 b.

86 BAG vom 08.04.2003, AP Nr. 40 zu § 113 BetrVG 1972; BAG vom 04.12.2002, AP Nr. 2 zu § 38 InsO; BGH vom 18.07.2002, NJW 2002, 3326, 3327; LAG Köln vom 22.10.2001, ZInsO 2002, 545 – Vorinstanz zu BAG vom 08.04.2003, AP Nr. 40 zu § 113 BetrVG 1972.

wenn die von ihm begründeten Verbindlichkeiten ebenfalls als Masseverbindlichkeiten angesehen werden.

Im Ergebnis ist die Entstehung von Masseverbindlichkeiten i.S.d. § 55 Abs. 1 und 2 InsO damit verbunden, dass der Verwalter schon bei ihrer Begründung in die Rechtsstellung des Schuldners eingetreten ist. Auch bei einer partiellen Verfügungsbefugnis übernimmt der vorläufige Verwalter im Rahmen der ihm gerichtlich zugewiesenen Kompetenzen die Schuldnerstellung. Dann ist es jedoch unverständlich, warum § 55 InsO auf den „schwachen" vorläufigen Insolvenzverwalter mit eingeschränkter Verfügungsbefugnis nicht anwendbar sein soll. Eine planwidrige Regelungslücke ist aus diesem Grund anzunehmen.

(2) Teleologische Vergleichbarkeit

Bei der Frage der teleologischen Vergleichbarkeit treten ebenfalls keine Schwierigkeiten auf, da sich „starker" vorläufiger Insolvenzverwalter und „schwacher" vorläufiger Verwalter mit partieller Vermögensverfügungsbefugnis allein hinsichtlich der Reichweite ihrer vom Gemeinschuldner übernommenen Rechtsstellung unterscheiden.

(3) Zwischenergebnis

Soll der vorläufige Verwalter laut Gerichtsanordnung lediglich die Arbeitgeberstellung übernehmen und verursacht er in der Folge Nachteilsausgleichsansprüche, so sind diese in analoger Anwendung des § 55 Abs. 2 S. 1 InsO ebenfalls als Masseverbindlichkeiten anzusehen.

bb) „Schwacher" vorläufiger Insolvenzverwalter bei Anordnung eines allgemeinen Zustimmungsvorbehalts

Häufig wird das Insolvenzgericht neben der Bestellung des vorläufigen Insolvenzverwalters nur einen allgemeinen Zustimmungsvorbehalt anordnen. Danach bedürfen Rechtshandlungen des Schuldners für ihre Wirksamkeit im Außenverhältnis der Zustimmung des Verwalters.[87] Führt nun der Schuldner eine Betriebsänderung ohne hinreichende Beteiligung des Betriebsrats durch und liegt hierfür eine Zustimmung seitens des Insolvenzverwalters vor, so erscheint die Einordnung der entstehenden Nachteilsausgleichsansprüche ebenfalls als Masseverbindlichkeiten denkbar. Allerdings scheidet auch in diesem Fall eine direkte Anwendung des § 55 Abs. 2 S. 1 InsO aus. Wie gezeigt, kann diese Vorschrift unmittelbar nur auf den „starken" vorläufigen Verwalter angewendet werden.

---

[87] LAG Köln vom 22.10.2001, ZInsO 2002, 545 – Vorinstanz zu BAG vom 08.04.2003, AP Nr. 40 zu § 113 BetrVG 1972; *Hefermehl*, in: MüKo-InsO, § 55 InsO Rn. 216; a.A. *Mönning*, in: Nehrlich/Römermann, § 24 InsO Rn. 7.

Für eine Analogie zu § 55 Abs. 2 S. 1 InsO ist aber schon die Feststellung einer planwidrigen Regelungslücke mit Schwierigkeiten verbunden. So ist der Gesetzessystematik zu entnehmen, dass Masseverbindlichkeiten grundsätzlich erst nach Eröffnung des Insolvenzverfahrens entstehen. Vor der Insolvenzeröffnung begründete Verbindlichkeiten sind als Insolvenzforderungen zu berichtigen. Wie eben ausgeführt, ist von diesem Grundsatz nach dem in § 55 Abs. 2 S. 1 InsO niedergelegten Willen des Gesetzgebers nur eine Ausnahme zu machen, wenn der Schuldner bereits im Insolvenzeröffnungsverfahren die Vermögensverwaltungsbefugnis ganz oder zumindest teilweise an den vorläufigen Insolvenzverwalter verloren hat. Ordnet das Insolvenzgericht lediglich einen allgemeinen Zustimmungsvorbehalt an, so behält der Schuldner die Verwaltungs- und Verfügungsbefugnis.[88] Aus diesem Grund muss es hier beim Grundsatz bleiben, dass Verbindlichkeiten, welche vor der Insolvenzeröffnung entstehen, als Insolvenzforderungen i.S.d. § 38 InsO zu behandeln sind.[89] Eine planwidrige Regelungslücke für eine analoge Anwendung des § 55 Abs. 2 S. 1 InsO fehlt somit im vorliegenden Falle.[90]

4. Zusammenfassung

Werden die Nachteilsausgleichsansprüche noch durch ein betriebsverfassungswidriges Verhalten des Gemeinschuldners verursacht, sind sie als Insolvenzforderungen zu behandeln. Dies gilt ebenso, wenn für ein derartiges Handeln des Schuldners die Zustimmung des vorläufigen Insolvenzverwalters notwendig ist und auch vorliegt. Handelt hingegen der Insolvenzverwalter bei der Betriebsänderung pflichtwidrig, so sind die entstehenden Ansprüche aus § 113 Abs. 3 BetrVG als Masseverbindlichkeiten anzusehen, unabhängig davon, ob er als endgültiger oder vorläufiger Insolvenzverwalter mit allgemeiner oder partieller Verfügungsbefugnis bestellt wurde.

D. Haftung des Insolvenzverwalters wegen der Begründung von Ansprüchen gemäß § 113 Abs. 3 BetrVG

Neben der Problematik der insolvenzrechtlichen Stellung des Nachteilsausgleichsanspruchs ergibt sich ferner die Frage, ob der Insolvenzverwalter in die Haftung genommen werden kann, wenn durch sein Verhalten die Masse mit Nachteilsausgleichsansprüchen belastet wird. Eine Antwort hierauf hat weitgehende Aus-

---

88 *Berscheid*, NZI 2000, 1, 3; *Hefermehl*, in: MüKo-InsO, § 55 InsO Rn. 216.

89 A.A. OLG Hamm vom 17.01.2002, ZIP 2002, 676, 678; *Bork*, ZIP 1999, 781, 785 f.; *Eickmann*, in: Heidelberger Komm.-InsO, § 55 InsO Rn. 26.

90 BAG vom 08.04.2003, AP Nr. 40 zu § 113 BetrVG 1972; BAG, Urteil vom 04.12.2002, AP Nr. 2 zu § 38 InsO; LAG Köln vom 22.10.2001, ZInsO 2002, 545 – Vorinstanz zu BAG vom 08.04.2003, AP Nr. 40 zu § 113 BetrVG 1972; *Hefermehl*, in: MüKo-InsO, § 55 InsO Rn. 216.

wirkung für die Beachtung der Beteiligungsrechte aus den §§ 111 f. BetrVG in der Insolvenz, denn der Insolvenzverwalter wird einen Interessenausgleichsversuch immer vornehmen, wenn er sich selbst der Gefahr finanzieller Belastungen ausgesetzt sieht.

I. Haftung gemäß § 60 Abs. 1 InsO

1. Haftung gemäß § 60 Abs. 1 InsO gegenüber den nachteilsausgleichsberechtigten Arbeitnehmern

In Betracht kommt zunächst die Haftung des Insolvenzverwalters nach § 60 Abs. 1 InsO gegenüber den nachteilsausgleichsberechtigten Arbeitnehmern.

a) Beteiligtenstellung der Arbeitnehmer

Eine solche Verwalterhaftung kann nicht vorschnell mit der fehlenden Beteiligtenstellung der Arbeitnehmer abgelehnt werden. Zwar gibt das Gesetz keine genauen Auskünfte, welcher personelle Anwendungsbereich § 60 InsO zukommen soll, jedoch ist bereits seit dem Urteil des RG vom 06.02.1932[91] anerkannt, dass der Beteiligtenbegriff nicht aus formalen Gesichtspunkten heraus zu bestimmen ist, sondern jedermann als Beteiligter anzusehen ist, dem gegenüber der Verwalter Pflichten zu erfüllen hat.[92] Folglich kommt der Beteiligtenstellung keine tatbestandsbegrenzende Funktion mehr zu.

b) Insolvenzspezifische Pflichtverletzung

aa) Auslegung des Begriffs der Insolvenzspezifität

Entscheidend ist vielmehr, ob der unzureichende Interessenausgleichsversuch des Insolvenzverwalters als Verletzung einer insolvenzspezifischen Pflicht gegenüber den Arbeitnehmern gesehen werden kann. Allerdings ist nicht eindeutig erkennbar, was unter dem Begriff der insolvenzspezifischen Pflicht zu subsumieren ist. Stellt man auf den Wortlaut des § 60 Abs. 1 InsO ab, so scheint allein eine Verletzung von Pflichten, welche in der Insolvenzordnung geregelt sind, eine Verwalterhaftung zu begründen.[93] Dieser Befund wird auch durch die Gesetzesbegründung untermauert, wonach die von § 60 InsO erfassten Pflichten in den

---

[91] RG vom 06.02.1932, Warn. 1932, Nr. 159 zur Verwalterhaftung aus § 82 KO als Vorläufernorm des § 60 Abs. 1 InsO; vgl. zum vorher vom RG angewendeten formalen Beteiligtenbegriff: RG vom 12.10.1910, RGZ 74, 258 ff.

[92] BGH vom 06.05.2004, NJW 2004, 3334, 3336; BGH vom 04.12.1986, NJW 1987, 844, 845; BGH vom 17.01.1985, NJW 1985, 1161, 1162; *Bank/Weinbeer*, NZI 2005, 478, 479; *Brandes*, in: MüKo-InsO, §§ 60, 61 InsO Rn. 32; *Kirchhof*, Haftung des Insolvenzverwalters, Rn. 97; *Lüke*, in: Kübler/Prütting, § 60 Rn. 13; *ders.*, Verwalterhaftung, S. 35; *Smid*, in: Smid, § 60 InsO Rn. 9.

[93] So auch *Kirchhof*, Haftung des Insolvenzverwalters, Rn. 131.

zahlreichen Einzelnormen der InsO konkretisiert sind, um so eine Haftungsausweitung des Insolvenzverwalters zu verhindern.[94]

Andererseits ist die Aufnahme des Tatbestandsmerkmals der „insolvenzspezifischen Pflicht" in § 60 Abs. 1 InsO der Endpunkt einer von Rechtsprechung und Literatur versuchten Begrenzung der Verwalterhaftung nach § 82 KO.[95] Denn ursprünglich ging man noch von einer umfassenden Haftung des Verwalters für jede Art von Pflichtverletzung aus.[96] Eine solche allgemeine Vermögenshaftung führte dazu, dass der Konkursverwalter nicht bereit war, ein angeschlagenes Unternehmen weiterzuführen. Es setzte sich jedoch allmählich die Erkenntnis durch, dass die Ziele des Konkursverfahrens nicht allein durch die beschleunigte Liquidation, sondern auch und gerade durch die Unternehmensfortführung erreicht werden können.[97] Dann musste aber die Verwalterhaftung begrenzt werden. Aus diesem Grund vertrat nun der BGH die Ansicht, dass die Haftung nach § 82 KO lediglich solche Risiken erfasst, die in typischer Weise mit der Konkursverwaltung verbunden sind.[98] Bei Pflichtverletzungen des Konkursverwalters, die sich z.B. aus seiner Stellung als Verhandlungspartner ergaben, sollte hingegen nur die Masse haften.[99] Um diejenigen Pflichten zu ermitteln, welche in einem speziellen Zusammenhang mit der Verwaltertätigkeit stehen und eventuell eine Haftung nach § 82 KO begründen, stellte man nicht ausschließlich auf die KO ab, sondern zog auch solche konkursspezifische Pflichten des Verwalters heran, die nicht unmittelbar dem Gesetz zu entnehmen waren.[100]

Kodifizierte man mit § 60 InsO den bisher erreichten Entwicklungsstand in Rspr. und Literatur zur Haftungsbegrenzung, so darf trotz des Wortlauts der Haftungsvorschrift nicht allein entscheidend sein, ob die einzelne Verwalterpflicht in den Normen der InsO ihren Niederschlag gefunden hat.[101]

---

94 Siehe Begründung zu § 71 RegE in BT-Drucks. 12/2443, S. 129.

95 Vgl. zur Entwicklung des Pflichtenbegriffs *Brandes*, in: MüKo-InsO, §§ 60, 61 InsO Rn. 2 f.; *Kirchhof*, Haftung des Insolvenzverwalters, Rn. 100 ff.; *Lüke*, in: Kübler/Prütting, § 60 Rn. 1. Zum Bestreben, die Verwalterhaftung einzugrenzen, siehe BT-Drucks. 12/2443, S. 129; BGH vom 06.05.2004, NZI 2005, 435, 436; *Lüke*, Festschrift 50 Jahre Bundesgerichtshof, Bd. 3, 701, 710.

96 RG vom 25.11.1911, RGZ 78, 186, 187; BGH vom 05.06.1975, NJW 1975, 1969, 1970.

97 Dies erkannte der BGH seit dem Urteil vom 04.12.1986 (NJW 1987, 844, 845) an.

98 BGH vom 14.04.1987, NJW 1987, 3133, 3134 f.; *Baur*, Gedächtnisschrift für Bruns, 241, 248; zustimmend auch *Kuhn/Uhlenbruck*, § 83 KO Rn. 9; *Kilger/K. Schmidt*, § 82 KO Rn. 10 u. 19.

99 BGH vom 14.04.1987, NJW 1987, 3133, 3134 f.

100 BGH vom 24.01.1991, NJW 1991, 982, 985.

101 *Gerhardt*, ZInsO 2000, 574, 578; *Kirchhof*, Haftung des Insolvenzverwalters, Rn. 131; *Lüke*, in: Kübler/Prütting, § 60 Rn. 12; i.E. auch *Smid*, in: Smid, § 60 InsO Rn. 19.

bb) Insolvenzspezifische Pflichtverletzung gegenüber den Arbeitnehmern bei unzureichendem Interessenausgleichsversuch

Das Tatbestandsmerkmal der insolvenzspezifischen Pflichtverletzung lässt sich in den Fällen des unzureichend vorgenommenen Interessenausgleichsversuchs allerdings nicht damit begründen, dass der Insolvenzverwalter gerade die Pflichten aus den §§ 111 f. BetrVG missachtet hat. Diese grundsätzlich jedem Arbeitgeber obliegenden Beteiligungspflichten treffen nur deshalb den Insolvenzverwalter, weil dieser nach § 80 Abs. 1 InsO in die Rechtsstellung des Schuldners und folglich auch in dessen Position als Arbeitgeber eintritt. Die Beteiligungspflichten aus den §§ 111 f. BetrVG sind somit ersichtlich nicht insolvenzspezifisch i.S.d. § 60 Abs. 1 InsO.

Führt der Insolvenzverwalter keinen hinreichenden Interessenausgleichsversuch durch, könnte sich eine insolvenzspezifische Pflichtverletzung aus § 122 Abs. 1 InsO ergeben. Jedoch ist für eine Insolvenzverwalterhaftung nach § 60 Abs. 1 InsO auch notwendig, dass die insolvenzspezifische Pflicht gerade gegenüber der Person besteht, die einen Schaden geltend macht.[102] Wie schon an anderer Stelle gezeigt, kann der Insolvenzverwalter mittels § 122 InsO das Beteiligungsverfahren nach § 112 BetrVG abkürzen.[103] Die Norm dient damit allein dem Beschleunigungsinteresse der Unternehmensgläubiger und nicht dem Schutz der betroffenen Belegschaft. Aus diesem Grund sind die Arbeitnehmer nicht vom subjektiven Schutzbereich des § 122 InsO erfasst, womit auch diese Vorschrift ihnen nicht weiterhilft, eine Haftung des Verwalters zu statuieren.[104]

Als Pflichtverletzung i.S.d. § 60 Abs. 1 InsO könnte dem Insolvenzverwalter bei einem unzureichenden Interessenausgleichsversuch aber vorgeworfen werden, dass er nicht alles getan hat, um die Masse zu erhalten. Hätte er nämlich die Beteiligungsrechte des Betriebsrats beachtet, so wäre die Masse nicht Nachteilsausgleichsansprüchen der Arbeitnehmer ausgesetzt. Ob man tatsächlich die allgemeinen Arbeitgeberpflichten aus den §§ 111 f. BetrVG über diesen Umweg zu insolvenzspezifischen Pflichten „umwidmen" kann, ist erst an einer anderen Stelle zu untersuchen.[105] Zur Begründung einer Verwalterhaftung gegenüber den nachteilsausgleichsberechtigten Arbeitnehmern kann auch diese Pflicht nicht herangezogen werden, denn es fehlt wiederum am subjektiven Schutzbereich dieser Verpflichtung. Die Masseerhaltungspflicht des Insolvenzverwalters dient den Gläubigern, damit deren Chancen auf Befriedigung ihrer bereits entstandenen

---

[102] *Kirchhof*, Haftung des Insolvenzverwalters, Rn. 131; *Uhlenbruck*, in: Uhlenbruck, § 60 InsO Rn. 11.

[103] Siehe hierzu nochmals § 8 A sowie *Arend*, Der Personalabbau in der Insolvenzordnung, S. 71 f.; *Eisenbeis/Mues*, Arbeitsrecht in der Insolvenz, Rn. 555; *Löwisch/Caspers*, in: MüKo-InsO, §§ 121, 122 InsO Rn. 3; *Moll*, in: Kübler/Prütting, § 122 InsO Rn. 9; *Oetker/Friese*, DZWIR 2001, 133, 135; *Zwanziger*, Arbeitsrecht in der Insolvenz, § 122 InsO Rn. 15.

[104] LAG Nürnberg vom 17.10.2003, Az: 9 (2) Sa 43/03 (n.v.).

[105] Siehe hierzu § 8 D I 2.

Verbindlichkeiten nicht grundlos sinken.[106] Durch einen unzureichenden Interessenausgleichsversuch des Insolvenzverwalters entstehen jedoch erst die Nachteilsausgleichsansprüche der Arbeitnehmer gegenüber der Masse. Daher begründet das betriebsverfassungsrechtliche Fehlverhalten des Verwalters die Gläubigerstellung der Arbeitnehmer und senkt nicht die Befriedigungschancen ihrer bereits entstanden Forderungen.

c) Zwischenergebnis

Zusammenfassend ist festzuhalten, dass ein unzureichender Interessenausgleichsversuch seitens des Insolvenzverwalters keine insolvenzspezifischen Pflichten gegenüber den nachteilsausgleichsberechtigten Arbeitnehmern verletzt, so dass auch eine Verwalterhaftung nach § 60 Abs. 1 InsO gegenüber dieser Personengruppe ausscheidet.

2. Haftung gemäß § 60 Abs. 1 InsO gegenüber den übrigen am Insolvenzverfahren beteiligten Gläubigern

Andererseits kommt wegen des unzureichenden Interessenausgleichsversuchs und der dadurch entstandenen Belastung der Masse mit Nachteilsausgleichsansprüchen eine Haftung des Insolvenzverwalters gegenüber den anderen am Insolvenzverfahren beteiligten Gläubigern gemäß § 60 Abs. 1 InsO in Betracht.

Die insolvenzspezifische Pflichtverletzung könnte sich hier aus § 122 Abs. 1 InsO ergeben, die, wie an anderer Stelle schon erwähnt, dem Gläubigerinteresse dient.[107] § 122 InsO begründet allerdings keine Pflicht des Insolvenzverwalters. Dieser hat vielmehr die Wahlmöglichkeit, den herkömmlichen Beteiligungsweg über § 112 BetrVG zu nutzen, das beschleunigte Verfahren nach § 122 InsO zu beschreiten oder sich beider Möglichkeiten parallel zu bedienen.[108] Demzufolge führt die Missachtung der Norm nicht zu einer Pflichtverletzung i.S.d. § 60 Abs. 1 InsO.

Die Haftungsvoraussetzung des § 60 Abs. 1 InsO gegenüber den anderen Gläubigern könnte bei einem unzureichenden Interessenausgleich aber dadurch erfüllt sein, dass der Verwalter nicht alle Maßnahmen getroffen hat, die für die Erhaltung der Masse notwendig sind. Denn hätte er die Vorgaben der §§ 111 f. BetrVG beachtet, so wäre die Masse nicht durch Nachteilsausgleichsansprüche belastet. Dass eine derartige Masseerhaltungspflicht besteht, ist in Literatur und Rspr. aner-

---

[106] *Brandes*, in: MüKo-InsO, §§ 60, 61 InsO Rn. 15; *Lüke*, in: Kübler/Prütting, § 60 InsO Rn. 23a; *Smid*, in: Smid, § 60 InsO Rn. 17.

[107] Siehe hierzu nochmals § 8 D I 1b.

[108] Siehe auch hier nochmals § 8 B.

kannt.[109] Jedoch kann nicht jedes Verhalten des Insolvenzverwalters, welches zu einer Massebelastung führt, als Pflichtverletzung angesehen werden. Wie bereits besprochen, wollte man mittels Einführung des Tatbestandsmerkmals der Insolvenzspezifität in § 60 Abs. 1 InsO eine Haftungseinschränkung des Insolvenzverwalters erreichen, um so die Unternehmensfortführung in der Insolvenz zu erleichtern.[110] Aus diesem Grund soll der Verwalter nicht Schadensersatz leisten müssen, wenn er Pflichten missachtet hat, die so auch dem Schuldner obliegen. Gerade diese Haftungseinschränkung würde beseitigt, wenn man die Verletzung allgemeiner Verpflichtungen durch den Verwalter, welche zu Ansprüchen gegen die Masse führen, stets als Missachtung der insolvenzspezifischen Erhaltungspflicht ansehen würde.[111] Wie im Fall des unzureichenden Interessenausgleichsversuchs müsste sich der Insolvenzverwalter dann de facto doch für die Verletzung einer Pflicht verantworten, die bereits den Schuldner traf und daher nicht in unmittelbarem Zusammenhang mit der Tätigkeit als Insolvenzverwalters steht.

Um den Gedanken der Haftungseinschränkung nicht zu übergehen, darf folglich die Verletzung der Beteiligungsrechte aus den §§ 111 f. BetrVG, welche zu einer Belastung der Masse führt, nicht zugleich als Missachtung der insolvenzspezifischen Verpflichtung zur Masseerhaltung gesehen werden.[112] Damit fehlt es auch gegenüber den übrigen am Insolvenzverfahren beteiligten Gläubigern an einer insolvenzspezifischen Pflichtverletzung des Verwalters, um dessen Haftung nach § 60 Abs. 1 InsO zu begründen.

3. Zusammenfassung zur Haftung gemäß § 60 Abs. 1 InsO

Das im Insolvenzfall typische Spannungsverhältnis zwischen den Belangen der nachteilsauchsgleichsberechtigten Arbeitnehmer und dem Interesse der übrigen am Verfahren beteiligten Gläubiger auf einen möglichst ungeschmälerten Erhalt der Masse kann entgegen der Auffassung des BAG[113] nicht mit der Insolvenzverwalterhaftung nach § 60 Abs. 1 InsO gelöst werden.

---

[109] BGH vom 05.10.1989, NJW-RR 1990, 45, 48; BGH vom 29.09.1988, NJW 1989, 1034, 1035; BGH vom 12.11.1987, NJW 1988, 209, 210; *Brandes*, in: MüKo-InsO, §§ 60, 61 InsO Rn. 15; *Lüke*, in: Kübler/Prütting, § 60 Rn. 23a; *Oetker*, Anm. zu BAG vom 22.07.2003, AP Nr. 42 zu § 113 BetrVG 1972, 5, 15; *ders.*, Anm. zu LAG Niedersachsen vom 12.08.2002, LAGE § 122 InsO Nr. 1, 9, 22; *Smid*, in: Smid, § 60 InsO Rn. 17.

[110] Siehe § 8 D I 1 b.

[111] A.A. *Oetker*, Anm. zu BAG vom 22.07.2003, AP Nr. 42 zu § 113 BetrVG 1972, 5, 15; *ders.*, Anm. zu LAG Niedersachsen vom 12.08.2002, LAGE § 122 InsO Nr. 1, 9, 22.

[112] I.E. LAG Hamm vom 04.12.2003, ZInsO 2004, 694.

[113] BAG vom 22.07.2003, AP Nr. 42 zu § 113 BetrVG 1972.

II. Haftung gemäß § 61 S. 1 InsO

1. Haftung gemäß § 61 S. 1 InsO gegenüber den nachteilsausgleichsberechtigten Arbeitnehmern

Bei Nichterfüllbarkeit der Nachteilsausgleichsansprüche erscheint allerdings eine Haftung des Insolvenzverwalters gegenüber den betroffenen Arbeitnehmern gemäß § 61 S. 1 InsO erwägenswert.[114] Zwar sind, wie an anderer Stelle dargelegt, diejenigen Nachteilsausgleichsansprüche als Masseverbindlichkeiten i.S.d. § 55 Abs. 1 InsO anzusehen, welche durch einen unzureichenden Interessenausgleichsversuch seitens des Insolvenzverwalters entstanden sind.[115] Die Haftungsnorm des § 61 InsO fordert jedoch darüber hinaus, dass diese Masseverbindlichkeit durch eine Rechtshandlung des Verwalters begründet wurde. Gerade aus dem Begriff der Rechtshandlung ist die Funktion des § 61 InsO zu entnehmen. Die Vorschrift will den potentiellen Geschäftspartner des Insolvenzverwalters schützen, für den über das normale Vertragsrisiko hinaus eine erhöhte Wahrscheinlichkeit besteht, dass er mit seiner Forderung ausfällt.[116] Es soll erreicht werden, dass der Verwalter stets prüft, ob das Eingehen weiterer Verbindlichkeiten durch die Masse gedeckt ist.[117] Nur so kann auch die Bereitschaft Dritter gefördert werden, mit dem Insolvenzverwalter Geschäfte abzuschließen, was für die Unternehmensfortführung in der Insolvenz notwendig ist.[118]

Wie aus dem Tatbestandsmerkmal der Rechtshandlung und aus dem Sinn des § 60 S. 1 InsO zu entnehmen ist, kommt eine Haftung allein für rechtsgeschäftliche Masseverbindlichkeiten in Frage. Dieses Ergebnis wird auch durch die Gesetzesgeschichte bestätigt. So legte bereits die Begründung zum zweiten Bericht der Kommission für Insolvenzrecht fest, dass nur eine „Verantwortlichkeit des Insolvenzverwalters für die rechtsgeschäftliche Begründung von Masseverbindlichkeiten" denkbar ist.[119]

Die Nachteilsausgleichsansprüche der Belegschaft entstanden jedoch durch eine Obliegenheitsverletzung des Insolvenzverwalters und ersichtlich nicht durch ein Rechtsgeschäft, womit auch eine Haftung des Verwalters nach § 61 S. 1 InsO gegenüber den Arbeitnehmern ausscheidet.

---

114 Einen derartigen Ersatzanspruch der Arbeitnehmer prüft z.B. das LAG Nürnberg [vom 17.10.2003, Az: 9 (2) Sa 43/03, (n.v.)].

115 Vgl. hierzu § 8 C II 1 a.

116 BGH vom 06.05.2004, NZI 2004, 435, 436; *Amend*, Anm. zu BGH vom 06.05.2004, LMK 2004, 175, 176; *Brandes*, in: MüKo-InsO, §§ 60, 61 InsO Rn. 34; *Lüke*, in: Kübler/Prütting, § 60 Rn. 31; *Smid*, in: Smid, § 60 InsO Rn. 20.

117 Zur Intensität dieser Prüfung vgl. OLG Brandenburg vom 03.07.2003, NZI 2003, 552, 553.

118 BGH vom 06.05.2004, NZI 2004, 435, 436; *Brandes*, in: MüKo-InsO, §§ 60, 61 InsO Rn. 34.

119 Zweiter Bericht der Kommission für Insolvenzrecht, S. 84.

2. Haftung gemäß § 61 S. 1 InsO gegenüber den übrigen am Insolvenzverfahren beteiligten Gläubigern

Ansprüche der übrigen am Insolvenzverfahren beteiligten Gläubiger aus § 61 S. 1 InsO scheitern bereits daran, dass sie gar nicht Inhaber der hier in Rede stehenden Nachteilsausgleichsansprüche sind.

III. Zusammenfassung zur Verwalterhaftung

Auch eine außerinsolvenzrechtliche Haftung, etwa mit Hilfe des Deliktsrechts, ist nicht denkbar, womit konstatiert werden muss, dass der Insolvenzverwalter für die Begründung von Ansprüchen aus § 113 Abs. 3 BetrVG weder gegenüber den betroffenen Arbeitnehmern noch gegenüber den anderen Gläubigern der Masse haftet. Gleiches muss erst recht für den vorläufigen Verwalter gelten. Durch die fehlende Verwalterhaftung wird die Chance auf Beachtung der Beteiligungsrechte aus den §§ 111 f. BetrVG im Insolvenzfall erheblich gemindert. Denn es wurde bereits erörtert, dass der Insolvenzverwalter finanzielle Sanktionsdrohungen nur dann wirklich ernst nehmen wird, wenn er sich selbst diesen Belastungen ausgesetzt sieht.

§ 9 Nachteilsausgleich des § 113 Abs. 3 BetrVG und die weiteren Rechtsfolgen bei einem unzureichenden Interessenausgleichsversuch des Unternehmers

A. Allgemeines

Mit dem Nachteilsausgleich des § 113 Abs. 3 BetrVG beabsichtigte der Gesetzgeber allein durch eine Sanktionsdrohung auf individualrechtlicher Ebene den Unternehmer anzuhalten, einen Interessenausgleich zu versuchen. Die Durchsetzung des § 113 Abs. 3 BetrVG hängt somit stets vom betroffenen Arbeitnehmer ab. Wird dieser nicht tätig, hilft die Norm dem Betriebsrat, dessen Beteiligungsrechte eigentlich verletzt wurden, nicht weiter.

Im Folgenden ist daher zu prüfen, ob neben dem Nachteilsausgleich weitere Rechtsfolgen denkbar sind, wenn der Unternehmer anlässlich einer geplanten Betriebsänderung seine Pflichten und Obliegenheiten aus den §§ 111 f. BetrVG nicht erfüllt. Besonderer Augenmerk ist darauf zu legen, ob der Betriebsrat selbst die Möglichkeit besitzt, die Vornahme von Unterrichtung und Beratung sowie den Versuch des Interessenausgleichs vom Unternehmer zu verlangen oder gar Unterlassung der mitbestimmungswidrigen Betriebsänderung fordern kann.

B. Rechtsfolgen auf der Ebene von Arbeitgeber und Betriebsrat

I. Vornahmeansprüche des Betriebsrats während einer gerade stattfindenden Betriebsänderung

1. Anspruch auf Unterrichtung und Beratung

So könnte § 111 S. 1 BetrVG dem Betriebsrat bei einer geplanten Betriebsänderung einen Anspruch auf Information und Beratung gewähren. Nach der Legaldefinition des § 194 Abs. 1 BGB definiert sich ein Anspruch als das Recht, von einem anderen ein Tun oder Unterlassen zu verlangen.[1] Andererseits erscheint es denkbar, dass § 111 S. 1 BetrVG lediglich eine Obliegenheit des Arbeitgebers begründen will. Eine Obliegenheit wird als eine Anforderung verstanden, ein bestimmtes Verhalten vorzunehmen, wobei dieses aber nicht erzwungen werden kann.[2] Die Beachtung der Verhaltensanforderung liegt jedoch im Interesse des Adressaten, da ihm sonst bestimmte Nachteile erwachsen.[3] § 111 S. 1 BetrVG kann also dem Betriebsrat nur dann einen Unterrichtungs- und Beratungsanspruch gegenüber dem Unternehmer gewähren, wenn die Norm die Voraussetzungen des § 194 Abs. 1 BGB erfüllt.

---

1 Allgemein zum Anspruch *Larenz/Wolf*, BGB-AT, § 15 Rn. 56 ff.; *Medicus*, BGB-AT, Rn. 74; *Heinrichs*, in: Palandt, § 194 BGB Rn. 1.

2 *Larenz/Wolf*, BGB-AT, § 13 Rn. 36.

3 *Gernhuber*, Das Schuldverhältnis, § 2 III 1; *Larenz/Wolf*, BGB-AT, § 13 Rn. 36.

a) Wortlaut

Der Wortlaut des § 111 S. 1 BetrVG legt fest, dass „der Unternehmer den Betriebsrat ... rechtzeitig und umfassend zu unterrichten und die geplante Betriebsänderung mit dem Betriebsrat zu beraten“ hat. Die Vorschrift weist also den Arbeitnehmervertretern direkt kein Recht zu, etwas vom Arbeitgeber zu verlangen, sondern sie schreibt lediglich dem Unternehmer vor, bestimmte Handlungen vorzunehmen. Demzufolge ist aus der Formulierung des § 111 S. 1 BetrVG nicht ausdrücklich zu entnehmen, dass dem Betriebsrat ein entsprechender Anspruch zusteht.[4]

Andererseits muss bedacht werden, dass das BetrVG nur in seltenen Fällen dem Betriebsrat explizit Ansprüche gewährt.[5] So begründet zwar § 37 Abs. 3 S. 1 u. Abs. 7 S. 1 BetrVG durch Aufnahme des Wortes „Anspruch“ eindeutig ein Forderungsrecht des Betriebsrats. Im Regelfall statuiert das Gesetz jedoch nur Handlungspflichten[6] des Arbeitgebers, womit es gleichfalls denkbar erscheint, dass nach dem Willen des Gesetzgebers einer solchen Pflicht des Unternehmers stets ein entsprechender Anspruch des Betriebsrats auf Erfüllung gegenüberstehen soll.[7] Daher liefert der Wortlaut des § 111 S. 1 BetrVG weder ein eindeutiges Indiz für noch gegen die Anspruchsqualität der Norm.

b) Gesetzeshistorie

Indes könnte die Entstehungsgeschichte des § 111 S. 1 BetrVG Anhaltspunkte dafür liefern, ob es sich hier um einen Anspruch gegenüber dem Arbeitgeber handelt. Zwar lässt sich der Begründung zum Gesetzesentwurf nichts entnehmen, was die Anspruchsqualität des § 111 S. 1 BetrVG untermauert, denn dort wird lediglich der Gesetzestext wiederholt.[8] Wie *Konzen* überzeugend darlegt, dient aber oftmals ein genauer Vergleich mit dem BetrVG 1952 als verlässlicher Beleg, ob eine Norm Ansprüche des Betriebsrats begründet.[9] Hierzu ist zu bedenken, dass

---

4 *Schulze*, Zulässigkeit einstweiliger Verfügungen, S. 154. So auch das BAG vom 17.05.1983, AP Nr. 19 zu § 80 BetrVG 1972 für die ähnliche Vorschrift des § 80 Abs. 2 S. 1 BetrVG. A.A. *Bruns*, AuR 2003, 15, 15; *Heither*, Festschrift für Däubler, 338, 339; *Schwonberg*, Die einstweilige Verfügung des Arbeitgebers, S. 307; *Zwanziger*, BB 1998, 477, 479, die aus dem Wortlaut eindeutig einen Anspruch entnehmen.

5 BAG vom 17.05.1983, AP Nr. 19 zu § 80 BetrVG 1972; *Konzen*, Leistungspflichten, S. 37.

6 Z.B. Unterrichtungspflichten in den §§ 90 Abs. 1, 92 Abs. 1 S. 1, 111 S. 1 BetrVG; Beratungspflichten in den §§ 90 Abs. 2 S. 1, 92 Abs.1 S. 2, 111 S. 1 BetrVG; Pflicht zu Berichterstattung auf Betriebsversammlungen gemäß § 43 Abs. 2 S. 3 BetrVG.

7 So *Raab*, Negatorischer Rechtsschutz, S. 77; *ders.*, ZfA 1997, 183, 246; *Riesenkampff*, Rechtsfolgen betriebsverfassungswidriger Betriebsänderungen, S. 22.

8 BT-Drucks. 6/1786, S. 54.

9 *Konzen*, Leistungspflichten, S. 49 f.; ihm folgend *Schulze*, Zulässigkeit einstweiliger Verfügungen, S. 155 f.

das BetrVG 1972 „eine Weiterentwicklung der bisherigen Regelungen“[10] des BetrVG 1952 darstellt. Die während der Geltung des BetrVG 1952 vorgenommenen Lückenfüllungen oder Interpretationen einzelner Normen durch Rechtsprechung und herrschende Meinung wurden oftmals durch den Gesetzgeber des BetrVG 1972 kodifiziert. Erinnert sei beispielsweise daran, dass auch § 113 Abs. 3 BetrVG allein die in Gesetzesform gegossene Auffassung des BAG und der herrschenden Literaturmeinung für den in § 74 BetrVG 1952 nicht geregelten Fall darstellt, dass der Unternehmer einen Interessenausgleich gar nicht versucht hat.[11] Wurden folglich aus einer im BetrVG 1952 festgeschriebenen Pflicht des Arbeitgebers nach der damaligen verbreiteten Ansicht korrespondierende Ansprüche des Betriebsrats abgleitet, so ergibt sich ein starkes Indiz, dass der Gesetzgeber des BetrVG 1972 dieser Auffassung zugestimmt hat, wenn er die Norm des BetrVG 1952 zumindest in grundsätzlicher Form in das „neue“ BetrVG übernommen hat.[12] Nach der zutreffenden Ansicht *Konzens* lässt sich weiterhin aus dem BetrVG 1972 ein Anspruch entnehmen, wenn sein Vorgängergesetz hinsichtlich einer Materie keine Regelung enthielt, man jedoch schon damals entsprechende Ansprüche begründet hat, und diese zumindest als Arbeitgeberpflichten in das BetrVG 1972 aufgenommen wurden.[13] Favorisierte der Gesetzgeber des BetrVG 1972 hingegen einmal eine Mindermeinung zum „alten“ BetrVG, folgte also nicht der Rechtsprechung des BAG und der herrschenden Literaturansicht, so machte er dies im Gesetz stets deutlich.[14]

In § 72 BetrVG 1952 war das Mitbestimmungsrecht des Betriebsrats bei Betriebsänderungen normiert, wobei weder eine Aussage über dessen Unterrichtung, noch über die Beratung durch das Gesetz getroffen wurde. Trotzdem nahmen Literatur sowie Rechtsprechung an, dass aus der Pflicht des Arbeitgebers zur vertrauensvollen Zusammenarbeit (§ 49 BetrVG 1952) ein Informationsanspruch über die geplante Betriebsänderung entsteht.[15] Da in § 111 S. 1 BetrVG 1972 die Unterrichtungspflicht des Arbeitgebers aufgenommen wurde, ist folglich anzunehmen, dass der Gesetzgeber von 1972 die entwickelten Informationsansprüche akzeptierte und weiterhin bestehen lassen wollte.[16]

---

[10] So *v. Hoyningen-Huene*, Betriebsverfassungsrecht, § 2 I 5.

[11] Vgl. dazu ausführlich § 2 B.

[12] *Konzen*, Leistungspflichten, S. 49.

[13] *Konzen*, Leistungspflichten, S. 49; zustimmend *Schulze*, Zulässigkeit einstweiliger Verfügungen, S. 155.

[14] Als Beispiel führt *Konzen* (Leistungspflichten, S. 49) § 87 Abs. 1 Nr. 6 BetrVG an, wo der Gesetzgeber der Entscheidung des BAG vom 27.05.1960 (AP Nr. 1 zu § 56 BetrVG Ordnung des Betriebes) nicht folgen will und den Persönlichkeitsschutz der Arbeitnehmer als Grund der Mitbestimmung des Betriebsrats ansieht. Siehe dazu auch BT-Drucks. 6/1786, S. 48.

[15] BAG vom 20.01.1961, AP Nr. 2 zu § 72 BetrVG; *Dietz*, § 72 BetrVG Rn. 37a; *Galperin/Siebert*, § 72 BetrVG Rn. 30 ff.; *Fitting/Kraegeloh/Auffarth*, § 72 BetrVG Rn. 27; *Nikisch*, Arbeitsrecht III, S. 528.

[16] *Konzen*, Leistungspflichten, S. 55; *Schulze*, Zulässigkeit einstweiliger Verfügungen, S. 156.

Anderes gilt jedoch hinsichtlich der Verhandlung. Während der Geltung des BetrVG 1952 wurde weder von der Rechtsprechung noch von der Literatur parallel zur Information des Betriebsrats auch ein Anspruch desselben auf Beratung konzipiert. Der Vergleich mit dem BetrVG 1952 gibt deshalb keinen Anhaltspunkt, dass auch Verhandlungen vom Betriebsrat verlangt werden können, womit ein Blick auf das alte Betriebsverfassungsgesetz hier nicht weiterhilft.[17]

Als Zwischenergebnis muss festgehalten werden, dass sich aus der Gegenüberstellung von BetrVG 1952 und BetrVG 1972 nur ein Indiz entnehmen lässt, dass dem Betriebsrat ein Anspruch auf Unterrichtung zusteht. Zur Beantwortung der Frage, ob auch ein Beratungsanspruch besteht, kann der Vergleich jedoch nichts beitragen.

c) Gesetzessystematik

aa) Abschließender Charakter des § 113 BetrVG?

Gegen die Anspruchsqualität des § 111 S.1 BetrVG scheint allerdings die Existenz des § 113 BetrVG zu sprechen. Wie an anderer Stelle dargelegt, sanktioniert der Nachteilsausgleich auch die Missachtung der Unterrichtungs- sowie der Beratungspflicht.[18] Es wird daher die Auffassung vertreten, dass nach dem gesetzgeberischen Willen der Nachteilsausgleich abschließend die Verletzung der beiden aus § 111 S. 1 BetrVG stammenden Arbeitgeberpflichten erfassen soll, so dass Unterrichtung und Beratung in § 111 S. 1 BetrVG nicht als selbständig einklagbare Erfüllungsansprüche ausgestaltet sind.[19]

Gegen diese Ansicht sprechen zwei erhebliche Bedenken. Zum einen wäre eine explizite Aufnahme von Unterrichtung und Beratung in § 111 S. 1 BetrVG überflüssig, denn das Interessenausgleichsverfahren des § 112 Abs. 2 u. 3 BetrVG, welches der Arbeitgeber versuchen muss, um einen Nachteilsausgleich i.S.d. § 113 Abs. 3 BetrVG zu vermeiden, setzt denknotwendig voraus, dass der Betriebsrat über die Betriebsänderung informiert und mit ihm über die Maßnahme auch diskutiert wird. Beratung und Unterrichtung werden daher schon über § 112 BetrVG vom Nachteilsausgleich erfasst.[20] Wollte der Gesetzgeber tatsächlich keine Verpflichtung des Arbeitgebers neben dem Nachteilsausgleich etablieren, so hätte es § 111 S. 1 BetrVG in dieser Form gar nicht bedurft. Man kann dem BetrVG-Gesetzgeber jedoch nicht unterstellen, dass er überflüssige Regelungen in das BetrVG aufnehmen wollte.

---

17 *Konzen*, Leistungspflichten, S. 57; *Schulze*, Zulässigkeit einstweiliger Verfügungen, S. 156.

18 Vgl. dazu ausführlich § 6 B II 1.

19 ArbG Jena vom 22.09.1992, BB 1992, 2223; *Eich*, DB 1983, 657, 660; *Hartmann*, Einstweiliger Rechtsschutz, S. 32 f.; *Schlochauer*, ArbRGgw (Bd. 20), 61, 73; *Walker*, Der einstweilige Rechtsschutz, Rn. 877; *ders.*, DB 1995, 1961, 1965.

20 *Schulze*, Zulässigkeit einstweiliger Verfügungen, S. 175.

Zweitens muss man sich nochmals die unterschiedlichen Charaktere von § 113 BetrVG und von § 111 S. 1 BetrVG vergegenwärtigen. Auch wenn man annimmt, dass § 113 BetrVG abschließenden Sanktionscharakter haben soll, so spricht dies nicht für die verdrängende Wirkung der Norm gegenüber einem Vornahmeanspruch aus § 111 S. 1 BetrVG. Beide Regelungen betreffen ganz unterschiedliche Ebenen. § 111 S. 1 BetrVG statuiert eine Pflicht des Arbeitgebers und stellt damit einen Primäranspruch dar.[21] Der Nachteilsausgleich legt fest, welche Konsequenzen eine Nichtbeachtung der Pflichten haben soll, womit dieser auf der Sekundärebene angesiedelt ist. Zwischen einem Primär- und einem Sekundäranspruch besteht aber ein Stufenverhältnis, so dass auch bei unterstellter Ausschließlichkeit des § 113 BetrVG diese nur für die Sekundärebene gelten kann.[22] Aus diesem Grund liefert die Existenz des § 113 BetrVG keinen Anhaltspunkt gegen die Anspruchsqualität des § 111 S. 1 BetrVG.

bb) § 23 Abs. 3 S. 1 BetrVG als alleinige Anspruchsgrundlage?

Einen ganz anderen Weg zur Verneinung, dass es sich bei § 111 S. 1 BetrVG um einen Anspruch handelt, ging *Heinze*.[23] Nach dessen Auffassung gewährt lediglich § 23 Abs. 3 BetrVG dem Betriebsrat das Recht, vom Arbeitgeber ein Tun, Dulden oder Unterlassen zu verlangen.[24] Die im BetrVG statuierten Arbeitgeberpflichten können dagegen selbst nicht als Ansprüche gesehen werden, so dass der Betriebsrat z.B. die Vornahme einer bestimmten Handlung nur verlangen kann, wenn der Arbeitgeber eine diesbezügliche Pflicht grob verletzt.[25] Grundlage seiner Auffassung ist die abweichende Ansicht *Heinzes* über die Struktur der Anspruchsnorm, die auf der Unterscheidung von Rechtssätzen in Bewertungs- und Bestimmungsnormen aufbaut. Bewertungsnormen schaffen berechtigte Rechtsstellungen und weisen sie einzelnen Rechtssubjekten zu.[26] Sie begründen jedoch keine „sanktionsbewehrte Inpflichtnahme“[27] anderer Personen. Als Beispiel für eine solche Bewertungsnorm führte *Heinze* § 903 BGB an. Zwar gewährt diese Vorschrift dem Eigentümer ein umfassendes Herrschaftsrecht. Wird seine Rechtsstellung hingegen durch einen Dritten beeinträchtigt, so hilft § 903 BGB ihm nicht, ein Unterlassen der Beeinträchtigung zu erzwingen. Vielmehr bedarf es dann einer Bestimmungsnorm wie etwa § 985 BGB. Eine Bestimmungsnorm schützt also die durch die Bewertungsnorm geschaffene Rechtsstellung des einzelnen, indem sie „das ihm Zugedachte“ einfordert, „und wenn er es hat, die Einwir-

---

21 Vgl. dazu auch *Ehmann*, Betriebsstillegung, S. 66.

22 *Riesenkampff*, Rechtsfolgen betriebsverfassungswidriger Betriebsänderungen, S. 24 f.

23 In DB 1983, (Beilage Nr. 9), 1, 3 ff.; zustimmend LAG Düsseldorf vom 19.11.1996, NZA-RR 1997, 297. 297.

24 *Heinze*, DB 1983, (Beilage Nr. 9), 1, 16.

25 *Heinze*, DB 1983, (Beilage Nr. 9), 1, 16.

26 *Heinze*, DB 1983, (Beilage Nr. 9), 1, 3.

27 *Heinze*, DB 1983, (Beilage Nr. 9), 1, 3.

kung anderer verbietet."[28] Damit kann nur eine Bestimmungsnorm als Anspruch verstanden werden, wobei diese nach *Heinze* zweiteilig strukturiert sein muss.[29] In deren ersten Teil ist der Tatbestand enthalten, der zum einen aus der Verletzung der Innenberechtigung besteht, welche z.B. aus der Bewertungsnorm entnommen werden kann. Neben diesem Haftungsgrund beinhaltet der Tatbestandsteil auch ein Zurechnungsprinzip, das die Inpflichtnahme des Dritten regelt.[30] Im zweiten Teil ist die Rechtsfolge festgeschrieben.[31]

Diese zweiteilige Struktur muss auch § 111 S. 1 BetrVG erfüllen, um nach Ansicht *Heinzes* als Anspruch klassifiziert werden zu können. Die Vorschrift räumt jedoch dem Betriebsrat nicht das Recht ein, gegen den Unternehmer vorzugehen, womit ihr es schon am notwendigen Rechtsfolgenteil mangelt und sie daher nicht als Anspruch i.S.d des Anspruchsmodells *Heinzes* anzusehen ist.[32]

Die von *Heinze* entwickelte Struktur der Anspruchsgrundlage ist allerdings nicht vollständig. Sie erfasst nur Ansprüche wie beispielsweise die §§ 823 Abs. 1, 985 und 1004 BGB, welche sich alle dadurch auszeichnen, dass sie die Schmälerung einer Berechtigungslage durch eine andere Person sanktionieren.[33] Jedoch gibt es auch Normen, die erst eine Berechtigungslage begründen und dennoch unstrittig als Ansprüche zu betrachten sind. Als Beispiel sei § 433 Abs. 1 S. 1 BGB angeführt. Hier wird dem Käufer erst das Recht verschafft, dass er vom Verkäufer Übergabe und Übereignung der Kaufsache verlangen kann. Damit wird deutlich, dass es *Heinze* zwar gelang, dingliche Ansprüche zu beschreiben. Sein Modell erfasst hingegen schuldrechtliche Erfüllungsansprüche nicht.[34] Ist es unvollständig, so kann es eine Ablehnung der Anspruchsqualität des § 111 S. 1 BetrVG nicht rechtfertigen, womit auch *Heinzes* These, dass der Betriebsrat allein bei einer groben Verletzung der Unternehmerpflichten betreffend Unterrichtung und Beratung über § 23 Abs. 3 S. 1 BetrVG ein Tun verlangen kann, obsolet ist. Demzufolge lässt sich aus § 23 Abs. 3 BetrVG ebenfalls kein Argument gegen die Qualifizierung des § 111 S. 1 BetrVG als Anspruch entnehmen.

cc) Vergleich mit § 80 Abs. 2 S. 1 BetrVG

Für die Anspruchsqualität des § 111 S. 1 BetrVG spricht hingegen ein Vergleich mit § 80 Abs. 2 S. 1 BetrVG. Nach dieser Vorschrift hat der Unternehmer den

---

[28] *Heinze*, DB 1983, (Beilage Nr. 9), 1, 3.

[29] *Heinze*, DB 1983, (Beilage Nr. 9), 1, 4.

[30] *Heinze*, DB 1983, (Beilage Nr. 9), 1, 4 f.

[31] *Heinze*, DB 1983, (Beilage Nr. 9), 1, 5.

[32] *Heinze*, DB 1983, (Beilage Nr. 9), 1, 20; ihm folgend LAG Düsseldorf vom 19.11.1996, NZA-RR 1997, 297, 298; *Verch*, Personalabbau und Betriebsverfassung, S. 166.

[33] Siehe hierzu *Raab*, Negatorischer Rechtsschutz, S. 79; zustimmend *Schulze*, Zulässigkeit einstweiliger Verfügungen, S. 158.

[34] *Raab*, Negatorischer Rechtsschutz, S. 79; *Schulze*, Zulässigkeit einstweiliger Verfügungen, S. 160; ablehnend auch BAG vom 17.05.1983, AP Nr. 19 zu § 80 BetrVG 1972.

Betriebsrat rechtzeitig und umfassend zu unterrichten, damit die Arbeitnehmervertreter ihre gesetzlichen Aufgaben erfüllen können. Genauso wie in § 111 S. 1 BetrVG ist aber ein Anspruch des Betriebsrats auf Unterrichtung auch in § 80 Abs. 2 S. 1 BetrVG nicht ausdrücklich normiert. Dass letztgenannte Norm den Arbeitnehmervertretern jedoch ein solches Forderungsrecht gewährt, ergibt sich aus der Gegenüberstellung mit § 80 Abs. 2 S. 2 HS. 1 BetrVG. Nach dieser Regelung kann der Betriebsrat vom Unternehmer weiterhin verlangen, ihm die zur Aufgabenerfüllung notwendigen Unterlagen zur Verfügung zu stellen, womit § 80 Abs. 2 S. 2 HS. 1 BetrVG unstreitig Anspruchsqualität besitzt.[35] Die Unterrichtung soll genauso wie das Zur-Verfügung-Stellen von Unterlagen dazu dienen, dass der Betriebspartner alle notwendigen Informationen erhält, die er benötigt, um die an ihn gestellten Aufgaben ordnungsgemäß und zum Wohle der durch ihn repräsentierten Arbeitnehmer wahrzunehmen.[36] Haben Unterrichtung und Unterlagenbereitstellung eine identische Funktion, ist es folgerichtig, dass die absolut herrschende Meinung § 80 Abs. 2 S. 1 BetrVG genauso wie § 80 Abs. 2 S. 2 HS. 1 BetrVG als einen Anspruch des Betriebsrats ansieht.[37]

Besitzt § 80 Abs. 2 S. 1 BetrVG Anspruchsqualität, der im Vergleich zu § 111 S. 1 BetrVG identisch formuliert ist, so liefert dies schon wegen der einheitlichen Gesetzesauslegung ein Indiz, dass man auch aus § 111 S. 1 BetrVG einen Anspruch ableiten muss.[38]

dd) Zusammenfassung der systematischen Argumente

Weder ist § 23 Abs. 3 BetrVG als alleinige Anspruchsnorm des Betriebsrats zu qualifizieren, noch kann § 113 Abs. 3 BetrVG einen Primäranspruch auf Unter-

---

35 *Buschmann*, in: DKK, § 80 BetrVG Rn. 88; *Kraft/Weber*, in : GK-BetrVG, § 80 BetrVG Rn. 77; *Stege/Weinspach/Schiefer*, § 80 BetrVG, Rn. 9; *Thüsing*, in: Richardi, § 80 BetrVG Rn. 61 f.; a.A. *Heinze*, DB 1983, (Beilage Nr. 9), 1, 16.

36 BAG vom 26.01.1988, AP Nr. 31 zu § 80 BetrVG 1972; BAG vom 10.02.1987, AP Nr. 27 zu § 80 BetrVG 1972; BAG vom 17.05.1983, AP Nr. 19 zu § 80 BetrVG 1972; *Buschmann*, in: DKK, § 80 BetrVG Rn. 64; *Fitting/Engels/Schmidt/Trebinger/Linsenmaier*, § 80 BetrVG Rn. 62; *v. Hoyningen-Huene*, Betriebsverfassungsrecht, § 11 IV 2; *Kania*, in: ErfK, § 80 BetrVG Rn. 17; *Kraf/Webert*, in: GK-BetrVG, § 80 BetrVG Rn. 51; *Thüsing*, in: Richardi, § 80 BetrVG Rn. 56. Dazu, dass § 80 Abs. 2 S. 1 BetrVG auch dem innerbetrieblichen Rechtsfrieden dient, vgl. BAG vom 15.12.1998, AP Nr. 56 zu § 80 BetrVG 1972.

37 BAG vom 17.05.1983, AP Nr. 19 zu § 80 BetrVG 1972; *Buschmann*, in: DKK, § 80 BetrVG Rn. 64; *v. Hoyningen-Huene*, Betriebsverfassungsrecht, § 11 IV 2; *Kania*, in: ErfK, § 80 BetrVG Rn. 17; *Kraft/Weber*, in: GK-BetrVG, § 80 BetrVG Rn. 54; *Krafts*, ZfA 1983, 171, 176; *Konzen*, Leistungspflichten, S. 55; *Matthes*, in: MüHb-ArbR, § 326 Rn. 4; *Löwisch/Kaiser*, § 80 BetrVG Rn. 20; *Raab*, Negatorischer Rechtsschutz, S. 83; *Riesenkampff*, Rechtsfolgen betriebsverfassungswidriger Betriebsänderungen, S. 26; *Thüsing*, in: Richardi, § 80 BetrVG Rn. 55; *Stege/Weinspach/Schiefer*, § 80 BetrVG Rn. 9; a.A. *Heinze*, DB 1983, (Beilage Nr. 9), 1, 16.

38 *Riesenkampff*, Rechtsfolgen betriebsverfassungswidriger Betriebsänderungen, S. 24.

richtung und Beratung beseitigen. Damit lassen sich aus der Systematik des Gesetzes keine Anhaltspunkte gewinnen, welche die Anspruchsqualität des § 111 S. 1 BetrVG in Frage stellen. Hingegen gebietet ein Vergleich mit dem Informationsanspruch aus § 80 Abs. 2 S. 1 BetrVG auch § 111 S. 1 BetrVG als Anspruchsnorm zu sehen.

d) Sinn und Zweck

Zur Lösung des Problems können ferner Sinn und Zweck des § 111 S. 1 BetrVG beitragen. Die Informationspflicht soll gewährleisten, dass der Betriebsrat genaue Kenntnisse unter anderem davon erhält, wie sich die Situation im Betrieb darstellt, warum eine Betriebsänderung geboten ist und welche Möglichkeiten für ihre konkrete Ausgestaltung bestehen.[39] Ohne dieses Wissen ist der Betriebsrat nicht in der Lage, als gleichberechtigter Partner des Unternehmers zu fungieren und die Interessen der Belegschaft bei einer solch einschneidenden Maßnahme zu vertreten. Die Unterrichtung ist daher elementar für die Wahrnehmung der betriebsverfassungsrechtlichen Beteiligungsrechte bei einer Betriebsänderung. Dieser Bedeutung kann nur entsprochen werden, wenn man dem Betriebsrat die gerichtliche Durchsetzbarkeit der Unterrichtung einräumt.[40]

Gleiches gilt für die Beratungspflicht des § 111 S. 1 BetrVG. Sie soll garantieren, dass der Betriebsrat durch eine überzeugende Argumentation auf die Entscheidungsfindung des Unternehmers Einfluss ausüben kann und damit die Betriebsänderung so schonend wie möglich für die Belegschaft ausfällt.[41] Gerade unter dem Gesichtspunkt, dass hinsichtlich des Interessenausgleichs ein erzwingbares Mitbestimmungsrecht des Betriebsrats durch das BetrVG 1972 nicht mehr gegeben ist, gewährt die gerichtliche Durchsetzbarkeit der Beratung in gewisser Weise einen Ausgleich für die schwache Position des Betriebsrats.[42] Demnach erfordern Sinn und Zweck der Unterrichtung sowie der Beratung, dass § 111 S. 1 BetrVG als Anspruch gesehen wird.

e) Zusammenfassung und Verfassungskonformität des Ergebnisses

Im Ergebnis liefern Entstehungsgeschichte, Systematik sowie Sinn und Zweck des § 111 S. 1 BetrVG Anhaltspunkte dafür, der Norm Anspruchsqualität zuzuweisen. Indizien, die einer solchen Qualifizierung widersprechen, sind hingegen nicht ersichtlich. Infolgedessen kommt die Auslegung des § 111 S. 1 BetrVG zu dem

---

39 Siehe dazu bereits § 6 B II 3 a.

40 *Raab*, ZfA 1997, 183, 246; *Riesenkampff*, Rechtsfolgen betriebsverfassungswidriger Betriebsänderungen, S. 23; *Schulze*, Zulässigkeit einstweiliger Verfügungen, S. 175 f.

41 Vgl. dazu die Ausführungen auf § 6 B III 1 c.

42 LAG Berlin vom 09.07.1995, LAGE § 111 BetrVG 1972 Nr. 13.

Ergebnis, dass Unterrichtung und Beratung im Zuge einer geplanten Betriebsänderung vom Betriebsrat gerichtlich durchgesetzt werden können.[43]

Das soeben aufgezeigte Resultat könnte jedoch mit der Unternehmerfreiheit des Arbeitgebers unvereinbar sein. Als Teilbereich der durch Art. 12 Abs. 1 GG geschützten Berufsfreiheit garantiert dieses Grundrecht jedem Deutschen, dass er ein Unternehmen gründen und es unabhängig sowie frei führen darf.[44]

Ein Eingriff in Art. 12 Abs. 1 GG liegt vor, wenn der Unterrichtungs- und Beratungsanspruch zur Konsequenz hat, dass der Unternehmer eine Entscheidung über das „Ob" und „Wie" einer Betriebsänderung nicht mehr selbständig treffen darf. Dass er vom Betriebsrat gezwungen werden kann, ihn zu informieren und mit ihm über die geplante Maßnahme zu diskutieren, hat jedoch nicht zur Folge, dass der Unternehmer in irgendeiner Weise bei der Entscheidungsfindung beeinträchtigt wird.[45] Er plant weiterhin die Maßnahme, wie er es möchte, denn Unterrichtung und Beratung bedeuten nicht, sich beeinflussen lassen zu müssen. Ein Eingriff in die Unternehmerfreiheit ist allein aus diesem Grund nicht zu bejahen.

Andererseits ist zu bedenken, dass die gerichtliche Durchsetzung des Unterrichtungs- und Beratungsanspruchs oftmals zur Konsequenz hat, dass der Zeitplan für die Durchführung der Betriebsänderung verschoben werden muss.[46] Darf der Arbeitgeber eine unternehmerische Entscheidung nicht in dem Moment vollzie-

---

[43] So auch die herrschende Meinung LAG Berlin vom 09.07.1995, LAGE § 111 BetrVG 1972 Nr. 13; LAG Rheinland-Pfalz vom 28.03.1989, LAGE § 111 BetrVG 1972 Nr. 10 ; LAG Hamburg vom 13.11.1981, NJW 1984, 324, 325; *Bruns*, AuR 2003, 15, 15; *Däubler*, in: DKK, § 111 BetrVG Rn. 142; *Heither*, Festschrift für Däubler, 338, 339; *Hess*, in: Hess/ Schlochauer/Worzalla/Glock, § 111 BetrVG Rn. 31; *Kania*, in: ErfK, § 111 BetrVG Rn. 23; *Konzen*, Leistungspflichten, S. 55 u. 57 f.; *ders.*, NZA 1995, 865, 872; *Leinemann*, ZIP 1989, 552, 557; *Löwisch/Kaiser*, § 111 BetrVG Rn. 50; *Matthes*, Festschrift für Dieterich, 355, 361; *Raab*, ZfA 1997, 183, 246; *Riesenkampff*, Rechtsfolgen betriebsverfassungswidriger Betriebsänderungen, S. 25 u. 31; *Schulze*, Zulässigkeit einstweiliger Verfügungen, S. 176; *Schwonberg*, Die einstweilige Verfügung des Arbeitgebers, S. 307; *Zwanziger*, BB 1998, 477, 479; grundsätzlich zustimmend auch *Oetker*, in: GK-BetrVG, § 111 BetrVG Rn. 183 f.; a. A. ArbG Neustrelitz vom 24.02.1994, AuA 1995, 174, 174; *Bengelsdorf*, DB 1990, 1233, 1235; *Eich*, DB 1983, 657, 659; *Hartmann*, Einstweiliger Rechtsschutz, S. 32 f.; *Heinze*, DB 1983, (Beilage Nr. 9), 1, 20; *Schlochauer*, ArbRGgw (Bd. 20), 61, 73; *Verch*, Personalabbau und Betriebsverfassung, S. 166; *Walker*, Der einstweilige Rechtsschutz, Rn. 877; *ders.*, DB 1995, 1961, 1965. Offen gelassen BAG vom 22.02.1983, AP Nr. 2 zu § 23 BetrVG 1972.

[44] BVerfG vom 01.03.1979, BVerfGE 50, 290, 362; BVerfG vom 18.12.1985, NJW 1986, 1601; *Dieterich*, in: ErfK, Art. 12 GG Rn. 14; *C. J. Müller*, Die Berufsfreiheit des Arbeitgebers, S. 22; *Rittner*, Unternehmerfreiheit und Unternehmensrecht, S. 22; *Scholz*, in: MD, Art. 12 GG Rn. 35; abweichend *Di Fabio*, in: MD, Art. 2 GG Rn. 126; *Schlochauer*, ArbRGgw (Bd. 20), 61, 71, welche die Unternehmerfreiheit als einen Teilbereich der allgemeinen Handlungsfreiheit ansehen und somit einen Schutz allein über Art. 2 Abs. 1 GG gewähren möchten.

[45] A.A. *Hartmann*, Einstweiliger Rechtsschutz, S. 33.

[46] Vgl. nochmals zur Dauer einer Betriebsänderung *Federlin*, ZfA 1988, 99, 104.

hen, den er beabsichtigt, so ist er in seiner Freiheit der Unternehmensführung beeinträchtigt. Aus diesem Grund greift ein Anspruch aus § 111 S. 1 BetrVG sehr wohl in Art. 12 Abs. 1 GG ein.[47] Allerdings beschränkt die Anerkennung der Anspruchsqualität nur die Modalitäten der Ausübung der Unternehmerfreiheit.[48] Ein Eingriff in die Ausübungsfreiheit ist gerechtfertigt, wenn sie in verhältnismäßiger Weise vernünftigen Erwägungen des Gemeinwohls dient.[49] Der Informations- und Beratungsanspruch des Betriebsrats führt dazu, dass die Arbeitnehmervertreter als adäquate Verhandlungspartner des Unternehmers durch Überzeugungsarbeit eventuell noch Einfluss auf die Betriebsänderung nehmen können. Es soll gewährleistet werden, dass die Belegschaft, welche ebenfalls für sich den Schutz des Art. 12 Abs. 1 GG in Anspruch nehmen kann, bei einer solch einschneidenden Maßnahme Gehör findet. Ein vernünftiger Grund zur Einschränkung des Unternehmergrundrechts ist folglich gegeben. Da der Arbeitgeber nicht auf die Argumente des Betriebsrats eingehen muss, ist der Eingriff auch nicht unverhältnismäßig.[50] Somit gebietet Art. 12 Abs. 1 GG keine Korrektur des Ergebnisses, wonach dem Betriebsrat aus § 111 S. 1 BetrVG ein gerichtlich durchsetzbarer Anspruch auf Unterrichtung und Beratung zusteht.

---

[47] Im Ergebnis auch *Riesenkampff*, Rechtsfolgen betriebsverfassungswidriger Betriebsänderungen, S. 23, der hier von einer unwesentlichen Beeinträchtigung der Unternehmerfreiheit spricht.

[48] Zu den Einteilungen der Eingriffe in Art. 12 GG als Berufsausübungs-, subjektive und objektive Berufswahlschranken, vgl. BVerfG vom 21.02.1995, BVerfGE 92, 140, 151; BVerfG vom 17.07.1971, BVerfGE 13, 97, 104 f.; BVerfG vom 11.06.1958, BVerfGE 7, 377, 405 ff.; *Dieterich*, in: ErfK, Art. 12 GG, Rn. 26; *Epping*, Grundrechte, Rn. 340; *Jarass*, in: Jarass/Pieroth, Art. 12 GG Rn. 24 ff.; *Mansen*, in: Mangoldt/Klein/Strack, Art. 12 Abs. 1 GG Rn. 134; *C. J. Müller*, Die Berufsfreiheit des Arbeitgebers, S. 40 f.

[49] Grundlegend BVerfG vom 17.07.1961, BVerfGE 13, 97, 104; BVerfG vom 11.06.1958, BVerfGE 7, 377, 405 ff. Siehe auch BVerfG vom 14.03.1989, BVerfGE 80, 1, 24; BVerfG vom 10.05.1988, BVerfGE 78, 179, 192; BVerfG vom 01.07.1986, BVerfGE 73, 301, 316; BVerfG vom 27.01.1982, BVerfGE 59, 302, 316 f.; BVerfG vom 16.03.1971, BVerfGE 30, 292, 316; BVerfG vom 23.01.1968, BVerfGE 23, 50, 56; BVerfG vom 16.06.1959, BVerfGE 9, 338, 345; *Dieterich*, in: ErfK, Art. 12 GG, Rn. 26; *Epping*, Grundrechte, Rn. 340; *Jarass*, in: Jarass/Pieroth, Art. 12 GG Rn. 24 ff.; *Mansen*, in: Mangoldt/Klein/Strack, Art. 12 Abs. 1 GG Rn. 134; *Tettinger*, in: Sachs, Art. 12 GG Rn. 106. Wobei die sog. „Stufenlehre" des BVerfG nur noch eine didaktische Funktion erfüllt. Zur Kritik und der nun auch vom BVerfG praktizierten „Rampenprüfung" vgl. BVerfG vom 06.10.1987, BVerfGE 77, 84, 106; *Dieterich*, in: ErfK, Art. 12 GG Rn. 27; *Tettinger*, in: Sachs, Art. 12 GG Rn. 100 ff.; *Wieland*, in: Dreier, Art. 12 GG Rn. 107 ff.

[50] So auch *Riesenkampff*, Rechtsfolgen betriebsverfassungswidriger Betriebsänderungen, S. 31; a.A. *Hartmann*, Einstweiliger Rechtsschutz, S. 33; *Schlochauer*, ArbRGgw (Bd. 20), 61, 71.

2. Anspruch auf Durchführung des Interessenausgleichsverfahrens i.S.d. § 112 BetrVG

Wurde ein Interessenausgleich in der Beratung zwischen Betriebsrat und Unternehmer nicht erzielt, gibt § 112 Abs. 2 u. 3 BetrVG in dezidierter Weise ein Verfahren vor, um dennoch zu einem solchen Ausgleich gelangen zu können.
Es stellt sich die Frage, ob den Arbeitnehmervertretern neben ihrem Unterrichtungs- und Beratungsanspruch aus § 111 S. 1 BetrVG auch durch § 112 Abs. 2 und 3 BetrVG weitere Ansprüche gewährt werden können.[51] Denkbar wäre, dass der Betriebsrat vom Unternehmer verlangen kann, dass dieser den Vorstand der Bundesagentur für Arbeit und die Einigungsstelle um Vermittlung ersuchen muss. Zum anderen könnte ein möglicher Anspruch darauf gerichtet sein, dass der Unternehmer sich lediglich an einem Vermittlungs- bzw. Einigungsversuch der eben genannten Stellen mit ernstem Willen zu beteiligen hat.

a) Anspruch auf Tätigwerden des Unternehmers

aa) Wortlaut

Gegen einen Anspruch auf Tätigwerden des Unternehmers spricht bereits der Wortlaut des § 112 Abs. 2 S. 1 u. 2 BetrVG. Danach „können" die Betriebspartner die im Gesetz genannten Gremien um Vermittlung ersuchen, sie müssen es jedoch nicht. Der Gesetzgeber hat demnach keine Pflichten für die Betriebspartner normiert, sondern ihnen lediglich verschiedene Möglichkeiten eingeräumt, um noch zu einem Interessenausgleich zu gelangen. Fehlt es schon an der gesetzlich auferlegten Pflicht des Unternehmers, so kann es erst recht keinen korrespondierenden Anspruch des Betriebsrats geben.[52] Jeder Versuch, den Unternehmer verpflichten zu wollen, von sich aus die Einigungsstelle anzurufen oder den Vorstand der Bundesagentur für Arbeit anzugehen, tauscht im Ergebnis das Wort „können" in § 112 Abs. 2 S. 1 u. 3 BetrVG mit dem Wort „müssen" aus.

bb) Systematik

Einen Anhaltspunkt gegen einen solchen Anspruch des Betriebsrats könnte sich ferner aus der Existenz des § 113 Abs. 3 BetrVG ergeben. Zwar wurde an anderer Stelle schon gezeigt, dass § 113 Abs. 3 BetrVG einen Sekundäranspruch darstellt und somit grundsätzlich einen Primäranspruch, wie den auf Initiative zum Betreiben des Interessenausgleichs, nicht verdrängen kann.[53] Billigt man jedoch dem Betriebsrat zu, dass er nicht nur die Unterrichtung und Beratung, sondern auch die

---

[51] In § 2 wurde lediglich untersucht, welche Aktivitäten der Arbeitgeber entfalten muss, wenn er Nachteilsausgleichsansprüche der Belegschaft vermeiden möchte.

[52] Vgl. § 9 B I 1 a, wonach aus einer vom BetrVG auferlegten Pflicht nicht stets geschlossen werden kann, dass der anderen Seite ein korrespondierender Anspruch zusteht.

[53] Siehe dazu § 9 B I 1 c aa.

Durchführung der weiteren Verfahrensschritte vom Unternehmer verlangen kann, so wird es Letztgenanntem quasi unmöglich gemacht, einen unzureichenden Interessenausgleichsversuch i.S.d. § 113 Abs. 3 BetrVG vorzunehmen. Konsequenz wäre, dass es für § 113 Abs. 3 BetrVG keinen Anwendungsbereich geben würde.[54] Dass dies vom Gesetzgeber gewollt ist, kann nicht unterstellt werden. Um der Anwendung des § 113 Abs. 3 BetrVG Raum zu geben, ist ein Verhandlungsanspruch des Betriebsrats folglich abzulehnen.

cc) Sinn und Zweck

Ebenfalls ist zu bedenken, dass § 112 Abs. 2 S. 1 und 2 BetrVG nicht allein dem Unternehmer, sondern auch dem Betriebsrat die Möglichkeit eröffnet, sich an den Vorstand der Bundesagentur für Arbeit zu wenden bzw. die Einigungsstelle anzurufen. Stehen ihm damit die gleichen Initiativmöglichkeiten zu wie dem Arbeitgeber, so ist fraglich, warum man dem Betriebsrat noch einen Anspruch gegen seinen Betriebspartner zubilligen sollte, dass dieser tätig wird.[55] Können die Arbeitnehmervertreter selbst aktiv werden, um einen Interessenausgleich zu versuchen, so sind sie nicht schutzbedürftig.

Nach einer vereinzelt vertretenen Auffassung benötigt der Betriebsrat nach § 76 Abs. 6 S. 1 BetrVG die Zustimmung der anderen Seite, wenn er die Möglichkeit des § 112 Abs. 2 S. 2 BetrVG nutzen und die Einigungsstelle anrufen will.[56] Wäre dem zuzustimmen, so könnte der Betriebsrat hier doch nicht völlig eigenständig handeln, womit ein Verhandlungsanspruch sinnvoll wäre.

Gemäß § 76 Abs. 6 S. 1 BetrVG wird die Einigungsstelle in Angelegenheiten, die nicht der zwingenden Mitbestimmung unterliegen, nur tätig, wenn beide Betriebspartner damit einverstanden sind. Da der Interessenausgleich anders als der Sozialplan nicht durchsetzbar ist, scheint § 76 Abs. 6 S. 1 BetrVG auch in dieser Konstellation grundsätzlich anwendbar zu sein.

Allerdings hat der Gesetzgeber mittels § 112 Abs. 2 S. 2 BetrVG ausdrücklich dem einzelnen Betriebspartner die Möglichkeit eingeräumt, die Einigungsstelle anzurufen. Er macht damit deutlich, dass Betriebsrat bzw. Unternehmer beim Ergreifen des genannten Mittels gerade nicht abhängig vom Verhalten der anderen

---

[54] *Heinze*, DB 1983, (Beilage Nr. 9), 1, 21; *Matthes*, Festschrift für Wlotzke, 393, 399; *Konzen*, Betriebsverfassungsrechtliche Leistungspflichten, S. 91; *Schulze*, Zulässigkeit einstweiliger Verfügungen, S. 179.

[55] *Raab*, ZfA 1997, 183, 245, der hier davon spricht, dass sonst eine Absurdität vorliegen würde; *Verch*, Personalabbau und Betriebsverfassung, S. 166.

[56] *Matthes*, Festschrift für Wlotzke, 393, 400. Gleiches gilt natürlich auch, wenn die Gegenseite tätig werden möchte.

Seite sein sollen, so dass sich § 112 Abs. 2 S. 2 BetrVG gegenüber § 76 Abs. 6 S. 1 BetrVG als die speziellere Regelung darstellt, womit letztere verdrängt wird.[57]

In der Konsequenz kann der Betriebsrat, ohne dass es einer Zustimmung des Unternehmers bedarf, die Einigungsstelle anrufen. Ist es ihm möglich selbst zu handeln, um noch zu einem Interessenausgleich zu gelangen, so gibt es für einen Anspruch gegen den Unternehmer auf Durchführung der in § 112 BetrVG genannten Verfahrensschritte keinen Bedarf.

dd) Verfassungskonformität

Ein klares Votum gegen einen solchen Initiativanspruch des Betriebsrats lässt sich ebenso aus verfassungsrechtlichen Erwägungen entnehmen. Wie bereits dargelegt, garantiert die grundgesetzlich geschützte Unternehmerfreiheit das Recht, ein Unternehmen zu gründen sowie es frei und unabhängig zu führen.[58] Kann der Unternehmer vom Betriebsrat gerichtlich gezwungen werden, den Vorstand der Bundesagentur für Arbeit um Vermittlung zu bitten bzw. die Einigungsstelle anzurufen, so führt dies gleichsam wie der Informations- und Beratungsanspruch dazu, dass die Durchführung der Betriebsänderung zumindest verzögert und der Unternehmer deshalb in seiner Unternehmensführungsfreiheit beeinträchtigt wird. Aus diesem Grund würde auch der Initiativanspruch des Betriebsrats als Ausübungsregelung in Art. 12 Abs. 1 GG eingreifen. Allerdings gewährt § 112 Abs. 2 BetrVG dem Betriebsrat eine Möglichkeit zum Tätigwerden, so dass ein solcher Anspruch gegen den Unternehmer unnötig ist. Es ist daher erkennbar, dass für den hier vorliegenden Eingriff kein rechtfertigender Grund vorhanden ist, er also rechtswidrig ist.[59] Im Ergebnis wird der Unternehmerfreiheit nur entsprochen, wenn dem Betriebsrat ein Anspruch auf Tätigwerden des Unternehmers verwehrt wird.

ee) Ergebnis

Der Wortlaut des § 112 Abs. 2 u. 3 BetrVG, ein Vergleich mit § 113 Abs. 3 BetrVG sowie grundrechtliche Erwägungen und die Tatsache, dass der Betriebsrat selbst handeln kann und deshalb nicht schutzbedürftig ist, machen deutlich,

---

[57] LAG Berlin vom 03.06.1994, DB 1994, 2635; *Annuß*, in: Richardi, § 112 BetrVG Rn. 229; *Oetker*, in: GK-BetrVG, §§ 112, 112a BetrVG Rn. 32; *Raab*, ZfA 1997, 183, 245; *Riesenkampff*, Rechtsfolgen betriebsverfassungswidriger Betriebsänderungen, S. 34 f.

[58] BVerfG vom 18.12.1985, NJW 1986, 1601; BVerfG vom 01.03.1979, BVerfGE 50, 290, 362; *Dieterich*, in: ErfK, Art. 12 GG Rn. 14; *C. J. Müller*, Die Berufsfreiheit des Arbeitgebers, S. 22; *Rittner*, Unternehmerfreiheit und Unternehmensrecht, S. 22; *Scholz*, in: MD, Art. 12 GG Rn. 35; abweichend *Di Fabio*, in: MD, Art. 2 GG Rn. 126, der die Unternehmerfreiheit als einen Teilbereich der allgemeinen Handlungsfreiheit ansieht und somit einen Schutz allein über Art. 2 Abs. 1 GG gewähren will.

[59] *Riesenkampff*, Rechtsfolgen betriebsverfassungswidriger Betriebsänderungen, S. 35.

dass der Betriebsrat vom Unternehmer nicht verlangen darf, dass dieser die Einigungsstelle bzw. den Vorstand der Bundesagentur anruft.[60]

b) Anspruch auf Einlassung

Indes könnte dem Betriebsrat zumindest ein Anspruch zustehen, wonach sich der Unternehmer auf einen Vermittlungsversuch beim Vorstand der Bundesagentur für Arbeit oder vor der Einigungsstelle einlassen muss.

aa) Wortlaut

Anders als bei der Frage, ob der Betriebsrat von der „Gegenseite" fordern kann, die genannten Gremien von sich aus anzugehen, ist aus dem Wortlaut des § 112 Abs. 2 BetrVG kein Argument gegen einen Einlassungsanspruch des Betriebsrats zu entnehmen. Die Vorschrift gewährt einem Betriebspartner lediglich das Recht, die beiden Institutionen anzurufen, sie enthält keine Aussage, wie sich die andere Seite verhalten muss, wenn von dieser Möglichkeit Gebrauch gemacht wurde.

Hingegen legt § 112 Abs. 3 S. 1 BetrVG fest, dass Unternehmer und Betriebsrat der Einigungsstelle Lösungsvorschläge unterbreiten *sollen*. Sollen bedeutet jedoch nicht müssen, womit der Gesetzgeber die Betriebspartner nicht zu einer Mitarbeit zwingen wollte. § 112 Abs. 3 S. 1 BetrVG liefert damit ein Indiz gegen einen Anspruch auf Einlassung vor der Einigungsstelle.[61] Die Norm trifft andererseits keine Aussage über den Einlassungsanspruch beim Vorstand der Bundesagentur für Arbeit. Es erscheint aber unverständlich, dass der Unternehmer hier strengeren Zwängen ausgesetzt sein sollte.

bb) Systematik

Gegen die Möglichkeit, den Unternehmer zu zwingen, sich auf einen Interessenausgleichsversuch vor der Einigungsstelle einzulassen, spricht ferner, dass bei einem freiwilligen Einigungsstellenverfahren i.S.d. § 76 Abs. 6 S. 1 BetrVG eine Seite nicht nur den Spruch der Einigungsstelle ablehnen kann, sondern durch das Zurückrufen ihres Vertreters in der Lage ist, das gesamte Verfahren abzu-

---

[60] So etwa ArbG Neustrelitz vom 24.02.1994, AuA 1994, 174, 175; *Bengelsdorf*, DB 1990, 1233, 1234; *Heinze*, DB 1983, (Beilage Nr. 9), 1, 21; *Konzen*, Betriebsverfassungsrechtliche Leistungspflichten, S. 91; *Matthes*, RdA 1999, 178, 180; *Schlochauer*, ArbRGgw (Bd. 20), 61, 73; *Schulze*, Zulässigkeit einstweiliger Verfügungen, S. 179; *Verch*, Personalabbau und Betriebsverfassung, S. 166; *Walker*, Der einstweilige Rechtsschutz, Rn. 877; *ders.*, DB 1995, 1961, 1965; a.A. LAG Rheinland-Pfalz vom 28.03.1989, LAGE § 111 BetrVG 1972 Nr. 10; LAG Hamm vom 23.03.1983, AuR 1984, 54; LAG Hamburg vom 13.11.1981, NJW 1984, 324, 324; *Bertelsmann/Gäbert*, AuR 1982, 390, 391; *Buschmann*, BB 1983, 510, 512; *Derleder*, AuR 1995, 13, 17; *Pflüger*, DB 1998, 2062, 2063 f.; *Zwanziger*, BB 1998, 477, 479; offengelassen BAG vom 18.12.1984, AP Nr. 11 zu § 113 BetrVG 1972.

[61] *Riesenkampff*, Rechtsfolgen betriebsverfassungswidriger Betriebsänderungen, S. 35.

brechen.[62] Für das erzwingbare Einigungsstellenverfahren legt § 76 Abs. 5 S. 2 BetrVG fest, dass bei Fernbleiben eines Betriebspartners der Einigungsstellenvorsitzende mit den anwesenden Mitgliedern allein entscheidet. Somit kann im erzwingbaren Verfahren der Unternehmer ebenfalls nicht genötigt werden, sich hieran aktiv zu beteiligen.[63] Es wird deutlich, dass der Gesetzgeber des BetrVG, unabhängig von der jeweiligen Verfahrensart, einen Einlassungszwang vor der Einigungsstelle nicht etablieren wollte.[64] Dies muss dann gleichfalls für den Fall des § 112 Abs. 2 u. 3 BetrVG gelten, welcher sich von der Grundkonstellation des freiwilligen Einigungsstellenverfahrens lediglich darin unterscheidet, dass hier die Zustimmung der anderen Seite nach § 76 Abs. 6 S. 1 BetrVG nicht notwendig ist.

cc) Sinn und Zweck

Nach Auffassung des LAG Berlin ermöglicht der Einlassungsanspruch, den Unternehmer zu zwingen, sich mit den Auffassungen und Vorschlägen des Betriebsrats dezidiert auseinanderzusetzen.[65] Nur so sei gewährleistet, dass die Interessen der Arbeitnehmer auch in der Entscheidungsfindung berücksichtigt werden und eine Betriebsänderung gewählt wird, die in möglichst milder Form die Belegschaft berührt. Ein tragfähiges Argument für einen Einlassungsanspruch ist in diesen Darlegungen allerdings nicht zu sehen.[66] Wie gezeigt, steht dem Betriebsrat nach § 111 S.1 BetrVG ein Anspruch auf Unterrichtung und Beratung zu. Bereits die Norm garantiert, dass der Betriebsrat seine Argumente dem Unternehmer unterbreiten kann. Eines Einlassungsanspruchs bedarf es daher nicht mehr, um den vom LAG Berlin angesprochenen Zweck zu erreichen.

dd) Ergebnis

Im Ergebnis ergibt sich aus § 112 BetrVG kein Anspruch des Betriebsrats, dass sich der Unternehmer auf einen Interessenausgleichsversuch vor dem Vorstand der Bundesagentur für Arbeit bzw. vor der Einigungsstelle einlassen muss.[67]

---

62 *Annuß*, in: Richardi, § 76 BetrVG Rn. 93; *Berg*, in: DKK, § 76 BetrVG Rn. 10; *Fitting/Engels/Schmidt/Trebinger/Linsenmaier*, § 76 BetrVG Rn. 78; *v. Hoyningen-Huene*, Betriebsverfassungsrecht, § 6 VII 4c; *Kreutz*, in: GK-BetrVG, § 76 BetrVG Rn. 33; *Löwisch/Kaiser*, § 76 BetrVG Rn. 16.

63 *Fitting/Engels/Schmidt/Trebinger/Linsenmaier*, § 76 BetrVG Rn. 74, mit dem richtigen Hinweis, dass § 76 Abs. 5 S.2 BetrVG aber einen mittelbaren Einlassungszwang begründet.

64 *Riesenkampff*, Rechtsfolgen betriebsverfassungswidriger Betriebsänderungen, S. 35 f.

65 LAG Berlin vom 03.06.1994, DB 1994, 2035.

66 *Riesenkampff*, Rechtsfolgen betriebsverfassungswidriger Betriebsänderungen, S. 35.

67 LAG Düsseldorf vom 19.11.1996, NZA-RR 1997, 297, 298; LAG Berlin vom 04.10.1982, DB 1983, 888; ArbG Neustrelitz vom 24.02.1994, AuA 1995, 174, 175; *Bengelsdorf*, DB 1990, 1233, 1236; *Heinze*, DB 1983, (Beilage Nr. 9), 1, 21; *Konzen*, Leistungspflichten, S. 91; *ders.*, NZA 1995, 865, 872; *Matthes*, Festschrift für Wlotzke, 393, 405; *Raab*, ZfA 1997, 183, 245; *Riesenkampff*, Rechtsfolgen betriebsverfassungswidriger Betriebsänderungen, 36;

3. Anspruch aus § 23 Abs. 3 S. 1 BetrVG

Anderes gilt, wenn man im Rahmen einer Betriebsänderung dem Betriebsrat gemäß § 23 Abs. 3 S. 1 BetrVG entsprechende Vornahmeansprüche gegenüber dem Arbeitgeber zubilligen muss. § 23 Abs. 3 S. 1 BetrVG gewährleistet dem Betriebsrat oder einer im Betrieb vertretenen Gewerkschaft allein das Recht, beim Arbeitsgericht zu beantragen, dass der Unternehmer wegen grober Verletzung einer Pflicht aus dem BetrVG[68] ein Tun, Dulden oder Unterlassen vornehmen muss.

Zunächst ist es fraglich, ob § 23 Abs. 3 BetrVG überhaupt eine materiellrechtliche Anspruchsgrundlage darstellt. Weiterhin ist zu erörtern, ob die Voraussetzungen der Norm im Rahmen einer Betriebsänderung erfüllt werden können, und soweit man in § 23 Abs. 3 BetrVG eine Anspruchsgrundlage sieht, wie das Konkurrenzverhältnis zu den §§ 111 ff. aufzulösen ist. Eine Klärung der Konkurrenzproblematik erscheint besonders dringlich, denn bei einer Bejahung der abschließenden Wirkung des § 23 Abs. 3 S. 1 BetrVG kann ein Verhalten des Arbeitgebers nur verlangt werden, wenn er eine grobe Pflichtverletzung begangen hat.

a) Anspruchsqualität

Bis zur grundlegenden Auseinandersetzung mit § 23 Abs. 3 BetrVG durch *Heinze*[69] im Jahr 1983 und dem anschließenden Beschluss des 1. Senats des BAG vom 22.02.1983[70], in dem sich das Gericht erstmals ausführlich mit der Norm auseinandersetzte, sah die herrschende Ansicht in § 23 Abs. 3 BetrVG lediglich eine gesetzliche Prozessstandschaftsregelung, welche dem Betriebsrat oder der Gewerkschaft die Möglichkeit einräumt, fremde Rechte geltend zu machen. Ging es hingegen um die Verletzung eigener Rechte, so sollte § 23 Abs. 3 BetrVG

Schlochauer, ArbRGgw (Bd. 20), 61, 73; *Schulze*, Zulässigkeit einstweiliger Verfügungen, S. 180; *Verch*, Personalabbau und Betriebsverfassung, S. 166; *Walker*, Der einstweilige Rechtsschutz, Rn. 877; *ders.*, DB 1995, 1961, 1965; a.A. LAG Thüringen vom 18.08.2003, LAGE § 111 BetrVG 2001 Nr. 1; LAG Karlsruhe vom 22.07.2003, NZA-RR 2004, 482, 483; LAG Thüringen vom 26.09.2000, LAGE § 111 BetrVG 1972 Nr. 17; LAG Berlin vom 07.09.1995, NZA 1996, 1284, 1286 f.; ArbG Marburg vom 29.12.2003, NZA-RR 2004, 199, 200; ArbG Hamburg vom 04.11.1997, NZA-RR 1998, 127, 127; ArbG Dessau vom 30.04.1993, AuA 1994, 184, 185; *Buschmann*, BB 1983, 510, 512; *Derleder*, AuR 1995, 13, 17; *Pflüger*, DB 1998, 2062, 2063 f.; *Zwanziger*, BB 1998, 477.

68 Vgl. zu dieser Voraussetzung die Ausführung in § 9 B I 3 b.

69 DB 1983, (Beilage Nr. 9), 1.

70 In: AP Nr. 2 zu § 23 BetrVG 1972.

keine Bedeutung zukommen.[71] Konsequenz dieser Sichtweise war, dass § 23 Abs. 3 BetrVG bis 1983 ein Schattendasein spielte.[72]

Im eben erwähnten Beschluss vom 22.02.1983 vertrat das BAG die Auffassung, dass es sich bei § 23 Abs. 3 BetrVG um eine materiellrechtliche Anspruchsgrundlage, und nicht allein um eine verfahrensrechtliche Norm handelt.[73] Dieser Sichtweise wird nunmehr weitgehend zugestimmt.[74] Aber ebenso wird die These, dass § 23 Abs. 3 BetrVG eine Verfahrensvorschrift ist, von Vertretern der Literatur und von einzelnen Instanzgerichten weiterhin aufrechterhalten.[75] Daher muss sich auch diese Arbeit mit der Problematik auseinandersetzen.

aa) Wortlaut

Nach Auffassung der Mindermeinung spricht bereits der Wortlaut des § 23 Abs. 3 S. 1 BetrVG gegen die Anspruchsqualität.[76] § 194 Abs. 1 BGB definiert Anspruch als ein Recht, von einem anderen ein Tun oder Unterlassen zu verlangen. Hingegen gewährt § 23 Abs. 3 S. 1 BetrVG dem Betriebsrat lediglich die Möglichkeit, unter gewissen Umständen „beim Arbeitsgericht zu beantragen", dem Arbeitgeber bestimmte Verhaltensweisen aufzugeben. Gerade das Wort „bean-

---

71 *Dietz/Richardi*, § 23 BetrVG Rn. 5, 62 f.; *Dütz*, AuR 1973, 353, 356; *Fitting/Auffarth/Kaiser*, § 23 BetrVG Rn. 60; *Galperin/Löwisch*, § 23 BetrVG Rn. 49 f.; *Kammann/Hess/Schlochauer*, § 23 BetrVG Rn. 76; *Trittin*, DB 1983, 230, 231.

72 *Konzen* (Leistungspflichten, S. 3 f.) spricht von der Entdeckung des § 23 Abs. 3 BetrVG durch *Heinze*, der mit seinem Beitrag versuchte „ der fast vergessenen Vorschrift Leben einzuhauchen".

73 BAG vom 22.02.1983, AP Nr. 2 zu § 23 BetrVG 1972. So auch BAG vom 17.05.1983, AP Nr. 19 zu § 80 BetrVG 1972; BAG vom 18.04.1985, AP Nr. 5 zu § 23 BetrVG 1972; LAG Rheinland-Pfalz vom 28.03.1989, LAGE § 111 BetrVG 1972 Nr. 10.

74 *Adomeit*, NJW 1995, 104, 105; *Bauer/Diller*, ZIP 1995, 95, 95; *Braun*, Festschrift für Simon, 51, 56; *Fitting/Engels/Schmidt/Trebinger/Linsenmaier*, § 23 BetrVG Rn. 49; *Hartmann*, Einstweiliger Rechtsschutz, S. 44 f.; *v. Hoyningen-Huene*, Betriebsverfassungsrecht, § 4 V 4c; *ders.*, Anm. zu BAG vom 22.03.1983, AP Nr. 2 zu § 23 BetrVG 1972, 6 R, 8; *ders.*, Anm. zu BAG vom 18.04.195, AP Nr. 5 zu § 23 BetrVG 1972, 5 R, 6; *Konzen*, Leistungspflichten, S. 46; *Matthes*, Festschrift für Wlotzke, 393, 404; *ders.*, Festschrift für Dieterich, 355, 362; *Raab*, Negatorischer Rechtsschutz, S. 74; *ders.*, ZfA 1997, 183, 188; *Riesenkampff*, Rechtsfolgen betriebsverfassungswidriger Betriebsänderungen, S. 41; *Schlünder*, Rechtsfolgen, S. 147; *Schulze*, Zulässigkeit einstweiliger Verfügungen, S. 129; *Schwonberg*, Die einstweilige Verfügung des Arbeitgebers, S. 169; *Stege/Weinspach/Schiefer*, § 23 BetrVG Rn. 17; *Thalhofer*, Betriebsverfassungsrechtlicher Beseitigungsanspruch, S. 63; *Trittin*, in: DKK, § 23 BetrVG Rn. 68; *Walker*, Der einstweilige Rechtsschutz, Rn. 507; *ders.*, DB 1995, 1961, 1961.

75 LAG Hamburg vom 09.05.1989, LAGE § 23 BetrVG 1972 Nr. 26; *Derleder*, AuR 1983, 289, 293 ff.; *ders.*, AuR 1985, 65, 68; *ders.*, AuR 1995, 13, 14; *Joost*, in: MüHb-ArbR, § 310 Rn. 30; *Kutsch*, Schutz des Betriebsrats, S. 94 ff.; *Oetker*, in: GK-BetrVG, § 23 BetrVG Rn. 27; *Thüsing*, in: Richardi, § 23 BetrVG Rn. 75.

76 *Derleder*, AuR 1983, 289, 293; *Oetker*, in: GK-BetrVG, § 23 BetrVG Rn. 27.

tragen" stellt nach der abweichenden Ansicht klar, dass die Norm dem Betriebsrat gegenüber dem Arbeitgeber keine Rechtsposition einräumt und die Voraussetzungen des § 194 Abs. 1 BGB folglich nicht erfüllt sind.[77]

Dass ein solches Argument allein nicht überzeugt, zeigt ein Vergleich mit § 1004 Abs. 1 S. 2 BGB.[78] Nach dieser Vorschrift kann der Eigentümer bei Gefahr weiterer Störungen seines Eigentums auf Unterlassung klagen. Wendet man die Überlegungen der Mindermeinung an, dürfte, da auch hier dem Eigentümer ausdrücklich keine Rechtsposition gegenüber dem Störer eingeräumt wird, § 1004 Abs. 1 S. 2 BGB ebenfalls nicht als eine materielle Anspruchgrundlage gesehen werden. Schon die amtliche Überschrift des § 1004 spricht von einem Beseitigungs- und von einem Unterlassungsanspruch, so dass entsprechend der allgemeinen Auffassung[79] feststeht, dass § 1004 Abs. 1 S. 2 BGB Anspruchsqualität zukommt. Ferner sind § 98 Abs. 5 S. 1 BetrVG und § 101 S. 1 BetrVG derart ausgestaltet, dass der Betriebsrat beim Arbeitsgericht einen Antrag stellen muss. Bei diesen Vorschriften ist auch anerkannt, dass es sich um materielle Ansprüche handelt.[80] Aus dem vergleichbaren Wortlaut von § 23 Abs. 3 S. 1 BetrVG und den eben angesprochenen Normen ergibt sich ein Anhaltspunkt dafür, dass die Vorschrift des § 23 Abs. 3 S. 1 BGB einen Anspruch darstellt, welcher nur die Besonderheit aufweist, dass er gerichtlich geltend gemacht werden muss.[81] Der Wortlaut des § 23 Abs. 3 S. 1 BetrVG stützt somit die abweichende Auffassung nicht.[82]

bb) Entstehungsgeschichte

Eine Lösung des bestehenden Streits könnte der Entstehungsgeschichte zu entnehmen sein. In diesem Zusammenhang wird häufig der Antrag der CDU/CSU im Ausschuss für Arbeit und Sozialordnung angeführt, den § 23 Abs. 3 BetrVG zu streichen, da nach Auffassung der Antragsteller die in der Norm enthaltenen Maßnahmen besser im Verfahrensrecht zu regeln seien.[83] Aus der Tatsache, dass

---

77 *Oetker*, in: GK-BetrVG, § 23 BetrVG Rn. 27.

78 *Heinze*, DB 1983, (Beilage Nr. 9), 1, 8; *Walker*, Der einstweilige Rechtsschutz, Rn. 774.

79 *Gursky*, in: Staudinger, § 1004 BGB Rn, 211; *Jauernig*, in: Jauernig, § 1004 BGB Rn. 3.

80 *Konzen*, Leistungspflichten, S. 52; v. *Hoyningen-Huene*, Anm. zu BAG vom 22.03.1983, AP Nr. 2 zu § 23 BetrVG 1972, 6 R, 8; *Schulze*, Zulässigkeit einstweiliger Verfügungen, S. 128; *Riesenkampff*, Rechtsfolgen betriebsverfassungswidriger Betriebsänderungen, S. 59; *Thalhofer*, Betriebsverfassungsrechtlicher Beseitigungsanspruch, S. 62.

81 *V. Hoyningen-Huene*, Anm. zu BAG vom 22.03.1983, AP Nr. 2 zu § 23 BetrVG 1972, 6 R, 8.

82 *Heinze*, DB 1983, (Beilage Nr. 9), 1, 8; *Konzen*, Leistungspflichten, S. 52; *Raab*, Negatorischer Rechtsschutz, S. 72 f.; *Schulze*, Zulässigkeit einstweiliger Verfügungen, S. 128; *Thalhofer*, Betriebsverfassungsrechtlicher Beseitigungsanspruch, S. 62.

83 So etwa *Heinze*, (DB 1983 Beilage Nr. 9), 1, 8; *Sacher*, Der betriebsverfassungsrechtliche Unterlassungsanspruch, S. 17; *Thalhofer*, Betriebsverfassungsrechtlicher Beseitigungsanspruch, S. 62.

die Mehrheit der Ausschussmitglieder diesen Antrag abgelehnt hat[84], erscheint es denkbar, dass man zur Zeit der Normentstehung in § 23 Abs. 3 S. 1 BetrVG eine Anspruchsgrundlage sah.[85]

Die Ablehnung des Antrags erfolgte jedoch allein mit der Begründung, dass zu dem schon im BetrVG 1952 bestehenden § 23 Abs. 1, der die Pflichtverletzung auf Betriebsratsseite betraf, aus Gründen der Gleichgewichtigkeit nun eine Regelung geschaffen werden sollte, welche die Verletzung von Pflichten durch den Arbeitgeber sanktioniert.[86] Damit ist aber nichts darüber gesagt, ob sich die Ausschussmitglieder entschieden haben, § 23 Abs. 3 S. 1 BetrVG als materiellrechtliche Bestimmung oder als Verfahrensnorm anzusehen.[87]

Die Entstehungsgeschichte des § 23 Abs. 3 S. 1 BetrVG liefert aber aus einem anderen Grund ein Argument für die Anspruchsqualität der Norm.[88] Schon während der Geltung des BetrVG 1952 hatten die Betriebspartner das gemäß § 51 S. 2 BetrVG 1952 bestehende Verbot der parteipolitischen Betätigung zu beachten.[89] Verstieß der Betriebsrat in grober Weise gegen § 51 S. 2 BetrVG 1952, so konnte er mittels § 23 Abs. 1 S. 1 BetrVG 1952 seines Amtes enthoben werden.[90] Problematisch war hingegen, wie das Verbot der parteipolitischen Betätigung auf der Arbeitgeberseite durchgesetzt werden konnte. Durch die allgemeine Strafvorschrift des § 78 BetrVG 1952 war eine Verletzung des § 51 S. 2 BetrVG 1952 nicht zu sanktionieren.[91] Andere Möglichkeiten gegen den Unternehmer vorzugehen, scheiterten daran, dass das Arbeitsgericht gemäß den §§ 2 Abs. 1 Nr. 4 i ArbGG 1953, 82 Abs. 1 lit. i BetrVG 1952 nur bei Pflichtverletzungen des Arbeitgebers aktiv werden konnte, die im Zusammenhang mit der Zuständigkeit oder der Tätigkeit des Betriebsrats standen.[92] Eine Missachtung des § 51 S. 2 BetrVG 1952 beeinträchtigte nicht die Tätigkeit oder die Zuständigkeit des Betriebsrats, so dass zur Zeit der Geltung des BetrVG 1952 keine Möglichkeit für die Arbeitnehmervertreter existierte, bei einer Verletzung des § 51 S. 2 BetrVG 1952 gegen

---

84 Siehe dazu BT-Drucks. 6/2729, S. 21.

85 Diesen Schluss zieht ausdrücklich *Heinze*, (DB 1983 Beilage Nr. 9), 1, 8.

86 BT-Drucks. 6/2729, S. 21.

87 *Derleder*, AuR 1983, S. 291 ff. (293); *Konzen*, Leistungspflichten, S. 6; *Thalhofer*, Betriebsverfassungsrechtlicher Beseitigungsanspruch, S. 62.

88 So grundlegend *Konzen*, Leistungspflichten, S. 40 ff.; ihm folgend *Hartmann*, Einstweiliger Rechtsschutz, S 61; *Raab*, Negatorischer Rechtsschutz, S. 73 f.; *Schulze*, Zulässigkeit einstweiliger Verfügungen, S. 128 f.

89 Vgl. dazu *Dietz*, § 51 BetrVG Rn. 15; *Fitting/Kraegeloh/Auffarth*, § 51 BetrVG Rn. 20; *Radke*, BB 1957, 1112.

90 Siehe zu dieser Norm *Dietz*, § 23 BetrVG Rn. 24 f.; *Fitting/Kraegeloh/Auffarth*, § 23 BetrVG Rn. 25.

91 *Konzen*, Leistungspflichten, S. 41.

92 *Konzen*, Leistungspflichten, S. 41; allgemein zur beschränkten Generalklausel des § 82 Abs. 1 Lit. i BetrVG 1952 siehe *Dietz*, § 82 BetrVG Rn. 41.

den Unternehmer gerichtlich vorzugehen.[93] Konsequenz war, dass dem Betriebsrat bei einem Verstoß gegen § 51 S. 2 BetrVG 1952 eine Sanktion treffen konnte, der Unternehmer negative Folgen jedoch nicht befürchten musste, wenn er parteipolitisch im Betrieb agitierte. Das Sanktionssystem des BetrVG 1952 war folglich in Bezug auf bestimmte betriebsverfassungsrechtliche Pflichten zwischen Betriebsrat und Unternehmer nicht gleich.[94]

Gerade diese Ungleichbehandlung sollte mit der Einführung des § 23 Abs. 3 BetrVG beseitigt werden, indem Zuwiderhandlungen des Unternehmers gegen Pflichten, welche vorher nicht ausdrücklich sanktioniert waren, nun zumindest bei groben Verletzungen geahndet werden können.[95] Diese Aufgabe kann der § 23 Abs. 3 S. 1 BetrVG nur erfüllen, wenn es sich hierbei um eine Anspruchsgrundlage handelt. Würde man die Norm lediglich als verfahrensrechtliche Vorschrift ansehen, so bliebe es bei der Situation, dass bestimmte Pflichten des Unternehmers nicht durchsetzbar sind, was dem gesetzgeberischen Willen widerspricht.[96] Daher stellt § 23 Abs. 3 S. 1 BetrVG einen durchsetzbaren materiellrechtlichen Anspruch dar.

b) Vorliegen der Tatbestandsvoraussetzungen des § 23 Abs. 3 S. 1 BetrVG

§ 23 Abs. 3 S. 1 BetrVG kann lediglich dann Vornahmeansprüche gegenüber dem Unternehmer begründen, wenn auch die Voraussetzungen der Norm im Rahmen einer Betriebsänderung erfüllt sind.

aa) Pflichtverletzung des Unternehmers

So muss zunächst eine Pflicht i.S.d. § 23 Abs. 3 S. 1 BetrVG verletzt sein. Dabei ist schon umstritten, was unter dem Begriff der Pflichtverletzung zu verstehen ist. Eine Auffassung beruft sich auf den Wortlaut des dritten Absatzes, wonach allein ein Verstoß gegen diejenigen Pflichten genügt, die sich unmittelbar aus dem BetrVG ergeben.[97] Hingegen entnimmt die herrschende Ansicht aus der unstrittig

---

93 *Konzen*, Leistungspflichten, S. 41; *Raab*, Negatorischer Rechtsschutz, S. 73. Somit konnte schon aus diesem Grund § 51 S. 2 BetrVG 1952 nicht als Anspruchsgrundlage verstanden werden.

94 Vgl. zur damaligen Diskussion, ob diese Ungleichbehandlung mit Art. 3 Abs. 1 GG vereinbar war *Radke*, BB 1957, 1112, 115; *Rüthers*, BB 1958, 778, 779; a.A. *Richardi*, NJW 1962, 1374, 1377; ausführlich zu dieser Problematik auch *Sacher*, Der betriebsverfassungsrechtliche Unterlassungsanspruch, S. 15 ff.

95 BT-Drucks. 6/1786, S. 39.

96 *Konzen*, Leistungspflichten, S. 43; *Raab*, Negatorischer Rechtsschutz, S. 73; *Sacher*, Der betriebsverfassungsrechtliche Unterlassungsanspruch, S. 18; *Schulze*, Zulässigkeit einstweiliger Verfügungen, S. 129.

97 So *Schlochauer*, in: Hess/Schlochauer/Worzalla/Glock, § 23 BetrVG Rn. 60.

bestehenden Parallele zu § 23 Abs. 1 BetrVG, dass auch für den dritten Absatz eine Verletzung der gesetzlichen Pflichten ausreichend ist, womit alle Pflichten erfasst werden, die sich auf die durch das BetrVG begründete Rechtsstellung des Arbeitgebers beziehen.[98]

(1) Unterrichtung und Beratung als Pflichtverletzung

Hinsichtlich der Unterrichtung und Beratung i.S.d. § 111 S. 1 BetrVG kann eine Auseinandersetzung mit den beiden Positionen jedoch dahinstehen. Wie in diesem Kapitel bereits untersucht, schreibt § 111 S. 1 BetrVG dem Unternehmer vor, dass er bei einer geplanten Betriebsänderung Information und Beratung vorzunehmen hat, wobei dem Betriebsrat sogar ein korrespondierender Anspruch zusteht.[99] Bleibt der Unternehmer untätig, so missachtet er eine direkt aus dem BetrVG stammende Pflicht, womit nach beiden Ansichten eine Pflichtverletzung i.S.d. § 23 Abs. 3 S. 1 BetrVG vorliegt.[100]

(2) Durchführung des weiteren Interessenausgleichsverfahrens als Pflichtverletzung

Viel entscheidender ist jedoch, ob auch die nicht ausreichende Durchführung des Interessenausgleichs i.S.d. § 112 Abs. 2 BetrVG eine Pflichtverletzung begründet. Dazu wurde schon in § 6 ausgeführt, dass der Unternehmer die Einigungsstelle anrufen bzw. sich auf einen vom Betriebsrat veranlassten Einigungsversuch beim Vorstand der Bundesagentur für Arbeit nur einlassen muss, wenn er Ansprüche der einzelnen Arbeitnehmer aus § 113 Abs. 3 BetrVG vermeiden möchte.[101] Folglich sind die eben genannten Handlungsschritte lediglich Obliegenheiten des Unternehmers, womit bei ihrer Nichtdurchführung keine Pflichtverletzung i.S.d. § 23 Abs. 3 BetrVG vorliegt.[102]

---

98 *Eisemann*, in: ErfK, § 23 BetrVG Rn. 24; *Fitting/Engels/Schmidt/Trebinger/Linsenmaier*, § 23 BetrVG Rn. 60; *Joost*, in: MüHb-ArbR, § 310 Rn. 31; *Matthes*, in: MüHb-ArbR, § 329 Rn. 4; *Oetker*, in: GK-BetrVG, § 23 BetrVG Rn. 165; *Thüsing*, in: Richardi, § 23 BetrVG Rn. 91; *Trittin*, in: DKK, § 23 BetrVG Rn. 69. Konsequenz dieser Diskussion ist, ob beispielsweise auch Pflichten des Arbeitgebers aus anderen Gesetzen von § 23 Abs. 3 BetrVG erfasst werden, welche die betriebsverfassungsrechtliche Rechtsstellung konkretisieren. Siehe dazu *Oetker*, in: GK-BetrVG, § 23 BetrVG Rn. 165; *Thüsing*, in: Richardi, § 23 BetrVG Rn. 88.

99 Siehe dazu oben, § 9 B I 1 e.

100 Eine Pflichtverletzung müssen diejenigen verneinen, die bereits die Unterrichtung und Beratung als Obliegenheit, und nicht als Verpflichtung des Unternehmers ansehen. Vgl. ArbG Neustrelitz vom 24.02.1994, AuA 1995, 174, 175; *Walker*, DB 1995, 1961, 1965.

101 Siehe dazu die Ausführungen in § 6 B IV und V.

102 *Bengelsdorf*, DB 1990, 1233, 1234; *Heinze*, DB 1983, (Beilage Nr. 9), 1, 21; *Konzen*, Betriebsverfassungsrechtliche Leistungspflichten, S. 91 *Schlochauer*, ArbRGgw (Bd. 20), 61, 73; *Schulze*, Zulässigkeit einstweiliger Verfügungen, S. 142 sowie S. 179; *Verch*, Personalabbau und Betriebsverfassung, S. 166; *Walker*, Der einstweilige Rechtsschutz, Rn.

(3) Zwischenergebnis

Der Unternehmer kann demnach auch mittels § 23 Abs. 3 S. 1 BetrVG nicht vom Betriebsrat gezwungen werden, über § 111 S. 1 BetrVG hinaus weitere Handlungen im Rahmen von Betriebsänderungen vorzunehmen. Allein das Unterlassen der Unterrichtung und Beratung ist als Pflichtverletzung i.S.d. § 23 Abs. 3 S. 1 BetrVG zu sehen.

bb) Grobheit der Pflichtverletzung

Für die Bejahung des Anspruchs ist weiterhin Voraussetzung, dass die Pflichtverletzung auch grober Natur war. Dieser unbestimmte Rechtsbegriff ist nach verbreiteter Definition erfüllt, wenn die Maßnahme in besonders schwerer Weise den Zweck und den Sinn des BetrVG missachtet.[103] Für die Subsumtion im Einzelfall ist eine so allgemeine Formel allerdings nicht anwendbar.[104] Unstrittig ist nur, dass ein schuldhaftes Verhalten des Unternehmers nicht Voraussetzung ist, denn § 23 Abs. 3 S. 1 BetrVG ist keine Sanktionsnorm, sondern die Vorschrift will vielmehr den Unternehmer bewegen, sich gesetzmäßig zu verhalten.[105]

877; *ders.*, DB 1995, 1961, 1965; a.A. LAG Hamburg vom 13.11.1981, NJW 1984, 324, 324; LAG Hamm vom 23.03.1983, AuR 1984, 54; LAG Rheinland-Pfalz vom 28.03.1989, LAGE § 111 BetrVG 1972 Nr. 10; *Bertelsmann/Gäbert*, AuR 1982, 390, 391; LAG Berlin vom 07.09.1995, NZA 1996, 1284, 1286; *Buschmann*, BB 1983, 510, 512; *Derleder*, AuR 1995, 13, 17; *Hess*, in: Hess/Schlochauer/Worzalla/Glock, § 112 BetrVG Rn. 2; *Pflüger*, DB 1998, 2062, 2063 f.; *Zwanziger*, BB 1998, 477, 479; offengelassen BAG vom 18.12.1984, AP Nr. 11 zu § 113 BetrVG 1972.

[103] BAG vom 29.05.2001, AP Nr. 36 zu § 87 BetrVG 1972 Ordnung des Betriebes; BAG vom 29.02.2000, AP Nr. 105 zu § 87 BetrVG 1972 Lohngestaltung; BAG vom 16.07.1991, AP Nr. 44 zu § 87 BetrVG 1972 Arbeitszeit; BAG vom 27.11.1990, AP Nr. 41 zu § 87 BetrVG 1972 Arbeitszeit; LAG Köln vom 14.11.1991, LAGE § 95 BetrVG 1972 Nr.13; LAG Baden-Württemberg vom 29.10.1990, LAGE § 77 BetrVG 1972 Nr. 10; *Oetker*, in: GK-BetrVG, § 23 BetrVG Rn. 168; *Riesenkampff*, Rechtsfolgen betriebsverfassungswidriger Betriebsänderungen, S. 43; *Schulze*, Zulässigkeit einstweiliger Verfügungen, S. 142; *Trittin*, in: DKK, § 23 BetrVG Rn. 75; abweichend *Löwisch/Kaiser*, § 23 BetrVG Rn. 17, welche eine so starke Pflichtverletzung fordern, dass der Betriebsfrieden gestört ist. Noch weiter gehen *Beuthien* (ZfA 1988, 1, 27) und das ArbG Neustrelitz (vom 24.02.1994, AuA 1995, 174, 175), wonach für einen groben Verstoß, der Unternehmer „in offenbar unsachlicher, unvernünftiger oder willkürlicher Weise" die Teilhaberechte missachtet und „damit seine Unternehmensautonomie missbraucht". Siehe auch *Fitting/Engels/Schmidt/Trebinger/ Linsenmaier*, § 23 BetrVG Rn. 62 sowie *Stege/Weinspach/Schiefer*, § 23 BetrVG Rn. 15, nach deren Auffassung der Verstoß offensichtlich sein muss. Vgl. krit. zu den abweichenden Auffassungen *Oetker*, in: GK-BetrVG, § 23 BetrVG Rn. 169 u. 171; *Trittin*, in: DKK, § 23 BetrVG Rn. 75.

[104] *Konzen*, Leistungspflichten, S. 72.

[105] BAG vom 18.04.1985, AP Nr. 5 zu § 23 BetrVG 1972; BAG vom 14.11.1989, AP Nr. 76 zu § 99 BetrVG 1972; BAG vom 22.10.1991, AP Nr. 48 zu § 87 BetrVG 1972 Arbeitszeit; *Eisemann*, in: ErfK, § 23 BetrVG Rn. 25; *Fitting/Engels/Schmidt/Trebinger/Linsenmaier*, § 23 BetrVG Rn. 64; *Heinze*, DB 1983, (Beilage Nr. 9), 1, 10 f.; *v. Hoyningen-Huene*, Betriebs-

Um die genannte Leerformel der groben Pflichtverletzung bei § 23 Abs. 3 BetrVG auszufüllen, muss nochmals auf die Parallelität zu § 23 Abs. 1 BetrVG, welcher Verletzungen von Pflichten seitens des Betriebsrats betrifft, verwiesen werden. Dort ist anerkannt, dass das einzelne Betriebsratsmitglied grob pflichtwidrig gehandelt hat, wenn durch sein Verhalten der Betriebsfrieden gestört ist oder die vertrauensvolle Zusammenarbeit im Betriebsrat selbst bzw. mit dem Arbeitgeber unmöglich wurde.[106] Im Verhältnis zum Betriebspartner wird daher deutlich, dass § 23 Abs. 1 BetrVG untrennbar mit § 2 Abs. 1 BetrVG verbunden ist.[107] Gleiches muss dann auch für § 23 Abs. 3 BetrVG gelten, womit eine grobe Pflichtwidrigkeit des Unternehmers vorliegt, wenn durch sein Verhalten das Vertrauensverhältnis zur „Gegenseite" erschüttert ist.[108]

Folglich kann nicht jede unterlassene Unterrichtung und Beratung bei einer Betriebsänderung als grobe Pflichtverletzung angesehen werden.[109] Zwar sind Unterrichtung und Beratung evident notwendig, damit der Betriebsrat auf die unternehmerische Entscheidung Einfluss ausüben kann und den durch die Betriebsänderung betroffenen Arbeitnehmern möglichst wenige Nachteile entstehen. Kommt aber ein Arbeitgeber den gesetzlich auferlegten Handlungspflichten in einem konkreten Fall nicht nach, ist dadurch grundsätzlich das Vertrauensverhältnis zum Betriebsrat nicht erschüttert.[110] Als Konsequenz ergibt sich, dass der Tatbestand des § 23 Abs. 3 BetrVG nicht stets erfüllt ist, wenn der

---

verfassungsrecht, § 4 V 4; *Konzen*, Leistungspflichten, S. 72; *Löwisch/Kaiser*, § 23 BetrVG Rn. 17; *Matthes*, in: MüHb-ArbR, § 329 Rn. 9; *Raab*, Negatorischer Rechtsschutz, S. 106; *Oetker*, in: GK-BetrVG, § 23 BetrVG Rn. 173; *Thüsing*, in: Richardi, § 23 BetrVG Rn. 94; *Stege/Weinspach/Schiefer*, § 23 BetrVG Rn. 15 a; *Trittin*, in: DKK, § 23 BetrVG Rn. 76; a.A. *Adomeit*, NJW 1995, 1004, 1005; *Schlochauer*, in: Hess/Schlochauer/Worzalla/Glock, § 23 BetrVG Rn. 62. Zur Begründung vgl. BAG vom 08.08.1989, AP Nr. 15 zu § 87 BetrVG 1972 Ordnung des Betriebes; BAG vom 27.11.1990, AP Nr. 41 zu § 87 Arbeitszeit; *Oetker*, in: GK-BetrVG, § 23 BetrVG Rn. 173; *Thüsing*, in: Richardi, § 23 BetrVG Rn. 94; abweichend *Beuthien*, ZfA 1988, 1, 26, der § 23 Abs. 3 BetrVG als „disziplinarrechtliches Gegenstück zu § 23 Abs. 1 BetrVG" ansieht.

106 *Fitting/Engels/Schmidt/Trebinger/Linsenmaier*, § 23 BetrVG Rn. 36; *Löwisch/Kaiser*, § 23 BetrVG Rn. 3; *Oetker*, in: GK-BetrVG, § 23 BetrVG Rn. 35; *Trittin*, in: DKK, § 23 BetrVG Rn. 10.

107 So schon *Dietz*, RdA 1969, 1, 3; grundsätzlich zustimmend auch *Konzen*, Leistungspflichten, S. 72.

108 *Löwisch/Kaiser*, § 23 BetrVG Rn. 17; a.A. *Fitting/Engels/Schmidt/Trebinger/Linsenmaier*, § 23 BetrVG Rn. 62; *Oetker*, in: GK-BetrVG, § 23 BetrVG Rn. 169; *Trittin*, in: DKK, § 23 BetrVG Rn. 75.

109 Anders hingegen ArbG Bamberg vom 30.11.1984, NZA 1985, 259; dem grundsätzlich zustimmend *Riesenkampff*, Rechtsfolgen betriebsverfassungswidriger Betriebsänderungen, S. 45, welcher jedoch eine grobe Pflichtverletzung erst nach tatsächlicher Durchführung der Betriebsänderung für gegeben ansieht.

110 Im Ergebnis *Konzen*, Leistungspflichten, S. 73.

Unternehmer anlässlich einer gerade geplanten Betriebsänderung lediglich seine Pflichten aus § 111 S. 1 BetrVG missachtet hat.

Anders stellt sich die Situation dar, wenn der Arbeitgeber durch sein Verhalten zu erkennen gibt, dass er nicht gewillt ist, die genannten Pflichten überhaupt anzuerkennen.[111] In einem solchen Fall widersetzt er sich bewusst der vom Gesetz geforderten Kooperation mit den Arbeitnehmervertretern und verletzt folglich das Gebot der vertrauensvollen Zusammenarbeit.

Jedoch kann Grobheit i.S.d. § 23 Abs. 3 BetrVG auch dann nicht immer angenommen werden, wenn der Unternehmer die Pflichterfüllung beharrlich verweigert. Als Beispiel ist denkbar, dass der Unternehmer bei einer stattfindenden Betriebsänderung trotz Aufforderung durch den Betriebsrat seinen Pflichten nicht nachkommen will, da nach seiner Auffassung keine Betriebsänderung vorliegt. Nur wenn er die Verweigerung damit begründet, dass er die Verpflichtungen aus § 111 S. 1 BetrVG generell nicht beachten wird und somit als Richtschnur seines zukünftigen Handelns vorgibt, sich den gesetzlichen Vorgaben nicht beugen zu wollen, ist das Vertrauensverhältnis mit dem Betriebsrat zerstört und der Tatbestand des § 23 Abs. 3 BetrVG erfüllt.

Aus den Ausführungen wird ersichtlich, dass nur in den seltensten Fällen die Nichtvornahme von Unterrichtung und Beratung eine grobe Pflichtverletzung i.S.d. § 23 Abs. 3 BetrVG darstellt.[112]

c) Konkurrenzverhältnis zu den §§ 111 ff. BetrVG

aa) Verhältnis zu § 111 S. 1 BetrVG

Auch wenn § 23 Abs. 3 BetrVG bei Betriebsänderungen nur eine geringe Rolle spielt, muss die Konkurrenzproblematik mit dem Vornahmeanspruch des Betriebsrats aus § 111 S. 1 BetrVG thematisiert werden.

Im Rahmen der Ausführungen zur Anspruchsqualität des § 23 Abs. 3 S. 1 BetrVG wurde dargelegt, dass mit dieser Vorschrift die während der Geltung des BetrVG 1952 bestehenden Sanktionslücken gegenüber dem Arbeitgeber geschlossen werden sollten, womit § 23 Abs. 3 S. 1 BetrVG eine Auffangfunktion zukommt. Mit dieser Aufgabe wäre es jedoch unvereinbar, wenn man § 23 Abs. 3 BetrVG eine abschließende Wirkung zuerkennt, denn stellt § 23 Abs. 3 BetrVG einen Auffangtatbestand dar, so kann diese Norm andere Ansprüche nicht beseitigen.

Für Vornahmeansprüche wurde dieses Ergebnis nie angezweifelt, nur das Konkurrenzverhältnis von § 23 Abs. 3 BetrVG und den allgemeinen Unter-

---

111 So grundsätzlich *Konzen*, Leistungspflichten, S. 73.

112 Vgl. *Bauer/Diller*, ZIP 1995, 95, 97, wonach sich § 23 Abs. 3 BetrVG als „stumpfes Schwert" in der Praxis erwiesen hat.

lassungsansprüchen war nach der Entscheidung des BAG vom 22.02.1983[113] Gegenstand heftigster Diskussionen.[114] Seitdem das Gericht im Beschluss vom 03.05.1994[115] jedoch feststellte, dass auch für ein vom Betriebsrat gefordertes Unterlassen § 23 Abs. 3 BetrVG nicht abschließend ist, steht zumindest für die Praxis fest, dass die eben genannte Vorschrift weder bestehende Vornahme- noch Unterlassungsansprüche des Betriebsrats verdrängt.

bb) Verhältnis zu § 113 Abs. 3 BetrVG

Stellt § 23 Abs. 3 BetrVG eine Auffangnorm dar, so könnte allerdings § 113 Abs. 3 BetrVG bei Betriebsänderungen eine Vorrangwirkung entfalten.[116]

Eine derartige Spezialität soll sich zum einen daraus ergeben, dass sonst die Nachteilsausgleichsregelung leer laufen würde.[117] Wie gezeigt, sind die Tatbestandsvoraussetzungen des § 23 Abs. 3 BetrVG bei Pflichtverletzung im Rahmen von Betriebsänderungen nur in seltenen Fällen erfüllt. Eine Gefahr, dass § 113 Abs. 3 BetrVG neben § 23 Abs. 3 BetrVG keinen Anwendungsbereich findet, besteht somit nicht. Für ein Konkurrenzverhältnis zugunsten des Nachteilsausgleichsanspruch wird weiterhin vorgebracht, dass andernfalls die gesetzgeberische Wertung der §§ 111 ff. BetrVG verletzt wäre.[118] So sei § 113 Abs. 3 BetrVG zu entnehmen, dass der Arbeitgeber über die Durchführung einer Betriebsänderung letztlich frei entscheiden kann. Diese Freiheit wäre jedoch verletzt, wenn dem Betriebsrat mittels § 23 Abs. 3 BetrVG Vornahmeansprüche

---

113 In: AP Nr. 2 zu § 23 BetrVG 1972, wo das BAG festhielt, dass für ein Unterlassen als mitbestimmungswidriges Verhalten des Unternehmers § 23 Abs. 3 S. 1 BetrVG abschließend ist.

114 Gegen eine abschließende Wirkung des § 23 Abs. 3 BetrVG bei Unterlassungsansprüchen *Coen*, DB 1984, 2459, 2460 f.; *Derleder*, AuR 1983, 289, 292 f.; *ders.*, AuR 1985, 65, 69 ff.; *Dütz*, DB 1984, 115, *Hanau*, NZA 1985, (Beilage Nr. 2), 3, 12; *ders.*, JuS 1985, 360, 362; *Raab*, *Negatorischer Rechtsschutz*, S. 83 ff.; *Trittin*, BB 1984, 1169. Für eine solche Wirkung des § 23 Abs. 3 BetrVG *Beuthien*, ZfA 1988, 1, 24; *Belling*, Haftung des Betriebsrats, S. 347 ff.; *Heinze*, (DB 1983 Beilage Nr. 9), 1, 6 ff. u. 13; *v. Hoyningen-Huene*, Anm. zu BAG vom 22.02.1983, AP Nr. 2 zu § 23 BetrVG 1972, 6 R, 8 R; *ders.*, Anm. zu BAG vom 18.04.1985, AP Nr. 5 zu § 23 BetrVG 1972, 5 R, 6; *ders.*, DB 1987, 1426, 1434; *Konzen*, Leistungspflichten, S. 95 f.; *ders.*, Festschrift für Wolf, 279, 301 ff.; *Rüthers/Hennsler*, Anm. zu BAG vom 22.02.1983, EzA § 23 BetrVG 1972 Nr. 9, 47, 55; *Schlünder*, Rechtsfolgen, S. 126 ff.

115 In: AP Nr. 23 zu § 23 BetrVG 1972.

116 So LAG Schleswig-Holstein vom 13.01.1992, LAGE § 111 BetrVG 1972 Nr. 11; *Bengelsdorf*, DB 1990, 1282, 1282; *Hanau*, ZfA 1984, 453, 502; *Eich*, DB 1983, 657, 661; *Stege/Weinspach/Schiefer*, §§ 111-113 BetrVG Rn. 107; *Walker*, Der einstweilige Rechtsschutz, Rn. 876.

117 LAG Schleswig-Holstein von 13.01.1992, LAGE § 111 BetrVG 1972 Nr. 11; *Bengelsdorf*, DB 1990,1282, 1282; *Hanau*, ZfA 1984, 453, 502.

118 LAG Schleswig-Holstein von 13.01.1992, LAGE § 111 BetrVG 1972 Nr. 11; *Hanau*, JuS 1985, 360, 364.

zustehen.[119] Allerdings kann auch dieses Argument nicht überzeugen. So gewährt § 23 Abs. 3 BetrVG dem Betriebsrat lediglich Vornahmeansprüche bezüglich Unterrichtung und Beratung. Wie schon bei § 111 S. 1 BetrVG gezeigt, verhindern Verhandlung und Information nicht, dass der Unternehmer allein entscheiden darf, wie er eine Betriebsänderung durchführen möchte. Konsequenz ist, dass auch Ansprüche aus § 23 Abs. 3 BetrVG mit der gesetzgeberischen Grundkonzeption hinsichtlich der §§ 111 ff. BetrVG vereinbar sind.

Es sind demzufolge keine Gründe ersichtlich, die eine Spezialität des § 113 Abs. 3 BetrVG gegenüber den Vornahmeansprüchen aus § 23 Abs. 3 BetrVG begründen können, so dass letztgenannte Norm nicht verdrängt wird.

d) Ergebnis zu § 23 Abs. 3 BetrVG

Zwar ist § 23 Abs. 3 BetrVG im Hinblick auf Unterrichtung und Beratung anwendbar, der Vorschrift kommt indes regelmäßig keine Bedeutung zu.

4. Zusammenfassung zu den Leistungsansprüchen des Betriebsrats

Als Ergebnis der eben vorgenommenen Erörterung ist festzuhalten, dass der Nachteilsausgleichsanspruch des § 113 BetrVG nicht das einzige Mittel darstellt, um die Beachtung der Beteiligungsrechte aus den §§ 111 f. BetrVG zu sichern. Dem Betriebsrat steht noch ein Anspruch auf Unterrichtung und Beratung gemäß § 111 S. 1 BetrVG zu, den er als Leistungsantrag im Wege des Beschlussverfahrens geltend machen kann. Wird ein entsprechender Beschluss durch das Gericht erlassen, so findet nach Eintritt der Rechtskraft laut § 85 Abs. 1 ArbGG die Zwangsvollstreckung statt, wobei nach § 85 Abs. 1 ArbGG i.V.m. § 888 Abs. 1 ZPO gegenüber dem Unternehmer ein Zwangsgeld verhängt werden kann. Ob und wie dieser Anspruch im Wege des einstweiligen Rechtsschutzes zu sichern ist, soll an anderer Stelle geprüft werden.[120]

Die weiteren in § 112 Abs. 2 und 3 BetrVG genannten Verfahrensschritte sind hingegen lediglich Obliegenheiten des Unternehmers, womit dem Betriebsrat insofern kein Anspruch auf Vornahme zukommt.

Auch § 23 Abs. 3 S. 1 BetrVG hilft nicht, die Position des Betriebsrats zu verbessern, da allein Unterrichtung und Beratung Pflichten gemäß § 23 Abs. 3 BetrVG darstellen, die Verletzung dieser Pflichten jedoch selten als grob i.S.d. § 23 Abs. 3 BetrVG zu bewerten ist.

Abschließend ist noch zu erwähnen, dass es dem Betriebsrat ferner freisteht, mit Hilfe eines Feststellungsantrags im Beschlussverfahren vor dem Arbeitsgericht klären zu lassen, ob überhaupt eine Betriebsänderung vorliegt und eine bestimmte

---

[119] LAG Schleswig-Holstein von 13.01.1992, LAGE § 111 BetrVG 1972 Nr. 11; *Bengelsdorf*, DB 1990,1282, 1282.

[120] Siehe dazu § 9 B III.

Maßnahme der Arbeitgeberseite somit die Beteiligungsrechte der §§ 111 ff. BetrVG auslöst. Problematisch ist hier lediglich, ob das notwendige Feststellungsinteresse gemäß der §§ 80 Abs. 2 S. 1, 46 Abs. 2 S. 1 ArbGG i.V.m. §§ 495, 256 Abs. 1 ZPO gegeben ist.[121]

II. Unterlassungsansprüche des Betriebsrats

Effektiv ist ein Beteiligungsrecht allerdings nur gesichert, wenn dem Betriebsrat ein Unterlassungsanspruch gegenüber dem Arbeitgeber zusteht. Er wäre dann mit Hilfe des einstweiligen Rechtsschutzes in der Lage, eine Durchführung der Betriebsänderung zu verhindern, bis der Unternehmer seine Pflichten erfüllt.

Zwar ist § 23 Abs. 3 BetrVG als eine Rechtsgrundlage für ein derartiges Begehren anzusehen, jedoch wurde gerade gezeigt, dass bei Missachtung der Unterrichtungs- und Beratungspflicht regelmäßig keine grobe Pflichtverletzung i.S.d. § 23 Abs. 3 BetrVG vorliegt und somit die Norm hier nicht weiterhilft. Will man dennoch dem Betriebsrat einen Unterlassungsanspruch zubilligen, muss ein anderer Anknüpfungspunkt gefunden werden. In der grundlegenden Entscheidung vom 23.02.1983 [122] stellte der Erste Senat des BAG fest, dass für ein Unterlassungsbegehren des Betriebsrats § 23 Abs. 3 BetrVG abschließend ist, also

---

121 Vgl. BAG vom 14.11.1974, AP Nr. 1 zu § 42 BetrVG 1972, wonach ein solches Interesse bestehen kann, obwohl die strittige Maßnahme vollzogen und keine Wiederholungsgefahr besteht, sofern die begehrte Feststellung zur Sicherung des Betriebsfriedens notwendig ist. Siehe dazu auch BAG vom 18.03.1975, AP Nr. 1 zu § 111 BetrVG 1972; *Riesenkampff*, Rechtsfolgen betriebsverfassungswidriger Betriebsänderungen, S. 14. Zur Frage, wann der Feststellungsantrag gegenüber dem Leistungsantrag subsidiär ist, siehe statt aller *Germelmann*, in: Germelmann/Matthes/Müller-Glöge/Prütting, § 46 ArbGG Rn. 65 f.

122 In: AP Nr. 2 zu § 23 BetrVG 1972. Zur Kritik an dieser Entscheidung, vgl. *Coen*, DB 1984, 2459, 2460 f.; *Derleder*, AuR 1983, 289, 292 f.; *ders.*, AuR 1985, 65, 69 ff.; *Dütz*, DB 1984, 115; *Hanau*, NZA 1985, (Beilage Nr. 2), 3, 12; *ders.*, JuS 1985, 360, 362; *Trittin*, BB 1984, 1169; *Raab*, *Negatorischer Rechtsschutz*, S. 83 ff.; zustimmend hingegen *Beuthien*, ZfA 1988, 1, 24; *Belling*, Haftung des Betriebsrats, S. 347 ff.; *Heinze*, DB 1983, (Beilage Nr. 9), 1, 6 ff. u. 13; *v. Hoyningen-Huene*, Anm. zu BAG vom 22.02.1983, AP Nr. 2 zu § 23 BetrVG 1972, 6 R, 8 R; *ders.*, Anm. zu BAG vom 18.04.1985, AP Nr. 5 zu § 23 BetrVG 1972, 5 R, 6; *ders.*, DB 1987, 1426, 1434; *Konzen*, Leistungspflichten, S. 95 f.; *ders.*, Festschrift für Wolf, 279, 301 ff.; *Rüthers/Hennsler*, Anm. zu BAG vom 22.02.1983, EzA § 23 BetrVG 1972 Nr. 9, 47, 55; *Schlünder*, Rechtsfolgen, S. 126 ff.; *Söllner*, Gedächtnisschrift für Heinze, 867, 880. Neben dem 6. Senat des BAG (vom 18.04.1985, AP Nr. 5 zu § 23 BetrVG 1972) vertraten auch viele Instanzgerichte weiterhin die Auffassung, dass § 23 Abs. 3 BetrVG nicht abschließend sein könne. So: LAG Düsseldorf vom 23.08.1983, BB 1983, 2052; LAG Bremen vom 15.06.1984, DB 1984, 1935; LAG Berlin vom 22.04.1987, LAGE § 23 BetrVG 1972 Nr. 8; LAG Köln vom 22.05.1985, BB 1985, 1332, 1332; LAG Frankfurt a.M. vom 11.08.1987, LAGE § 23 BetrVG Nr. 12; LAG Hamburg vom 09.05.1989, LAGE § 23 BetrVG 1972 Nr. 26; ArbG Berlin vom 19.12.1983, BB 1984, 404; dem BAG folgend: LAG Schleswig-Holstein vom 15.11.1984, BB 1985, 997; LAG Niedersachsen vom 05.06.1987, LAGE § 23 BetrVG 1972 Nr. 11; ArbG Koblenz vom 22.01.1986, DB 1986, 487.

stets eine grobe Pflichtverletzung seitens des Arbeitgebers vorliegen muss. Eine solche Sichtweise hat zur Konsequenz, dass der Betriebsrat im Regelfall ein Unterlassen der Betriebsänderung nicht verlangen kann.

Mit dem Beschluss vom 03.05.1994[123] trennte sich derselbe Senat von seiner bisherigen Auffassung, indem er erklärte, dass bei Verletzung des Beteiligungsrechts der Betriebsrat u.U. in der Form eines Nebenleistungsanspruchs Unterlassung der mitbestimmungswidrigen Maßnahme verlangen kann.[124] Allerdings soll nicht jede Verletzung von Rechten des Betriebsrats zu einem solchen Anspruch führen, sondern es müsse das konkrete Betriebsratsrecht daraufhin untersucht werden, ob ein Unterlassungsanspruch gewährt werden kann.[125]

Im Folgenden wird weder auf die zahlreichen kritischen Äußerungen[126]gegen den dogmatischen Ansatzpunkt des BAG noch auf andere Lösungsmöglichkeiten[127],

---

[123] In: AP Nr. 23 zu § 23 BetrVG 1972.

[124] BAG vom 03.05.1994, AP Nr. 23 zu § 23 BetrVG 1972; siehe auch BAG vom 28.06.2002, DB 2003, 287, 289; BAG vom 27.03.1996, AP Nr. 68 zu § 87 BetrVG 1972 Arbeitszeit; BAG vom 12.06.1994, AP Nr. 24 zu § 23 BetrVG 1972.

[125] BAG vom 27.03.1996, AP Nr. 68 zu § 87 BetrVG 1972 Arbeitszeit; BAG vom 03.05.1994, AP Nr. 23 zu § 23 BetrVG 1972.

[126] Vgl. beispielhaft zu den zahllosen Stellungnahmen aus Rechtsprechung und Literatur LAG Köln vom 30.04.2004, NZA-RR 2004, 199; LAG München vom 24.09.2003, NZA-RR 2004, 536; LAG Hamm vom 28.08.2003, NZA-RR 2004, 80; LAG Berlin vom 07.09.1995, LAGE § 111 BetrVG 1972 Nr. 13; ArbG Stuttgart vom 15.07.2004, NZA-RR 2004, 537; ArbG Marburg vom 29.12.2003, NZA-RR 2004, 199; ArbG Karlsruhe vom 22.07.2003, NZA-RR 2004, 482; *Adomeit*, NJW 1995, 1004 ff.; *Bauer/Diller*, ZIP 1995, 95 ff.; *Braun*, Festschrift für Simon, 53 ff.; *Bruns*, AuR 2003, 15 ff.; *Derleder*, AuR 1995, 13 ff.; *Dobberahn*, NJW 1995, 1333 ff.; *Ehler*, BB 1994, 2270 ff.; *Hartmann*, Einstweiliger Rechtsschutz, S 57 ff.; *v. Hoyningen-Huene*, Festschrift für Wiese, 175, 185 f.; *Konzen*, NZA 1995, 865 ff.; *Lobinger*, ZfA 2004, 101 ff.; *Matthes*, Festschrift für Wlotzke, 393, 404 ff.; *ders.*, Festschrift für Dieterich, 355 ff.; *Prütting*, RdA 1995, 257 ff.; *Raab*, ZfA 1997, 183 ff.; *Richardi*, NZA 1995, 8 ff.; *ders.*, Festschrift für Wlotzke, 407 ff.; *Riesenkampff*, Rechtsfolgen betriebsverfassungswidriger Betriebsänderungen, S. 87 f.; *Sacher*, Der betriebsverfassungsrechtliche Unterlassungsanspruch, S. 45 ff.; *Schlünder*, Rechtsfolgen, S. 123 ff.; *Schmädicke*, NZA 2004, 295 ff.; *Schulze*, Zulässigkeit einstweiliger Verfügungen, S. 127 ff.; *Söllner*, Gedächtnisschrift für Heinze, 867 ff.; *Thalhofer*, Betriebsverfassungsrechtlicher Beseitigungsanspruch, S. 83 ff.; *Verch*, Personalabbau und Betriebsverfassung, S. 161; *Walker*, Der einstweilige Rechtsschutz, Rn. 855; *ders.*, DB 1995, 1961 ff.; *Zwanziger*, NJW 1995, 916 ff.

[127] So leiten etwa *Dütz* (Unterlassungsanspruch, S. 30 ff.), *Kümpel* (AuR 1985, 78, 86), *Trittin* (DB 1984, 1169, 1173 f.) aus dem allgemeinen Behinderungsverbot des § 78 S. 1 BetrVG ein Unterlassungsanspruch ab. Teilweise wird auch eine Parallele zum negatorischen Rechtsschutz des Deliktsrechts gezogen. So *Denck*, RdA 1982, 279, 282; *Dütz*, Unterlassungsanspruch, S. 8 ff.; *Sacher*, Der betriebsverfassungsrechtliche Unterlassungsanspruch, S. 75 ff.; *Salje*, DB 1988, 909, 910 ff. Nach *Richardi* (NZA 1995, 8, 10 und Festschrift für Wlotzke, 407, 412 ff.) bedarf es für einen Unterlassungsanspruch keiner gesetzlichen Grundlage, da jeder vom Gesetz eingeräumten Rechtsposition stets negatorischer Rechtsschutz zukommen muss, wenn diese bedroht ist. Ihm folgend *Lobinger*, ZfA 2004, 101, 121 ff.; *Prütting*, RdA 1995, 257 ff. und *Thalhofer*, Betriebsverfassungsrechtlicher

einen Unterlassungsanspruch des Betriebsrats zu begründen, eingegangen. Es soll vielmehr versucht werden, die Entscheidung vom 03.05.1994 kurz nachzuzeichnen, um dadurch die Anforderungen zu ermitteln, welche das Gericht an einen solchen Unterlassungsanspruch stellt. Schließlich ist zu prüfen, ob die §§ 111 f. BetrVG diese Voraussetzungen auch erfüllen.

1. Anforderungen aus den dogmatischen Erwägungen des BAG

In dem genannten Beschluss stellte das BAG in erster Linie darauf ab, dass durch die im BetrVG aufgenommenen Beteiligungsvorschriften, Rechte und Pflichten für Arbeitgeber und Betriebsrat begründet wurden und somit ein Kooperationszwang zwischen den Betriebspartnern entstanden ist. [128] Es existiere daher zwischen Betriebsrat und Arbeitgeber eine Rechtsbeziehung[129], die große Parallelen zu einem gesetzlichen Dauerschuldverhältnis aufweise.[130] Wie § 242 BGB als Hauptmaxime des Schuldverhältnisses anzusehen sei, so erfülle das Gebot der vertrauensvollen Zusammenarbeit aus § 2 Abs. 1 BetrVG die vergleichbare Funktion für das Betriebsverhältnis, so dass zwischen beiden Normen eine grundsätzliche Übereinstimmung bestehe.[131]

Im Rahmen des § 242 BGB ist allgemein anerkannt, dass die Norm unter anderem auch Rechtsquelle verschiedenster Nebenpflichten ist, welche zur Erfüllung der schuldrechtlichen Hauptpflichten beitragen sollen bzw. für den Schutz der anderen Vertragsseite erforderlich sind.[132] Zu diesen Nebenpflichten gehört auch, alles zu tun, was dem Eintritt des Leistungserfolges dient und alles zu unterlassen, was den Leistungserfolg beeinträchtigt.[133] Wegen der Parallelität von § 242 BGB und § 2 Abs. 1 BetrVG ist diese so genannte Leistungstreuepflicht nach Auffassung des Gerichts ebenso Element des betriebsverfassungsrechtlichen Gebots der

---

Beseitigungsanspruch, S. 23 ff. Ausführlich zu den verschiedenen Ansichten *Lobinger*, ZfA 2004, 101, 114 ff.; *Raab*, ZfA 1997, 183, 192 ff.; *Riesenkampff*, Rechtsfolgen betriebsverfassungswidriger Betriebsänderungen, S. 71 ff.; *Thalhofer*, Betriebsverfassungsrechtlicher Beseitigungsanspruch, S. 76 ff.

128 BAG vom 03.05.1994, AP Nr. 23 zu § 23 BetrVG 1972; bestätigt durch BAG vom 27.03.1996, AP Nr. 68 zu § 87 BetrVG 1972 Arbeitszeit und BAG vom 28.05.2002, DB 2003, 287, 289.

129 Zu diesem sog. Betriebsverhältnis vgl. *Derleder*, AuR 1983, 289, 300 f.; *v. Hoyningen-Huene*, NZA 1989, 121, 123; *ders.*, Festschrift für Wiese, 175, 177 ff.; *ders.*, Betriebsverfassungsrecht, § 4 III 2.

130 BAG vom 03.05.1994, AP Nr. 23 zu § 23 BetrVG 1972.

131 BAG vom 03.05.1994, AP Nr. 23 zu § 23 BetrVG 1972; dazu bereits *Derleder*, AuR 1983, 289, 300.

132 *Heinrichs*, in: Palandt, § 242 BGB Rn. 23; *Hohloch*, in: Erman, § 242 BGB Rn. 64 ff.; *Roth*, in: MüKo-BGB, § 242 BGB Rn. 123.

133 BGH vom 28.04.1982, NJW 1983, 998, 998; RG vom 24.01.1910, RGZ 72, 393, 394.

vertrauensvollen Zusammenarbeit.[134] Der Unternehmer sei deshalb ebenfalls verpflichtet, nichts zu unternehmen, was die Wahrnehmung des einzelnen Mitbestimmungsrechts gefährde. Komme er dem nicht nach, so besitze der Betriebsrat grundsätzlich einen Unterlassungsanspruch. Das BAG versäumt es bei dieser Argumentation jedoch genau darzulegen, warum der angesprochenen Nebenpflicht des Unternehmers zugleich ein Anspruch des Betriebsrats gegenüberstehen soll.[135] Dies scheint gerade unter dem Gesichtspunkt bedenklich, dass im Schuldrecht die Leistungstreuepflicht keinen über das Leistungsinteresse hinausgehenden Zweck verfolgt und damit nach herrschender Meinung als unselbständige Nebenpflicht nicht von der Gegenseite durchgesetzt werden kann.[136] Überhaupt verwundert der vom Gericht[137] angesprochene Begriff des Nebenleistungsanspruchs im Betriebsverfassungsrecht.[138] Ein Nebenleistungsanspruch bedingt einen Hauptleistungsanspruch. Als solcher kann der in der Entscheidung vom 03.05.1995 behandelte § 87 Abs. 1 BetrVG jedoch nicht gesehen werden. Anderenfalls müsste dem Betriebsrat ein mit Mitteln der Zwangsvollstreckung durchsetzbarer Anspruch auf Durchführung des Einigungsstellenverfahrens zustehen. Da die Arbeitnehmervertreter selbst die Einigungsstelle anrufen können, wird deutlich, dass es nach der Gesetzeskonzeption eines derartigen Anspruchs nicht bedarf.[139] Die Vorschrift gewährt dem Betriebsrat allein das Recht, an bestimmten betrieblichen Entscheidungen zu partizipieren und stellt deshalb keinen Hauptleistungsanspruch dar. Fehlt es an einem solchen Anspruch, kann es auch keinen sichernden Nebenleistungsanspruch geben.[140]

Das BAG führt weiterhin aus, dass der Betriebsrat bei einer Verletzung der Nebenpflicht nicht stets einen Unterlassungsanspruch geltend machen kann. Vielmehr komme „es auf die einzelnen Mitbestimmungstatbestände, deren konkrete

---

[134] BAG vom 28.05.2002, DB 2003, 287, 289; BAG vom 03.05.1994, AP Nr. 23 zu § 23 BetrVG 1972.

[135] *Raab*, ZfA 1997, 183, 203; *Thalhofer*, Betriebsverfassungsrechtlicher Beseitigungsanspruch, S. 86.

[136] Zur Leistungstreuepflicht als unselbständige Nebenpflicht *Heinrichs*, in: Palandt, § 242 BGB Rn. 27; *Hohloch*, in: Erman, § 242 BGB Rn. 76; gegen eine Differenzierung von selbständigen und unselbständigen Nebenpflichten *Raab*, Negatorischer Rechtsschutz, S. 155 ff.; *ders.* ZfA 1997, 183, 202.

[137] So ausdrücklich BAG vom 28.05.2002, DB 2003, 287, 289; BAG vom 27.03.1996, AP Nr. 68 zu § 87 BetrVG 1972 Arbeitszeit; BAG vom 03.05.1994, AP Nr. 23 zu § 23 BetrVG 1972.

[138] Krit. *Konzen*, NZA 1995, 865, 871; *Oetker*, in: GK-BetrVG, § 23 BetrVG Rn. 132 f.; *Raab*, Negatorischer Rechtsschutz, S. 161; *ders.* ZfA 1997, 183, 195.

[139] *Konzen*, NZA 1995, 865, 871; *Oetker*, in: GK-BetrVG, § 23 BetrVG Rn. 133; *Raab*, Negatorischer Rechtsschutz, S. 161.

[140] *Dobberahn*, NJW 1995, 1333, 1333; *Oetker*, in: GK-BetrVG, § 23 BetrVG Rn. 133; vgl. jetzt auch *Derleder* (AuR 1995, 13, 14), der nun auch zweifelt, wie ein Nebenleistungsanspruch aus dem Betriebsverhältnis entwickelt werden kann.

gesetzliche Ausgestaltung und die Art der Rechtsverletzung an"[141]. Wenn sich aber aus dem Gebot der vertrauensvollen Zusammenarbeit die Pflicht des Unternehmers ergeben soll, die Wahrnehmung der Betriebsratsrechte nicht zu behindern, so muss diese Pflicht generelle Wirkung entfalten. Es ist dann unverständlich, warum nur bei bestimmten Mitbestimmungstatbeständen dem Betriebsrat ein Unterlassungsanspruch zustehen soll.[142]

Folglich erweist sich die Inanspruchnahme des Gebots der vertrauensvollen Zusammenarbeit als nicht überzeugend, um einen Unterlassungsanspruch zu konstruieren.[143] Es verwundert daher kaum, dass im Beschluss von 03.05. 1994[144] als auch in den Folgeentscheidungen[145] § 2 Abs. 1 BetrVG nur als formaler Aufhänger fungiert, das Gericht vielmehr die einzelnen Beteiligungsrechte des Betriebsrats in das Zentrum seiner Überlegungen stellt, um zu ergründen, ob zu deren Sicherung ein Unterlassungsanspruch benötigt wird.[146]

Sind also die auf § 2 Abs. 1 BetrVG aufbauenden Erwägungen des BAG nicht schlüssig, können aus ihnen auch keine konkreten Anforderungen an einen allgemeinen Unterlassungsanspruch entnommen werden.

2. Anforderungen aus den Ausführungen des Gerichts zu den einzelnen Beteiligungsrechten

Wie eben angesprochen, geht es im Kern der Entscheidungen des BAG allein um die Frage, ob die verschiedenen Beteiligungsrechte des Betriebsrats genügend abgesichert sind. Besteht im Einzelfall ein Schutzdefizit, kann dem nach Ansicht des Gerichts mit der Anerkennung eines Unterlassungsanspruchs begegnet werden.[147] Mithin müssen sich die Anforderungen, die an einen solchen Anspruch zu stellen sind, aus dem einzelnen Betriebsratsrecht ergeben.

---

141 BAG vom 03.05.1994, AP Nr. 23 zu § 23 BetrVG 1972; so auch BAG vom 28.05.2002, DB 2003, 287, 289.

142 *Dobberahn*, NJW 1995, 1333, 1333; *Raab*, Anm. zu BAG vom 03.05.1994, EzA § 23 BetrVG 1972 Nr. 36, 17, 26 f., 34; *Richardi*, NZA 1995, 8, 9; *ders.* Festschrift für Wlotzke, 407, 416; *Thalhofer*, Betriebsverfassungsrechtlicher Beseitigungsanspruch, S.83.

143 So sieht *Richardi* (Festschrift für Wlotzke, 407, 416) die Begründung mittels § 2 Abs. 1 BetrVG als „völlig inhaltsleer" an.

144 In: AP Nr. 23 zu § 23 BetrVG 1972.

145 BAG vom 12.06.1994, AP Nr. 24 zu § 23 BetrVG, hinsichtlich § 99 BetrVG; BAG vom 28.05.2002, DB 2003, 287, 289 hinsichtlich § 75 Abs. 2 BetrVG.

146 So auch *Konzen*, NZA 1995, 865, 868; *Lobinger*, ZfA 2004, 101, 117.

147 Ausdrücklich BAG vom 28.05.2002, DB 2003, 287, 289; BAG vom 23.07.1996, AP Nr. 68 zu § 87 BetrVG 1972 Arbeitszeit.

a) Qualität des Beteiligungsrechts

Zunächst stellt sich die Frage, welche Qualität ein Beteiligungsrecht aufweisen muss, damit nach Auffassung des Gerichts ein Unterlassungsanspruch gewährt wird. Eine konkrete Aussage des BAG zu dieser Problematik findet sich in den bisher ergangenen Entscheidungen allerdings nicht. Andererseits verwendet das Gericht stets dieselbe Formel, wonach es „auf die einzelnen Mitbestimmungstatbestände, deren konkrete gesetzliche Ausgestaltung und die Art der Rechtsverletzung" ankommt.[148] Da die Beteiligungsrechte des Betriebsrats basierend auf der Überschrift zum vierten Teil des BetrVG in Mitwirkungs- und Mitbestimmungsrechte unterteilt werden, führt eine Anwendung der o.g. Formel bereits dazu, dass nur die letztgenannte Gruppe der Beteiligungsrechte durch den allgemeinen Unterlassungsanspruch abgesichert wird.[149]

Dieser Befund ergib sich ebenfalls aus dem Zusammenhang der Entscheidung vom 03.05.1994[150], wonach die Billigung des Unterlassungsanspruchs bei § 87 BetrVG gerade darauf beruht, dass hier der Arbeitgeber „nach dem eindeutigen Willen des Gesetzgebers nur mit Zustimmung des Betriebsrats" Maßnahmen durchführen darf.[151]

Für die Gewährung eines allgemeinen Unterlassungsanspruchs ist aus Sicht des BAG zunächst zu fordern, dass nicht allein ein Mitwirkungsrecht bedroht ist.[152]

b) Notwendigkeit der Anerkennung des allgemeinen Unterlassungsanspruchs

Weiterhin stellte der erste Senat in der Entscheidung vom 12.06.1994 ausdrücklich klar, dass ein Unterlassungsanspruch ausgeschlossen ist, soweit das Gesetz zum Schutz der Betriebsratsrechte „besondere Verfahren zur Verfügung stellt, die so weit reichend und wirksam sind, dass sie als abschließende Regelung angesehen werden müssen".[153]

Dass das BAG die letztgenannte Voraussetzung verlangt, konnte bereits dem Beschluss vom 03.05.1994 entnommen werden. Denn schon dort prüfte es ausführ-

---

148 BAG vom 28.05.2002, DB 2003, 287, 289; BAG vom 03.05.1994, AP Nr. 23 zu § 23 BetrVG 1972.

149 Zur Einteilung der Beteiligungsrechte vgl. *Fitting/Engels/Schmidt/Trebinger/Linsenmaier*, § 1 BetrVG Rn. 242; *v. Hoyningen-Huene*, Betriebsverfassungsrecht, § 11 I 1; *Matthes*, in: MüHb-ArbR, § 327 Rn. 1; *Richardi*, in: Richardi, Vorbem. z. 4. Teil Rn. 21.

150 In: AP Nr. 23 zu § 23 BetrVG 1972.

151 LAG München vom 24.09.2003, NZA-RR 2004, 536, 536; *Raab*, ZfA 1997, 183, 206.

152 LAG München vom 24.09.2003, NZA-RR 2004, 536, 536; ArbG Marburg vom 29.12.2003, NZA-RR 2004, 199, 200; *Oetker*, in: GK-BetrVG, § 23 BetrVG Rn. 137; *Raab*, ZfA 1997, 183, 206.

153 In: AP Nr. 24 zu § 23 BetrVG 1972; vgl. auch BAG vom 28.05.2002, DB 2003, 287, 289, wonach die Anerkennung eines Unterlassungsanspruchs stets davon abhängig ist, ob „ein solcher Anspruch zur Sicherung eines Rechts erforderlich ist."

lich, ob der Unterlassungsanspruch bei § 87 Abs. 1 BetrVG eventuell wegen der Theorie der Wirksamkeitsvoraussetzung oder wegen der Möglichkeit, die Einigungsstelle anzurufen, ein unnötiges Sicherungsinstrument darstellt.[154]

Vom Ansatz ausgehend, dass es sich beim Unterlassungsanspruch um einen Nebenleistungsanspruch handelt, vertritt dabei das Gericht die Ansicht, dass nicht die Bejahung, sondern die Verneinung der Schutzbedürftigkeit des Mitbestimmungsrechts und somit auch die Ablehnung des Unterlassungsanspruchs zu begründen ist.[155] Zwar kann den dogmatischen Herleitungen des BAG aus den o.g. Gründen nicht gefolgt werden, so dass sich die Frage stellt, ob das Gericht hier nicht Rechtsfortbildung betreibt und dabei die geltenden Grenzen in unzureichendem Maße beachtet hat.[156] Allerdings ist es mittlerweile gefestigte Rechtsprechung[157], dass der allgemeine Unterlassungsanspruch als Nebenleistungsanspruch zu betrachten ist, womit die Diskussion, ob hier Rechtsfortbildung unternommen wurde, für die Praxis keine Rolle mehr spielt und somit auch nicht weiter vertieft werden soll.

3. Erfüllen die §§ 111 f. BetrVG die Anforderungen des Gerichts?

Zum Schutz des Interessenausgleichsverfahrens kann nur dann ein allgemeiner Unterlassungsanspruch gewährt werden, wenn es sich bei den betroffenen Betriebsratsrechten aus den §§ 111 S. 1, 112 Abs. 2 und 3 BetrVG um Mitbestimmungsrechte handelt und das BetrVG für deren Schutz keine abschließende Regelung bietet.

a) Vorliegen eines Mitbestimmungsrechts

Ein Mitbestimmungsrecht ist gegeben, wenn der Arbeitgeber eine Maßnahme regelmäßig nur mit Zustimmung des Betriebsrats durchführen kann.[158]

aa) Interessenausgleichsversuch nach § 112 Abs. 2 und 3 BetrVG

Wie bereits wiederholt festgestellt, ist das Anrufen der Einigungsstelle bzw. das Einlassen auf einen Einigungsversuch beim Vorstand der Bundesagentur für Ar-

---

[154] BAG vom 03.05.1994, AP Nr. 23 zu § 23 BetrVG 1972; BAG vom 27.03.1996, AP Nr. 68 zu § 87 BetrVG 1972 Arbeitszeit.

[155] So ausdrücklich BAG vom 27.03.1996, AP Nr. 68 zu § 87 BetrVG 1972 Arbeitszeit.

[156] Vgl. nur *Adomeit*, NJW 1995, 1004.

[157] BAG vom 28.05.2002, DB 2003, 287, 289; BAG vom 27.03.1996, AP Nr. 68 zu § 87 BetrVG 1972 Arbeitszeit; BAG vom 12.06.1994, AP Nr. 24 zu § 23 BetrVG; BAG vom 03.05.1994, AP Nr. 23 zu § 23 BetrVG 1972.

[158] Hierzu nochmals *Fitting/Engels/Schmidt/Trebinger/Linsenmaier*, § 1 BetrVG Rn. 242; *v. Hoyningen-Huene*, Betriebsverfassungsrecht, 11 I 1; *Matthes*, in: MüHb-ArbR, § 327 Rn. 18; *Richard*, in: Richardi, Vorbem. z. 4. Tei, Rn. 21.

beit nur als Obliegenheit des Arbeitgebers ausgestaltet.[159] Somit besteht in Bezug auf diese beiden Maßnahmen folgerichtig gar kein Beteiligungsrecht auf Seiten des Betriebsrats, welches durch einen Unterlassungsanspruch zu schützen wäre. Konsequenz ist, dass der Betriebsrat die Durchführung der Betriebsänderung nicht verhindern kann, wenn der Arbeitgeber die Verfahrensschritte des § 112 Abs. 2 und 3 BetrVG nicht beachtet.[160]

bb) Unterrichtungs- und Beratungsrecht nach § 111 S. 1 BetrVG

Als taugliche Rechte des Betriebsrats, welche durch einen Unterlassungsanspruch zu sichern sind, kommen allein diejenigen aus § 111 S. 1 BetrVG in Betracht. Mitbestimmungsrechte werden, wie gezeigt, dahingehend definiert, dass der Arbeitgeber darauf bezogene Maßnahmen regelmäßig nur mit Zustimmung des

---

159 LAG Köln vom 30.04.2004, NZA-RR 2005, 199, 199; LAG Berlin vom 04.10.1982, DB 1983, 888; ArbG Neustrelitz vom 24.02.1994, AuA 1995, 174, 175; *Bengelsdorf*, DB 1990, 1233, 1236; *Heinze*, DB 1983, (Beilage Nr. 9), 1, 21; *Konzen*, Leistungspflichten, S. 91; *ders.*, NZA 1995, 865, 872; *Matthes*, Festschrift für Wlotzke, 393, 405; *Oetker*, in: GK-BetrVG, § 23 BetrVG Rn. 32 f.; *Raab*, ZfA 1997, 183, 245; *Riesenkampff*, Rechtsfolgen betriebsverfassungswidriger Betriebsänderungen, S. 36; *Schlochauer*, ArbRGgw (Bd. 20), 61, 73; *Schulze*, Zulässigkeit einstweiliger Verfügungen, S. 180; *Verch*, Personalabbau und Betriebsverfassung, S. 166; *Walker*, Der einstweilige Rechtsschutz, Rn. 877; ders., DB 1995, 1961, 1965; a.A. LAG Thüringen vom 18.08.2003, LAGE § 111 BetrVG 2001 Nr. 1; LAG Karlsruhe vom 22.07.2003, NZA-RR 2004, 482, 483; LAG Thüringen vom 26.09.2000, LAGE § 111 BetrVG 1972 Nr. 17; LAG Berlin vom 07.09.1995, NZA 1996, 1284, 1286; ArbG Marburg vom 29.12.2003, NZA-RR 2004, 199, 200; ArbG Berlin vom 09.03.2000, AiB 2001, 544, 545; ArbG Hamburg vom 04.11.1997, NZA-RR 1998, 127, 127; ArbG Dessau vom 30.04.1993, AuA 1994, 184, 185; *Buschmann*, BB 1983, 510, 512; *Derleder*, AuR 1995, 13, 17; *Pflüger*, DB 1998, 2062, 2063 f.

160 LAG Sachsen-Anhalt vom 30.11.2004, Az.: 11 TaBV 18/04 (n.v.); LAG Köln vom 30.04.2004, NZA-RR 2005, 199, 199; *Bengelsdorf*, DB 1990, 1233, 1236; *Heinze*, DB 1983, (Beilage Nr. 9), 1, 21; *Konzen*, Leistungspflichten, S. 91; *ders.*, NZA 1995, 865, 872; *Matthes*, Festschrift für Wlotzke, 393, 405; *Oetker*, in: GK-BetrVG, § 23 BetrVG Rn. 32 f.; *Raab*, ZfA 1997, 183, 245; *Riesenkampff*, Rechtsfolgen betriebsverfassungswidriger Betriebsänderungen, S. 36; *Schlochauer*, ArbRGgw (Bd. 20), 61, 73; *Schulze*, Zulässigkeit einstweiliger Verfügungen, S. 180; *Verch*, Personalabbau und Betriebsverfassung, S. 166; *Walker*, Der einstweilige Rechtsschutz, Rn. 877; ders., DB 1995, 1961, 1965; a.A. LAG Hamm vom 28.08.2003, NZA-RR 2004, 80, 81 f.; LAG Thüringen vom 18.08.2003, LAGE § 111 BetrVG 2001 Nr. 1; LAG Karlsruhe vom 22.07.2003, NZA-RR 2004, 482, 483; LAG Thüringen vom 26.09.2000, LAGE § 111 BetrVG 1972 Nr. 17; LAG Hamburg vom 27.06.1996, LAGE § 111 BetrVG 1972 Nr. 15; LAG Berlin vom 07.09.1995, NZA 1996, 1284, 1287; ArbG Hamburg vom 06.01.2005, AiB 2005, 345; ArbG Marburg vom 29.12.2003, NZA-RR 2004, 199, 200; ArbG Berlin vom 09.03.2000, AiB 2001, 544, 545; ArbG Hamburg vom 04.11.1997, NZA-RR 1998, 127, 127; ArbG Dessau vom 30.04.1993, AuA 1994, 184, 185; ArbG Jena vom 22.09.1992, BB 1992, 2223; KreisG Saalfeld vom 04.02.1991, DB 1992, 919; *Buschmann*, BB 1983, 510, 512; *Derleder*, AuR 1995, 13, 17; *Pflüger*, DB 1998, 2062, 2063 f.; *Zwanziger*, BB 1998, 477.

Betriebsrats durchführen darf. Unterrichtungs- und Beratungsrechte erfüllen diese Definition ersichtlich nicht.[161] Vielmehr stellen sie die schwächste Form der Beteiligungsrechte dar, die das Alleinentscheidungsrecht des Arbeitgebers nicht beeinflussen.[162] Damit ist hier schon die erste vom BAG aufgestellte Voraussetzung nicht erfüllt, so dass ein Unterlassungsanspruch zur Sicherung des Informations- und Beratungsrechts des § 111 S. 1 BetrVG ausscheidet.[163]

b) Abschließender Schutz durch § 113 Abs. 3 BetrVG?

Auch die zweite Bedingung, wonach ein Unterlassungsanspruch nur anerkannt werden kann, wenn das BetrVG zum Schutz des jeweils betroffenen Rechts keine abschließende und umfassende Regelung bereitstellt, erscheint bei Betriebsänderungen bedenklich. Anders als bei der Mitbestimmung in sozialen Angelegenheiten nach § 87 Abs. 1 BetrVG ist mit § 113 BetrVG gerade eine Sanktionsnorm im Gesetz enthalten.

aa) Wortlaut des § 113 Abs. 3 BetrVG

Ob dem Nachteilsausgleich gegenüber einem allgemeinen Unterlassungsanspruch eine abschließende Sanktionsfunktion zukommt, lässt sich aus dem Wortlaut des § 113 Abs. 3 BetrVG nicht entnehmen.[164] Weder ist ausdrücklich festgelegt, dass bei Missachtung der Mitwirkungsrechte aus den §§ 111 f. BetrVG allein der betroffene Arbeitnehmer einen finanziellen Ausgleich seiner entstandenen Nachteile verlangen kann, noch gibt der Wortlaut Auskunft, dass dem Nachteilsausgleich nur eine ergänzende Funktion zukommen soll.

bb) Gesetzgebungsgeschichte

Eventuell lassen sich aus der Gesetzgebungsgeschichte der §§ 111 ff. BetrVG Belege für oder gegen die abschließende Wirkung der Vorschrift finden. Ausgehend von der Tatsache, dass nach Anerkennung des allgemeinen Unterlassungs-

---

161 *V. Hoyningen-Huene*, Betriebsverfassungsrecht, § 11 I 1; *Matthes*, in: MüHb-ArbR, § 327 Rn. 18.

162 LAG München vom 24.09.2003, NZA-RR 2004, 536, 537; LAG Niedersachsen vom 29.11.2002, BB 2003, 1337, 1337; LAG Rheinland-Pfalz vom 28.03.1989, LAGE § 111 BetrVG 1972 Nr. 10; *Raab*, Negatorischer Rechtsschutz, S. 170 f.; *Thalhofer*, Betriebsverfassungsrechtlicher Beseitigungsanspruch, S. 42 f.

163 Im Ergebnis auch LAG Sachsen-Anhalt vom 30.11.2004, Az.: 11 TaBV 18/04 (n.v.); LAG München vom 24.09.2003, NZA-RR 2004, 536, 536; ArbG Marburg vom 29.12.2003, NZA-RR 2004, 199, 200; *Raab*, Negatorischer Rechtsschutz, S. 170 f.; *ders.*, ZfA 1997, 183, 246 f.; *Thalhofer*, Betriebsverfassungsrechtlicher Beseitigungsanspruch, S. 42 f.

164 ArbG Schwerin vom 13.02.1998, NZA-RR 1998, 448, 449.

anspruchs durch das BAG im Jahr 1994 die §§ 111 ff. BetrVG mehrfach[165] geändert wurden, neben § 113 Abs. 3 BetrVG ein Unterlassungsanspruch jedoch nicht aufgenommen wurde, könnte argumentiert werden, dass der BetrVG-Gesetzgeber damit deutlich macht, einen solchen Unterlassungsanspruch nicht akzeptieren zu wollen.[166] Der Gesetzgeber hat elf Jahre nach Rechtsprechungswechsel und trotz BetrVG-Reform nicht einmal den allgemeinen Unterlassungsanspruch im Rahmen der sozialen Mitbestimmung aufgenommen. Aus dieser Untätigkeit darf aber nicht geschlossen werden, dass er Unterlassungsansprüchen neben § 23 Abs. 3 BetrVG generell ablehnend gegenübersteht. Vielmehr zeigt sich hier ein bekanntes Phänomen, wonach der Gesetzgeber schwierige und strittige Themen lieber durch Literatur und Rechtsprechung klären lässt, als selbst regelnd tätig zu werden.[167] Folglich liefert auch die Gesetzgebungsgeschichte keinerlei Anhaltspunkte, ob § 113 Abs. 3 BetrVG abschließend sein soll.

cc) Gesetzessystematik

(1) Vergleich mit § 113 Abs. 1 BetrVG

Um einen Unterlassungsanspruch zur Sicherung des Informations- und Beratungsrechts aus § 111 S. 1 BetrVG zu begründen, wird oftmals auch auf die Systematik der §§ 111 ff. BetrVG verwiesen.[168] So habe der Gesetzgeber als Ausgleich für die fehlende Erzwingbarkeit des Interessenausgleichs mit den §§ 111 f. BetrVG ein detailliertes Beteiligungsverfahren geschaffen. Gesetzliches Konzept sei daher, dass der Betriebsrat zwar über das „Ob“ und „Wie“ der Betriebsänderung nicht mitbestimmen darf, ihm als Kompensation aber die Möglichkeit gegeben wird, im Vorfeld auf den Unternehmer einzuwirken.[169] Wegen dieser besonderen Bedeutung von Information und Beratung ist es nach Auffassung von Teilen der Literatur und Rechtsprechung erforderlich, dass der Betriebsrat Unterlassung der Betriebsänderung verlangen kann, bis die Pflichten aus § 111 S. 1 BetrVG erfüllt sind.[170]

---

165 So z.B. den § 113 Abs. 3 BetrVG durch das Arbeitsrechtliche Beschäftigungsförderungsgesetz vom 25.09.1996 (BGBl. I, S. 1476) und die Aufhebung der dort neu eingeführten § 113 Abs. 3 S. 2 und 3 durch das Korrekturgesetz vom 19.12.1998 (BGBl. I, S. 3843, 3850).

166 LAG Sachsen-Anhalt vom 30.11.2004, Az.: 11 TaBV 18/04 (n.v.); ArbG Schwerin vom 13.02.1998, NZA-RR 1998, 448, 450; *Lipinski*, BB 2003, 1338, 1338; *Lipinski/Melms*, BB 2002, 2226, 2228; dies fragt sich auch das ArbG Karlsruhe vom 22.07.2003, NZA-RR 2004, 482, 483.

167 Als Beispiel sei hier das Arbeitskampfrecht erwähnt.

168 LAG Berlin vom 07.09.1995, LAGE § 111 BetrVG 1972 Nr. 13; *Matthes*, Festschrift für Wlotzke, 393, 405 f.; *ders.*, Festschrift für Dieterich, 355, 361.

169 LAG Hamm vom 28.08.2003, NZA-RR 2004, 80, 81; LAG Berlin vom 07.09.1995, LAGE § 111 BetrVG 1972 Nr. 13; *Konzen*, Leistungspflichten, S. 91.

170 *Heither*, Festschrift für Däubler, 338, 340; *Matthes*, Festschrift für Wlotzke, 393, 405 f.; *ders.*, Festschrift für Dieterich, 355, 361.

Eine solche Sichtweise verkennt den Grundgedanken der genannten Beteiligungsrechte, wonach der Unternehmer die Entscheidung über eine Betriebsänderung stets frei treffen soll.[171] Das „Primat des Alleinentscheidungsrechts des Arbeitgebers“[172] zeigt sich besonders bei § 113 Abs. 1 BetrVG. Danach kann er nicht gezwungen werden, sich an einen Interessenausgleich zu halten, obwohl er diesen freiwillig abgeschlossen hat. Die einzige Konsequenz eines solchen „Vertragsbruchs“ ist, dass er unter Umständen die finanziellen Nachteile der betroffenen Arbeitnehmer ausgleichen muss. Somit handelt es sich beim Interessenausgleich nicht um eine verbindliche Vereinbarung.[173] Kann nicht einmal dessen Durchführung erzwungen werden, so wäre es doch ein Widerspruch, wenn man mittels Unterlassungsanspruch die Vornahme von Unterrichtung und Beratung durchsetzen könnte, die ja nur eine Chance auf Abschluss eines Interessenausgleichs bieten. [174] Zusammengefasst bedeutet dies, ist der Interessenausgleich nicht erzwingbar, so benötigen die zur Vorbereitung einer solchen Übereinkunft notwendigen Maßnahmen auch keinen besonderen Schutz.

(2) Vergleich mit den Sanktionsmöglichkeiten im Rahmen des § 87 Abs. 1 BetrVG

Dass es neben § 113 Abs. 3 BetrVG keines weiteren Mittels bedarf, um die Beachtung der Beteiligungsrechte aus § 111 S. 1 BetrVG zu gewährleisten, zeigt auch der Vergleich mit den Mitbestimmungsrechten in sozialen Angelegenheiten, zu dessen Schutz das BAG erstmals den allgemeinen Unterlassungsanspruch entwickelte. Im Bereich der sozialen Angelegenheiten ist ein sanktionierender Sekundäranspruch nicht enthalten. Um dieses Defizit zu mindern, entwickelte die herrschende Meinung die „Theorie der Wirksamkeitsvoraussetzung“, wonach die Arbeitgebermaßnahme, welche ein Mitbestimmungsrecht des § 87 Abs. 1 BetrVG missachtet, gegenüber dem Arbeitnehmer unwirksam ist.[175] Allerdings beruft sich

171 LAG Schleswig-Holstein vom 13.01.1992, LAGE § 111 BetrVG Nr. 11; ArbG Schwerin vom 13.02.1998, NZA-RR 1998, 448, 450; ArbG Kiel vom 13.12.1996, NZA 1997, 298, 299; *Raab*, ZfA 1997, 183, 247; *Walker*, DB 1995, 1961, 1965 f.

172 *Konzen*, Leistungspflichten, S. 91.

173 BAG vom 28.08.1991, AP Nr. 2 zu § 85 ArbGG 1979; LAG Düsseldorf vom 19.11.1996, NZA-RR 1997, 297, 298; *Ehmann*, Festschrift für Kissel, 175, 180 ff.; *Schaub*, Festschrift für Däubler, 347, 348; *Verch*, Personalabbau und Betriebsverfassung, S. 265; a.A. *Däubler*, in: DKK, §§ 112, 112a BetrVG Rn. 15 ff.; *Düwell*, Festschrift für Dieterich, 101, 115; *Matthes*, Festschrift für Wlotzke, 393, 396.

174 BAG vom 28.08.1991, AP Nr. 2 zu § 85 ArbGG 1979; LAG München vom 24.09.2003, NZA-RR 2004, 536, 537; LAG Niedersachsen vom 29.11.2002, BB 2003, 1337, 1337; LAG Düsseldorf vom 19.11.1996, NZA-RR 1997, 297, 298; ArbG Nürnberg vom 17.01.2000, BB 2000, 2100; *Hanau*, JuS 1985, 360, 364; *Hümmerich/Spirolke*, BB 1996, 1986, 1989; *Raab*, ZfA 1997, 183, 248.

175 BAG (GS) vom 03.12.1991, AP Nr. 51 zu § 87 BetrVG 1972 Lohngestaltung; *Bommermann*, Die Theorie der Wirksamkeitsvoraussetzung; *v. Hoyningen-Huene*, Betriebsverfassungsrecht,

Letztgenannter bei Maßnahmen, die für ihn keine Nachteile bereithalten, verständlicherweise nicht auf deren Unwirksamkeit. Konsequenz ist, dass bestimmte Handlungen des Arbeitgebers, welche die Rechte des Betriebsrats aus § 87 Abs. 1 BetrVG verletzen, unter Umständen sanktionslos bleiben.[176] Dieses Defizit sollte mit Anerkennung des allgemeinen Unterlassungsanspruchs beseitigt werden.[177]

Eine vergleichbare Situation ist bei den §§ 111 ff. BetrVG nicht gegeben. Hier steht mit § 113 Abs. 3 BetrVG eine Sanktionsnorm bereit. Da nach § 111 S. 1 BetrVG eine Betriebsänderung allein vorliegt, wenn sie wesentliche Nachteile für die Belegschaft oder für wesentliche Teile der Belegschaft bereithält, kann auch nicht die Situation eintreten, dass vergleichbar mit § 87 Abs. 1 BetrVG alle betroffenen Arbeitnehmer kein Interesse haben, gegen den Verstoß der Beteiligungsrechte aus den § 111 f. BetrVG vorzugehen.[178] Anders als bei § 87 Abs. 1 BetrVG ist mit § 113 Abs. 3 BetrVG eine ausreichende Sanktionsnorm für Verletzungen der Betriebsratsrechte aus § 111 S. 1 BetrVG gegeben.

dd) Zweck des § 113 Abs. 3 BetrVG

Von denjenigen Vertretern der Literatur und Rechtsprechung, die dennoch dem Betriebsrat einen Unterlassungsanspruch[179] zuerkennen möchten, wird die Schutzbedürftigkeit gerade damit begründet, dass der Nachteilsausgleichsanspruch nur vom jeweiligen Arbeitnehmer geltend gemacht werden kann.[180] Wegen der rein

---

§ 12 I 5; *Konzen*, Betriebsverfassungsrechtliche Leistungspflichten, S. 83 ff.; *Miersch*, Rechtsfolgen mitbestimmungswidriger Maßnahmen, S. 97 ff.; *Schlünder*, Rechtsfolgen, S. 7 ff.; a.M. *Richardi*, in: Richardi, § 87 BetrVG Rn. 104 ff. – zu dieser Auffassung ausführlich *Hurlebaus*, Fehlende Mitbestimmung bei § 87 BetrVG, S. 47 ff.

176 BAG vom 03.05.1994, AP Nr. 23 zu § 23 BetrVG 1972; ArbG Nürnberg vom 17.01.2000, BB 2000, 21000; *Fabricius*, in: GK-BetrVG (5. Aufl.), § 111 BetrVG Nr. 326.

177 ArbG Nürnberg vom 17.01.2000, BB 2000, 2100; *Fabricius*, in: GK-BetrVG (5. Aufl.), § 111 BetrVG Nr. 326.

178 ArbG Nürnberg vom 17.01.2000, BB 2000, S. 2100.

179 Zumeist beziehen sich die Äußerungen pauschal auch auf die (nicht) bestehende Pflicht des Unternehmers, die Einigungsstelle anzurufen bzw. sich dort auf einen Vermittlungsversuch einzulassen.

180 So beispielsweise LAG Hamm vom 28.08.2003, NZA-RR 2004, 80, 81 f.; LAG Thüringen vom 18.08.2003, LAGE § 111 BetrVG 2001 Nr. 1; LAG Karlsruhe vom 22.07.2003, NZA-RR 2004, 482, 483; LAG Thüringen vom 26.09.2000, LAGE § 111 BetrVG 1972 Nr. 17; LAG Hamburg vom 27.06.1996, LAGE § 111 BetrVG 1972 Nr. 15; LAG Berlin vom 07.09.1995, NZA 1996, 1284, 1287; LAG Hamburg vom 27.06.1996, LAGE § 111 BetrVG 1972 Nr. 15; ArbG Hamburg vom 06.01.2005, AiB 2005, S. 345; ArbG Marburg vom 29.12.2003, NZA-RR 2004, 199, 200; ArbG Berlin vom 09.03.2000, AiB 2001, 544, 545; ArbG Hamburg vom 04.11.1997, NZA-RR 1998, 127, 127; ArbG Dessau vom 30.04.1993, AuA 1994, 184, 185; ArbG Jena vom 22.09.1992, BB 1992, 2223; KreisG Saalfeld vom 04.02.1991, DB 1992, 919; *Buschmann*, BB 1983, 510, 512; *Derleder*, AuR 1995, 13, 17;

individualrechtlichen Ausgestaltung des Nachteilsausgleichs sei der übergangene Betriebsrat nicht vom Schutzbereich der Norm erfasst.[181] Daher müsse ein Instrument geschaffen werden, mit dem der Betriebsrat selbst die Verletzung seiner Rechte aus § 111 S. 1 BetrVG verhindern kann. Bereits in § 2 wurde diese Auffassung vom alleinigen Individualschutz des § 113 Abs. 3 BetrVG widerlegt. Im Folgenden sollen die dafür maßgeblichen Gründe nur wiederholend genannt werden.[182]

Dass § 113 Abs. 3 BetrVG auch dem Schutz des Betriebsrats dient, ergibt sich zum einen aus der Gesetzesbegründung, wonach jene Vorschrift „die Einhaltung der Beteiligungsrechte des Betriebsrats bei unternehmerischen Maßnahmen" absichern soll, der Betriebsrat nach dem Willen des Gesetzgebers also selbst unmittelbares Schutzobjekt des § 113 Abs. 3 BetrVG ist.[183] Dass die Sanktionierung von Beteiligungsrechten auf Individualebene auch nicht untypisch ist, zeigt beispielsweise § 102 BetrVG. So ist völlig unstrittig, dass bei Missachtung der für eine rechtmäßige Kündigung notwendigen Anhörung des Betriebsrats, die Arbeitnehmervertreter keinen Unterlassungsanspruch geltend machen können, vielmehr die Verletzung des betriebsverfassungsrechtlichen Beteiligungsrechts allein im konkreten Kündigungsschutzverfahren berücksichtigt wird.[184] Eine derartige Ausgestaltung der Sanktion ist folgerichtig, denn dem Betriebsrat sind die Beteiligungsrechte nicht um seiner selbst willen zugewiesen worden, sondern nur um die Interessen der Belegschaft durchzusetzen.[185] Insofern handelt der Betriebsrat bei der Ausübung seiner Beteiligungsrechte im Fremdinteresse, womit die individualrechtliche Konzeption des § 113 Abs. 3 BetrVG verständlich ist.[186]

Konsequenz ist, dass auch der Betriebsrat vom Schutzbereich des § 113 Abs. 3 BetrVG erfasst sein soll. Dementsprechend ist aus der Tatsache, dass lediglich die betroffenen Arbeitnehmer den Nachteilsausgleichsanspruch geltend machen können, kein taugliches Argument gegen die abschließende Wirkung des § 113 Abs. 3 BetrVG zu entnehmen.

Heither, Festschrift für Däubler, 338, 341; *Pflüger*, DB 1998, 2062, 2063 f.; *Zwanziger*, BB 1998, S. 477 ff.

181 LAG Hamm vom 28.08.2003, NZA-RR 2004, 80, 81 f.; LAG Thüringen vom 18.08.2003, LAGE § 111 BetrVG 2001 Nr. 1; LAG Berlin vom 07.09.1995, LAGE § 111 BetrVG 1972 Nr. 13; LAG Hamburg vom 13.11.1981, NJW 1984, 324, 324; ArbG Karlsruhe vom 22.07.2003, NZA-RR 2004, 482, 484; ArbG Hamburg vom 04.11.1997, NZA-RR 1998, 127, 127; *Bruns*, AiB 2003, 15, 17; *Buschmann*, BB 1983, 510, 514; *Trittin*, DB 1983, 230, 231.

182 Vgl. hierzu § 2 A IV.

183 BT-Drucks. 6/1786, S. 55.

184 ArbG Schwerin vom 13.02.1998, NZA-RR 1998, 448, 449 f.; *Schulze*, Zulässigkeit einstweiliger Verfügungen, S. 164.

185 Siehe hierzu nochmals *Kreutz*, Grenzen der Betriebsautonomie, S. 172 ff.; *Matthes*, Festschrift für Dieterich, 355, 357; *Raab*, Negatorischer Rechtsschutz, S. 31; *ders.*, ZfA 2001, 31, 35; *Wiese*, ZfA 2000, 117, 119 ff.

186 *Schlünder*, Rechtsfolgen, S. 231; *Schulze*, Zulässigkeit einstweiliger Verfügungen, S. 164.

ee) Ergebnis

Als Ergebnis der Auslegung ist festzuhalten, dass zum einen die Mitwirkungsrechte aus § 111 S. 1 BetrVG anders als die Beteiligungsrechte des § 87 Abs. 1 BetrVG, zu deren Schutz der allgemeine Unterlassungsanspruch ursprünglich entwickelt wurde, kein Sanktionsdefizit aufweisen, welches es auszugleichen gilt. Zum anderen zeigt § 113 Abs. 1 BetrVG deutlich, dass die Anerkennung eines Unterlassungsanspruchs einen Wertungswiderspruch zur Folge hätte, da der Arbeitgeber auch zur Beachtung des abgeschlossenen Interessenausgleichs nicht gezwungen werden kann. Weiterhin bezieht § 113 Abs. 3 BetrVG trotz seiner individualrechtlichen Ausgestaltung den Betriebsrat in seinen Schutzbereich mit ein. Das Argument, wonach es eines Unterlassungsanspruchs bedürfe, da § 113 Abs. 3 BetrVG allein den Arbeitnehmern dient, geht aus diesem Grund ebenso fehl. Aus dem Wortlaut und aus der Entstehungsgeschichte des § 113 Abs. 3 BetrVG ergeben sich keine Anhaltspunkte, die zur Problemlösung beitragen können. Demzufolge ist neben dem Nachteilsausgleich ein weiteres Verfahren zum Schutz der hier in Rede stehenden Betriebsratsrechte nicht notwendig, so dass beide vom BAG herausgearbeiteten Anforderungen für die Anerkennung eines allgemeinen Unterlassungsanspruchs im Rahmen der §§ 111 ff. BetrVG nicht erfüllt werden.[187]

---

[187] LAG Köln vom 30.04.2004, NZA-RR 2005, 199, 199; LAG Schleswig-Holstein vom 13.01.1992, LAGE § 111 BetrVG 1972 Nr. 11; LAG Niedersachsen vom 29.11.2003, BB 2003, 1337, 1337; LAG Düsseldorf vom 19.11.1996, NZA-RR 1997, 297, 298; LAG Berlin vom 04.10.1982, DB 1983, 888; ArbG Neustrelitz vom 24.02.1994, AuA 1995, 174, 175; *Bauer*, DB 1994, 217, 224; *Bengelsdorf*, DB 1990, 1233, 1236; *Dobberahn*, NJW 1995, 1333, 1334; *Ehler*, BB 1994, 2270, 2272; *Eich*, DB 1983, 657, 659; *Hanau*, JuS 1985, 360, 364; *Heinze*, DB 1983, (Beilage Nr. 9), 1, 21; *ders.*, RdA 1986, 273, 293; *Konzen*, Leistungspflichten, S. 91; *ders.*, NZA 1995, 865, 872; *Oetker*, in: GK-BetrVG, § 23 BetrVG Rn. 32 f.; *Raab*, ZfA 1997, 183, 247; *Riesenkampff*, Rechtsfolgen betriebsverfassungswidriger Betriebsänderungen, S. 36; *Schlochauer*, ArbRGgw (Bd. 20), 61, 73; *Schulze*, Zulässigkeit einstweiliger Verfügungen, S. 180; *Verch*, Personalabbau und Betriebsverfassung, S. 166; *Walker*, Der einstweilige Rechtsschutz, Rn. 877; *ders.*, DB 1995, 1961, 1965; a.A. LAG Hamm vom 28.08.2003, NZA-RR 2004, 80, 81 f.; LAG Thüringen vom 18.08.2003, LAGE § 111 BetrVG 2001 Nr. 1; LAG Karlsruhe vom 22.07.2003, NZA-RR 2004, 482, 483; LAG Thüringen vom 26.09.2000, LAGE § 111 BetrVG 1972 Nr. 17; LAG Hamburg vom 27.06.1996, LAGE § 111 BetrVG 1972 Nr. 15; LAG Berlin vom 07.09.1995, NZA 1996, 1284, 1287; ArbG Hamburg vom 06.01.2005, AiB 2005, 345; ArbG Marburg vom 29.12.2003, NZA-RR 2004, 199, 200; ArbG Berlin vom 09.03.2000, AiB 2001, 544, 545; ArbG Hamburg vom 04.11.1997, NZA-RR 1998, 127, 127; ArbG Dessau vom 30.04.1993, AuA 1994, 184, 185; ArbG Jena vom 22.09.1992, BB 1992, 2223; KreisG Saalfeld vom 04.02.1991, DB 1992, 919; *Buschmann*, BB 1983, 510, 512; *Derleder*, AuR 1995, 13, 17; *Matthes*, Festschrift für Wlotzke, 393, 405; *ders.*, Festschrift für Dieterich, 355, 361 f.; *Pflüger*, DB 1998, 2062, 2063 f.; *Zwanziger*, BB 1998, 477.

III. Einstweiliger Rechtsschutz

Können also die Arbeitnehmervertreter nur verlangen, vor einer Betriebsänderung unterrichtet und informiert zu werden, so ist abschließend zu untersuchen, wie diese Vornahmeansprüche aus § 111 S. 1 BetrVG im Wege des einstweiligen Rechtsschutzes gesichert werden können.[188] Dabei stehen die Anträge des Betriebsrats, dem Unternehmer aufzugeben, bis zur Vornahme der eben genannten Pflichten die Durchführung der Betriebsänderung zu unterlassen, im Zentrum der Überlegung.[189] Zwar ist es ebenso denkbar, dass der Betriebsrat einstweiligen Rechtsschutz fordert, welcher unmittelbar auf Information und Verhandlung gerichtet ist. Allerdings werden derartige Anträge in der Praxis äußerst selten gestellt, sodass sie hier auch außer Betracht bleiben sollen.[190]

Die Anforderungen, welche erfüllt sein müssen, damit eine Untersagungsverfügung ergehen kann, ergeben sich wegen der in § 85 Abs. 2 BetrVG enthaltenen Verweisung aus den allgemeinen Vorschriften der §§ 935 ff. ZPO. Gegenstand heftiger Diskussionen ist zunächst, ob eine Untersagungsverfügung zum Schutz des Unterrichtungs- und Beratungsrechts als Sicherungs- oder als Befriedigungsverfügung einzuordnen ist, bzw. ob eine Einteilung in die bekannten Verfügungsarten der ZPO überhaupt möglich und sinnvoll ist.[191] Dieser Streit kann jedoch dahinstehen. Da der einstweilige Rechtsschutz lediglich der Gefahr begegnen soll, dass durch Zeitablauf die Rechtsdurchsetzung im Hauptsacheverfahren nicht mehr möglich ist, ihm somit eine ergänzende Funktion zukommt, darf das Gericht bei seiner Ermessensausübung i.S.d. § 938 Abs. 1 ZPO dem Antragsteller mittels einer einstweiligen Verfügung nicht mehr gewähren, als ihm im Hauptverfahren zustehen würde.[192] Eine derartige Überbefriedigung des Betriebsrats tritt aber ein, wenn man eine Untersagungsverfügung zur Sicherung der Informations- und

---

[188] Zur Funktionslosigkeit des § 23 Abs. 3 BetrVG bei Betriebsänderungen siehe nochmals § 9 B I 3 b.

[189] Zu den unzähligen Untersagungsanträgen vgl. LAG Köln vom 30.04.2004, NZA-RR 2005, 199, 199; LAG Hamm vom 28.08.2003, NZA-RR 2004, 80, 81 f.; LAG Thüringen vom 18.08.2003, LAGE § 111 BetrVG 2001 Nr. 1; LAG Karlsruhe vom 22.07.2003, NZA-RR 2004, 482, 483; LAG Thüringen vom 26.09.2000, LAGE § 111 BetrVG 1972 Nr. 17; LAG Hamburg vom 27.06.1996, LAGE § 111 BetrVG 1972 Nr. 15; ArbG Hamburg vom 06.01.2005, AiB 2005, S. 345; ArbG Marburg vom 29.12.2003, NZA-RR 2004, 199, 200; ArbG Berlin vom 09.03.2000, AiB 2001, 544.

[190] Siehe aber ArbG Köln vom 27.10.1993, BB 1993, 2311.

[191] Vgl. nur *Prütting*, RdA 1995, 257, 263; *Schulze*, Zulässigkeit einstweiliger Verfügungen, S. 116 ff.; *Walker*, Der einstweilige Rechtsschutz, Rn. 829.

[192] *Grunsky*, in: Stein/Jonas, § 938 ZPO Rn. 18; *Hartmann*, in: Baumbach/Lauterbach, § 938 ZPO Rn. 5; *Heinze*, in: MüKo-ZPO, § 938 ZPO Rn. 8; *Walker*, Der einstweilige Rechtsschutz, Rn. 876. Auch durch die Befriedigungsverfügung darf dem Antragsteller nicht mehr zugebilligt werden, als ihm der materielle Anspruch gewähren kann. Zum Zweck des einstweiligen Rechtsschutzes siehe *Schulze*, Zulässigkeit einstweiliger Verfügungen, S. 69 ff.; *Walker*, Der einstweilige Rechtsschutz, Rn. 62 ff.

Beratungsrechte für zulässig erklärt.[193] Denn den Arbeitnehmervertretern steht bei einer Betriebsänderung gerade kein Unterlassungsanspruch zu. Untersagt das Gericht im einstweiligen Verfahren die Durchführung der Betriebsänderung bis die Vornahmeansprüche aus § 111 S. 1 BetrVG erfüllt sind, so wird dem Betriebsrat etwas zugebilligt, worauf er im Hauptverfahren nie einen Anspruch hätte.

Im Ergebnis scheitert eine Untersagungsverfügung zur Sicherung der Vornahmeansprüche aus § 111 S. 1 BetrVG an den Grenzen, die ein Gericht bei der Ermessensausübung i.S.d. § 938 Abs. 1 ZPO zu beachten hat. Sind bei einer Betriebsänderung weitere Ansprüche des Betriebsrats nicht relevant, so kann auch der einstweilige Rechtsschutz kein taugliches Mittel sein, den Unternehmer zur Beachtung der Pflichten und Obliegenheiten aus den § 111 ff. BetrVG anzuhalten.

C. Sanktionen durch Straf- und Bußgeldvorschriften

I. Strafvorschrift des § 119 Abs. 1 Nr. 2 BetrVG

Wie bereits an anderer Stelle dieser Arbeit erwähnt, könnte die Missachtung der Beteiligungsrechte aus den §§ 111 f. BetrVG ebenso einen Verstoß gegen den Straftatbestand des § 119 Abs. 1 Nr. 2 BetrVG nachsichziehen. Ausgehend von der Tatsache, dass Verletzungen der in § 121 Abs. 1 BetrVG genannten Aufklärungs- und Auskunftspflichten gegenüber dem Betriebsrat lediglich Ordnungswidrigkeiten darstellen, erfüllt allein das Übergehen eines Beteiligungsrechts nicht den Tatbestand des § 119 Abs. 1 Nr. 2 BetrVG.[194] Deshalb fordert die herrschende Meinung für eine Störung i.S.d. § 119 Abs. 1 Nr. 2 BetrVG noch ein subjektives Tatbestandselement, wonach der Arbeitgeber den Betriebsrat bewusst beiseite geschoben haben muss.[195] Die Gegenseite lehnt ein subjektives Element bei § 119 Abs. 1 Nr. 2 BetrVG ab, verlangt aber stattdessen, dass die Nichtbeachtung der Beteiligungsrechte in beharrlicher und wiederholter Weise erfolgen muss.[196] Unabhängig davon, welcher Auffassung man zustimmt, werden beide zusätzlichen Voraussetzungen im Rahmen einer Betriebsänderung nur selten erfüllt. Denn zumeist fehlt es daran, dass der Betriebsrat als Partner des Arbeitgebers bewusst ausgeschaltet werden soll oder man dessen Rechte dauerhaft ignoriert.

---

193 *Konzen*, NZA 1995, 865, 873; *Riesenkampff*, Rechtsfolgen betriebsverfassungswidriger Betriebsänderungen, S. 137; *Schulze*, Zulässigkeit einstweiliger Verfügungen, S. 188; *Walker*, Der einstweilige Rechtsschutz Rn. 876; a.A. *Matthes*, RdA 1999, 178, 180.

194 *Annuß*, in: Richardi, § 119 BetrVG Rn. 21; *Fitting/Engels/Schmidt/Trebinger/Linsenmaier*, § 119 BetrVG Rn. 7; *Hess*, in: Hess/Schlochauer/Worzalla/Glock, § 119 BetrVG Rn. 27; *Oetker*, in: GK-BetrVG, § 119 BetrVG Rn. 20; *Trümner*, in: DKK, § 119 BetrVG Rn. 13.

195 BAG vom 20.09.1957, AP Nr. 34 zu § 1 KSchG; *Annuß*, in: Richardi, § 119 BetrVG Rn. 21; *Löwisch/Kaiser*, § 119 BetrVG Rn. 3; *Stege/Weinspach/Schiefer*, § 119 BetrVG Rn. 11; *Trümner*, in: DKK, § 119 BetrVG Rn. 13; abw. *Hess*, in: Hess/Schlochauer/Worzalla/Glock, § 119 BetrVG Rn. 27, der sogar eine Umgehungsabsicht verlangt.

196 *Dannecker*, Festschrift für Gitter, 167, 182; *Oetker*, in: GK-BetrVG, § 119 BetrVG Rn. 20.

Folglich ist festzuhalten, dass der Strafvorschrift des § 119 Abs. 1 Nr. 2 BetrVG zur Sanktionierung der Betriebsratsrechte im Vorfeld einer Betriebsänderung keine große Relevanz zukommt. Der Befund der Bedeutungslosigkeit des § 119 Abs. 1 Nr. 2 BetrVG wird auch dadurch verstärkt, dass in letzter Zeit gerichtliche Entscheidungen zu § 119 Abs. 1 Nr. 2 BetrVG nicht ergangen sind.[197]

II. Bußgeldvorschrift des § 121 Abs. 1 BetrVG

Schlussendlich ist noch zu erwähnen, dass der Arbeitgeber, der seiner Aufklärungspflicht aus § 111 S. 1 BetrVG nicht bzw. nicht ausreichend oder verspätet nachkommt, eine Ordnungswidrigkeit nach § 121 Abs. 1 BetrVG begeht und diese nach § 121 Abs. 2 BetrVG mit einer Buße bis zu 10.000 € geahndet werden kann.

Da jedoch solche Ordnungswidrigkeitsverfahren zumeist aus Opportunitätsgründen wieder eingestellt werden[198] bzw. Bußgeldbescheide ausgesprochen werden, die sich am unteren Rand des zulässigen Rahmens bewegen[199], fehlt es § 121 Abs. 1 BetrVG an Abschreckungswirkung und damit zugleich auch an Bedeutung für die Durchsetzung der Betriebsratsrechte aus den §§ 111 f. BetrVG.[200]

---

197 Siehe dazu *Schlachter*, Festschrift für Wißmann, 412, 423, die deshalb an der notwendigen Abschreckungswirkung der Strafvorschrift zweifelt.

198 *Trümner*, in DKK, § 119 BetrVG Rn. 29; *Washner/Borgaes*, Rechtsbruch, S. 98. Zum Opportunitätsprinzip *Seitz*, in: Göhler, § 47 OWiG Rn. 3.

199 *Riesenkampff*, Rechtsfolgen betriebsverfassungswidriger Betriebsänderungen, S. 167; *Schlünder*, Rechtsfolgen, S. 205; *Trümner*, in: DKK, § 119 BetrVG Rn. 29 mit verschiedenen Beispielen; *Washner/Borgaes*, Rechtsbruch, S. 98.

200 *Riesenkampff*, Rechtsfolgen betriebsverfassungswidriger Betriebsänderungen, S. 167; *Trümner*, in: DKK, § 119 BetrVG Rn. 29.

§ 10 Zusammenfassung

1. Die Nachteilsausgleichsregelung des § 113 Abs. 3 BetrVG dient durch Androhung finanzieller Belastungen gegenüber dem Unternehmer der Durchsetzung des nicht erzwingbaren Interessenausgleichsverfahrens. Mit Hilfe der Norm sollen aber auch die wirtschaftlichen Nachteile der Belegschaftsmitglieder ausgeglichen werden, die infolge der pflichtwidrig durchgeführten Betriebsänderung entstanden sind. Zwischen Kompensations- und Sanktionsfunktion besteht ein Rangverhältnis dergestalt, dass das Ausgleichsziel lediglich ein Mittel zur Erreichung des Sanktionszwecks ist.
2. Hinsichtlich der Rechtsfolgen enthält § 113 Abs. 3 BetrVG keine eigene Regelung, vielmehr verweist die Vorschrift auf die ersten beiden Absätze des § 113 BetrVG. Dabei stellen trotz unterschiedlichen Wortlauts sowohl § 113 Abs. 1 als auch Abs. 2 BetrVG Anspruchsgrundlagen i.S.d. § 194 Abs. 1 BGB dar.
3. Die §§ 111 ff. BetrVG tragen zwar mit dazu bei, die Konsultationspflichten aus Art. 2 der RL 98/59/EG (Massenentlassungsrichtlinie) in deutsches Recht umzusetzen. Allerdings kann § 113 BetrVG hierbei nicht als umfassende Sanktionsnorm angesehen werden. Da aber die §§ 17 f. KSchG diese Aufgabe erfüllen, ist eine richtlinienkonforme Auslegung des § 113 BetrVG zur Beseitigung der bestehenden Defizite nicht notwendig und auch nicht zulässig.
4. Aufgrund dessen, dass im BetrVG keine entscheidungskompetente Schiedsstelle i.S.d. Art. 7 Abs. 3 der Betriebsübergangsrichtlinie vorhanden ist, war der deutsche Gesetzgeber bei der Umsetzung der RL 2001/23/EG verpflichtet, bei jedem Betriebsübergang Informations- und Konsultationspflichten des Veräußerers und des Erwerbers gegenüber dem Betriebsrat zu begründen. Weil die §§ 111 ff. BetrVG eine Betriebsratsbeteiligung bei Betriebsübergängen nur vorsehen, wenn diese zu einer Betriebsänderung führen, können die Vorschriften des BetrVG nicht als ausreichende Umsetzungsnormen betrachtet werden. Folglich stellt auch § 113 Abs. 3 BetrVG in Bezug auf die RL 2001/23/EG keine hinreichende Sanktionsnorm dar.
5. § 111 S. 1 BetrVG dient der Umsetzung des Art. 4 Abs. 2 lit. c der Rahmenrichtlinie (RL 2002/14/EG). Allerdings ist die deutsche Norm gegenüber den Richtlinienvorgaben insoweit enger, als dass Änderungen in der Unternehmensstruktur, die keine Auswirkungen auf Betriebsebene entfalten, genauso wie ein reiner Betriebsübergang zwar nach der Rahmenrichtlinie, nicht aber laut § 111 S. 1 BetrVG Unterrichtungs- sowie Beratungspflichten auslösen. Daher ist § 113 Abs. 3 BetrVG auch im Hinblick auf die Rahmenrichtlinie nicht als genügende Sanktionsvorschrift anzusehen.
6. In Tendenzbetrieben kann § 113 Abs. 3 BetrVG weder uneingeschränkt Anwendung finden, noch greift die Norm ein, wenn der Unternehmer den

Betriebsrat im Hinblick auf den Sozialplan unzureichend informiert hat bzw. er seiner Verhandlungspflicht nicht nachkommt. Vielmehr muss es dabei bleiben, dass der Nachteilsausgleichsanspruch in Tendenzbetrieben unanwendbar ist.

7. Eine analoge Anwendung des § 112a BetrVG dahingehend, dass in den dort genannten Fällen nicht nur die Sozialplanpflicht ausgeschlossen ist, sondern auch die auf den Interessenausgleichsversuch bezogene Sanktion des § 113 Abs. 3 BetrVG keine Anwendung findet, ist unzulässig. Andererseits ahndet § 113 Abs. 3 BetrVG ebenso nicht das Unterlassen von Sozialplanverhandlungen in den Fällen des § 112a BetrVG.
8. In einem Unterordnungskonzern ist nicht das konzernabhängige Unternehmen stets alleiniger Adressat der Beteiligungspflichten aus den §§ 111 ff. BetrVG. Denn liegt ein Vertragskonzern vor, so ist die Konzernspitze verpflichtet, die Betriebsratsbeteiligung vorzunehmen. Aus diesem Grund nimmt sie in diesen Fällen auch die Schuldnerstellung i.S.d. § 113 Abs. 3 BetrVG ein, wenn kein hinreichender Interessenausgleich versucht wurde.
9. Erfolgt ein Betriebsinhaberwechsel im Wege der Umwandlung und bestand bereits vorher ein Nachteilsausgleichsanspruch gemäß § 113 Abs. 3 i.V.m. Abs. 1 BetrVG, so tritt hier der Erwerber nicht mit Hilfe des § 613a Abs. 1 S. 1 BGB in die Schuldnerstellung ein. Vielmehr haftet er lediglich nach den umwandlungsrechtlichen Vorschriften, wie § 133 UmwG, welche u.U. durch § 25 HGB flankiert werden. Nur bei einem Nachteilsausgleichsanspruch aus § 113 Abs. 3 i.V.m. Abs. 2 BetrVG als Altverbindlichkeit sind die Voraussetzungen für einen Schuldnerwechsel i.S.d. § 613a Abs. 1 S. 1 BGB erfüllt. In diesem Fall haftet das übertragende Unternehmen für die Altverbindlichkeit dennoch allein aufgrund der umwandlungsrechtlichen Normen, welche im Einzelfall durch § 25 HGB unterstützt werden.
10. Wurde bereits in einem Beschlussverfahren zwischen Betriebsrat und Arbeitgeber rechtskräftig entschieden, dass eine Betriebsänderung vorliegt, so ist dieses Ergebnis für ein späteres Verfahren zwischen Arbeitnehmer und Arbeitgeber über den Nachteilsausgleichsanspruch bindend, wobei die Bindungswirkung nur vom Sanktionszweck des § 113 Abs. 3 BetrVG gefordert wird.
11. Zwar spricht § 113 Abs. 3 BetrVG nur von einem nicht genügenden Interessenausgleichsversuch, jedoch sanktioniert die Norm auch eine unzureichende Beachtung der Informations- bzw. Verhandlungspflicht i.S.d. § 111 S. 1 BetrVG.
12. Die nach § 111 S. 1 BetrVG vorzunehmende Unterrichtung muss in dem Moment erfolgen, in dem sich der Unternehmer bewusst ist, dass er in eine gründliche und ergebnisoffene Planung hinsichtlich einer Betriebsänderung eintreten will.

13. Um dem Betriebsrat ausreichend Zeit zur Vorbereitung zu geben, ist es notwendig, dass zwischen Unterrichtung und erstem Beratungstermin eine angemessene Zeit verstreicht.
14. Kein unzureichender Interessenausgleichsversuch liegt vor, wenn der Unternehmer es unterlässt, den Vorstand der Bundesagentur für Arbeit um Vermittlung zu ersuchen. Hat allerdings der Betriebsrat dieses Gremium eingeschaltet, so ist der Arbeitgeber gehalten, sich an den Verhandlungen mit ernstem Einigungswillen zu beteiligen, wenn er keine Nachteilsausgleichsansprüche riskieren möchte. Dabei müssen die Verhandlungen so lange aufrechterhalten werden, bis der Vorstand der Bundesagentur das Scheitern festgestellt hat.
15. Der Unternehmer hat jedoch von sich aus die Einigungsstelle anzurufen, wenn er Ansprüche aus § 113 Abs. 3 BetrVG vermeiden möchte.
16. Weder ein schon vorher geschlossener zeitlich unbefristeter Sozialplan noch die Verhandlungsverweigerung des Betriebsrats entbinden den Arbeitgeber von der Obliegenheit, den Interessenausgleich zu versuchen.
17. Da § 113 Abs. 3 BetrVG nicht als Rechtsgrund-, sondern lediglich als eine Rechtsfolgenverweisung auf die ersten beiden Absätze des § 113 BetrVG anzusehen ist, rechtfertigen es die in § 113 Abs. 1 BetrVG genannten Gründe ebenfalls nicht, dass der Unternehmer einen Interessenausgleichsversuch konsequenzlos abbrechen darf.
18. Allein in einer Situation, in der eine Betriebstilllegung unausweichlich ist und in welcher auch kein Verhandlungsspielraum mehr für den Unternehmer besteht, ist eine teleologische Reduktion im Rahmen des § 113 Abs. 3 BetrVG gerechtfertigt. Die dennoch bestehende „Pflicht“ aus § 112 BetrVG wird zur lex imperfecta.
19. Auf den Nachteilsausgleichsanspruch kann wegen der vorrangigen Sanktionsfunktion grundsätzlich nicht verzichtet werden. Ist die Verletzung der Beteiligungsrechte aus den §§ 111 f. BetrVG bereits geschehen, tritt nun der Kompensationsgedanke in den Mittelpunkt, so dass ab diesem Moment ein wirksamer Verzicht möglich ist.
20. Wie das Arbeitsgericht bei der Festlegung der Abfindungshöhe nach § 113 Abs. 3 i.V.m. Abs. 1 BetrVG sein Ermessen auszuüben hat, lässt sich zum einen aus § 10 KSchG entnehmen, wonach es Alter und Dauer der Betriebszugehörigkeit des betroffenen Arbeitnehmers zu beachten hat. Daneben gibt der Sinn und Zweck des Nachteilsausgleichsanspruchs entsprechende Leitlinien vor. Es sind dabei alle Kriterien heranzuziehen, die der vergangenheitsbezogenen Entschädigungs- sowie der zukunftsbezogenen Kompensationsfunktion Rechnung tragen. Weiterhin dürfen Kriterien berücksichtigt werden, welche auf das „Wann“ und „Wie“ der Verletzung des Betriebsverfassungsgesetzes durch den Arbeitgeber eingehen. Bei der Bestimmung der konkreten

Verhältnisse hat das Gericht auf den Moment abzustellen, in dem alle Tatbestandsvoraussetzungen des § 113 Abs. 3 BetrVG erfüllt sind. Auch die wirtschaftliche Belastbarkeit des Unternehmers darf berücksichtigt werden, sofern dieser durch die Summe der Nachteilsausgleichsansprüche in seiner Existenz gefährdet ist.

21. Eine Verrechnung des Nachteilsausgleichsanspruchs mit Sozialplan- bzw. mit Abfindungsansprüchen aus § 1a Abs. 1 S. 1 KSchG oder aus § 9 Abs. 1 S. 1 KSchG findet ebenso nicht statt wie eine Verdrängung.
22. Die Modifikationen des Interessenausgleichsverfahren durch die §§ 121 f. InsO kommen allein dem „endgültigen" Insolvenzverwalter und dem Schuldner im Rahmen der Eigenverwaltung zugute.
23. Die Höhe des Nachteilsausgleichsanspruchs wird nicht vom Vorliegen eines Insolvenzfalls beeinflusst.
24. Nachteilsausgleichsansprüche sind als Insolvenzforderungen anzusehen, falls sie vom Gemeinschuldner verursacht wurden. Dies gilt ebenso im Insolvenzeröffnungsverfahren, wenn der Schuldner mit der erforderlichen Zustimmung des vorläufigen Insolvenzverwalters pflichtwidrig die Betriebsänderung durchführte. Nahm allerdings der Insolvenzverwalter den Interessenausgleichsversuch in ungenügender Weise vor, so ist der entstehende Anspruch aus § 113 Abs. 3 BetrVG als Masseverbindlichkeit zu betrachten. Dies gilt unabhängig davon, ob ein endgültiger oder ein vorläufiger Insolvenzverwalter mit allgemeiner oder mit partieller Verfügungsbefugnis die Beteiligungsrechte des Betriebsrats missachtet hat.
25. Für die Begründung von Nachteilsausgleichsansprüchen haftet der Insolvenzverwalter weder gegenüber den betroffenen Arbeitnehmern noch gegenüber den Gläubigern der Masse. Gleiches gilt für den vorläufigen Verwalter.
26. Neben den Nachteilsausgleichsansprüchen des einzelnen Arbeitnehmers kann der Betriebsrat laut § 111 S. 1 BetrVG vom Arbeitgeber verlangen, dass er bei einer geplanten Betriebsänderung unterrichtet und eine entsprechende Beratung vorgenommen wird. Die weiteren in § 112 BetrVG genannten Verfahrensschritte sind lediglich Obliegenheiten des Unternehmers und begründen folglich keine Ansprüche des Betriebspartners. Ebenso ist § 23 Abs. 3 BetrVG nicht geeignet, die Position des Betriebsrats zu verbessern. Dem Betriebsrat steht kein über die Vornahmeansprüche aus § 111 S. 1 BetrVG hinausgehender Unterlassungsanspruch zum Schutz des Interessenausgleichsverfahrens zu.
27. Kann der Betriebsrat lediglich verlangen, dass eine Unterrichtung und Beratung zu erfolgen hat, so scheitert eine Untersagungsverfügung im Wege des einstweiligen Rechtsschutzes an den Grenzen des richterlichen Ermessens aus § 85 Abs. 2 ArbGG i.V.m. § 938 ZPO.

Literaturverzeichnis

Achterberg,Norbert: Allgemeines Verwaltungsrecht: ein Lehrbuch, 2. Auflage, Heidelberg 1986, zit.: *Achterberg*, Allgemeines Verwaltungsrecht

Adomeit, Klaus: Der Betriebsrat – ein Volkstribun, NJW 1985, S. 1004 ff.

Alexy, Robert: Theorie der Grundrechte, 2. Auflage, Frankfurt a.M. 1994

Alvensleben, Constantin von: Die Rechte der Arbeitnehmer bei Betriebsübergängen im Europäischen Gemeinschaftsrecht: eine Studie zu den europarechtlichen Grundlagen des § 613a BGB, Baden-Baden 1992 – zgl. Diss. Bonn 1991, zit.: *v. Alvensleben*, Rechte der Arbeitnehmer bei Betriebsübergängen

Altenburg, Stephan/Reufels, Martin J./Leister, Thomas: Der Vorausverzicht auf den Abfindungsanspruch aus § 1a KSchG, NZA 2006, S. 71 ff.

Amend, Angelika: Anmerkung zu BGH, Urteil vom 06.05.2004, LMK 2004, S. 175 f.

Annuß, Georg: Die Betriebsänderung in der Insolvenz, NZI 1999, S. 344 ff.

ders.: Mitwirkung und Mitbestimmung der Arbeitnehmer im Regierungsentwurf eines Gesetzes zur Reform des BetrVG, NZA 2001, S. 367 ff.

Arend, Katrin: Der Personalabbau nach der Insolvenzordnung, Frankfurt. a.M. 1998 – zgl. Diss. Jena 1998, zit.: *Arend*, Personalabbau

Ascheid, Reiner/Preis, Ulrich/Schmidt, Ingrid: Kündigungsrecht – Großkommentar zum gesamten Recht der Beendigung von Arbeitsverhältnissen, 2. Auflage, München 2004, zit.: *Bearbeiter*, in: Ascheid/Preis/Schmidt

Bachner, Michael: Voraussetzungen und Reichweite des Analogieschlusses im Betriebsverfassungsrecht, NZA 1999, S. 1241 ff.

Backmeister, Thomas/Trittin, Wolfgang/Mayer, Udo R.: Kündigungsschutz mit Nebengesetzen, 3. Auflage, München 2004, zit.: *Bearbeiter*, in: Backmeister/Trittin/Mayer

Bader, Peter: Das Gesetz zu Reformen am Arbeitsmarkt: Neues im Kündigungsschutzgesetz und im Befristungsrecht, NZA 2004, S. 65 ff.

Badura, Peter: Staatsrecht. Systematische Erläuterung des Grundgesetzes für die Bundesrepublik Deutschland, 3. Auflage, München 2003, zit.: *Badura*, Staatsrecht

Balz, Manfred: Die Ziele der Insolvenzordnung, in: Arbeitskreis für Insolvenz- und Schiedsgerichtswesen (Hrsg.): Kölner Schrift zur Insolvenzordnung – Das neue Insolvenzrecht in der Praxis, 2. Auflage, Herne - Berlin 2000, S. 3 ff., zit.: *Balz*, Kölner Schrift

Bamberger, Heinz Georg/Roth, Herbert (Hrsg.): Kommentar zum Bürgerlichen Gesetzbuch, Band 2 (§§ 611 - 1296; ErbbauVO; WEG), 1. Auflage, München 2003, zit.: *Bearbeiter*, in: Bamberger/Roth

Bank, Stefan/Weinbeer, Alexander: Insolvenzverwalterhaftung unter besonderer Berücksichtigung der aktuellen BGH-Rechtsprechung – zgl. Anmerkung zu BGH, Urteil vom 06.05.2001, NZI 2005, S. 478 ff.

Bauer, Jobst-Hubertus: Betriebsänderungen: Planung, Interessenausgleich, Sozialplan, Einigungsstelle, Protestaktionen, Abfindungen, Kündigungen, 1. Auflage, Stuttgart 1992, zit.: *Bauer*, Betriebsänderungen

ders.: Aktuelle Probleme des Personalabbaus im Rahmen von Betriebsänderungen (Teil I), DB 1994, S. 217 ff.

ders.: Betriebsänderungen in Tendenzbetrieben, in: Kohte, Wolfhard/Dörner, Hans-Jürgen/Anzinger, Rudolf (Hrsg.): Arbeitsrecht im sozialen Dialog – Festschrift für Hellmut Wißmann zum 65. Geburtstag, München 2005, S. 215 ff., zit.: Bauer, Festschrift für Wißmann

Bauer, Jobst-Hubertus/Diller, Martin: Der allgemeine Unterlassungsanspruch des Betriebsrats - Richtungskorrektur oder Revolution?: Zum Beschluß des Bundesarbeitsgerichts vom 3. Mai 1994, ZIP 1995, S. 95 ff.

Bauer, Jobst-Hubertus/Krieger, Steffen: Neuer Abfindungsanspruch – 1a daneben!, NZA 2004, S. 77 ff.

dies.: „Firmentarifsozialplan" als zulässiges Ziel des Arbeitskampfes, NZA 2004, S. 1019 ff.

Bauer, Jobst-Hubertus/Krieger, Steffen/Powietzka, Arnim: Geänderte Voraussetzung für Massenentlassungen nach der "Junk"-Entscheidung des EuGH? – Anmerkungen zum EuGH-Urteil vom 27.01.2005 – Rs. C 188/03, DB 2005, S. 445 ff.

Bauer, Jobst-Hubertus/Lingemann, Stefan: Das neue Umwandlungsrecht und seine arbeitsrechtlichen Auswirkungen, NZA 1994, S. 1057 ff.

dies.: Stillegung von Tendenzbetrieben am Beispiel von Pressebetrieben, NZA 1995, S. 813 ff.

Bauer, Jobst-Hubertus/Mengel, Anja: Tendenzschutz für Neue Medienunternehmen, NZA 2001, S. 307 ff.

Bauer, Jobst-Hubertus/Preis, Ulrich/Schunder, Achim: Der Regierungsentwurf eines Gesetzes zu Reformen am Arbeitsmarkt vom 18.6.2003, NZA 2003, S. 704 ff.

dies.: Das Gesetz zu Reformen am Arbeitsmarkt - Reform oder Reförmchen?, NZA 2004, S. 195 ff.

Baur, Fritz: Die Eigenhaftung des Konkursverwalters bei Fortführung des gemeinschuldnerischen Betriebs, in: Baltzer, Johannes/Frisch, Wolfgang/Schmid, Werner (Hrsg.): Gedächtnisschrift für Rudolf Bruns, München 1980, S. 241 ff., zit.: *Baur*, Gedächtnisschrift für Bruns

Battis, Ulrich: Allgemeines Verwaltungsrecht, 3. Auflage, Heidelberg 2002

Becker Christoph: Insolvenzrecht, 1. Auflage, Köln 2005

Becker, Friedrich (Begr.): Gemeinschaftskommentar zum Kündigungsschutzgesetz und zu sonstigen kündigungsschutzrechtlichen Vorschriften, 7. Auflage, München 2004, zit.: *Bearbeiter*, in: KR

Belling, Detlev W.: Die Haftung des Betriebsrats und seiner Mitglieder für Pflichtverletzungen, Tübingen 1990 – zgl. Habil. Münster 1989/90, zit.: *Belling*, Haftung des Betriebsrats

Bengelsdorf, Peter: Unzulässigkeit einer Untersagungsverfügung bei Betriebsänderungen, DB 1990, S. 1233 ff. und S. 1282 ff.

ders.: Pfändung und Abtretung von Lohn, Neuwied - Kriftel 2002

Berger, Christian/u.a.: Stein/Jonas – Kommentar zur Zivilprozeßordnung, Band 4/Teilband 1 (§§ 300 – 347 ZPO), 21. Auflage, Tübingen 1998, Band 8 (§§ 828-915h ZPO), 22. Auflage, Tübingen 2004, Band 9 (§§ 916-1068 ZPO), 22. Auflage, Tübingen 2002, zit.: *Bearbeiter*, in: Stein/Jonas

Berscheid, Ernst-Dieter: Ausgewählte arbeitsrechtliche Probleme im Insolvenzeröffnungsverfahren, NZI 2000, S. 1 ff.

Bertelsmann, Klaus/Gäbert, Jens: Anmerkung zum Beschluss des LAG Hamburg vom 13.11.1981, AuR 1982, S. 390 ff.

Bettermann, Karl August: Die Vollstreckung des Zivilurteils in den Grenzen seiner Rechtskraft, 1. Auflage, Hamburg 1948, Nachdruck 1995, zit.: *Bettermann*, Vollstreckung des Zivilurteils

Beuthien, Volker: Die Unternehmensautonomie im Zugriff des Arbeitsrechts, ZfA 1988, S. 1 ff.

Bichlmeier, Wilhelm: Anmerkung zu BAG, Urteil vom 22.07.2003, DZWIR 2004, S. 150 ff.

Biedenkopf, Sebastian: Interessenausgleich und Sozialplan unter Berücksichtigung der besonderen Probleme bei der Privatisierung und Sanierung von Betrieben in den neuen Bundesländern, Berlin 1994, zgl. Diss. FU Berlin 1993, zit.: *S. Biedenkopf*, Interessenausgleich und Sozialplan

Birk, Rolf: Gemeinsame Anmerkung zu AP Nr. 3 – 5 zu § 111 BetrVG 1972, Bl. 3 R ff.

Blanpain, Roger/Schmidt, Marlene/Schweibert, Ulrike: Europäisches Arbeitsrecht, 2. Auflage, Baden-Baden 1996

Blomeyer, Arved: Rechtskrafterstreckung infolge zivilrechtlicher Abhängigkeit, ZZP 75 (1962), S. 1 ff.

Boecken, Winfried: Der Übergang von Arbeitsverhältnissen bei Spaltung nach dem neuen Umwandlungsrecht, ZIP 1994, S. 1087 ff.

ders.: Unternehmensumwandlungen und Arbeitsrecht, Köln 1996, zit.: Boecken, Unternehmensumwandlungen

ders.: Gemeinschaftsbetrieb und Anwendbarkeit der §§ 111 ff. BetrVG, in: Oetker, Hartmut/Preis, Ulrich/Rieble, Volker (Hrsg.): 50 Jahre Bundesarbeitsgericht, München 2004, S. 931 ff., zit.: *Boecken*, 50 Jahre Bundesarbeitsgericht

Boewer, Dietrich/Bommermann, Ralf: Lohnpfändung und Lohnabtretung in Recht und Praxis: Kommentierung, Köln 1987, zit.: *Boewer/Bommermann*, Lohnpfändung und Lohnabtretung

Böhm, Wolfgang: Konkurrenz von Ansprüchen aus dem Sozialplan mit den gesetzlichen Abfindungsansprüchen, BB 1973, S. 1077 ff.

Bonin, Birger: Die Richtlinie 2002/14/EG zur Unterrichtung und Anhörung der Arbeitnehmer und ihre Umsetzung in das Betriebsverfassungsrecht, AuR 2004, S. 321 ff.

Borgs, Walter: Zur Entwicklung des Rechtsstandes des Tarifvertrages, in: Festschrift für Julius von Gierke zu seinem goldenen Doktorjubiläum am 25. Oktober 1948, S. 39 ff., dargebracht von der Rechts- und Staatswissenschaftlichen Fakultät Göttingen, Berlin 1948, zit.: *Borgs*, Festschrift für Gierke

Bork, Reinhard: § 55 Abs. 2 InsO, § 198 Abs. 2 InsO und der allgemeine Zustimmungsvorbehalt, ZIP 1999, S. 781 ff.

Bommermann, Ralf: Die Theorie der Wirksamkeitsvoraussetzung, Frankfurt a.M. 1992 – zgl. Diss. Passau 1992

Bötticher, Eduard: Wesen und Arten der Vertragsstrafe sowie deren Kontrolle, ZfA 1970, S. 3 ff.

Bovensiepen, Eduard: Die Vermittlungstätigkeit des Landesarbeitsamtes nach § 112 Abs. 2 des Betriebsverfassungsgesetzes, RdA 1975, S. 288 ff.

Braun, Albert: Der Allgemeine Betriebsverfassungsrechtliche Unterlassungsanspruch des Arbeitgebers und seine systematische Stellung, in: Eichhorn, Mathias (Hrsg.): Alles, was ist, ist Recht: Festschrift zum 60. Geburtstag von Lutz Simon, Frankfurt a. M. 2001, S. 53 ff., zit.: *Braun*, Festschrift für Simon

Braun, Eberhard: Insolvenzordnung (InsO): Kommentar, 2. Auflage, München 2004, zit.: *Bearbeiter*, in: Braun

Brechmann, Winfried: Die richtlinienkonforme Auslegung: zugleich ein Beitrag zur Dogmatik der EG-Richtlinie, München 1994, zgl. Diss. München 1993, zit.: *Brechmann*, Richtlinienkonforme Auslegung

Brenz, Claus: Aktuelle Probleme im Sozialplanrecht – Die Regelung des § 112 V BetrVG, NZA 1993, S. 538 ff.

Brinkmann, Antje: Die Spaltung von Rechtsträgern nach dem neuen Umwandlungsrecht: eine Analyse ihrer individualarbeitsrechtlichen Folgen, Berlin 1999 - zgl. Diss. Göttingen 1997/98, zit.: *Brinkmann*, Die Spaltung von Rechtsträgern

Brox, Hans/Walker, Wolf-Dietrich: Zwangsvollstreckungsrecht, 7. Auflage, Köln - Berlin - Bonn - München 2003

Bruns, Patrick: Zum Unterlassungsanspruch des Betriebsrats bei Betriebsänderungen, AuR 2003, S. 15 ff.

Buchner, Herbert: Notwendigkeit und Möglichkeiten einer Deregulierung des Kündigungsschutzrechts, NZA 2002, S. 533 ff.

ders.: Reform des Arbeitsmarktrechts - Was brauchen und was können wir?, DB 2003, S. 1510 ff.

Busch, Ralf: Vorschläge zur Reform des Arbeitsrechts, BB 2003, S. 470 ff.

Busch, L./Krieg, O.: Konkursordnung, Vergleichsordnung und Anfechtungsgesetz mit Erläuterungen, 16. Auflage, Leipzig 1932, zit.: *Busch/Krieg*, KO

Buschmann, Rudolf: Der vergessene Interessenausgleich, BB 1983, S. 510 ff.

Bydlinski, Franz: Juristische Methodenlehre und Rechtsbegriff, 2. Auflage, Wien - New York 1991, zit.: *Bydlinski*, Juristische Methodenlehre

Canaris, Claus-Wilhelm: Die Feststellung von Lücken im Gesetz: eine methodologische Studie über Voraussetzungen und Grenzen der richterlichen Rechtsfortbildung praeter legem, 2. Auflage, Berlin 1983 – zgl. Diss. München 1965, zit.: *Canaris*, Die Feststellung von Lücken im Gesetz

ders.: Grundrechte und Privatrecht, AcP 184 (1984), S. 201 ff.

ders.: Handelsrecht, 24. Auflage, München 2006

Canaris, Claus-Wilhelm/Schilling, Wolfgang/Ulmer, Peter: Handelsgesetzbuch: Großkommentar, Erster Band (Einleitung, §§ 1 - 104), 4. Auflage, Berlin 1995, zit.: *Bearbeiter*, in: Staub

Caspers, Georg: Personalabbau und Betriebsänderung im Insolvenzverfahren: Die Neuregelung zum Kündigungsschutz und zur Mitbestimmung bei Betriebsänderungen durch die Insolvenzordnung und das Arbeitsrechtliche Beschäftigungsförderungsgesetz 1996, Köln 1998, zit.: *Caspers*, Personalabbau und Betriebsänderungen

Coen, Martin: Grundrechtsverwirklichung durch Verfahren vor den Arbeitsgerichten, DB 1984, S. 2459 ff.

Colneric, Ninon: Gemeinschaftsrechtliche Informations- und Konsultationspflichten beim Betriebsübergang, in: Baur, Jürgen F./Hopt, Klaus J./Mailänder, K. Peter (Hrsg.): Festschrift für Ernst Steindorff zum 70. Geburtstag, Berlin 1990, S. 1129 ff., zit.: *Colneric*, Festschrift für Steindorff

Commandeur, Gert/Kleinebrink, Wolfgang: Betriebs- und Firmenübernahme, 2. Auflage, München 2002, zit.: *Commandeur/Kleinebrink*, Betriebs- und Firmenübernahme

Dannecker, Gerhard: Der strafrechtliche Schutz der betriebsverfassungsrechtlichen Organe und ihrer Mitglieder, in: Heinze, Meinhard/Schmitt, Jochen (Hrsg.): Festschrift für Wolfgang Gitter zum 65. Geburtstag am 30. Mai 1995, S. 167 ff., zit.: *Dannecker*, Festschrift für Gitter

Däubler, Wolfgang: Grundstrukturen der Betriebsverfassung – Eine rechtsdogmatische Betrachtung, AuR 1982, S. 6 ff.
ders.: Das Arbeitsrecht im neuen Umwandlungsgesetz, RdA 1995, S. 136 ff.
ders.: Die veränderte Betriebsverfassung, AuR 2001, S. 285 ff.
ders.: Tarifvertragsgesetz mit Arbeitnehmer-Entsendegesetz, 2. Auflage, Frankfurt a.M., 2006, zit.: Bearbeiter, in: Däubler
ders.: Neues zur betriebsbedingten Kündigung, NZA 2004, S. 177 ff.
Däubler, Wolfgang/Kittner, Michael/ Klebe, Thomas: Betriebsverfassungsgesetz – Kommentar für die Praxis, 8. Auflage, Frankfurt a.M. 2002; 10. Auflage, Frankfurt a.M., 2006, zit.: *Bearbeiter*, in: DKK
Debong, Bernhard: Die EG-Richtlinie über die Wahrung der Arbeitnehmeransprüche beim Betriebsübergang – Ein Vergleich ihrer Umsetzung in der Bundesrepublik Deutschland und Frankreich, Pfaffenweiler 1988 – zgl. Diss. Freiburg 1988, zit.: *Debong*, Die Betriebsübergangsrichtlinie
Deinert, Olaf: Vorschlag zur europäischen Mitbestimmungsrichtlinie und Umsetzungsbedarf im Betriebsverfassungsrecht, NZA 1999, S. 800 ff.
Denck, Johannes: Bildschirmarbeitsplätze und Mitbestimmung des Betriebsrats, RdA 1982, S. 279 ff.
Derleder, Peter: Betriebliche Mitbestimmung ohne vorbeugenden Rechtsschutz? (Zur drohenden Zerstörung eines empfindlichen Gleichgewichts), AuR 1983, S. 289 ff.
ders.: Einstweiliger Rechtsschutz und Selbsthilfe im Betriebsverfassungsrecht (Zur Beschränkung der Abwehransprüche des Betriebsrats gegen mitbestimmungswidrige Maßnahmen des Arbeitgebers), AuR 1985, S. 65 ff.
ders.: Die Wiederkehr des Unterlassungsanspruchs, AuR 1995, S. 13 ff.
Deutsch, Erwin: Allgemeines Haftungsrecht, 2. Auflage, Köln-Berlin-Bonn 1996
Dieterich, Thomas/Müller-Glöge, Rudi/Preis, Ulrich/Schaub, Günter: Erfurter Kommentar zum Arbeitsrecht, 7. Auflage, München 2007, zit.: *Bearbeiter*, in: ErfK
Dietz, Rolf: Betriebsverfassungsgesetz mit Wahlordnung, 4. Auflage, München - Berlin 1967
ders.: § 49 BetrVG und seine Bedeutung für die Zusammenarbeit im Betrieb - vor allem in bezug auf die Beteiligungsrechte, RdA 1969, S. 3 ff.
Dietz, Rolf/Richardi, Reinhard: Betriebsverfassungsgesetz, Band 1 (§§ 1 - 73, mit Wahlordnung), 6. Auflage, München 1981; Band 2 (§§ 74 - Schluß, mit Betriebsverfassungsgesetz 1952), 6. Auflage München 1982, zit.: *Dietz/Richardi*
Diller, Martin/Powietzka, Arnim: Informationsrechte des Betriebsrats im (internationalen) Konzern, DB 2001, S. 1034 ff.
Dobberahn, Peter: Unterlassungsanspruch des Betriebsrats, NJW 1995, S. 1333 ff.

Dolde, Klaus-Peter/Bauer, Jobst-Hubertus: Probleme der Stillegung von Betrieben und Betriebsteilen, BB 1978, S. 1675 ff.

Donges, Juergen B./Eekhoff, Johann/Franz, Wolfgang/Möschel, Wernhard/ Neumann, Manfred: Flexibler Kündigungsschutz am Arbeitsmarkt, Berlin 2004, zit.: *Donges/Eekhoff/Franz/Möschel/ Neumann,* Flexibler Kündigungsschutz

Dornbusch, Gregor/Wolff, Alexander: Paradigmenwechsel bei Massenentlassungen – Anmerkungen zum EuGH-Urteil vom 27.01.2005, BB 2005, 331 – Junk, BB 2005, S. 885 ff.

Dorndorf, Eberhard: Sozialplan im Konkurs, Baden-Baden 1978

Dreier, Horst: Grundgesetz: Kommentar, Band I (Art. 1 bis Art. 19), 2. Auflage, Tübingen 2004, zit.: *Bearbeiter*, in: Dreier

Dütz, Wilhelm: Verfahrensrecht der Betriebsverfassung, AuR 1972, S. 353 ff.

ders.: Betriebsverfassungsrechtliche Auskunftspflichten im Unternehmen, in: Brox, Hans/ Gmür, Rudolf/Hefermehl, Wolfgang (Hrsg.): Festschrift für Harry Westermann, Karlsruhe 1974, S. 37 ff., zit.: *Dütz*, Festschrift für Westermann

ders.: Unterlassungsanspruch und Beseitigungsanspruch des Betriebsrats gegen den Arbeitgeber im Anwendungsbereich von § 87 BetrVG, Rechtsgutachten erstattet für die Hans-Böckler-Stiftung, Düsseldorf 1983, zit.: *Dütz*, Unterlassungsanspruch

ders.: Erzwingbare Verpflichtungen des Arbeitgebers gegenüber dem Betriebsrat. Zum vorbeugenden und vorläufigen Rechtsschutz im Betriebsverfassungsrecht, DB 1984, S. 115 ff.

ders.: Kollektivrechtliche Fragestellungen im Arbeitsgerichtsverfahren, Das Arbeitsrecht der Gegenwart (Bd. 20), S. 33 ff.

ders.: Arbeitsgerichtliches Beschlußverfahren und Individualprozeß, in: Däubler, Wolfgang/Bobke,Manfred/Kehrmann, Karl (Hrsg.): Arbeit und Recht: Festschrift für Albert Gnade zum 65. Geburtstag, Köln 1992, S. 487 ff., zit.: *Dütz*, Festschrift für Gnade

Düwell, Franz Josef: Arbeitsrechtliche Chancen und Risiken von Outsourcing, in: Hanau, Peter/Heither, Friedrich/Kühling, Jürgen (Hrsg.): Richterliches Arbeitsrecht: Festschrift für Thomas Dieterich zum 65. Geburtstag, München 1999, S. 101 ff., zit.: *Düwell*, Festschrift für Dieterich

Düwell, Franz Josef/Lipke, Gert-Albert (Hrsg.): Arbeitsgerichtsgesetz: Kommentar für die Praxis, 2. Auflage, Frankfurt a.M. 2005, zit.: *Bearbeiter*, in: Düwell/Lipke

Ebenroth, Carsten Thomas/Boujong, Karlheinz/Joost, Detlev (Hrsg.): Handelsgesetzbuch, Band 1 (§§ 1 - 342a), München 2001, zit.: *Bearbeiter*, in: Ebenroth/Boujong/Joost

Ebert, Ina: Pönale Elemente im deutschen Privatrecht, Tübingen 2004 - zgl. Habil. Kiel 2002

Edenfeld, Stefan: Der Betriebsübergang ein nach wie vor aktuelles Problem, AuA 1996, S. 379 ff.

Ehler, Karl: Einstweilige Verfügung auf Unterlassung betriebsbedingter Kündigungen, BB 1994, S. 2270 ff.

Ehlers, Harald: Stilllegung einer Betriebsabteilung: Ein Wegweiser anhand eines Modellfalls, München 2002

Ehmann, Horst: Betriebsstillegung und Mitbestimmung - Informationszeitpunkt, Verfahrensdauer, Sanktionen -, Düsseldorf 1978, zit.: *Ehmann*, Betriebsstillegung

ders.: Zur Rechtsverbindlichkeit von Betriebsvereinbarungen über den Fortbestand des Betriebes, in: Heinze, Meinhard/Söllner, Alfred (Hrsg.): Arbeitsrecht in der Bewährung: Festschrift für Otto Rudolf Kissel zum 65. Geburtstag, München 1994, S. 175 ff., zit.: *Ehmann*, Festschrift für Kissel

Ehrich, Christian: Einstweilige Verfügungen gegen betriebsbedingte Kündigungen, BB 1993, S. 356 ff.

Elze, Hans: Lücken im Gesetz: Begriff und Ausfüllung; Ein Beitrag zur Methodologie des Rechts, München-Leipzig 1916, zit.: *Elze*, Lücken im Gesetz

Eich, Rolf-Achim: Einstweilige Verfügung auf Unterlassung der Betriebsänderung, DB 1983, S. 657 ff.

Eickmann, Dieter/u.a.: Heidelberger Kommentar zur Insolvenzordnung, 4. Auflage, Heidelberg 2006, zit.: *Bearbeiter*, in: Heidelberger Komm.-InsO

Eisenbeis, Ernst/Mues Werner M.: Arbeitsrecht in der Insolvenz, Neuwied-Kriftel 2000

Emmerich, Volker/Habersack, Mathias: Aktien- und GmbH-Konzernrecht: Kommentar, 4. Auflage, München 2005

dies.: Konzernrecht, 8. Auflage, München 2005

Epping, Volker: Grundrechte, 2. Auflage, Berlin - Heidelberg - New York 2005

Erbguth, Wilfried: Allgemeines Verwaltungsrecht, 1. Auflage, Baden-Baden 2005

Erichsen, Hans-Uwe/Ehlers, Dirk: Allgemeines Verwaltungsrecht, 13. Auflage, Berlin 2006, zit.: *Bearbeiter*, in: Erichsen/Ehlers

Fabricius, Fritz: Relativität der Rechtsfähigkeit. Ein Beitrag zur Theorie und Praxis des privaten Rechts, 1. Auflage, München-Berlin 1963, zit.: *Fabricius*, Relativität der Rechtsfähigkeit

Fabricius, Fritz/u.a.: Gemeinschaftskommentar zum Betriebsverfassungsgesetz, Bd. 2 (§§ 74 – 132 mit Kommentierungen des BetrVG 1952), 6. und 7. Auflage, Neuwied-Kriftel 1998 bzw. 2002, zit.: *Bearbeiter*, in: GK-BetrVG (6. Aufl.)/(7. Aufl.)

Federlin, Gerd: Verhandlungen über einen Interessenausgleich und den Abschluß eines Sozialplans, ZfA 1988, S. 99 ff.

Ferme, Marco/Lipinski, Wolfgang: Neues Recht der Massenentlassungen nach §§ 17, 18 KSchG?, ZIP 2005, S. 593 ff.

dies.: Änderung der Rechtsprechung des BAG bei Massenentlassungen, NZA 2006, S. 937 ff.

Feuerborn, Andreas: Sachliche Gründe im Arbeitsrecht – Konkretisierung eines normativen Rechtsbegriffs zwischen Vertragsfreiheit und Arbeitnehmerschutz, München 2003 - zgl. Habil. Münster 2000, zit.: *Feuerborn*: Sachliche Gründe im Arbeitsrecht

Fiebig, Stefan/Gallner, Inken/u.a.: Kündigungsschutzgesetz – Handkommentar, 2. Auflage, Baden-Baden 2004, zit.: *Bearbeiter*, in: HaKo-KSchG

Fischer, Ulrich: Der Konzernbetriebsrat nach neuem Recht, AiB 2001, S. 565 ff.

ders.: Auswirkungen des Europarechts auf das Betriebsverfassungsrecht, NZA 2003, Beilage zu Heft 16, S. 57 ff.

Fitting, Karl/Kraegeloh, Walter/Auffarth, Fritz: Kommentar zum Betriebsverfassungsgesetz, 7. Auflage, München 1966, zit.: *Fitting/Kraegeloh/Auffarth*

Fitting, Karl/Auffarth, Fritz/Kaiser, Heinrich: Betriebsverfassungsgesetz: Handkommentar, 13. Auflage, München 1981, zit.: *Fitting/Auffarth/Kaiser*

Fitting, Karl/Kaiser, Heinrich/Heither, Friedrich H./Engels, Gerd: Betriebsverfassungsgesetz: Handkommentar, 21. Auflage, München 2002, zit.: *Fitting/Kaiser/Heither/Engels*

Fitting, Karl/Engels, Gerd/Schmidt, Ingrid/Trebinger, Yvonne/Linsenmaier, Wolfgang: Betriebsverfassungsgesetz: Handkommentar, 23. Auflage, München 2006, zit.: *Fitting/Engels/Schmidt/Trebinger/Linsenmaier*

Franzen, Martin: Die Richtlinie 98/50/EG zur Änderung der Betriebsübergangsrichtlinie 77/187/EWG und ihre Auswirkungen auf das deutsche Arbeitsrecht, RdA 1999, S. 361 ff.

ders.: Informationspflichten und Widerspruchsrecht beim Betriebsübergang nach § 613a Abs. 5 und 6 BGB, RdA 2002, S. 258 ff.

ders.: Massenentlassungen und Betriebsänderung unter dem Einfluss des europäischen Gemeinschaftsrechts, ZfA 2006, S. 437 ff.

Fuchs, Harald Heinrich: Der Sozialplan nach dem Betriebsverfassungsgesetz 1972, Köln 1977 – zgl. Diss. Gießen 1976, zit.: *Fuchs*, Der Sozialplan

Fuchs, Maximilian/Marhold, Franz: Europäisches Arbeitsrecht, 2. Auflage, Wien 2006

Gajewski, Peter: Rechtsprobleme bei der Sozialplangestaltung, in: Boewer, Dietrich/Gaul, Björn (Hrsg.): Festschrift für Dieter Gaul, Neuwied 1992, S. 189 ff., zit.: *Gajewski*, Festschrift für Gaul

Galperin, Hans/Siebert, Wolfgang: Kommentar zum Betriebsverfassungsrecht, 4. Auflage, Heidelberg 1963, zit.: *Galperin/Siebert*

Galperin, Hans/Löwisch, Manfred: Kommentar zum Betriebsverfassungsgesetz, Band I: Organisation der Betriebsverfassung (§§ 1 - 73 und Wahlordnung), 6. Auflage, Heidelberg 1982, zit.: *Galperin/Löwisch*

Gamillscheg, Franz: Zur Abfindung bei Verlust des Arbeitsplatzes, in: Habscheid, Walther J./Gaul, Hans Friedhelm/Mikat, Paul (Hrsg.): Festschrift für Friedrich Wilhelm Bosch zum 65. Geburtstag, Bielefeld 1976, S. 209 ff., zit.: *Gamillscheg*, Festschrift für F. W. Bosch

Gaul, Björn: Das Schicksal von Tarifverträgen und Betriebsvereinbarungen bei der Umwandlung von Unternehmen, NZA 1995, S. 717 ff.

ders.: Die neue EG-Richtlinie zum Betriebs- und Unternehmensübergang - 2. Teil, BB 1999, S. 582 ff.

ders.: Das Arbeitsrecht der Betriebs- und Unternehmensspaltung: Gestaltung von Betriebsübergang, Outsourcing, Umwandlung, Köln 2002 – zgl. Habil. Köln 2002, zit.: *B. Gaul*, Das Arbeitsrecht der Betriebs- und Unternehmensspaltung

ders.: Beteiligungsrechte des Betriebsrats aus §§ 111, 112 BetrVG bei der Spaltung eines gemeinsamen Betriebs mehrerer Unternehmen, NZA 2003, S. 695 ff.

Gaul, Dieter: Der Betriebsübergang, 2. Auflage, Ehningen bei Böblingen 1993

Gerhardt, Walter: Neue Probleme der Insolvenzverwalterhaftung, ZInsO 2000, S. 574 ff.

Germelmann, Claas-Hinrich/u.a.: Arbeitsgerichtsgesetz: Kommentar, 5. Auflage, München 2004, zit.: *Bearbeiter*, in: Germelmann/Matthes/Müller-Glöge/Prütting

Gernhuber, Joachim: Das Schuldverhältnis, in: Gernhuber, Joachim (Hrsg.): Handbuch des Schuldrechts (Bd. 8), Tübingen 1989, zit.: Gernhuber, Das Schuldverhältnis

Giese, Herbert: Zur wirtschaftlichen Vertretbarkeit eines Sozialplans, in: Kohte, Wolfhard/Dörner, Hans-Jürgen/Anzinger, Rudolf (Hrsg.): Arbeitsrecht im sozialen Dialog – Festschrift für Hellmut Wißmann zum 65. Geburtstag, München 2005, S. 314 ff., zit.: *Giese*, Festschrift für Wißmann

Giesen, Richard: Die Betriebsverfassung nach dem neuen Insolvenzrecht, ZIP 1998, S. 142 ff.

ders.: EU-Richtlinienvorschlag zur Information und Anhörung der Arbeitnehmer, RdA 2000, S. 298 ff.

Gille, Christoph/Hörle, Ulrich: Betriebsänderungen in Tendenzbetrieben, NZA 2003, S. 1225 ff.

Göhler, Erich/König, Peter/Seitz, Helmut: Gesetz über Ordnungswidrigkeiten, 14. Auflage, München 2006, zit.: *Göhler*, OWiG

Göpfert, Burkard/Krieger, Steffen: Wann ist die Anrufung der Einigungsstelle bei Interessenausgleichs- und Sozialplanverhandlungen zulässig?, NZA 2005, S. 254 ff.

Gottwald, Peter (Hrsg.): Insolvenzhandbuch, 3. Auflage München 2006, zit.: *Bearbeiter*, in: Gottwald, InsOHdB

Grau, Timon: Unterrichtung der Arbeitnehmer und ihrer Vertreter gemäß Art. 7 der Betriebsübergangsrichtlinie 2001/23/EG und die Umsetzung der europäischen Vorgaben im deutschen Recht, ZfA 2005, S. 647 ff.

Grub, Volker: Der Regierungsentwurf der Insolvenzordnung ist sanierungsfeindlich!, ZIP 1993, S. 393 ff.

Grundmann, Stefan/Riesenhuber, Karl: Die Auslegung des Europäischen Privat- und Schuldvertragsrechts, JuS 2001, S. 529 ff.

Grunsky, Wolfgang: Interessenausgleich und Sozialplan im Tendenzbetrieb, in: Triffterer, Otto/v. Zezschwitz Friedrich/u.a. (Hrsg.): Festschrift für Walter Mallmann, em. o.ö. Professor des öffentlichen Rechts an der Justus-Liebig-Universität Gießen zum 70. Geburtstag, Baden-Baden, 1978, S. 79 ff., zit.: *Grunsky*, Festschrift für Mallmann

ders.: Arbeitsgerichtsgesetz: Kommentar, 7. Auflage, München 1995

Gstaltmeyr, Martin: Bewehrung von EG-Richtlinien: Sanktionssysteme bei fehlender oder fehlerhafter Umsetzung durch die Mitgliedsstaaten, München 1998 - zgl. Diss. München 1998, zit.: *Gstaltmeyr*, Bewehrung von EG-Richtlinien

Hanau, Hans: Der Grundsatz der Verhältnismäßigkeit als Schranke privater Gestaltungsmacht, Tübingen 2004 – zgl. Habil. Tübingen 2002, zit.: *H. Hanau*, Grundsatz der Verhältnismäßigkeit

Hanau, Peter: Probleme der Mitbestimmung des Betriebsrats über den Sozialplan, ZfA 1974, S. 89 ff.

ders.: Probleme der Ausübung des Mitbestimmungsrechts des Betriebsrats, NZA 1985 Beilage Nr. 2, S. 3 ff.

ders.: Rechtsfolgen mitbestimmungswidrigen Arbeitgeberverhaltens, JuS 1985, S. 360 ff.

ders.: Aktuelle Fragen zu § 613 a BGB, in: Boewer, Dietrich/Gaul, Björn (Hrsg.): Festschrift für Dieter Gaul, Neuwied 1992, S. 287 ff., zit.: *Hanau*, Festschrift für Gaul

ders.: Der neue erste Senat, NZA 1996, S. 841 ff.

ders.: Bausteine einer modernisierten Betriebsverfassung, Die Mitbestimmung Nr. 6/7 1999, S. 21 ff.

ders.: Probleme der Neuregelung der Betriebsverfassung, ZIP 2001, S. 1981 ff.

Hanau, Peter/Steinmeyer, Heinz-Dietrich/Wank, Rolf: Handbuch des europäischen Arbeits- und Sozialrechts, 1. Auflage, München 2002, zit.: *Bearbeiter*, in: Hanau/Steinmeyer/Wank

Hartmann, Delia: Einstweiliger Rechtsschutz zur Sicherung der Beteiligungsrechte des Betriebsrats, Aachen 1998 – zgl. Diss. Osnabrück 1995, zit.: *Hartmann*, Einstweiliger Rechtsschutz

Hartmann, Peter: Zivilprozessordnung: mit Gerichtsverfassungsgesetz und anderen Nebengesetzen, 65. Auflage, München 2007, zit.: *Bearbeiter*, in: Baumbach/Lauterbach

Häsemeyer, Ludwig: Insolvenzrecht, 3. Auflage, Köln - Berlin - München 2003

Hauck, Friedrich: Die Umsetzung der EG-Richtlinie 2001/23/EG des Rates vom 12. März 2001 zur Angleichung der Rechtsvorschriften der Mitgliedsstaaten über die Wahrung von Ansprüchen der Arbeitnehmer beim Betriebsübergang von Unternehmen, Betrieben oder Unternehmens- oder Betriebsteilen in Absatz 5 des § 613a BGB, in: Kohte, Wolfhard/Dörner, Hans-Jürgen/Anzinger, Rudolf (Hrsg.): Arbeitsrecht im sozialen Dialog – Festschrift für Hellmut Wißmann zum 65. Geburtstag, München 2005, S. 546 ff., zit.: Hauck, Festschrift für Wißmann

Hauck, Friedrich/Helml, Ewald: Arbeitsgerichtsgesetz: Kommentar, 3. Auflage, München 2006, zit.: *Bearbeiter*, in: Hauck/Helml

Heinze, Meinhard: Die betriebsverfassungsrechtlichen Ansprüche des Betriebsrates gegenüber dem Arbeitgeber, DB 1983, Beilage Nr. 9, S. 1 ff.

ders.: Nichtsozialplanpflichtige Betriebsänderung, NZA 1987, S. 41 ff.

ders.: Beschäftigungsförderndes Arbeitsrecht – Eine erste Zwischenbilanz – in: Hanau, Peter/Lorenz, Egon/Matthes, Hans-Christoph (Hrsg.): Festschrift für Günther Wiese zum 70. Geburtstag, Neuwied-Kriftel 1998, S. 161 ff., zit.: *Heinze*, Festschrift für Wiese

ders.: Das Arbeitsrecht der Insolvenzordnung, NZA 1999, S. 57 ff.

Heither, Friedrich: Die Sicherung der Beteiligungsrechte des Betriebsrats bei geplanten Betriebsänderungen, in: Klebe, Thomas/Wedde, Peter/ Wolmerath, Martin (Hrsg.): Recht und soziale Arbeitswelt: Festschrift für Wolfgang Däubler zum 60. Geburtstag, Frankfurt a.M. 1999, S. 338 ff., zit.: *Heither*, Festschrift für Däubler

Henssler, Martin/Braun, Axel: Arbeitsrecht in Europa, Köln 2003, zit.: *Bearbeiter*, in: Henssler/Braun, Arbeitsrecht in Europa

Herman, Markus: Der Transfer-Sozialplan in der reformierten Betriebsverfassung: Ein Instrument zur Bewältigung von Personalabbauprozessen, Frankfurt a.M. 2004 – zgl. Diss. Mannheim 2003, zit.: *Herman*, Der Transfer-Sozialplan

Herschel, Wilhelm: Rezension zu Alfred Söllner, Grundriß des Arbeitsrechts, AuR 1984, S. 281 f.

Heupgen, Jens: Anspruch des Betriebsrats auf Unterlassung betriebsbedingter Kündigungen vor Einigung über einen Interessenausgleich und einen Sozialplan, NZA 1997, S. 1271 ff.

Hess, Harald: Insolvenzarbeitsrecht: Kommentar, 2. Auflage, Heidelberg 2000

Hess, Harald/u.a.: Kommentar zum Betriebsverfassungsgesetz, 6. Auflage, München 2003, zit.: *Bearbeiter*, in: Hess/Schlochauer/Worzalla/Glock

Hilger, Marie Luise: Überlegungen zum Richterrecht, in: Paulus, Gotthard/ Diederichsen, Uwe/Canaris, Claus-Wilhelm (Hrsg.): Festschrift für Karl Larenz zum 70. Geburtstag, München 1973, S. 109 ff., zit.: *Hilger*, Festschrift für Larenz I

Hinrichs, Oda: Kündigungsschutz und Arbeitnehmerbeteiligung bei Massenentlassungen – Europarechtliche Aspekte und Impulse, Baden-Baden 2001 – zgl. Diss. Halle 2001, zit.: *Hinrichs*, Kündigungsschutz und Arbeitnehmerbeteiligung bei Massenentlassungen

Hoffmann-Becking, Michael (Hrsg.): Münchener Handbuch des Gesellschaftsrechts, Band 4 – Aktiengesellschaft, 2. Auflage, München 1999, zit.: *Bearbeiter*, in: MüHb-GesR

Hoyningen-Huene, Gerrik von: Anmerkung zu BAG, Beschluss vom 22.03.1983, AP Nr. 2 zu § 23 BetrVG 1972, Bl. 6 R ff.

ders.: Anmerkung zu BAG, Beschluss vom 18.04.1985, AP Nr. 5 zu § 23 BetrVG 1972, Bl. 5 R ff.

ders.: Die wirtschaftliche Vertretbarkeit von Sozialplänen, RdA 1986, S. 102 ff.

ders.: Die fehlerhafte Beteiligung des Betriebsrats in sozialen Angelegenheiten, DB 1987, S. 1426 ff.

ders.: Das >>Betriebsverhältnis<< als Grundbeziehung im Betriebsverfassungsrecht, in: Hanau, Peter/Lorenz, Egon/Matthes, Hans-Christoph (Hrsg.): Festschrift für Günther Wiese zum 70. Geburtstag, Neuwied-Kriftel 1998, S. 175 ff., zit.: *v. Hoyningen-Huene*, Festschrift für Wiese

ders.: Muß das Kündigungsschutzrecht reformiert werden?, in: Schmidt, Klaus (Hrsg.): Arbeitsrecht und Arbeitsgerichtsbarkeit: Bilanz und Perspektiven an der Schwelle zum Jahr 2000: Festschrift zum 50-jährigen Bestehen der Arbeitsgerichtsbarkeit in Rheinland-Pfalz; Neuwied-Kriftel 1999, S. 215 ff.; zit.: *v. Hoyningen-Huene*, Arbeitsrecht und Arbeitsgerichtsbarkeit

ders.: Betriebsverfassungsrecht, 5. Auflage, München 2002

Hoyningen-Huene, Gerrick von/Linck, Rüdiger: Kündigungsschutzgesetz: Kommentar, 14. Auflage, München 2007

Hopt, Klaus J./Merkt, Hanno: Handelsgesetzbuch mit GmbH & Co., Handelsklauseln, Bank- und Börsenrecht, Transportrecht (ohne Seerecht): Kommentar, 32. Auflage, München 2006, zit.: *Bearbeiter*, in: Baumbach/Hopt

Hromadka, Wolfgang/Maschmann, Frank: Arbeitsrecht Band 2 – Kollektivarbeitsrecht + Arbeitsstreitigkeiten, 3. Auflage, Berlin 2004, zit.: *Hromadka/Maschmann*, Arbeitsrecht II

Huber, Ernst Rudolf: Wirtschaftsverwaltungsrecht, Band 2, 2. Auflage, Tübingen 1954, zit.: *E.R. Huber*, Wirtschaftsverwaltungsrecht II
Huber, Peter M.: Recht der Europäischen Integration, 2. Auflage, München 2002
Huber, Ulrich: Rechtskrafterstreckung bei Urteilen über präjudizielle Rechtsverhältnisse, JuS 1972, S. 621 ff.
Hueck, Alfred/Nipperdey, Hans Carl: Arbeitsrecht - Band I, 7. Auflage, Berlin - Frankfurt a.M. 1963, zit.: *Hueck/Nipperdey*, Arbeitsrecht I; Arbeitsrecht - Band II/2, 7. Auflage, Berlin-Frankfurt a.M. 1970, zit.: *Hueck/Nipperdey*, Arbeitsrecht II/2
Hüffer, Uwe: Aktiengesetz: Kommentar, 7. Auflage, München 2006
Hunold, Wolf: Die Rechtsprechung zu Interessenausgleich, Nachteilsausgleich und Sozialplan, §§ 112 - 113 BetrVG - Teil 1, NZA-RR 2004, S. 561 ff.
Hurlebaus, Günther: Fehlende Mitbestimmung bei § 87 BetrVG, Köln - Berlin - Bonn -München 1987 – zgl. Diss. Tübingen 1986
Huth, Lena: Voraussetzungen und Grenzen nachträglicher Sozialplanänderungen, Frankfurt a.M. 2004 – zgl. Diss. Frankfurt a.M. 2003/2004, zit.: *Huth*, Sozialplanänderungen
Jacobi,Erwin: Grundlehren des Arbeitsrechts, 1. Auflage, Leipzig 1927
Jaeger, Georg/Röder, Gerhard/Heckelmann, Günther: Praxishandbuch Betriebsverfassungsrecht, 1. Auflage, München 2003
Jarass, Hans D.: Grundrechte als Wertentscheidungen bzw. objektivrechtliche Prinzipien in der Rechtsprechung des Bundesverfassungsgerichts, AöR 110 (1985), S. 363 ff.
ders.: Die Grundrechte: Abwehrrechte und objektive Grundsatznormen. Objektive Grundrechtsgehalte, insbesondere Schutzpflichten und privatrechtsgestaltende Wirkung, in: Badura, Peter/Dreier, Horst (Hrsg.): Festschrift 50 Jahre Bundesverfassungsgericht, Zweiter Band: Klärung und Fortbildung des Verfassungsrechts, Tübingen 2001, S. 35 ff., zit.: Jarass, 50 Jahre Bundesverfassungsgericht
Jarass, Hans D./Pieroth, Bodo: Grundgesetzkommentar, 8. Auflage, München 2006, zit.: *Bearbeiter*, in: Jarass/Pieroth
Joost, Detlev: Betrieb und Unternehmen als Grundbegriffe im Arbeitsrecht, München 1988 – zgl. Habil. Kiel 1983, zit.: Betrieb und Unternehmen
ders.: Arbeitsrechtliche Angaben im Umwandlungsvertrag, ZIP 1995, S. 976 ff.
Jox, Rolf: Probleme der Bindung an Gerichtsentscheidungen im Rahmen der §§ 111, 113 BetrVG, NZA 1990, S. 424 ff.
Kallmeyer, Harald (Hrsg.): Umwandlungsgesetz: Kommentar, 3. Auflage, Köln 2005, zit.: *Bearbeiter*, in: Kallmeyer
Kammann, Karl-Udo/Hess, Harald/Schlochauer, Ursula: Kommentar zum Betriebsverfassungsgesetz, Neuwied-Darmstadt 1979, zit.: *Kammann/ Hess/Schlochauer*

Kania, Thomas/Joppich, Tim: Der Interessenausgleichsversuch und sein Scheitern, NZA 2005, S. 749 ff.

Kaven, Michael: Recht des Sozialplans: ein Leitfaden zur Aufstellung und Durchführung von Sozialplänen, Berlin 1977, zit.: *Kaven,* Recht des Sozialplans

Keller, Harald: Kann auf den Nachteilsausgleich nach § 113 BetrVG verzichtet werden?, NZA 1997, S. 519 ff.

Kessen, Martin: Der Inhalt des Sozialplans, unveröffentlichte Diss. Köln 1997

Klein, Hans: Die grundrechtliche Schutzpflicht, DVBl. 1994, S. 489 ff.

Kleinebrink, Wolfgang: Vermeidung oder Verringerung von finanziellen Belastungen auf Grund eines Nachteilsausgleichs bei Betriebsänderungen, NZA-RR 2005, S. 281 ff.

Kilger, Joachim/Schmidt, Karsten: Insolvenzgesetze KO/VglO/GesO: Kommentar, 17. Auflage, München 1997, zit.: *Kilger/Schmidt*, KO

Kirchhof, Hans-Peter/Lwowski, Hans-Jürgen/Stürner, Rolf: Münchener Kommentar zur Insolvenzordnung, Band 1 (§§ 1 - 102 InsO, Insolvenzrechtliche Vergütungsordnung), 1. Auflage, München 2001, Band 2 (§§ 103 - 269 InsO), 1. Auflage, München 2002, zit.: *Bearbeiter*, in: MüKo-InsO

Kirchhof, Marcus: Die Haftung des Insolvenzverwalters nach § 60 InsO gegenüber den Absonderungsberechtigten, Köln 2004, zit.: *Kirchhof*, Haftung des Insolvenzverwalters

Kittner, Michael/Däubler, Wolfgang/Zwanziger, Bertram: Kündigungsschutzrecht: Kommentar für die Praxis, 6. Auflage, Frankfurt a.M. 2004, zit.: *Bearbeiter*, in: KDZ

Knorr, Gerhard: Der Sozialplan im Widerstreit der Interessen, 1. Auflage, München 1995, zit.: *Knorr*, Der Sozialplan

Kocher, Eva: Statt Kündigungsschutz: kollektives Kündigungsverfahren, BB 1998, S. 213 ff.

dies.: Interessenausgleichsverhandlungen mit einem nach Insolvenzeröffnung gewählten Betriebsrat, NZI 2003, S. 527 ff.

Koenig, Christian/Haratsch, Andreas: Europarecht, 5. Auflage, Tübingen 2006

Kohte, Wolfhard: Der Nachteilsausgleich in Gesamtvollstreckung und Insolvenz, AuA 1998, S. 374 ff.

ders.: Auf dem Weg zur betrieblichen Informationsverfassung, in: Oetker, Hartmut/Preis, Ulrich/Rieble, Volker (Hrsg.): 50 Jahre Bundesarbeitsgericht; München 2004, S. 1219 ff., zit.: *Kohte*, 50 Jahre Bundesarbeitsgericht

Koller, Ingo/Roth, Wulf-Henning/Morck, Winfried: Handelsgesetzbuch: Kommentar, 5. Auflage, München 2005, zit.: *Bearbeiter*, in: Koller/Roth/Morck

Europäische Kommission - Generaldirektion Beschäftigung, Arbeitsbeziehungen und soziale Angelegenheiten (Hrsg.): Beschäftigung in Europa 1993, Luxemburg 1993

Konzen, Horst: Betriebsverfassungsrechtliche Leistungspflichten des Arbeitgebers: System der Handlungs-, Duldungs- und Unterlassungsansprüche, 1. Auflage, München 1984, zit.: *Konzen*, Betriebsverfassungsrechtliche Leistungspflichten

ders.: Unternehmensaufspaltung und Betriebseinheit, AuR 1985, S. 341 ff.

ders.: Privatrechtssystem und Betriebsverfassung, ZfA 1985, S. 469 ff.

ders.: Anmerkung zu BAG, Beschluss vom 18.04.1985, EzA § 23 BetrVG 1972, Nr. 10, S. 6 ff.

ders.: Privatrechtssystem und Betriebsverfassung, in: Bickel, Dietrich/Hadding, Walther (Hrsg.): Recht und Rechtserkenntnis: Festschrift für Ernst Wolf zum 70. Geburtstag, Köln - Berlin - Bonn 1985, S. 279 ff., zit.: *Konzen*, Festschrift für Wolf

ders: Die Präjudizialität rechtskräftiger arbeitsgerichtlicher Beschlüsse im nachfolgenden Individualprozeß, in: Bettermann, Karl August/ Löwisch, Manfred/Otto, Hansjörg (Hrg.): Festschrift für Albrecht Zeuner zum 70.Geburtstag, Tübingen, 1994, S. 401 ff., zit.: *Konzen*, Festschrift für Zeuner

ders.: Rechtsfragen bei der Sicherung der betrieblichen Mitbestimmung, NZA 1995, S. 865 ff.

Kraft, Alfons: Probleme im Spannungsfeld zwischen Betriebsverfassungsrecht und Koalitionsfreiheit, ZfA 1973, S.243 ff.

ders.: Der Informationsanspruch des Betriebsrats – Grundlagen, Grenzen und Übertragbarkeit, ZfA 1983, S. 171 ff.

ders.: Anmerkung zu BAG, Urteil vom 27.10.1998, EzA Nr. 27 zu § 113 BetrVG 1972, S. 11 ff.

Kraft, Alfons/u.a.: Gemeinschaftskommentar zum Betriebsverfassungsgesetz, Bd. 1 (§§ 1 - 73b mit Wahlordnung); Bd. 2 (§§ 74 - 132), 8. Auflage, München - Neuwied 2005, zit.: *Bearbeiter*, in: GK-BetrVG

Krause, Rüdiger: Rechtskrafterstreckung im kollektiven Arbeitsrecht, Berlin 1996 – zgl. Diss. Göttingen 1994

Kraushaar, Bernhard: Beteiligungsrechte bei Betriebsänderungen, AiB 1994, S. 289 ff.

Kraushaar, Martin: Sozialplan für Betriebsrat in Gründung, AuR 2000, S. 245 ff.

Kreßel, Eckhard: Arbeitsrechtliche Aspekte des neuen Umwandlungsrechts, BB 1995, S. 925 ff.

Kreutz, Peter: Grenzen der Betriebsautonomie, München 1979 – zgl. Habil. Mainz 1978

Kropff, Bruno/Semler Johannes(Hrsg.): Münchener Kommentar zum Aktiengesetz, Band 1 (§§ 1 – 53), 2. Auflage, München 2000, zit.: *Bearbeiter*, in: MüKo-AktG

Kübler, Bruno/Prütting, Hanns (Hrsg.): InsO. Kommentar zur Insolvenzordnung, Band I, Köln 1998 ff. (Loseblattsammlung), Stand: November 2006, zit.: *Bearbeiter*, in: Kübler/Prütting

Kümpel, Winfried: Instanzgerichte kontra BAG zum Unterlassungsanspruch des Betriebsrats, AuR 1985, S. 78 ff.

Kuhn, Georg/Uhlenbruck, Wilhelm: Konkursordnung: Kommentar, 11. Auflage, München 1994

Kukat, Klaus: Anmerkung zu BAG vom 27.10.1998, BB 1999, S. 689 f.

Kutsch, Stefan: Schutz des Betriebsrats und seiner Mitglieder, Frankfurt. a.M. 1994 - zgl. Diss. Mannheim 1993, zit.: *Kutsch*, Schutz des Betriebsrats

Küttner, Wolfdieter: Einzelfragen zum Interessenausgleich unter Berücksichtigung der gesetzlichen Neuregelungen, in: Schmidt, Klaus (Hrsg.): Arbeitsrecht und Arbeitsgerichtsbarkeit: Bilanz und Perspektiven an der Schwelle zum Jahr 2000: Festschrift zum 50-jährigen Bestehen der Arbeitsgerichtsbarkeit in Rheinland-Pfalz; Neuwied-Kriftel 1999, S. 431 ff., zit.: *Küttner*, Arbeitsrecht und Arbeitsgerichtsbarkeit

Lakies, Thomas: Insolvenz und Betriebsänderung, BB 1999, S. 206 ff.

Larenz, Karl/Canaris, Klaus-Wilhelm: Methodenlehre der Rechtswissenschaft, 3. Auflage, Berlin-Heidelberg 1995, zit.: *Larenz/Canaris*, Methodenlehre

Larenz, Karl/Wolf, Manfred: Allgemeiner Teil des Bürgerlichen Rechts, 9. Auflage, München 2004, zit.: *Larenz/Wolf*, BGB-AT

Laux, Helga: Die Antrags- und Beteiligungsbefugnis im arbeitsgerichtlichen Beschlußverfahren, Darmstadt-Neuwied 1985 – zgl. Diss. Gießen 1984, zit.: *Laux*, Antrags- und Beteiligungsbefugnis im Beschlußverfahren

Leinemann, Wolfgang: Rechte und Pflichten für den Unternehmer bei Betriebsänderungen, ZIP 1989, S. 552 ff.

Leipold, Dieter: Anmerkung zu BAG, Urteil vom 05.12.1975, SAE 1977, S. 139 ff.

Leuchten, Alexius/Lipinski, Wolfgang: Die Anrechnung des Nachteilsausgleichs auf die Sozialplanabfindung nach der Massenentlassungsrichtlinie 98/59/EG, NZA 2003, S. 1361 ff.

Lieb, Manfred: Anmerkung zu BAG, Urteil vom 23.01.1990, EzA § 28 HGB Nr. 1, S. 20 ff.

ders.: Zum Entwurf eines Nachhaftungsgesetzes, GmbHR 1992, S. 561 ff.

Lingemann, Stefan: Betriebsänderungen im neuen BetrVG, NZA 2002, S. 934 ff.

Lipinski, Wolfgang: Anmerkung zum Beschluss des LAG Niedersachsen vom 29.11.2002, BB 2003, S. 1338 f.

Lipinski, Wolfgang/Melms, Christopher: Kein Unterlassungsanspruch des Betriebsrats zur Verhinderung der Durchführung eines Interessenausgleichs nach In-Kraft-Treten des BetrVG-Reformgesetzes, BB 2002, S. 2226 ff.

Lobinger, Thomas: Zur Dogmatik des allgemeinen betriebsverfassungsrechtlichen Unterlassungsanspruchs, ZfA 2004, S. 101 ff.

Löschnigg, Günther: Arbeitsrecht, 10. Auflage, Wien 2003

Löw, Friederike: Die Betriebsveräußerung im europäischen Arbeitsrecht, Frankfurt a.M., 1992 - zgl. Diss. Köln 1991, zit.: *Löw*, Die Betriebsveräußerung

Löwisch, Manfred: Sozialplanleistung und Gleichbehandlungsgebot, in: Mayer-Maly, Theo/Richardi, Reinhard/Schmabeck, Herbert/Zöllner, Wolfgang (Hrsg.): Arbeitsleben und Rechtspflege, Festschrift für Gerhard Müller, Berlin 1981, S. 301 ff., zit.: *Löwisch*, Festschrift für Müller

ders.: Probleme des Interessenausgleichs, RdA 1989, S. 217 ff.

ders.: Neugestaltung des Interessenausgleichs durch das Arbeitsrechtliche Beschäftigungsförderungsgesetz, RdA 1997, S. 80 ff.

ders.: Der arbeitsrechtliche Teil des so genannten Korrekturgesetzes, BB 1999, S. 102 ff.

ders.: Betriebsverfassung in der Wirtschaft der Gegenwart, DB 1999, S. 2209 ff.

ders.: Änderung der Betriebsverfassung durch das Betriebsverfassungsgesetz, BB 2001, S. 1790 ff.

ders.: Der „vorsorgliche Sozialplan" – eine zweifelhafte Rechtsfigur, in: Hanau, Peter/Heither, Friedrich/Kühling, Jürgen (Hrsg.): Richterliches Arbeitsrecht: Festschrift für Thomas Dieterich zum 65. Geburtstag, München 1999, S. 345 ff., zit.: *Löwisch*, Festschrift für Dieterich

ders.: Neuregelung des Kündigungs- und Befristungsrechts durch das Gesetz zu Reformen am Arbeitsmarkt, BB 2004, S. 154 ff.

Löwisch, Manfred/Kaiser, Dagmar: Betriebsverfassungsgesetz: Kommentar, 5. Auflage, Heidelberg 2002, zit.: *Löwisch/Kaiser*

Löwisch, Manfred/Spinner, Günter: Kommentar zum Kündigungsschutz, 9. Auflage, Heidelberg 2004, zit.: *Löwisch/Spinner*

Lüke, Gerhard/Wax, Peter (Hrsg.): Münchener Kommentar zur Zivilprozessordnung, Band 3 (§§ 803 - 1066; EGZPO; GVG; EGGVG; Internationales Zivilprozessrecht), 2. Auflage, München 2001, zit.: *Bearbeiter*, in: MüKo-ZPO

Lüke, Wolfgang: Die persönliche Haftung des Konkursverwalters; dargestellt am Beispiel der Haftung gegenüber neuen Massegläubigern, München 1986 – zgl. Diss. Freiburg 1985, zit.: *Lüke*, Verwalterhaftung

ders., Anmerkung zu BAG, Urteil vom 13.06.1989, AP Nr. 19 zu § 113 BetrVG 1972, Bl. 5 ff.

ders.: Aufgaben und Haftung des Insolvenzverwalters, in: Canaris, Claus-Wilhelm/Heldrich, Andreas/u.a. (Hrsg.): 50 Jahre Bundesgerichtshof: Festgabe aus der Wissenschaft, Bd. 3. (Zivilprozess, Insolvenz und Öffentliches Recht), München 2000, S. 701 ff; zit.: *Lüke*, 50 Jahre Bundesgerichtshof, Bd. 3

Lunk, Stefan: Der Tendenzgemeinschaftsbetrieb, NZA 2005, S. 841 ff.

Lutter, Marcus: Verschmelzung – Spaltung – Formwechsel nach neuem Umwandlungsrecht und Umwandlungssteuerrecht, 1. Auflage, Köln 1995, zit.: *Bearbeiter*, in: Lutter, Verschmelzung

ders.: Zur überschießenden Umsetzung von Richtlinien der EU, in: Söllner, Alfred/Gitter, Wolfgang/Waltermann, Raimund/Giesen, Richard/ Ricken, Oliver (Hrsg.): Gedächtnisschrift für Meinhard Heinze, München 2005, S. 571 ff., zit.: *Lutter*, Gedächtnisschrift für Heinze

Lutter, Marcus/Hommelhoff, Peter: GmbH-Gesetz: Kommentar, 16. Auflage, Köln 2004, zit.: *Lutter/Hommelhoff*

Lutter, Marcus/Winter, Martin (Hrsg.):Umwandlungsgesetz: Kommentar, Bd. 1 (§§ 1 - 137), 3. Auflage, Köln 2004, zit.: *Bearbeiter*, in: Lutter

Mayer-Maly, Theo: Das neue Betriebsverfassungsrecht der Presse, AfP 1972, S. 194 ff.

ders.: Grundsätzliches und Aktuelles zum >>Tendenzbetrieb<<, BB 1973, S. 761 ff.

Mansfeld, Werner: Betriebsrätegesetz mit den einschlägigen Nebengesetzen, 2. Auflage, Mannheim 1930, zit.: *Mansfeld*, Betriebsrätegesetz

Matthes, Hans-Christoph: Das Mitbestimmungsrecht des Betriebsrates bei Betriebsänderungen, DB 1972, S. 286 ff.

ders.: Rechtsfragen zum Interessenausgleich, in: Anzinger, Rudolf/Wank, Rolf (Hrsg.): Entwicklungen im Arbeitsrecht und Arbeitsschutzrecht: Festschrift für Otfried Wlotzke zum 70. Geburtstag, München 1996, S. 393 ff., zit.: *Matthes*, Festschrift für Wlotzke

ders.: Über einen vernünftigen Umgang mit dem Unterlassungsanspruch des Betriebsrats, in: Hanau, Peter/Heither, Friedrich/Kühling, Jürgen (Hrsg.): Richterliches Arbeitsrecht: Festschrift für Thomas Dieterich zum 65. Geburtstag, München 1999, S. 355 ff., zit.: *Matthes*, Festschrift für Dieterich

ders.: Neue Funktionen für Interessenausgleich und Sozialplan, RdA 1999, S. 178 ff.

ders.: Betriebsübergang und Betriebsteilübergang als Betriebsänderung, NZA 2000, S. 1073 ff.

Maunz, Theodor/Dürig, Günter: Grundgesetz: Kommentar, Band I (Art. 1 - 5 GG) und Band II (Art. 6 -16a GG), Loseblattsammlung, München, Stand: November 2006, zit.: *Bearbeiter*, in: Maunz/Dürig

Maurer, Hartmut: Allgemeines Verwaltungsrecht, 16. Auflage, München 2006

Medicus, Dieter: Allgemeiner Teil des BGB: ein Lehrbuch, 9. Auflage, Heidelberg 2006, zit.: *Medicus*, BGB-AT

Meisel: Anmerkung zu BAG, Beschluß vom 23.01.1979, AP Nr. 4 zu § 113 BetrVG 1972 Bl. 3 ff.

Michael, Lothar: Die drei Argumentationsstrukturen des Grundsatzes der Verhältnismäßigkeit – Zur Dogmatik des Über- und Untermaßverbotes und der Gleichheitssätze, JuS 2001, S. 148 ff.

Miersch, Stefan: Die Rechtsfolgen mitbestimmungswidriger Maßnahmen für das Arbeitsverhältnis, Frankfurt a.M. 1998 – zgl. Diss. Göttingen 1997, zit.: *Miersch*, Rechtsfolgen mitbestimmungswidriger Maßnahmen

Mikat, Paul: Tendenzbetrieb und Betriebsverfassung, in: Hablitzel, Hans/Wollenschläger, Michael (Hrsg.): Recht und Staat: Festschrift für Günther Küchenhoff zum 65. Geburtstag am 21.08.1972, Berlin 1972, Bd. 1, S. 261 ff., zit.: *Mikat*, Festschrift für Küchenhoff Bd. 1

Moll, Wilhelm: Anmerkung zu ArbG Lingen, Urteil vom 09.07.1999, EWiR 1999, S. 1131 f.

ders.: Betriebsübergang und Betriebsänderung, RdA 2003, S. 129 ff.

Mothes, Harald: Die Zuständigkeit des Gesamtbetriebsrats bei Betriebsänderungen, AuR 1974, S. 325 ff.

Müller, Christoph Johannes: Die Berufsfreiheit des Arbeitgebers: Einwirkung des Art. 12 Abs. 1 GG auf das Individual- und Kollektivarbeitsrecht, Köln 1996 – zgl. Diss. Köln 1996, zit.: *C. J. Müller*, Die Berufsfreiheit des Arbeitgebers

Müller, Gerhard: Überlegungen zur Tendenzträgerfrage, in: Dieterich, Thomas/Gamillscheg, Franz/Wiedemann, Herbert (Hrsg.): Festschrift für Marie Luise Hilger und Hermann Stumpf, München 1983, S. 477 ff., zit.: *Müller*, Festschrift für Hilger/Stumpf

Münch, Ingo von/Kunig, Philip (Hrsg.) Grundgesetz-Kommentar, Band 1 (Präambel bis Art. 19), 5. Auflage, München 2000; zit.: *Bearbeiter*, in: Münch/Kunig

Nagel, Uwe: Die Stellung der Arbeitnehmer im neuen Insolvenzrecht, Aachen 1999 – zgl. Diss. Bielefeld 1999

Neef, Klaus: Betriebsübergang und Betriebsänderung – Eine Analyse der Rechtsprechung, NZA 1994, S. 97 ff.

ders.: Die Neuregelung des Interessenausgleichs und ihre praktischen Folgen, NZA 1997, S. 65 ff.

Neef, Klaus/Schrader, Peter: Betriebsübergang und Sozialplanregelung, NZA 1998, S. 804 ff.

Nerlich, Jörg/Römermann, Volker: Insolvenzordnung (InsO): Kommentar, München 1999 ff. (Loseblatt), Stand: Dezember 2006, zit.: *Bearbeiter*, in: Nehrlich/Römermann

Neumann-Duesberg, Horst: Betriebsverfassungsrecht – Ein Lehrbuch, 1. Auflage, Berlin 1960, zit.: *Neumann-Duesberg*, Betriebsverfassungsrecht

Nicolai, Andrea: Neue Regeln für Massenentlassungen?, NZA 2005, S. 206 ff.

Niebler, Michael/Fröschner, Petra: Betriebsveräußerung und Arbeitsrecht, 2. Auflage, Berlin 1995, zit.: *Niebler/Fröschner*, Betriebsveräußerung

Nikisch, Arthur: Arbeitsrecht – I. Band (Allgemeine Lehren und Arbeitsvertragsrecht), 3. Auflage, Tübingen 1961, zit.: *Nikisch*, Arbeitsrecht I; Arbeitsrecht – III. Band (Betriebsverfassungsrecht), 2. Auflage, Tübingen 1966, zit.: *Nikisch*, Arbeitsrecht III

Oberhofer, Hermann: Anmerkung zum Urteil des LAG Köln vom 22.10.2001, AiB 2003, S. 116 f.

Organisation for Economic Co-operation and Development: Employment Outlook 2004

Oetker, Hartmut: Die Reichweite des Amtsschutzes betriebsverfassungsrechtlicher Organmitglieder – am Beispiel der Versetzung von Betriebsratsmitgliedern, RdA 1990, S. 343 ff.

ders.: Europäischer Betriebsrat und Pressefreiheit, Beilage Nr. 10/1996, S. 1 ff.

ders.: Die Vorgaben der Betriebsübergangsrichtlinie für die Beteiligungsrechte des Betriebsrats, NZA 1998, S. 1193 ff.

ders.: Anmerkung zu BAG, Urteil vom 11.12.2001 – 9 AZR 459/00 (Leistungsklage bei angezeigter Masseunzulänglichkeit), DZWIR 2002, S. 371 ff.

ders.: Die Hinzuziehung eines Beraters bei Betriebsänderungen – Der neue § 111 S. 2 BetrVG, NZA 2002, S. 465 ff.

ders.: Anmerkung zu LAG Niedersachsen, Urteil vom 12.08.2002, LAGE § 122 InsO Nr. 122 S. 9 ff.

ders.: Anmerkung zu BAG, Urteil vom 22.07.2003, AP Nr. 42 zu § 113 BetrVG 1972, Bl. 5 ff.

ders.: Handelsrecht, 5. Auflage, Berlin - Heidelberg - New York 2006

Oetker, Hartmut/Friese, Birgit: Der Interessenausgleich in der Insolvenz, DZWIR 2001, S. 133 (Teil I)

Oetker, Hartmut/Preis, Ulrich (Hrsg.): Europäisches Arbeits- und Sozialrecht, Loseblattsammlung, Teil B – Systematische Darstellung (B 5000 – B 9400), Stand: März 2007, zit.: *Bearbeiter*, in: EAS-SD

Ohl, Heinrich: Der Sozialplan nach dem BetrVG: Recht und Praxis kompensatorischer Leistungen für den Verlust des Arbeitsplatzes, Karlsruhe 1977 – zgl. Diss. Göttingen 1976, zit.: Ohl, Der Sozialplan

Ohlendorf, Bernd/Salomon, Erwin: Interessenausgleich mit Namensliste im Zuständigkeitsbereich des Gesamtbetriebsrats, NZA 2006, S. 131 ff.

Opolony, Bernhard: Die anzeigenpflichtige Entlassung nach § 17 KSchG, NZA 1999, S. 791 ff.

Osnabrügge, Stephan: Massenentlassungen – Kein russisches Roulett für Arbeitgeber, NJW 2005, S. 1093 ff.
Ossenbühl, Fritz: Staatshaftungsrecht, 5. Auflage, München 1998
Otto, Hansjörg: Entscheidungsharmonie, Verfahrensökonomie und rechtliches Gehör bei Streitigkeiten mit kollektiven Bezug, RdA 1989, S. 247 ff.
ders.: Anmerkung zum Urteil des BAG vom 14.09.1976, SAE 1977, S. 284 f.
Pahle, Wolfgang: Der vorläufige Rechtsschutz des Betriebsrats gegen mitbestimmungswidrige Maßnahmen des Arbeitgebers, NZA 1990, S. 51 ff.
Palandt, Otto: Bürgerliches Gesetzbuch, 66. Auflage, München 2007, zit.: *Bearbeiter*, in: Palandt
Pawlowski, Hans-Martin: Methodenlehre für Juristen, 3. Auflage, Heidelberg 1999, zit.: *Pawlowski*, Methodenlehre
Peine, Franz Joseph: Allgemeines Verwaltungsrecht, 8. Auflage, Heidelberg 2006
Peters-Lange, Susanne: Die Betriebsfortführung im Insolvenzeröffnungsverfahren, ZIP 1999, S. 421 ff.
Pflüger, Norbert: Der Unterlassungsanspruch des Betriebsrats bei Betriebsänderungen, DB 1998, S. 2062 ff.
Pieroth, Bodo/Schlink, Bernhard: Staatsrecht II - Die Grundrechte, 22. Auflage, Heidelberg 2005, zit.: *Pieroth/Schlink*, Grundrechte
Plössner, Michael: Arbeitsrechtliche Regelungen der neuen InsO, AuA 1999, S. 100 ff.
Pottmeyer, Klaus: Die Überleitung der Arbeitsverhältnisse im Falle des Betriebsinhaberwechsels nach § 613a BGB und die Mitbestimmung gemäß § 111 ff. BetrVG, Frankfurt a.M. 1987; zit.: *Pottmeyer*, Betriebsinhaberwechsel
Preis, Ulrich: Zur Betriebsratsfähigkeit von politischen Parteien, in: Klebe, Thomas/Wedde, Peter/Wolmerath, Martin (Hrsg.): Recht und soziale Wirklichkeit: Festschrift für Wolfgang Däubler zum 60. Geburtstag, Frankfurt a.M. 1999, S. 261 ff., zit.: *Preis*, Festschrift für Däubler
ders.: Die „Reform" des Kündigungsschutzrechts, DB 2004, S. 70 ff.
Prütting, Hanns: Prozessuale Koordinierung von kollektivem und Individualarbeitsrecht, RdA 1991, S. 257 ff.
Raab, Thomas: Negatorischer Rechtsschutz des Betriebsrats gegen mitbestimmungswidrige Maßnahmen des Arbeitgebers: ein Beitrag zur Systematik des betriebsverfassungsrechtlichen Rechte- und Pflichtenverhältnisses und zum Organstreit, Berlin 1993 - zgl. Diss. Mainz 1992, zit.: *Raab*, Negatorischer Rechtsschutz
ders.: Der Unterlassungsanspruch des Betriebsrats, ZfA 1997, S. 183 ff.
ders.: Der kollektive Tatbestand bei der Mitbestimmung in sozialen Angelegenheiten, ZfA 2001, S. 31 ff.
ders.: Der Abfindungsanspruch gemäß § 1a KSchG, RdA 2005, S. 1 ff.

Radke, Olaf: Parteipolitische Betätigung im Betrieb, BB 1957, S. 1112 ff.

Rebhahn, Robert: Abfindung statt Kündigungsschutz? – Rechtsvergleich und Regelungsmodelle, RdA 2002, S. 272 ff.

ders.: Der Kündigungsschutz des Arbeitnehmers in den Staaten der EU, ZfA 2003, S. 163 ff.

Rebmann, Kurt/Säcker, Franz Jürgen/Rixecker, Roland (Hrsg.): Münchener Kommentar zum Bürgerlichen Gesetzbuch, Band 2a – Schuldrecht Allgemeiner Teil (§§ 241 - 432), 4. Auflage, München 2002, Band 4 - Schuldrecht Besonderer Teil II (§§ 611 - 704, EFZG, TzBfG, KSchG), 4. Auflage, München 2005, zit.: *Bearbeiter*, in: MüKo-BGB

Reichold, Hermann: Die reformierte Betriebsverfassung 2001 – Ein Überblick über die neuen Regelungen des Betriebsverfassungs-Reformgesetzes, NZA 2001, 857 ff.

ders.: Durchbruch zu einer europäischen Betriebsverfassung – Die Rahmen-Richtlinie 2002/14/EG zur Unterrichtung und Anhörung der Arbeitnehmer, NZA 2003, S. 289 ff.

Reuter, Dieter: Die freie Wahl des Arbeitsplatzes - ein nicht realisierbares Grundrecht?, RdA 1973, S. 345 ff.

ders.: Grundlagen des Kündigungsschutzes - Bestandsaufnahme und Kritik, in: Gamillscheg, Franz/Hueck, Götz/Wiedemann, Herbert (Hrsg.): 25 Jahre Bundesarbeitsgericht, München 1979, S. 405 ff., zit.: *Reuter*, 25 Jahre Bundesarbeitsgericht

ders.: Möglichkeiten und Grenzen einer Deregulierung des Arbeitsrechts, in: Wank, Rolf/Hirte, Heribert/Frey, Kaspar/Fleischer, Holger/Thüsing, Gregor (Hrsg.): Festschrift für Herbert Wiedemann zum 70. Geburtstag, München 2002, S. 449 ff., zit.: *Reuter*, Festschrift für Wiedemann

ders.: Unternehmerische Freiheit und betriebsbedingte Kündigung – zugleich Anmerkung zu BAG, Urteil vom 26.09.2002, RdA 2004, S. 161 ff.

Richardi, Reinhard: Gewerkschaftliche und politische Betätigung im Betrieb, NJW 1962, S. 1374 ff.

ders.: Sozialplan im Konkurs, Düsseldorf 1975

ders.: Anmerkung zu BAG, Urteil vom 14.09.1976, AP Nr. 2 zu § 113 BetrVG 1972, Bl. 4 ff.

ders.: Der Anspruch auf den Sozialplan bei Betriebsänderungen, NZA 1984, S. 177 ff.

ders.: Kehrtwende des BAG zum betriebsverfassungsrechtlichen Unterlassungsanspruch des Betriebsrats, NZA 1995, S. 8 ff.

ders.: Anmerkung zu BAG, Beschluss vom 03.05.1994, AP Nr. 23 zu § 23 BetrVG 1972, Bl. 7 R ff.

ders.: Der Interessenausgleich bei Betriebsänderungen nach dem Arbeitsrechtlichen Beschäftigungsförderungsgesetz 1996, in: Hanau, Peter/Lorenz, Egon/Matthes, Hans-Christoph (Hrsg.): Festschrift für Günther Wiese zum 70. Geburtstag, Neuwied- Kriftel 1998, S. 441 ff., zit.: *Richardi*, Festschrift für Wiese

ders.: Der Beseitigungs- und Unterlassungsanspruch in der Dogmatik des Betriebsverfassungsrechts, in: Anzinger, Rudolf/Wank, Rolf (Hrsg.): Entwicklungen im Arbeitsrecht und Arbeitsschutzrecht: Festschrift für Otfried Wlotzke zum 70. Geburtstag, München 1999, S. 407 ff., zit.: *Richardi*, Festschrift für Wlotzke

ders. (Hrsg.): Betriebsverfassungsgesetz mit Wahlordnung, 10. Auflage, München 2006, zit.: *Bearbeiter*, in: Richardi

Richardi, Reinhard/Wlotzke, Otfried: Münchener Handbuch zum Arbeitsrecht, 2. Auflage, München 2000, zit.: *Bearbeiter*, in: MüHb-ArbR

Richter, Helmut: Beteiligungsrechte des Betriebsrats in Tendenzbetrieben, DB 1991, S. 2661 ff.

Rieble, Volker: Interessenausgleich über Auslandsinvestitionen, NZA 2004, S. 1029 ff.

Rieger, Reinhard: Grenzen verfassungskonformer Auslegung, NVwZ 2003, S. 17 ff.

Riesenhuber, Karl: Informationspflichten beim Betriebsübergang: Fehler bei der Umsetzung der Richtlinie und Anlass für eine grundsätzliche Neuordnung, RdA 2004, S. 340 ff.

ders.: Turboprämien – Abfindung bei Verzicht auf Kündigungsschutzklage in Sozialplan und Betriebsvereinbarung/Zugleich eine Besprechung von BAG (31.5.2005), NZA 2005, 997, NZA 2005, S. 1100 ff.

Riesenhuber, Karl/Domröse, Ronny: Richtlinienkonforme Auslegung der §§ 17, 18 KSchG und Rechtsfolgen fehlerhafter Massenentlassungen, NZA 2005, S. 568 ff.

Riesenkampff, Nikolai: Rechtsfolgen betriebsverfassungsrechtlicher Betriebsänderungen, Berlin 2002 – zgl. Diss. Heidelberg 2001

Rinsdorf, Hauke: Einstweiliger Rechtsschutz statt Nachteilsausgleich bei Betriebsänderungen im Tendenzbetrieb, ZTR 2001, S. 197 ff.

Rittner, Fritz: Wirtschaftsrecht: ein Lehrbuch, 2. Auflage, Heidelberg 1987, zit.: Rittner, Wirtschaftsrecht

ders.: Unternehmerfreiheit und Unternehmensrecht zwischen Kapitalismus, Sozialismus und Laborismus/Beiträge von Fritz Rittner, herausgegeben von Dreher, Meinhard/Schmidt-Leithoff, Christian, München 1998, zit.: *Rittner*, Unternehmerfreiheit und Unternehmensrecht

Röder, Gerhard/Baeck, Ulrich: Die Ergänzung des § 113 Abs. 3 BetrVG – eine überzeugende Regelung, BB 1996, Beilage 17, S. 23 ff.

dies.: Interessenausgleich und Sozialplan, 2. Auflage, München 1997

Röhricht, Volker/von Westphalen, Friedrich Graf: Handelsgesetzbuch - Kommentar, 2. Auflage, Köln 2002, zit.: *Bearbeiter*, in: Röhricht/v. Westphalen

Römer, Gregor: Interessenausgleich und Sozialplan bei Outsourcing und Auftragsneuvergabe, Berlin 2001 – zgl. Diss. Bonn, zit.: *Römer*, Interessenausgleich

Rosenberg, Leo/Schwab, Karl Heinz/Gottwald, Peter: Zivilprozessrecht, 16. Auflage, München 2004

Rosset, Christoph: Rechtssubjektivität des Betriebsrats und Haftung seiner Mitglieder. Eine dogmatische Untersuchung, Heidelberg 1985 – zgl. Diss. Regensburg 1985, zit.: *Rosset*, Rechtssubjektivität des Betriebsrats

Rowedder, Heinz/Schmidt-Leithoff, Christian: Gesetz betreffend die Gesellschaften mit beschränkter Haftung (GmbHG): Kommentar, 4. Auflage, München 2002, zit.: *Bearbeiter*, in: Rowedder

Ruffert, Matthias: Vorrang der Verfassung und Eigenständigkeit des Privatrechts: eine verfassungsrechtliche Untersuchung zur Privatrechtswirkung des Grundgesetzes, Tübingen 2001 – zgl. Habil. Trier 2000/01, zit.: *Ruffert*, Vorrang der Verfassung

Rüthers, Bernd: Das Verbot parteipolitischer Betätigung im Betrieb, BB 1958, S. 778 ff.

ders.: Vom Sinn und Unsinn des geltenden Kündigungsschutzes, NJW 2002, S. 1601 ff.

ders.: Mehr Beschäftigung durch Entrümpelung des Arbeitsrechts?, NJW 2003, S. 546 ff.

Rüthers, Bernd/Henssler, Martin: Anmerkung zu BAG, Beschluss vom 22.02.1983, EzA § 23 BetrVG 1972 Nr. 9, S. 47 ff.

Rumpff, Klaus/Boewer, Dietrich: Mitbestimmung in wirtschaftlichen Angelegenheiten, 3. Auflage, Heidelberg 1990

Säcker, Franz Jürgen: Betriebsratsamt und Arbeitsverhältnis: Ein Beitrag zum Problem der Sicherung der Unabhängigkeit des Amtswalters, RdA 1965, S. 372 ff.

Sacher, Thomas: Der betriebsverfassungsrechtliche Unterlassungsanspruch unter besonderer Berücksichtigung der Mitbestimmung des Betriebsrats bei Versetzungen, unveröffentlichte Diss. Regensburg 1990, zit.: *Sacher*, Der betriebsverfassungsrechtliche Unterlassungsanspruch

Sachs, Michael (Hrsg.): Grundgesetz: Kommentar, 3. Auflage, München 2003

Sagasser, Bernd/Bula, Thomas: Umwandlung: Verschmelzung - Spaltung - Formwechsel -Vermögensübertragung, 3. Auflage, München 2002, zit.: *Sagasser/Bula*, Umwandlung

Saueressig, Christian: Die Auslegung von Gesetzen, Jura 2005, S. 525 ff.

Schäfer, Dirk: Der europäische Rahmen für Arbeitnehmermitwirkung, Frankfurt a.M. 2004 – zgl. Diss. Bonn 2004

Schäfer, Horst: Zum Nachteilsausgleich bei Betriebsänderungen, AuR 1982, S. 120 ff.

Schaub, Günter: Das Arbeitsrecht im Diskussionsentwurf des Gesetzes zur Reform des Insolvenzrechts, ZIP 1989, S. 205 ff.

ders.: Der Interessenausgleich, in: Klebe, Thomas/Wedde, Peter/Wolmerath, Martin (Hrsg.): Recht und soziale Wirklichkeit: Festschrift für Wolfgang Däubler zum 60. Geburtstag, Frankfurt a.M. 1999, S. 347 ff., zit.: *Schaub*, Festschrift für Däubler

Schaub, Günter/Schindele, Friedrich: Kurzarbeit – Massenentlassung – Sozialplan, 2. Auflage, München 2005

Schaub, Günter/Koch, Ulrich/Linck, Rüdiger: Arbeitsrechts-Handbuch: systematische Darstellung und Nachschlagewerk für die Praxis, 11. Auflage, München 2005, zit.: *Bearbeiter*, in: Schaub

Schiefer, Bernd: Kündigungsschutz und Unternehmerfreiheit – Auswirkungen des Kündigungsschutzes auf die betriebliche Praxis, NZA 2002, S. 770 ff.

Schiek, Dagmar: Europäisches Arbeitsrecht, 2. Auflage, Baden-Baden 2005

Schlachter, Monika: Verletzung von Konsultationsrechten des Betriebsrats in Tendenzunternehmen, in: Kohte, Wolfhard/Dörner, Hans-Jürgen/ Anzinger, Rudolf (Hrsg.): Arbeitsrecht im sozialen Dialog – Festschrift für Hellmut Wißmann zum 65. Geburtstag, München 2005, S. 412 ff., zit.: *Schlachter*, Festschrift für Wißmann

Schlink, Bernhard: Der Grundsatz der Verhältnismäßigkeit, in: Badura, Peter/Dreier, Horst (Hrsg.): Festschrift 50 Jahre Bundesverfassungsgericht, Zweiter Band - Klärung und Fortbildung des Verfassungsrechts, Tübingen 2001, S. 445 ff., zit. *Schlink*, 50 Jahre Bundesverfassungsgericht II

Schlochauer, Ursula: Untersagung von Entlassungen oder Kündigungen durch einstweilige Verfügung bis zum Abschluß des Interessenausgleichs, Das Arbeitsrecht der Gegenwart (Bd. 20), S. 61 ff.

Schlünder, Guido: Die Rechtsfolgen der Missachtung der Betriebsverfassung durch den Arbeitgeber, Frankfurt a.M. 1991 – zgl. Diss. Freiburg 1990, zit.: *Schlünder*, Rechtsfolgen

Schmädicke, Axel: Der Verfügungsgrund beim Antrag des Betriebsrats auf Unterlassung von Personalabbaumaßnahmen, NZA 2004, S. 295 ff.

Schmalz, Dieter: Methodenlehre für das juristische Studium, 4. Auflage, Baden-Baden 1998, zit.: Schmalz, Methodenlehre

Schmechel, Tanja: Die Rolle des Betriebsrats bei der Einführung und Durchführung von Telearbeit, NJW 2004, S. 237 ff.

Schmidt, Karsten (Hrsg.): Münchener Kommentar zum Handelsgesetzbuch, Band 1 (§§ 1 -104), 2. Auflage, München 2005, zit.: *Bearbeiter*, in: MüKo-HGB

ders.: Gesellschaftsrecht, 4. Auflage, Köln - Berlin - Bonn - München 2002

ders.: Handelsrecht, 5. Auflage, Köln - Berlin - Bonn - München 1999

Schmitt-Rolfes, Günter: Interessenausgleich und Sozialplan in Unternehmen und Konzern, in: Oetker, Hartmut; Preis, Ulrich; Rieble, Volker (Hrsg.): 50 Jahre Bundesarbeitsgericht, München 2004, S. 1081 ff., zit.: *Schmitt-Rolfes*, 50 Jahre Bundesarbeitsgericht

Schreiber, Klaus: Der Schiedsvertrag in Arbeitsstreitigkeiten, ZfA 1983, S. 31 ff.

Schubert, Claudia: Mitbestimmung in wirtschaftlichen Angelegenheiten, ZfA 2004, S. 253 ff.

Schulze, Christian: Die Zulässigkeit einstweiliger Verfügungen gegen Betriebsänderungen, Frankfurt a.M. 1998 – zgl. Diss. Göttingen 1997, zit.: *Schulze*, Zulässigkeit einstweiliger Verfügungen

Schwab, Karl Heinz: Rechtskrafterstreckung auf Dritte und Drittwirkung der Rechtskraft, ZZP 77, S. 124 ff.

Schwonberg, Alexander: Die einstweilige Verfügung des Arbeitgebers in Mitbestimmungsangelegenheiten im Rechtsschutzsystem der Betriebsverfassung, Berlin 1997 – zgl. Diss. Göttingen 1995, zit.: *Schwonberg*, Die einstweilige Verfügung des Arbeitgebers

Semler, Johannes/Stengel, Arndt: Umwandlungsgesetz, 1. Auflage, München 2003, zit.: *Bearbeiter*, in: Semler/Stengel

Siemers, Christiane: Die Selbstbindung der Betriebspartner an den Interessenausgleich gemäß § 112 Abs. 1 Satz 1 BetrVG, ZfA 1998, S. 183 ff.

Simon, Jürgen: Arbeitsrechtliche und Haftungsprobleme bei der Betriebsaufstellung, ZfA 1987, S. 311 ff.

Smid, Stefan: Grundzüge des Insolvenzrechts, 4. Auflage, München 2002, zit.: *Smid*, Grundzüge

ders. (Hrsg.): Insolvenzordnung (InsO) mit Insolvenzrechtlicher Vergütungsordnung (InsVV): Kommentar, 2. Auflage, Stuttgart - Berlin - Köln 2001

Söllner, Alfred: Das deutsche Arbeitsrecht – Schmuckstück mit Altersflecken, in: Söllner, Alfred/Gitter, Wolfgang/Waltermann, Raimund/Giesen, Richard/Ricken, Oliver (Hrsg.): Gedächtnisschrift für Meinhard Heinze, München 2005, S. 867 ff., zit.: *Söllner*, Gedächtnisschrift für Heinze

Spinti, Henning: Die Ansprüche aus Sozialplan (§ 112 BetrVG 1972) und Nachteilsausgleich (§ 113 BetrVG 72) bei Insolvenz des Arbeitgebers, Berlin 1989 – zgl. Diss. FU Berlin 1987, zit.: *Spinti*, Ansprüche aus Sozialplan

Soergel, Hans Theodor (Begr.): Bürgerliches Gesetzbuch mit Einführungsgesetz und Nebengesetzen, Band 2 - Schuldrecht I (§§ 241 - 432), 12. Auflage, Stuttgart 1990, Band 4/1 Schuldrecht III/1 (§§ 516 - 651, Gesetz zur Regelung der Miethöhe, Verbraucherkreditgesetz), 12. Auflage, Stuttgart - Berlin - Köln 1997, zit.: *Bearbeiter*, in: Soergel

Starck, Christian (Hrsg.): Das Bonner Grundgesetz, Band 1 (Präambel, Art. 1 bis 19), 5. Auflage, München 2005; Band 2 (Art. 20 bis 82), 5. Auflage, München 2005, zit.: *Bearbeiter*, in: Mangoldt/Klein/Starck

Staudinger, Julius von (Begr.): Kommentar zum Bürgerlichen Gesetzbuch mit Einführungsgesetz und Nebengesetzen, Zweites Buch: Recht der Schuldverhältnisse (§§ 328 - 359), 13. Bearbeitung, Berlin 2004; Zweites Buch: Recht der Schuldverhältnisse (§§ 611 - 615), 13. Bearbeitung, Berlin 2005, zit.: *Bearbeiter*, in: Staudinger

Staufenbiel, Peter: Der Sozialplan - Entwicklungen und Neuerungen durch Gesetzgebung, Rechtsprechung und Literatur -, Göttingen 2004 - zgl. Diss. Göttingen 2004, zit.: *Staufenbiel*, Sozialplan

Steffan, Ralf: Die Rechtsprechung des BAG zur Mitbestimmung bei Betriebsänderungen nach §§ 111 ff. BetrVG, NZA-RR 2000, S. 337 ff.

Stege, Dieter/Weinspach, Friedrich K./Schiefer, Bernd: Betriebsverfassungsgesetz: Handkommentar für die betriebliche Praxis, 9. Auflage, Köln 2002, zit.: *Stege/Weinspach/Schiefer*

Strasser, Rudolf/Jabonegg, Peter: Arbeitsverfassungsgesetz samt Durchführungsverordnungen, 3. Auflage, Wien 1999

Streinz, Rudolf: Europarecht, 7. Auflage, Heidelberg 2005

Teichmüller, Frank: Die Betriebsänderung: Interessenausgleich, Sozialplan, Konkurs; Handbuch mit zahlreichen Musterbeispielen und Checklisten, 1. Auflage, Frankfurt a.M. 1983, zit.: *Teichmüller*, Die Betriebsänderung

Thalhofer, Karla: Betriebsverfassungsrechtlicher Beseitigungsanspruch: Versuch eines Reaktionsmodells bei mitbestimmungswidrigen Arbeitgebermaßnahmen insbesondere im Bereich von § 87 Abs. 1 Nr. 1 BetrVG, Heidelberg 1999 – zgl. Diss. Regensburg 1998, zit.: *Thalhofer*, Betriebsverfassungsrechtlicher Beseitigungsanspruch

Thomas, Heinz (Begr.)/Putzo, Hans (Hrsg.): Zivilprozessordnung: Kommentar, 28. Auflage, München 2007, zit.: *Bearbeiter*, in: Thomas/Putzo

Thomas, Holger: Materiellrechtliche Bindungswirkung eines arbeitsgerichtlichen Beschlusses auf Individualprozesse im Rahmen des Betriebsverfassungsrechts, Frankfurt a.M. 1998 – zgl. Diss. Bochum 1998, zit.: *Thomas*, Materiellrechtliche Bindungswirkung

Thüsing, Gregor: One size fits all? – Vorschläge zur Betriebsverfassung für Kleinbetriebe, NZA 2000, S.700 ff.

Thüsing, Gregor/Stelljes, Volker: Fragen zum Entwurf eines Gesetzes zu Reformen am Arbeitsmarkt, BB 2003, S. 1673 ff.

Tretow, Lars: Personalabbaumaßnahmen nach der neuen Insolvenzordnung, unveröffentlichte Diss. Bremen 1999

Trittin, Wolfgang: Der Unterlassungsanspruch des Betriebsrats zur Sicherung seiner Mitwirkungsrechte gem. §§ 90, 111, 112 BetrVG, DB 1983, S. 230 ff.

ders.: Betriebsräte ohne vorbeugenden Rechtsschutz? Zum Unterlassungsanspruch des Betriebsrats bei mitbestimmungspflichtigen Maßnahmen des Arbeitgebers gem. § 87 BetrVG, BB 1984, S. 1169 ff.

Trümner, Ralf: Mitbestimmungsvorgaben des Europäischen Arbeitsrechts bei Privatisierungen, Der Personalrat 1997, S. 197 ff.

Uhlenbruck, Wilhelm: Anmerkung zu BAG, Urteil vom 17.09.1974, AP Nr. 1 zu § 113 BetrVG 1972, Bl. 6 ff.

ders. (Hrsg.): Insolvenzordnung: Kommentar, 12. Auflage, München 2002, zit.: *Bearbeiter*, in Uhlenbruck

ders.: Arbeitsrechtliche Probleme im Insolvenzeröffnungsverfahren, in: Bauer, Jobst-Hubertus/Boewer, Dietrich (Hrsg.): Festschrift für Peter Schwerdtner zum 65. Geburtstag, München 2003, S. 623 ff., zit.: *Uhlenbruck*, Festschrift für Schwerdtner

Unruh, Peter: Zur Dogmatik der grundrechtlichen Schutzpflichten, Berlin 1996

Veit, Barbara: Die funktionelle Zuständigkeit des Betriebsrats, München 1998 – zgl. Habil. Trier 1996

Verch, Volker: Personalabbau und Betriebsverfassung: Betriebsänderung, Interessenausgleich, Sozialplan, Nachteilsausgleich, Köln 2001 – zgl. Diss. Münster 2000/01; zit.: *Verch*, Personalabbau und Betriebsverfassung

Vogt, Aloys: Personalabbaumaßnahmen und neues Sozialplanrecht nach dem Beschäftigungsgesetz 1985, BB 1985, S. 2328 ff.

Waas, Bernd/Johanns, Anke: Die Änderung der Richtlinie zum Betriebsübergang, EuZW 1999, S. 458 ff.

Wahsner, Roderich: Durchsetzung von Verhandlungen über Interessenausgleich – Vorläufiger Kündigungsstop durch einstweilige Verfügung, AiB 1982, S. 166 ff.

Wahsner, Roderich/Borgaes, Hans-Udo: Der folgenlose Rechtsbruch: Recht und Praxis der Bussgeldbestimmungen im Betriebsverfassungsgesetz, Frankfurt a.M. 1992, zit.: *Washner/Borgaes*, Rechtsbruch

Walker, Wolf-Dietrich: Der einstweilige Rechtsschutz im Zivilprozeß und im arbeitsgerichtlichen Verfahren, Tübingen 1993 – zgl. Habil. Münster 1992, zit.: *Walker*, Der einstweilige Rechtsschutz

ders.: Zum Unterlassungsanspruch des Betriebsrats bei mitbestimmungswidrigen Maßnahmen des Arbeitgebers, DB 1995, S. 1961 ff.

Walter, Horst: Betriebssanierung – was ist arbeitsrechtlich zu beachten?, AuA 1991, S. 357 ff.

Warrikoff, Alexander: Die Stellung der Arbeitnehmer nach der neuen Insolvenzordnung, BB 1994, S. 2338 ff.

Weber, Friedrich: Ziele und Wege der Insolvenzrechtsreform, in: Uhlenbruck, Wilhelm/Klasmeyer, Bernd/Kübler, Bruno M. (Hrsg.): Einhundert Jahre Konkursordnung 1877 - 1977 - Festschrift des Arbeitskreises für Insolvenz- und Schiedsgerichtswesen e.V. Köln zum einhundertjährigen Bestehen der Konkursordnung vom 10. Februar 1877, Köln 1977, S. 321 ff., zit.: *Weber*, Festschrift Konkursordnung

Weber, Christoph: Umfang und Grenzen des Tendenzschutzes im Betriebsverfassungsrecht, NZA 1989, Beilage Nr. 3, S. 2 ff.

Wede, Peter: Anmerkung zu BAG vom 27.10.1998 – 1 AZR 766/97, AiB 2000, S. 42 f.

Weiler, Barbara: Richtlinie zur Information und Konsultation verabschiedet, AiB 2002, S. 265

Westermann, Harm Peter (Hrsg.): Erman, Bürgerliches Gesetzbuch: Handkommentar, Band I (§§ 1 - 811,), 11. Auflage, Köln 2004, zit.: *Bearbeiter*, in: Erman

Weth, Stephan: Das arbeitsgerichtliche Beschlußverfahren, München 1995 – zgl. Habil. Köln 1993

Wiedemann, Herbert: Anmerkung zu BAG vom 11.12.1987, AP Nr. 7 zu § 47 BetrVG 1972, Bl. 4 ff.

ders.: Tarifvertragsgesetz: Kommentar, 7. Auflage, München 2007, zit.: *Bearbeiter*, in: Wiedemann

Wiese, Günther: Schutz und Teilhabe als Zwecke notwendiger Mitbestimmung in sozialen Angelegenheiten und deren Rangverhältnis, ZfA 2000, S. 117 ff.

ders.: Zur rechtzeitigen Unterrichtung der Betriebsräte und der Wirtschaftsausschüsse von Konzernunternehmen über Investitionsrahmenpläne eines Unterordnungskonzerns, in: Wank, Rolf/Hirte, Heribert/Frey, Kaspar/Fleischer, Holger/Thüsing, Gregor (Hrsg.): Festschrift für Herbert Wiedemann zum 70. Geburtstag, München 2002, S. 617 ff., zit.: *Wiese*, Festschrift für Wiedemann

Willemsen, Heinz Josef: Das Arbeitsrecht im Umwandlungsgesetz – Zehn Fragen aus der Sicht der Praxis, NZA 1996, S. 791 ff.

ders.: Kündigungsschutz – vom Ritual zur Rationalität – Gedanken zu einer grundlegenden Reform, NJW 2002, S. 2779 ff.

Willemsen, Heinz Josef/Annuß, Georg: Neue Betriebsübergangsrichtlinie - Anpassungsbedarf im deutschen Recht, NJW 1999, S. 2073 ff.

dies.: Kündigungsschutz nach der Reform, NJW 2004, S. 177 ff.

Willemsen, Heinz/Hohenstatt, Klaus-Stefan/Schweibert, Ulrike/Seibt, Christoph: Umstrukturierung und Übertragung von Unternehmen: arbeitsrechtliches Handbuch, 2. Auflage, München 2003, zit.: *Bearbeiter*, in: Willemsen/Hohenstatt/Schweibert/Seibt, Umstrukturierung und Übertragung von Unternehmen

Wimmer, Klaus (Hrsg.): Frankfurter Kommentar zur Insolvenzordnung, 6. Auflage, München 2006, zit.: *Bearbeiter*, in: Frankfurter Komm.-InsO

Windbichler, Christine: Arbeitsrecht im Konzern, München 1989 - zgl. Habil. München 1988

Wißmann, Hellmut: Probleme bei der Umsetzung der EG-Richtlinie über Massenentlassungen in deutsches Recht, RdA 1998, S. 221 ff.

ders.: Leitlinien aktueller Rechtsprechung zur Betriebsverfassung, NZA 2003, S. 1 ff.

Wlotzke, Ottfried: Arbeitsrechtliche Aspekte des neuen Umwandlungsrechts, DB 1995, S. 40 ff.

Wlotzke, Ottfried/Preis, Ulrich (Hrsg.): Betriebsverfassungsgesetz: Kommentar, 3. Auflage, München 2006, zit.: *Bearbeiter*, in: Wlotzke/Preis

Wolff, Alexander: Die qualifizierte Abfindungsvereinbarung nach § 1a KSchG – eher Steine als Brot für die Praxis, BB 2004, S. 378 ff.

Wolter, Henner: Wende im Recht der Massenentlassung, AuR 2005, S. 135 ff.

Zander, Ernst: Unternehmerischer Gestaltungsspielraum in der Betriebsverfassung, AuA 1991, S. 221 ff.

Zeiss, Walter: Anmerkung zu BAG, Urteil vom 10.11.1987, SAE 1988, S. 230

Zeiss, Walter/Schreiber, Klaus: Zivilprozessrecht, 10. Auflage, Tübingen 2003

Ziegler, Volker: Der Begriff der Betriebsänderung - § 111 Betriebsverfassungsgesetz -, unveröffentlichte Diss. Münster 1988, zit.: *Ziegler*, Der Begriff der Betriebsänderung

Zippelius, Reinhold: Verfassungskonforme Auslegung von Gesetzen, in: Starck, Christian (Hrsg.): Bundesverfassungsgericht und Grundgesetz – Festgabe aus Anlaß des 25jährigen Bestehens des Bundesverfassungsgerichts, Bd. 2 (Verfassungsauslegung), Tübingen 1976, S. 108, zit.: *Zippelius*, Bundesverfassungsgericht und Grundgesetz

ders.: Juristische Methodenlehre, 10. Auflage, München 2006

Zöller, Richard (Begr.): Zivilprozessordnung, 26. Auflage, Köln 2007, zit.: Bearbeiter, in: Zöller

Zöllner, Wolfgang (Hrsg.): Kölner Kommentar zum Aktiengesetz, Bd. 1 (§§ 1 - 75 AktG); Bd. 6 (§§ 291 - 328 AktG und Meldepflichten nach §§ 21 ff. WpHG, SpruchG), 3. Auflage, Köln - Berlin - Bonn - München 2004, zit.: *Bearbeiter*, in: Kölner Komm.-AktG

Zöllner, Wolfgang/Loritz, Karl-Georg: Arbeitsrecht: ein Studienbuch, 5. Auflage, München 1998, zit.: *Zöllner/Loritz*, Arbeitsrecht

Zwanziger, Bertram: Der Interessenausgleich – betriebliches Regelungsinstrument oder Muster ohne kollektiven Wert?, BB 1998, S. 477 ff.

ders.: Das Arbeitsrecht der Insolvenzordnung: Kommentar, 3. Auflage, Heidelberg 2006

Zwehl, Herwig von: Lohnpfändung: Leitfaden mit Tabellen und ausführlichen Erläuterungen, 14. Auflage, München 1992, zit.: *v. Zwehl*, Lohnpfändung

Zivilrechtliche Schriften
Beiträge zum Wirtschafts-, Bank- und Arbeitsrecht

Herausgegeben von Peter Kreutz und Dieter Reuter

Band 1 Sabine Koch: Eigenkapitalleistungen und eigenkapitalersetzende Leistungen des Kommanditisten in der gesetzestypischen Kommanditgesellschaft. 1992.

Band 2 Knut Weigle: Die leitenden Angestellten zwischen Sprecherausschuß und Betriebsrat. 1993.

Band 3 Stephan Worpenberg: Die konzerninterne Arbeitnehmerüberlassung. 1993.

Band 4 Carsten Führling: Sonstige Unternehmensverträge mit einer abhängigen GmbH. 1993.

Band 5 Heike Grote-Seifert: Das englische Arbeitskampfrecht unter besonderer Berücksichtigung der Entwicklung seit 1979. Zugleich: Vergleichende Analyse der Rechtslage in Deutschland und England. 1994.

Band 6 Uwe Theobald: Gesamthaftungsverhältnisse. Die Gesamtschuld als Ausgleichsmodell bei der mehrfachen Drittsicherung einer Forderung. 1994.

Band 7 Kay-Uwe Jacobs: Die Wahlvorstände für die Wahlen des Betriebsrats, des Sprecherausschusses und des Aufsichtsrats. 1995.

Band 8 Horst-Jürgen Michallek: Die Verteilung des wirtschaftlichen Risikos der Nothilfe. Eine rechtsvergleichende Studie. 1995.

Band 9 Sibylle Kessal-Wulf: Die Innenverbände. Am Beispiel Publikumsgesellschaft, Franchising, Mitarbeiterbeteiligung und Betriebsverband. 1995.

Band 10 Britta Holdorf-Habetha: Der Übergang von gewerblich genutztem Vermögen im Wege der Erbfolge im Einkommensteuerrecht. 1996.

Band 11 Sönke-Peter Nehlsen: Nutzungsausfallersatz. Ein notwendiges Übel? Versuch einer dogmatischen Begründung und Alternativlösungen. 1997.

Band 12 Sebastian Graf von Wallwitz: Tarifverträge und die Wettbewerbsordnung des EG-Vertrages. Wettbewerbsbeschränkende Tarifverträge und das Kartellverbot des Artikel 85 EGV. 1997.

Band 13 Hans-Joachim Arnold: Die Bilanzierung des Geschäfts- oder Firmenwertes in der Handels-, Steuer- und Ergänzungsbilanz. 1997.

Band 14 Volker Hoes: Die Überschuldung Privater als Problem von Ungleichgewichten. 1997.

Band 15 Dörte Christiansen: Betriebszugehörigkeit. Die Zuordnung von Arbeitnehmern aus betriebsverfassungsrechtlicher Sicht. 1998.

Band 16 Axel Boysen: Betriebsverband und Arbeitsverhältnis am Beispiel der Gruppenarbeit. Ein Beitrag zur Entwicklung der arbeitsrechtlichen Dogmatik im Wandel der Industriearbeit. 1998.

Band 17 Kristoffer Blydt-Hansen: Die Rechtsstellung der Destinatäre der rechtsfähigen Stiftung Bürgerlichen Rechts. 1998.

Band 18 Per Christiansen: Über die reale Seite der Verbände. Die Bedeutung der tatsächlichen Zweckverfolgung in einem Verband für dessen Legitimität, Existenz und Kontinuität. 1999.

Band 19 Annette Grotkamp: Die Bedeutung des Gesamtbetriebsrats und die Abgrenzung seiner Zuständigkeit zu den Einzelbetriebsräten im Rahmen des Strukturwandels in der deutschen Wirtschaft. 1999.

Band 20 Oliver Ebert: Die Kosten der Einigungsstelle gemäß § 76 a BetrVG 1972 unter besonderer Berücksichtigung der Honorierung von Einigungsstellenmitgliedern. 1999.

Druck:
CPI Druckdienstleistungen GmbH
im Auftrag der
Kolibri 360 GmbH
Ferdinand-Jühlke-Str. 7
99095 Erfurt

FSC
www.fsc.org
MIX
Papier | Fördert gute Waldnutzung
FSC® C083411

Kolibri 360 GmbH
Ferdinand-Jühlke-Straße 7
99095 Erfurt, Deutschland
produktsicherheit@kolibri360.de

Band 42 Tobias Schommer: Die Berücksichtigung und Gewichtung der Interessen der Arbeitsvertragsparteien im Rahmen des kollektiven und allgemeinen Weiterbeschäftigungsanspruchs des Arbeitnehmers. 2005.

Band 43 Christa Wettzel: Die unternehmerische Entscheidungsfreiheit im Rahmen der betriebsbedingten Kündigung. 2006.

Band 44 Andrea Scheibe: Die Mitbestimmung der Arbeitnehmer in der SE unter besonderer Berücksichtigung des monistischen Systems. 2006.

Band 45 Sebastian Ritz: Die Auswirkungen des Gesetzes zu Reformen am Arbeitsmarkt auf den Anwendungsbereich der dreiwöchigen Klagefrist gemäß den §§ 4 bis 7 KSchG. 2007.

Band 46 Anne Pfister: Die Übertragung von Aufgaben auf Arbeitsgruppen gemäß § 28a BetrVG unter besonderer Berücksichtigung der Förderungspflicht aus § 75 Abs. 2 Satz 2 BetrVG. 2007.

Band 47 Merve Ehlers: Personalkostenabbau durch betriebliche Bündnisse für Arbeit. Welche Gesetzesänderungen des geltenden Rechts sind zur Anpassung an die heutigen Wirtschafts- und Arbeitsbedingungen und zur Legalisierung der gängigen Rechtspraxis erforderlich? 2007

Band 48 Nicole Hasselmann: Die Lehre *Ulmers* zur Gesellschaft bürgerlichen Rechts im Wandel der Jahrzehnte. Das Rechts- und Haftungssystem der Gesellschaft bürgerlichen Rechts. 2007.

Band 49 Ina Maria Wiesner: Die Schriftform im Betriebsverfassungsgesetz. 2007.

Band 50 Christian Rebel: Grundprobleme des Nachteilsausgleichs gemäß § 113 Abs. 3 BetrVG. 2008.

www.peterlang.de

Band 21 Christoph Nawroth: Die steuerliche Anerkennung von Familienpersonengesellschaften bei fehlerhaftem Gesellschaftsvertrag. Zur Anwendung der Lehre von der fehlerhaften Gesellschaft im Steuerrecht. 1999.

Band 22 Kai Litschen: Die juristische Person im Spannungsfeld von Norm und Interesse. Am Beispiel der Gesellschafterhaftung in der GmbH. 1999.

Band 23 Eva Günther-Gräff: Kündigung und Kündigungsschutz von Absatzmittlungsverträgen. Dargestellt am Beispiel des Handelsvertreters, des Vertragshändlers und des Franchisenehmers. 1999.

Band 24 Martin Steiner: Entgelte der Kreditinstitute. Regelungen beim Girovertrag mit rechtsvergleichender Darstellung des anglo-amerikanischen Rechts. 2000.

Band 25 Sven Claussen: Grenzen der Insichgeschäfte im Gesellschaftsrecht. 2000.

Band 26 Sönke Peters: Der gesellschaftsrechtliche Grundsatz der Einheitlichkeit der Mitgliedschaft. 2000.

Band 27 Gabriele Komp: Die juristische Person als Geschäftsführungsorgan einer Kapitalgesellschaft. Betrachtungen zu §§ 76 Abs. 3 S. 1 AktG und 6 Abs. 2 S. 1 GmbHG. 2000.

Band 28 Gunnar Mayer: Das außerdienstliche Verhalten von Arbeitnehmern. Ein Beitrag zu Geschichte, Grundlagen und Erscheinungsformen außerdienstlicher Verhaltenspflichten. 2000.

Band 29 Michael Mönke: Die Sicherung der Bauunternehmer nach § 648 a BGB. Unter besonderer Berücksichtigung der Vereinbarkeit der Regelung mit den Prinzipien des Zivilrechts. 2000.

Band 30 Oliver May: Die Zulässigkeit der Regelung von Lohn und Arbeitszeit in Betriebsvereinbarungen. 2001.

Band 31 Robert Pape: Die tarifvertragliche Unkündbarkeit. Zugleich ein Beitrag zu den Grenzen der Tarifautonomie im Kündigungsschutzrecht und zum partiell zweiseitig-zwingenden Charakter des § 1 Abs. 2 und 3 KSchG. 2002.

Band 32 Wilm-Christian Jaekel: Die Bindung an formnichtige Grundstücksverträge nach Treu und Glauben. 2002.

Band 33 Susanne Müller: Die Gesellschafterklage als rechtsformübergreifendes Institut. 2002.

Band 34 Freia Peters: Treuhand und Unterbeteiligung an Gesellschaftsanteilen. Eine vergleichende Betrachtung für den Bereich des Gesellschafts- und des Steuerrechts. 2003.

Band 35 Mario Nahrwold: Die wirtschaftliche Betätigung von Idealvereinen am Beispiel der Ausgliederungsvorhaben der Fußballbundesligavereine. Eine Untersuchung zu Geltungsgrund und Grenzen des Nebentätigkeitsprivileges. 2003.

Band 36 Henning Plöger: Sonderarbeitsrechte im Pressebereich. Auswirkungen eines institutionellen Grundrechtsverständnisses auf das Arbeitskampf- und arbeitsrechtliche Statusrecht der Presse. 2003.

Band 37 Christian Springmann: Der Betriebsrat und die Betriebsbeauftragten. Ein Vergleich zweier betrieblicher Funktionsträger unter besonderer Berücksichtigung ihres Verhältnisses zueinander. 2004.

Band 38 Holger Meyer: Der Tatbestand des Betriebsübergangs nach der Rechtsprechung des Europäischen Gerichtshofs und des Bundesarbeitsgerichts. 2004.

Band 39 Philipp Christopher Brügge: Das Gesetz über Teilzeitarbeit. Eine Analyse unter arbeitsrechtlichen und beschäftigungspolitischen Gesichtspunkten. 2004.

Band 40 Sebastian Klausch: Unmöglichkeit und Unzumutbarkeit im System des allgemeinen Leistungsstörungsrechts nach der Schuldrechtsmodernisierung 2002. 2004.

Band 41 Felix Hütte: Die individualistische GbR als Mitglied anderer Vereinigungen. 2005.